U0358615

张荣芳文集

第六卷　陈垣研究丛稿

张荣芳◎著

中山大学出版社
SUN YAT-SEN UNIVERSITY PRESS

·广州·

图书在版编目（CIP）数据

陈垣研究丛稿/张荣芳著. —广州：中山大学出版社，2023.12
（张荣芳文集；第六卷）
ISBN 978 - 7 - 306 - 07946 - 6

Ⅰ. ①陈…　Ⅱ. ①张…　Ⅲ. ①陈垣(1880—1971)—人物研究—文集
Ⅳ. ①K825.81 - 53

中国国家版本馆 CIP 数据核字（2023）第 221129 号

CHENYUAN YANJIU CONGGAO

出 版 人：**王天琪**
策划编辑：王延红
责任编辑：王延红
封面设计：周美玲
责任校对：梁锐萍
责任技编：靳晓虹
出版发行：中山大学出版社
电　　话：编辑部 020 - 84111901，84113349，84111997，84110779
　　　　　发行部 020 - 84111998，84111981，84111160
地　　址：广州市新港西路 135 号
邮　　编：510275　　　　传　真：020 - 84036565
网　　址：http://www.zsup.com.cn
　　　　　E-mail:zdcbs@ mail.sysu.edu.cn
印 刷 者：恒美印务（广州）有限公司
规　　格：787mm×1092mm　　1/16
总 印 张：239
总 字 数：4818 千
版次印次：2023 年 12 月第 1 版　　2023 年 12 月第 1 次印刷
总 定 价：780.00 元（全九卷）

本卷说明

　　著者从 2003 年以来研究陈垣的学术渊源及陈垣、陈乐素、陈智超祖孙三代的学术及其传承的文章，共 29 篇，这是著者将近 20 年研究陈垣的论文第一次结集出版。本书的特色是突出了陈垣与岭南历史文化的关系，大部分文章已经发表过。为尊重历史原貌，文章结构及观点不作任何改动。

　　本卷的整理者为周永卫、黄曼宜。

目　录

一代史学宗师陈垣

陈垣（1880—1971）是 20 世纪中国著名历史学家、教育家，学术界的一代宗师。他通过刻苦自学，经历了各种曲折崎岖的道路，在历史学的许多领域取得了很高的成就，饮誉海内外，被学术界称为"中国近代之世界学者"，毛泽东曾称他为"我们国家的国宝"。

一、 家庭和童年

陈垣，字援庵，1880 年（清光绪六年）11 月 12 日生于广东新会石头乡富冈里，青年时代在广州，曾经用钱、钱罂、谦益、大我等笔名发表文章。

陈氏在新会是一个大姓。陈垣的祖父社松（字海学）以贩卖新会特产陈皮起家，以后扩大为经营中药材，在广州开设"松记"店，清道光十七年（1837）改店名为"陈信义"，店铺门联云："信人所任，义事之宜。"又取诸葛亮"非淡泊无以明志，非宁静无以致远"之意，定家族堂名为"陈宁远堂"。

社松有九子，第五子满田（字维启，号励耘）生陈垣。陈垣六岁（1885）①时随父亲由新会至广州。七岁时开始入私塾读书。从八岁到十五岁，先后读《大学》《中庸》《论语》《孟子》《诗经》《易》《尚书》《礼记》等。学生在私塾里的读书方法是死记硬背，动辄还被体罚。13 岁时，陈垣偶然在老师冯掞微的书架上发现张之洞所撰的《书目答问》。这是清代大学问家张之洞专门为初涉学问者开列的书籍目录。书目分经、史、子、集四卷，各类均列出许多书名，书名下依次是卷数、作者、版本，并说明何种版本为善，为人指出读书门径。这本书深深地吸引了陈垣，使他大开眼界，始知在八股、经书之外，尚有新天地。第二年，他更进而阅读《四库全书总目》，以后几年中，又把这本书读了好几遍。这样，他从少年时代开始，就掌握了比较丰富的目录学知识，为他后来从事史学研究和教学打下了一个良好的基础。

陈垣读书喜泛览，好购书，并得到父亲的支持。他自己说："余少不喜八股，而好泛览，长老许之者，夸为能读大书，其非之者则诃为好读杂书。余不顾也。

---

① 编者注：本书陈垣的相关年份是以虚岁计算的。

幸先君子不加督责，且购书无吝，故能纵其所欲。"① 他 16 岁时，开始购买大部头书籍：花八两银子买《四库全书总目》，花七两银子买《十三经注疏》，花十三两银子买《皇清经解》，花一百多两银子买《二十四史》。父亲号励耘，陈垣后来把自己的书斋命名为"励耘书屋"，刻的书名为《励耘书屋丛刻》，显然含有纪念这位极力赞助自己读书的父亲的意思。

15 岁那年（光绪二十年，即 1894 年），广州暴发大规模鼠疫，死了很多人。陈垣离开广州回新会老家。不久学馆解散，因此不用学习用于科举的八股文，所以有时间读自己喜爱的书。他在三年时间里，看了不少书，为以后的治学打下了初步基础。四十多年以后，他回忆起这一段自学生活时，非常满意地说："读书之基树于此也。"

二、 反帝反封建的热血青年

18 岁（光绪二十三年，即 1897 年）时，陈垣希望走科举致仕的道路，以监生身份参加顺天乡试。他到达北京，住新会会馆，与同乡前辈伍铨萃（字叔葆）相识。考试答题，放笔直书，不符合八股文要求，结果放榜时名落孙山。这对他是一次非常沉重的打击。将近半个世纪以后，他还清楚地记得当时的情景："丁酉赴北闱，首场冉求之艺，文之以礼乐。题本偏全，放笔直书，以为必售。出闱以视同县伍叔葆先生，先生笑额之。榜发下第。出京时重阳已过，朔风凛冽，叔葆先生远送至京榆路起点之马家铺。临别，珍重语之曰：文不就范，十科不能售也。虽感其厚意，然颇以为耻。"② 自此他发奋学习八股文，准备继续应试。"尽购丁酉以前十科乡会墨读之，取其学有根柢，与己性相近者，以一圈为识，得文数百篇。复选之，以两圈为识，去其半。又选之，以三圈为识，得文百篇，以为模范。揣摩其法度格调，间日试作，佐以平日之卷议论，年余而技粗成。"③ 戊戌变法以后不久，八股取士的办法被废除了，白白浪费了两年时间，但陈垣回忆说，"不过也得到了一些读书的方法"，"逐渐养成了刻苦读书的习惯"④。

在维新思想的影响下，从 20 世纪初开始，陈垣抱着爱国之志，参加了当时反帝反封建的革命运动。

1905 年，陈垣与革命画家潘达微、高剑父、陈树人等创办《时事画报》。潘

① 陈智超编：《陈垣来往书信集》，上海古籍出版社 1990 年版，第 676 页。

② 陈智超编：《陈垣来往书信集》，上海古籍出版社 1990 年版，第 676 页。

③ 陈智超编：《陈垣来往书信集》，上海古籍出版社 1990 年版，第 676 - 677 页。

④ 陈垣：《谈谈我的一些读书经验》，见《陈垣史学论著选》，上海人民出版社 1981 年版，第 641 页。

达微，曾任同盟会广东支部机关负责人。高剑父，曾任同盟会广东支部主盟人。陈垣也是同盟会会员。这些志同道合的同志创办《时事画报》，宣传民族主义，反对清朝封建统治和帝国主义的压迫。1911年春，陈垣又与康仲荦在广州共同创办《震旦日报》，担任该报主编，并兼副刊《鸡鸣录》主笔。"鸡鸣录"之名取自《诗经》"风雨如晦，鸡鸣不已"之意，反映出这一刊物是为了配合孙中山先生的民主革命而呐喊鼓动。陈垣在这两个报刊上发表了大量抨击时政的文章。据统计，他在《时事画报》上发文57篇，在《震旦日报》上发文14篇。这些文章的内容概括起来就是反帝反封建。

反对清政府的民族压迫政策和封建专制制度。陈垣发表文章所用笔名谦益、钱罂，就是反清之意。陈垣在1957年7月7日复广东省中山图书馆的信中说，报（指《时事画报》）中文字多倾向民族主义，当时在内地讲民族主义，不如在港澳放言之便，故广州《时事画报》，系在内地发行的唯一的革命报。"我的笔名为谦益、钱罂等。谦受益，取其与'满招损'对，钱罂取其别名'扑满'（储蓄钱币的瓦罐），这是当时的思想。"[1] 陈垣的这类文章，充分利用清历代皇帝的"上谕"。他把这些"上谕"编为五册《柱下备忘录》，按问题分类剪贴。利用这五册《柱下备忘录》，他写出了大量寓意反清政府、反对封建专制的富有战斗性的文章。

反对美国的排华政策和对我国的侵略。1905年美国颁布的"华工禁约"[2] 期满，海内外华人一致要求废除这项苛刻的条约。但美国政府强行续约，对华工施加种种限制和虐待，激起了中国人民的愤怒。广州籍华侨冯夏威在上海美国领事馆前愤然自刎，以示抗议。一时间举国上下，群愤激昂，广州、上海等地民众纷纷组织"拒约会"，形成群众性的反美爱国运动。陈垣在广州被推选为"拒约会"的负责人之一。1905年9月，美国国防部长与总统女儿率领一个200多人的庞大旅游团到广州调查抵制美货情况。《时事画报》立即刊出漫画《龟仔抬美人》。广州当时的交通工具只有轿而无车，同人鼓动全城轿班罢工，四处张贴《龟仔抬美人》漫画。画中有一个美女坐轿子，两只乌龟抬之。这是说抬美人者便是乌龟。香港《世界公益报》及时转载《龟仔抬美人》漫画，该漫画在省港两地引起很大的反响。陈垣是这一反帝爱国运动的主要领导者之一。

废除科举之后，青年人的出路是上学堂学习技艺。陈垣认为，要使中国摆脱落后的状态，一定要使科学发达起来。1907年，陈垣考入了美国教会办的博济医院附属南华医学院学习西医。学校当局歧视中国籍的教员和学生。广州一些爱

---

① 陈智超编：《陈垣来往书信集》，上海古籍出版社1990年版，第806页。

② 编者注：华工禁约，即《限禁来美华工，保护寓美华人条约》。

国人士如梁培基、陈衍芬、陈子光、郑豪等商议，于 1908 年创办中国人自己的第一所私立西医学校——广东光华医学堂，争"国权""医权""医学教育权"。"光华"取"光我华夏"之意。陈垣对此事极力支持，他不仅自己从博济医院的华南医学校退学，转入光华医学堂学习，还带领部分博济学生转入光华医学堂。陈垣被选为该校董事会董事。所以，陈垣是该校的第一届学生和毕业生，也是该校的创办人之一。1910 年，他以优异成绩从该校毕业，并留校任助教，讲授生理学、解剖学等课程。

1908 年到 1910 年，陈垣在光华医学堂读书时，就参与创办和主编《医学卫生报》和《光华医事卫生杂志》，并在上面发表一系列文章。据统计，在前者发文 62 篇，在后者发文 30 篇。这些文章的主要内容为：关于医学史人物的记述与评论、关于医学史的研究、关于医事方面的研究、对日本医史文献的搜集与研究，等等。从这些文章中可以看出，陈垣青年时期在广州所从事的医学和医学史的研究工作，为近代中国医学史的学科建设作出了开拓性的贡献。他反对因循守旧、主张变革进步的精神，推动了我国医学的发展。所以，我们说，陈垣为近代中国医学史研究的开拓者和奠基人之一。

辛亥革命后，陈垣于 1913 年初，以"革命报人"的身份当选众议院议员。1913 年 3 月离开广州到北京参加第一届国会会议，并从此定居北京，弃医从政。到北京后，结识了广东三水的梁士诒。梁士诒是交通系首领，因为是同乡关系，陈垣参与了梁氏的政治活动。1921 年 12 月至 1922 年 5 月，陈垣任了六个月的教育次长，并代理部务。从 1913 年到 1923 年，从政前后十年。现实给了陈垣深刻的教训，他感到国会难以表达民意，不过是各派系军阀玩弄政治阴谋、争权夺利的一块招牌。于是他弃政从史，走上自由的学术研究的道路，终于成为著名的史学家和教育家。

三、 杰出的教育家

在 92 年的生涯中，陈垣从事教学工作 70 年，在蒙馆、小学、中学、大学任教，做过 46 年的大学校长。18 岁开始在家乡的蒙馆任教。在家乡任篁庄小学教员，在北京创办过小学性质的"北京孤儿工读园"。陈垣有过几次教中学的经历：在广州任教于振德中学、义育学堂。1921 年在北京创办"北京平民中学"，1926 年还担任过北京翊教女子中学校长。在北京大学、燕京大学、北平师范大学、辅仁大学、北京师范大学都担任过教授，并长期担任辅仁大学、北京师范大学校长。陈垣是我国著名的教育家，他的一生凸显出了教育家的本色。

（一）从事教育工作时间长，培养人才多

通观古今中外，有像陈垣如此长教育生涯的教育家是不多见的，故而陈垣能培养很多人才。1959 年陈垣在《教育工作六十年》一文中说："在我身边成长了无数青年，今天，他们有的刚刚做教师，有的已担任着领导工作，有的在科学研究上有了很大的成就，有的则已是'桃李满天下'的老教授。"陈垣逝世后，回忆他的文章、研究其学术成就的论文有百余篇，还有几本纪念文集问世，作者绝大多数是他的学生，许多已成为著名的学者或史学界的领导人。这些培养人才的建树，为中国现代教育增添了光彩。

（二）具有与时俱进的教育思想

陈垣是中国新式教育的先驱。青年时期教蒙馆时，他反对对学生打板、体罚；在光华医学院教书时，他自己动手画挂图，带学生到广州郊外乱坟堆中捡拾零散骨骼，作为课堂教具。这些联系实际、增加学生感性认识的教学方法，在当时都是十分先进的、超前的。

重视基础教育。陈垣在辅仁大学时，非常重视基础课程的设置。不论文理科，一年级均设置国文课，并将其作为必修课。他亲自编写教材，亲自担任一个系的国文课。陈垣在北京各高校历史系开创"中国史学名著选读""中国史学名著评论"两门基础课，就是为了给学生打下坚实的史学基础。

重视通过实践对学生能力的培养。陈垣在辅仁大学开创"史源学实习"一课，重点不在讲，而在于多做练习，通过实践教会学生阅读古书和从事研究的能力。

科研与教学相结合。陈垣是这方面的典范。陈垣著作等身，许多著作或是与教学紧密相关，如宗教史的著作；或是由教学的讲义修改而成，如《中国佛教史籍概论》等；或是教学的副产品，如《陈垣史源学杂文》等。

重视教师在教学中的作用。陈垣认为教师在教学活动中起主导作用。他说："教师教育儿童应当发挥主导作用，'没有不好的孩子，只有不好的教育方法'，'不良的儿童，是失败了的教师的象征'。"正是因为意识到教师的重要，所以，陈垣当北京师范大学校长时，不断呼吁社会各界重视师范教育，号召优秀青年来报考师范，从事教育。

凡此种种，都是陈垣教育思想的体现，而这种教育思想具有与时俱进的时代特色。

（三）来源于实践并为实践所检验的行之有效的教学方法

陈垣教学有很强的计划性，按照教学计划，如期完成教学活动。并精选教

材，他任教的"中国史学名著选读"和"中国史学名著评论"，每年都精选合适的教材。他选择《日知录》《廿二史札记》《鲒埼亭集》作为"史源学实习"一课的教材，都是经过周密考虑的。陈垣讲课方法灵活，既严肃认真，又和蔼可亲，主张疏通课堂空气：不要总是自己讲、学生听，要在学生座位间走走；在课堂上用种种方法提高学生的学习兴趣，并教会学生学习的方法。陈垣对学生的作业，极其用心批改，又认真讲评：缺点尽力在堂下个别谈；缺点改好了，有所进步，尽力在堂上表扬。其中佳作，在校内墙报专栏分期张贴发表，以收观摩之效，称之为"以文会友"。

综观上述，陈垣堪称著名教育家，处处凸显出教育家的本色。

四、 20 世纪二三十年代史学研究的巨大成就

1917 年，陈垣发表了《元也里可温考》。这是一个重要的里程碑，标志着他的史学生涯的正式开始。这篇论文一发表就引起中外史学界的重视。从 1917 年到 1937 年抗日战争全面爆发这 20 年间，可以说是陈垣史学研究的第一阶段。在这一阶段，他的著作主要集中在四个方面。

第一，关于宗教史的研究。

陈垣是宗教史研究的开拓者。继《元也里可温考》之后，1919 年写成《开封一赐乐业教考》，1922 年发表《火祆教入中国考》，1923 年发表《摩尼教入中国考》。陈垣以科学的方法复原了这四种古教在中国兴衰的历史，把对四种古教的研究提高到一个新的水平。1924 年编成《道家金石略》一百卷，收集了自汉至明有关道教的碑文 1300 余种，是一部系统的道教史资料集。1927 年的《回回教进中国的源流》，是他研究伊斯兰教史的一个总结。陈垣研究宗教史，是把宗教作为一种历史现象、社会现象，着重研究它的流传以及与政治、文化、经济的关系，而不是研究它的教义。他当时还没有接触马克思主义，还不可能对宗教的本质有正确的认识。但他搜罗材料力求齐全，叙述力求符合历史事实，所以这些著作是具有很高学术价值的宗教史著作。

第二，关于元代历史的研究。

陈垣 1924 年写成《元西域人华化考》专著，这是他早年最为满意的著作，出版后在中外学术界引起巨大的轰动。蔡元培称此书为"石破天惊"之作。日

本著名汉学家桑原骘藏在书评中说:"陈垣氏为现在支那①史学者中,尤为有价值之学者也。"陈寅恪 1935 年为此书重刊本作序说:"新会陈援庵先生之书尤为中外学人所推服。盖先生之精思博识,吾国学者自钱晓徵以来未之有也。""先生是书之材料丰实,条理明辨,分析与综合二者极具工力。""然则是书之重刊流布,关系吾国学术风气之转移者至大,岂仅局于元代西域人华化之一事而已哉!"②

陈垣 1931 年写成《沈刻元典章校补》。《元典章》是编集元朝廷所发布的有关典章制度的文献,史料价值甚高,为治元史者所必备的文献。但当时通行的沈家本刻本,错误很多,不便使用。陈垣选取沈刻本的底本,根据故宫所藏之刻本及四种旧抄书精心校勘,校出沈刻本讹误、衍脱、颠倒、妄改等各种错误 12000余条,据此写成《沈刻元典章校补》10 卷,使之成为利用沈刻《元典章》者必备之书。

1933 年写成《元秘史译音用字考》。这部著作分量不大,但作者下的功夫很深。多年来,他搜集了《元秘史》的各种版本,考察了它的源流,断定了它由蒙语译为汉语的年代,并找出它译音用字的规律。他搜集和编制了数十万字的资料,最后写成一万多字的著作。著名学者冯承钧非常佩服他的"用力之勤"及"别人所无的细密方法"。

此外,陈垣还写过一些有影响的论文。著名元史专家杨志玖总结陈垣的元史研究说,"它具有创始性、系统性和可读性三个特点"。"创始性也可称为开创性或独创性";"系统性也可称为完整性";可读性是指"文中原始资料与解说语言,浑然一体,天衣无缝,一气呵成,读来琅琅上口,无雕饰之迹,有自然之美,令人百读不厌。此体风格,实颇罕见,姑名之曰'援庵体'"。

第三,关于历史年代学、避讳学、校勘学的研究。

关于历史年代学的研究,陈垣有两部书问世,即《中西回史日历》和《二十史朔闰表》(以下简称《日历》和《朔闰表》)。

陈垣研究古宗教时,常常遇到中西回历对比问题。如果不了解这三种历法的差异,则在历史记载的运用上,必然会出现很多错误。为了方便今后考史的人,陈垣决心写一本两千年的历表,表中包括中、西、回三历。两书编著任务极艰巨。《朔闰表》的编排,列出又改,编好又换,反复推敲,精心裁取;《日历》

---

① 编者注:"支那"作为古代域外对中国的旧称之一,直到清末民初,使用时并无贬义。此后,随着日本军国主义的兴起,"支那"一词演变为近代日本侵略者对中国的蔑称。本书为保持历史文献原貌,对此不作改动,特此说明。余不再注。

② 陈寅恪:《陈垣元西域人华化考·序》,见《金明馆丛稿二编》,上海古籍出版社1980 年版,第 239 页。

则"稿凡五易，时阅四年"。这两部书是中国近代历表编制的创举，不仅为两千年来中、西、回三种历法提供了可靠的换算工具，而且使中国近代史学研究由传统走上科学。

避讳是我国古时特有的现象。辛亥革命以前，凡文字上都不得触犯当代帝王或所尊者的名字，必须用其他方法来回避。古人叙述历史或抄刻古书的时候，为了避讳，甚至把历史上的人名、地名、官名、书名、年号等都改掉。不懂避讳，读古书往往会发生许多疑难和混乱。但由于各个时代避讳的字不同，可以把讳字作为时代的标志。掌握了避讳的规律，就可以利用它来"解释古文书之疑滞，辨别古文书之真伪及时代"①。陈垣根据他多年读书的经验及搜集的历代避讳资料，总结了避讳的规律，1928 年写成《史讳举例》一书，"意欲为避讳史作一总束，而使考史者多一门路一钥匙也"②。

校勘学也是历史学的一门辅助学科。陈垣在《沈刻元典章校补》一书中，校出沈刻本 12000 余条讹误。陈垣在北京各高校开校勘学课，即以此书为教材，并从中提炼、分类和说明，撰成《元典章校补释例》六卷（1959 年重版时更名为《校勘学释例》），并提出"校法四例"：对校法、本校法、他校法、理校法。他把过去校勘的零散经验提高到规律性的高度，使校勘学真正成为一门学问。

第四，对《四库全书》的研究。

《四库全书》从清乾隆五十二年（1787）基本完成以来，一百多年间，没有人对它进行过全面调查研究。直到 1920 年，陈垣成为全面调查研究《四库全书》的第一人。

1920 年 5 月，法国总理班乐卫来中国，建议退还庚子赔款，并将其用来影印《四库全书》。当时徐世昌总统允诺影印，并明令派朱启钤督办其事。又派陈垣往京师图书馆就文津阁《四库全书》实地调查架、函、册、页的准确数字，以便做影印的准备。从此以后的十年时间里，陈垣对《四库全书》做了全面调查和研究，取得了丰硕的开创性研究成果，概括起来有以下几个方面：

（1）摸清了《四库全书》的基本数字。统计结果：收书共 3461 种，99309卷；存目有 6793 种，93551 卷。全书共 2290916 页，分装成 36275 册，总字数99700 万。过万页之书 31 部，页数最多、部头最大者是《佩文韵府》，444 卷，28027 页；第二名是《册府元龟》，1000 卷，27269 页。这一基本统计为人们认识《四库全书》提供了方便。

（2）《编纂四库全书始末》一文，第一次对编修《四库全书》的全过程作了

---

① 陈垣：《史讳举例·序》，上海书店出版社 1997 年版。
② 陈垣：《史讳举例·序》，上海书店出版社 1997 年版。

简明扼要的论述。

（3）考证了《四库全书》撤出书原委。

（4）对于文襄论《四库全书》手札的研究。

（5）对《四库全书》整理与刊行的意见，大部分被有关部门采纳。

五、 抗战史学的卓越篇章

抗日战争时期，陈垣的政治思想和学术研究都发展到一个新的阶段。

1931 年的"九一八"事变，使陈垣受到很大震动。在这以前，他对乾嘉学派，特别是对钱大昕十分佩服，多年来以《廿二史札记》作为教材向学生讲授钱氏之学。这以后，他转而推崇明末清初讲究经世致用的顾炎武，以他的《日知录》作为教材来启发学生。

1935 年，日本在酝酿成立"华北国"，北平政治空气恶劣。他的学生朱海涛回忆说，同学们要求陈垣对时局作一指示，他说："一个国家是从多方面发展起来的；一个国家的地位，是从各方面的成就累积的。""我们必须从各方面就着个人所干的努力和人家比。我们的军人要比人家军人好，我们的商人要比人家商人好，我们的学生要比人家的学生好，我们干史学的，就当处心积虑，在史学上压倒人家。"很显然，他是在考虑如何利用史学的教学与研究，为挽救遭受亡国威胁的祖国作出自己的贡献。

1937 年 7 月 7 日卢沟桥事变爆发不久，北平就沦陷了。从此，他在沦陷区的北平生活了整整八年。

在这八年中，他坚决不与敌人合作，坚决不任伪职。他任校长的辅仁大学成为北平唯一不向敌伪当局注册、不受敌伪津贴的高等学校。他还积极地利用历史学，宣传民族气节，发扬爱国精神。

陈垣在辅仁大学开了好几门课，在内容的选择上都是具有针对性的。

"中国佛教史籍概论"课蕴涵着陈垣丰富的爱国主义思想。他一再论曰："言宗教不能不涉及政治。""道人虽然离俗出家，然每与政治不能无关系。"故考证佛教史籍，注意从政治的角度进行论述，表彰历史上的爱国僧人，借以鼓励沦陷区人民不屈不挠的斗争精神；同时又贬斥投降变节之臣，借以痛责汉奸无耻事敌之行径。

"史源学实习"课，选择《鲒埼亭集》做教材，他在 1943 年 11 月 24 日致方豪的信中说："至于史学，此间风气亦变……近又进一步，颇提倡有意义之史学。""前两年讲《日知录》，今年讲《鲒埼亭集》，亦欲以正人心，端士习，不徒为精密之考证而已。"① 全祖望的这部文集，为明末清初东南地区许多抗清的英雄人物立传，寄托自己的故国之思。陈垣希望学生能从全祖望的著作中吸取精神力量，在敌伪统治下，坚持民族气节。②

这八年是陈垣史学研究的一个高潮，写成《释氏疑年录》《明季滇黔佛教考》《清初僧诤记》《南宋初河北新道教考》《中国佛教史籍概论》《通鉴胡注表微》等著作六种。其中，《明季滇黔佛教考》及《通鉴胡注表微》最能代表他这一时期的风格。

《明季滇黔佛教考》重点在"僧徒之外学"。僧徒于教外之学——作诗、撰文、挥毫书法、泼墨绘画，以儒雅情趣见其志向和故国情怀。"明季遗民多逃禅，示不仕决心也。"1957年陈垣在"重印后记"中说："此书作于抗日战争时，所言虽系明季滇黔佛教之盛，遗民逃禅之众，及僧徒拓殖本领，其实欲表彰者乃明末遗民之爱国精神、民族气节，不徒佛教史迹而已。"

《通鉴胡注表微》是陈垣抗战时期最后一本专著。胡三省生于南宋理宗绍定三年（1230），死于元大德六年（1302）。南宋亡后，入元不仕，隐居山中注书，很少与外界来往。因为他曾亲眼看到宋朝的腐败，亲身经历了南宋的灭亡，又身处异族的残酷统治之下，心情悲愤异常，所以在《资治通鉴》注释里隐晦地流露出他的民族气节和爱国心情。这一思想长期以来未被后世治史者所注意，《宋史》《元史》都没有留下他的传记。陈垣在1957年的"重印后记"中说："这样一位爱国史学家是在长时期里被埋没着，从来亦没有人给他写过传记。……他究竟为什么注《通鉴》？用意何在？从没有人注意，更没有人研究。""我写《胡注表微》的时候，正当敌人统治着北京。人民在极端黑暗中过活，汉奸更依阿苟容，助纣为虐。同人同学屡次遭受迫害，我自己更是时时受到威胁，精神异常痛苦。阅读胡注，体会了他当日的心情，慨叹彼此的遭遇，忍不住流泪，甚至痛哭。因此决心对胡三省的生平、处境，以及他为什么注《通鉴》和用什么方法来表达他自己的意志等作全面研究，用三年时间写成《通鉴胡注表微》二十篇。"《表微》充分体现了陈垣通史以经世致用的思想，是他坚持民族气节、抒发爱国情怀的历史篇章，是他"学识的里程碑"。

六、 北平解放后的思想光辉

1948年底，北平解放前夕，国民党和共产党对北平城内的著名学者展开了

---

① 陈智超编：《陈垣来往书信集》，上海古籍出版社1990年版，第302页。

② 编者注：现不提倡将元、清等少数民族统治时期看作民族侵略，其争斗属民族内部斗争。下文类似情况不赘注。

激烈的争夺。陈垣是辅仁大学校长、著名的历史学家，名望甚高，自然受到关注。国民党政府先后三次把飞机票送到陈垣家，想接他离开北平。但他坚决留在北平，迎接北平的解放，拒绝跟国民党南下。1949 年 1 月 31 日，北平和平解放。他和群众一起在大街上欢迎解放军进城。他看到解放军纪律严明、秋毫无犯，心情十分激动。

北平解放不久，陈垣思想发生很大变化。1949 年 4 月 29 日，陈垣写成致胡适的公开信，5 月 11 日，在《人民日报》上发表。信中说："现在我可以告诉你，我完全明白了，我留在北平完全是正确的。""解放后的北平，来了新的军队，那是人民的军队，树立了新的政权，那是人民的政权，来了新的一切，一切都是属于人民的。"信中谈了他思想转变的过程。这封信是陈垣一生中的一个重要文件，它宣告了他从此走向新道路。

北平解放后，陈垣的思想与时俱进，进步很快。1949 年 9 月，他被列为特邀代表参加中国人民政治协商会议第一届全体会议。10 月 1 日登上天安门观礼台，参加了中华人民共和国开国大典。1950 年参加了维护我国教育主权的反帝斗争，辅仁大学由中央教育部接办，成为在教会大学中第一所改为国立的大学。1951 年，陈垣以 71 岁高龄申请到西南参加"土地改革"（简称"土改"），得到批准，并被任命为由 500 多人组成的西南土改工作团总团长。这次社会实践，使陈垣更多地接触社会，了解人民群众和国家政治，对他的政治立场和学术思想都产生了深刻的影响。"土改"归来后，他又立即投入思想改造运动中，在改造客观世界的同时，改造自己的主观世界。

新中国成立后，陈垣为党和人民做了许多工作。他担负了繁重的学术领导工作。1952 年全国高校院系调整，他被任命为北京师范大学校长。1954 年，他又担任中国科学院历史研究二所所长。同年，《历史研究》杂志创刊，他是编委之一。1955 年，科学院下属各个学部成立，他是哲学社会科学部的学部委员。从 1958 年起，他是第一、二、三届全国人民代表大会常务委员会委员。

1959 年 1 月 28 日，陈垣以 79 岁高龄加入中国共产党。3 月 12 日，《人民日报》发表他的《党使我获得新的生命》一文。此文发表，正值全国百余名史学工作者会集北京，讨论中国历史提纲。众人阅读此文，非常感动。乃由唐长孺赋诗，推侯外庐题词，书于织锦封皮宣纸册页上，以示祝贺。题词后有蔡尚思、郑天挺等与会者 105 人签名。1960 年 11 月，学术界在北京饭店设宴庆祝陈垣八十华诞。

新中国成立后，陈垣担任北京师范大学校长，由于年事已高，他没有再上课。他与教育有关的业绩主要有：（1）呼吁社会各界重视师范教育，为祖国培养更多的合格教师；（2）强调教育实习的重要意义；（3）与青年学生谈学习与读书，反对学习中的形式主义和空洞口号，提倡踏实钻研、循序渐进、持之以恒的优良学风。

新中国成立后，陈垣的学术研究不断有新的成果发表，并收入《陈垣学术论文集》第二集中。这时期的作品有 29 篇。《两封无名字无年月的信》是陈垣的最后一篇论文。1965 年 10 月 21 日改定后送《文史》，因"文革"爆发，杂志停刊而未能发表。可见陈垣为学术而工作到不能够工作为止，从不间断。1955 年到 1964 年，陈垣在助手刘乃和的帮助下，重新修订了他的大部分主要著作 11 种，由科学出版社、古籍出版社再版。1964 年中华书局又将《元典章校补》《元秘史译音用字考》《元西域人华化考》《旧五代史辑本发覆》和《吴渔山年谱》以木版印刷出版，名曰"励耘五种"，共 10 册。

1966 年至 1971 年，是陈垣人生旅程的最后阶段。"文化大革命"开始时，他也抱着良好的愿望，准备积极参加，但事态的发展却使他迷惑不解。这使他非常苦恼，他不愿发违心之言，只能保持沉默。1971 年 6 月 21 日，陈垣病逝于北京医院，享年 92 岁。6 月 24 日，遗体告别仪式在八宝山革命公墓举行。告别仪式由中共中央政治局委员、国务院副总理李先念主持。中共中央委员、全国人大常委会副委员长郭沫若致悼词。

陈垣逝世后，家属遵照他的遗愿，将他的两万册藏书、大批有很高史料价值的文物以及四万元稿费全部捐给国家。现在他的图书由国家图书馆收藏，文物由北京市文物管理局收藏。大量遗稿由孙儿智超收集保存。

原载《岭南文史》，2008 年第 3 期；同类文章还有一些，今把发表文章的书刊录下，以供读者参考：《"国宝"陈垣》，原载曾庆榴、林亚杰主编《岭南史学名家》，中国文史出版社 2008 年版；李训贵、宋婕主编《城市国学讲坛》第四期，社会科学文献出版社 2011 年版。

爱国史学大师陈垣

一、 陈垣简介

陈垣（1880—1971），字援庵，自号励耘，广东新会人。20世纪中国著名的教育家、成就卓著的史学家、炽热的爱国者。他从教70余年，任过46年大学校长；在宗教史、中国历史文献学、元史等领域的研究成果饮誉海内外，被学术界称为"一代宗师"。毛泽东曾称他为"我们国家的国宝"。他享年92岁，有33年生活在家乡新会和广州，其余时间都居住在北京。新中国成立后，他曾任北京师范大学校长，中国科学院历史二所所长，哲学社会科学部委员，中国人民政治协商会议北京市委员会副主席，第一、二、三届全国人民代表大会常务委员会委员等职。他79岁光荣地加入了中国共产党，人虽老而志愈坚，年虽迈而学愈勤，为社会主义事业作出了卓越贡献。广东人民为出了陈垣而骄傲，对他十分敬仰和爱戴。广东省委宣传部和广东炎黄文化研究会共同组织编辑出版的"广东历史文化名人丛书"，陈垣是第一批入选的人物。中国科学院、中国工程院、中国社会科学院的八名院士共同主编的"二十世纪中国著名科学家书系"，陈垣也是入选的人物。

二、 《陈垣全集》是20世纪中国历史学的一座丰碑

安徽大学出版社2009年12月出版了由陈垣嫡孙陈智超主编的《陈垣全集》（简称《全集》）。全书共23册，近1000万字。各册目录如下：

第一册：早年文；

第二册：元也里可温教考、开封一赐乐业教考、火祆教入中国考、摩尼教入中国考、元西域人华化考、宗教史论文；

第三册：四库书目考异；

第四册：中西回史日历（上）；

第五册：中西回史日历（下）；

第六册：二十史朔闰表；

第七册：史讳举例、校勘学释例、吴渔山年谱、旧五代史辑本发覆、历史文献学论文、杂著；

第八册：敦煌劫余录（上）；

第九册：敦煌劫余录（下）；

第十册：元典章校补；

第十一册：元秘史音译类纂（上）；

第十二册：元秘史音译类纂（下）、元秘史校记、元秘史译音用字考；

第十三册：廿二史札记批注、廿二史札记考正；

第十四册：日知录校注（上）；

第十五册：日知录校注（中）；

第十六册：日知录校注（下）；

第十七册：释氏疑年录、中国佛教史籍概论；

第十八册：明季滇黔佛教考、清初僧诤记、南宋初河北新道教考；

第十九册：鲒埼亭集批注（上）；

第二十册：鲒埼亭集批注（下）；

第二十一册：通鉴胡注表微；

第二十二册：文稿、批注本（中国历史研究法批注、西游录批注、墨井集批注、辩伪录批注、困学碎金批注）、教材、诗稿、解放后重要讲话文章；

第二十三册：书信，附陈垣简谱。

从目录看，半数以上内容为陈垣生前未公开发表过的。其中书信部分，20世纪90年代陈智超编注的《陈垣来往书信集》一书，收陈垣致他人书信375封，这次，《全集》新增陈垣致他人书信467封，另有陈垣批复家书125封。这样，《全集》收入陈垣致他人书信967封。其书信对象包括政界、教育界、学术界、宗教界、思辨社成员、同乡、弟子及家人。这些书信是十分重要的研究近现代史的资料。

1922年胡适曾断言，"南方史学勤苦而太信古，北方史学能疑古而学问太简陋，将来中国的新史学须有北方的疑古精神和南方的勤学工夫"，"能够融南北之长而去其短者，首推王国维与陈垣"。可见胡适对陈垣评价之高。

为什么说《陈垣全集》是20世纪中国历史学的一座丰碑呢？

第一，陈垣在中国近代实证史学中有许多重要建树。20世纪是中国传统史学向近代史学转变时期，中国史学近代化的重要标志之一就是创立了近代实证史学。陈垣是近代实证史学的倡导者和实践者。他在宗教史领域的《元也里可温教考》《开封一赐乐业教考》《火祆教入中国考》《摩尼教入中国考》等，在元史领域的《元西域人华化考》《沈刻元典章校补》《元秘史译音用字考》等，在历史文献学领域的《中国佛教史籍概论》《敦煌劫余录》《校勘学释例》《史讳举例》《中西回史日历》《二十史朔闰表》等都是实证史学的典范。胡适、傅斯年、陈寅恪等近代实证史学名家，对陈垣上述著作都给予极高的评价。

陈垣是宗教史研究的开拓者。1917 年发表《元也里可温考》之后，1919 年写成《开封一赐乐业教考》，1922 年发表《火祆教入中国考》，1923 年发表《摩尼教入中国考》。陈垣以科学的方法，复原了这四种古教在中国兴衰的历史，把对四种古教的研究提高到一个新的水平。陈垣研究宗教史是把宗教作为一种历史现象、社会现象，着重研究它的流传以及与政治、文化、经济的关系，而不是研究它的教义。他当时还没有接触马克思主义，还不可能对宗教的本质有科学的认识，但他搜罗材料力求齐全，叙述力求符合历史事实，所以这些著作是具有很高学术价值的宗教史著作。

关于元代历史的研究。

陈垣 1924 年写成《元西域人华化考》专著，这是陈垣早年最为满意的著作，发表后在中外学术界引起巨大的轰动。蔡元培称此书为"石破天惊"之作。日本著名汉学家桑原骘藏在书评中说："陈垣氏为现在支那史学者中，尤为有价值之学者也。"陈寅恪 1935 年为此书重刊作序时说："而新会陈援庵先生之书，尤为中外学人所推服。盖先生之精思博识，吾国学者自钱晓徵以来未之有也。""至于先生是书之材料丰实，条理明辨，分析与综合二者极具工力。""然则是书之重刊流布，关系吾国学术风气之转移者至大，岂仅局于元代西域人华化之一事而已哉？"

陈垣 1931 年写成《沈刻元典章校补》。《元典章》是编集元朝廷所发布的有关典章制度的文献，史料价值甚高，为治元史所必备的文献。但当时通行的沈家本刻本，错误很多，不便使用。陈垣选取沈刻本的底本，根据故宫所藏之刻本及四种旧抄书精心校勘，校出沈刻本讹误、衍脱、颠倒、妄改等各种错误 12000 余条，据此写成《沈刻元典章校补》十卷，使之成为利用沈刻《元典章》者必备之书。

1933 年写成《元秘史译音用字考》。这部著作分量不大，但作者下的功夫很深。多年来，他搜集了《元秘史》的各种版本，考察了它的源流，断定了它由蒙语译为汉语的年代，并找出它译音用字的规律。他搜集和编制了数十万字的资料，最后写成一万多字的著作。著名学者冯承钧非常佩服他的"用力之勤"及"别人所无的细密方法"。

此外，陈垣还写过一些有影响的论文。著名元史专家杨志玖总结陈垣的元史研究，说："它具有创始性、系统性和可读性三个特点"。"创始性也可称为开创性或独创性"；"系统性也可称为完整性"；可读性是指"文中原始资料与解说语言，浑然一体，天衣无缝，一气呵成，读来琅琅上口，无雕饰之迹，有自然之美，令人百读不厌。此种风格，实颇罕见，姑名之曰'援庵体'"。

关于历史年代学、避讳学、校勘学的研究。

关于历史年代学的研究，陈垣有两部书问世，即《中西回史日历》和《二十史朔闰表》（以下简称《日历》和《朔闰表》）。

陈垣研究古宗教时，常常遇到中西回历对比问题。如果不了解这三种历法的差异，则在历史记载的运用上必然会出现很多错误。为了方便今后考史的人，陈垣决心写一本两千年的历表，表中包括中、西、回三历。两书编著任务极艰巨，《朔闰表》的编排，列出又改，编好又换，反复推敲，精心裁取；《日历》则"稿凡五易，时阅四年"。这两部书是中国近代历表编制的创举，不仅为两千年来中、西、回三种历法提供了可靠的换算工具，而且使中国近代史学研究由传统走上科学。

避讳是我国古时特有的现象。辛亥革命以前，凡文字上都不得触犯当代帝王或所尊者的名字，必须用其他方法来回避。古人叙述历史或抄刻古书的时候，为了避讳，甚至把历史上的人名、地名、官名、书名、年号等等都改掉。不懂避讳，读古书往往会发生疑难和混乱，但由于各个时代避讳的字不同，可以把讳字作为时代的标志。掌握了避讳的规律，就可以利用它来"解释古文书之疑滞，辨别古文书之真伪及时代"。陈垣根据他多年读书的经验及搜集的历代避讳资料，总结了避讳的规律，1928 年写成《史讳举例》一书，"意欲为避讳史作一总结束，而使考史者多一门路一钥匙也"。

校勘学也是历史学的一门辅助学科。陈垣在《沈刻元典章校补》一书中校出沈刻本 12000 余条讹误。陈垣在北京各高校开校勘学课，即以此书为教材，并从中提炼、进行分类和说明，撰写《元典章校补释例》六卷（1959 年重版时更名为《校勘学释例》），并提出"校法四例"：对校法、本校法、他校法、理校法。他把过去校勘的零散经验提高到规律性的高度，使校勘学真正成为一门学问。

陈垣的上述著作，都是实证史学的典范，为中外学人所推崇，有的成为学术经典，流芳百世。

第二，陈垣把史学功能的"求真"与"致用"结合得淋漓尽致。

全面抗战的八年是陈垣史学研究的一个高潮，写成《释氏疑年录》《明季滇黔佛教考》《清初僧诤记》《南宋初河北新道教考》《中国佛教史籍概论》《通鉴胡注表微》等著作六种。其中《明季滇黔佛教考》及《通鉴胡注表微》，最能代表他这一时期的风格。

《明季滇黔佛教考》的重点在"僧徒之外学"。僧徒于教外之学——作诗、撰文、挥毫书法，泼墨绘画，以儒雅情趣见其志向和故国情怀。"明季遗民多逃禅，示不仕决心也。"1957 年他在"重印后记"中说："此书作于抗日战争时，所言虽第明季滇黔佛教之盛，遗民逃禅之众，及僧徒拓殖本领，其实欲表彰者乃明末遗民之爱国精神、民族气节，不徒佛教史迹而已。"

《通鉴胡注表微》是陈垣抗战时期最后一本专著。胡三省生于南宋理宗绍定三年（1230），死于元大德六年（1302）。南宋亡后，入元不仕隐居山中注书，很少与外界来往。因为他曾亲眼看到宋朝的腐败，亲身经历了南宋的灭亡，又身处异族统治之下，心情悲愤异常，所以在《通鉴》注释里隐晦地流露出他的民族气节和爱国心情。这一思想长期以来未被后世治史者注意，《宋史》《元史》都没有留下他的传记。陈垣在1957年"重印后记"中说："这样一位爱国史学家是在长时期里被埋没着，从来亦没有人给他写过传记。……他究竟为什么注《通鉴》？用意何在？从没有人注意，更没有人研究。""我写《胡注表微》的时候，正当敌人统治着北平。人民在极端黑暗中过活，汉奸更依阿苟容，助纣为虐。同人同学屡次遭受迫害，我自己更是时时受到威胁，精神异常痛苦。阅读胡注，体会了他当时的心情，慨叹彼此的遭遇，忍不住流泪，甚至痛哭。因此决心对胡三省的生平处境，以及他为什么注《通鉴》和用什么方法来表达他自己的意志等作全面研究，用三年时间写成《通鉴胡注表微》二十篇"。在《表微》中充分体现了陈垣通史以经世致用的思想，是他坚持民族气节，爱国情怀的历史篇章，是他"学识的里程碑"。

第三，陈垣对古籍整理与研究发表过许多指导性意见，这是陈垣史学遗产的重要组成部分，也是20世纪中国历史学的重要华章。

陈垣历时十年，研究《四库全书》取得重要成果，除写了大量研究论文之外，这次《全集》第一次公开发表《四库书目考异》一书。

《四库全书》是清乾隆三十七年（1772）酝酿，三十八年（1773）开始编纂，到乾隆五十二年（1787）基本完成，共用了十几年时间编纂的一部综合性大型丛书。抄成七部，分藏于七座藏书楼：文渊阁、文溯阁、文源阁、文津阁、文宗阁、文汇阁、文澜阁。此后一百多年间，没有人对它进行过全面调查研究。直到1920年，陈垣成为全面调查研究《四库全书》的第一人。

1915年原藏于承德避暑山庄文津阁的《四库全书》被移存国立京师图书馆（国家图书馆前身），这是陈垣渴望已久的书，他千方百计与图书馆取得联系，并开始到馆阅览。

1920年5月，法国总理班乐卫来中国，建议退还庚子赔款，用来影印《四库全书》。当时徐世昌总统允诺影印后，分赠法国总统及中国学院，并明令派朱启钤督办其事。又派陈垣往京师图书馆就文津阁《四库全书》实地调查架、函、册、页的准确数字，以便做影印的准备。陈垣把主要精力放在《四库全书》的全面调查上。6月至8月，陈垣带领樊守执、杨名韶、王若璧、李倬约、李宏业、张宗祥等人全面清点统计《四库全书》的册数、页数等。当时京师图书馆目录课谭新嘉于1921年10月在清点数据单后面题写跋语，记述当时情况："时政争激烈，近畿枪林弹雨，京城各门白昼仅启一二小时者二十余日。樊君诸人每日挥汗点查，未尝一日间断。""当戎马倥偬之际，得以从容镇静各事其冷淡生涯，几若世外桃源。"通过这次检查，弄清了这部丛书的详细情况。对其中每部书的册数、页数都做了清点和统计，列出书名、作者，并做索引，还将赵怀玉本《四库简明目录》与《四库全书》原书进行核对，查出有书无目、有目无书、书名不符、卷数不对等情况，一一罗列，然后撰成《四库书目考异》五卷、《四库书名录》、《四库撰人录》等。此后，陈垣对《四库全书》断断续续做了长达十年的研究，取得了丰硕的开创性成果。他的学生刘乃和在《书屋而今号励耘》一文中记述了当时的情景："当时他家住在北京城内西南角，贮存文津阁《四库》的京师图书馆在城东北角。当时紫禁城前后的东西街道还是宫廷禁地，没有直达道路，必须绕道走，来回路程需要三个多小时，逢阴雨风雪，甚至要四个多小时。他每天清早，带着午饭，到图书馆看《四库》，图书馆刚开馆就赶到，下午到馆员下班时才离开。就这样前后读了十年，把这部包括三千多种、三万多册的大丛书做了详尽的了解。"

陈垣除调查、阅读文津阁的《四库全书》之外，1925 年在清室善后委员会工作，点检故宫文物。当年 1 月他还带领北大学生清点了文渊阁《四库全书》。他后来画了《文渊阁四库全书排架图》，将文渊阁书排列的函、架次序，按原来排放位置画为图式，对全书的排架情况做了梳理，颇便观览。4 月 28 日，他在故宫摛藻堂还发现了尘封多年的《四库全书荟要》，并特意留影纪念。《四库全书荟要》是与《四库全书》同时编纂的，是乾隆皇帝命四库馆臣选择《四库全书》的精华，缮写为《四库全书荟要》，其编写形式与《四库全书》同，共收书 473 种 11151 册，分装于两千函中，另外一函为总目。这一发现，也是陈垣对《四库全书》的重要贡献。

《陈垣全集》收入陈垣研究《四库全书》的全部论文。从这些论文中可以看出陈垣对《四库全书》研究的贡献主要表现在下列方面：

第一，查清了《四库全书》的基本数字。统计的结果：《四库全书》收书共 3461 种，99309 卷；存目有 6793 种，93551 卷。全书共 2290916 页，分装成 36275 册，总字数 99700 万。过万页之书 31 部，页数最多、部头最大者是《佩文韵府》，444 卷，28027 页；第二名是《册府元龟》，1000 卷，27269 页。这一基本统计为人们认识《四库全书》提供了方便。

第二，《编纂四库全书始末》一文，第一次对编修《四库全书》的全过程做了简明扼要的记载。《四库全书》是如何编成的？虽有零星记载，但并没有系统的材料，人们并不清楚编纂全过程。此文采用编年体例，以事系年，逐年逐目编列，记述了乾隆三十七年到五十七年《四库全书》的编纂始末。从此文我们得知参加修书者前后有 900 多人，乾隆第六子永瑢等八人为总裁，纪昀、陆锡熊、孙士毅任总纂修者，邵晋涵、周永年、余集、戴震、杨昌霖等任校勘。《四库全书》采人书本有敕撰本、内府本、《永乐大典》本、各省采进本、私人进献本和通行本等六种。《四库全书》抄成七部，建七阁分藏，等等。

第三，考证《四库全书》撤出书原委。《四库撤出书原委》原是1928年陈垣致余嘉锡的信，他根据乾隆宫廷档案，考出周亮工等人的书被撤出的原因。因书中有被清廷视为"违碍"之句，或有"猥亵"之疑，故被撤出。被撤出的书共有11种之多。又在《四库提要中之周亮工》一文中说："周亮工著述，四库全书著录五种，存目三种。""乾隆五十二年，覆勘四库全书，……亮工著述之已著录及存目者一律扣除，已刻提要之有亮工名者亦一律抽改。"

第四，对于文襄论《四库全书》手札的研究。于文襄即于敏中，《四库全书》总裁之一，他曾写信给《四库全书》总纂修之一的陆锡熊，论《四库全书》，前后56通，附函5件，手札有日月，但无年份。1933年《北平图书馆馆刊》刊载《于文襄手札》时，只以日、月的次序，故事实多倒置。陈垣根据手札用信笺、内容及所书月、日，考出这些信是乾隆三十八年至四十一年，"故此诸函前后亘四年"，纠正了原刊本的错误，可见陈垣考证之功力。

陈垣认为，这些信件非常重要，说修《四库全书》的材料很详细，好多官方文书都赶不上。从这些信件中知道，于敏中在修书过程中发出指示，"密授机宜，不徒画诺而已"。又曰："统观诸札，办书要旨：第一求速，故不能不草率；第二求无碍，故不能不有所删改；第三求进呈本字画无讹误，故进呈本以外，讹误遂不可问。敏中亦深知其弊，故其奉办《日下旧闻考》附函有曰'此书私办更胜于官办'；六月十一日函亦曰'欲将《玉海》校正，别行刊板，不由官办更妥'。然则世之震惊四库全书者可以不必矣。"通观信札，于敏中对《四库全书》的评价是正确的。

第五，对《四库全书》整理与刊行的意见。1920年，有重印《四库全书》之议，因款项巨大，未能实现。1924—1925年，教育部有两次议印之举，计划具在，因故未果。1933年又有选印《四库全书》之议。教育部函请陈垣等15人为"编订四库全书未刊珍本目录委员会"委员，编定《四库全书未刊珍本目录》，选书231种，于1935年由商务印书馆印成发行。这次影印四库全书未刊珍本，陈垣功不可没。陈垣写《景印四库全书未刊本草目签注》，对《四库全书》整理和刊行提出了十分重要的意见。经陈垣"签注"，有52种书"均应剔出，可省二万二千四百八十一页。此外已有刊本应剔出者尚多，应俟公同订定"。8月21日陈垣致信时任教育部长的王世杰说："承以编订四库全书未刊本目录事见委……乞即博采众说，将共认为未见刊本之书先行付印，庶得早日观成，至以为幸。"陈垣的这些意见基本被采纳。早在1925年，商务印书馆负责人李宣龚在准备影印文津阁本《四库全书》时，致信陈垣说："敝馆承印《四库全书》事，屡承指导，铭感不谖。且文津阁一书，原为我公平日所整理者，一切简帙，秩然有序，尤堪征信。……俟全书运沪之后，拟请执事莅沪一游，共商绵蕞。辱蒙允许，此不独敝馆之荣幸，异日书成，揭橥得当，必更有餍海内士之望者，则皆我公之赐也。"从这里可以看出学术界、文化界对陈垣《四库全书》研究的承认与推崇。

抗战时期，陈垣在北平各高等学校开设"史源学实习"课，以赵翼《廿二史札记》、顾炎武《日知录》、全祖望《鲒埼亭集》为教材。陈垣开设此课，也是他提倡爱国史学的主要内容。他在致方豪的信中说："至于史学，此间风气亦变……前两年讲《日知录》，今年讲《鲒埼亭集》，亦欲以正人心，端士气，不徒为精密之考证而已。"陈垣对上述三种著作做了深入、系统的研究与整理，并结合教学需要，作了许多"史源学"杂文。而对上述三书则作了《日知录校注》《廿二史札记批注》《廿二史札记考正》《鲒埼亭集批注》。《陈垣全集》收入上述全部著作。

第四，陈垣研究历史的方法也是我们宝贵的精神财富。

对历史研究方法的总结与提炼，是 20 世纪中国历史学的重要内容。陈垣没有写过专门论述史学方法的著作，但他几十年从事史学研究，他的一些著作成为史学的经典著作。我们从他的研究实践和著作中，尤其从他的书信中，可以总结出一套治史方法的不易之论。比如选择研究课题要有学术价值和社会意义；研究问题要从目录学入手；首先用第一手材料；"竭泽而渔"地搜集资料；整理考证材料，求真求实；"连缀成文"，文字要严谨简洁明了，深入浅出，以理服人；文成后请人指摘，反复修改，精益求精；每篇论文必须有新发现或新解释；等等。《陈垣全集》充分体现了这些治史方法与原则的具体运用。

因此，我们说《陈垣全集》是 20 世纪中国历史学的一座丰碑，是陈垣被学术界称为"史学宗师"的见证。

三、 杰出的教育家

在 92 年的生涯中，陈垣从事教学工作 70 余年，在蒙馆、小学、大学任教过，做过 46 年的大学校长。18 岁开始在家乡蒙馆任教，在家乡任篁庄小学教员，在北京创办过小学性质的"北京孤儿工读园"，学校门口对联为：无私蓄，无私器，同惜公物；或劳心，或劳力，勿做游民。陈垣有过几次教中学的经历：在广州任教于振德中学、义育学堂；1921 年在北京创办"北京平民中学"，1926 年还担任过北京翊教女子中学校长。在北京大学、燕京大学、北平师范大学、辅仁大学、北京师范大学都担任过教授，并长期担任辅仁大学、北京师范大学校长。陈垣是我国著名的教育家，他的一生凸显出了教育家的本色。

（一）从事教育工作时间长，培养人才多

通观古今中外，有像陈垣如此长教育生涯的教育家是不多见的。其培养人才

之多也堪称罕见。1959年陈垣在《教育工作六十年》一文中说："在我身边成长了无数青年，今天，他们有的刚刚做教师，有的已担任着领导工作，有的在科学研究上有了很大的成就，有的则已是'桃李满天下'的老教授"。陈垣逝世后，回忆他的文章、研究其学术成就的论文有百余篇，还出版过几本纪念文集，作者绝大多数是他的学生，许多已成为著名的学者或史学界的领导人，如启功、柴德赓、刘乃和、周祖谟、牟润孙、白寿彝等。这些培养人才的建树，为中国现代教育增添了光彩。

（二）具有与时俱进的教育思想

陈垣是中国新式教育的先驱。青年时期在蒙馆任教时，他反对对学生打板、体罚；在光华医学院教书时，他自己动手画挂图，带学生到广州郊外乱坟堆中捡拾零散骨骼作为课堂教具。这些联系实际、增加学生感性认识的教学方法，在当时也是十分先进的、超前的。

重视基础教育。陈垣在辅仁大学时，非常重视基础课程的设置。不论文理科，一年级均设置国文课，作为必修课。他亲自编写教材，亲自担任一个系的国文课。陈垣在北京各高校历史系开创"中国史学名著选读""中国史学名著评论"两门基础课，就是为了给学生打下坚实的史学基础。

重视通过实践对学生能力的培养。陈垣在辅仁大学开创"史源学实习"一课，重点不在讲，而在于多做练习，通过实践教会学生阅读古书和从事研究的能力。

科研和教学相结合。陈垣是这方面的典范。陈垣著作等身，许多著作或是与教学紧密相关，如宗教史的著作；或是由教学的讲义修改而成，如《中国佛教史籍概论》等；或是教学的副产品，如《陈垣史源学杂文》等。

重视教师在教学中的作用。陈垣认为教师在教学活动中起主导作用。他说："老师教育儿童应当发挥主导作用，'没有不好的孩子，只有不好的教育方法'，'不良的儿童，是失败了的教师的象征'。"正是因为意识到教师的重要，所以陈垣当北京师范大学校长时，不断呼吁社会各界重视师范教育，号召优秀青年来报考师范院校，从事教育。

凡此种种，都是陈垣教育思想的体现，而这种教育思想具有与时俱进的时代特色。

（三）来源于实践并为实践所检验的行之有效的教育方法

陈垣教育有很强的计划性，按照教学计划，如期完成教学活动。他精选教材，他任教的"中国史学名著选读"和"中国史学名著评论"，每年都精选合适的教材。选择《日知录》《廿二史札记》《鲒埼亭集》作为"史源学实习"一课的教材，都是经过周密考虑的。陈垣讲课方法灵活，既严肃认真又和蔼可亲，主张疏通课堂空气：不要总是自己讲、学生听，要在学生座位行间走走；在课堂上用种种方法提高学生的学习兴趣，并教会学生学习的方法。陈垣对学生的作业极其用心批改，又认真讲评：缺点尽力在堂下个别谈；缺点改好了，有所进步，尽力在堂上表扬。其中佳作，在校内墙报专栏分期张贴发表，以收观摩之效，称之为"以文会友"。

综观上述，陈垣堪称著名教育家，处处凸显出教育家的本色。

陈垣与学生之间有一种特殊的感情，在学生中流行陈垣的"一指禅"。

陈垣教学生，有自己独特的方式。无论学生有多大错误，他通常是不会用过激的言语很直接地说出来，只是伸出右手食指冲那个学生一指，这时，这个被指的人马上就能明白，知道自己又有什么地方出错，让老师不满意了。时间一长，所有人都知道老师的脾气了，大家私下里戏称老师的这一招为"一指禅"。

一次，启功作了一首有关溥心畬的诗，写的是他故宅恭王府的海棠，里面有一句"胜游西府冠郊埛"。海棠多指"西府海棠"，"西府"是海棠的品种之一，以西府所产海棠最出名，所以启功诗中的"西府"，既指恭王府的故址，更指海棠花开放的盛况。启功把这首诗给陈垣看的时候，柴德赓在旁，他没有领会启功诗句的意思，突然冒出一句："恭王府又叫西府吗？"没想到，陈垣朝他一指，柴德赓马上意识到自己说错了，脸红耳赤。那种窘况，启功多年后仍记忆犹新。

牟润孙也非常敬畏陈垣的"一指禅"。他是一个不修边幅的人，有时忘记刮胡子，就那么胡子拉碴地见人，陈垣最不能忍受。每见到牟润孙这样，陈垣便会用手朝他下巴一指，牟就惶恐不已。这样时间长了，牟润孙居然养成见陈垣之前必摸下巴的习惯。有一次临见陈垣之前忘记刮胡子，再赶回去"补救"已经来不及了，只好跑到住在陈垣隔壁余嘉锡的儿子余逊那里借剃须刀，被余嘉锡嘲笑为"入马厩而修容"，从此在同事中传为笑谈。

四、 炽热的爱国者

爱国思想贯穿陈垣的一生。

（一）反帝反封的热血青年

18 岁（光绪二十三年，即 1897 年）时，陈垣希望走科举致仕的道路，以监生身份参加顺天乡试。到达北京，住新会会馆，与同乡前辈伍铨萃（字叔葆）相识。考试答题，放笔直书，不符合八股文要求，结果放榜时名落孙山。这对他是一次非常沉重的打击。将近半个世纪以后，他还清楚地记得当时的情景："丁西赴北闱，首场冉求之艺，文之以礼乐。题本偏全，放笔直书，以为必售。出闱以视同县伍叔葆先生，先生笑额之。榜发下第。出京时重阳已过。朔风凛冽，叔葆先生远送至京榆路起点之马家铺。临别，珍重语之曰：文不就范，十科不能售也。虽感其厚意，然颇以为耻。"自此，他发奋学习八股文，准备继续应试。"尽购丁酉以前十科乡会墨读之，取其学有根柢，与己性相近者，以一圈为识，得文数百篇。复选之，以两圈为识，去其半。又选之，以三圈为识，得文百篇，以为模范。揣摩其法度格调，间日试作，佐以平日之卷议论，年余而技粗成。"戊戌变法以后不久，八股取士的办法被废除了，他觉得自己白白浪费了两年时间。但陈垣回忆，"不过也得到了一些读书的方法"，"逐渐养成了刻苦读书的习惯"。

在维新思想影响下，从 20 世纪初年开始，陈垣抱着爱国之志，参加了当时反帝反封建的革命运动。

1905 年，陈垣与革命画家潘达微、高剑父、陈树人等创办《时事画报》。潘达微，曾任中国同盟会广东支部机关负责人。高剑父，曾任广东支部主盟人。陈垣也是同盟会会员。这些志同道合的同志创办《时事画报》，宣传民族主义，反对清朝封建统治和帝国主义的压迫。1911 年春，陈垣又与康仲荦在广州共同创办《震旦日报》，担任该报主编，并兼副刊《鸡鸣录》主笔。"鸡鸣录"之名取自《诗经》"风雨如晦，鸡鸣不已"之意，反映出这一刊物是为了配合孙中山先生的民主革命而呐喊鼓动的。陈垣在这两个报刊上发表了大量抨击时政的文章。据统计，他在《时事画报》上发文 57 篇，在《震旦日报》上发文 14 篇。这些文章的内容概括起来就是反帝反封建。

反对清政府的民族压迫政策和封建专制制度。陈垣发表文章所用笔名谦益、钱罂就含反清之意。陈垣在 1957 年 7 月 7 日复广东省中山图书馆的信中说：报（指《时事画报》）中文字多倾向民族主义，当时在内地讲民族主义，不如在港澳放言之便，故广州《时事画报》，系在内地发行的唯一革命报。"我的笔名为谦益、钱罂等。谦受益，取其与'满招损'对，钱罂取其别名'扑满'（储蓄钱币的瓦罐），这是当时的思想。"陈垣的这类文章，是充分利用清历代皇帝的"上谕"。他把这些"上谕"编为五册《柱下备忘录》，按问题分类剪贴，标题有《利用宗教（孔子、喇嘛、回回）》《汉官之无足轻重》《汉人欲为奴才不可得》《暴虐汉人之确供》《汉人之被没为满洲家奴》《圈占汉人田亩之强权》《驻防旗下之纵横》《旗人鱼肉汉人之一斑》《满兵之欺侮汉兵》《汉满权利不平等之杂志》《阴行离间汉人之术》等。利用这五册《柱下备忘录》，他写出了《释汉》《释奴才》等大量寓意反清政府、反对封建专制的富有战斗性的文章。

反对美国的排华政策和对我国的侵略。1905 年美国颁布了"华工禁约"期满，海内外华人一致要求废除这项苛刻的条约。但美国政府强行续约，对华工施加种种限制和虐待，激起了中国人民的愤怒。广州籍华侨冯夏威在上海美国领事馆愤然自刎,以示抗议。一时间举国上下,群愤激昂,广州、上海等地民众纷纷组织"拒约会",形成群众性的反美爱国运动。陈垣在广州被推选为"拒约会"负责人之一。1905 年 9 月,美国国防部长与总统女儿率领一个 200 多人的庞大旅游团到广州调查抵制美货情况。《时事画报》立即刊出漫画《龟抬美人》。广州当时的交通工具只有轿而无车,同人鼓动全城轿班罢工,四处张贴《龟抬美人》漫画。画中有一个美女坐轿子,两只乌龟抬之。这是说抬美人者便是乌龟。香港《世界公益报》及时转载《龟抬美人》漫画,使该漫画在省港两地产生很大反响。陈垣是这一反帝爱国运动的主要领导者之一。

废除科举之后,青年人的出路是上学堂学习技艺。陈垣认为要使中国摆脱落后的状态,一定要使科学发达起来。1907 年,陈垣考入了美国教会办的博济医院附属华南医学院学习西医。学校当局歧视中国籍的教员和学生。广州一些爱国人士,如梁培基、陈衍芬、陈子光、郑豪等商议,于 1908 年创办中国人自己的第一所私立西医学校——光华医学堂,争"国权""医权""医学教育权"。"光华"是取"光我华夏"之意。陈垣对此事颇为支持,他不仅自己从博济医院的华南医学院退学,转入光华医学堂学习,还带领部分博济学生转入光华医学堂。陈垣被选为该校董事会董事。所以陈垣是该校的第一届学生和毕业生,也是该校的创办人之一。1910 年,他以优异成绩从该校毕业,并留校任助教,讲授生理学、解剖学等课程。

从 1908 年到 1910 年陈垣在光华医学堂读书时,就参与创办和主编《医学卫生报》和《光华医事卫生杂志》,并在上面发表一系列文章。据统计,其在前者发文 62 篇,在后者发文 30 篇。这些文章的主要内容为关于医学史人物的记述与评论、关于医学史的研究、关于医事方面的研究、对日本医史文献的搜集与研究,等等。从这些文章中可以看出,陈垣青年时期在广州所从事的医学和医学史的研究工作,为近代中国医学史的学科建设作出了开拓性的贡献。他反对因循守旧、主张变革进步的精神,推动了我国医学的发展。所以,我们说,陈垣是近代中国医学史研究的开拓者和奠基人。

辛亥革命后,陈垣于 1913 年初以"革命报人"的身份当选众议院议员。1913 年 3 月,离开广州到北京参加第一届国会会议,并从此定居北京,弃医从政。到北京后,结识了广东三水的梁士诒。梁士诒是交通系首领,因为是同乡关系,陈垣参与了梁氏的政治活动。1921 年 12 月至 1922 年 5 月,陈垣任了六个月的教育次长,并代理部务。从 1913 年到 1923 年,从政前后十年。现实给陈垣深刻的教训,他意识到国会难以表达民意,其不过是各派军阀玩弄政治阴谋、争权夺利的一块招牌,于是他弃政从史,走上自由的学术研究的道路,终于成为著名的史学家和教育家。

（二）"我们应当把汉学中心夺回中国"

中国有悠久的历史，灿烂的文化，五千年的连续不断的文明史，吸引着众多的国内外的学者去研究、去探索。中国的学问博大精深。外国人称中国学问为"汉学"，研究中国学问的人称为"汉学家"。近代中国百事不如人，对中国学问的研究也落后于欧洲、日本。陈垣对祖国有着深深的爱，对中华民族历史文化一片丹诚，对于上述现象愤愤不平，在不同场合，不同时期多次呼喊"我们应当把汉学中心夺回中国"。

陈垣的学生柴德赓、刘乃和多次听到陈垣在课堂上讲："每当我接到日本寄来的研究中国历史的论文时，我就感到像一颗炸弹扔到我的书桌上，激励着我一定要在历史研究上赶过他们。"著名的历史学家郑天挺回忆，1921年他在北京大学读研究生时，听陈垣说："现在中外学者谈汉学，不是说巴黎如何，就是说东京如何，没有提中国的。我们应当把汉学中心夺到中国，夺回北平。"曾在燕京大学受业于陈垣的翁独健回忆，听陈垣讲授"中国史学评论"课时，陈先生在课上说："19世纪以来，有人标榜东方学、汉学研究中心在巴黎，当时巴黎有几个著名汉学家；后来日本雄心勃勃地要把汉学研究中心抱到东京去，当时日本研究的重点是蒙古史、元史。汉学研究中心在国外，是我们很大的耻辱。"陈垣鼓励学生把它抢回北京来。正是在陈垣的影响下，翁独健选择了蒙、元史作为自己一生的学术研究方向，并成为著名的元史专家。曾在北平师范大学聆听过陈垣教诲的陈述回忆，刚刚进入大学，就听到陈垣在课堂上讲："现在研究中国学问的中心，不在中国，而在法国、日本。他们研究我们的历史，比我们自己还有成绩。年青人要有志气，把这个中心夺回来。"陈垣先生充满激情地鼓励青年一代在文史战线上取得超越前人、超越外国人的成果。

1924年，北京文化界的爱国人士组织"敦煌经籍辑存会"，从事搜集整理敦煌资料工作，并阻止敦煌珍品的继续外流。陈垣在"敦煌经籍辑存会"担任采访部部长。这时他将北平图书馆藏敦煌经卷8000余轴，编成《敦煌劫余录》。编写这部经典的目录学著作，陈垣不但娴熟地运用了中国传统的目录编制方法，还引用了近代西方目录索引方法。胡适评价这部书"考订之详，检查之便利，已远在巴黎、伦敦诸目之上了"。"劫余"二字，取其历劫仅存之意，在序里提到"匈人斯坦因、法人伯希和相继至敦煌载遗书遗器而西，国人始大骇悟"。当时有的朋友曾劝他在序中不要直接提名，因为他们来中国，在学术集会上彼此还常见面；而且"劫余"二字太"刺激"，问他是否改一名称。陈垣说："用'劫余'二字尚未足说明我们愤慨之意，怎能更改！"这反映了他对中华民族历史文化的一片丹诚，爱国之情溢于言表。

（三）不悬日伪旗，不读奴化书

全面抗战的八年，沦陷区的很多国立大学都由日伪组织直接控制。他们在学校门前竖起日本国旗，派进去大批日籍教师和教官。有的学校师生每天进校门时，要向日本国旗、日本军官行礼。他们强迫学生读日文，有的学校必须用日文课本，或不许读中国历史，有的大学使用从东北运来的伪"满洲国"编写的历史教材，对学生进行奴化教育。

辅仁大学则由天主教会德国人出面，与敌伪政府周旋，经过往返协商，文理各科课程仍用原有教材，不用日文课本，不悬挂日本国旗，日文不作为必修课程。

"七七事变"后，北平知名大学的教师，一部分转入内地，到祖国的西北、西南；也有的教师，因种种原因，仍留在北平。但又不甘心在日伪直接进驻的大学任教，因此不少知名教授转入辅仁大学。辅仁教师队伍扩大，人才济济，鼎盛一时。当时的青年也因得知北方沦陷区只有辅仁大学是当时国民政府承认的学校，很多青年激于爱国思想，不甘去读日伪控制的大学，又一时不能离开沦陷区，就纷纷投考辅仁大学。所以，辅仁大学入学考试的竞争性很大，生源质量大大提高。这对辅仁大学的发展是有利的。

陈垣校长坚守辅仁，坚持民族气节，不任伪职，发扬爱国精神。陈垣对于知名学者纷纷离开北平，撤向大后方是支持的。他自己也想走，但他嗜书如命，离不开励耘书屋，而且坚信中国不会亡，因此没有南撤。北平组织汉奸政府，他们想利用陈垣的社会名望，一再拉拢威胁他，软硬兼施，逼他出去做事。陈垣的学生柴德赓回忆："陈先生拒不见客，敌人老是麻烦他，要他参加东洋史地学会（这名义上是学术团体，实际上是汉奸组织），他拒绝；敌人要他出来担任当时敌伪最高文化团体——大东亚文化同盟会会长，他也坚决拒绝。""大东亚文化同盟会"是日本人控制东亚各国的最高文化机构，会长月薪数千元。陈垣义正词严地说："不用说几千元，就是几万元，我也不干。"他还劝说朋友拒受伪职。敌伪请他不动，又想拉拢他的朋友任伪会长，陈垣连夜到朋友家去劝阻。他知道这位朋友已接受伪职后，便愤然拂袖而去，从此与之绝交。

1938 年 5 月 19 日，徐州沦陷。敌伪政府令北平机关、学校挂日伪国旗"庆祝"。辅仁大学和附中拒绝挂旗。陈垣亦受到恫吓："你不依命令，难道不怕死吗？"陈垣镇定自若，心情沉重地说："自己国土丧失，只感到悲痛，要我们庆祝，办不到！"还吟《孟子》"生，亦我所欲也，义，亦我所欲也。二者不可得兼，舍生而取义者也"之句，以蔑视之。

柴德赓曾回忆过这样一件事：有一次，一个日本"帝大"的讲师到了北京，说受"帝大"老博士的委托，一定要见见陈先生，要请陈先生题几个字，陈先生给他题了曹子建的一首诗："煮豆燃豆萁，豆在釜中泣。本是同根生，相煎何太急。"那人拿了就立即走了。陈先生说："就是要他拿回去。我们对这些人特别注意，一点不能妥协。我们说的话，他们回去可以造谣，但写在纸上的东西，他们就没有办法了。一定要注意，不能有半点客气。"从这里我们可以看出陈先生的对敌斗争是很勇敢、很坚强的。

一次学校礼堂放映一部体育电影。影片中，运动场忽然出现当时中国的国旗，在场师生因在沦陷区忽见祖国的旗帜，情不自禁鼓起掌来。事后日本宪兵连日找学校行政，并找陈垣校长，让学校交出鼓掌的同学，陈垣校长和他们力争，并说："是我鼓掌，要逮捕就把我逮去。"宪兵队纠缠了多日，后来才未再追究。

抗战时期，辅仁大学一直是北平抗日进步知识分子活动的据点。辅仁大学秘书长英千里，教授沈兼士、张怀等领导的"华北文教协会"是一个抗日团体，经常在辅仁大学秘密活动。1944年春，其被日伪侦知，日本宪兵队搜捕了英千里、赵禹锡、葛信益、赵光贤等教授、教师及附中师生30余人。作为校长的陈垣千方百计营救师生。赵光贤回忆说："出狱之后，去拜见先生，先生热情地握着我的手说：'你们终于胜利归来，欢迎你！'"陈垣的民族气节和爱国精神感召着他的同事们和学生们。

抗战时期，陈垣为《辅仁》年刊创刊作"序"，曰："夫自昔登科题名之录众矣，而宋绍兴十八年，宝祐四年登科诸录，独重开世，岂非以其中有令人可景仰之人哉。"这里所言宋绍兴十八年、宝祐四年登科录因列有进士萧燧、李彦颖等和文天祥、陆秀夫、谢枋得等忠节之士，而受历代士人重视。陈垣在民族危难之时，以此激励辅仁学生。

抗战期间，陈垣不遗余力地在辅仁学生中倡导"品行""读书"，以保中国文化不亡。他十分赞赏元初河北全真教精神，曰："全真家可贵，非徒贵其不仕也，贵其能读书而不仕也，若不读书而不仕，则滔滔天下皆是，安用全真乎！若因不仕而不读书，则不一二世悉变为无文化之人，此统治者所求之不得也，故全真虽不仕，书却不可不读。"陈垣一再勉励青年学生要爱护名誉，认真读书，为国家保留"读书种子"。1939年，他为《辅仁》年刊题词，曰："毋见利忘义，永保汝令名。"1940年5月18日，为辅仁返校节题字，曰："规矩严、功课紧，教授认真，学生在校时每不甚愿意也，及至毕业出世，所知所能者少，则又每咎学校规矩之不严，功课之不紧，教授之不认真，何也？语曰：书到用时方恨少。又曰：闲时不学忙时悔。诸君皆过来人，能一告在校同学毋遗后悔。努力、努力、加紧努力！"1941年5月17日，陈垣在辅仁大学史学会第一次例会发表题为"官书与私书"的学术讲演，说："所足为痛者，乃今之学生，过于注重生活问题，而忽略了学术研究，吾常说人生以品行为上，身体次之，学问又次之，金钱为下。因人生尚有至高目的，倘能学术与生活打成一片，于温饱之后，多读书，多作学术之研究，则善莫大焉。"6 月为《辅仁》年刊题词，再三强调"品行第一""身体第二"，"学问第三"。

陈垣在 1940 年为毕业生同学年刊题词是："子张问行，子曰：言忠信，行笃敬，虽蛮貊之邦，行矣。言不忠信，行不笃敬，虽卅里行乎哉！今诸君毕业将行，谨书此为赠。"所题的子张一段引自《论语·卫灵公》。他看到有的同学毕业后给敌伪做事，甚至有助纣为虐的，他告诉毕业的同学们，纵然在敌人统治的地方，也不要做那种奸凶险诈的人。

1942 年 4 月返校节时，全校师生和返校的校友先在大操场开运动会，由陈垣致辞。他看到当时参加运动会的有伪政府人员，有汉奸，也有投机倒把的暴发户。同学中则有不用功、不好学、成天鬼混的人。他想借机抨击投贼事敌的人，讥讽贪财害民的人，也想趁同学集会这一难得机会勉励大家几句，但在敌伪的监视下，怎样才能表达这些想法呢？他巧妙地讲了一个古代的故事，名之曰"孔子开运动会"，引用《礼记·射义》中的一段话，说孔子有一次在矍相菜园广场举行射箭运动会，观众很多，刚要开始射箭时，孔子命学生子路宣布：凡是败军之将、投降仕敌的人，凡是亡国大夫、在敌伪做官的人，凡是贪财好利的人，都不能进运动会会场。宣布后，有些人就只得溜走了，观众只剩下一半人。射箭比赛后，孔子又让学生宣布：在场观众，有幼壮二弟，年老好礼，不随波逐流，一直到死都能修身洁己的人，可坐众宾之位。说完后，又只留下一半人，其余不合格的人也惭愧地走了。最后又让学生举杯宣布：凡好学不倦，好礼不变，八九十岁仍能正直不乱的人，才真能坐在众宾之席。这样就所剩无几了。他说孔子开运动会，参加的人是有选择的。这是对汉奸严厉的斥责，并告谕青年尽管在敌人的统治下，也要不辱大节、不随流俗。他讲完之后，参会的敌伪达官贵人们有的气愤，有的羞愧，悄悄地溜走了。敌人明明知道陈垣的目的所在，但因他讲的是孔子，也奈何他不得。

1942 年 6 月，陈垣为《辅仁毕业生同学录》题词，曰："《孝经》曰：士有诤友则身不离于令名，父有诤子则身不陷于不义。交友之道在得切磋之益，毋徒事侈宴乐，是之谓辅仁。"劝导学生在任何时候都要讲仁义，不要贪图享乐、投贼事敌。

（四）解放后的爱国情怀

1948 年底，北平解放前夕，国民党和共产党对北平城内的著名学者展开了激烈的争夺。陈垣是辅仁大学校长、著名的历史学家，名望甚高，自然受到关注。国民党政府先后三次把飞机票送到陈垣家，要接他离开北平。但他坚决留在北平，迎接北平的解放，拒绝随国民党南下。1949 年 1 月 31 日，北平和平解放。他和群众一起在大街上欢迎解放军进城。他看到解放军纪律严明，秋毫无犯，心情十分激动。

　　北平解放不久，陈垣思想发生很大变化。1949年4月29日，陈垣写成致胡适的公开信，5月11日在《人民日报》上发表。信中说："现在我可以告诉你，我完全明白了，我留在北平完全是正确的。""解放后的北平，来了新的军队，那是人民的军队，树立了新的政权，那是人民的政权，来了新一切，一切都是属于人民的。"信中谈了他思想转变的过程。这封信是陈垣一生中的一个重要文件，它宣告了他从此走上新道路。

　　北平解放后，陈垣的思想与时俱进，进步很快。1949年9月，他作为特邀代表参加中国人民政治协商会议第一届全体会议。10月1日登上天安门观礼台，参加了中华人民共和国开国大典。1950年参加了维护我国教育主权的反帝斗争，辅仁大学由教育部接办，是教会大学中第一所改为国立的大学。1951年，陈垣以71岁高龄申请到西南参加土改，得到批准，并被任命为由500多人组成的西南土改工作团总团长。这次社会实践，使陈垣更多地接触社会，了解人民群众和国家政治，对他的政治立场和学术思想都起了深刻的影响。土改归来后，又立即投入思想改造运动中，在改造客观世界的同时，改造自己的主观世界。

　　新中国成立后，陈垣为党和人民做了许多工作。他担负了繁重的学术领导工作。1952年全国院系调整，他被任命为北京师范大学校长。1954年，他又担任中国科学院历史研究二所所长。同年，《历史研究》杂志创刊，他是编委之一。1955年，科学院下属各个学部成立，他是哲学社会科学部委员。从1958年起，他是第一、二、三届全国人民代表大会常务委员会委员。

　　1959年1月28日，陈垣以79岁高龄加入中国共产党。3月12日，《人民日报》发表他的《党使我获得新的生命》一文。此文发表，正值全国史学工作者百余人会集北京讨论中国历史提纲，众人阅读此文，非常感动。乃由唐长孺赋诗，推侯外庐题词，书于织锦封皮宣纸册页上，以示祝贺。题记后有蔡尚思、郑天挺等与会者105人签名。1960年11月，学术界在北京饭店设宴庆祝陈垣八十华诞。

　　新中国成立后，陈垣担任北京师范大学校长，由于年事已高，没有再上课。他与教育有关的业绩主要有：（1）呼吁社会各界重视师范教育，为祖国培养更多的合格教师；（2）强调教育实习的重要意义；（3）与青年学生谈学习与读书，反对学习中的形式主义和空洞口号，提倡踏实钻研、循序渐进、持之以恒的优良学风。

　　这一时期，陈垣的学术研究不断有新的成果发表，这些成果均收入《陈垣全集》中。《两封无名字无年月的信》是陈垣最后一篇论文。1965年10月21日改后送《文史》，因"文革"爆发，杂志停刊而未能发表。可见陈垣为学术而工作到不能够工作为止。1955年到1964年，陈垣在助手刘乃和的帮助下，重新修订了他的大部分主要著作 11 种，由科学出版社、古籍出版社再版。1964 年中华书局又将《元典章校补》《元秘史译音用字考》《元西域人华化考》《旧五代史辑本发覆》和《吴渔山年谱》以木版印刷出版，名曰《励耘五种》，共 10 册。

1966 年到 1971 年，是陈垣人生旅程的最后阶段。"文化大革命"开始时，他也抱着良好的愿望，准备积极参加，但事态的发展却使他迷惑不解。这使他非常苦恼，他不愿作违心之言，只能保持沉默。1971 年 6 月 21 日，陈垣病逝于北京医院，享年 92 岁。6 月 24 日，在八宝山革命公墓举行遗体告别仪式。遗体告别仪式由中共中央政治局委员、国务院副总理李先念主持。中共中央委员、全国人大常委会副委员长郭沫若致悼词。

陈垣逝世后，家属遵照他的遗愿，将他四万册藏书、大批有很高史料价值的文物以及四万元稿费全部捐给国家。现在，他的图书由国家图书馆收藏，文物由北京文物管理局收藏。大量遗稿，由孙儿智超收集保存。

原载《炎黄世界》2008 年第 1 期。

站在学术前沿的世界级学者

——纪念陈垣先生诞辰 130 周年

一、 世界级的学者

陈垣（1880—1971），字援庵，广东新会人。20 世纪二三十年代，陈垣与王国维齐名。1928 年傅斯年组建中央研究院历史语言研究所，给陈垣写了一封信，说："斯年留欧洲之时，睹异国之典型，惭中土之摇落，并汉地之历史语言材料亦为西方旅行者窃之夺之，而汉学正统有在巴黎之势。是若可忍，孰不可忍？幸中国遗训不绝，典型犹在。静庵先生驰誉海东于前，先生鹰扬河朔于后。二十年来承先启后，负荷世业，俾民国学者莫敢我轻，后生之世得其承受，为幸何极。"傅斯年说"静庵先生驰誉海东于前"，是指王国维扬名于日本，"先生鹰扬河朔于后"，当时陈垣一直在北平。傅斯年在欧洲特别是德国留学，亲眼看到当时汉学的情况，对王国维与陈垣作了如此高的评价。

法国的伯希和是近代西方汉学界最杰出的代表之一。1933 年 4 月 15 日，他离开北平，准备回国，在车站他讲了这么一段话："中国近代之世界学者，惟王国维及陈（垣）先生两人。不幸国维死矣。鲁殿灵光，长受士人之爱护者，独吾陈君也。"据梁宗岱回忆说："三十年代北平一次热闹的宴会上，聚当时旧都名流学者于一堂，济济跄跄，为的欢迎著名汉学家、东方学家法国伯希和教授。除伯希和外，参加者还有其他欧美人士，因此交流语言有中法英三种，我躬逢其盛，担任义务口译。席上有人问伯希和：'当今中国的历史学界，你以为谁是最高的权威？'伯希和不假思索地回答：'我以为应推陈垣先生。'我照话直译。"

桑原骘藏是日本的东洋史学创始人之一。1924 年，桑原为陈垣寄赠给他的《元西域人华化考》撰写书评，认为陈垣为现在中国史学者中"尤为有价值之学者也"。桑原列举了陈垣研究的两大特色：一是以中国和外国的关系为研究对象；二是具有科学的研究方法。日本京都大学教授竺沙雅章认为，"上述陈垣的研究特色，事实上正是桑原自己的研究特色"。1925 年 4 月 10 日，顾颉刚致函陈垣介绍傅彦长，说彦长"倾心于那珂、桑原二公，谓先生为中国之桑原，故渴欲一谒也"。可见陈垣是一位世界级的学者。

上述学者的评价代表了 20 世纪 20 年代和 30 年代前期的情况。30 年代中期以后史学界一般有"史学二陈""南北二陈"之称。"南陈"就是长期在南方西南联大、岭南大学、中山大学任教的陈寅恪。"北陈"就是陈垣，虽然他是广东人，但由于从1913年以后一直在北京，所以称"北陈"。当时"二陈"并称，这是大家都比较熟悉的。

毛泽东1951年11月在全国政协一届三次会议闭幕后的国宴上，介绍陈垣说："这是陈垣先生，读书很多，是我们国家的国宝。"

2009年12月，安徽大学出版社出版了陈垣嫡孙陈智超主编的《陈垣全集》。《全集》一千多万字，分23册，半数以上内容为陈垣生前未公开发表过的。陈垣在国内外享有崇高声誉，为世人所敬仰。《陈垣全集》的出版，为我们学习、研究陈垣的生平、思想、学术、治学方法以及总结中国20世纪史学成就等提供了方便。《陈垣全集》是20世纪中国历史学的一座丰碑，是中华民族历史文化的一笔宝贵财富。

二、 古教四考与《元西域人华化考》

学术界盛传陈垣的"古教四考"最精湛。所谓"古教四考"，是指陈垣在20世纪二三十年代写的《元也里可温教考》《开封一赐乐业教考》《火祆教入中国考》《摩尼教入中国考》四篇论文。对这四种古教的研究，是具有国际学术前沿的课题。这四种古教在西方都有学者研究，如沙畹、伯希和等都取得一定的成绩。在中国，对此等学问的研究甚少。近代中国，生产落后，百业凋零，科学发展不如西方。但中国自己的学术不如西方，令不少中国学人引以为耻，陈垣感觉最强烈。据《胡适日记》记载，陈垣曾对胡适说："汉学正统此时在西京呢？还是在巴黎？"两人"相对叹气，盼望十年之后也许可以在北京。"据陈垣的学生郑天挺、翁独健、陈述等回忆，从1920年起，陈垣在不同场合多次说过："我们应当把汉学中心夺回中国，夺回北京。"陈垣"古教四考"的成就，令国内外学人称赞不已。这应是陈垣"把汉学中心夺回中国"的具体实践。

《元也里可温教考》是陈垣的第一部史学论著，发表于1917年。元代以前无"也里可温"之称谓，"也里可温"仅见元代著述。何谓"也里可温"，钱大昕《元史·氏族表》曰："不知所自出。"《元史·国语解》曰："蒙古语，应作伊鲁勒昆；伊鲁勒，福分也；昆，人名，部名。"直到清道光年间，刘文淇指出"即天主教也"。陈垣此文的贡献在于准确地断定为基督教聂思脱里派。他指出："观《大兴国寺记》及《元典章》，均有也里可温教之词，则也里可温之为教，而非部族，已可断定。复有麻儿也里牙（马利亚）及也里可温十字寺等之名，则也里可温之为基督教，而非他教，更无疑义。"并"确信也里可温者为蒙古人之音译阿剌比语，实即景教碑之阿罗诃也"。此文分15章，脉络清晰紧凑，论证严谨，无懈可击，廓清了隐晦七八百年、无人知道的元代也里可温之称谓、本义、词源及相关的史学问题。至于也里可温教东传之途径，宗教戒律，教徒人数，主要人物，教徒军籍，徭役、租税等方面的豁免权，官府的尊崇地位，也里可温教与异教的关系，元末明初的衰落，金石碑刻的存佚等也一一澄清。此文引用文献近50种，除正史外，还有大量文集、方志、碑刻等，几乎囊括了全部汉文文献资料。此文是对这一课题研究的空前绝后的杰作，将元里可温教的历史问题做了彻底的解决。此文发表时，马相伯为之作"叙"："向余只知有元十字寺，为基督旧教堂，不知也里可温有福音旧教人之义也，知之，自援庵君陈垣始。"英敛之为之作《跋》说："乃承先生以敏锐之眼光，精悍之手腕，于也里可温条，傍引曲证，原原本本，将数百年久晦之名词，昭然揭出，使人无少疑贰。"1917年10月，陈垣随梁士诒访问日本，将《增订再版元也里可温考》线装一册赠送日本著名学者桑原骘藏。并应日本学者之请，在学术会议上宣读此文，得到中外学者的称赞。

《开封一赐乐业教考》发表于1920年。一赐乐业教，即犹太教。此文以碑拓图绘、匾额楹联以及有关文献资料，考证了犹太教在中国传布兴衰的情况，同时也考察了犹太民族来华及定居的历史。

《火祆教入中国考》（简称"《火》"文）发表于1923年。此文对火祆教传入中国，在中国发展和衰微的历史进行了全面研究，分析了唐代统治者尊崇火祆教的原因和前人多将火祆教与其他古教相混同的情况。此文是中国第一篇火祆教研究论文，是中国火祆教研究的奠基性著作。林悟殊在《陈垣先生与中国火祆教研究》一文中说："该文资料十分坚实，考证至为严谨，点滴不漏，立论措词恰到好处。查《火》文发表近80年来，在国内外学界有关中国祆教研究的论文不下百篇，虽然对中国火祆教某些问题的认识，有见仁见智者；但鲜见能在具体问题考证上，真正推翻陈先生的论断。""先生《火》文中的一些史学卓识，随着时间的推移，益证明颠扑不破。"

《摩尼教入中国考》发表于1923年。此文依据敦煌出土经卷等汉文材料及基督教史传中反对摩尼教的有关言论，考察了摩尼教在中国流传、发展和衰落的过程。关于此文的贡献，刘铭恕在《书陈垣〈摩尼教入中国考〉后》的评论中说："摩尼教输入中国一事，在中国宗教史上，占有重要的地位。""从事于此事之研究者颇不乏人。如蒋伯斧、伯希和、王国维与陈援庵等，皆著者也。""具体之解决者，只有陈援庵先生一人。陈氏著《摩尼教入中国考》一文，折表旧说附益新知，体大思精，得未曾有。"在纪念陈垣先生诞辰110周年学术研讨会上，李葱葱撰《试谈陈垣先生〈摩尼教入中国考〉的学术价值》一文，从内容、考证方法、材料运用及语言风格四个方面评述该文的学术价值。林悟殊在《摩尼教及其东渐》（中华书局1987年版）一书中则把该文和沙畹与伯希和撰、冯承钧翻译的《摩尼教流行中国考》称为摩尼教入华传播史研究的奠基性著作。

陈垣所考四种古教都是外来宗教，均一度兴盛，后又逐渐衰微以至绝迹。材料少而零散，陈垣付出了艰辛劳动，以科学的方法复原了四种古教在中国兴衰的历史，开创了 20 世纪中国"古教研究"的绝学。

1923 年陈垣撰写完成《元西域人华化考》一书。元代西域人主要是色目人，元代是大批色目人来华的时代。最初来华的多半是军人、部族首领、工匠、商人等，他们与汉民杂居，居住既久，他们的子孙有不少人"舍弓马而事诗书"，读儒家的书，遵从中国的礼教，喜爱中国的文字，并能写诗、填词、作曲，生活习惯与文化如同汉人，并产生了不少的文学家和诗人。他们以儒家自居，这就是所谓"华化"。这是一个很值得重视的问题，它不仅关系到元代文化的发展变化，也是元代民族融合的表现。著名元史专家杨志玖说："这样一个大题目，由陈先生首先发现、研究并写成专著，说明陈先生不仅对元史有深厚的功底，而且有史学家敏锐的眼光和深邃的洞察力。"

此书引用典籍 200 余种，爬梳剔抉，提要钩玄，汇集众说，成一家言，是陈垣精心撰著的一部著作，也是他早年最为满意的一部著作。1964 年 2 月 4 日陈垣在致友人欧阳祖经的信中说："兹送上四十年前拙著（指《元西域人华化考》——引者注）一部，未识尊处曾见过否？此书著于中国被人最看不起之时，又值有人主张全盘西化之日，故其言如此。"在当时形势之下，这种对中国文化发自内心的尊崇和重视，自信和自豪，蕴涵着对祖国无限热爱之情。

此书公开发表之后，在中外学术界引起巨大的轰动。蔡元培称此书为"石破天惊"之作。1935 年陈寅恪为此书重刊本作序说："近二十年来，国人内感民族文化之衰颓，外受世界思潮之激荡，其论史之作，渐能脱除清代经师之旧染，有以合于今日史学之真谛，而新会陈援庵先生之书尤为中外学人所推服。盖先生之精思博识，吾国学者自钱晓徵以来未之有也。""先生是书之材料丰实，条理明辨，分析与综合二者极具工力。""今日吾国治学之士，竞言古史，察其持论，间有类乎清季夸诞经学家之所为者。先生是书之所发明，必可示以准绳，匡其趋向。然则是书之重刊流布，关系吾国学术风气之转移者至大，岂仅局于元代西域人华化之一事而已哉！"许冠三在《新史学九十年》一书中说，此书材料丰富，论证严谨，文字精练简洁，"论朴实，极类顾炎武；论简赅，直逼王国维；论明白通晓，可敌胡适之"。"从以科学方法整理国故的路向考察，《华化考》无疑是北大《国学季刊》出版以来第一部划时代的杰作"。"是新史学摸索前进中罕见的佳构。"杨志玖认为该书"具有创始性、系统性和可读性三个特色"。"创始性也可称为开创性或独创性"；"系统性也可称为完整性"；可读性是指"文中原始资料与解说语言，浑然一体，天衣无缝，一气呵成，读来琅琅上口，无雕饰之迹，有自然之美，令人百读不厌。此种风格，实颇罕见，姑名之曰'援庵体'"。

2008 年 8 月，国家图书馆出版社出版陈垣嫡孙陈智超编著的《陈垣〈元西域人华化考〉创作历程——用稿本说话》一书，该书 16 开本，精装，上下两册，共 1328 页。书中收入了迄今为止所能见到的陈垣创作《元西域人华化考》的所有资料，共 17 种。陈垣创作该书开始于 1922 年，到 1964 年作最后一次修订，前后经历 41 年。陈垣经历了晚清、北洋军阀统治、抗日战争、解放战争、新中国的"文化大革命"等几个中国现当代最紊乱的时代，尤其是"文化大革命"时期，《华化考》的手稿和资料能完整地保存下来，是很难的，也是十分珍贵的。这些资料反映了陈垣《华化考》从选题、确定题目、安排章节、搜集资料、考证整理资料、连缀成文、多次修改、不断完善、精益求精，到成为学术经典的全过程。从这里可以悟出历史研究的方法，所以说，这部书是"学习历史研究方法的好教材"。

三、 把史学 "通史以致用" 的功能发挥得淋漓尽致

历史学的功能是什么，是史学的一个前沿课题。我国古代无专门讲政治、经济诸学的书，一切治国理民之道，均载于史书上，所以司马迁著《太史公书》要"通古今之变"，司马光著书，宋英宗赐名《资治通鉴》，皆表明鉴戒的宗旨。史学足以经世致用，自唐杜佑，宋司马光、李焘、徐天麟、李心传、王应麟、马端临以至清初顾炎武、黄宗羲、王夫之等人将其发挥得淋漓尽致。

全面抗战的八年是陈垣史学创作的一个高潮，其先后写成专著《明季滇黔佛教考》《南宋初河北新道教考》《中国佛教史籍概论》《清初僧诤记》《通鉴胡注表微》，并有《旧五代史辑本发覆》和论文《明末殉国者陈于阶传》。这些著作是陈垣在中华民族生死存亡关头，自觉地用自己的学术研究工作为民族抗战事业服务的思想境界，是他坚持民族气节、发扬爱国精神的集中表现。这些著作不仅是足以流传后世的学术名著，而且闪耀着爱国主义思想的时代光辉。其中，《明季滇黔佛教考》和《通鉴胡注表微》最能代表他这一时期的风格。

《明季滇黔佛教考》的重点在"遗民多逃禅"及"僧徒之外学"。僧徒于教外之学作诗、撰文、挥毫书法、泼墨绘画，以儒雅情趣见其志向和故国情怀。"明季遗民多逃禅，示不仕决心也"。1957 年，陈垣在"重印后记"中说："此书作于抗日战争时，所言虽系明季滇黔佛教之盛，遗民逃禅之众，及僧徒拓殖本领，其实所欲表彰者乃明末遗民之爱国精神、民族气节，不徒佛教史迹而已"。沈兼士读了此书之后，写了一首诗，其中两句是"傲骨撑天地，奇文泣鬼神"。一部学术著作在当时引起这样的反响，而且至今一再重印，证明了它的学术生命力之强。为什么能如此？第一，作品所发扬的精神是先人的宝贵遗产，将会激励后人不断前进。他所鞭策的一些丑恶现象，仍然会在新的条件下复活。第二，著作建立在可靠的事实基础上，经得起时间的考验。陈垣一直强调"史贵求真"，

"为学求真不求胜"。建立在"实事求是"基础上的著作是不朽的。

《通鉴胡注表微》是陈垣抗战时期的最后一本专著。胡三省生于南宋理宗绍定三年（1230），死于元大德六年（1302）。南宋亡后，入元不仕，隐居山中注书，很少与外界来往。因为他曾亲眼看到宋朝的腐败，亲身经历了南宋的灭亡，又身处异族残酷统治之下，心情悲愤异常，所以在《通鉴》注释里隐晦地流露出他的民族气节和爱国心情。这一思想长期以来未被后世治史者注意，《宋史》《元史》都没有留下他的传记。陈垣在1957年的"重印后记"中说："这样一位爱国史学家是在长时期里被埋没着，从来没有人给他写过传记。……他究竟为什么注《通鉴》？用意何在？从没有人注意，更没有人研究。""我写《胡注表微》的时候，正当敌人统治着北京；人民在极端黑暗中过活，汉奸更依阿苟容，助纣为虐。同人同学屡次遭受迫害，我自己更是时时受到威胁，精神异常痛苦，阅读胡注，体会了他当日的心情，慨叹彼此的遭遇，忍不住流泪，甚至痛哭。因此决心对胡三省的生平、处境，以及他为什么注《通鉴》和用什么方法来表达他自己的意志等作全面的研究，用三年时间写成《通鉴胡注表微》二十篇。"《表微》充分体现了陈垣通史以经世致用的思想，是他坚持民族气节、抒发爱国情怀的历史篇章，是他"学识的记里碑"。他在致友人的信中说："九一八以前，为同学讲嘉定钱氏之学，九一八以后，世变日亟，乃改顾氏《日知录》，注意事功，以为经世之学在是矣。北京沦陷后，北方士气萎靡，乃讲全谢山之学以振之。谢山排斥降人，激发故国思想。所有《辑覆》《佛考》《净记》《道考》《表微》等，皆此时作品，以为报国之道止此矣。所著已刊者数十万言，言道、言僧、言史、言考据，皆托词，其实斥汉奸、斥日寇、责当政耳。"陈垣把通史以致用的史学功能发挥得淋漓尽致。如何致用，陈垣在该书中说"陈古证今"是致用，"劝戒为史家之大用"，"导人忠孝"是致用。反过来，"有闻必录"不一定致用。他说"史贵求真，然有时不必过泥。凡事足以伤民族之感情，失国家之体统者，不载不失为真也"。他在给杨树达的信中说："国难中曾著宗教三书（指《佛考》《净记》《道考》），皆外蒙考据宗教史之皮而提倡民族不屈之精神者也"。陈垣在抗战时期，出色地完成了一个中国史学家的责任。陈垣这时期的史学，可称为"抗战史学"。

四、 陈垣与《四库全书》

《四库全书》是清乾隆三十七年（1772）酝酿，三十八年（1773）开始编纂，到乾隆五十年（1787）基本完成，用了15年时间编纂的一部综合性大型丛书。抄成七部，分藏于七座藏书楼。此后100多年间，没有人对它进行过全面调查研究。直到1920年，陈垣成为全面调查研究《四库全书》的第一人。

1915 年原藏于承德避暑山庄文津阁的《四库全书》被移存于国立京师图书馆（国家图书馆前身），这是陈垣渴望已久的书，他千方百计与图书馆取得联系，并开始到馆借阅。

1920 年 5 月，法国总理班乐卫来中国，建议用退还的庚子赔款来影印《四库全书》。当时徐世昌总统允诺影印后，分赠法国总统及中国学院，并明令朱启钤督办其事。又派陈垣往京师图书馆就文津阁《四库全书》实地调查架、函、册、页的准确数字，以便为影印做准备。陈垣把主要精力放在《四库全书》的全面调查上。6 月至 8 月，陈垣带领樊守执、杨名韶、王若璧、李倬约、李宏业、张宗祥等人全面清点统计《四库全书》的册数、页数等。当时京师图书馆目录课谭新嘉于 1921 年 10 月在清点数据单后面题写跋语，记述当时的情况："时政争激烈，近畿枪林弹雨，京城各门白昼仅启一二小时者二十余日。樊君诸人每日挥汗点查，未尝一日间断。""当戎马倥偬之际，得以从容镇静各事其冷淡生涯，几若世外桃源。"通过这次检查，弄清了这部丛书的详细情况。对其中每部书的册数、页数都做了清点和统计，列出书名、作者，并做索引，还将赵怀玉本《四库简明目录》与《四库全书》原书进行核对，查出有书无目、有目无书、书名不符、卷数不对等情况，一一罗列，然后撰成《四库书目考异》四卷、《四库书名录》、《四库撰人录》等。以后，陈垣对《四库全书》断断续续做了长达十年的研究，取得了丰硕的开创性成果。他的学生刘乃和在《书屋而今号励耘》一文中记述了当时的情景："当时他家住在北京城内西南角，贮存文津阁《四库》的京师图书馆在城东北角。当时紫禁城前后的东西街道还是宫廷禁地，没有直达道路，必须绕道走，来回路程需要三个多小时，逢阴雨风雪，甚至要四个多小时。他每天清早带着午饭，到图书馆看《四库》，图书馆刚开馆就赶到，下午到馆员下班时才离开。就这样前后读了十年，把这部包括三千多种、三万多册的大丛书做了详尽的了解。"

陈垣除调查、阅读文津阁的《四库全书》之外，1925 年在清室善后委员会工作，点检故宫文物。1 月，他还带领北大学生清点了文渊阁《四库全书》。他后来画了《文渊阁四库全书排架图》，将文渊阁书排列的函、架次序，按原来排放位置画为图式，对全书的排架情况做了梳理，颇便观览。4 月 28 日，他在故宫摛藻堂还发现了尘封多年的《四库全书荟要》，并特意留影纪念。《四库全书荟要》与《四库全书》同时编写，是乾隆皇帝命四库馆臣选择《四库全书》的精华，缮写为《四库全书荟要》，其编写形式与《四库全书》同。《四库全书荟要》共收书 473 种 11151 册，分装于两千函中，另外一函为总目。这一发现，也是陈垣对《四库全书》的重要贡献。

《陈垣全集》收入陈垣研究《四库全书》的论著有《四库书目考异》（《全集》第三册）以及《编纂四库全书始末》《检查文津阁书页数简章》《文津阁四

库全书册数页数表》《四库全书中过万页书》《大唐西域记之四库底本》《四库撤出书原委》《书于文襄论四库全书手札后》《景印四库全书未刊本草目签注》《四库提要中之周亮工》《再跋于文襄论四库全书手札》等十文（见《全集》第七册）。陈垣对《四库全书》研究的贡献主要表现在下列几个方面。

第一，《四库书目考异》（四卷）是 20 世纪 20 年代初全面检查文津阁《四库全书》之后所作，作者生前未刊印过，《全集》第一次收入此著作。该书把《四库全书》每书的书名、时代、作者、卷数逐条记录，与《总目》《简目》等所载有异者逐条加按语说明，并记载各书函、册、页数，所在书架架数、层次位置。后附经、史、子、集四部各类、属之书的部、卷、册、页的小计。凡见于《四库全书荟要》者，书名上加○；凡辑于《永乐大典》本者，书名上加●。编纂方法科学，设计合理，条理分明，脉络清楚，一目了然。这是对抄成后的《四库全书》进行的第一次全面清点检查，为后人使用《四库全书》提供方便。

第二，摸清了《四库全书》的基本数字。统计的结果：《四库全书》收书3461 种，99309 卷；存目有 6793 种，93551 卷。全书共 2291100 页，分装成36277 册，总字数 99700 万。过万页之书 31 部，页数最多、部头最大者是《佩文韵府》，444 卷，28027 页；第二名是《册府元龟》，1000 卷，27269 页。这一基本统计为人们认识《四库全书》提供了方便。

第三，《编纂四库全书始末》一文第一次将编修《四库全书》的全过程做了简明扼要的记载。《四库全书》是如何编成的？虽有零星记载，但并没有系统的材料，人们并不清楚编纂全过程。此文采用编年体例，以事系年，逐年逐月编列，记述了乾隆三十七年（1772）至五十七年（1792）《四库全书》的编纂始末。从此文我们得知参加修书者前后有 900 多人，乾隆第六子永瑢等八人为总裁，纪昀、陆锡熊、孙士毅任总纂修者，邵晋涵、周永年、余集、戴震、杨昌霖等任校勘。《四库全书》采入书本有敕撰本、内府本、《永乐大典》本、各省采进本、私人进献本和通行本等六种。《四库全书》抄成七部，建七阁分藏，等等。

第四，考证《四库全书》撤出书原委。《四库撤出书原委》原是 1928 年陈垣致余嘉锡的信。他根据乾隆宫廷档案，考出周亮工等人的书被撤出的原因。因书中有被清廷视为"违碍"之句，或有"猥亵"之疑，故被撤出。被撤出的书共有 11 种之多。又在《四库提要中之周亮工》一文中说："周亮工著述，四库全书著录五种，存目三种。""乾隆五十二年，复勘四库全书……亮工著述之已著录及存目都一律扣除，已刻提要之亮工名者亦一律抽改。"

第五，对于文襄论《四库全书》手札的研究。于文襄即于敏中，《四库全书》总裁之一。他曾写信给《四库全书》总纂修之一的陆锡熊，论《四库全书》，前后 56 通，附函 5 件，手札有日、月，但无年代。1933 年《北平图书馆馆刊》刊载《于文襄手札》时，只以日、月的次序，故事实多倒置。陈垣根据手札用信笺，内容及所书月、日，考出这些信写于乾隆三十八（1773）至四十一年（1776），"故此诸函前后亘四年"，纠正了原刊本的错误，可见陈垣考证之功力。

陈垣认为，这些信件非常重要，涉及修纂《四库全书》的材料很详细，好多官方文书不及。从这些信件中知道，于敏中在修书过程中能发指示，"密授机宜，不徒画诺而已。"又曰："统观诸札，办书要旨：第一求速，故不能不草率；第二求无碍，故不能不有所删改；第三求进呈本字画无讹误，故进呈本以外，讹误遂不可问。敏中亦深知其弊，故其奉办《日下旧闻考》附函有曰'此书私办更胜于官办'；六月十一日函亦曰'欲将《玉海》校正，别行刊板，不由官办更妥。'然则世之震惊四库全书者可以不必矣。"统观信札，于敏中对《四库全书》的评价是正确的。

第六，对《四库全书》整理与刊行的意见。1920 年，有重印《四库全书》之议，因款项巨大，未能实现。1924—1925 年，教育部有两次议印之举，计划具在，因故未果。1933 年又有选印《四库全书》之议。教育部函请陈垣等 15 人为编订四库全书未刊珍本目录委员会委员，编写《四库全书未刊珍本目录》，选书 231 种，于 1935 年由商务印书馆印成发行。这次影印四库全书未刊珍本，陈垣功不可没。陈垣写《景印四库全书未刊本草目签注》，对《四库全书》整理和刊行提出了十分重要的意见。经陈垣"签注"，有 52 种书"均应剔出，可省二万二千四百八十一页。此外已有刊本应剔出者尚多，应俟公同订定"。8 月 21日，陈垣致信时任教育部长的王世杰说："承以编订四库全书未刊本目录事见要……乞即博采众说，将共以为未见刊本之书先行付印，庶得早日观成，至以为幸。"陈垣的这些意见基本被采纳。早在 1925 年，商务印书馆负责人李宣龚在准备影印文津阁本《四库全书》时，致信陈垣说："敝馆承印《四库全书》事，屡承指导，铭感不谖。且文津阁一书，原为我公平日所整理者，一切简帙，秩然有序，尤堪征信。……俟全书运沪之后，拟请执事莅沪一游，共商绦椠。辱蒙允许，此不独敝馆之荣幸，异日书成，揭橥得当，必更有餍海内人士之望者，则皆我公之赐也。"从这里可以看出，学术界、文化界对陈垣《四库全书》研究的承认与推崇。

由以上可见，陈垣是站在学术前沿的世界级学者，也是一位大教育家，还是一位炽热的爱国者。文章和道德都是后世的风范，值得我们永远纪念。

陈垣的故乡情怀与北平新会会馆

陈垣（1880—1971），生于广东新会石头乡富冈里。1885 年六岁时随父亲至广州入私塾，1900 年（光绪二十六年）和 1901 年两次回乡考试。以后他放弃科举考试，投身反帝反封建的斗争，参加孙中山创办的同盟会，在广州与友人合办《时事画报》《医学卫生报》《光华医事卫生杂志》《震旦日报》等，以谦益、钱罂等笔名，发表了大量反对清政府的民族压迫政策和封建专制制度的文章。1906 年（光绪三十二年）陈垣回新会，在篁庄小学教了一年书。1907 年又到广州。1911 年辛亥革命推翻清朝，建立民国。1913 年陈垣以"革命报人"的身份当选众议院议员，并定居北京。自 1907 年以后，他没有在新会长期居住过，他一生在新会的时间并不长，但对故乡一直怀有深厚的感情，他对北平新会会馆的关注就是一例。

清朝新会县政府在北京置有两处房产（一新一旧），作为新会会馆之地。会馆的用途。一是新会籍人士在京做官，没有带家眷的，可以在会馆居住；二是供新会籍人士来京参加科举考试时居住。陈垣与新会会馆有过一段不寻常的经历。

1897 年（光绪二十三年）7 月，17 岁的陈垣以监生身份参加顺天府试，由广州经上海，乘轮船到天津，然后到达北京，与同乡前辈伍叔葆相识。伍叔葆，名铨萃，光绪壬辰翰林，时与陈垣同住北京新会会馆，8 月在顺天府贡院参加府试，初六日入场，十五日出场，共考三场，每场三天，九月初九日（新历 10 月 4 日）顺天府出榜，陈垣未中，九月十九日（新历 10 月 14 日）离京回广州，此事对陈垣打击很大。1941 年 10 月 23 日，在致长子乐素的信中回忆说："丁酉赴北闱，首场冉求之艺，文之以礼乐，题本偏全，放笔直书，以为必售。出闱以示同县伍叔葆先生，先生笑颔之。榜发下第。出京时重阳已过，朔风凛冽，叔葆先生远送至京榆路起点之马家铺。临别，珍重语之曰：'文不就范，十科不能售也。'虽感其厚意，然颇以为耻。"我们从陈垣的这段回忆中得知，在北京新会会馆居住的三个多月，对他一生有很大影响。因为应考未中，固然是对他的打击，"颇以为耻"，但是结识了伍叔葆，也是一件幸事。伍叔葆是光绪壬辰翰林，知识渊博，八股文作得好。他从陈垣的言行举止中知道陈垣读书广博，对中国古籍十分熟悉，才华横溢，是一位可以造就之人才，但从陈垣的答卷情况看，他不善于作八股文，而清朝录用人才，是以八股文作为评判标准的。所以临别时，珍重语之曰："文不就范，十科不能售也。"伍叔葆的话，一语中的。陈垣就按照伍叔葆指出的路径去做。回到广州后，他发奋学习八股文。经过一年多的刻苦学习，陈垣掌握了作八股文的技巧，他说"庚子、辛丑科岁两考皆冠其曹，即其效也"，指的是庚子年（1900）陈垣参加新会县考试，获得第二名；辛丑年（1901）参加新会县考试，获得第一名，震惊全县。陈垣非常感激伍叔葆，说"非叔葆先生之一激，未必肯为此"。

1913年，陈垣定居北京后，与在北京工作的广东籍学者过从甚密，尤其与新会籍的人士来往更多。陈垣任新会会馆董事，对北平新会会馆契据十分关注。1930年5月，曾拟新会旅京同乡公启稿，文中说："本邑新旧两馆契据，久已遗失，迭经函粤就乡人之曾任前清京官并曾充邑馆值年者，细为查询，均置不复。因循以迄于今，亟应补行印契，以重物权而杜后患。"那时有关部门要查验契据，期限至7月底，届时如无契据，"查两馆补契税价约需千余元"。陈垣对此事十分焦急，文中说："倘再迟迟置之不理，恐将来无契呈验，官厅加以干涉，或难免将两邑馆充公。事为全邑颜面所关，凡我乡人，岂能漠视？"从此可以看出陈垣对故乡的热爱，对故乡荣誉之珍视，为故乡办事之认真。

1933年，新会县重新修县志，成立新会县修志委员会，聘请陈垣为总纂。陈垣婉拒，但修志委员会"仍请先生担任总纂一职，并决定先生无须常川驻会"。陈垣无奈接受总纂一职。1933年6月4日，陈垣致函修志委员会，建议设"收掌"一员，"专收掌分发各种文件及接洽纂修会与志委会间之事项，并转达总纂与分纂、采访间之意见"。"垣既不能常川驻会，须有一人枢纽其间，方可免隔阂之患。"陈垣推荐黄霄九任"收掌"一职。黄霄九，新会人，辛亥革命前在广州办《人权报》，民国建立后与陈垣同当选为众议院议员，亦定居北京。陈垣趁"黄霄九先生返粤之便，特托其代表到会接洽一切"。在这封信中，陈垣建议北平两会馆应载入新志，并再次提到新会会馆契据一事，说："各省县志舆地门每附有北平各该县会馆地图，本邑北平两馆，新志亦应载入。惟契据久无下落，民国初年旅平同乡曾致函谭亦张、伍凤葆、陈笃初诸公查询，久未得复，契据迭催缴验，苦无以应。乞由会新近查明示复，以资保管为奉。致谭、伍、陈原信钞呈即希查照。"除此信之外，陈垣嫡孙智超在整理陈垣遗稿中，发现一份抄件，显然是陈垣在黄霄九临行时交给他的一份调查及办事提纲，内容如下："——预备修若干年？——预备几时开办？——分纂聘定何人，担任何门类？——采访聘何人，各区分配？——现有收掌一职否？——通函各村绅。学校征集志目所列各种材料。——县署镌有志目所列材料，尽量抄交到会。——采访材料未到时，分纂应作之事；旧志编订。县署材料采集。——旧志现存若干种？彭志止于何年，能察一部到北否？——津粤直放船情形。——江门至会城交通情形。——新会通函地址。——会馆契件。"

从陈垣1897年到北京参加顺天府试，住在北京新会会馆，到1930年拟新会旅京同乡公启稿，再到1933年致函新会修志委员会，建议北平两会馆载入新志，查询会馆契据，并托返新会的黄霄九调查"会馆契件"，贯穿着一条主线，就是陈垣的故乡情怀。陈垣对哺育他成长的新会寄托着深深的爱，珍惜故乡的每一个荣誉，为故乡办事，像他做学问一样，一丝不苟。这种故乡情怀是我们应该学习和继承的。

原载《炎黄天地》2009 年第 1 期。

青少年陈垣与孙中山

陈垣（1880—1971），广东新会人。著名史学家、教育家。孙中山（1866—1925），广东中山人。伟大的中国民主革命先驱，中华民国的缔造者。两人都是爱国者。孙中山比陈垣大 14 岁，陈垣受孙中山思想的影响，在广州时，即写了大量宣传孙中山思想的小品文。1912 年，陈垣以"革命报人"的身份当选中华民国众议院议员。

一、青少年陈垣与孙中山

青少年的陈垣与孙中山有许多趣闻逸事。陈垣出生于庚辰（清光绪六年）十月初十日（即 1880 年 11 月 12 日）。1929 年，陈垣五十寿辰时，写过一首《五十生日》诗，其中有句云："生日恰逢双十节，胜朝遗事溯慈禧。如今功令行阳历，又遇元勋诞降期。"自注："余以庚辰十月十日、阳历十一月十二日生。十月十日在前清时为慈禧寿辰，阳历十一月十二日在今日又为总理诞辰。"如果按阳历计算，陈垣与孙中山同月同日生，如果按阴历计算，陈垣又与慈禧太后同月同日生。这真是历史的巧合。

陈垣一生参加过几次清朝的科举考试。1901 年 2 月，参加新会县试，其文章不拘泥经书章句，纵横捭阖，议论风生，受到主持考试的新会县令杨介康的赏识，考取第一名，震惊全县，被送至广州府应试。4 月，他在广州参加广州府试。广州知府施典章主持府试，对陈垣一、二试文章的思想倾向很不满，在试卷上批曰："直类孙汶（文）之徒。"意谓他有叛乱之心，而且"文"字旁边还加"氵"，以示对孙中山的不满。后来施又把"孙汶"圈掉，改为"狂妄"二字。按一般情况，各县第一名，府试无不取之理。但这次府试，第一、二试放榜，竟无陈垣之名。这种超于常情之事，舆论哗然，大家都很惊奇。不想出榜当日夜间，新会县教官来敲门，让陈垣马上就跟着教官入考场，明早应试。陈垣说榜上无名不愿去，教官说府君已给补上名字，是在最后一圈榜的第一名。他因自己是县第一名，竟补在最末圈，坚决不去。教官求他务必去考，不然无法应府君之命。这时陈垣家人也都劝他，他才肯去考。府试第三次试题为"出辞气，斯远鄙倍矣"，出自《论语·泰伯》，意即辞章要避免怪诞，是针对陈垣前两次试卷而出的。陈垣因在府试的前两次挫折，这次作的文章，只是按部就班，一挥而就。他自己说这篇文章很不高明，但也无懈可击。施太守看了也无话可说。后来府试的后几次考试陈垣也顺利通过。他又参加了院试，考取为秀才。1902 年（光绪二十八年）补为廪生。陈垣自填履历表均写"前清廪生"。前述陈垣《五十生日》诗中有四句追忆当年考试之事："沔阳自昔受恩深，此日欣闻座右箴，犹忆当年施太守，嗤予狂妄亦知音。"这里的"沔阳"，指杨介康，他是湖北沔阳人。"施太守"是指当时主持府试的广州知府施典章。他斥陈垣为"孙汶（文）之徒""狂妄"，实际上也可算对自己的了解，算作"知音"吧。"此日欣闻座右箴"，是指杨介康寄来的祝寿诗。杨介康在祝寿诗中，以汉朝枚乘、晁错、董仲舒，比拟陈垣才气过人，终为童子之冠。

第一排左起第五人为孙中山，第三排左起第一人为陈垣

陈垣和孙中山都是美国基督教长老会所办的广州博济医院附属南华医学校的学生，但入学时间不同。孙中山于 1886 年进入该校读书。孙中山在《伦敦蒙难记》中说："我于 1886 年间在广州英美传教会师从德高望重的嘉约翰医生学习医学。"孙中山在校期间给同学的深刻印象是主张对教学中不合理制度进行改革。他要求男生参加产科实习，并使校方采纳了这个合理建议。孙中山博学多才，精力过人，在学医课余还攻读中国古代文史典籍。自购二十四史放于宿舍内，同学抽出一本，考问其某一内容，他对答如流。同学认为他有大志，有理想，对他十分敬佩。孙中山学医的目的是政治与习医并行，以学堂为鼓吹革命之地，借医术以掩护革命。在孙中山离开该校 20 年之后，1907 年，陈垣考入了该校①。陈垣

---

① 编者注：1904 年，该校改称南华医学院。

为什么学习西医？有两个直接原因，一是他认为要使中国摆脱贫穷落后，必须提高文化，发展科学。1892 年，广州大瘟疫，瘟疫传染得很快，他看见郊区四处都是未及时掩埋的病死之人的尸体，他想如果医学发达，瘟疫何至于这样传染蔓延，这时他就有了学习医学的想法。二是 1906 年，他父亲患膀胱结石病，虽然自家有中药行，亦认识名医，无奈服药无效，非常痛苦。当时博济医院治疗膀胱结石病很有效。陈垣父亲入博济医院行膀胱取石手术后，很快痊愈。这样，坚定了他学习西医的信念。陈垣在博济医院的南华医学院学习西医时，院长关约翰为人刚愎自用，管理不善，引起院内普遍的不满。当时博济医院正处于风雨飘摇之中，学生正在掀起学潮。陈垣带领部分学生转入中国人自办的西医学校——广东光华医学堂。

1905 年，孙中山在日本联合多个革命团体，成立中国同盟会，提出"驱除鞑虏，恢复中华，① 创立民国，平均地权"的纲领。孙中山在同盟会的机关报《民报》的发刊词中，提出民族、民权、民生的"三民主义"。

1905 年前后的陈垣，一方面与志同道合的朋友潘达微、高剑父、陈树人等革命志士创办具有强烈民族民主主义色彩的《时事画报》。同时，与广州医学界的同仁梁培基、陈衍芬、郑豪等，为争取"国权""医权"和"医学教育权"；成立了中国人自办的第一所私立西医学校——广东光华医学堂，光华取"光我华夏"之义，参与创办《医学卫生报》和主编《光华医事卫生杂志》；参与创办《震旦日报》，并兼该报副刊《鸡鸣录》主笔。陈垣在广州的朋友多为同盟会会员。潘达微，曾任中国同盟会广东支部负责人，1911 年广州起义后，收葬烈士遗骸于黄花岗。高剑父，曾任中国同盟会广东支部主盟人，是反清的"支那暗杀团"的中坚人物。陈垣也是同盟会会员，曾任广东支部评议员。1912 年 5 月，陈垣与广东医学共进会同仁欢迎孙中山于广州。这一时期的陈垣是一位拥护孙中山革命主张、勇担道义的志士，博学多闻的报人。

二、 革命报人陈垣

1911 年，辛亥革命推翻了清朝的腐朽统治，结束了两千多年的封建帝制。1912 年 1 月 1 日，中华民国在南京成立，孙中山就任临时大总统。由于袁世凯通电赞成共和，孙中山辞去临时大总统职务，并推荐袁世凯为临时大总统，临时政府迁往北京。10 月，陈垣决定参选众议院议员并获提名。1913 年初，以革命报

---

① 编者注："驱除鞑虏，恢复中华"的提出是为了凝聚人心，推翻清王朝的腐朽统治；是旧三民主义中"民族主义"的内容。随着革命形势的变化，民族主义也与时俱进，由"反清"演变成"反对帝国主义"。

人的身份正式当选众议院议员。其"革命报人"的身份是实至名归的，我们从2009 年出版，由陈垣嫡孙陈智超主编的《陈垣全集》第一册《早年文》得到印证。

《早年文》收入陈垣 1913 年以前发表于广州《时事画报》《医学卫生报》《光华医事卫生杂志》和《震旦日报》上的文章，共 160 多篇，近 30 万字。时间从 1907 到 1913 年，即陈垣 27 岁到 33 岁。综观这些文章，内容丰富，视野弘阔，文笔犀利，针砭时政，入木三分。下面谨就陈垣宣传孙中山三民主义和爱国精神的内容做一分析。

（1）宣传孙中山的民族主义，反对清政府的民族压迫政策，呼吁推翻清朝统治。

1905 年，孙中山在《民报》发刊词中，提出民族、民权、民生"三民主义"。孙中山如此解释"民族主义"，我们要进行民族革命，但不是"尽灭满洲民族"，而是"扑灭他的政府"。陈垣发表文章所用笔名谦益、钱罂就寓反清之意。1957 年，陈垣在一封信中说，《时事画报》"报中文字多倾向民族主义"，"我的笔名为谦益、钱罂等。谦受益，取其与'满招损'对，钱罂取其别名'扑满'，这是当时的思想"。

陈垣的这类文章，充分利用了清朝历代皇帝的"上谕"。他把这些"上谕"编为五册《柱下备忘录》，按问题分类剪贴。利用这五册《柱下备忘录》资料，他写出了大量富有反对清政府的战斗性文章。陈垣认为造成满汉矛盾的根本原因在于清政府的排汉基本国策，他历数清廷"上谕"中有关满汉民族在语言文字、姓氏、地籍、政治权利等方面规定之差异，指出"夫国朝不欲汉人同化于满洲者如此，其不欲满洲同化于汉人者又如彼，此所以相处数百年而迄未成一结合之种族也"。即使"奴才"这样的卑称，满汉之间都有严格的使用区别，"汉人求为奴才且不可得"。陈垣还列举元代刑法规条，说明蒙满当权者在歧视异族方面类同，满汉民族法律上之不平等，使汉人有"亡国"之感。陈垣认为，清政府的民族不平等政策，使汉人排满为不可逆转的潮流。

陈垣谙熟历史掌故，借古喻今，呼吁结束清朝统治。他在《记王将军墓》《述诏武君臣冢》《扬州节妇》《湖南贞女》等文中，以访遗迹或叙掌故为名，称誉明末反清抗清的节烈之士，抒发"亡国"之痛。在《元世广东乱民志》中，陈垣搜集抵抗蒙元的忠臣义士的资料。直言其所以谈蒙元，是因为"蒙元以外族入主中国，与国朝同也"。陈垣认为元朝所谓"乱民"，是指中原豪杰抵抗蒙元的"忠臣义士"。而在清朝，对于当时起义者如洪秀全，以及"近所称为革命党首领，悬金购募达二十万者曰孙文"，也称他们为"乱民"。实际这些人都和元朝的"中原豪杰"一样，是"忠臣义士"。这种观点，无疑激励了以孙中山为代表的革命党人。陈垣十分推崇勇担道义、不畏牺牲的献身精神。在《郭亮哭李固》

文中，他认为反清革命党人史坚如乃公义之士；在《杨匡守杜乔》文中，对革命党人徐锡麟被害后无人收尸的境况之痛切心情溢于言表。陈垣大力倡言反清革命，其英勇无畏可见。

（2）宣传孙中山的民权主义，反对封建专制制度，争取民权。

孙中山在《民报》创刊周年庆祝大会上，对民权主义作解释，"至于民权主义，就是政治革命的根本"，"中国数千年来都是君主专制政体，这种政体，不是平等自由的国民所堪受的"。我们政治革命的目的，就是要推翻君主专制政体，建立民主立宪政体。孙中山反复抨击把国家当作私人财产的帝王思想。

陈垣的文章猛烈抨击封建专制制度。他说封建专制政权的最大特点就是家天下，君主视国家为一己之物。在《国民与政府》一文中说："专制政府之视其国，以为君主一人之私物。"在《秦桧害岳飞辨》中说："夫秦汉以来，天下久以此国为天子一家之物矣！"所谓汉朝不过"刘氏一家之国号耳"。以汉朝的"汉"代表中国，是"变私名为公名"。陈垣举岳飞被害事例，阐明杀害岳飞的真正凶手并非秦桧，而是宋高宗。宋高宗之所以要杀害岳飞，是因为岳飞只知有国而不知有家，以一身系种族之存亡，实则僭越了臣子职分，干预到天子家事，令宋高宗疑虑其有不臣之心。专制君主都愿意臣子追逐富贵，如岳飞那样不爱钱，不惜死，最难为宋高宗所容忍。陈垣说："专制国之历史，似此者多矣，岂独此事乎哉！"

在封建专制政权下无民权可言，政府禁止民众集会与言论自由。陈垣在《对于二十二二十一两日谕旨之舆论》文中说："夫禁民人集会，及不准学生干预政权之政策，早已行之数百年，何待今日发明之也。"在《老父识民权》一文中，引述了《后汉书·逸民传》中的《汉阴老父传》：汉桓帝到竟陵，过云梦，临沔水，到处有百姓围观，有老父独耕不停。尚书郎南阳张温问老父，人人都来观看皇帝，你为什么继续耕种而不过来观看呢？老父回答说：我是一位野人，不懂什么道理，但请问立天子是为了爱护天下老百姓，还是役使天下老百姓去侍奉天子呢？以前的圣王，住朴素茅屋，天下安宁。现在的皇帝，"劳人自纵，逸游无忌，吾为子羞之，子何忍欲人观之乎？"陈垣借这个故事发表议论说："我亦野人耳，未尝见天子"，"读西方《民约书》，始知总统乃国民之公仆，系以天下役天子，不以天子役天下也"。他称赞《后汉书》的作者范晔"能排贵势，重人权，其言或有可观也"。陈垣感叹这种重民权的言论，"求之汉以后，犹空谷足音也"。这是陈垣宣传孙中山民权思想的一种体现。

（3）宣传孙中山的爱国精神，抨击国民之愚昧迷信，倡导医学自立，主张发展国家医学，提高中华民族在国际上的地位。

孙中山是伟大的爱国者，为改变中国的贫穷落后面貌而奋斗了一生。

陈垣在早年文章中抨击当时中国国民的愚昧迷信，不相信医学。他呼吁重视医院建设，批评国人以积年迷信而畏忌医院。他以大量卫生案例揭示国人的愚昧无知，如接生者尽是龙钟潦倒之愚妪，经常酿出人命；民间常对婴儿蒙头蒙面；中国女性的瞒胸陋习；国人习惯随地吐痰；海外华人用口喷水洒衫熨衣导致恶疾传染；等等。陈垣认为，中国国民普遍不讲究卫生，缘于医学落后，而医学落后的原因，在于国人一向轻视务实之学，且盲目排外。他呼吁知识界要担起改变这种愚昧落后状况的责任。

陈垣要发展中国医学，对国际医学发展状况十分关注。有感于中国人卫生水平不及外国，学术不如人，国际医学会议既不参加也不了解的状况，他在《医学卫生报》对万国卫生会和万国学校卫生会做了详细报道。他希望中国医学奋起直追世界水平，因此十分关注国际会议。1909 年，光华医学堂校长郑豪受政府委派参加挪威万国麻风会议，陈垣感到十分欣慰，作《送郑学士之白耳根万国麻疯会序》及《题郑学士送别图》，并期望郑豪此行，能洗雪国耻。1911 年中国成功遏制东北鼠疫，并主办万国鼠疫大会。陈垣搜集资料，编写《奉天万国鼠疾研究会始末》。陈垣在该书中洋溢着自豪与骄傲，因为这是中国人自主抗疫成功，免日俄越俎代庖；主持这次防疫大会并任会长者乃中国人医学博士伍连德。

陈垣倡导医学自立，并要发展国家医学。在陈垣的医学文章中，不时出现"国家医学"的文字，对当时我国医校、医院多为教会及慈善界所设立，他颇以为耻，说"吾国素无医事教育，故外人得操吾国医事教育权，可耻也"。时有上海汪氏捐资创中国自新医院，附设医学堂，陈垣高兴地说："为吾国人医学自立之先声矣。"对一位东京留学生对此大加诽谤，甚至撷拾一二条例、一二名词以相攻诘的情况，陈垣评之曰："是何异寒村子弟骤睹他人富贵而咎其乡人之贫乏也。"爱国之心跃然纸上。

综观陈垣青年时在广东写的文章，许多是宣传孙中山民族、民权、民生三民主义和爱国思想的。这些文章在当时产生了很大影响，社会效果显著。1913 年《民谊》杂志第五号《耿庐漫笔》文："陈君垣，号援庵，新会人。淹通典籍。少好考掌故，稍长，勤攻经史，刻志苦励，为粤中有名人士。""社会上每有事故发生，君恒考据一二古今遗文轶史与现事影响者，登诸报端，以饱眼帘，其饱学可见一斑。至其在党内，尤具一片挚诚，为同人所钦仰。然生有傲骨，魄力雄厚，是非辨之甚严，非一般所能企及也。"清末民初广东学术界老辈汪兆镛，对陈垣的这些文章评价很高，"以为必传"。1939 年陈乐素把汪兆镛逝世的消息告诉陈垣，陈垣在复信中说："知憬老（即汪兆镛——引者注）去世，至为感怆。卅年前，憬老见予所写小品，以为必传。当时受宠若惊，不审何以见奖至此，然因此受暗示不少。今日虽无成，不能如老人所期，然三十年来孜孜不倦，未始非老人鼓舞之效也。"这里所说的"小品"，就是当时陈垣所写的文章。

1913 年，陈垣赴京参加国会众议院工作，从此定居北京。陈垣在北京，对政治若即若离，后转向史学研究与教育，并成为一代史学宗师及杰出教育家。1971 年陈垣逝世后，家属遵其遗嘱将其藏书捐赠给国家图书馆。赠书中有孙中山所著《会议通则》，在封面题有"陈援庵先生惠览，孙文敬赠"等字。据查，孙中山的《会议通则》，于 1917 年出版。可见孙中山赠书给陈垣，是在陈垣到北京之后。在陈垣的藏书中，还有孙中山所著《孙文学说》，该书未见孙中山题赠，但其中有多次陈垣的圈点和读批，如第二章"以用钱为证"中"则经济革命之风潮因之大作矣"，用朱笔改"经济"为"社会"。这些都是陈垣与孙中山关系的历史见证。

原载《南方日报》2011 年 10 月 12 日（星期三），A21。

论冼玉清与史学"二陈"交谊的思想基础

一、冼玉清与史学"二陈"的交谊

冼玉清(1895—1965)与史学"二陈"即陈垣(1880—1971)、陈寅恪(1890—1969)都有很深的交往与友谊。特别是晚年,他们之间的交谊可以说是知识分子交谊的一种典范。

冼玉清与陈垣相识于 1929 年 9 月,冼玉清应燕京大学邀请,赴北京参加燕京大学新校舍的落成典礼,结识了一批北京的知名学者与名流,其中包括陈垣,此后二人即有书信往来。现在收入《陈垣来往书信集》中有冼玉清致陈垣的信四通,而在陈垣与汪宗衍的来往书信中,则多次谈到冼玉清的事情。现就他们的交往略举几例。

1946 年,陈垣拟回广东探亲,3 月 8 日冼玉清致函陈垣,邀请陈垣来岭南大学讲学,说:"短期固好,长期尤佳。此乃当局之意,而玉清私人更喜得一良师也。"① 陈垣也希望冼玉清能到北京去研究学问。冼玉清还将所著新出版的《流离百咏》《广东丛帖叙录》以及重版的散文集《更生记》寄给陈垣,并请陈垣把其中一份转赠辅仁图书馆。

冼玉清研究广东佛教、道教文献,常向陈垣请教。而陈垣对冼玉清撰《广东释道著述考》十分关注,并给予具体帮助。至 1965 年冼玉清逝世后,陈垣还致函汪宗衍,问及此部著作,说:"其所著《广东释道著述考》,如果释氏部分已完,可先出版。"②《广东释道著述考》倾注了冼玉清晚年的心血,收入陈垣佛道著述共 17 种,对陈垣的著作给予很高的评价。

冼玉清搜集整理广东文献的活动,得到陈垣的大力支持。冼玉清藏有明代博罗张萱所撰的《西园存稿》残本。冼玉清请陈垣在北京托人补齐。经陈垣在北京几次托人代补,至 1957 年才基本补齐。这部书后藏于广东文史馆,并被列入《中国古籍善本书目》。

陈垣早年在广东活动时,创办《时事画报》《震旦日报》等,陈垣在该报发

---

① 陈智超编注:《陈垣来往书信集》,上海古籍出版社 1990 年版,第 759 – 762 页。
② 陈智超编注:《陈垣来往书信集》,上海古籍出版社 1990 年版,第 549 页。

表大量文章。1956 年 10 月 21 日，陈垣致函冼玉清，请代为寻找这几种报纸。①后来广东省中山图书馆将所藏《时事画报》寄给陈垣。

冼玉清是陈垣晚年在南方最信任的朋友，是陈垣了解广东学界信息的一个重要渠道。陈垣屡嘱冼玉清："岭南文史消息隔绝，足下主持文献，收罗宏富，耳目灵通，凡人事之往返，文物之隐现，告我一二，胜于百朋之赐。谨此奉托。"②1955 年 5 月 1 日，陈垣在信中写道："久病，粤中消息隔绝，仅剩琅玕馆一线，欲知一二，遂有四月七日之函，不期久未得复，肠儿欲断，未审近日起居何似，玉体安否，情绪佳否，至为惦念。古谚'不才明主弃，多病故人疏'，又不知是否大家（按：此处念'大姑'，是对妇女的敬称）弃我疏我，更为惶恐，特再书一缄，希有以告我。"③ 于此可见陈垣对广东学界的关心以及冼陈之间的深厚交情。

冼玉清与陈寅恪的交往，可能也是始于 1929 年 9 月冼玉清的北京之游。冼玉清著《碧琅玕馆诗稿》得到陈寅恪之父陈三立（散原）很高的评价，称其"淡雅疏朗，秀骨亭亭，不假雕饰，自饶机趣"，并亲笔为冼玉清的书斋"碧琅玕馆"题写一匾。冼玉清对此匾毕生珍藏，无论迁居何处，总是高悬于居所正中。1956 年旧历正月初一，陈寅恪赠与冼玉清一副由他撰写、唐篔手书的春联"春风桃李红争放，仙馆琅玕碧换新"。冼玉清有幸得到陈氏父子两代人先后题匾写联，可见他们交谊之深，如此异性知音，在陈氏父子交友史上可能没有第二例。④

1941 年底，日军占领香港，时陈寅恪任教香港大学，一家大小愁困港岛。当时客寓香港的冼玉清，托人给陈寅恪送去 40 元港币，患难相交见真情。1965 年冼玉清逝世后，陈寅恪悲痛地写下一首挽诗。诗云："香江烽火犹忆新，患难朋交廿五春（太平洋战起与君同旅居香港，承以港币四十元相赠，虽谢未受，然甚感高谊也）。此后年年思往事，碧琅玕馆吊诗人。"二十五个春秋犹年年思赠四十元的事，可见此事给陈寅恪多么深刻的印象。

1949 年，陈寅恪受陈序经校长之聘，来岭南大学赴任，在岭南大学北门码头上迎接陈寅恪一家的队伍中有冼玉清。此后的十几年，他们共同执教于岭南大

① 刘乃和、周少川、王明泽、邓瑞全：《陈垣年谱配图长编》下册，辽海出版社 2000 年版，第 701 – 702 页。

② 刘乃和、周少川、王明泽、邓瑞全：《陈垣年谱配图长编》下册，辽海出版社 2000 年版，第 689 页。

③ 刘乃和、周少川、王明泽、邓瑞全：《陈垣年谱配图长编》下册，辽海出版社 2000 年版，第 661 页。

④ 参考陆键东《陈寅恪的最后 20 年》，生活·读书·新知三联书店出版社 1995 年版，第 42 – 50 页。

学和中山大学。从现存陈寅恪《诗集》中，有关冼玉清的诗有四首。除上述挽冼玉清诗外，还有 1949 年 12 月，陈寅恪夫妇与冼玉清结伴去郊游，游览清代名胜漱珠岗纯阳观，作《纯阳观梅花》；1950 年作《题冼玉清教授修史图》；1964 年 10 月作《病中喜闻玉清教授归国就医口占二绝赠之》。① 可见他们相互唱吟之多。冼玉清还把与陈寅恪唱吟的情况写信告诉远在北京的陈垣。

20 世纪 50 年代，冼玉清参与了陈寅恪的许多家事。大到和校方的应对，小到家中女儿的读书、工作、婚恋等等，冼玉清都发表过意见。晚年的陈寅恪虽深居简出，但冼玉清将外面的见闻告诉陈寅恪，使陈寅恪敏于时事，对现实有透彻的了解。陈垣和陈寅恪对冼玉清的学问、道德都给予很高的评价。

二、 冼玉清与史学 "二陈" 交谊的思想基础

他们交谊的第一个思想基础，就是他们都具有崇高的爱国思想和坚贞的民族气节。

陈垣的一生，始终坚持爱国主义和民族气节。早年生活于广州时，就积极创办报刊，参加反帝反封建运动。他与友人一起创办广东光华医学堂，光华取 "光我华夏" 之义。这是一批爱国者集资创立的中国第一所私立西医学校。20 世纪二三十年代在北京各高校任教时经常说，现在中外学者讲汉学，不是说巴黎如何，就是东京如何，没有提中国的。我们应该把汉学中心夺到中国，夺回北京。抗日战争期间，他坚守辅仁大学，坚持民族气节，不任伪职，发扬爱国精神。北平组织汉奸政府，对他一再拉拢威胁，软硬兼施，逼陈垣出去做事，如要他任 "大东亚文化同盟会" 会长之职，这是当时敌伪最高的文化团体，陈垣坚决拒绝担任。抗战时期，陈垣写了三部书——《明季滇黔佛教考》《南宋初河北新道教考》《清初僧诤记》——被称为 "宗教三书"。这三本书表面是讲佛教、道教，但实际上寄托着他的爱国思想，这是三部爱国史著。1945 年 7 月完成的抗战时期最后一本专著《通鉴胡注表微》，更是一部坚持民族气节爱国情怀的历史篇章。

陈寅恪家是爱国世家，祖父陈宝箴，当英法联军攻进北京，火烧圆明园时，陈宝箴痛哭流涕；父亲陈三立（散原老人），实际上是因日本侵略中国，才拒绝服药、拒绝吃饭而去世的。陈寅恪早年游学欧美，哈佛大学有意聘请他担任教席，他婉言谢绝，而于 1925 年毅然回国，受聘为清华研究院四大导师之一。1925 年写一首诗送给北大历史系学生："群趋东邻受国史，神州士夫羞欲死"。抗战时期，陈寅恪曾任教于香港大学，日军占领香港之后，为避免日本人纠缠，不仅拒不接受日军送上门的食物，而且偕妻女离香港回内地，辗转任教于内地各

---

① 《陈寅恪集·诗集》，生活·读书·新知三联书店出版社 2001 年版。

高校。陈先生晚年的诗有些悲观情绪，也有对现实的不满。但正如季羡林先生所说，这也是爱国。"他忧国忧民，才如此作想。若他对我们的国家，我们的文化根本毫不在意，他就绝对不会写这样的诗。歌颂我们的国家是爱国，对我们的国家不满也是爱国。"①

冼玉清的爱国情怀深受其老师陈子褒的影响。陈子褒，广东新会人，与康有为是同科举人，是康有为"公车上书"的热烈支持者。戊戌变法后，他逃到日本，悉心考察教育，走教育救国的道路。冼玉清在《自传》中说："我一生受他（陈子褒）的影响最深，也立意救中国，也立意委身教育。"冼玉清的许多文章，都是在国家危难之际、民族存亡之秋，奋笔疾书，借古讽今，鼓舞士气，谴责投降，如《民族英雄冼夫人》《读宋史岳飞传》《读宋史李纲传》等。1941年香港沦陷时，她正随岭南大学迁校在港，日本驻港总督矶谷廉介欲请她出面主持香港的文化事业，为她所拒。为了避免日本人纠缠，她放弃隐居香港的打算，随岭南大学回迁内地。在全面抗战的八年中，她爱国家、爱民族，流离转徙，在旅途中，写过不少诗词和文章，有《流离百咏》和《抗战八记》（《危城逃难记》《香港罹灾记》《故国归途记》《曲江疏散记》《连州三月记》《黄坑避难记》《仁化避难记》《胜利归舟记》），揭露敌寇的残酷、人民的痛苦和国民党官僚的腐败无能。② 冼玉清的家族在香港、澳门经济实力很强大，但她不愿居住港、澳。她曾两次到香港、澳门治病，家人、亲友曾力劝她不要回广州，她毅然拒绝。她不但按期回来，而且还把在港、澳的存款全部调回广州，逝世后按遗嘱将存款捐献给国家。她还把一生珍藏的图书和文物分别赠给中山大学、广东省文史研究馆、广东民间艺术博物馆等单位。这种爱国精神和高尚情操难能可贵。

爱国主义情操紧密地把他们联系在一起，他们的交往和友谊是建立在这一基础之上的。

冼玉清与史学"二陈"交谊的第二个思想基础，是他们共同的文化史观，他们对中华民族的优秀文化有着执着的爱、执着的追求。陈垣、陈寅恪都是世界级的国学大师，一生研究中国文化，他们分别把各自的研究领域推进到一个崭新的水平，他们的许多著作都具有里程碑的意义。冼玉清是现代中国著名的教授、诗人、广东文献专家。从历史文献的考据、乡邦掌故的溯源，到诗词书画的创作、金石丛帖的鉴藏等，功昭学林，著作等身，数百年间岭南巾帼无人能出其右。

什么是中国文化？陈寅恪说："吾中国文化之定义，见于《白虎通》三纲六

① 季羡林：《陈寅恪先生的爱国主义……别传"与国学研究》，浙江人民出版社1995年，第6页。
② 《冼玉清……念集》，澳门历史学会1995年版，第5－6页。

纪之说，其意义的抽象理想最高之境。"① 陈先生将中国文化之定义定于三纲六纪的理想境界，即以伦理道德为文化的集中表现。《白虎通》之纲纪亦即儒家之纲纪，两千年来虽不断变化，但其核心深植于中国人民之中，外来文化必须经受考验，或融合，或排斥。例如佛教，陈寅恪说："释迦之教义，无父无君，与吾国传统之学说，存在之制度，无一不相冲突。输入之后，若久不变易，则决难保持。是以佛教学说，能于吾国思想史上，发生重大久远之影响者，皆经国人吸收改造之过程。其忠实输入不改本来面目者，若玄奘唯识之学，虽震动一时之人心，而卒归于消沉歇绝。"道教也不例外，"至道教对输入之思想，如佛教摩尼教等，无不尽量吸收，然亦不忘其本来民族之地位"。陈寅恪的重要结论是"窃疑是中国自今日以后，即使能忠实输入北美或东欧之思想，其结局当亦等于玄奘唯识之学，在吾国思想史上，既不能居最高之地位，且亦归歇绝者。其真能于思想上自成系统，有所创获者，必须一方面吸收输入外来之学说，一方面不忘本来民族之地位"②。所谓"不忘本来民族之地位"，即以本国民族的文化为根本，外来文化必须经过吸收改造，融于一体，才能有重大影响，既不排外，又非全盘接受。陈垣于 1923 年完成一部重要著作《元西域人华化考》。元代西域人主要是色目人，元代是大批色目人来华的时代。最初来华的多半是军人、部族首领、工匠、商人等，他们与汉民杂居，居住既久，他们的子孙有不少人"舍弓马而事诗书"，读儒家的书，遵从中国的礼教，喜爱中国的文字，能写诗、填词、作曲，生活习惯与文化如同汉人。他们以儒家自居，这就是所谓"华化"。1964 年 2 月 4 日，陈垣在致友人欧阳祖经的信中说："兹送上四十年前拙著一部（指《元西域人华化考》——引者注）一部……此书著于中国被人看不起之时，又值有人主张全盘西化之日，故其言如此。"③ 在当时形势下，陈垣这种对中国文化发自内心的尊崇和重视，自信与自豪，蕴涵着对祖国文化无限热爱之情。1952 年，冼玉清在"思想改造运动"中，这样检视自己的文化观，她说："我向往'贤人君子'的人格，我讲旧道德、旧礼教、旧文学，讲话常引经据典，强调每国都有其民族特点、文化背景与历史遗传，如毁弃自己的文化，其祸害不啻于亡国。"他们三个人都是被中国传统"文化凝聚之人"。他们都以中国优秀传统文化而骄傲、自豪，对中国文化寄托着一种深深的爱。共同的文化史观把他们紧密地联系起来，他们的交往与友谊建立在这一基础之上。

我们今天纪念冼玉清先生，就是要继承和发扬她所坚持的爱国主义精神，弘扬中国优秀传统文化，为建设文化大省服务。开一个纪念会，讨论她的学术是必

① 陈寅恪：《王观堂先生挽词并序》，见《陈寅恪集·诗集》，第 12 页。

② 陈寅恪：《冯友兰中国哲学史下册审查报告》，见《金明馆丛稿二编》，上海古籍出版社 1980 年版，第 251 页。

③ 陈智超编注：《陈垣来往书信集》，上海古籍出版社 1990 年版，第 818 页。

要的。我建议在此基础上，修订出版她的遗著，让她的精神世代相传。可做两件事：

（1）增订《冼玉清文集》或编辑出版《冼玉清全集》。

（2）出版冼玉清书画集。

本文系"纪念冼玉清先生诞辰 110 周年学术研讨会"论文，原载《冼玉清研究论文集》，中国评论学术出版社 2007 年版。

陈垣先生与冼玉清著《广东释道著述考》

冼玉清（1895—1965）教授是岭南杰出的女诗人、学者、书画家、文献专家和文物鉴藏家。她的一生功昭学林，著作丰硕，是一位治学严谨、不尚空谈的具有民族气节的爱国学者。陈垣（1880—1971）先生是一代史学宗师，杰出的教育家和爱国者。他们相交三十多年，友谊甚笃。

一、 冼玉清与陈垣的交往

冼玉清与陈垣相识，应是 1929 年 9 月。时任岭南大学讲师的冼玉清，应北平燕京大学教务主任周钟岐之邀，参加燕京大学校舍落成典礼。① 此时陈垣任燕京大学国学研究所所长。冼玉清此次北游，适岭南大学校长钟荣光因事来到北平，由钟介绍，冼玉清认识曾任清廷驻藏大臣和驻英、法、美公使的张荫棠，参观故宫博物院古物陈列所及长城等名胜古迹，眼界为之大开。其时马衡任燕大国文系主任，拟请冼主讲文学概论，清华大学教务长杨金甫拟邀冼主讲诗学。均因钟荣光、张荫棠力劝服务桑梓而作罢。冼玉清此次北游，陆续接触到北平的名流、硕学、诗人、艺术家等。冼玉清与陈垣之交应从此时始。

现在保存在陈智超编注《陈垣来往书信集》（增订本）的冼、陈来往书信有 20 通。② 而陈垣与汪宗衍来往书信中，多次提到冼玉清。可见冼、陈两人之交谊甚厚。

大约 1946 年初，抗战胜利不久，冼玉清将抗战时期写的《流离百咏》中《避难黄坑十二首》寄给陈垣，签署："援庵先生教正：读此可知当日避难之苦也。西樵冼玉清初稿。"③ 1946 年 3 月 8 日，冼玉清致陈垣一信，今录下：

> 二月一日手示拜读备悉，始知长者蛰居旧京，亦有无限隐痛。然有书可读，有著述可以问世，亦知足自慰矣。秋湄丈患心疾，在沪往访关寸草，径登第三层楼，遂心停溘逝。王亦鹤丈为我言者。江霞老今年八十四岁，尚矫

① 庄福伍：《冼玉清生平年表》，见周义主编《冼玉清研究论文集》，中国评论学术出版社 2007 年版，第 381 页。

② 陈智超编注：《陈垣来往书信集》（增订本），生活·读书·新知三联书店 2010 年版，第 692–700 页。

③ 陈智超编注：《陈垣来往书信集》（增订本），生活·读书·新知三联书店 2010 年版，第 692–693 页。

健如恒，然一开口便叹诸儿不肖，盖神龛之金箔都被刮去出卖，至于窃盗衣饰更无论矣。汪孝博居澳门。梁培基仍欲建设从化温泉。陈萝生古玉失而复得，近且筹开展览。此皆故人消息之可以为慰者。大驾欲俟交通方便南归，至为喜慰。敝校欢迎来住，短期固好，长期尤佳。此乃当局之意，而玉清私人更喜得一良师也。粤政府筹开文献馆而经费有限，现在广府学宫办事，恐未易有成绩耳。敝斋藏书捐失极大，尊著可以检赠者，将来望赐我一份也。即请大安。晚学冼玉清拜。三月八日。①

这是一封关于冼玉清与陈垣交往的十分重要的信件。这信说明以下问题：

第一，陈垣收到上述冼的赠诗之后，于 1946 年 2 月 1 日复信给冼玉清，冼玉清收到陈垣来信之后，于 3 月 8 日复信。陈垣的来信应谈到抗战时期，他在北平的处境及著述情况，冼信中才有"始知长者蛰居旧京，亦有无限隐痛。然有书可读，有著述可以问世，亦足以自慰矣"之语。

第二，说明两人交情很深。冼在信中把所知道的广东故人的情况一一告诉陈垣，包括"神龛之金箔都被刮去出卖"之事，等等。并请陈垣"尊著可以检赠者，将来望赐我一份"。

第三，陈垣来信中，说及想南归之意，故冼信中说："大驾欲俟交通方便南归，至为喜慰。敝校欢迎来住，短期固好，长期尤佳。此乃当局之意，而玉清私人更喜得一良师也"之语。此事在当时任岭南大学校长的李应林致陈垣的信中得到证实。1946 年 3 月 15 日，李应林致陈垣信云："顷聆文旆有南来之讯，欣忭逾恒。从此羊石文坛顿增光彩，可以预道。敝校复员以后，积极为发展计，期于南方学府中有所建树。先生声闻久敷，未审能否屈驾来校教学，俾莘莘学子，得立程门。如荷不弃，则所奉束脩以及一切应有问题，再当函告也。"② 可见岭南大学有聘陈垣之意。

第四，冼把主持广东文献馆之事告诉陈垣，为以后冼、陈通信中多关岭南文献之事打下基础。

保存在《陈垣来往书信集》中的 18 通新中国成立后的书信，更说明他们之间友谊之深。1950 年 1 月 15 日，冼玉清赠其诗集《流离百咏》、散文集《更生记》及《广东丛帖叙录》各二份，请以一份赠辅仁大学图书馆。还附上陈寅恪与冼玉清漱珠岗纯阳观寻梅唱和诗。

陈垣对冼玉清搜集整理广东文献的工作十分支持。冼玉清收藏有明代博罗张

---

① 陈智超编注：《陈垣来往书信集》（增订本），生活·读书·新知三联书店 2010 年版，第 693 - 694 页。

② 陈智超编注：《陈垣来往书信集》（增订本），生活·读书·新知三联书店 2010 年版，第 701 页。

萱所撰的《西园存稿》残本。冼玉清请陈垣在北京托人补齐。1950 年 1 月 15 日，冼玉清致陈垣信，云："《西园存稿》缺页表付正，如能倩人补抄，当将抄工用款照数奉返。"① 冼玉清在信中详细说明她得到此书的来龙去脉。经陈垣在北京几次托人代补，到 1957 年才基本补齐。1957 年 3 月 7 日，陈垣致冼玉清信说："托人带来《西园存稿》第 37 卷，缺了四页，经我出北京藏本一校，也同样缺此四页。"② 此事令冼玉清十分感动，她在信中说："代补《西园存稿》，极感雅谊，所示校补方法，受益尤多。"③ 这部书后藏于广东文史馆，并被收入《中国古籍善本书目》。

陈垣对冼玉清搜集整理广东文献工作给予十分具体的指导。1959 年 5 月 5 日，陈垣信中说："粤中如欲收粤人著作，最好先编成书目，然后按目求书。"④ 1956 年 10 月 8 日，陈垣信云："哲如先生（即伦明——引者注）诗敝处所存甚少，仅有丁卯五日吟稿七十首，是油印本，已另邮寄上，不识与尊处所收有重出否？广东省中山图书馆寄来《黄荫普捐赠广东文献书目》一册已见。兹遵嘱寄给该馆《励耘书屋丛刻》一部，八种十六册。"⑤ 10 月 15 日，陈垣信又云："八日付上哲如诗七十首油印本，想登记室。续得排印本十三首，又抄录二首，未知尊处所收有重复否？如能开示目录，则续有所得，不致重寄，于彼此均方便也。"⑥ 从这些陈垣致冼玉清的信中，知道陈垣希望冼玉清先编出广东文献书目，"然后按目求书"，这是十分具体的意见。陈垣亦把自己所藏的广东文献寄给冼玉清，为冼玉清搜集广东文献尽己之力。

陈垣早年在广东活动时，与友人创办《时事画报》《震旦日报》等。陈垣在该报发表大量文章，陈垣想收集这一时期的文章，1956 年 10 月 21 日，致信冼玉清："从前广州出过一种《时事画报》，名为画报，其中夹有小文。我记得很像每月出三期或两期。又光绪末年，广州有一个《震旦报》，是日报，它的附张叫《鸡鸣录》。这一种期刊同日报，未识您心目中有印象否？粤中无人可托，欲请

---

① 陈智超编注：《陈垣来往书信集》（增订本），生活·读书·新知三联书店 2010 年版，第 694 页。

② 陈智超编注：《陈垣来往书信集》（增订本），生活·读书·新知三联书店 2010 年版，第 699 页。

③ 陈智超编注：《陈垣来往书信集》（增订本），生活·读书·新知三联书店 2010 年版，第 695 页。

④ 陈智超编注：《陈垣来往书信集》（增订本），生活·读书·新知三联书店 2010 年版，第 699 页。

⑤ 陈智超编注：《陈垣来往书信集》（增订本），生活·读书·新知三联书店 2010 年版，第 698 页。

⑥ 陈智超编注：《陈垣来往书信集》（增订本），生活·读书·新知三联书店 2010 年版，第 698 页。

尊处替我物色，能有人出让，固为上上，就是知道哪里有藏这些刊物，能够借阅，也是好的。"① 后来广东省中山图书馆将所藏《时事画报》寄给陈垣。

冼玉清是陈垣晚年在南方最信任的朋友，是陈垣了解广东学界信息的一个重要渠道。陈垣屡嘱冼玉清："岭南文史消息隔绝，足下主持文献，搜罗宏富，耳目灵通，凡人事之往还，文物之隐现，告我一二，胜于百朋之锡，谨此奉托。"② 1955 年 5 月 1 日，陈垣在信中写道："久病，粤中消息隔绝，仅剩琅玕馆一线，欲知一二，遂有四月七日之函，不期久未得复，肠几欲断，未审近日起居何似，玉体安否，情绪佳否，至今惦念。古谚'不才明主弃，多病故人疏'，又不知是否大家（此处念"大姑"，是对妇女的尊敬——引者注）弃我疏我，更为惶恐，特再书一缄，希有以告我。"③ 陈垣十分关注广东学人的情况，1955 年 4 月 7 日，致冼玉清信云："寅恪先生起居佳否？闻其女公子调粤工作，可以照顾，甚善。天一先生今年七十八，未识近有新印的著作否？协之先生今年八十，《读岭南人诗绝句》已出版未？廖风书所著已刊者有若干种，何名？售处何所？汪六书摊，仍旧开设否？仲勉先生有晤面否？学吕先生（即岑学吕，与陈垣同在《时事画报》负责文字工作——引者注）酒量如何？以上种种，均欲得一二，能便中示之，至以为幸。"陈垣信中常说："晤寅恪先生时，幸代致候。""谷雨既过，花事正浓，有与寅恪先生唱和否，录示一二，为盼。"④ 我们从冼玉清致陈垣的信中可知，冼玉清尽量把其所知的广东学人的近况告诉陈垣。于此可见陈垣对广东学界的关心以及冼陈之间的深厚交谊。

二、 冼著 《广东释道著述考》 与陈垣

冼玉清著《广东释道著述考》，生前未刊。1995 年，广东省文史馆和佛山大学佛山文史研究室编《冼玉清文集》，由中山大学出版社出版。该书收入《广东释道著述考》，此著第一次问世。此著作什么时候开始撰写，已难考证。从此著之规模看，当然是积数十年的功力。但许多文字当形成于晚年，是她晚年的力作。此著作什么时候完成？从现有材料看，当成于 1963 年至 1964 年之间。1964

① 陈智超编注：《陈垣来往书信集》（增订本），生活·读书·新知三联书店 2010 年版，第 698 – 699 页。

② 陈智超编注：《陈垣来往书信集》（增订本），生活·读书·新知三联书店 2010 年版，第 698 页。

③ 陈智超编注：《陈垣来往书信集》（增订本），生活·读书·新知三联书店 2010 年版，第 698 页。

④ 以上引文均见陈智超编注：《陈垣来往书信集》（增订本），生活·读书·新知三联书店 2010 年版，第 697 页。

年 11 月 23 日，陈垣致汪宗衍信，云："冼姑撰《广东僧道著述考》，甚盛，但搜采殊不易，未知已成书否？"① 1964 年（未明月日），陈垣致冼玉清信云："又得知尊著《广东僧道著述考》已告成功，为之欣忭。"② 1965 年（未明月日）陈垣信又云："又闻大著《广东僧道著述考》将近出版，先睹为快。"③ 黄任潮在《冼玉清的生平及其著作》一文中说："《广东释道教著述考》，是关于方外的要籍。原稿曾经汪宗衍校订，1966 年后才从香港寄回省文史馆，冼玉清已不及见了。"④ 冼玉清于 1965 年 10 月 2 日病逝于广州。10 月 7 日汪宗衍把这噩耗告知陈垣，陈垣 10 月 16 日复函汪宗衍云："久未接信，正思念间，忽得七日来示，知冼姑噩耗，至为哀悼。其所著《广东释道著述考》，如果释氏部分已完，可先出版。此等工作本是图书馆员工作，亦是为人民服务，不必求全责备，且曾经我公审订，可信其无憾，冼姑不托他人，而独托公，知公之必不负所托也。"⑤ 可见，冼玉清把此稿托付友人汪宗衍审校，汪宗衍是看过此稿的第一人。

此著公开出版之后，学界反映很好。陆键东认为"因有了这么一部著作，作为现代广东文化甚具代表性的杰出学者，冼玉清的一生才算完备"。"这是冼玉清最重要的著作。"⑥ 学术界已有专门研究这部著作的论文。

《广东释道著述考》起自唐迄于现代，上下 1300 年，广收广东佛道两家著述。上编著录释家著述，下编著录道家著述，若撰人非释家或道家而有释家言或道家言之著述，则按其性质附于各编之末。共得 500 部（篇），211 家，以书系人。每书撰人之传记，"各求详实"；序、跋切实者详录之；书之外貌亦"择要述之"；历代对该书的评论或考证，"如有所见，辄汇而录之"；最后加编者按语。⑦ 这样，广东千余年释道之迹，朗然备然。这是广东第一部体例精当、源流清晰、史料详尽的释道著述大观。此书之撰成是冼玉清的一大壮举。

该书收入陈垣释家言 13 种，即《明季滇黔佛教考》《敦煌劫余录》《清初僧诤记》《中国佛教史籍概论》《释氏疑年录附通检》《汤若望与木陈忞》《语录与

---

① 陈智超编注：《陈垣来往书信集》（增订本），生活·读书·新知三联书店 2010 年版，第 550 页。

② 陈智超编注：《陈垣来往书信集》（增订本），生活·读书·新知三联书店 2010 年版，第 700 页。

③ 陈智超编注：《陈垣来往书信集》（增订本），生活·读书·新知三联书店 2010 年版，第 700 页。

④ 周义主编：《冼玉清研究论文集》，第 309 页。

⑤ 陈智超编注：《陈垣来往书信集》（增订本），生活·读书·新知三联书店 2010 年版，第 553 页。此信系年为 1964 年，有误，应为 1965 年。

⑥ 陆键东：《近代广东人文精神与冼玉清学术》，见《冼玉清研究论文集》，中国评论学术出版社 2007 年版，第 76 - 77 页。

⑦ 以上见《广东释道著述考·凡例》。

顺治宫廷》《书内学院新校慈恩传后》《大唐西域记撰人辩机》《佛牙故事》《法献佛牙隐现记》《云冈石窟之译经刘孝标》《谈北京双塔寺海云碑》和道家言四种，即《道家金石略》《南宋初河北新道教考》《李志常卒年》《记许缵曾辑刻太上感应篇图说》，释道共 17 种。冼玉清加按语的有八种，还有《中国佛教史籍概论》最后一段话，没有写"谨按"，从内容看应是冼玉清"谨按"，这样，有"谨按"的，应是九种。从这九篇"谨按"中，可以看出对陈垣的高度评价。

第一，陈垣的佛教著述对研究历史有相当高的价值。

《中国佛教史籍概论》"谨按"："作者运用丰富历史材料，旁征博引，实事求是为之分析，虽以佛教史籍为主，但其内容不仅为研究佛教史所需要，就是研究其他方面历史问题，很有参考价值，对于开展历史科学研究也有相当贡献也。"①

《释氏疑年录附通检》"谨按"："此书为检查历史上僧人生卒年之工具书"，"其引用佛教典籍、僧传、语录，并参考诸家文集、方志、金石碑拓等材料，引书凡七百余种，其中二三百种语录材料，搜辑不易，尤为可贵。书中对每一个僧人都注明所据材料，列出与此人有关之基本史籍，为研究这些人之史迹提供重要线索，对研究历史，尤其对佛教史有很大帮助。"②

第二，肯定以僧家语录考史、补史，是陈垣"首倡"。

陈垣在《明季滇黔佛教考》"重印后记"中说："本书突出者系资料方面多采自僧家语录，以语录入史，尚是作者初次尝试，为前此所未有。"冼玉清在《汤若望与木陈忞》中"谨按"："盖以语录考史，并补史所不及，史家向不措意，陈先生实首倡之也。"③ 陈垣据新获语录，又撰《语录与顺治宫廷》一文，在"引言"中云："去年余发表《汤若望与木陈忞》论文后，续得康熙本《苮溪语录》，载董后佛事甚详。又得嘉兴藏本《弘觉语录》。又得嘉兴藏本及龙藏本《憨山语录》。参互考校，足补前文之不足，证前文之失误。夫语录特释家言耳，史家向不措意，安知其有禅史乘也。"冼玉清在"谨按"中，详列陈垣据《憨山语录》《苮溪语录》《玉林语录》考顺治宫廷事，说明冼玉清肯定陈垣"首倡"以僧家语录考史、补史的贡献。

第三，敬仰陈垣对中国历代典籍的谙熟。

陈垣 1961 年发表《佛牙故事》，1962 年发表《法献佛牙隐现记》，冼玉清对此二文都有"谨按"。前文"谨按"曰："佛牙为佛教各国所信奉，中国古籍记载佛牙故事不一。此篇分为一南北朝，二唐五代，三辽宋元明。自梁《高僧传》

---

① 冼玉清著，黄炳炎、赖适观主编：《冼玉清文集》，中山大学出版社 1995 年版，第 710 页。

② 《冼玉清文集》，第 710 – 711 页。

③ 《冼玉清文集》，第 712 页。

始，而至《图书集成》终焉。"① 后文"谨按"曰："中国有佛牙，最早当推法献（424—498）。法献，南齐时僧统，梁《高僧传》十三有法献传。此牙今存北京广济舍利阁。此文述历代隐现文献也。"② 据陈垣的助手刘乃和说，1961 年，中国佛教协会为了佛牙出国，拟整理一份材料。原佛牙自南北朝时传入中国，到现代共 1500 年，但中间有几百年，在书籍上找不到连续的下落。陈垣应佛教协会邀请，在中国的内典、外典各种文献中，终于考证出佛牙延续的历史。冼玉清对此二文加按语，实际上就是敬佩陈垣对历代文献典籍的谙熟，不但考证出中国历代佛牙的保藏、传授及影响，而且考证出中国最早佛牙当推南齐时法献，"此文述历代隐现文献也"。

第四，肯定陈垣以碑文考史、补史的贡献。

冼玉清对陈垣《道家金石略》和《谈北京双塔寺海云碑》二种著作加"谨按"。《道家金石略》，冼玉清并未见到该书（该书是陈垣逝世后，由其嫡孙陈智超及孙媳曾庆瑛整理，于 1988 年由文物出版社出版），只是在"谨按"中摘录了陈垣《南宋初河北新道教考·全真篇》的文字："余昔纂道家金石略，曾将道藏中碑记，及各家金石志、文集，并艺风堂所藏拓片，凡关道教者悉行录出，自汉至明，得碑千三百余通，编为百卷，因以校雠不易，久未刊行。"③ 冼玉清虽未见其书，但知道此书的重要，故加"谨按"。对《谈北京双塔寺海云碑》一文的"谨按"云："此碑虽只载海云个人事迹，但都关涉元朝开国时史料，足补史所未备，可惜碑文未经他书著录，佛教典籍及教外典籍多利用此碑，但俱未载全文，且间有舛误。陈君此文考证极详，历举其误，王鸣盛曾访此碑，亦以未见全文为憾。叶恭绰《遐庵谈艺录》第 38 页载其全文称'北京大庆寿寺元碑'者即此，盖双塔寺其俗称也。"④ 此"谨按"将碑的重要性及陈垣对此碑研究的贡献，都披露出来了。

由此可知，陈垣对冼玉清撰写《广东释道著述考》是支持的，并给予许多具体帮助。例如 1960 年 1 月 5 日，陈垣致冼玉清函云："《嘉兴藏》刊刻时间逾百年，都系陆续出书，不容易得一部完整的，其所谓续藏，又续藏，多系明清间诸家语录，颇有明季文人逸事。我所见语录虽多众，自藏者实无几，况经日寇之扰，藏书渐以易粟，故今所存者更少。岑公（应是指岑学吕）信佛，所蓄释典必多。汪君孝博熟谙明清间粤僧掌故，何不就近商之。兹特遵属先挂号寄上《弘

---

① 《冼玉清文集》，第 713 页。
② 《冼玉清文集》，第 714 页。
③ 《冼玉清文集》，第 862 页。
④ 《冼玉清文集》，第 714 页。

觉语录》一部八册，阅毕寄还。"① 从陈垣信的内容可知，冼玉清必去信请教广东释道著述的事，才有陈垣上述的回信。冼玉清在致陈垣的信中，多署"晚学冼玉清拜"。冼玉清是晚辈，问学于陈垣，说明她谦虚好学，敬仰陈垣；从冼玉清给陈垣著述的"谨按"中看出，她确实给陈垣以很高的评价。

三、 著述风格及治学精神

冼玉清比陈垣小 15 岁，是陈垣的学生辈。在三十多年的交往中，陈垣给冼玉清不小的影响。《广东释道著述考》的体例是仿陈垣《中国佛教史籍概论》，从中可以看到陈垣著述风格及治学精神的影子。

第一，搜集材料，要做到"竭泽而渔"。

陈垣为了"竭泽而渔"地搜集材料，除了他掌握了深厚的目录学知识之外，还因他具有勤于搜访和虚心求教的精神。我们举陈垣查阅《嘉兴藏》为例。20世纪 30 年代，陈垣发现北平某处藏有从未被人利用过的《嘉兴藏》，但这套佛藏不能借出，只能在该处翻阅。而藏书的地方又非常阴暗潮湿，蚊子很多。他为了探寻《嘉兴藏》的奥秘，带领助手，每次在事前服用疟疾预防药，亲自前去查阅。在一年多的时间里，将该书阅读一遍，搜集到了大批僧人语录，在《明季滇黔佛教考》一书中充分加以利用。陈寅恪在为该书写的序言中说："寅恪颇喜读内典，又旅居滇地，而于先生是书征引之资料，所未见者殆十之七八，其搜罗之勤，闻见之博若是。"② 除了自己勤于搜寻之外，他还经常虚心向内行求教。他编撰《中西回史日历》和《二十史朔闰表》时，曾向研究历法的人和胡适求教。陈垣搜集资料"竭泽而渔"的精神是值得很好学习的。

冼玉清撰《广东释道著述考》，其搜集材料的精神也令人感动。据《冼玉清生平档案》"自述"中说，1953 年暑假，她去北京游览，看过北京图书馆的藏书后，从此日日到该馆抄书，早去暮归，达两月余之久，"馆主任说什么僻书都让我看光了"。馆方云"僻书"，从当时冼玉清研究方向和重点来看，应该是指有关广东文献的著作。1957 年，冼玉清随中大老师到华中旅行休养，经过杭州时参观浙江省立图书馆。后来冼玉清搬到图书馆旁的一间旅店住宿，日日到馆抄书，为"广东人的著作做提要"，费时月余。③ 从冼玉清这两个例子中，可以看到陈垣搜集资料的影子。

第二，考证材料去粗取精，去伪存真，旁征博引，实事求是。

① 陈智超编注：《陈垣来往书信集》（增订本），生活·读书·新知三联书店 2010 年版，第 699 页。

② 陈寅恪：《金明馆丛稿二编》，上海古籍出版社 1980 年版，第 240 页。

③ 转引自陆键东《近代广东人文精神与冼玉清学术》，见《冼玉清研究论文集》第 79 页。

陈垣很注重考证史料，在《通鉴胡注表微》的"考证篇"中，比较集中地讲了考证的具体方法。一、理证，即用常理判断某些史料的真伪。二、书证，即以当时的文件如诏令、法律等作为证据。三、物证，"以新出土之金石证史，所谓物证也"。四、实地考察。陈垣《中国佛教史籍概论》，有关史实"辨误""正误"等小标题，一一评价、考辨，对前代各种目录学专著的失误辨证极多。他纠正《四库提要》错误凡29条，并在解题中，专列"《四库提要》辨误"一目。

《广东释道著述考》对史料考证的功夫体现在"谨按"上。谨以唐代惠能为例，说明冼玉清考证之严谨。在"惠能"条下，收录了11部书，有两个问题，是历代目录书记载纷呈的，一是"惠能"与"慧能"孰是孰非；二是《六祖坛经》的作者是谁。冼玉清对这两个问题，在"谨按"中都做辨证。《六祖大师金刚经口诀》一卷，"唐新州释慧能说"。"谨按"曰："《宋史·艺文志》著录作'惠能《金刚经口诀义》一卷'。'慧'通'惠'。此书已入日本《续藏经》本，书名与宋《志》同。"①《金刚般若经口诀正义》一卷，"唐新州释惠能撰"。"谨按"云："《唐书·艺文志》著录作'慧能《金刚般若经口诀正义》一卷'。小注云：'姓卢氏，曲江人'。《宋史·艺文志》著录作'惠能《金刚经口诀义》一卷'。似即此书。"②《仰山辨宗论》一卷，"唐新州释惠能撰"。"谨按"说："《宋史·艺文志》著录惠能《仰山辨宗论》一卷、《金刚经口诀义》一卷、《金刚大义诀》二卷，又著录慧能注《金坛经》一卷，又撰《金刚经口诀》一卷。惠、慧通用。将惠能、慧能分二人矣。"③由此可见，冼玉清从各种版本中看出，"惠""慧"可以通用。这种看法是从实证中来的。

《六祖坛经》的作者是谁。在各种目录书中，有曰惠能撰，有曰法海撰，有曰惠昕撰。冼玉清经考证后，在"谨按"中说："惟阮《通志》则著录《六祖坛经》三条：既作唐惠能撰，复作唐释惠昕撰及唐释法海撰。查《坛经》是惠能说，法海录，可谓为惠能撰，亦谓为法海撰。惠昕则将不分门品亦不分卷之法海本分为二卷十一门，直是改编。阮《通志》谓为撰，误，宋《志》谓为注，亦误。惠昕宋人，阮《通志》谓为唐人，且列在法海之前，尤误。"④她对《坛经》的作者做了客观的分析，实事求是地指出了阮《通志》和《宋志》之误。

第三，将经过考证的材料，加以精心地选择和严密地组织，撰成论著，就是陈垣所说的"连缀成文"。

陈垣强调史学著作必须有根有据，不能凭道听途说，更不应随意发挥，否则不能成为信史。但史学著作也要讲求文采。陈垣的许多著作，在注重科学性、真

---

① 《冼玉清文集》，第410页。
② 《冼玉清文集》，第410页。
③ 《冼玉清文集》，第413页。
④ 《冼玉清文集》，第412页。

实性的同时，也力求做到让人读起来有趣味。著名元史专家杨志玖评论《元西域人华化考》说："文中原始资料与解说语言，浑然一体，天衣无缝，一气呵成，读来琅琅上口，无雕饰之迹，有自然之美，令人百读不厌。此种风格，实颇罕见，姑名之曰'援庵体'。"

《广东释道著述考》是一部史学著作，一秉传统学术著作考释严谨的章法，全书用文言体表达，但"行文流畅、和谐，语言风格的雅致、味有深长，与书中大量录引的释道文字，相得益彰，浑然一体。仅以阅读欣赏言，《广东释道著述考》一书是近世广东文献中少有的一部欣赏性甚强的'美文'。"①

第四，论著完成后，请学人批评指正，以求精益求精。

陈垣的作品，多请陈寅恪、胡适、伦明等学人指正。据陈垣的学生柴德赓、刘乃和、启功等人的回忆，陈垣完成论著后，一般请三种人看：一是老师辈，一是学生辈，一是同辈人。三种人可以从不同角度提出修改意见。可见陈垣虚怀若谷的精神。

冼玉清完成《广东释道著述考》之后，如上所述，寄给朋友汪宗衍审校。但来不及听汪宗衍的意见，就遽归道山了。

从以上几点可以看出，《广东释道著述考》有陈垣著述风格及治学精神的影子。

今天我们纪念冼玉清，就要学习和继续她严谨的治学方法、为学术事业而奋斗不息的人格魅力、为国家培养人才而孜孜不倦的奉献精神。

原载《熊铁基80诞辰纪念文集》，华中师范大学出版社2012年版。

---

① 陆键东：《近世广东人文精神与冼玉清学术》，见《冼玉清研究论文集》，第77页。

陈垣陈乐素父子与马相伯的学术交往

本文主要阐述陈垣、陈乐素父子与马相伯的忘年之交，借以弘扬学术前辈提携培养后辈，与学术后辈尊重学术前辈的学术承传和敬老的传统。

马相伯 1840 年生，陈垣 1880 年生，陈垣长子陈乐素 1902 年生。马相伯比陈垣大 40 岁，比陈乐素大 62 岁，他们结成忘年之交。陈垣 1923 年曾说"垣游京师十年，父事者二人"，其中之一就是马相伯。按辈分来说，马相伯、陈垣、陈乐素是祖孙三代人。他们之间的学术交往在中国近现代学术史中写下浓墨重彩的一笔。

一、 马相伯生平简介

马相伯（1840—1939），百岁而终。江苏丹徒人，是一位政治家、著名教育家、宗教界名人和赤诚爱国者。信奉天主教，熟悉拉丁文、法文、希腊文等多种外国语，精通中外文化、学术、天文、数学、神学。教会授神职为司铎（神父），进行传教。后因与教会不合，退出教会进入仕途，追随李鸿章达 20 年之久。在这期间，他还到过日本、朝鲜、美国、英国、法国和意大利等国。60 岁以后捐产兴学，先后创办了震旦大学和复旦大学。民国元年一度代理北京大学校长。曾协助英华创办辅仁社，刊印教籍，又一起筹办辅仁大学。1920 年南归，定居上海徐家汇土家湾。1931 年九一八事变，他已 92 岁高龄，奋起倡言抗日，被誉为"爱国老人"。1937 年 3 月，任南京国民政府委员。七七事变后，西迁桂林，寓风洞山。1938 年冬，入云南、四川，道经越南谅山，"因病不得进，遂留居"。1939 年 11 月 4 日，溘然长逝，享年 100 岁。蒋介石挽联曰：

毕生广造英才，化育百年尊绛帐。
临死尚饶敌忾，精魂万古式黄炎。①

---

① 方豪：《马相伯先生年谱新编》，见李东华编《方豪晚年论文辑》，（台湾）辅仁大学出版社 2011 年版，第 361－362 页。

于右任挽联曰:

光荣归上帝
生死护中华。①

毛泽东、朱德、彭德怀电唁马相伯家属:

马相伯先生家属礼鉴:
马相伯先生于本月四日遽归道山,老人星黯,薄海同悲,遗憾尚多,倭寇未殄,后死有责,誓复国仇,在天之灵,庶几稍慰。特电驰唁,敬乞节哀。②

马相伯在教育、宗教、政治等领域作出了重要贡献,产生重大影响。他是中国人心目中的爱国主义和民主主义的典范。他的学问、道德、文章皆为世人所景仰,被学界誉为"近代中国的历史见证人"。③ 他一生的论著、译述、公牍、演说和书信作品十分丰硕,朱维铮主编的《马相伯集》④ 有一百多万字,这是马相伯留给我们的重要文化遗产和精神财富。

二、 陈垣与马相伯

陈垣(1880—1971),广东新会人。中国近现代史学宗师之一,著名教育家,炽热的爱国者。他比马相伯小40岁,与马相伯为忘年之交。他1926—1952年任辅仁大学校长,长达27年之久。陈垣早年曾信仰基督教,辅仁大学是美国天主教会创办的,创办人就是天主教徒英华和马相伯。基督教信仰者何以能在天主教办的大学长期任校长呢?这与英华和马相伯有密切关系。陈垣自己说,主要是因为自己学问好,同时靠英华和马相伯的支持。英、马要找一位对中国传统文化有深入研究的人,便于在华人教友中宣传和学习中国文化。1946年2月3日,陈垣在致长子陈乐素信中说:"一个人第一要有本领,第二要有人提拔。有本领而无

---

① 方豪:《马相伯先生年谱新编》,见李东华编著《方豪晚年论文辑》,(台湾)辅仁大学出版社2011年版,第362页。
② 朱维铮等:《马相伯传略》,复旦大学出版社2005年版,第221页。
③ 朱维铮等:《马相伯传略》,复旦大学出版社2005年版,第1页。
④ 朱维铮主编:《马相伯集》,复旦大学出版社1996年版。

人提拔，不能上台，有人提拔而无本领，上台亦站不住也。"① 这一教育子女的话，实际上是他长期掌门辅仁大学经验的总结。

陈垣与马相伯相识，当在民国初年。民国成立后，设参议院，议员多是各地知名人士。当时马相伯为江苏省议员，并担任北京大学校长、总统府高等顾问等职。按照惯例，每逢国会开会，都由最年长的议员宣布开会，第一次国会会议召开时，马相伯74岁，是议员中最年长者，所以每次荣任此职。陈垣以广东革命报人的身份当选众议院议员。所以两人有机会在国会会议上相识。陈垣在方豪编辑的《马相伯先生文集》的序中说，"余自民元北上，即与先生（指马相伯）暨英敛之先生过从甚密"，"二先生有所计议，余往往得首先闻之；二先生有所刊布，余亦得先睹为快"。②

陈垣早期的宗教史研究与马相伯、英华有密切关系。马相伯非常赏识陈垣的才华和学问，并给予具体的指导。如1917年陈垣的第一篇史学论文《元也里可温考》，得到马相伯的鼎力支持。陈垣在《元也里可温考·初版自叙》中说："此辅仁社课题也。辅仁社者，英敛之先生与其门弟子讲学论文之所。余尝一谒先生，先生出示辅仁社课，中有题曰《元也里可温考》。余叩其端绪，偶有所触，归而发箧陈书，钩稽旬日，得佐证若干条，益以辅仁社诸子所得，比事属词，都为一卷，以报先生。先生曰善，愿以付梓。余自维剪陋，况值旅居，藏书绝少，涉猎多有未至也。先生曰：'是胡害，补遗订误，可俟异日。'余乃重理旧稿，并经马相伯为之点定，乃付刊。"陈垣在此文中多次说到"马相伯丈"的意见。如第一章有"此马相伯丈说"之语；第十四章有"凤闻马相伯丈言，镇江有十字碑"。③ 此论文成为陈垣成名之作。马相伯建议英华将《元也里可温考》出线装单行本，并特地为此论文作序，"向余只知有元十字寺为基督旧教堂，不知也里可温有福音旧教人之义也，知之，自援庵陈垣始。君即民国二年反对孔子为国教，而狂夫某电京，嗾明正典刑者之一也。"而且赞佩陈垣"广辑考证"，"君真余师也"。④

1917年10月21日，陈垣随梁士诒出访日本，24日途经上海，拜访马相伯，并在徐家汇藏书楼读明末清初天主教著作，看到韩霖撰《铎书》，因时间匆忙来不及抄写，后来马相伯帮其抄写寄给陈垣，陈垣校勘后于1919年重刊。陈垣在"重刊铎书序"中说："去年冬，道出海上，见是书于徐汇书楼，亟欲写副，匆匆东渡未果。今年秋，马相伯先生乃以抄本寄京。""余为校雠一过，其有疑义

① 陈智超编注：《陈垣来往书信集》（增订本），生活·读书·新知三联书店2010年版，第1136页。

② 陈智超主编：《陈垣全集》第7册，安徽大学出版社2009年版，第868页。

③ 陈智超主编：《陈垣全集》第2册，安徽大学出版社2009年版，第3、6、53页。

④ 朱维铮主编：《马相伯集》，复旦大学出版社1996年版，第299页。

不可通者姑仍之，以孤本无可勘也。"① 马相伯看到陈垣重刊的《铎书》后，于1919 年 3 月 1 日致信陈垣："顷自乡间回，始悉枉临未遇，歉甚。快读《铎》言，大序博而赅，不识可图一晤否？"② 马相伯看《铎书》后，急想面晤陈垣，可想马先生的欣慰、激动之情。1919 年秋，马相伯受陈垣之托，据徐家汇藏书楼所藏高一志译《童幼教育》，加以校阅，并为之跋，把抄本和跋寄给陈垣。③

此后，马先生常为陈垣的著作或校勘的宗教书籍作序或跋。1919 年 7 月，他为陈垣撰《浙西李之藻传》作序，序文说："吾友陈援庵心志于古，敏求而强记，既考天教之兴于元，复考天教之兴于明，异哉。即就之藻所著，钩其要而为之传。传由英君敛之寄读一过，不禁报英君曰：吾与汝弗如也！惟其弗如，则所盼盼然期于陈君者，岂徒志古而已哉！"④ 1919 年 8 月为陈垣校明末传教士毕方济的《灵言蠡勺》单行本作序，序文曰："兹因陈援庵君前既一再考订也里可温，今春又重刊《铎书》，夏又重刊《灵言》。《灵言》底本，良与万松野人尝与从事校正，故乐取孟子无放其良心以自异于禽兽之说而为之序。至人生大学问，真究竟，则已具本书，亦陈君重刊之意也夫！"⑤

马相伯对陈垣期望甚殷，凡教中典籍，认为需要考订者，均企望陈垣能重新考订。1919 年 8 月 3 日，马在致英敛之信中说："《真福和德理传》，鄂省崇正书院梓（圣家会士郭栋臣松柏译，疑即尝注培根者），倘得援庵重加考订，亦元末圣教也，亦欧洲中世纪史也。"⑥ 和德理今又译奥代力克，元时曾入中国。1919 年，马致英函说："《圣者奉褒》似有汤公事迹，援庵定能撮其要；良尝有撮要，额于公像。"⑦ 可见马相伯、英华对陈垣期望之殷。

马相伯、英华、陈垣三人同校刊许多教籍。例如汤若望著《主制群征》，1915 年英华校刊此书，由天津《大公报》印刷，马相伯和英华序。英序中曾注云："昔见抄本赠送汤公诗文极多，皆一时名流，惜已失！"1919 年陈垣又再校刊印，作《三版主制群征跋》。陈垣跋文说：此编"万松野人深喜之，1915 年重印于天津。近复谋再印，末附赠言一帙，则清初诸文士赠若望之作，其诗则为前

① 陈垣著，陈智超主编：《陈垣全集》第 2 册，安徽大学出版社 2009 年版，第 394、395 页。

② 陈智超编注：《陈垣来往书信集》（增订本），生活·读书·新知三联书店 2010 年版，第 37 页。

③ 陈智超编注：《陈垣来往书信集》（增订本），生活·读书·新知三联书店 2010 年版，第 37 页；《方豪晚年论文辑》第 288 页。

④ 朱维铮主编：《马相伯集》，复旦大学出版社 1996 年版，第 349－350 页。

⑤ 《马相伯集》，第 351 页。

⑥ 《马相伯集》，第 368 页。

⑦ 《马相伯集》，第 367 页。

印所未有，就从徐家汇书楼钞得者，录而存之，亦可想见当年之盛也。"① 此一"附赠言"，是陈垣校刊《主制群征》的最大特色。

又如旧题利玛窦著《辩学遗牍》，1915 年，英、马二先生曾校订重刊，马、英都有跋。1919 年陈垣又重为此书校订，并写《重刊辩学遗牍序》，序说："《辩学遗牍》一卷，旧本题利玛窦撰。前编为利《复虞淳熙书》，此书为袾宏和尚所己见，《云栖遗稿·答虞淳熙书》曾提及之；后编为《辩竹窗三笔天说》，殆非利撰。""当时天教人才辈出，西士中士能为此等文者不少，此必教中一名士所作，而逸其名，时人辗转传抄，因首篇系利复虞书，遂并此稿亦题为利著，李之藻付梓时，偶未及考，故未订正耳。"②

再例如《大西利先生行迹》。大西利先生即利玛窦，此书为艾儒略作。艾曾在福建传教，故是书有"闽中景教堂"刻本。1916 年，马、英先生所据以校刊者，乃上海徐家汇藏书楼一钞本，此一刊本，可称为"马英校本"。马先生写一很长的《书后》和再记。③ 1919 年，陈垣再为之校，并作《大西利先生行迹识》，谓此篇作于"崇祯三年秋冬之间"。④

马相伯的许多重要事情都委托陈垣做。如 1920 年，罗马教宗本笃十五世颁布《夫至圣至大之任务》通牒。通牒主旨是训令教士应注重当地的国家文字，并努力培养当地教士，以便完成教会改由当地人主持。马先生对该通牒内容比较满意，亲自翻译成汉文，有线装本，并请陈垣题签书名，由马先生和英华出资印刷，传播各地教友。⑤ 1922 年沈良能司铎撰《最新实用电学》，请马相伯作序，马相伯则请陈垣代作，在致英华的信中说："拟求援庵作序。"⑥

1913 年，马相伯与章太炎、梁启超发起，仿法国阿伽代米，请政府设立函夏考文苑（即中央研究院之前身），实为马相伯对弘扬中国文化与学术的一伟大计划，惜其方案胎死腹中。马相伯拟的《仿设法国阿伽代米之意见》（残稿）即由陈垣所藏。⑦

马相伯对陈垣十分关照，为他介绍合适的工作。1918 年，马致英华函："静宜董事代表，可请志赓或袁观澜，倘不便，可请援庵或玄父等，烦择定一人，以

① 陈垣著，陈智超主编：《陈垣全集》第 2 册，安徽大学出版社 2009 年版，第 423 页。
② 陈垣著，陈智超主编：《陈垣全集》第 2 册，安徽大学出版社 2009 年版，第 410 页。
③ 《马相伯集》，第 222 – 225 页。
④ 陈垣著，陈智超主编：《陈垣全集》第 2 册，安徽大学出版社 2009 年版，第 412 页。
⑤ 方豪：《马相伯先生年谱新编》，见《方豪晚年论文辑》第 296 页；陈智超编注：《陈垣来往书信集》（增订本），生活·读书·新知三联书店 2010 年版，第 38 页。
⑥ 方豪：《马相伯先生年谱新编》，见《方豪晚年论文辑》，第 301 页。
⑦ 方豪：《马相伯先生年谱新编》，见《方豪晚年论文辑》，第 231 页。

便肃函敦请。"① 1919 年，马先生又以震旦大学董事长的身份聘请陈垣为震旦大学教授，但遭到法国神父以压低薪金作梗而未成。后来马相伯在致英华的信中还谈及此事："援庵实可敬可爱。震旦西教习，率五六百元，延一华教习，虽一磅两磅，五十元亦不愿。"②

陈垣视马相伯为恩师，十分尊敬和景仰他。1920 年秋，马相伯以 81 岁高龄，亲临"王觉斯赠汤若望诗翰跋"寄往北京，赠送陈垣。条幅说："新会援庵先生于史学有特长，而于天学之流传中土史尤三致意焉。见余八十有一，而手不甚颤，力索余书，为他日之纪念，故录右诗以明坐云则坐之意。庚申秋马良。"③ 1923 年，陈垣撰《黄钧选先生暨罗夫人七十双寿序》云："垣游京师十年，父事者二人：曰丹徒马先生相伯，曰梅县黄先生钧选。二先生者皆不以垣为不敏，而乐与为忘年之交者也。马先生不常居京师，或往或来，来则谈宴竟日。"④ 1916 年，马相伯因反对袁世凯复辟帝制解职南下，隐居上海徐家汇土山湾。两人有书信来往，或在致其他人的信函中，互寄思念。仅朱维铮主编的《马相伯集》中提到陈垣之处就有数十条之多。

1926 年 1 月，英华病逝，陈垣任辅仁大学校长之后，马相伯一直与陈垣保持联系，对陈垣的学术与辅仁教务，时有所商。陈垣有关辅仁之事，总设法让马相伯知道。

1947 年，陈垣为方豪编辑的《马相伯先生文集》作序时说："先生（指马相伯）毕生精研中西学术，兴办高等教育，复躬与逊清及民国两代大政，一身系中国近百年文教者至巨。况去世之岁，寿臻期颐，阅世之久，世罕其俦，故其议论，虽吉光片羽，亦足资后人圭臬。"⑤ 这是对马相伯一生的功绩的极好评价。陈垣晚年案头置有马相伯照相，可见对其怀念之深。

三、 陈乐素与马相伯

陈垣长子陈乐素（1902—1990），著名的宋史研究专家、教育家。1918—1923 年留学日本，学成归国后，在广州南武、大光、培英等中学教语文和历史。1926 年参加国民革命军。1927 年大革命失败后，于 1928 年初到上海，开始对日本史和中日关系史进行研究并主编《日本研究》杂志。1928—1937 年陈乐素居住上海。此时马相伯居住在上海徐家汇土家湾。两家人来往相当密切。陈垣认

① 《马相伯集》，第 345 页。

② 《马相伯集》，第 36 页。

③ 方豪：《马相伯先生年谱新编》，见《方豪晚年论文辑》，第 297 页。

④ 陈垣著，陈智超主编：《陈垣全集》第 7 册，安徽大学出版社 2009 年版，第 861 页。

⑤ 陈垣著，陈智超主编：《陈垣全集》第 7 册，安徽大学出版社 2009 年版，第 868 页。

陈垣陈乐素父子与马相伯的学术交往

为，像马相伯这样一位杰出的政治家、社会活动家、爱国的宗教界领袖、近代高等教育事业的开拓者，如果能将他一生所经历过的大事记录整理发表，当是一项宝贵的精神财富。有鉴于此，陈垣乘陈乐素居上海之便，命他经常去拜访老人，请老人将其一生经历逐段详谈。由陈乐素、抱一（黄炎培）、洪美英（陈乐素夫人）整理出来，以《相老人八十年经过谈》为题，发表于 1930 年《人文月刊》上（仅发表五期）。陈乐素在访谈录的前言中说："在过去的几个月来，大约我每星期必见他一次，有时也许两次，而每次的谈话，常常是两个钟头以上，这，一半是我未免过分，而一半也由于他老人家性好如此；时间过长了，我总是说：'你不疲倦吗？休息休息吧！''不！我愈谈愈精神哩！'他总是这样回答。至于他谈话的特点，我以为是有科学性而带有文学与哲学的意味，因为这几种学问是他所长。"① 可见陈乐素与马相伯的关系是十分亲密的。据陈乐素长子陈智超说，他和姐姐莲波的名字，都是马相伯根据唐太宗《大唐三藏圣教序》起的。《圣教序》有曰："智通无累，神测未形，超六尘而迥出"，故起名智超。《圣教序》又曰："莲出绿波，飞尘不能污其叶"，故起名莲波。②

马相伯非常关注和乐于帮助陈乐素在学术上的成长，并通过陈乐素与陈垣沟通有关问题。例如，1929 年 6 月 25 日，马相伯致陈垣函云："《伊阙石刻志》春间请乐素世兄转呈，据关君百益言，其刻多至二千，其像高至八十多尺。""闻先生将南回，得一二日聚谈，言念及之，谈兴百倍。但执笔而谈，实苦事。世兄乐素于日本研究竟笔下有父风，可喜可喜。"③ 此"日本研究"应是指，1929年，陈乐素进入新成立《日本研究》杂志社担任主编，开始有计划地进行这方面的研究，并写出了系统的、有创见的论文。在《日本研究》第一卷第一号（1930 年 1 月）发表《魏志·倭人传研究》，第二号发表《后汉刘宋间之倭史》和《日本民族与中国文化》，第三、四、五号连载《日本古代之中国流寓人及其苗裔》，第五号《中国文字之流传日本与日本文字之形成》，第六、七、八号连载《日本之遣唐使与留学生》。这些论文在发表前，一定经过马相伯审阅，所以马相伯在致陈垣的信中才有"世兄乐素于日本研究竟笔下有父风，可喜可喜"之语。

更值得指出的是，马相伯为陈乐素的学术研究提供资料，并具体指导他从事学术研究，最有说服力的是陈乐素撰写的《光绪八年朝鲜李（大院君）案与朝

---

① 陈智超编：《陈乐素史学文存》，广东人民出版社 2012 年版，第 795 页。

② 《雁塔圣教序碑》，见解纪、安然等选辑《历代名家书法荟萃 褚遂良书法精选》，当代中国出版社 1995 年版，第 39－40 页。

③ 陈智超编注：《陈垣来往书信集》（增订本），生活·读书·新知三联书店 2010 年版，第 39－40 页。

日定约史稿》一文。陈乐素此文发表于《日本研究》第一卷第九号、第十号两期①（1930年）。此文分八节，这两期只发表本文的第一、二、三节，其他五节还没有找到。文前有马相伯先生序、蔡元培先生序、黄炎培先生序和作者自序。从这几篇序文中可以看出此文的撰成与马相伯的关系。马相伯序云：

> 光绪八年张靖达公与总署函商朝鲜大院君案，仅开端之件，而乐素竟能旁搜博采，辑成完史；不独其才有足多，亦青年中于国家史事有知觉者。

可见马相伯对此文十分赞赏，而且称赞陈乐素有史才，是青年史学家的佼佼者。

蔡元培序云：

> 陈君乐素好治史，近年尤注意于中日相关之史料，屡有所作，载诸《日本研究》杂志，凡留心日本问题者皆传颂焉。顷又从马相伯先生许，得前清张总督树声与总理各国事务衙门往来函件之关于朝鲜李昰应一案者，乃搜集我国人及韩日两国人有关是案之记载，排目辑录，以纪是案之始末，而附张督与总署往来函件之原文于后，使读此项函件者，得一具体之观念，意至善也。

可见陈乐素写此文的材料，来自马相伯存的前清总督张树声与总理各国事务衙门的档案，十分珍贵。

黄炎培序：

> 今年七月，访马相伯老先生，谈及清光绪八年朝鲜大院君倡乱事，谓有直隶督署往来文件多种，得自张振轩（树声）之文孙冀牗，今交乐素。急向乐素索阅，摘其要，付《人文月刊》第七期发表，名曰《清光绪八年处理朝鲜大院君倡乱事件密档之一斑》，而以全部文件有统系的发表，留待乐素，今乐素旁参博证，经两个月之整理，裒然成帙以行矣。

陈乐素自序云：

> 本年二月间承丹徒马相伯老先生出示钞件一束，谓得自张树声之孙冀牗君者；为张任署直隶总督时关于朝鲜李昰应变乱一案与总署往来函件，因前此所未公诸世者。予受而读一过，则诚史家之珍也，当为之发表；然惜仅为当时全事件之部分，必更为搜集，乃成全豹。顾以他种工作未了，放置竟逾半年。月前乃得为罗致当时重要役员如李鸿章之李文忠公集及马建忠适可斋

---

① 《日本研究》第1卷第9、10号（1930年）。

记行，其他如日人之日清战史，韩人之韩国历代小史……等并而编整之；其范围自闻乱起以致释放李昰应回国止。

陈乐素自序最后说：

马老先生盛意，至深感铭！谨志谢。

马相伯在序文中说："乐素竟能旁搜博采，辑成完史。"此文目录有八节：第一，闻乱；第二，丁马赴朝；第三，诱致李昰应及朝日议约详情；第四，安置李昰应；第五，闵妃还宫及朝日换约；第六，李张奏复马建忠被参案；第七，释放李昰应；第八，附录光绪八年六七月间关于朝鲜事件署直隶总督张树声与总署往来函件。我们查阅了黄炎培序文中提到1930年《人文月刊》第七期刊登《清光绪八年处理朝鲜大院君倡乱事件密档之一斑》一文。前有编者案，内容与黄炎培序文差不多。然后按时间顺序（从光绪八年六月十八日至七月二十四日）发表了直隶督署往来文件十种，每种前加编者画龙点睛式的按语。可知此文即陈乐素文的第八节的内容。由此可见，陈乐素此文是关于光绪八年朝鲜李昰应与朝日定约的"完史"。而此文是由马相伯提供资料，并在马的具体指导下完成的，还得到马相伯、蔡元培、黄炎培的高度评价。

本文主要是想弘扬学术前辈培养、提携后辈，而后辈尊重前辈的学术承传和敬老的传统。马相伯用心培养和提携陈垣和陈乐素。陈垣和陈乐素十分尊重和景仰马相伯。陈垣还教育自己的儿子尊重老人，采访老人，让老人的道德风范世代相传。

附言：本文得到陈垣文孙、陈乐素长子陈智超先生及中山大学历史系章文钦教授提供相关资料，在此谨表谢意。

原载《学术研究》2013年第12期，（《中国社会科学文摘》摘登）。暨南大学中国文化史籍研究所编：《纪念陈乐素诞辰110周年论文集》亦收入此文，齐鲁书社2014年版。

岑仲勉与陈垣交谊述论

本文分三部分：一、岑仲勉与陈垣学术交谊述略；二、分析陈垣对岑仲勉著《元和姓纂四校记》的作用；三、有益的启示，陈、岑的交谊是淡泊名利的君子之交，值得我们永远学习。

一、 岑仲勉与陈垣学术交谊述略

陈垣（1880—1971）是中国近现代史学大师，出生于广东新会县石头乡富冈里一个药材商人家庭。青年时期毕业于广东光华医学堂，并留校任教。在医学杂志上发表大量文章，宣传现代医学卫生知识及医学史。参加孙中山领导的同盟会，从事反帝反封推翻清王朝的革命活动。1912 年中华民国成立后，他当选众院员，于 1913 年至北京定居。他对从政不感兴趣，转而从事学术研究和教育事业。在宗教史、元史、校勘学、历史文献学等领域贡献卓著。1922 年起任辅仁大学副校长、校长、北京师范大学校长，直至逝世。[①]

岑仲勉（1886—1961）出生于广东省顺德县桂州里村的一户开米店的普通商人之家，自幼受中国古典文化的教育，诵读四书五经。1912 年 12 月，毕业于北京高等专门税务学校。毕业后在上海海关工作，为了反对袁世凯称帝，返广州参加倒袁工作，任两广都司令部财政科科长。其后虽在各机关任职十余年，但心中却想往教育及学术研究。1923 年以后十余年间，业余曾致力于中国植物名实参订和植物分类学研究。经陈垣推荐，1937 年 7 月，进入中央研究院历史语言研究所。1948 年 7 月，回到广州，入中山大学文学院历史学系任教，至 1961 年逝世。岑仲勉在隋唐史、校勘学、边疆史地与民族、中西交通史等领域作出巨大贡献。[②]

---

① 陈智超：《陈垣学案》，见氏著《陈垣——生平、学术、教育与交往》，安徽大学出版社 1910 年版，第 121 – 123 页。

② 关于岑仲勉传记，参考姜伯勤《岑仲勉》，见陈清泉等编《中国史学家评传》下册，中州古籍出版社 1985 年版，第 1299 – 1325 页；《岑仲勉学记》，见向群、万毅编《岑仲勉文集》，中山大学出版社 2004 年版，第 1 – 6 页；中国大百科全书总编辑委员会《中国历史》编辑委员会、中国大百科全书出版社编辑部编《岑仲勉》，见《中国大百科全书·中国历史卷》，中国大百科全书出版社 1992 年版，第 65 – 66 页。陈达超《岑仲勉先生传略》，见《岑仲勉史学论集》，中华书局 1990 年版，第 1 – 10 页。

陈垣和岑仲勉这两位广东同乡，都非史学科班出身，靠自学成才，均在各自的研究领域作出卓越贡献，成为史学名家。他们相交 20 多年，但从未晤面，他们的学术交谊是学术界的一段佳话。从现有资料看，陈垣与岑仲勉的交往是 1933 年通过刘秉钧开始的。1933 年 4 月 16 日，刘秉钧致信陈垣：

> 援庵夫子：
>
> 　　昨晤仲勉（按：即岑仲勉）先生，曾将馆事向之陈述，伊甚为感谢大人引用之厚意。不过仲勉还有恳求大人者，即是请大人将北平文化机关之名目及主事者详列示下，又该机关等有无支干薪者。盖仲勉先生意欲自己设法谋一兼职，使将来在平方馆事上有伸缩之余地，非谓二百五十元以上之生活费尚不足之故也。如何，乞即示复。敬候道安。生秉钧敬启。四，十六。①

据此信编者附注，刘秉钧，广东新会人。1932 年辅仁大学史学系毕业。时为广州圣心中学训育主任。时岑仲勉任圣心中学教务主任兼教员。1933 年 5 月 31 日，圣心中学致信陈垣：

> 援庵先生大鉴：
>
> 　　龙门名重，久切钦迟。昨由刘君（按：即刘秉钧）传示手书，奖饰过当，恭读之下，以报以惧。敝校同人等今后自当努力上进，希于一得。惟僻在南服，时虞孤陋，终恐有负期许耳。《圣心》二卷行于暑假付刊，满欲借助鸿题，使价增十培，不情之请，先生或见许乎？专泐布臆，伫候福音。敬请道安。圣心中学校同人拜启。二十二年五月三十一日。②

该年 12 月 6 日，岑仲勉致函陈垣：

> 　　岁首邮呈敝校校刊（按：指岑仲勉当时任教的圣心中学所办的刊物《圣心》），由刘君秉钧转传温奖，惭悚莫名。嗣以敝同人不情之请，复承慨允题签。拜赐之余，既喜声价之借重龙门，益恐荒疏而贻讥獭祭。二期手稿，夏末早付手民，适因辍业转移，遂稽时日。顷印刷甫竣，别由邮附呈十部。故都贵僚好有不视为纸篓中物者，望为分致。浅学技痒，辄效喧哝，尚幸世而正之。③

这说明 1933 年"岁首"，由刘秉钧把《圣心》校刊寄给陈垣，陈垣复信后，

① 陈智超编注：《陈垣来往书信集》（增订本），生活·读书·新知三联书店 2010 年版，第 454 页。

② 陈智超编注：《陈垣来往书信集》（增订本），生活·读书·新知三联书店 2010 年版，第 455 页。

③ 陈智超编注：《陈垣来往书信集》（增订本），生活·读书·新知三联书店 2010 年版，第 568 页。

又有圣心中学致信陈垣，请陈垣为《圣心》刊物题刊名。最后才有岑仲勉于1933 年 12 月 6 日致信陈垣。

1934 年 1 月 22 日，岑仲勉又致函陈垣：

> 奉十二月二十日惠书，夹陈君寅恪手缄，奖誉备至，惭汗交并。适校期将届结束，未及即复。南中学务，向无起色。私立者限于经费，不能严格以求，更有得过且过之感。旧京为昔游地，每怀曩迹，再切观光，惜一时尚未能成行耳。《圣心》业即续寄十部，想早登记室。陈君缄附缴，便祈代达感意也。①

这说明陈垣收到岑仲勉的《圣心》刊物之后，曾转给陈寅恪阅。陈寅恪阅后，1933 年 12 月 17 日致陈垣函：

> 久未承教，渴念无已。岑君文读讫，极佩（便中乞代致景慕之意）。此君想是粤人，中国将来恐只有南学，江淮已无足言，更不论黄河流域矣。寅近作短文数篇，俟写清后呈正。所论至浅陋，不足言著述也。②

这就是岑仲勉致陈垣函中所言"夹陈君寅恪手缄"。从此信可知，陈寅恪对岑仲勉评价甚高。陈垣对岑仲勉评价如何？陈垣收到岑的来信及《圣心》之后，曾于 1933 年 12 月 20 日致函岑仲勉，回信没有保存下来。但 1933 年 5 月 24 日，陈垣在致儿子陈约的信中，说及此事。

> 昨日接圣心中学寄来《圣心》一册，汝见过否？其中佳作，美不胜收，尤以岑仲勉先生史地研究诸篇切实而难得。粤中有此人材，大可喜也。可惜

---

① 陈智超编注：《陈垣来往书信集》（增订本），生活·读书·新知三联书店 2010 年版，第 568 页。查岑氏在《圣心》第一期（1932 年）发表的文章有 14 篇：《唐代阇婆与爪哇》《唐代大食七属国考证——耶路撒冷在中国史上最古的译名》《掘伦与昆仑》《暮门》《苦国》《西域记》《亚俱罗》《末罗国》《Zaitûn 非刺桐》《Qninsai 乃杭州音译》《憩野》《〈拉苑特史〉十二省研究》《明代广东倭寇记》《朱禄国与末禄国》。在《圣心》第二期（1933 年）发表的文章有 17 篇：《〈水经注〉卷一笺校》《晋宋间外国地理佚书辑略》《阇婆婆达》《奇沙国》《广府》《阿鲎荼国》《波凌》《〈翻梵语〉中之〈外国传〉》《魏氏高昌补记》《南海昆仑与昆仑山之最初译名及其附近诸国》《〈诸蕃志〉占城属国考》《黎轩语原商榷》《王玄策〈中天竺国行记〉》《义净法师年谱》《法显西行年谱订补》《柳𧄼国致物国不述国文单国拘萎密国》《再说大食七属国》（见二十世纪中国史学名著系列，岑仲勉著《隋唐史》附《岑仲勉著述要目》，河北教育出版社 2000 年版，第 672－675 页）。1962 年岑仲勉将在全国报刊发表的关于中外史地的文章结集成《中外史地考证》一书，由中华书局出版。以上文章绝大部分收入该书，可见文章质量之高。

② 陈智超编注：《陈垣来往书信集》（增订本），生活·读书·新知三联书店 2010 年版，第 398 页。

其屈于中学耳。又见有张国华、马国维、沈谷生诸先生文艺之作，皆老手。又有黄深明先生才廿三岁，词采亦佳。谁谓粤无师友，如此诸人，不过在圣心中学，推之其他各校，则粤中实大有人在也。谓粤中无大图书馆，则岑先生又从何处阅书耶？如此看来，汝欲在圣心谋一席，恐不容易。汝如未见此册（非卖品），当即觅一册阅之，即知其内容也。①

由此可见，陈垣像陈寅恪一样对岑仲勉在《圣心》发表的史地研究诸篇赞赏有加，并推荐给儿子陈约阅读。1933 年 6 月 3 日，陈约在致陈垣信中说"《圣心》未得见（按：陈垣 25 日批复曰：廿四日已寄汝一册)"。②可见陈垣对此的重视。

陈垣爱才若渴，把《圣心》分别寄给当时史学名家如胡适、傅斯年、顾颉刚等。胡适称"岑仲勉的《〈水经注〉卷一笺校》，当然远胜一切旧校。其附录五件，尤为有用。但其中亦有未尽人意处。"③顾颉刚于 1934 年 3 月 19 日复信陈垣说："承赠《圣心》第二期，谢谢。岑仲勉先生地理学至深佩其。能由先生介绍，请其为《禹贡》作文否？不胜盼切，匆上，敬请道安。"④而岑仲勉 1934 年 6 月 22 日致信陈垣云："《禹贡》重在国地，与勉最近探讨不同，率尔操觚，恐无当处。"⑤傅斯年是中央研究院历史语言研究所所长。1934 年 2 月 17 日，傅斯年致函陈垣：

> 承赐《圣心》季刊，至佩。其第一册犹可求得否？岑君（按：指岑仲勉）僻处海南，而如此好学精进，先生何不招其来北平耶？日内当走谒侍教，专此，敬叩著安。⑥

而 1934 年 11 月 24 日，岑仲勉致陈垣函云：

> 前奉孟真（按：傅斯年字）所长弛函，以尊处《圣心》之介，来沪约

---

① 陈智超编注：《陈垣来往书信集》（增订本），生活·读书·新知三联书店 2010 年版，第 970 页。

② 陈智超编注：《陈垣来往书信集》（增订本），生活·读书·新知三联书店 2010 年版，第 971 页。

③ 杜春和等编：《胡适论学往来书信选》（上），河北人民出版社 1998 年版，第 156 页。

④ 陈智超编注：《陈垣来往书信集》（增订本），生活·读书·新知三联书店 2010 年版，第 200 页。

⑤ 陈智超编注：《陈垣来往书信集》（增订本），生活·读书·新知三联书店 2010 年版，第 569 页。

⑥ 陈智超编注：《陈垣来往书信集》（增订本），生活·读书·新知三联书店 2010 年版，第 409 页。

见，嗣复驱车走访。临行时嘱赴宁参观图书，来月中或抽暇一走也。①

岑仲勉 1937 年受聘为中央研究院历史语言研究所专职研究员。我们从岑钟勉致陈垣的书信中知道，整个过程，陈垣都参与其事。1934 年 12 月 21 日信云："在宁谭话中，孟真先生颇有援引人所之表示并询志愿，当时唯唯应之。"② 1936 年 9 月 21 日信云：

> 孟真先生适有书来，寄下拙著单行本，俟到时另邮呈正。傅先生意仍主勉入教育界，然此事总利害各参半，容当熟思之耳。③

1937 年 4 月 9 日信云：

> 孟真先生近有书来，云得尊处推毂，约专任研究。④

我们在《傅斯年遗札》中查到了 1937 年 4 月 2 日傅斯年致岑仲勉的信，略云：

> 数月前奉上一书，具陈弟等数年来拟约大驾到本所或其他学术机关，而谋之未成之经过，想早达左右矣。兹以本所有在国外研究满期返国者，经费上遂腾出若干可以设法周转。上周赴北平，与陈寅恪先生商量此事，皆以为当约先生惠来本所，以为弟等之光宠，以赞本所之事业，兹敢陈其梗概。
>
> 一、此次决定聘任先生为专任研究员，此职为本院研究人员之最高级，八年以来，除一个例外不计，敝所未尝有此聘任。（外任者则有之）
>
> 二、薪俸与同事商定为月三百五十元。本所设置之始，同人薪额皆低，以后逐渐加薪。兹以加薪一事，不易常行，故今竭其能力，定为此数，（三百元以上加薪事本极少。）以此时本所经费论，后来加薪之可能性极微，此与以前诸例不同者也。
>
> 三、区区之数，本不足以答高贤为学术致力之劳，然此等机关，能力有限，待遇较薄于大学，亦今日各国之通例也。若论研究之方便则非大学所能比，研究员不兼事务者，全部工夫皆是自己所有也。
>
> 四、专任研究员之著作，除通俗文字外皆交本所发表，（亦偶有例外，

---

① 陈智超编注：《陈垣来往书信集》（增订本），生活·读书·新知三联书店 2010 年版，第 571 页。

② 陈智超编注：《陈垣来往书信集》（增订本），生活·读书·新知三联书店 2010 年版，第 571 页。

③ 陈智超编注：《陈垣来往书信集》（增订本），生活·读书·新知三联书店 2010 年版，第 578 页。

④ 陈智超编注：《陈垣来往书信集》（增订本），生活·读书·新知三联书店 2010 年版，第 584 页。

则因有特殊理由，如为读者较多，有时在国外发表。）不另给酬，此本院常规之一。

五、本所各专任职员，依院章不得兼任院外有给职务。

……数年积愿，今日始能出之于口，幸先生鉴其愚诚，不我遐弃。又此意弟在北平时，曾以商之于援庵先生，得其同情许可。

又专任研究员，每年度之研究计划，例与本组主任商妥后行之。第一组主任为陈寅恪先生。①

同年 5 月 18 日岑仲勉致信陈垣云：

昨孟真先生赴陕，电约在站晤谈（按：时岑在陕西潼关任职），备悉台从会竣返平，至慰。聘书闻下月乃可发，研究计划须与主任商定。寅恪先生常见否？便见时恳略代一探（如何方式），俟接约后再通问也。邮寄清华想必能达。②

同年 6 月 1 日信云：

顷南京已寄来聘书，拟下月初就职。寅恪先生邮址，盼能日间见告。③

岑仲勉于 1937 年 7 月初到南京中央研究院历史语言研究所任职。7 月 14 日他致陈垣信：

顷读致孟真先生书，知尊处乔迁。迩日外氛甚恶，闽潭受惊否？暑期多暇，或南行否？念念。

勉五日晚即已抵京，因卜居奔走，致未修候，日间仍多在所中，赐教祈由所转更便。专此上达，顺候撰祺。④

由此可见，岑仲勉能够进入历史语言研究所，陈垣、陈寅恪在促成此事中起了巨大作用。1946 年 2 月 3 日，陈垣致长子陈乐素信中有一句话："一个人第一要有本领，第二要有人提拔。有本领而无人提拔，不能上台，有人提拔而无本

---

① 王汎森、潘光哲、吴政上主编：《傅斯年遗札》（第二卷），社会科学文献出版社 2015 年版，第 603－604 页。

② 陈智超编注：《陈垣来往书信集》（增订本），生活·读书·新知三联书店 2010 年版，第 586 页。

③ 陈智超编注：《陈垣来往书信集》（增订本），生活·读书·新知三联书店 2010 年版，第 586 页。

④ 陈智超编注：《陈垣来往书信集》（增订本），生活·读书·新知三联书店 2010 年版，第 586 页。

领，上台亦站不住也。"① 岑仲勉进入史语所及以后在中山大学任职，在学术上作出巨大贡献，证明陈垣这句话是一句至理名言。

陈垣对岑仲勉的提携，还表现在对岑仲勉著作的发表上。陈垣任辅仁大学校长 20 多年，在 20 世纪二三十年代，他对学生郑天挺、翁独健、陈述等反复讲过这样的话："现在中外学者谈汉学，不是说巴黎如何，就是说日本如何，没有提中国的。我们应当把汉学中心夺回中国，夺回北京。"② 陈垣在辅仁大学创办《辅仁学志》，发表高质量的学术论文，是他"把汉学中心夺回中国，夺回北京"构想的组成部分。《辅仁学志》1928 年创刊，由陈垣主编，在发刊词中，首先在学术方法上，推崇中国传统的考据学，说"百年以往，乾嘉诸老努力朴学。极深研几。本实事求是之精神。为整理珍密之贡献，三古文史灿然大明。"但是，另一方面，并不因此而食古不化，相反，为了适应时代要求，又积极地鼓励学者努力发掘新材料，开辟新领域，采用新方法，提倡中外学术交流与合作。"然则欲适应时代之要求，非利用科学方法不可。欲阐发邃古之文明非共图欧亚合作不可。昭昭然也。""吾人既承沟通文化之使命，发扬时代精神，复冀椎轮为大辂之始，揭橥斯志甄综客观材料。"③ 把刊物的使命定位在"沟通文化"，可谓继承了辅仁大学奠基人英敛之确立的办学精神：以文会友，以友辅仁，会通中西。④

《辅仁学志》自 1928 年 12 月创刊，至 1947 年终刊，前后近 20 年时间，共出版 15 卷 21 期，发表论文近 150 篇。作者既有陈垣、沈兼士、余嘉锡、张星烺、刘复、伦明、朱希祖、杨树达、英千里、常福元等名家、大师，也有魏建功、容肇祖、唐兰、周祖谟、岑仲勉、启功、陈乐素等中青年学者。主编陈垣对论文的取舍以其是否符合刊物宗旨及论文的质量为标准。他对勤奋好学的中青年学者的扶植与提携，对于促进他们的成长起了重大作用。岑仲勉在《辅仁学志》发表几篇高质量的学术论文，使他声名鹊起。

1934 年 4 月 17 日，岑仲勉致函陈垣："校务琐碎，日尔鲜暇，姑就拟议中之《汉书·西域传》校释，择其稍完整者《康居》《奄蔡》二篇，录呈斧正，复祈为分致。如其无当，覆瓿可也。"⑤ 我们查 1934 年《辅仁学志》第四卷第二期，发表岑仲勉的《汉书西域传康居校释》和《汉书西域传奄蔡校释》两文。

---

① 陈智超编注：《陈垣来往书信集》（增订本），生活·读书·新知三联书店 2010 年版，第 1136 页。

② 桑兵：《晚清民国的国学研究》，上海古籍出版社 2001 年版，第 201 页。

③ 《弁首》，载《辅仁学志》第 1 卷第 1 期，1928 年 12 月。

④ 孙邦华：《身等国宝　志存辅仁——辅仁大学校长陈垣》，山东教育出版社 2004 年版，第 226 页。

⑤ 陈智超编注：《陈垣来往书信集》（增订本），生活·读书·新知三联书店 2010 年版，第 569 页。

后来，岑仲勉把他从 1930—1959 年间陆续写成的研究西北史地积累的成果，集成《汉书西域传地里校释》，由中华书局出版。他在该书《康居·奄蔡、粟弋附》的注释中说："拙著《汉书西域传康居校释》（《辅仁学志》第四卷第二期），本篇大旨相同，惟材料已大半添易。"① 在《奄蔡》校释中，涉及钦察族，学界争论甚大，国际汉学界如伯希和等亦参与讨论。1934 年 6 月 22 日，岑仲勉致陈垣信中说："再者，奄蔡即钦察，《黑鞑笺注》早略说明，伯希和亦谓钦察之名已见九世纪撰述，更无害于前说之成立。惟检柯史（按：指柯劭忞《新元史》），只著库莫奚后人一语，来得太突兀，或屠记（按：屠寄《蒙兀儿史记》）更有详说（闻似在卷三）。而中大、莫氏（按：指莫伯骥）均无其本，不知除道园碑之外，更得信凭否？拟恳饬检节钞此段见示。现虽有附带论文之稿，未敢遽尔露布也。"② 显然岑仲勉在《辅仁学志》第四卷第二期发表的《汉书西域传奄蔡校释》在学界引起不同反响，故致信陈垣，"恳饬检节钞此段见示"，即提供岑手头所缺之资料，以便他就不同意见进行辩驳。同年同月 27 日，又致信陈垣说："上周曾复乙缄，计达左右。兹将改稿数纸另邮付呈，尚祈费神饬照删改，无任祷盼。"③ 此事应是指《再说钦察》一文。他在《汉书西域传地里校释》中说："伯希和之 Coman（冯译库蛮）考，大意以为其名不见欧洲古史，余尝辨之（自注：见拙著《再说钦察》）。"④ 陈垣想岑仲勉提供校勘《元和姓纂》的稿件在《辅仁学志》发表，岑仲勉 1936 年 10 月 14 日复函曰：

> 《姓纂》稿过繁，或有妨篇幅。如不弃瓦砾，则略有数短篇可供采择，兹别附乙目。……
> 草目
> 汉书西夜校释：此是校释之一，颇谓一得，原拟俟全书刊布。大意以为西夜即塞之异译，而乾陀罗亦见于后书。有此则佛教入华时间问题似可上推西汉，而休屠金人等可研究也。
> 外蒙古地名四个：大意就于都斤、他人水等（已见《辅志》）作再详细之研究。
> 新唐书（突厥传）拟注一篇：此为拙稿《突厥集史》之一篇。清儒专唐书者少，窃谓旧、新不能偏废，而新书溢出之史料似不可不先考其本据。所谓注者，即注其本据。

---

① 岑仲勉：《汉书西域传地里校释》（上），中华书局 1981 年版，第 261 页。

② 陈智超编注：《陈垣来往书信集》（增订本），生活·读书·新知三联书店 2010 年版，第 569 页。

③ 陈智超编注：《陈垣来往书信集》（增订本），生活·读书·新知三联书店 2010 年版，第 570 页。

④ 岑仲勉：《汉书西域传地里校释》（上），中华书局 1981 年版，第 274、279 页。

再说钦察：前年寄奄蔡稿后，知伯希和主钦察（屠、柯）即库莫奚之说，即再作详细驳论。

　　汉书地理志序列之臆测：《汉书集注》有此讨论否？

　　已上各稿，尚须一度修正。如承摘出，稍暇当整理录呈。惟可否之间，总不必客气耳。①

　　1936 年，《辅仁学志》第五卷第二、二合期发表岑仲勉《再说钦察》一文，此文当然与陈垣提供的材料有很大关系。姜伯勤也说："陈垣先生对岑仲勉的工作更是十分关注，如岑先生的《再说钦察》等文，就是奉援庵先生的函诏而撰写的。"② 1937 年，《辅仁学志》第六卷第一、二期合期发表岑仲勉的《汉书西夜传校释》和《跋突厥文阙特勤碑》两文。1936 年 11 月 19 日，岑仲勉致陈垣信，云："又，丁麟年《阙特勤碑释跋》，想文字无多，不审外间购得否？如尊处有庋藏，极盼赐下一读也。"③ 同年 12 月 14 日信又云："接手示，诸荷教益。阙特勤碑跋，系据容媛金石目五，题日照丁麟年（黻臣）辑移林馆刻本。今承示东本，后署日照丁氏移林馆金石文字。盖同是一书。惟铃木跋称日照丁辅臣，辅黻相近，黼黻义近，或铃木跋有讹欤？此种拟即留下，该价多少，乞示悉奉璧。"④ 说明此文与陈垣关系很大。1946 年，《辅仁学志》第十四卷第一、二合期发表岑氏《陈子昂及其文集之事迹》一文。

　　我们还必须指出，20 世纪 30—40 年代，日本发动对中国的侵略，辅仁大学的办学经费日趋紧张，《辅仁学志》为了节省经费，一是把每年的两期合为一期，二是几位老先生申明不要稿费。启功回忆说："学校经费不足，《辅仁学志》将要停刊，几位老先生相约在《学志》上发表文章不收稿费。"⑤ 岑仲勉投稿《辅仁学志》也不收稿费。1935 年 10 月 14 日致陈垣信云："今春承惠稿费，觉有未安。……闻年来受环境影响，私校多支绌，稿费尤不愿滥领。"⑥ 1937 年 2

---

　　① 陈智超编注：《陈垣来往书信集》（增订本），生活·读书·新知三联书店 2010 年版，第 575 页。此信原定写于 1935 年 10 月 14 日。项念东定为 1936 年，见氏著《20 世纪诗学考据学之研究》，安徽教育出版社 2014 年版，第 291 页。详说见本文第二节。

　　② 姜伯勤：《岑仲勉》，见陈清泉等编《中国史学家评传》（上），中州古籍出版社 1985 年版，第 1319 页。

　　③ 陈智超编注：《陈垣来往书信集》（增订本），生活·读书·新知三联书店 2010 年版，第 579 页。

　　④ 陈智超编注：《陈垣来往书信集》（增订本），生活·读书·新知三联书店 2010 年版，第 580 页。

　　⑤ 启功：《夫子循循然善诱人》，陈智超编《励耘书屋问学记》（增订本），生活·读书·新知三联书店 2006 年版，第 139 页。

　　⑥ 陈智超编注：《陈垣来往书信集》（增订本），生活·读书·新知三联书店 2010 年版，第 575 页。

月 26 日致陈垣信云：

> 本日奉贵校注册课通知，有五卷一、二期（按：指《辅仁学志》）稿费
> 算讫等语。
>
> 勉前经声明不敢受酬，故屡次投稿，今若此，是意邻于贪，固非初衷，
> 且迹近妨碍言路也（借喻）。无已，谨拟如次：
>
> 甲、可不支出，则充支出。
>
> 乙、为他方面计，如须支出，则拟恳赐赠《万姓统谱》乙部（修绠目
> 似有其名，标价约三十金。此只合而言之，因未知采登若干种），以助勉一
> 篑之功（稿费数不及，或市上无其书，此议均请取消）。余则购图书移送贵
> 校图府，庶勉不至尽食前言，而受赐者在学，或庶几不伤廉也。①

可见岑仲勉投稿《辅仁学志》，既是陈垣对他的提携，也是对陈垣工作的支
持，而其行动与辅仁老辈是一致的，深得陈垣的信赖。

陈、岑交谊深，岑仲勉不客气地请陈垣购书、向陈垣借书。1936 年 12 月 31
日致陈垣函云：

> 前上复缄计达。兹有请求者：
>
> 一、月前阅《潜夫论》（王氏汉魏本），讹错颇多。继购一《丛刊》本。
> 亦复如是。
>
> 闻《湖海楼丛书》中有汪继培笺，如对五德志二章有详细笺校，乞代
> 购乙部，否则可免置议。因余书皆非急要之本也。
>
> 二、《中国学报》五期（见《国学论文索引》），有陈汉章上灌阳唐尚书
> 论注新唐书，颇欲一阅。惟此是多年旧报，恐不易觅。辅大如有庋藏，厚赐
> 假读。
>
> 三、年前辑法显、义净年谱，本意合玄奘为三。翻见刘氏继作，故置
> 之，玄奘出国，自以叶护为先决问题。叶护非必统叶护，尊论（按：指陈垣
> 《书内学院新校慈恩传后》一文之论）不易。至奘之享龄，尚有疑问，多年
> 未释。《岭南学报》之谱，亦无新表见。偶检《国论索引》三编，《东北丛
> 镌》十七、十八两期更有陈氏谱乙篇。该志出版尚近，能转坊贾代觅两
> 本否？
>
> 以上均非急急，不过趁年暇顺为请求耳。②

---

① 陈智超编注：《陈垣来往书信集》（增订本），生活·读书·新知三联书店 2010 年版，
第 583 页。

② 陈智超编注：《陈垣来往书信集》（增订本），生活·读书·新知三联书店 2010 年版，
第 580 - 581 页。

岑仲勉从 20 世纪 40 年代开始研究《墨子》，至 1956 年完成《墨子城守各篇简注》一书，1958 年由中华书局出版。岑仲勉把该书寄给陈垣。陈垣于 1958 年 7 月 5 日致信岑仲勉：

> 久未得消息，忽奉到大著《墨子城守各篇简注》一册，知起居安吉，至以为慰。在今日朋友辈中，出版著作堪称为多快好省者，阁下实其中之一人，敬仰之至。谨先复谢，并颂文祺！弟陈垣。①

由于陈垣与岑钟勉有深厚的友谊，相知甚深，1961 年 10 月 7 日，岑仲勉逝世，陈垣是岑仲勉教授治丧委员会成员之一，并于 10 月 9 日致函岑仲勉家属，吊唁岑仲勉逝世。②

二、 陈垣与岑仲勉著《元和姓纂四校记》

中国记录氏族世系之书，起源甚早，《世本》记黄帝以来到春秋时列国诸侯大夫的氏姓世系，已亡佚。魏晋南北朝时社会重门阀，士族为了维护其世代相传的优越地位，以区别于庶族寒门，谱牒成为重要的工具之一，于是谱牒之学广泛流行。魏晋南北朝重视门阀的风气，到唐代尚未完全消失，唐人仍讲究谱牒之学。《元和姓纂》之编纂就是明证。

《元和姓纂》，据《四库全书总目》载："唐林宝撰。宝，济南人。官朝议郎、太常博士。序称元和壬辰岁，盖宪宗七年也。宝，《唐书》无传，其名见于《艺文志》。诸家书目所载并同。③"林宝，约经历了唐德宗至穆宗四朝，做过同州冯翊县尉、太常博士、沔王府长史等官，当时即以擅长姓氏之学知名。辑本《唐语林》卷二说："大历已后专学者。……氏族则林宝。"此书今尚存林宝自序，云：

> 元和壬辰岁（七年），诏加边将之封，酬屯戍之绩，朔方之别帅天水阎者，有司建苴茅之邑于太原列郡焉，主者既行其制，阎子上言曰："特蒙涣汗，恩沾爵土，乃九族之荣也；而封乖本郡，恐非旧典。"翌日，上谓相国赵公（按：指赵国公李吉甫）："有司之误，不可再也，宜召通儒硕士辩卿大夫之族姓者，综修《姓纂》，署之省阁，始使条其原系，考其郡望，子孙职位，并宜总辑，每加爵邑，则令阅视，庶几无遗谬者矣。"宝末学浅识，首膺相府之命，因案据经籍，穷究旧史，诸家图牒，无不参详，凡二十旬，

① 陈智超编注：《陈垣来往书信集》（增订本），生活·读书·新知三联书店 2010 年版，第 586－587 页。

② 刘乃和等：《陈垣年谱配图长编》（下），辽海出版社 2000 年版，第 789 页。

③ 〔清〕永瑢等：《四库全书总目》（下），中华书局 1965 年版，第 1143 页。

纂成十卷，自皇族之外，各依四声韵类集，每韵之内，则以大姓为首焉。朝议郎、行太常博士林宝撰。

该书王涯序云：

> 赵公尝创立纲纪，区分异同，得之于心，假之于手，以授博闻强识之士济南林宝。宝该览六艺，通知百家，东汉有缃书之能，太常当典礼之职，其为述作也，去华撮实，亡粗得精，条贯禀大贤之规，网罗尽天下之族，虽范宣子称其世禄，司马迁序其先业，若揭日月，备于缜细，昭昭然蒇，以加此矣。以涯尝学旧史，缪官纶阁，授简为序，不敢固辞，无能发挥，承命而已矣。①

岑仲勉在引录林宝序、王涯序之后说：

综上两节而剖解之，知《姓纂》之修、实根于下述各情状。

（1）《姓纂》系奉旨而作，与私家撰述不同。

（2）《姓纂》之纲纪异同，间由李吉甫指授。

（3）《姓纂》因边臣疏辨封乘本郡而作，则各姓原系，自不能不参据一般传述及私家牒状，以免将来之争辨。

（4）《姓纂》系专备酬封时省阁参考之用。

（5）唐代封爵颇滥，求免有司之再误，其书不能不速成。

（6）宪宗谓子孙职位总缉，则无职位者不必其入录。

以上六节，于《姓纂》体例，饶有关系，非先洞察其要，未可与尚论林氏之书也。林氏谓二十旬而成书，王涯序则作于七年十月，以此推之，其始事约在七年三月。②

该书详载唐代族姓世系和人物，于古姓氏书颇多征引，因而也保存了一些佚书的片段。体例以皇族李氏为首，然后按四声韵部系姓氏。唐代崇尚门第，家谱往往攀附望族自重。

《姓纂》取材包括私家谱牒，故所述族姓来源未必都翔实准确。但著名唐史专家黄永年指出：

（1）此书在两《唐书》有列传的人以外记录了大量人物的姓名和世系，有些还注明他做过什么官，不仅可以增补两《唐书》列传的不足，在研究唐代文献遇到生疏的姓名时也可试翻此书来查考。

（2）《新唐书》里有个宰相世系表，大体同于此书，而又有增补（表记到唐

---

① 上述两段序文，见〔唐〕林宝撰《元和姓纂》（附四校记），中华书局1994年版，2012年第3次印刷，原序文第1－2页。

② 岑仲勉：《元和姓纂四校记自序》，《元和姓纂》（附四校记）第一册，中华书局1994年版，第11－12页。

末，而此书只到宪宗元和时），有些地方与此书还有详略出入，应该互相校补。

（3）此书所记唐代部分的世系比较可靠，唐以前特别所谓古代某某人之后则多出于子孙贵显后伪饰，和南北朝隋唐碑志之侈陈世系同样不尽可信。①

宋代以后，门阀世系在实际生活中已不甚起作用，因此《元和姓纂》明初以后即失传。现可见的版本有五种。

（1）清乾隆修《四库全书》，四库馆臣从散见于《永乐大典》中的《元和姓纂》辑录出来，并进行校勘，仍按自序及《新唐书·艺文志》等所云，分为十卷（《四库提要》作十八卷，黄永年认为"当系笔误"）。②可称为"四库本"，《永乐大典》采录的《姓纂》，已不完整，而且割裂原文，《四库》辑本也有遗漏。

（2）嘉庆七年（1802），孙星衍据《四库》本和洪莹同加校勘后刊刻，称为孙、洪校本，此本较为少见。

（3）光绪六年（1880），金陵书局据孙、洪本重刻，称为局本，这个本子较为流行。

（4）民国三十七年（1948），上海商务印书馆出版岑仲勉著《元和姓纂四校记》。岑仲勉说："今取名四校记者，窃以为四库辑自大典，清臣所校，一校也。孙、洪录本刊布，始附入辑佚，二校也。罗振玉就局本成校勘记二卷，三校也。"③而岑氏本书为四校。四校记所注重者有四点：芟误（正辑本讹误）、拾遗（补辑本脱失）、正本（移辑本冒文）、伐伪（辨后人附益）。本书的缺点是不全录《姓纂》原文，使用时仍需置孙刻或局刻本查对。该书晚出，后来居上，功力最深，收获也最大。所以，黄永年在讲《唐史史料学》时说："对于现代著作也是如此，凡是给有史料价值的文献作校勘、注释、订补、辑佚、以及提供其他有用史料的，如唐长孺先生的《唐书兵志笺证》、岑仲勉先生《元和姓纂四校记》等，都应该讲到。"④黄永年讲《元和姓纂》专门介绍了岑氏《四校记》。岑氏《四校记》出版的当年，王仲荦发表书评曰："考知欧阳修吕夏卿作《新唐书·宰相世系表》迄元和之季，大概本自此书，千载矜异之巨著，一朝得知其所从出，顾不大快人邪！"⑤复旦大学教授陈尚君说："《四校记》成书于岑先生学术研究的鼎盛时期，采用穷尽文献的治学方法，致力于该书的芟误、拾遗、正本、伐伪，程功之巨，发明之丰，校订之曲折，征事之详密，堪称其一生著述中的扛鼎之作，也是中国近代古籍整理工作中可与陈垣先生校《元典章》并列的

---

① 黄永年：《唐史史料学》，上海辞书出版社 2002 年版，第 121 页。

② 黄永年：《唐史史料学》，上海辞书出版社 2002 年版，第 121 页。

③ 岑仲勉：《元和姓纂四校记自序》，《元和姓纂》（附四校记）第 1 册，第 37 页。

④ 《唐史史料学·自序》，第 3 页。

⑤ 王仲荦：《关于岑仲勉元和姓纂四校记》，载《学原》第 2 卷第 7 期，第 95 页。

典范之作。""《四校记》的意义已远远越过对一部书的校正，其揭示的大量汉唐人物线索为这一时期的文史研究提供了丰富的矿藏，称其为人事工具书也不为过。"①

（5）1994年中华书局出版《元和姓纂》（附四校记），系以岑氏《四校记》编入正文，并附姓氏索引、人名索引，最便使用。

陈垣对岑仲勉著《元和姓纂四校记》起了什么作用呢？

前面说过，陈垣早知道岑仲勉在从事《元和姓纂》的校勘工作，想把他的部分成果在《辅仁学志》发表，岑仲勉以"《姓纂》稿过繁，或有妨篇幅"为由，提供其他稿件供陈垣选用。现在保存在《陈垣来往书信集》（增订本）中陈垣与岑仲勉的来往书信42通，有19通谈到《姓纂》。我们分析这些书信，陈垣对《元和姓纂四校记》起的作用主要是提供大量图书资料及解答疑难问题。

陈垣身处北京，又任辅仁大学校长，自己的藏书又丰富，为岑仲勉借阅或购买大量图书资料。

1936年7月7日，岑仲勉致函陈垣云：

> 惟旬前因牟君（按：指牟润孙）说之触引，现方作《姓纂》之校记乙篇，专就局本（按：指金陵书局本）勘斠，条数或尚比罗氏（按：指罗振玉）多一半，故未暇及也。犹有渎求者，勉所购《雪堂丛刻》，其《姓纂》校记下适缺一页（即董孔史等一页），拟恳饬草钞乙纸见惠，庶得对勘。②

1936年7月18日，岑仲勉致陈垣信云：

> 启邮包，知慨以校库本（按：指陈垣校过的四库本）见假，如获瑰宝。窃谓吾人求学，虽未必确有心得，要须贡其所见所闻以为群助。拙稿正誊至上声之半，现拟再为修正，把库、洪本（按：指《元和姓纂》之四库本及

---

① 陈尚君：《汉唐文学与文献论考》，上海古籍出版社2008年版，第537页。

② 陈智超编注：《陈垣来往书信集》（增订本），生活·读书·新知三联书店2010年版，第573页。此信原定写于1935年7月7日。信的内容是说因牟润孙的文章触引，而作《姓纂》校记。岑仲勉在《元和姓纂四校记自序》中也说："民二十五年，见报载牟氏校《姓纂》十数条，念其中讹文极多，非数纸可尽，乃摘其涉姓源处之属文字错误及显而易见者，摘校若干，藉便览读，久之，觉未满意，则又旁推于各姓人物，如是再三扩展，盖不止于四次校勘矣。"（第37页）我们查《大公报·图书副刊》135期，民国二十五年［1936］6月18日，载牟润孙《注史斋读书记》一则《元和姓纂》十卷（见氏著《海遗丛稿》初编，中华书局2009年版，第239－242页）。由此可见，此信应是写于1936年。岑氏开始校勘《元和姓纂》也是始于1936年。以此信为标准，《陈垣来往书信集》（增订本）原编1935年6月18日、7月7日、7月18日、9月19日、10月14日、10月26日、11月7日、11月9日等八通信，都应定为写于1936年。详细考订请参阅项念东著《20世纪诗学考据学之研究——以岑仲勉、陈寅恪为中心》第三章及附录，安徽教育出版社2014年版。

洪莹校本）不同处暨尊批采入，藉光篇幅，或亦大君子所许乎？唯库、洪两本异同仍未尽明，下举数端，亟待明教：

一、各卷下所记某声某韵是否库本原文？

二、书眉楷字，当是校库本之文，间有尊笔行书（单字）者，是否漏校补上抑依罗校之说（例如卷一，一页之下信郡，书眉有行书"都"字）？

三、就牟君文看，似洪本"据秘笈新书补"者，皆洪氏补入，非库本所有。但如卷二董姓，书眉称，"董狐二字增"，则是洪氏所谓据补者，亦非洪补矣。然则，"据[秘]笈新书补"六字，库本有否？其余各条，洪称据补而书眉无校文者，是否均库本所有？

四、普通所谓洪校注而书眉无校文者，似皆库本所有，而为修书诸臣之注（恐未必是《大典》原有注）。若然，则洪氏之校注极少极少，然否？

五、牟君谓洪本于姓视库本例在某姓之后（某姓大公板刻不明），书眉未说及。

已上不过略举拙见，有未及处，并祈一一赐悉，厚幸，厚幸。①

陈垣把自己使用的"校库本"寄给岑仲勉参考，而岑氏将"尊批采入，藉光篇幅，或亦大君子所许乎？"高情厚谊，难能可贵。关于陈垣以四库本与洪本相校，作出的发明，余嘉锡在《四库提要辨证·元和姓纂》中说："以《姓纂》在今日盛行洪氏本，故附纠之如此，其以之与库本校出脱误者，吾友陈援庵也。②"

1936年9月19日，岑仲勉致陈垣函云：

《姓纂》一书，实有详注之必要，然兹事固不易言，是在合力，故其人（史无传）有散见他书者，亦如竹头木屑，不忍竟弃，略附校记中。约计稿本当可十万字（八万至少），不审《辅志》能容得否？校事本早毕，但近又泛览唐集十数种，亦间有一二难问，可资解答，故迟迟也。《大公报》屡载余氏其人，谓有详注稿，认识否？③

1936年10月26日，又致函陈垣云：

此次校劳考（按：指陈垣为他代购之赵钺、劳格撰《郎官石柱题名考》），只及石刻，不及补遗，石刻中又只限《姓纂》有世系之姓。校时不

---

① 陈智超编注：《陈垣来往书信集》（增订本），生活·读书·新知三联书店2010年版，第573—574页。

② 〔唐〕林宝：《元和姓纂》（附四校记），中华书局1994年版，新增附录，第1748页。

③ 陈智超编注：《陈垣来往书信集》（增订本），生活·读书·新知三联书店2010年版，第574页。

及一一检页数，现只就检索表漏列者代填，今日由邮寄上。《大典》影本（按：指宋邓名世《古今姓氏书辨证》永乐大典影印本）未见，《提要》谓《姓纂》散见千家姓下，然则今影本当可见若干条，然否？又《姓纂》无独孤系，而劳考屡引《姓纂》，且屡注云原书误入《辨证》三十五。误入二字，颇费思索，能饬摘录此见示否？又《大典》为分韵类书，是否如旧日韵书以一竖（——）代韵脚，或偶见此例否？诸待明教，先此鸣谢。……

《姓纂》本稍迟再璧。①

陈垣对以上问题作了回答，所以岑仲勉同年 11 月 7 日致信陈垣云：

奉教暨《大典》《辨证》等，始恍然于"误入"二字之解释，缘初未悟《辨证》亦出《大典》也。邓（按：指邓名世）旨在补正，郑（按：指郑樵）旨在厘分，初以《氏族略》为通行书，经前人从事，颇不注重。两校后乃取而逐条比对，所获竟比他书为多，殊出望外。然由此知成功多寡，固不必专恃珍刊秘籍也。《辨证》乙册，因便顺校乙过，如馆中暂无需用，能赐观全豹更佳（约借十天），否亦不必勉强。《大典》湛氏入勘，《广韵》入范，《通志》入上声，独辑本《姓纂》以入十二侵，殊不合。又后汉大司农湛重一语，非叙姓源，窃尝疑之。今观《大典》，《元和姓纂》上犹有豫章二文，似是《大典》倒错耳。馆存四五十本，倘无大姓，一二日当可校毕。……

承赠大著二册并谢，《辨证》《大典》随璧。②

陈垣给岑仲勉寄去代购的由赵钺草创、劳格续成的《郎官石柱题名考》《唐御台精舍题名考》和《古今姓氏书辨证》永乐大典影印本，对岑仲勉校《元和姓纂》非常重要，信中言及以劳考校《姓纂》。《古今姓氏书辨证》是宋邓名世及其子邓椿年"贯穿群书，用心刻苦"而成。《四库全书总目》云：

其书长于辩论，大抵以《左传》《国语》为主。自《风俗通》以下各采其是者从之，而于《元和姓纂》抉摘独详。又以《熙宁姓纂》《宋百卿家谱》两书互为参校，亦往往足补史传之阙。盖始于政宣而成于绍兴之中年，父子相继以就是编，故较他姓氏书特为精核。《朱子语类》谓名世学甚博，姓氏一部，考证甚详，盖不虚也。……宋时绍兴有刊本，今已散佚。《永乐大典》散附千家姓下，已非旧第。惟考王应麟所引原序，称始于国姓，余分

---

① 陈智超编注：《陈垣来往书信集》（增订本），生活·读书·新知三联书店 2010 年版，第 575 – 576 页。

② 陈智超编注：《陈垣来往书信集》（增订本），生活·读书·新知三联书店 2010 年版，第 576 页。

四声，则其体例与《元和姓纂》相同。今亦以韵隶姓，重为编辑，仍厘为四十卷，目录二卷。其复姓则首字为主，附见于各韵之后。间有征引讹谬者，并附著案语，名为讹谬焉。①

今人著名文史学者陈尚君认为"《辩证》是对汉唐以来姓氏谱牒书进行系统清理编纂并作事实考订的集大成著作，足以代表宋代谱学的最高水平。"②

本书对于岑仲勉校《元和姓纂》的意义在于它的优长之处。其优长处表现在下列四点：（1）广泛征引了不同时代、不同类别但与姓氏相关的古代文献。这些文献在本书得以保存，虽是吉光片羽，但仍在辑佚补正、校勘、辨伪文献方面具有很高的价值；（2）对一些大姓的世系源流、支派分布以及郡望数量的记载较其他姓氏书更为精确、翔实；（3）根据"近事"，"近诏"、名族家谱以及作者之"所见闻"，增补考订了一些姓氏，为后人留下了难得的史料；（4）补充了一直未被著录的姓氏40余姓。③ 故岑氏得此书如获至宝。1936 年 11 月 25 日致陈垣信云："罗氏（按：指罗振玉）虽据《辩证》补佚，尚有漏略复误，今阅三册，已得数条，将来拟汇合删定，并作一总目。"④ 12 月 7 日又云："前上数缄，有所请益，又附还《辩证》拾册，计均达。此次校《辩证》所获亦不尠，《姓纂》有而《通志》无者，约七十姓，勘以《潜夫论》、《广韵》等，约去其半。今得宋本存目，则见《辩证》者，又约三分二，其存疑者不过十姓上下耳。《姓纂》有无错误，最要略知其人时代。"⑤

岑仲勉在校勘《姓纂》中，有疑难问题必请教陈垣，并恳请在北平购买相关图书。1936 年 9 月 5 日，致信陈垣云："去年曾在沪商务见旧《汉书》无传人名检索（恍惚如此），颇可助校勘《姓纂》之用。昨去函购，竟谓无之，怪极。便祈费神转图书馆查出原名，示知一一。……日来稍暇，渐理旧业，《姓纂》四部，已竣其三。……余尚有请示商榷之处，当俟毕业时也。"⑥ 同年 11 月 19 日信又云："日来忙于整理，又《姓纂》工作未竟，只略涉序例。……《全唐文》

① 《四库全书总目》（下），第 1147 页。

② 陈尚君：《汉唐文学与文献论考》，上海古籍出版社 2008 年版，第 569 页。

③ 〔宋〕邓名世撰，王力平点校：《古今姓氏书辩证》，江西人民出版社 2006 年版，第 11 – 15 页"前言"。

④ 陈智超编注：《陈垣来往书信集》（增订本），生活·读书·新知三联书店 2010 年版，第 579 页。

⑤ 陈智超编注：《陈垣来往书信集》（增订本），生活·读书·新知三联书店 2010 年版，第 580 页。

⑥ 陈智超编注：《陈垣来往书信集》（增订本），生活·读书·新知三联书店 2010 年版，第 578 页。

固无力购,然每读一唐集,于《姓纂》校正,不无小补。"①

更值得一提的是,1936 年 11 月 25 日致陈垣信云:"奉《十经斋集》暨《辨证》。月前读陈毅官氏中,屡引沈氏,检丛目又不知出自何种,正欲有所请教,不期先有以诏我也。"② 而在《元和姓纂四校记》卷末附录三《沈涛书元和姓纂后》中说:"去岁秋从校《姓纂》,陈前辈援庵以抄本《十德斋文集》卷四寄示,亟将此文录出,涉诵乙过,知近人罗振玉氏据《金石录》所补佚文,前此数十年,沈氏多已拈出,其用功至足敬也。篇中略有讹夺。……"而此文署"民国二十六年,顺德岑仲勉识。"③ 信和文的时间吻合,此文中的《十德斋文集》,应是《十经斋文集》之误。《十经斋文集》为清人沈涛(约 1792—1855)著作。孟宪钧《民国以来藏书家刻书举隅·周叔弢》一文说:1936 年 10 月,周叔弢先生刊印嘉兴沈涛撰《十经斋遗集》,封面刊记曰:"丙子岁七月建德周氏刊。"沈涛字西雍,清浙江嘉兴人,一生著述甚多,主要有《十经斋文集》等十数种,各书均有道光刻本,但传本稀少,原本难得一见。周叔弢先生挚友劳健(字笃文)是浙江桐乡人,劳氏与嘉兴沈氏有姻亲关系,劳氏发愿刊刻沈氏遗著,以广流传。周叔弢先生出于对老友的友谊之情,乃出资刊刻了这部《十经斋遗集》。陈垣所提示的《十经斋集》卷四《书元和姓纂后》,系清儒自孙、洪之后,罗校之前有关《姓纂》研究最集中、最重要的一份学术文献。④ 可见陈垣寄来的材料何等重要,岑仲勉"亟将此文录出"。

1937 年 1 月 14 日,岑仲勉致陈垣函云:"汪笺大体甚佳,如汪用之子续,劳用之金石,陈用之魏志,合沈氏书后,清儒治《姓纂》之成绩,殆已见六七。惟张澍注《风俗通》姓氏,以时考之,亦应引及。二毛丛书多史地本,价亦不昂,拟恳代觅一部。因函购或受欺,故敢奉劳也。丛镌二册,原只得奘谱之半,勉意留俟暇日溜览,亦祈嘱坊贾代觅本,或多或少,所不计也。"⑤ 同年 1 月 29 日致信陈垣云:"修缮书已寄来。受欺者时有缺本,故敢奉劳。张著虽是可传,惟裁择断制,大不如汪氏。《寻源》、《辨误》,闻其名而未知,行本若非单行本

———————————

① 陈智超编注:《陈垣来往书信集》(增订本),生活·读书·新知三联书店 2010 年版,第 579 页。

② 陈智超编注:《陈垣来往书信集》(增订本),生活·读书·新知三联书店 2010 年版,第 579 页。

③ 《元和姓纂》(附四校记),第 2 册,第 1709 - 1712 页。

④ 项念东:《20 世纪诗学考据学之研究》,第 294 - 295 页。

⑤ 陈智超编注:《陈垣来往书信集》(增订本),生活·读书·新知三联书店 2010 年版,第 582 页。

者，又不能不乞诸左右矣。"① 1937 年 2 月 26 日信又云："前上乙缄，乞便觅《寻源》、《辨误》（想不易得），……张辑《风俗通》引《姓纂》可廿条，均与今本及《通志》、《辨证》引文异。自序谓是早年所为，似总在洪本刊行而后（张生乾隆卅六）。不知其未见，抑竟未对勘也。此等来历，疑出自《统谱》，或牟君所谓明陈士元《姓觿》者。然明人多伪，似不能不慎用之。《姓纂》修稿过半，颇欲得《集古目》一勘。琉璃厂邃雅斋有其名（署价三元），暇恳电话一询，或略优厥值何如？类书文中用——代子目之字，明人已有之，究不知昉自何时，尊鉴宋元本类书有此款式否？诸乞见教为盼。"②

岑仲勉信中恳请陈垣购买之《潜夫论》《寻源》《辨误》《风俗通》《统谱》等书，都是校勘《元和姓纂》十分重要的书。

东汉王符之《潜夫论》，据《四库全书总目》：《潜夫论》十卷，江苏巡抚采进本。今本凡三十五篇，合叙录为三十六篇。卷首赞学一篇，论励志勤修之旨。卷末五德志篇，述帝王之世次。志氏姓篇，考谱牒之源流。③《潜夫论》旧刻以《湖海楼丛书》的清汪继培笺注本为善，旧称"引证详核，深得旨趣"。所以岑氏信中说"闻湖海楼丛书中有汪继培笺，如对五德志二章有详细笺校，乞代购乙部。"④ 阅过陈垣代购之书后，说"汪笺大体甚佳。"1985 年，中华书局新编诸子集成（第一辑），收入《潜夫论笺校正》，由西北师院彭铎据以标点分章，彭铎的附注置于汪笺之后。在《志氏姓篇》，彭铎按曰：

> 吹律定姓，肇自轩辕，胙土命氏，传之唐世，由来尚矣。中叶以降，谱牒湮沉，洇冒因仍，昧其初祖，重以古今递嬗，南北迁移，声有转讹，字多增省，重悰岰谬，治丝而棼。盖在昔已病奇觚，后来几成绝学。考姓氏之书，《世本》最古。继是有作，则节信（按：节信为王符之字）此文及应劭《姓氏篇》、贾执《英贤传》之类，卓尔见称。次则林宝《元和姓纂》、邓名世《古今姓氏书辨证》、王应麟《姓氏急就篇》、郑樵《通志·氏族略》诸书，并伤龃龉。明季以还，又不下十余部，群相蹈袭，自郐无讥。凌氏《统谱》，更为妄作。清嘉庆中，武威学者张澍，寻《潜夫》之坠绪，慕仲远之博闻，为《姓氏五书》，刊行者有《寻源》、《辨误》二种，虽不无瑕疵，实

① 陈智超编注：《陈垣来往书信集》（增订本），生活·读书·新知三联书店 2010 年版，第 582 页。

② 陈智超编注：《陈垣来往书信集》（增订本），生活·读书·新知三联书店 2010 年版，第 582 页。

③ 《四库全书总目》（上），第 772 - 773 页。

④ 陈智超编注：《陈垣来往书信集》（增订本），生活·读书·新知三联书店 2010 年版，第 580 页。

洞见本原，李慈铭所谓凉土之杰出者也。今校正此卷，则有取其说焉。①

彭铎此段按语，把古代姓氏之学的源流叙述得十分清楚，岑氏请陈垣代购之书，也是此学之重要者。

岑仲勉在《元和姓纂四校记》附录二《张氏四书姓纂引文之检讨》中说：

> 武威张澍氏著姓氏五书，传刻于今者，只《姓氏寻源》、《姓氏辨误》二种，合其早年所辑《世本》及《风俗通·姓氏篇》，即余所谓张氏四书也。四书征《姓纂》常出今本外，别去赵、郑、邓、罗、凌诸家所引而后，其姓全不为今本著录者余百条，著录而词义差异者数十。孙氏校序有云："此外有宋谢维新《合璧事类·类姓门》亦引古代姓纂，按其词有引《通鉴》云云，则不尽林氏原书"，然则张氏所据，岂为宋末类书欤。……间尝裒而次之，审而辨之，则觉大概可分为十类：（一）可信为佚文者……。（二）可证今本之冒文及补阙者……。（三）可证今本之讹夺或删略者……。（四）真伪混杂者……。（五）为后人转录之讹者……。（六）姓纂本无专条，殆后人误会而析立者……。（七）似后人根据姓纂而引申或附释者……。（八）与《通志》相混者……。（九）可疑者……。（十）断为伪文者……。②

可见张澍这几种书的重要性。

至于《统谱》，即《万姓统谱》。《四库全书总目》：

> 《万姓统谱》一百四十六卷，附氏族博考十四卷，直隶总督采进本。
>
> 明凌迪知撰。……其书以古今姓氏分韵编次，略仿林宝《元和姓纂》，以历代名人履贯事迹案次时代，分隶各姓下。又仿章定《名贤氏族言行类稿》名为姓谱，实则合谱牒传记而其成一类事之书也。古者族系掌于官，……秦汉以下，姓私相记录。自《世本》以下，纂述不一。其存于今者，惟林宝、邓名世、郑樵三家。余皆散佚。然散见他书者尚可考见，不过明世系、辨流品而已。迄乎南宋，启札盛行。骈偶之文，务切姓氏。于是《锦绣万花谷》、《合璧事类》各有类姓一门。元人《排韵氏族大全》而下，作者弥众。其合诸家之书勒为一帙者，则迪知此编称赅备焉。其中庞杂牴牾，均所不免。至于辽金元三史姓氏，音译失真，舛讹尤甚。然搜罗既广，足备考订。故世俗颇行用之亦未可尽废也。前别有氏族博考十四卷，大旨皆

---

① 〔汉〕王符著，〔清〕汪继培笺，彭铎校正《潜夫论笺校正》，中华书局 1985 年版，第 401－402 页。

② 《元和姓纂》（附四校记），第 2 册，第 1644－1645 页。

本之《氏族略》，无大发明。以其与原本相附而行，今亦姑并录之焉。①

由此可见《万姓统谱》对于校勘《元和姓纂》也很重要。

关于《集古目》，1937 年 3 月 5 日致陈垣信云："昨上一函计达。《集古录目》已由修绠堂寄到，请不必再饬他坊代觅，特此布达，并颂撰祈。"② 由此可知，《集古目》即《集古录目》。《四库全书总目》云：

> 《集古录》十卷，通行本。
>
> 宋欧阳修撰。……古人法书惟重真迹。自梁元帝始集录碑刻之文为《碑英》一百二十卷，见所撰《金楼子》。是为金石文字之祖。今其书不传。曾巩欲作《金石录》而未就，仅制一序存《元丰类稿》中。修始采摭佚遗，积至千卷。撮其大要，各为之说。至嘉祐治平间，修在政府，又各书其卷尾。于是文或小异，盖随时有所审定也。修自书其后，题嘉祐癸卯。至熙宁二年己酉，修季子棐，复摭其略，别为目录。上距癸卯盖六年，而棐记称录既成之八年，则是录之成当在嘉祐六年辛丑。其真迹跋尾则多系治平初年所书，亦间有熙宁初者。知棐之目录，固承修之命而为之也。诸碑跋今皆具修集中。其跋自为书，则自宋方松卿裒聚真迹，刻于庐陵。曾宏父《石刻铺叙》称有二百四十六跋，陈振孙《书录解题》称有三百五十跋，修子棐所记则曰凡二百九十六跋，修又自云凡四百余篇有跋。近日刻《集古录》者又为之说曰，世所传集古跋四百余篇，而棐乃谓二百九十六篇。虽是时修尚无恙，然续跋不应多逾百篇，因疑写本误以三百为二百。以今考之，则通此十卷，乃正符四百余跋之数。盖以集本与真迹合编，与专据集本者不同。宋时庐陵之刻，今已不传，无从核定，不必以棐记为疑矣。③

岑仲勉用欧阳修之子欧阳棐编的《集古录目》中的碑刻跋尾校勘《元和姓纂》，所以陈垣代购的《集古录目》犹如雪中送炭。

1937 年 4 月 9 日，岑仲勉致陈垣信，说收到孟真来信，史语所拟聘他为专任研究员。他把《元和姓纂四校记》书稿的内容大体向陈垣作了汇报，以后还要不断修补。④ 4 月 26 日又致信云："月来得暇，或先作一弁言，稿竣当录呈指正。

---

① 《四库全书总目》（下），第 1154 页。

② 陈智超编注：《陈垣来往书信集》（增订本），生活·读书·新知三联书店 2010 年版，第 583 页。

③ 《四库全书总目》（上），第 733 页。

④ 陈智超编注：《陈垣来往书信集》（增订本），生活·读书·新知三联书店 2010 年版，第 584 – 585 页。

辱在爱末，此次用功复多承教益，苟获问世，尤愿求赐一序，以增光宠。"①

傅斯年于 1939 年 4 月 17 日致函岑仲勉：

> 《全唐诗文札记》三册，弟读毕叹服之至，如是读书，方可谓善读书，方不负所读书，此应为一组（按：指史语所第一组）助理诸君子用作矜式者也。窃以为史学工夫，端在校勘史料，先生目下所校，虽限于全唐诗文，然而此等工夫之意义，虽司马涑水之撰《通鉴考异》，钱竹汀之订廿二史异同，何以异焉。况其精辟细密，触类旁通，后来治唐史者得助多矣。流徙中有此，诚不易事，谨当编入《集刊》，是亦弟之光宠也。……日后《姓纂》校成，必为一时之伟著，无疑也。②

三、 陈、岑之交给我们的有益启示

我们从陈垣与岑仲勉 20 多年的学术交谊中，得出几点教益：

（1）他们出身相似，均非史学科班出身，通过自学成为史学名家，靠的是刻苦努力，靠的是实事求是的科学方法，既继承乾嘉的朴学成就又能吸收西方的科学方法，与时俱进，视野开阔，走出自己的学术道路。

（2）一丝不苟的严谨学风。这种学风对时下浮躁急功近利之风是有力的鞭挞。

（3）他们的交情是淡泊名利的君子之交，"君子之交淡如水"这是难能可贵的。诚如 1937 年 4 月 26 日，岑氏致陈垣信云："人生世上，说来说去，总不外名利两途。利则积多年经验，已置度外。即不为名，而献所学以供商量，亦期守先人遗志也。"③

（4）尊师重道。陈垣对岑的提携不遗余力，岑对陈十分尊重。在信或文中常称陈垣为"陈前辈援庵"。④ 他们虽然不是师生关系，但中国传统的师道尊严，在他们身上都有深刻的体现。

（5）两位前辈留给我们两笔财富：一是物质财富，就是他们丰硕的著作；二是精神财富，就是他们为追求科学真理而孜孜不倦地奋斗的精神。这两笔财

---

① 陈智超编注：《陈垣来往书信集》（增订本），生活·读书·新知三联书店 2010 年版，第 585–586 页。

② 王汎森、潘光哲、吴政上主编：《傅斯年遗札》第二卷，社会科学文献出版社 2015 年版，第 727 页。

③ 陈智超编注：《陈垣来往书信集》（增订本），生活·读书·新知三联书店 2010 年版，第 585 页。

④ 《元和姓纂》（附四校记），第 2 册，第 1709 页。

富，我们都应该加以继承和弘扬，为今天我们实现伟大的民族复兴的中国梦而奋斗。

　　原载《船山学刊》2017 年第 1 期。（此文中国人民大学复印报刊资料 2017 年第 6 期全文刊载；又载《纪念岑仲勉先生诞辰 130 周年国际学术研讨会论文集》，中山大学出版社 2019 年版）。

师生情深

——陈垣与容庚、容肇祖昆仲的交谊与学术精神

　　东莞市政协和莞城街道办事处在整理东莞地方文献、弘扬人文精神、建设东莞历史文化名城等方面作出了重要贡献，最近编辑出版的《东莞历代著作丛书》就是显例。据我所知，东莞市政协以前编辑出版过《容庚容肇祖学记》《颂斋珍丛》《颂斋书画小记》等著作。现在又投入巨大的财力、物力、人力编辑出版《容庚学术著作全集》《容肇祖全集》。这种以抢救、保护、整理地方文献、发扬人文精神以促进地方经济发展和文化建设为己任的担当精神值得我们景仰和学习。容庚（1894—1983），广东东莞人，我国著名古文字学家、考古学家、教育家、书画收藏鉴赏家、书法家，是20世纪中国古文字学的奠基者之一。容肇祖（1897—1994）是容庚的胞弟，是20世纪中国著名哲学家、思想史家、教育家，也是当代民俗学主要开拓者之一。容庚、容肇祖的老师陈垣（1880—1971）是广东新会人，是20世纪中国著名的历史学家、教育家，学术界一代宗师。他在宗教史、元史、历史文献学等领域的成就饮誉海内外。这三位大家都是广东人，他们在自己研究的领域，为中国乃至世界的学术事业作出了卓越的贡献，这是中华民族的骄傲，也是广东人民的骄傲。我们阅读他们的著作，追寻他们的生平，感悟他们的学术道路和治学方法，发现他们虽然研究领域各异，但有许多共同处，值得我们学习、研究和借鉴，所谓殊途同归。本文就是探讨他们的师生情谊和在学术道路上留给我们的珍贵的精神财富。

一、 陈垣与容庚

　　陈垣比容庚大14岁，比容肇祖大17岁，陈垣是容庚、容肇祖的老师辈。事实上他们也是师生关系。辛亥革命（1911）前陈垣在广州参加同盟会，任中国同盟会广东支部评议员，追随孙中山进行反帝反封的革命活动，办革命报刊，发表大量反对清政府的民族压迫政策和封建专制制度、反对列强对我国侵略的文章。1913年初以"革命报人"的身份正式当选中华民国第一届国会众议院议员。1913年3月离开广州到北京参加国会会议，从此定居北京。陈垣在北京虽然从事一些政治活动，但他的兴趣在学术研究和教育工作。1915年开始阅读、研究《四库全书》。因研究宗教史而认识宗教史专家英华和马相伯。1917年发表首部成名之作《元也里可温考》。以后几年陆续校刊基督教文献及撰写基督教人物

传，发表宗教史的论著。1920 年，调查文津阁《四库全书》，大致摸清了《四库全书》的情况。1921 年署理教育次长，代理部务。由此可见，1922 年容庚、容肇祖到北平以前，陈垣在北平的政界、学界都已享有较高的知名度。

蔡元培就任北京大学校长时，主张大学教育应分预科、本科和研究科。蔡元培在《北京大学研究所国学门概略序》中说："外国大学，每一科学，必有一研究所……民国元年教育部所颁布的大学令，改通儒院为大学院，又规定大学得设研究所，近十年来，国立北京大学屡有设立各系研究所的计划。为经费所限，不能实行。民国十年，由评议会决定，类聚各科，设四种研究所，一、国学门；二、外国文学门；三、自然科学门；四、社会科学门。因国学门较为重要，特先设立。"① 1921 年 11 月，成立研究所国学门。当时研究所国学门的机构和研究人员情况是：

研究所所长：蔡元培（孑民）、余文灿代理

国学门主任：沈兼士

国学门委员会：蔡元培、顾孟余、沈兼士、李大钊、马裕藻、朱希祖、胡适、钱玄同、周作人、蒋梦麟、皮宗石、单不庵、马衡、周树人、徐炳旭、张黄、刘复、陈垣、李宗侗、李四光、袁同礼、沈尹默

歌谣研究会主席：周作人

明清史料整理会主席：陈垣

考古学会主席：马衡

考古学会常务干事：马衡、沈兼士、陈垣、李宗侗、袁复礼

风俗调查会主席：江绍原

方言研究会主席：刘复

导师：王国维、陈垣、钢和泰（俄人）、伊凤阁（俄人）、柯劭忞、陈寅恪。

通讯员：伯希和（法人）、今西龙（日人）、泽村专太郎（日人）、吴克德（丹麦人）、阿脑尔特（法人）、卫礼贤（德人）、田边尚雄（日人）

北京大学研究所国学门的成立，标志着中国现代学术研究机构的兴起。② 国学门集中了中外著名学者，阵容相当强大，陈垣任国学门委员兼导师，可见他的学术地位已相当高。

就在北京大学国学门成立不久，容庚、容肇祖来到了北京大学。

---

① 《国立北京大学研究所国学门概略》，内有蔡元培写的"序"、《国立北京大学研究所国学门组织表》、《国立北京大学研究所国学门主要职员录》、《研究所国学门纪事》等四部分，1927 年 2 月印、存北京大学档案馆。转引自俞建伟等《马衡传》，上海教育出版社 2007 年版，第 37 页。

② 陈以爱：《中国现代学术研究机构的兴起——以北大研究所国学门为中心的探讨》，江西教育出版社 2002 年版，第二章。

容庚在东莞时，跟从四舅邓尔雅学习古文字。容庚在《金文编》序言中说：

余十五而孤，与家弟肇新、肇祖从四舅邓尔雅治《说文》。民国二年，余读书于东莞中学。四舅来寓余家。余兄弟课余恒据案而坐，或习篆、或刻印，金石书籍拥置四侧，心窃乐之。读《说文古籀补》《缪篆分韵》诸书，颇有补辑之志。四年春，舅氏挈家游桂林。十月，家弟肇新以痨病死，此事遂废。六年，四舅归自桂林，余不复升学，拟共采集篆籀之见存者，为《殷周秦汉文字》一书：一《甲骨文编》，二《金文编》，三《石文编》，四《玺印封泥文编》，五《泉文编》，六《砖文编》，七《瓦文编》，八《陶文编》。因其大小，分类摹写。草创未就，四舅复游幕韶关。家弟肇祖以入广东高等师范学校习英文，莫能相助。九年秋，舅家火灾，金石拓本、书籍、印谱之属，荡然无存。兹事体大，非一手一足之烈所能成，而书籍拓本，尤非寒家之力所能备，虽积稿盈尺，未克有成。①

容庚拟编著的《殷周秦汉文字》这部大书没有完成，但他编成了《金文编》初稿。他在《金文编》序中说："十一年五月，与家弟北游京师，谒罗振玉先生于天津，以所著《金文编》初稿请正，辱承奖借，勖以印行，未敢自信也。"关于容庚谒拜罗振玉，容肇祖在《容庚传》中说："1922 年，容庚经天津时，见罗振玉，出《金文编》请教。"② 在《我的家世和幼年》中说："1922 年（民国十一年壬戌），我 25 岁。夏，我与大哥北上到北京。……我们经过天津时，由四舅之友写信介绍大哥去见罗振玉，以《金文编》向罗振玉请教。"③ 而另一种说法，是容庚在北京"逛琉璃厂时打听到罗振玉在天津的居址。7 月 3 日，他带着三册《金文编》稿本，专程去天津求见大名鼎鼎的罗振玉。"④ 容庚在《考古学社之成立及愿望》一文中说："过津，以《金文编》稿本三册为贽，谒罗振玉先生。"⑤ 商承祚在《我与容希白》一文中说："那是 1922 年的夏天，我在天津，有一天，罗振玉老师告诉我，'你有位广东同乡刚才来过，名叫容庚，字希白，东莞人，做过中学教师，他爱好铜器文字，编了一部《金文编》，是扩大吴清卿（大澂）的《说文古籀补》之作，很好，现住泰安栈。'我一听，高兴极了。……于是马上打电话到客栈和他联系，然后去拜访他。希白初次北上，不谙北方话，我们倾谈时同操粤语，真可谓他乡遇故知，都非常兴奋。"⑥ 从容肇祖、容庚、商承祚

① 曾宪通编选：《容庚选集》，天津人民出版社 1994 年版，第 355－356 页。
② 东莞市政协编：《容庚容肇祖学记》，广东人民出版社 2004 年版，第 7 页。
③ 《容庚容肇祖学记》，第 248 页。
④ 易新农、夏和顺：《容庚传》，花城出版社 2010 年版，第 7 页。
⑤ 《考古学社社刊》第 1 期，考古学社印行，1934 年。
⑥ 《容庚容肇祖学记》，第 142 页。

的文字来看，容庚未到北平，途经天津时去谒访罗振玉更接近事实。

容庚拜见罗振玉，是容庚遇上了伯乐。容庚在《考古学社之成立及愿望》一文中说，罗振玉对他"奖励甚殷。茫茫人海中尚有见知者，则于闭户数年之不为虚掷也。"罗振玉对《金文编》十分赞赏，认为容庚这位青年是可以造就之才，写信给北京大学研究所国学门精金石之学的马衡教授，马衡时任国学门考古研究室主任兼导师。罗在信中说："容庚新从广东来，治古金文，可造就也。"对罗振玉推荐之人，马衡自不会怠慢，但他不知道容庚在北平之住址，后辗转从黄节处打听到容庚的消息，于是请黄节与容庚联系。黄节，广东顺德人，与容庚四舅邓尔雅有诗文交往，时任北京大学教授。原来容庚来北平之后，已考上了朝阳大学法律专修科，并已经注册交费上课了。有一天容庚在朝阳大学接到黄节教授的来信，说马衡教授欲见他。这样，容庚与马衡经过一番交谈，马衡劝他入北京大学研究所国学门攻读。容庚喜出望外，立即应允。容庚后来回忆说："后由罗振玉告诉马衡教授，马衡教授介绍我入北京大学研究所国学门作研究生，原无出路的我，反以自己由中学生越过大学阶段而超升研究生，得遂我考古著书的心愿，这是一件意想不到的快乐的事。"[1]

容庚在北京大学研究所国学门攻读研究生，陈垣多次到国学门作学术报告，容庚自然也就成为陈垣的学生，容庚在致陈垣的信中，有的署"学生容庚上"。[2] 1924 年 1 月，容庚任研究所国学门事务员。国学门设有编辑室，其任务有三：一是影印本所所藏的有关学术参考利用的器物、文献、图书；二是编纂学术研究的工具书；三是编录有关重要典籍之专门参考书。并出版《国学季刊》《国学月刊》《国学周刊》三种刊物。陈垣的部分著作由国学门出版问世，部分论文发表于以上三种刊物。容庚是国学门事务员，与陈垣又是同乡关系，因此两人的关系是很密切的。《颂斋自订年谱》载："1925 年（乙丑）5 月 16 日识张荫麟于陈垣家。"[3]《吴宓日记》载："1926 年 5 月 16 日，星期日，12 时，至西安门外大街陈垣宅中，赴宴。柳公、李君及张荫麟等已先至。宴于同和居（西四牌楼）。毕，仍归陈宅茗谈。并晤容庚、容肇祖兄弟。"[4] 两人所记时间相差一年。容肇祖在《忆陈垣老师》一文中说："我在北大毕业，他（陈垣——引者注）邀请吴宓，吴宓携同他的学生张荫麟，便中约我也到他家作客，谈了很多有关学问的知识。"三人所记，应是指同一事情。可能是容庚记忆有误。容庚兄弟能常去陈垣

① 容庚手稿：《批判我的反动封建买办思想》，现存中山大学档案馆。转引自易新农、夏和顺著《容庚传》，第 13 页。

② 陈智超编注：《陈垣来往书信集》（增订本），生活·读书·新知三联书店 2010 年版，第 267 页。

③ 《容庚容肇祖学记》，第 224 页。

④ 《吴宓日记》卷三，生活·读书·新知三联书店 1998 年版，第 171 页。

宅，并在陈宅结识当时京城的名流，可见陈垣与容庚的关系非同一般。

1924 年 10 月，冯玉祥发动"北京政变"，把溥仪逐出宫禁，同时成立"办理清室善后委员会"（以下简称"善委会"），负责清理清皇帝公私财产及处理一切善后事宜。善委会由李煜瀛任委员长，委员 14 人：民国政府方面九人——汪精卫（易培基代）、蔡元培（蒋梦麟代）、鹿钟麟、张璧、范源濂、俞同奎、陈垣、沈兼士、葛文濬；清室方面五人——绍英、载润、耆龄、宝熙、罗振玉。同时还聘请社会知名人士庄蕴宽等六人为监察员。当时北京大学的许多教师、学生都参加了善委会的工作。容庚是北京大学研究所国学门的事务员，也参加了这一工作。

在清理故宫文物的基础上，1925 年 10 月 10 日成立故宫博物院，并对外开放，举行开幕典礼。根据善委会制定并通过的《故宫博物院临时组织大纲》，设临时董事会，有董事 21 人。下设古物馆、图书馆。李煜瀛为临时董事兼理事长，易培基任古物馆馆长，陈垣任图书馆馆长。陈垣在故宫的任职对容庚以后在故宫的工作也有一定的影响。

1925 年，容庚《金文编》出版，并从北京大学研究所国学门毕业。9 月 28 日，广东大学（1926 年改名为中山大学）来函聘他为文科教授。他热爱故乡，怀念母亲，但舍不得文化故都的文物宝藏，毅然放弃了回家乡的想法。1926 年，他接受了燕京大学襄教授的聘请。同年 12 月 6 日，内务部函聘容庚为故宫古物陈列所古物鉴定委员会委员。这一段工作对他一生的学术研究影响巨大。他根据鉴定过的铜器，编了《宝蕴楼彝器图录》和《武英殿彝器图录》。在《武英殿彝器图录序》中说：

> 民国三、四年，政府迁奉天、热河两行宫古物于北平，辟太和、文华、武英三殿为古物陈列所。十六年二月，周肇祥所长以所中古物之真伪杂糅也，设古物鉴定委员会，凡二十人，分书画、金石、陶瓷、杂品四组。任鉴定古铜器者，为李盛铎、徐鸿宝、陈汉第、王禔、马衡、邵章诸先生，而余亦厕技于彼列。每星期开会一次，奉天行宫铜器八百鉴定甫竣而周氏去职，会亦停顿。余乃于十八年二月，整理照片及记录，得九十二器，为《宝蕴楼彝器图录》，由燕京大学哈佛燕京学社印行。

> 继复商之张起凤、柯璜两所长，得其赞助，于十九年夏假，续编热河行宫所藏，从八百五十一器中选集百器为《武英殿彝器图录》。……乃商之所委员长钱桐，复由哈佛燕京学社印行。"①

容庚编这两本图录，应该得到过陈垣的帮助。陈垣 1926 年 11 月 9 日致容庚

---

① 《容庚选集》，第 371 – 372 页。

的信说："宫院事弟久不闻问，拓片目代取附呈，其有红点为识者须定拓云。"①说明陈垣为他提供拓片目录。这两本《图录》，不但各记其形制、大小、轻重、色泽，附以照片考释，而且开注重花纹与文字并列研究之先例，容庚在上述序文中说："前代著书，重文字而忽花纹，欲考图饰者恒有无所取材之叹。故摹拓花纹与文字并列，为著录者开其端。"② 这是容庚对青铜器研究的一种贡献。

容庚参加故宫铜器鉴定工作，有感于内府旧藏多有赝品，乾隆四鉴（指《西清古鉴》《宁寿鉴古》《西清续鉴甲编》和《西清续鉴乙编》），根据宫中藏品编著，自然也是真伪杂陈。1929 年，容庚撰《西清金文真伪存佚表》一文（发表于《燕京学报》第 5 期），取四鉴中有文字之器 1290 件，除去镜鉴 114 器，分真、疑、伪三类列表，他认为真器 657 件，可疑之器 190 件，伪器 329 件。这是对乾隆以前清宫所藏铜器的一次大清理，对于鉴定故宫所藏彝器很有裨益。

容庚参与故宫古铜器整理、鉴定工作，从此走上青铜器研究之路。所以，他常引以为荣，生前一直珍藏着当时佩戴的故宫古物陈列所古物鉴定委员会徽章。③

陈垣与容庚在燕京大学曾是同事关系。1923 年陈垣被聘为燕京大学史学系讲师，1925 年被聘为副教授，1928 年任燕京大学国学研究所所长、教授。容庚1926 年被聘为燕京大学襄教授（associate professor），应相当于副教授。1927 年任《燕京学报》编辑委员会主任。《燕京学报》设编辑委员会，第 1—3 期委员为容庚（主任）、赵紫宸、许地山、冯友兰、黄子通、谢婉莹、洪煨莲、吴雷川。第 4 期起调整为容庚（主任）、陈垣、许地山、黄子通、谢婉莹、郭绍虞。第 5 期又加入马鉴、顾颉刚、刘廷芳、张星烺。到第 7 期，编委会成员增至 14人，主任为顾颉刚，而陈垣、容庚仍然是委员。《燕京学报》与北京大学《国学季刊》及《清华学报》《中央研究院历史语言研究所集刊》齐名，当时被誉为文史研究领域的四大刊物。

陈垣在《燕京学报》上发表一些重要论文。《元西域人华化考》前四卷发表于 1923 年北京大学《国学季刊》第一卷第四号，后四卷却一直没有发表。1927年，陈垣致函容庚："承屡索稿件无以应。顷接顾颉刚先生来函言，《元西域人华化考》下卷（即后四卷——引者注），《国学季刊》已停办，可否由《中山大学季刊》续登之云云。弟与中大尚未发生关系，而与燕大则关系甚深，与其由《中大季刊》发表，何如在《燕大学报》发表。未识尊处需用此等稿件否？或嫌

①　陈智超编注：《陈垣来往书信集》（增订本），生活·读书·新知三联书店 2010 年版，第 266 页。

②　《容庚选集》，第 372 页。

③　易新农、夏和顺：《容庚传》，第 37 页。

接续《国学季刊》不便，亦请示复，以便向北大索回原稿转寄也。"① 1927 年底《燕京学报》第 2 期发表了《元西域人华化考》后四卷。

陈垣的《史讳举例》，1928 年发表于《燕京学报》第 4 期。此也有过一段曲折。1928 年 9 月 9 日，陈垣致函容庚："《史讳举例》本不成著述，前承为《燕京学报》索稿甚殷，适弟急于需款，故以塞责。当时曾希望在《学报》第四期完全登出，实为条件之一。昨闻拟另印单行，似与原议不符，未识是编辑会公意否？今特声明，能照原议至佳，不能，则弟极愿缴还原价（或附息），将稿收回，恕免令经手人为难也。即希示复以便缴款为幸。"② 此稿的经手人即是容庚。后来按原议，《燕京学报》第 4 期全文发表了《史讳举例》。

1929 年 9 月 30 日，燕京大学举行新校舍落成典礼，陈垣到会祝贺，并宣读《耶律楚材父子信仰之异趣》和《云冈石窟寺之译经与刘孝标》两篇论文。两文年底发表于《燕京学报》第 6 期《校舍落成纪念专号》上。1930 年 12 月，《燕京学报》第 8 期又发表陈垣的《耶律楚材之生卒年》。

陈智超编注的《陈垣来往书信集》（增订本），收入陈垣与容庚来往书信 11 通。除上引的几通之外，从其他几通中也可以看出他们之间的师生情深。1925 年容庚《金文编》出版，10 月 20 日致函陈垣："《金文编》乙部奉呈，敬希正谬。此上援庵先生。"1927 年 9 月 8 日，陈垣致容庚函："顷有友托购《金文编》一部，未识星期六（十日）台从晋城否？希留下，欲于是日到贵寓取书。先此奉告。"1926 年 11 月 6 日，容庚致陈垣函："前寄去《广仓学宭书目》，想收到。庚近与友人购买多种，概照八折计价，外加邮费。如欲购，请汇款哈同花园李汉青君，云庚介绍便妥。大著《中西回史日历》署首，庚前到津商允叔言（按：罗振玉）先生，请将纸式寄来。闻故宫彝器皆椎拓发售，价目如何，希嘱仲益兄查明示复。陈子励（按：陈伯陶）先生所著《胜朝粤东遗民录》，舍弟元胎（按：容肇祖）已寄来，俟进城时奉呈。"此信说明：（1）他们互通购买书籍铜器拓片信息；（2）陈垣《中西回史日历》欲请罗振玉题签，托容庚了解情况；（3）仲益为陈垣次子，元胎为容庚胞弟，处理事情，他们都互相沟通，可见两家关系非常密切。三天之后（11 月 9 日），陈垣给容庚回信说："《广仓书目》早收到，因第一、二集未有，故未购。即接六日示敬悉。《日历》书签前因罗先生赴沪未回，急于印刷，已请叔平先生（按：马衡）书之。……《明粤东遗民》及《宋东莞遗民录》月前已觅得并已函知令弟，唯前接令弟来讯云不日往厦门，故复函直寄厦。来示云云，似令弟尚在粤也。便乞示知为幸。"1927 年 9 月 2

---

① 陈智超编注：《陈垣来往书信集》（增订本），生活·读书·新知三联书店 2010 年版，第 266 页。

② 陈智超编注：《陈垣来往书信集》（增订本），生活·读书·新知三联书店 2010 年版，第 267 页。

日，陈垣致容庚函："书价十七元二角，敬缴。《广仓艺术丛书》卅一册，富晋取价八十元，未识能有法子便宜的否？此候希白先生学安。"三天后（9月15日）容庚复函陈垣："来洋十七圆二角已收。《艺术丛编》定价六十圆，或有扣折，如欲购，俟庚函询再通知（不知彼处有无存书）。庚明日移家海淀，匆复。"不知年的两函，陈垣致容庚："违教久，忽接惠书，知有《桃溪集》新抄本可以假借，雅意可感。但现因另有所营，暂不拟索阅，先此复谢，并候起居！陈垣谨上。四月九日。"容庚致陈垣："敝校社会学系专任讲师雷洁琼女士（南海人）欲趋谒台端，奉询关于天主教问题，未知廿二日（星期六）上午九时左右有暇赐以一见否。如另有他约，请电示为幸。敬颂教安。学生容庚上。十七日。"

陈垣与容庚对研究吴渔山的书画有共同的兴趣。1939年1月6日，容庚致陈垣函："前求赐题《兰亭集刻》，如书就，乞邮寄为幸。渔山题画诗，另纸录呈。敬颂教安！学生容庚上。"按所录者为《石鼓砚斋所藏书画录》所录之吴历仿米山轴等。① 容庚开始搜集吴渔山之绘画是1937年。1959年12月6日容庚在吴历《湖山春晓图轴》附记中说："此轴于一九三七年以千元购于海城于氏，是为余购画之始。"② 1941年容庚携此画拜访陈垣，请陈垣题跋。陈垣题跋，曰："余酷慕渔山之为人，而见渔山真迹甚寡。本年复活节，东莞容希白先生携此过访，嘱为题记，曰'过云楼曾著录者。'希白眼光如炬，必有所见。谨题数语，以庆眼福。中华民国三十年谷雨，新会陈垣。"③ 从这些来往书信和资料看，他们是师生，也是学术挚友，甚至眷属之间也亲密无间，在学术圈子中是难能可贵的。

更值得指出的是，两人在学术上互相补正。清初四王吴恽之画，以墨井（吴历，字渔山，号墨井）为少。编纂《吴历画录》，得120余幅。壮陶阁、三秋阁两家所藏，皆有赝作。容庚在《倪瓒画真伪存佚考》的序言中说："陈垣先生《吴渔山先生年谱》，缜密不苟，为之补正十余条。如吴历学琴于陈岷。陈先生谓'先生《荅溪会琴图》跋作石民，见《虚斋名画录》五，疑山民又名砯，号石民也'。余藏陈砯《兰竹卷》一，《山水册》一，款皆作砯，印皆作石民。《石鼓砚斋书画录》卷二，吴历《仿米山轴》，款云：'岁癸丑六月廿八日，诗画寄怀石民老友'。则陈砯号石民，可无疑也。"④ 这是容庚用自己所藏证陈垣之说。

吴历《湖山秋晓图卷》，陈先生谓"见《梦园书画录》二十，《三秋阁》亦著录一卷，题句少异，两卷必有一伪（陈垣原文为'赝'——引者注）。"容庚加按说："《三秋阁》于'余齿七十加三'作'余齿七十加十加三'，其误殊甚。

① 以上所引书信，见陈智超编注：《陈垣来往书信集》（增订本），生活·读书·新知三联书店2010年版，第265－267页。
② 容庚：《颂斋书画小记》（中册），广东人民出版社2000年版，第360页。
③ 容庚：《颂斋书画小记》（中册），第359－360页。
④ 曾宪通编：《容庚文集》，中山大学出版社2004年版，第403页。

关氏且据此以为'渔山八十三岁所作'。故余以《三秋阁》卷为伪。《壮陶阁书画录》十四又著录一卷，题句亦少异。纸高而短，故题句删去'喜其长而嫌其太矮'一语，则其伪亦无疑。"① 这是容庚用自己所藏证陈垣之疑。

康熙二十年五月，吴历有袖珍册，题云："予学道山中，久不作雨淋墙头画法。梅雨新晴，为苍竹表妹丈写此。"容庚说："山乃虞山，此往澳以前作。陈先生误以为'至澳以后作'，故《澳中杂咏》：'滞澳冬春两候过'，'榜人还认冬来客，为报春流比旧强'。两言冬春皆不得其解。是年冬十月乃始至澳也。画跋云：'墨井道人年垂五十，学道三巴，眠食第二层楼上，观海潮度日，已五阅月于兹矣'。此乃下年事，陈先生误系于本年。"② 这是容庚订正陈垣之误。

容庚对陈垣的学术十分崇敬，有证其说，有证其疑，有订正其误这种师生关系是非常纯洁的。

二、 陈垣与容肇祖

1922 年夏，容肇祖与容庚到达北京，住上斜街东莞会馆，准备投考大学。8 月，北京大学招生，容肇祖考入了文学院哲学系。后来容肇祖写过《忆陈垣老师》一文，说："我是陈垣老师的学生。一九二五年，我选过陈垣老师在北京大学讲授的校勘学。他的淹博学识，把一门研究资料性的课程，讲得有深度，有广度，听后，我深感自己基本知识还很不足。在老师的诱导下，我读了不少书籍，同时，还运用考据方法，作了某些钻研探讨。"③ "陈垣老师给我的印象是和蔼诚恳，诲人不倦，热诚宽厚，生活简朴，不辞劳苦的帮助学生。"《陈垣来往书信集》（增订本）中收入容肇祖致陈垣书信 14 通，都署"学生肇祖谨上"，或"学生肇祖拜上"。可见他们师生关系很深。这些书信说明以下几个问题。

第一，容肇祖对陈垣的学问非常景仰。

1926 年 11 月 9 日，容肇祖在厦门大学致陈垣函："由顾颉刚兄转来《名理探》一部，拜谢之至。名理之学在明已入中国，李之所译，旨达辞雅，《明史·艺文志》列之道家，足见清初之际其学已不传。此次辅仁大学付印此书，实为有识。至于先生所撰的《李之藻传》，考证详明，李氏为不死矣。"④ "名理探"者，西文 logica，译音为逻辑学，译义为伦理学。《名理探》为西人耶稣会士傅

① 《容庚文集》，第 403 - 404 页。

② 《容庚文集》，第 403 - 404 页。

③ 陈智超编注：《陈垣来往书信集》（增订本），生活·读书·新知三联书店 2010 年版，第 297 页。

④ 陈智超编注：《陈垣来往书信集》（增订本），生活·读书·新知三联书店 2010 年版，第 297 页。

汜际、浙西李之藻合译。费时五年，译笔非常简净，有信、达、雅三长，陈垣传李之藻曰："《名理探》译事比《寰有诠》尤邃奥。"马良序曰："其所译《寰有诠》。《名理探》至艰深，而措辞之妙，往往令读者忘其为译。"① 1926 年 6 月，公教大学辅仁社将《名理探》影印发行，陈垣《名理探跋》曰："《名理探》为三百年前之名理学。原译十卷，此本仅五卷。丁巳间予得自英敛之先生，敛之得自马相伯丈。辛酉、甲子，章行严、胡适之二君先后从余录一副本。癸亥秋，富阳赵君恂如彬肄业北京师范大学，主余家，为余重写一通，即此本也。乙丑，行严任编译馆总裁，介彭泽刘君子行奇假余原本复校，欲付刊未果。今年春，泾阳吴君雨僧宓过余斋，见此书，怂恿付印。乃商之公教大学辅仁社，为影印数百部以传之，并以拙著《李之藻传》附卷末，而志其来历如此。辅仁社者，英先生慕徐光启、李之藻之风所创，以培植同道后进。重刊此书，正先生遗志也。"② 容肇祖收到陈垣寄的《名理探》，即是此本。书末附《李之藻传》，即陈垣 1919 年写的《浙西李之藻传》，是陈垣写的基督教人物传记名篇。容肇祖认为陈垣影印此书，"实为有识"，"《李之藻传》考证详明，李氏为不死矣"。景仰之心跃然纸上。

1932 年 11 月 26 日容肇祖在广州致陈垣的信说："（先生）著述多劳，名望日高，岭外遥瞻，翘企无已！"③ 1933 年 8 月 26 日致信陈垣云："大著《元典章校补释例》已从庆祝蔡公论文集见之，古籍窜乱通弊，可以藉之大概。然而先生之读书一字不苟，方法之严密，分类之确切，钦佩之至。此篇与《史讳举例》同读，当更得益不少也。"④ 这里所说的《元典章校补释例》和《史讳举例》是 20 世纪二三十年代陈垣的两部极其重要的著作。《元典章校补释例》是陈垣用故宫元刻本及其他四种抄本《元典章》与清代沈家本刻《元典章》详校，得沈刻本讹误 12000 多条，据此写成《元典章校补》一书。20 世纪二三十年代，陈垣在北京大学等各高校开设"校勘学"一课，他从校勘出的谬误中，提炼、概括为 50 例，写成《元典章校补释例》作为教材，说明校勘的原则、方法，并总结出"校勘四法"，成为我国校勘学史上首部总结性的著作。容肇祖 1925 年在北京大学选修过陈垣的"校勘学"课，说他"把一门研究资料性的课程，讲得有深度、有广度"。现在看到老师的《元典章校补释例》大著，自然感到亲切。《史讳举例》是讲避讳的。民国以前，凡文字上不得直书当代君主或所尊之名，必须

① 徐宗泽：《明清间耶稣会士译著提要》，上海书店出版社 2006 年版，第 148 页。
② 陈垣著，陈智超主编：《陈垣全集》第 2 册，安徽大学出版社 2009 年版，第 502 页。
③ 陈智超编注：《陈垣来往书信集》（增订本），生活·读书·新知三联书店 2010 年版，第 299 页。
④ 陈智超编注：《陈垣来往书信集》（增订本），生活·读书·新知三联书店 2010 年版，第 300 页。

用其他方法以避之，这叫作避讳。避讳为我国古代所特有，延续约两千年。因各朝所讳不同，方法也不一致，对阅读古书增加了困难。陈垣认为如能了解其情况，掌握其规律，反可利用它解释古书中的疑难，辨别古书真伪和年代。前人谈避讳的不少，但都未能应用于校勘学和考古学。陈垣决心"为避讳史作一总结束，使考史者多一门路一钥匙"，使避讳成为考史的一门辅助学科，写成《史讳举例》一书。① 容肇祖对陈垣的这两部著作十分推崇，认为陈垣读书一字不苟，方法严密，分类确切，"钦佩之至"从中"得益不少"。

1933 年 9 月 24 日致陈垣信云："新会之学，白沙之于理学，任公之于新学，先生之于朴学，皆足领袖群伦，为时宗仰者。然白沙之学近拘，任公之学近浅，未若先生朴学沈实精密之不可移易也。"② 这里容肇祖把"新会之学"，概括为"陈白沙之理学""梁启超之新学""陈垣之朴学"，三足鼎立。陈白沙是广东唯一一位从祀孔庙的大儒。他所开启的明代心学和创立的江门学派，在中国思想文化和岭南文化发展史上具有丰碑式的意义。梁启超是近代著名政治家、思想家和学者，是近代新学的启蒙大师和学术巨子。陈垣则是一代史学宗师，在宗教史、元史、历史文献学等各个学术领域，做出了创造性的业绩，被誉为"中国近代之世界学者"。容肇祖对陈白沙、梁启超略有微词，唯独推崇陈垣的"朴学沈实精密之不可移易"。可见容肇祖对陈垣非常崇拜。容肇祖对陈垣勤奋好学的精神也十分敬佩。当得之陈垣 53 岁还学习蒙文时，他于 1934 年 6 月 23 日致信陈垣说："藉知先生体履清泰，学仍不厌，并专习蒙文，此种精神，真钦佩钦羡无已。"③

第二，陈垣在容肇祖学术道路上给予鼓励、帮助和提携。

容肇祖从北京大学哲学系毕业后，1926 年应顾颉刚的邀请，到厦门大学任教，并担任厦大国学研究院编辑。1927 年又到广州国立中山大学任教。1930 年又转到岭南大学任教。1932 年又回到中山大学任教。几年间在南方几所大学辗转不定。1933 年前后，陈济棠主政广东，邹鲁任中山大学校长。当地出现一股复古风潮，反对使用白话文，提倡中小学读经。容肇祖在致傅斯年的信中说及此事："中山大学复古潮高，波及全粤，遂有大中小学实行加入读经课程之命令。狂潮立卷，发自大学校长，而弟之教席，因此亦复打断。""因弟在中大与复古派大相冲突，故此弟在被辞之列。"④ 容肇祖对南方的学风十分不满，1933 年 11

① 《史讳举例·序》，见《陈垣全集》第 7 册，第 3–4 页。

② 陈智超编注：《陈垣来往书信集》（增订本），生活·读书·新知三联书店 2010 年版，第 300 页。

③ 陈智超编注：《陈垣来往书信集》（增订本），生活·读书·新知三联书店 2010 年版，第 305 页。

④ 王汎森：《容肇祖与历史语言研究所》，见台湾"中央"研究院历史语言研究所七十周年纪念文集《新学术之路》（上），第 351 页。

月 7 日，在致陈垣的信中说："粤中读《孝经》之说既风盛一时，而变本加厉，又有提议朱子《小学集解》编入中小学课程者，吠影吠声，可为浩叹。""故此现在广州之学风，由质朴而转空疏，由思想自由而转拘守，由驰骛新学而转高头讲章。先生等提倡朴学于外，而故乡竟颠倒其学于内，犹戴东原树徽学于外，而桐城有方植之，当涂有夏炘也。然而蛙鸣蝉噪，其声易竭。尽夏炘之力，何损于辛楣及伯申等之分毫。"① 这里所说的夏炘，是清道光年间人，著有《夏仲子集》，竟说"辛楣（按：钱大昕之号）之学，全不足贵。《廿二史考异》只算为抄写镌刻家耽忧。《养新录》东涂西抹，令人生厌。文集哀然数十卷，无一语为世道人心、学术风俗起见，吾未见其可传也。"又说高邮王氏"《经传释词》，则尤破碎决裂。……变而于语助虚辞，指东画西，横竖任说，学问之劣，无甚于此书者也。"对夏炘如此猖狂攻击朴学，容肇祖十分愤慨，认为此种言论是"蛙鸣蝉噪之语"。南方学术"实暮气寻寻，读经复古，抄学古堂课程之旧本以为课程，据皋比者又哦高头讲章之大全经学，宁非暮气乎?"② 容肇祖十分仰慕陈垣所倡导之朴学以及北平的治学环境。在 1933 年 9 月 24 日致陈垣信中说："南中参考书难得，每有好题目，以参考书不足故辄废然而止。……故每一自念，辄欲奋飞至北平。"③ 同年 11 月 18 日致陈垣信又说："肇祖甚欲就北平公家藏书之富，在此年富力强之时，成就一二种著作，此非居南方之可幸苟成者。所至在此，未审先生以为如何?"④

陈垣在得知容肇祖有北上决心时，在辅仁大学为其谋得副教授职位，并促其北上。时值 1934 年，日本侵略北平的风声甚紧，陈垣来信因谓"传言不足恤"。1934 年 5 月 21 日，容肇祖复信曰："来示云'传言不足恤'，当敬奉教言。暑假期中北上，得奉几席，读所愿读之书，纵有艰险，已足取偿。肇祖家中除书籍外，无多长物，有室家而无儿女，故北游之心，不致为传言所阻，此可为吾师告者也。……敝藏书，欲于未动程前先邮寄北上。"⑤ 这年 8 月，容肇祖到达北平，

---

① 陈智超编注：《陈垣来往书信集》（增订本），生活·读书·新知三联书店 2010 年版，第 301 页。

② 陈智超编注：《陈垣来往书信集》（增订本），生活·读书·新知三联书店 2010 年版，第 302 页。

③ 陈智超编注：《陈垣来往书信集》（增订本），生活·读书·新知三联书店 2010 年版，第 301 页。

④ 陈智超编注：《陈垣来往书信集》（增订本），生活·读书·新知三联书店 2010 年版，第 302 页。

⑤ 陈智超编注：《陈垣来往书信集》（增订本），生活·读书·新知三联书店 2010 年版，第 304 页。

其行李书籍均寄往辅仁大学陈垣代收，其辅仁大学的聘书也由陈垣代领。① 可见他们师生感情之深。

陈垣对容肇祖十分了解和赏识，在通信中以"粤中后起之秀，以东莞为盛"② 勉励之。"粤中后起之秀，以东莞为盛"，并非虚言。民国以降，广东籍学生赴京求学者为数众多。北京大学有广东同学会，据说"海内二十二个省，合文理法工四分科，共五百余人，而广东居全国六分之一，凡八十有六人。③ 而燕京大学广东籍学生更多，共有 200 多名，几占全校学生四分之一。同时，一批有志于文史学术的专家学者，也纷纷北上问学。20 世纪二三十年代，集中于北平的粤籍名家，有梁启超、陈垣、张荫麟、陈受颐、黄节、容庚、商承祚、伦明、容肇祖、罗香林、叶公超等。在政界、商界的粤籍叶恭绰、谭祖任等人的支持和参与下，北平的粤籍学人具有相当大的影响。这其中，容庚兄弟、伦明、张荫麟就是东莞人。1922 年 10 月 29 日，留京东莞学会在北平东莞会馆新馆召开成立大会，何作霖被推为委员长，容庚、容肇祖、伦慧珠等人为审查股股员。据 1923 年 7 月 1 日出版的《留京东莞学会半年刊》所载，东莞人在北平高等学校肄业者 45 人，其中东莞中学毕业者 28 人，容庚、容肇祖是其中的佼佼者。④

陈垣对容肇祖学术上的鼓励和帮助，在容肇祖就读北京大学时就开始了。1924 年暑假，容肇祖回东莞，托高师同学曲江黄开光为北大研究所国学门抄得家藏本廖燕《二十七松堂集》，假期中开始写《记廖燕的生平及其思想》的稿子。廖燕（1644—1705），号柴舟，广东曲江县人，是清初反对八股取士和思想禁锢的"异端"思想家。后来容肇祖又看到乾隆三年刻本，改订原稿，于 1926 年登在《北京大学研究所国学门周刊》第 21、22 期。该文的写作得到陈垣提供的有关书目和指导。⑤

1932 年容肇祖在岭南大学任教。暑假，由莫天一介绍，购得孔尚任《湖海集》一书，因据孔尚任《桃花扇传奇》等书编写《孔尚任年谱》。1933 年 8 月 26 日，容肇祖致信陈垣说："近著孔东塘尚任年谱，据《湖海集》、《阙里孔氏诗抄》、《阙里文献考》、《出山异数记》等书为之。闻有新修之《山东通志》，又知

① 陈智超编注：《陈垣来往书信集》（增订本），生活·读书·新知三联书店 2010 年版，第 305 页。

② 陈智超编注：《陈垣来往书信集》（增订本），生活·读书·新知三联书店 2010 年版，第 300 页。

③ 陈黻宸：《北京大学分科广东同学录序》，见陈德溥编《陈黻宸集》（上），中华书局 1995 年版，第 649 页。

④ 易新农、夏和顺：《容庚传》，第 30 页。

⑤ 容肇祖：《我的家世和幼年》；衷尔钜：《为后学楷模的一代宗师——容肇祖先生生平和学术贡献》，见《容庚容肇祖学记》，第 249、277 页。

先生藏有山东县志多种，《曲阜县志》，此间不可得见，如值记室之便，钞示孔尚任传，如何？先生对孔尚任有关系之书籍，如有所知，尚幸示及也。"① 没多久，得到陈垣的答复，提供了很重要的资料。9 月 24 日，容肇祖复信陈垣说："奉到手简，敬审起居万福为慰。承录示孔东塘事迹，开启愚蒙，增广不逮，为喜为谢，何可胜言。《兖州府志》续编有卒年七十一条，尤为肇祖所急欲知者。《颜李师承记》具见其与李塨之交好，由此以翻李恕谷年谱，又可补知一事，即东塘罢官后第三年仍居京师也。东塘年谱大体已具，尚俟细心校补，得来示启发，增若干条，缮正当更易也。"② 由此可见，容肇祖编成《孔尚任年谱》，陈垣是起了很大作用的。容肇祖在《忆陈垣老师》一文中说："孔尚任卒年的确定，是陈垣老师翻阅《兖州府志续编》传记中'卒年七十一'得到的。当时广州图书馆有关山东省的地志是无法寻找的。"③ 《孔尚任年谱》发表于《岭南学报》第 3 卷第 2 期。

1934 年陈垣寄给容肇祖一本姚大荣《马阁老洗冤录》。5 月 4 日容肇祖复信曰："承惠姚大荣《马阁老洗冤录》一本，敬谢。……《马阁老洗冤录》，肇祖当另为一跋。"④ 这一"跋"，就是《读姚大荣马阁老洗冤录驳议》一文，发表于《中央研究院历史语言研究所集刊》第 5 本第 3 分册。容肇祖这篇文章的基本观点在上述致陈垣的信中已有所论述，这一问题涉及历史研究的观点和方法，特作介绍。

姚大荣《马阁老洗冤录》，谢国桢《晚明史籍考》收入此书：《马阁老洗冤录》二卷，民国二十三年铅印本（陈垣寄给容肇祖者，可能就是这个本子），近人安顺姚大荣俪桓纂。谢国桢加按语说："是书以《明史》列马士英于奸臣传，因明史据桃花扇传奇，遂大肆诬蔑。实则士英之奸，误国殃民，亦不必借尚任一典，路人皆知其奸矣。姚氏之书，亦如《孤儿吁天录》等类，别具一格，其实如马士英之劣迹昭彰，不值作翻案文字者也。"⑤

容肇祖在致陈垣的信中，驳姚氏之谬论，证据确凿，说理透彻，今不惮冗长，摘录如下：

---

① 陈智超编注：《陈垣来往书信集》（增订本），生活·读书·新知三联书店 2010 年版，第 300 页。

② 陈智超编注：《陈垣来往书信集》（增订本），生活·读书·新知三联书店 2010 年版，第 300 页。

③ 陈智超编注：《陈垣来往书信集》（增订本），生活·读书·新知三联书店 2010 年版，第 297 页。

④ 陈智超编注：《陈垣来往书信集》（增订本），生活·读书·新知三联书店 2010 年版，第 303 页。

⑤ 谢国桢：《晚明史籍考》，华东师范大学出版社 2011 年版，第 789 页。

盖姚氏洗冤，语多意气，系属同乡，不免阿好。《明史》编辑，时间颇长，在史书中，为最善者，即于马阁老有过分之语，必不致于大误。姚氏以为史书难翻，稗官曲部易倒，于是颠倒时序，以为《明史》受尚任《桃花扇》之影响，故遂云云。不知草明史之初稿者为万斯同，万斯同与尚任为老友，恕谷年谱于康熙四十年正月赴东塘筵，斯同亦在坐。即《桃花扇》作成之第三年。后一年，斯同便卒。斯同老史家，且一生不苟，于《桃花扇》之内容，当不致漫不加察而依之作传。故王鸿绪《明史稿》（本万氏稿）有马士英传，与《明史》多同，此不能谓《明史》马传为必出于《桃花扇》之后者。姚氏深文周纳，欲加孔尚任以罪过，以为《明史》之误，即孔尚任之愆。……清初之记事，指骂马士英者不一而足。如周亮工《读画录》记王贻上、黄俞邰之题辞，皆隐然以士英为奸臣，姚氏以为亦尚任《桃花扇》之影响。然周亮工卒于康熙十一年，《桃花扇》成于康熙三十八年，不晓诸人何以得读尚任之《桃花扇》未有轮廓时之心稿也？……凡在历史上辨证一宗事实，必以证据之充分与否为衡。姚氏支蔓之辞多，虚憍之气盛，求洗冤之法而不得，则用其诬指之法，以乱罪他人。一冤未去而他冤即生，余觉其白费心力为可惜也。①

《明史》把马士英列入奸臣传，证据凿凿，姚氏以为《明史》作者受《桃花扇》之影响而立论，欲要为马士英洗冤翻案是徒劳的。于此亦可见容肇祖治史之严谨。

容肇祖发出此信之后 7 日，陈垣于 5 月 11 日有一信给容肇祖。而容肇祖于 5 月 21 日致信陈垣：“奉五月十一日手教，敬悉——。‘吾人论学求真非求胜’之语，当服膺不敢忘。《马士英洗冤录跋》如脱稿当呈政，并转与姚老先生也。”②“吾人论学求真非求胜”，这是陈垣勉励容肇祖的话，也是治学之至理名言。

第三，陈垣的研究工作，需要容肇祖代找资料，容亦尽力而为，为老师解决。

1933 年 8 月 26 日，容肇祖致陈垣信，说：“前先生属为代觅《香山续志》，经托中山人回乡觅之，惟久未得复，大约需假以时日也。代借之《香山续志》，因借自中大，肇祖已离中大职，不便过于久借，如属缮录，尚幸督促记室早日成之，以便缴还耳。”③ 同年 9 月 24 日，容肇祖致陈垣信，又说：“《香山续志》前

① 陈智超编注：《陈垣来往书信集》（增订本），生活·读书·新知三联书店 2010 年版，第 303 – 304 页。

② 陈智超编注：《陈垣来往书信集》（增订本），生活·读书·新知三联书店 2010 年版，第 304 页。

③ 陈智超编注：《陈垣来往书信集》（增订本），生活·读书·新知三联书店 2010 年版，第 300 页。

托觅之香山人付之浮沉，经再托黄慈博先生，据云商之友人，有重复可让出者，迟数日或可交来云云。如觅得时当即邮寄上也。"① 同年 11 月 18 日，容肇祖又致陈垣信，说："承示，敬审——。前数日寄上《明史窃》一部，想已察收。《元典章校补释例》，当以一册代赠慈博先生。肇祖前曾以《滇云历年传》一部酬其赠《香山续志》之谊，不必再以他物为报矣。"② 可见容肇祖为陈垣解决了《香山续志》一书。《明史窃》想必也是陈垣急需寻找的书。容肇祖都一一尽心尽力去办理。

容肇祖在辅仁大学国文系教中国文学史课，在历史系教上古殷周史课、中国史学史课，在哲学系教中国哲学史课，并兼授中国思想史课。容肇祖与陈垣同校，来往更多，切磋学问更盛。容肇祖利用北平的有利条件，学术收获颇丰，修改出版了《中国文学史大纲》《李卓吾评传》《魏晋的自然主义》《韩非子考证》等书，并发表相关论文多篇。1935 年，时日本侵略北平的消息使时局更显紧张。许地山任香港大学国文系主任，欲聘容肇祖为国文系讲师。容肇祖因到北平不久，若离开辅仁大学而他去，自感太对不起陈垣老师，因此婉辞。1937 年初，辅仁大学历史系主任张星烺拟升容肇祖为正教授，由于容不接受校方必须先入教会的无理规定，于是愤而辞职。随后由胡适聘任为北京大学哲学系副教授，在陈垣、张星烺劝留下，仍兼辅仁大学一些课程。

从以上几点可以看出，陈垣与容肇祖的师生关系是十分真挚、诚恳的。容肇祖十分崇敬陈垣，并以为榜样，学习老师之所长。陈垣对容肇祖十分关心，真正以学问教导他，并互相切磋，在学术上鼓励、支持和提携。

三、 光耀千秋的学术精神

这三位近现代著名学人，研究领域各异，其著作是可以流传千古的文化遗产；他们的治学精神和治学方法有许多共同点，也是留给我们的一笔宝贵的精神财富。

（一）植根于中华民族优秀传统文化之中的爱国情怀

这三位学人一生中都表现出一种爱国情怀，这种爱国情怀植根于中华民族优秀传统文化之中，他们对中华民族有文字记载的五千年文明史及其灿烂的文化寄托着深沉的爱。这种爱激励着他们发奋研究，使中华民族文化世代相传。这种例

① 陈智超编注：《陈垣来往书信集》（增订本），生活·读书·新知三联书店 2010 年版，第 300 页。

② 陈智超编注：《陈垣来往书信集》（增订本），生活·读书·新知三联书店 2010 年版，第 302 页。

子很多，我们每人仅举二三例说明之。

1929 年 5 月 27 日，陈垣在燕京大学现代文化班作 "中国史料急待整理" 的讲演，后来改题为《中国史料的整理》公开发表。他提出整理史料的重要性，认为史料要整理，"理由是很简单的：人类的寿命有限，史料的增加却是无穷"，"我们若是自己不来整理，恐怕不久后……而外人却越俎代庖来替我们整理了，那才是我们的大耻辱呢！" 倘若我们把史料整理好，"我们的寿命虽不加长，也不难窥见中国史料的全豹了"。① 史料是中华文化的载体，只有把史料保存下来，才能使中华文化世代相传；让外国人来整理我们的史料，那是莫大的耻辱。晚清以来，外国人不断来掠夺敦煌文物，1924 年，北平文化界爱国人士组织 "敦煌经籍辑存会"，从事搜集整理敦煌资料工作，并阻止敦煌珍品继续外流。陈垣在 "辑存会" 担任采访部长。他将北平图书馆藏敦煌经卷八千余轴编成目录，名《敦煌劫余录》。"劫余" 二字，取其历劫仅存之意，在序里提到 "匈人斯坦因、法人伯希和相继至敦煌载遗书遗器而西，国人始大骇悟"。当时有的朋友曾劝他在序中不要直接提名，因为他们来中国，在学术界集会上彼此还常见面；而且 "劫余" 二字太 "刺激"，是否改一名称。陈垣说："用劫余二字尚未足说明我们愤慨之意，怎能更改！" ② 这反映了他对中华民族历史文化的一片丹心。爱国之情跃然纸上。

容庚研究古文字、青铜器，爱国热情是他的主要力量源泉。他对外国人挟其多金，巧取豪夺我国文物极为愤慨，并把购藏古器、研究和刊布我国古物视为己任，呼吁朋友同好共同来做，使文物尽量减少流失，得以传播、发扬。他在 1931 年九一八事变之后的三个月写的《秦汉金文录序》中说："吾之生正当甲午中日之战，黄海海军相遇之前，先子赋诗云：'时局正需才，生男亦壮哉，高轩一再过，都为试唬来。' 今者岛夷肆虐，再入国门。余不能执干戈，卫社稷，有负祖若父之期许。'国耻未雪，何由成名'，诵李白《独漉篇》，不知涕之何从也。'雄剑挂壁，时时龙鸣'，余宁将挟毛锥以终老邪。" ③ 可见其爱国之情。1934 年，容庚在《考古学社之成立及愿望》中写道："海通以来，我国古物多增一厄。异邦豪商达官，附庸风雅，斗夸鉴藏，挟其多金，来我中土，背我法禁，蔑我舆情，巧取豪夺，捆载以去。凡名家私藏之散落者，地下故墟之发现者，岁岁流出，永不复归。……遂使嗜古之士，于宗邦重器，希世遗文，欲一望景迹而不可得。事有可慨，宁有过是？欲平此憾而弥此失，吾人亟宜申原主道义上之权

① 陈智超主编：《陈垣全集》第 7 册，安徽大学出版社 2009 年版，第 455 – 464 页。

② 陈智超主编：《陈垣全集》第 8 册《敦煌劫余录·序》，安徽大学出版社 2009 年版，第 2 页；刘乃和：《学习陈援庵老师的刻苦治学精神》，见《励耘承学录》，北京师范大学出版社 1992 年版，第 89 页。

③ 《容庚选集》，第 366 页。

利，搜集此等景本，择优重印，廉价流布。"于是容庚即着手选择海外收藏铜器著录中较善者，编写了《海外吉金图录》。1935 年 4 月，他为该书作序说："民国以来，故家零落殆尽，惟攀古楼、澂秋馆两家独存，已不无散失矣。军阀构祸，国无宁岁。关洛之民，困于饥饿，或掘墟墓，取所藏以救死，政府莫能禁。异邦之有力者，挟其多金，来相购取。于是古器外流，遂如水之就壑。……九一八之难作，乃蹶然起曰：'宗邦重器，希世遗文，欲求印本而不可得。人方劫掠我文物，倾覆我国家，吾不学尾生之信，以翻印为耻乎？'于是有《海外吉金图录》之辑。"① 可见容庚编辑铜器图录，完全出于爱国之心。某些日本学者，仗着军国主义之势，散布"中国出土，日本研究"之谬论。容庚经过八年的艰苦研究和积聚，终于在 1942 年编写完成《商周彝器通考》，对中国古铜器进行了全面的考证和论述，对上述论调予以有力的回击。②

容肇祖在《自传》中说：1924 年，北平处在军阀黑暗统治下，禁止人民集会结社和言论自由，"我又据时代的需要，写了《述复社》，把复社的组织、历史、背景、目的及其变化，全面地进行介绍，并对复社主要成员如顾炎武、黄宗羲的成就作了重点分析、概述。以完整的历史事实，证明复社的组织是知识分子在特定的历史时期组织的政党的继续，是时代的需要，指出当时竟有人把受人尊敬的学者'论政'污为'学阀'，甚至谈虎色变，是错误的。指出一代学者出而作舆论中心，握政治枢纽，提倡学术，奖励后进，这样的党才会产生好的政治，才能促进学术进步，才能帮助国家前进，复社就是一个很好的例子。"③ 复社是一个由明末张溥、张采等组织的关心国是的知识分子的政治团体，是代表时代要求的进步组织；而反对复社的人物则是权奸温体仁和阉党余孽阮大铖等。④ 容肇祖研究复社，是扎根于深厚的中华民族优秀传统思想文化之中的爱国情怀所驱使。

（二）坚持学术求真与致用相结合的经世致用思想

学术的功能是"求真"还是"致用"，一直是学界争论不休的议题。所谓"求真"就是"实事求是"；所谓"致用"就是"经世致用"。或把两者对立起来，认为"求真"就不能"致用"；"致用"就难以"求真"。其实这种看法是片面的。学术首先要"求真"，即实事求是地把研究事物真实地复原出来，认识事物的本质，把握事物的规律；但"求真"是为了"致用"。"致用"的内涵是

① 《容庚选集》，第 373–374 页。

② 张振林：《希白师治学道路初探》，见《容庚容肇祖学记》，第 88 页。

③ 《容庚容肇祖学记》，第 263–264 页。

④ 参阅谢国桢《复社始末》（上、下），见谢国桢《明清之际党社运动考》，上海书店出版社 2006 年版。

很广泛的，包括劝诫、资政、道义等。陈、二容三位学术大家，他们没有讲很多"求真""致用"的理论，但我们追寻他们的研究实践，分析他们的研究成果，就足以证明他们是经世致用思想的倡导者和实践者。

陈垣一生的著作是"求真"与"致用"相结合的典范。把经世致用的史学功能发挥得淋漓尽致。他说："古人通经以致用，读史亦何莫非以致用"，通经致用，"此史学方法也"。① 他在 20 世纪二三十年代提出"应当把汉学中心夺回中国"的号召，指出"把汉学中心夺回中国"，一是要激励和培养年青一代，因此，他在不同场合多次对学生如郑天挺、翁独健、柴德赓等发出这一呼吁；二是老师要率先垂范，创造出有世界水平的学术著作来，正如他的"古教四考"、《史讳举例》、《校勘学释例》、《元西域人华化考》等著作就达到世界水平，使外国人不敢小看我们。他在北京大学的学生朱海涛回忆陈垣在课堂上说，"一个国家是从多方面发展起来的；一个国家的地位，是从各方面的成就累积的……我们必须从各方面就着各人所干的，努力和人家比……我们干史学的，就当处心积虑，在史学上压倒人家。"②

抗日战争时期是陈垣史学创作的一个高潮，也是他利用史学表达他坚持民族气节、发扬爱国精神的最高昂时期。他有两段名言。一段是 1943 年 11 月 24 日致方豪的信，说："至于史学，此间风气亦变。从前专重考证，服膺嘉定钱氏；事变后颇趋重实用，推尊昆山顾氏；近又进一步，颇提倡有意义之史学。故前两年讲《日知录》，今年讲《鲒埼亭集》，亦欲以正人心，端士习，不徒为精密之考证而已。此盖时势为之，若药不瞑眩，厥疾弗瘳也。"③ 另一段是 1946 年 3 月 15 日致杨树达的信说："国难中曾著宗教三书：一、《明季滇黔佛教考》六卷。二、《清初僧诤记》三卷。三、《南宋初河北新道教考》四卷。皆外蒙考据宗教史之皮而提倡民族不屈之精神者也。"④《通鉴胡注表微》是陈垣抗战时期最后一本专著，是其"学识的记里碑"。⑤ 这部著作是陈垣运用平生擅长的年代学、校勘学、目录学、史源学、考证学、避讳学，及宗教史、元史等优厚的修养而写成的经世致用的典范之作。胡三省是南宋遗民，宋亡后隐居不仕，杜门注书，成《资治通鉴注》，寄托他的民族气节、爱国情怀和治学精神。但这一思想长期以

---

① 陈垣：《通鉴胡注表微》，《陈垣全集》第 21 册，第 31 页。

② 朱海涛：《北大与北大人》，载《东方杂志》第 40 卷第 7 号，1944 年 4 月。转引自陈平原、夏晓虹编《北大旧事》，生活·读书·新知三联书店 2003 年版，第 356 页。

③ 陈智超编注：《陈垣来往书信集》（增订本），生活·读书·新知三联书店 2010 年版，第 326 页。

④ 陈智超编注：《陈垣来往书信集》（增订本），生活·读书·新知三联书店 2010 年版，第 274 页。

⑤ 陈垣著，陈智超主编：《陈垣全集》第 21 册，安徽大学出版社 2009 年版，第 403 页。

来未被后世治史者注意。陈垣说："我写《胡注表微》的时候，正当敌人统治着北京；人民在极端黑暗中过活，汉奸更依阿苟容，助纣为虐。同人同学屡次遭受迫害，我自己更是时时受到威胁，精神异常痛苦，阅读《胡注》，体会了他当日的心情，慨叹彼此的遭遇，忍不住流泪，甚至痛哭。因此决心对胡三省的生平、处境，以及他为什么注《通鉴》和用什么方法来表达他自己的意志等作了全面的研究，用三年时间写成《通鉴胡注表微》二十篇。"① 由此可见，这部著作是借发掘胡三省的民族气节和爱国心情，抒发自己的民族气节和爱国情怀。

这部著作是"致用"之著作，也是一部"求真"的著作，"实事求是"的著作。1945 年 1 月 31 日陈垣在给其子陈乐素的信中说明写此书的实事求是的写作方法：

> 《胡注表微》至今始写定《本朝》及《出处》两篇。成书殊不易，材料虽已找出一千一百余条，未必条条皆有按语。如果按语太少，又等于编辑史料而已，不能动众。如果每篇皆有十余廿条按语，则甚不易。说空话无意思，如果找事实，则必须与身之（按：胡三省）相近事实，即宋末及元初事实，是为上等；南宋事实次之；北宋事实又次之；非宋时事实，则无意味矣。因"表微"云者，即身之有感于当时事实，援古证今也。故非熟于宋末元初情形，不能知身之心事，亦无知身之所指者为何也。②

这段话强调的是，这部书不是编辑史料，因为单纯的史料编辑难以打动人心；但又不能是说空话，还应该有可靠的事实作为依据。也就是说，既要有实证（求真），又要在实证的基础上进行阐释（"致用"）。这就是"援古证今"。举一例说明之。

《通鉴胡注表微·解释篇第四》：

> 《通鉴》卷二三三，唐德宗贞元五年，琼州自乾封中，为山贼所陷。
>
> 《注》曰：琼州在海中大洲上，中有黎母山，黎人居之，不输王赋。所谓"山贼"，盖黎人也。宋白曰：琼州北十五里，极大海，泛大船使西南风帆，三日三夜到地名崖山门，入江，一日至新会县。
>
> 《表微》曰：释琼州何为涉及崖山？崖山在新会，为宋丞相陆秀夫负少帝殉国处，书以志痛也。崖山海中有奇石，张弘范磨崖大书："张弘范灭宋于此"，以自夸耀。明提督赵瑶诗："镌功奇石张弘范，不是胡儿是汉儿。"指此也。成化间御史徐瑁，始命工削去。事见道光《新会志》。张弘范刻

① 陈垣著，陈智超主编：《陈垣全集》第 21 册，安徽大学出版社 2009 年版，第 403 页。
② 陈智超编注：《陈垣来往书信集》（增订本），生活·读书·新知三联书店 2010 年版，第 1131－1132 页。

石，身之未必知，都统苏刘义等挟二王由浙入闽广，终于厓山，《癸辛杂识》续集屡载之。胡、周同时，周既有所闻，胡不容不知也。①

上文只提到"琼州"，而《胡注》所引的宋白《续通典》，不仅提到"琼州"，而且提到了"厓山"。《表微》认为，这是因为厓山是宋代末帝帝昺丧生之处，胡三省在看到琼州时，联想到附近的厓山，所以才特意注出，"书以志痛也"。陈垣是新会人，在《表微》中，据道光《新会志》，引述张弘范刻石事，借赵瑶诗指出他"不是胡儿是汉儿"，把汉奸的嘴脸揭示出来。这一则《表微》，把"求真"和"致用"结合得天衣无缝。

容庚也是坚持学术"求真"与"致用"相结合，在"求真"的基础上讲"致用"的经世致用思想的倡导者和实践者。容庚的成名之作《金文编》初版于1925 年，由罗振玉出资以贻安堂的名义印行，前有六篇序言，分别是罗振玉、王国维、马衡、邓尔雅、沈兼士序，容庚自序。《金文编》是第一部专收金文字形的专著，是一部内容丰富、体例严谨、具有广泛影响的商周金文工具书。其科学性我们可从这六篇序言中得到证明。它是一部在前人研究成果的基础上，求真求实的著作。罗振玉的序言，指出吴大澂《说文古籀补》存在五端不足，他与友人蒋伯斧欲补吴氏之不足，后"伯斧遽归道山，予亦携家浮海，旧业弃置，不可复理，意当世之士必有为之者。"② 罗振玉对容庚有知遇之恩，《金文编》初版的六篇序言，把罗序放在第一篇是理所当然的。1939 年，《金文编》出版第二版，把罗序抽去了。因为当时罗振玉在日伪满洲国任过多种职务，罗振玉的失节行为为容庚所不满，撤去罗序，"体现容庚先生的爱国主义立场"③。1957 年增订第三版，5 月 2 日，容庚致信郭沫若，说"三版愚意只留罗王两序，梦家以为罗序不当留，故取决于左右"。郭沫若5 月 14 日复信说："罗王二序均已重读一遍，我意均可不必列入。"④ 容庚尊重郭沫若意见，罗序没有列入。1985 年出版第四版时，补入了罗序，因为此时，改革开放已多年，罗振玉已成历史人物，学术界已经能够较为客观地评价罗氏在学术上的地位和贡献。由此可见，容庚是主张学术经世致用的。

容庚的学术经世致用思想，在1931 年 10 月 4 日致郭沫若的信中有充分的体现：

> 沫若兄，正欲作书与足下，写完第三字而小鬼出兵辽沈之耗至，血为之

---

① 陈垣著，陈智超主编：《陈垣全集》第 21 册，安徽大学出版社 2009 年版，第 72 - 73 页。

② 《金文编》罗序，中华书局 1985 年版。

③ 黄光武：《容庚〈金文编〉诸版序言漫议》，见《容庚容肇祖学记》，第 183 页。

④ 广东省博物馆编：《郭沫若致容庚书简》，文物出版社 2009 年版，第 161、122 页。

沸。故一切拓本照片均停寄。国亡无日，兄尚能寄人篱下，做亡国寓公邪？关于东省消息，在日人颠倒是非或为所蒙蔽，兄试思，无故出兵占据我城市，杀戮我人民，宁有理由可言，故弟所希望于兄者惟归国一行。日人之为友为敌便可瞭然。

又云：

> 兄不忍于蒋氏之跋扈而出走，独能忍于小鬼之跋扈而不回国乎？不尽欲言，伏望返国。①

这封信充分体现了容庚的爱国热情，以及学术必须为国家、为民族、为人民所用的理念。

1948 年，《岭南学报》第 8 卷第 2 期发表容庚《倪瓒画之著录及其伪作》（后来易题为《倪瓒画真伪存佚考》）。该文长达 20 多万字，是现代研究倪瓒之扛鼎之作。倪瓒画擅山水、竹石、枯木等，其山水画法疏简，格调天真幽淡。画史将他与黄公望、吴镇、王蒙并称元四家。倪瓒画作存世不多，但伪作却很多。容庚在序言中指出 29 幅伪作，"据此以为衡鉴之标准，则著录之书几无不有伪迹杂厕其间。"② 他将各种倪瓒画分为三类：较可信据者为正录，凡 164 幅，附录 81 幅；疑信参半者为别录，凡 62 幅，附录 3 幅；确知其为伪作者，凡 72 幅，附录 2 幅。合计 298 幅，附录 86 幅。从学术的角度来看，此文是一篇严谨、求真、求实的著作，对后世有很大影响。容庚研究倪瓒作品，除了表明他认同倪瓒风格外，还有一个重要原因，倪瓒是元代遗民，生于朝代更替的乱世。容庚开始研究倪瓒画作，是 1931 年九一八事变之后，他说："九一八之变，东北三省沦陷于日寇，悲愤不宁，国亡是惧，求所以安谧余脑者，莫书画若，于是购取书画之书读之。……金石之干燥无味，终不若书画之足供怡悦，于是治书画之日渐多于金石矣。"③ "倪瓒处兵戈满地之时，深动故山之思。画多诗跋长题，抚事纵情，寄其感慨。如云'己酉五月十二日，玄晖君在良常高士家雅集。午过矣，坐客饥甚。玄晖为沽红酒一罂，面筋二个。良常为具水饭，酱蒜苦荬。徜徉遂以永日，如享天厨醍醐也。'"容庚随后感慨说："哀而不怨，可资吾人则效。诵其'滔滔天下，病者良极，俟我大雄，拯此群溺'之言，孰不引领而望者乎。……故整理画家著录之品，请自倪始。"④ 由此可见，容庚此文是有精神寄托的。"余亦默念吾国百年积弱，庶几奋发为雄乎。"⑤

---

① 《郭沫若致容庚书简》，第 155 – 156 页。
② 《容庚文集》，第 410 页。
③ 《容庚文集》，第 403 页。
④ 《容庚文集》，第 405 页。
⑤ 《容庚文集》，第 403 页。

　　容肇祖作为一名学者，并不囿于象牙塔中，只图个人成名成家，而是把自己的学术与国家、民族的命运结合在一起，反对黑暗和愚昧，追求光明和真理。他在《自传》中说：五四运动后，北平还处于军阀混战、新旧思想斗争十分尖锐的时代，1924 年，戴震诞辰二百周年，北大《国学季刊》拟出纪念戴震专号，戴震是摧毁宋儒理学哲学体系的著名学者，当时纪念戴震是有时代意义的，我写了《戴震说的理及求理的方法》一文。①

　　他在《容肇祖集·前言》中说：

　　　　选印这些论文，是因为有些材料来之不易。有些思想家由于他们的著作被禁锢或散失，还没有得到他们在历史上应有的学术地位，长期不为人所重视。如吕留良，反对清朝贵族的专制统治，宣扬革命思想，受其影响的有曾静。曾静劝说岳钟琪反清，被揭发后，清朝发动曾静文字狱，吕留良被戮死灭族，门徒被杀，著作被禁毁，其有别人著书涉及吕氏名字的，亦被抽毁。吕留良的著作，传世不多，我努力搜求，实非容易。②

由此可见容肇祖的经世致用的思想。

　　容肇祖的《明代思想史》，1941 年由开明书店出版，1992 年由齐鲁书社重版。这部开拓性、奠基性的学术专著，奠定了容肇祖在中国思想史学界的地位。这部书始于 20 世纪 20 年代，就读于北京大学哲学系之时。容肇祖师事胡适，二人过从甚密，经常一起探讨各种学术思想问题。胡适认为明代思想内容不丰富，内涵不深刻，不甚了了；而容肇祖的看法则与此相反。容肇祖沿着黄宗羲《明儒学案》提供的学者著作开始研读，经过十多年的资料搜集，已超出黄宗羲所见的资料。而且在《自序》中说，由于时代前进了，思想认识发展了，因此"不能靠二百数十年以前的人论述，以为观察更前人思想的标准"，而受之束缚。他要对明代思想的产生、发展做客观的叙述，使前人的思想明白地显现在我们意识之前。"作者把一部纷繁复杂明代思想发展史，经过排比爬梳，条分缕析，周密构思，放在十章三十节和一个附录中，以王学为主线、轴心，全面、系统、具体地分析论证了明代思想渊源、基本内容、学术分派、学派流变、思想变迁、发展规律、民族形式、理论特点、时代特征等。本书既突出了王学的思想地位、时代意义；又兼顾朱学的历史地位、思想影响。"③ 因此，它是一部传世佳作、名著。这部著作是容肇祖求真与致用相结合的经世致用思想的集中体现。

---

　　① 《容庚容肇祖学记》，第 263 页。

　　② 《容肇祖集·前言》，齐鲁书社 1989 年版。

　　③ 参阅姜国柱《容肇祖与明代思想史研究》，见《容庚容肇祖学记》，第 298 页。

（三）坚忍不拔，锲而不舍的治学精神

大凡有卓越成就的学者，一生治学都具有坚忍不拔、锲而不舍的精神，否则，难以成大事。

陈垣的这种精神，以他调查、阅读、研究《四库全书》为例。陈垣是系统研究《四库全书》的第一人，是"四库学"的奠基人。他从14岁起就开始阅读《四库全书总目》，以后又通读了两三遍。民国成立，他当选众议员，从广东到北京定居，有机会直接接触文津阁和文渊阁两部《四库全书》。当时他家住在北平城内西南角象坊桥，贮存文津阁《四库全书》的京师图书馆在城东北角的方家胡同。当时紫禁城是宫廷禁地，必需绕道走，来回只能坐骡车，一次需三、四小时。他每天清早，带着午饭，到图书馆看《四库全书》，图书馆刚开馆就赶到，下午到馆员下班时才离开。就这样前后断续读了十年《四库全书》，对《四库全书》得以详尽了解。① 后来，他曾主持文津阁《四库全书》的清点工作，逐架、逐函、逐册、逐页翻检全书。陈垣一生写了大量关于《四库全书》的论著，为研究《四库全书》作出重要贡献。

陈垣文孙陈智超将陈垣有关"四库学"论著辑成《陈垣四库学论著》一书，2012年由商务印书馆出版。该书分上、中、下三编。上编第一部分收入作者自20世纪20年代初到40年代前期二十多年间有关《四库全书》的论著十种。第二部分是摘录陈垣在其他著作中有关《四库全书》及《四库总目》的论述。包括《元也里可温教考》《元西域人华化考》《跋明季之欧化美术及罗马字注音》《旧五代史辑本发覆》《中国佛教史籍概论》《通鉴胡注表微》《中国历史要籍介绍及选读一书审查意见》《旧五代史辑本引书卷数多误例》等八种著作中关于《四库全书》及《四库全书总目》的论述。其中《中国佛教史籍概论》，原题《四库提要释家类正误》，是直接针对《四库全书总目》的。而今书名中多篇有"四库提要正误"的专节。从时间跨度来看，从1917年至新中国成立后的1963年，将近50年。可见陈垣对《四库全书》研究时间之长。

中编有两种：一是《四库书目考异》四卷，约12万字。这是陈垣以清查文津阁《四库全书》的实际结果为依据，校正《四库全书总目》和《四库简明目录》的错误。他将文津阁《四库全书》各种书的书名、卷数、撰人、函数、册数、页数，一一列出，《四库全书总目》及《简明目录》有误者加以说明。另一种是他编辑的《四库全书纪事诗》。他从乾隆御制诗文中辑出有关《四库全书》的纪事诗63首，记四篇，并加了按语，是研究《四库全书》的重要资料。原题

---

① 刘乃和：《学习陈援庵老师的刻苦治学精神》，见《励耘承学录》，北京师范大学出版社1992年版，第74页。

《乾隆四库全书纪事诗注》，并署名"清高宗撰，新会陈垣编。"

下编为两种附录。一是陈垣对《四库全书编纂小史》的批注。他在"编纂之原因""搜集之方法""图书之来源""与搜罗禁书之关系""四库馆之官制""存书之总数""《总目》之编纂""全书之贮藏""文渊阁之制度"等九目中，加注 24 条。有些注是改正原著的错误；有些注使原著的内容更明确；有些注补充了原著的不足，对经史子集各类书的总数，都有统计。总之，没有对《四库全书》长期的研究，是不能做到这点的。一是他在《四库全书荟要考》基础上改写的《四库全书荟要述略》一文。① 此外，陈垣还编了《四库撰人录》《四库书名录》《元六十家文集篇目索引》等工具书。陈垣的"四库学"论著，是他长期刻苦钻研，锲而不舍研究《四库全书》的结果。这种精神我们今天应好好学习、继承，发扬光大。

容庚一生有二癖好：一曰金石，二曰书画。金石得之于其舅父邓尔雅，书画得之于其从叔父容祖椿。其金石之成就，多为学者所称颂。今谨以其书画之成就说明其坚忍不拔、锲而不舍的治学精神。

容庚在 1965 年写的《历代名画著录目序》中说："我对于书画原有很大的爱好。早年感于《列子》'大道以多歧亡羊，学者以多方丧生'的话，故于金石以外，不敢多所旁骛。"② 从 1934 年开始，对美国福开森编纂的《历代著录画目》进行补缺、正误、删繁工作。"我为研究我国历代的名画，费多年的精力而改编《著录画目》，写成这部《历代名画著录目》，这只是研究工作的初步。表中所录画家二千多人，画目共五万多条，如果人们要研究历代画法的变迁，或某一画家的作品，或某一张画的真伪，翻阅此表，可能有多少帮助。……这表经始于一九四二年，初成历代著录画目补编，距现在已二十二年了。去年我正七十岁，始决意完成定本。"③ 经过二十多年的不懈努力，完成一部近 100 万字的工具书。而工具书的重要性，容庚说："我国向少通检一类的工具书籍，为了研究某一问题，治学的人，平日专靠博闻强记，方法是不够的。"近百年来，日人编了不少"索引"，我国音译为"引得"，检查方便，可收事半功倍的效果。"我少年时研究《说文》，壮年后研究金文，往往先从前人已作的编目入手。"④ 可见工具书对于治学的重要。

容庚还编过《丛帖目》，1980—1986 年，由中华书局香港分局分四册出版。他在 1964 年写的《丛帖目·序》中说："一九三一年，余初钞得《鸣野山房帖

---

① 以上内容，参考陈垣著、陈智超编《陈垣四库学论著》，商务印书馆 2012 年版，"编者前言"。

② 《容庚选集》，第 408 页。

③ 《容庚选集》，第 411 页。

④ 《容庚选集》，第 407 页。

目》稿本，喜其草创。然讹误满纸，每有所见，辄校改于其上。于帖目未收者，成校补一卷。四一年十二月，太平洋战争起，余移居上斜街东莞新馆，百无聊赖，以书画遣日。所居密迩琉璃厂，时至观复斋、富华阁、翠墨斋假丛帖观之，并编录其目，或选购一二。五年间，得编丛帖目一百五十九种。铜山张伯英年伯精于帖学，时有启发。复撰《法帖提要》，得五百一十二种，其中零种一卷者约二百种，非尽丛帖也。南归后，四九年重理旧稿，加入各家丛帖跋及《法帖提要》。五三年复至北京，丛帖不为时尚，有用作爆竹原料者，收得百余种，如贫儿暴富矣。以后往来于杭州、上海、苏州、北京、山西、武昌各地，续有购藏，共得二百二十余种，并购得惠兆壬《集帖目》稿本。其余借观于杭州、上海、北京、故宫图书馆而录目者。合得三百一十余种。陆续增订，涂乙狼籍，间有重抄者。书囊无底，讵云完备，然距作始时已三十余年矣。此亦精力所聚，未忍捐弃，聊集存之。它日复有所见，当为续补云。"① 这是锲而不舍精神的见证。

2000 年，广东人民出版社影印出版容庚著《颂斋书画小记》（上、中、下三册），共 150 万字，完全是容庚手迹。这是容庚一生研究书画心血的结晶。前有关山月、黎雄才题词及 1978 年 12 月 15 日广州市文物管理处颁发给容庚的"赠品奖状"（影印件）。《奖状》云："容庚教授善于书画鉴赏。现承将其收藏书画九百九十七张赠与广州美术馆收藏。为我市美术藏品增色，有利于人民群众和专家鉴赏研究。"②

从该书收入的容庚自序一、自序二、后序及容璞写的《后记》中，可以看出容庚一生研究、收藏书画的情况。自序一，即是《颂斋书画录序》。此序写于 1936 年 7 月。叙述他学画于从叔容祖椿及"北来北平，专治古文字，不言书画者十有五年"。1936 年春，"季宝铭君来索印件，检所藏书画十数卷轴与之，乃复泛览论书画之书"。指出清代论书画之书有五失：失之泛、失之翳、失之瞀、失之陋、失之伪。"欲去兹五失，合谱录、收藏、传记三者于一书，名曰《书画鉴》，分集印行。""六月暑假，邻居多避暑于北戴河。而余乃于书城中伏案疾书，熏风时至，书册作蝴蝶舞，辄闭窗拒之。忆'春风不相识，何事入罗帷'句，逌然失笑。此《书画录》正余《销夏记》也。固知移山之计非一蹴可几，然中心好之，期以此自遣。安得使余多暇日又多闲钱，以广搜博览，穷古今之书画人哉！"③

自序二，即《颂斋书画小记序》，写于 1948 年。说"一九三六年印行《颂斋书画录》，自惭寒俭，颇有续收之志。北平沦陷，燕京大学以国际之故，虽可

---

① 《容庚选集》，第 401 - 402 页。

② 容庚：《颂斋书画小记》（上），广东人民出版社 2000 年版，书前插页。

③ 容庚：《颂斋书画小记》（上），广东人民出版社 2000 年版，"自序"。

苟安，亦苦压迫。排忧解愠，莫逾书画。"收藏日多，见识弥广。喜收艺苑世家之作、文人之作、乡人之作。"若其时代，不鹜高远，大抵在明、清两朝之间。一九四一年十二月太平洋战事起，燕大讲学中辍，后复西迁成都。余移居上斜街东莞新馆，密迩琉璃厂。因得时过书画肆之门，估人来者亦众。室人责我，奢于购画而吝于购米。不知取此易彼，虽有金钱为之媒介，余固不名一钱。荏苒五年，箧衍转充。问余之富，收数书画以对矣。"1946 年任教于岭南大学，将所藏彝器、书画运回广州。"书籍约二百箱，祖遗十之三，自购十之七，加以书画，南方卑湿，一曝为劳，塞聪蔽明，不复以收藏为职志。彝器则有《颂斋吉金录》及《续录》，已略尽收藏，而《颂斋书画录》尚未及所藏十分之一。书画亦十年精力所聚，未忍听其湮没，因并取向之寓目笔记，略仿中州集之例，以画系人，以人系传，合成此编。去伪存真固所愿焉，貌似误收亦自难免。谓此为《卧游录》也可，谓此为《销夏记》也亦可。"①

后序作于 1967 年。说"一九四九年解放以后，书画肆皆公私合营，定价出售，余顿触旧好，复事收储，盈箱满箧。客或质余曰：'子之书画小记，下及现代，得八百余人，而五代仅得一人，元仅得四人，明代不足九十人，得毋陋与滥乎？'"容庚对此做了回答。"客又曰：'子之收藏既多，能必无伪乎？'余曰：'嘻，难言之矣。'"容庚就自己鉴定书画之实践，总结鉴定书画真伪之法：一、试求之法帖；二、试求之印鉴；三、试求之著录；四、真伪之试探。"余之致力于鉴定者，技止于此，而孤陋寡闻，未能舍弃，故伪作终不能尽去也。以答客问，故书之以为后序。"②

此书为容庚女儿容璞选编，她于 1999 年元旦写了"后记"，其中一段话，对我们了解容庚书画收藏研究及其坚忍不拔的精神很有帮助，今不惮冗长，摘录于后：

> 从三十年代开始，先后用了将近四十个年头，他反复查阅了大量的资料，完成了三十多册《颂斋书画小记》以及书画小记《附录》《待考》《旧目》《目录》《题跋通拓》《书画录》……等，这一册册均由他亲笔抄写辑录，亲手装订成册。书中介绍了中国古代自唐宋元明清以来直至现代书画家八百多人，皇皇而成一百五十多万字的巨著。无论是盛夏，严寒，他每天都是五点半起床，伏案于书房，不停地写作。尤值得一提的是在"文化大革命"期间，他被"四人帮"一伙点名为"反动学术权威"，白天校园内张贴着批判他的大字报，动辄开上一两千人的批斗大会，受尽谩骂及污辱，使他在精神上、肉体上受尽摧残。而当时继母被"遣送"回乡，子女们也都不

---

① 《颂斋书画小记》（上），"自序"（二）。
② 《颂斋书画小记》（上），"后序"。

敢回家探望他，他一个七十多岁的孤零零老人，每餐拎着饭篮到饭堂买八分钱菜，三两米饭，夜晚拖着疲惫的身躯回家，窗外红卫兵们在巡视，怕他经受不起这严酷的打击而自寻短见，而他竟能泰然处之，在微弱的灯光下，冷静地将这部巨著不断补充，修改和校对。直至一九七二年校对完第二稿，他那时还未完全被"解放"啊！这是父亲勤奋的一生中，最后一本著述。……现由于经费和篇幅所限，我们先选其中一部分出版，以飨读者。①

容肇祖研究的领域很广博，在民俗学、中国历史文献学等领域都取得重要成果，在广博的基础上，着力中国思想史，尤其是明代思想史，他的《明代思想史》（后来又参加了《中国历代思想史·明代卷》的编写），被誉为"中国断代哲学史的典范"，"中国明代思想史研究的名著"。其实，他在明代思想史研究中取得卓越的成就，是他坚忍不拔、锲而不舍地在明代思想史这个领域爬梳的结果。我有机会先看到《容肇祖全集》的目录，我查了一下，在这个领域的论著有二三十种，如《补明儒东莞学案：林光与陈建》《记胡直的学说》《何心隐冤死事考》《何心隐及其思想》《何心隐集序》《潘平格的思想》《焦竑及其思想》《王守仁的门人黄绾》《方以智和他的思想》《吴廷翰的哲学思想概述》《吴廷翰集前言》《述复社》《明末复社领袖张溥》《海瑞——广东的名人》《为人民谋福利的明朝大吏海瑞》等。尤其值得指出的是，他研究某一思想家，总与整理这个思想家的文集结合起来。例如他研究何心隐，就整理出版《何心隐集》。何心隐即梁汝元，他讥切时政，尤其反对宰相张居正毁书院、禁讲学的主张，被明代统治者视为"异端"，因而受到迫害，死于狱中。《爨桐集》是何心隐留下的唯一著作，刊刻于明天启五年（1625），流传甚少。容肇祖早年从伦明处借抄《爨桐集》，与其友人何子培代抄录的《梁夫山遗集》配补点校而成《何心隐集》。此集是何心隐遗文收集最全的一部书。他在整理这部书时，还辑录了有关何心隐的生平资料以及有关《何心隐集》的重要题跋，为研究者提供了极大方便。② 从1936 年容肇祖写《何心隐冤死事考》，到 1960 年出版《何心隐集》（中华书局版），经历了 24 年。又例如，他研究吴廷翰，就整理《吴廷翰集》。吴廷翰是明末杰出的思想家，他用朴素的唯物主义思想反对朱熹的客观唯心思想和王阳明的主观唯心思想，在我国哲学史、思想史上写下了光辉的一页。可是吴廷翰的著作在我国流传甚少。早在 20 世纪 60 年代初期，容肇祖就留心对吴廷翰著述的搜集，先后搜集到吴著《吉斋漫录》《椟记》《瓮记》《湖山小稿》《文集》《诗集》和散曲集《洞云清响》（其中部分散曲为吴氏所作），最后整理出《吴廷翰集》。

---

① 《颂斋书画小记》（下）"后记"。
② 崔文印：《容肇祖先生对古籍整理研究的贡献》，见《容庚容肇祖学记》，第 310、311 页。

此集使吴廷翰的全部著述呈现在国人面前。① 从 1965 年容肇祖写《吴廷翰的哲学概述》到 1979 年出版《吴廷翰集》（中华书局版），经过 14 年。又以研究李贽为例，容肇祖关于李贽的论著甚多。1936 年写过《李卓吾评传》，1957 年写过《李贽年谱》，1962 年写《李贽反道学和反封建礼教的一生》《李卓吾是怎样一个人》等。但研究李贽是他长期坚持的一项工作。他在《容肇祖自传》中说了一段考证李贽著作真伪的话，很见其研究的深度。他说：

> 在十年内乱期间，最痛心的是几十年所写的文稿和积累的有关文、史、哲资料、《中国目录学大纲》、《李贽传》一书的初稿，荡然无存，这对我说是无法补偿的损失。在《李贽传》初稿中附《李贽著作考》，指出《四书评》是叶昼所作，这是据周亮工《书影》曾说："当温陵（李贽）"焚藏书"盛行时，坊间种种借温陵之名以行者，如《四书第一评》、《第二评》，《水浒传》、《琵琶》、《拜月》诸评，皆出文通（叶昼）手。"周亮工说叶昼"甲子、乙丑间（天启四年、五年，公元 1624、1625 年）游吾梁（今河南），与雍邱侯五、汝戠倡为海今社。"查甲子、乙丑正是明王朝魏忠贤等大肆捕东林党人，叶昼是东林党首领顾宪成的学生，见《顾端文公遗书》附《年谱》。顾宪成在《虞山商语》（《遗书》中）说："吾十有五章"，"这章是吾夫子一生年谱，亦便是千古作圣妙诀。"《四书评》对这章批语："孔子年谱，后人心诀。"可以看出叶昼所批是其师所讲。周亮工对叶昼行迹、师从及生、死、和诸伪作称李贽作品的情况了解很清楚。他说《四书评》是叶昼伪作，不是没有根据的。其次，我也提到了李贽所作《说书》已失传，现存《说书》是伪作者大部分从林兆恩的《四书标摘正义》（《林子会编》的一种）抄袭来，卷七小部分是抄自李贽《焚书》，非李贽原本是显而易见的。关于《水浒传》百回本或 120 回本，是叶昼假托李贽作，不仅周亮工早已说出，鲁迅先生《中国小说史略》也说："两皆弁陋，盖即叶昼所伪托。"这也是毫无疑问的。②

容肇祖的这些考证，证据充分，论证有力，令人信服。没有对李贽的长期研究，没有对学界研究李贽的动态的了解，是不可能做到的。

从以上所述可知，三位学术大师给我们留下两笔宝贵的文化遗产：一笔是他们的皇皇巨著——学术作品；另一笔是他们之间真挚、纯朴的师生情感以及爱国情怀、经世致用的思想、锲而不舍的学术精神。这两笔文化遗产，对我们今天实现国家富强、民族振兴、人民幸福的中国梦都有重要意义。

原载《东莞地方文献整理与东莞学人精神研讨会论文集》，齐鲁书社 2014 年版。

---

① 崔文印：《容肇祖先生对古籍整理研究的贡献》，见《容庚容肇祖学记》，第 310、311 页。
② 《容庚容肇祖学记》，第 270 页。

陈垣 《明季滇黔佛教考》
沾溉中山大学明清之际岭南禅宗史史料整理与研究

一、 陈垣 《明季滇黔佛教考》 的特色

陈垣一生研究佛教史的论著非常丰硕，1918 年的《记大同武州山石窟寺》是他第一篇专门论述佛教史的文章，此后一直没有中断佛教史的研究。据统计，他一生撰写过 20 多种佛教史论著（包括专著和论文）。1938 年出版的《释氏疑年录》，继承了钱大昕所开创的《疑年录》体例，记载了自晋至清初有年可考的名僧 2800 人。卞孝萱在《陈垣与〈释氏疑年录〉》一文中说：该书"具有体例完善、选材审慎、考评细密、校勘谨严"的特色，[1] 不仅是工具书之典范，而且是做学问的指南。《释氏疑年录》为陈垣以后研究佛教史打下了坚实的基础。

从陈智超编注的《陈垣来往书信集》（增订本）中可知，陈垣对晚辈汪宗衍、冼玉清等研究广东佛教史多有帮助与指导。汪宗衍编《天然和尚年谱》《剩人和尚年谱》，冼玉清著《广东释道著述考》都凝聚了陈垣的心血。本人根据这些书信曾写过《陈垣先生与冼玉清〈广东释道著述考〉》一文，[2] 评述过他们的友谊和对广东佛教史研究的贡献。

1940 年陈垣撰《明季滇黔佛教考》，[3] 陈寅恪为之序，序曰："故严格言之，中国乙部之中，几无完善之宗教史，然其有之，实自近岁新会陈援庵先生之著述始。"陈寅恪以"搜罗之勤""闻见之博""识断之精""体制之善"十六字来评价该书。[4] 该书分 6 卷，凡 18 篇，附 1 篇，15 万言，专论明季滇黔佛教之盛。推其致盛之原因有三：一为当时风气使然；二为僧徒拓殖之力；三为中原丧乱之影响。孙楷第写书评云，该书虽为宗教史，也是文化史、地方史、明末政治史，[5] 言之有理。陈垣自己也说："本文之着眼处不在佛教本身，而在佛教与士

① 卞孝萱：《现代国学大师学记》，中华书局 2006 年版，第 131－148 页。
② 载《熊铁基八十华诞纪念文集》，华中师范大学出版社 2012 年版。
③ 收入陈智超主编《陈垣全集》第 18 册，安徽大学出版社 2009 年版。以下引此著引文，皆见此书。
④ 陈寅恪：《金明馆丛稿二编》，上海古籍出版社 1980 年版，第 240 页。
⑤ 孙楷第：《评〈明季滇黔佛教考〉》，载《图书季刊》新第 2 卷第 4 期，1940 年 12 月。

大夫遗民之关系，及佛教与地方开辟、文化发展之关系。"① 综观全书，可以勾勒出如下特色。

（一）把佛教史作为一种社会现象来研究，而非研究佛教教义，既是佛教史专著，也是滇黔文化史、地方开发史和政治史

前三卷分十篇：明以前滇黔佛教第一；明季滇南高僧辈出第二；明季黔南传灯鼎盛第三；滇黔僧多蜀籍第四；法门纷争第五；静室之繁殖及僧徒生活第六；藏经之遍布及僧徒撰述第七；僧徒之外学第八；读书僧寺之风习第九；士大夫之禅悦及出家第十。这十篇分析了明以前滇黔佛教不盛的原因。前三卷论述明季滇南高僧辈出，黔南传灯鼎盛，滇黔僧多蜀籍的情况。法门纷争之多，正说明法门之盛。记述滇黔寺庙之多及很有趣致的僧徒生活。搜集了寺庙藏经的情况以及滇黔僧徒撰述和失载的著作。尤其有一节讲述黔僧与《嘉兴藏》之关系，世人从《紫柏集》《刻藏缘起》及《密藏遗稿》中知道《嘉兴藏》经之刻倡始于紫柏老人及密藏、幻予，但紫柏生前未竟其业，幻予先紫柏卒，密藏旋亦隐去。则继紫柏完成《嘉兴藏》者是谁？陈垣根据《颛愚衡语录》所载《方册藏经目录序》，知第一次完成《嘉兴藏》之人，实为黔僧利根。其完成在明弘光之时。这一考证具有重大意义。"僧徒之外学"，分诗、文、杂学、书、画、辩才几项，对僧徒善于此六道者分项论述。对各僧寺的读书风习亦有详细记述。禅悦，是明季士大夫之风气，不独滇黔。"士大夫之禅悦及出家"一篇，搜集滇黔禅悦的士大夫数十人，详记他们的禅悦掌故。由此可见前三卷不但说明明季滇黔佛教之盛，也是一部明季滇黔文化史。

卷四。"僧徒拓殖本领第十一"。滇黔开发较晚，学术界皆以为元、明以来由于军事或政治之力，开辟了滇黔边境。陈垣根据《徐霞客游记》诸书，证明滇黔开发，实多由于僧侣拓殖之力。陈垣认为："僧徒何独有此本领？则以刻苦习劳冒险等习惯，为僧徒所恒有，往往一瓢一笠，即可遍行天下。故凡政治势力未到之地，宗教势力恒先达之。"本篇记述了 19 个寺、阁、山、洞、庵、浴池、水景、水管的拓殖情况及僧徒之本领。"僧徒开山神话第十二"记述治水、降龙、伏虎、生泉、辟盗等神话。神话有何价值？陈垣认为"凡一文化之兴，其先必杂有神话，神话者不可以常理解释之奇迹也。""神话既为人群进化中必有之产物，谓神话竟无一顾之价值，则未免轻心相掉矣，近世民俗学者且利用之以解释历史上各问题也。""上古神话多托自神人，而滇黔神话则多出自僧侣，然则滇黔之开辟，有赖于僧侣可知也。""深山之禅迹与僧栖第十三"。本篇述"危绝

---

① 陈智超编注：《陈垣来往书信集》（增订本），生活·读书·新知三联书店 2010 年版，第 1113 页。

之崖有寺""行必以僧为伴""游必以僧为导""幽险之处逢僧到""无人到处惟僧到""无人识路惟僧识",皆从《徐霞客游记》中得到证实。所以,陈垣发出"滇黔之开辟,有赖僧侣"的感叹。因为"探险一事,惟僧有此精神;行脚一事,惟僧有此习惯,兼以滇黔新辟,交通梗阻,人迹罕至,舍僧固无引路之人,舍寺更无栖托之地,其不能不以僧为伴,以寺为住者,势也"。因此,卷四所述,实为表彰僧侣开辟滇黔之功绩,以及滇黔风土人情。此为滇黔地方史也。

卷五、卷六。"遗民之逃禅第十四"考证遗民逃禅者 27 人。"遗民之禅侣第十五"考证遗民之禅侣十余人。"释氏之有教无类第十六"考证释氏 11 人。"乱世与宗教信仰第十七"考证于乱世中信仰宗教者 27 人。以上都是明遗民,他们出家之前都是有知识之人,受儒家文化熏染,或为朝廷高官,或为地方小吏。他们的逃禅促进了滇黔佛教的发展。在"乱世与宗教信仰"一篇中,陈垣说:"人当得意之时,不觉宗教之可贵也,惟当艰难困苦、颠沛流离之际,则每思超现境而适乐土,乐土不易得,宗教家乃予以心灵上之安慰,此即乐土也。故凡百事业,丧乱则萧条,而宗教则丧乱皈依者愈众,宗教者人生忧患之伴侣也。六朝五代,号称极乱,然译经莫盛于六朝,五宗即昌于五季,足见世乱与宗教不尽相妨,有时且可扩张其势力。"陈垣此说为不刊之论。陈寅恪在为此书作序时说:"明末永历之世,滇黔实当日之畿辅,而神州正朔之所在也。故值艰危扰攘之际,以边徼一隅之地,犹略能萃集禹域文化之精英者,盖由于此。及明社既屋,其地之学人端士,相率遁逃于禅,以全其志节。今日追述当时政治之变迁,以考其人之出处本末,虽曰宗教史,未尝不可作政治史读也。"① 陈垣在 1957 年此书的"重印后记"中说:"此书作于抗日战争时,所言虽系明季滇黔佛教之盛,遗民逃禅之众,及僧徒拓殖本领,其实所欲表彰者明末遗民之爱国精神、民族气节,不徒佛教史迹而已。"所以,此书亦为一部政治史。

"永历时寺院之保护及修建第十八"。此篇主要据《鸡足山志》和《云南阮志》考证永历时保护和修建的 28 座寺庵。陈垣说:"永历时金瓯已缺,仅守边隅,王臣武夫,对寺院犹加呵护,是可异也。且凡诸建置,皆僧徒自由兴作,非滥用国帑,不惜民力者比,是其好整以暇,未受戎马倥偬之累,又可异也。"实亦为表彰僧徒拓殖之本领也。"附弘光出家之谣",陈垣说,明初建文出家之说,记载较多,遗迹亦有。唯弘光出家之说,言之未详。因此,"论明季滇黔佛教,不得不兼论及之。"

由此可见,《明季滇黔佛教考》,虽是宗教专史,亦是滇黔文化史、地方开发史和政治史。

---

① 陈寅恪:《金明馆丛稿二编》,上海古籍出版社 1980 年版,第 240 页。

（二）材料之新发现和对材料之新解释的开创精神

陈垣从事史学研究，一再强调"凡论文必须有新发见，或新解释，方于人有用"①。《明季滇黔佛教考》一书就是对史料的新发现、新解释的范例。陈寅恪在序言中说："寅恪颇喜读内典，又旅居滇地，而于先生是书征引之资料，所未见者殆十之七八，其搜罗之勤，闻见之博若是。"②

陈垣在致长子陈乐素的信中谈到此书所引之材料时说："所引明季书四十余种，滇黔书五十余种，多人间共见之书，而不知其有佛教史料。所引僧家语录六十余种，多人间未见之书，更不料其有明季滇黔史料矣。此三百年沉霾之宝窟，待时而开。"又说："三十年来所著书，以此书为得左右逢源之乐。"又说："顾亭林言著书如铸钱，此书尚是采铜于山，非用旧钱充铸者也。"③ 1957 年，他在此书"重印后记"中说："本书特出者系资料方面多采自僧家语录，以语录入史，尚是作者初次尝试，为此前所未有。"④ 这些语录收入《嘉兴藏》中，藏于故宫内，多年无人过问，藏书处阴暗潮湿，蚊子很多。为了打开这座史料宝库，陈垣带领助手，每次前往，事先服用奎宁丸。历时一年，将《嘉兴藏》翻阅一遍，并抄录了多种清初僧人语录，在该书中充分加以利用。

至于对材料的新解释，全书中举不胜举。孙楷第在评论该书的文章中，解释陈寅恪说该书"识断之精"一节中，列举了若干例子，可作参考。

（三）善于与同行进行学术交流，注意听取同行的不同意见并吸取同行的成果

陈垣主张学术研究一定要与同行相互交流、驳难，真理才能益明。1924 年陈垣的《书内学院新校〈慈恩传〉后》⑤ 一文就是与梁启超争辩玄奘开始出游的年份问题。1933 年，胡适撰《四十二章经考》，将文稿送陈垣征求意见。双方书信来往前后十余日，书信达八封，均收入《陈垣来往书信集》。⑥ 陈垣考《四十

---

① 陈智超编注：《陈垣来往书信集》（增订本），生活·读书·新知三联书店 2010 年版，第 1109 页。

② 陈寅恪：《金明馆丛稿二编》，上海古籍出版社 1980 年版，第 240 页。

③ 陈智超编注：《陈垣来往书信集》（增订本），生活·读书·新知三联书店 2010 年版，第 1113、1116 页。

④ 陈智超主编：《陈垣全集》第 18 册，安徽大学出版社 2009 年版，第 295 页。

⑤ 陈垣著，陈智超主编：《陈垣全集》第 2 册，安徽大学出版社 2009 年版，第 672 － 683 页。

⑥ 陈智超编注：《陈垣来往书信集》（增订本），生活·读书·新知三联书店 2010 年版，第 207 － 216 页。

二章经》身世，能以缜密傲视胡适之。其周密推证和严谨、科学的方法令胡适深深折服，甚为敬佩。

抗日战争全面爆发前，陈垣与胡适、陈寅恪、伦明等均居北平，经常互相交流、讨论学术问题。七七事变以后，胡适、陈寅恪、伦明等离北平南下。陈垣1940年1月7日在致陈乐素的信中说："文成必须有不客气之诤友指摘之，惜胡、陈、伦诸先生均离平，吾文遂无可请教之人矣。非无人也，无不客气之人也。"① 他请陈寅恪为《明季滇黔佛教考》作序，并在致陈乐素信中说："此书舍陈公外，无合适作序之人。"② 收到陈序之后，他"喜出望外"并叮嘱，《佛教考》稿"陈丈看过后，口头有何批评，至紧告我"③。

《明季滇黔佛教考》出版后，陈垣在致陈乐素信中说："欲寄《考》一册与汤用彤先生（字锡予），从前在联大，未知今何在？汤先生专门佛教史，商务出《南北朝佛教史》，甚佳。"④ 总想征求同行专家的意见。

以上三点特色，是陈垣留给我们研究方法上的宝贵财富。

二、 改革开放以来，中山大学明清之际岭南禅宗史史料整理与研究

陈寅恪在《王静安先生遗书序》中说，王国维的"著作可以转移一时之风气而示来者以轨则"⑤。我认为陈垣的《明季滇黔佛教考》是一部"可以转移一时之风气而示来者以轨则"的学术巨著。

1997年广东高等教育出版社出版中山大学教授蔡鸿生著《清初岭南佛门事略》一书。该书分8章13万字。该书既是一部岭南明清之际佛教史，也是一部文化史、地方史、政治史。作者把僧侣群和遗民群放在明清易代的大背景下，分析岭南遗民潮形成的原因、名僧"临终偈"的遗民特色。在《佛门儒风》一章中，"略仿陈垣先生论明季滇黔僧徒外学的体例"，对岭南名僧在杂学、诗文、书画、辩才四项成就做了精辟的评论。《明清之际岭南佛门系年要录》一章，

---

① 陈智超编注：《陈垣来往书信集》（增订本），生活·读书·新知三联书店2010年版，第1109页。

② 陈智超编注：《陈垣来往书信集》（增订本），生活·读书·新知三联书店2010年版，第1116页。

③ 陈智超编注：《陈垣来往书信集》（增订本），生活·读书·新知三联书店2010年版，第1117页。

④ 陈智超编注：《陈垣来往书信集》（增订本），生活·读书·新知三联书店2010年版，第1119页。

⑤ 陈寅恪：《金明馆丛稿二编》，上海古籍出版社1980年版，第219页。

"以天然和尚一系为主干，纪事以出家因缘、僧徒著述和寺院修建为重点"，可看出受陈垣《佛教考》影响的影子。特别值得指出的是，作者在"后记"中说："这份书稿，是在冷板凳上草成的"，在引觉浪和尚的语录后说，"坐稳冷板凳，做平常人，持平常心，写平常书，也许就不会有'悖天自负之恨'了"。① 作者颇得陈垣的治史三昧。

1999 年学林出版社出版了中山大学教授姜伯勤《石濂大汕与澳门禅史——清初岭南禅学史研究初编》一书，总 42 万余字，分上中下三编，共 18 章。姜伯勤说："陈垣先生《明季滇黔佛教考》一书，为研究明清之际的岭南禅学史提供了一种楷模。""陈垣先生在此书所揭出明代滇黔禅僧中之高僧倍（辈）出、传灯鼎盛、法门纷争、静室繁殖、僧徒外学、读书僧寺、士大夫禅悦、遗民逃禅、遗民禅侣等种种情形，亦多见于同一时期的岭南僧史。"姜伯勤这部大作，正是以陈垣《佛教考》为"楷模"而作的研究成果。该书以石濂大汕文化对澳门经济、文化禅史的影响为主线，气势磅礴地展示了岭南清初禅宗史，披露了大量珍贵的文物资料如澹归日记，天然、迹删等人字画等，提出了很多精辟的见解。饶宗颐在该书的序中说："明之亡，志士逃禅者众，就中不少魁奇特立之士，陈援庵先生述滇黔佛教，其尤精辟轶群者也。若乎粤东，天然之于丹霞，大汕之于五羊、澳门，均昭昭在人耳目。天然门下鼎盛，已见汪宗衍之著论，至若大汕其人，久遭讥诃蒙诟，至今仍为问题人物。间尝与姜伯勤教授谈及，以其专心岭表禅学，必有以抉微阐幽，平停众说。"饶先生在序中，对姜伯勤在该书中揭示"澳门普济禅院莲峰庵与鼎湖山灯史之资料，前人所未措意者，赖君揭橥于世，发扬幽潜，功莫大焉。""姜君此书网罗宏富，立义公正，抉离六之真相，存澳门之信史。"② 姜伯勤此著为近年研究岭南清初禅史的重要著述。

我比较认真地拜读了仇江先生赠我的长达三四万字的论文——《清初岭南佛门史料整理研究》，③ 也大体浏览了在黄国声、陈永正教授指导下，由仇江主持完成的《岭南名寺志·古志系列丛书》《清初岭南佛门史料丛刊》《华严丛书·天然和尚专辑》三套丛书将近一千万字的佛门史料整理资料，也拜读了由广东韶关别传寺和中山大学中国古文献研究所共同主办的三次学术研讨会的部分论文（钟东主编的《悲智传响——海云寺与别传寺历史文化研讨会论文集》和杨权主编的《天然之光——纪念函昰禅师诞辰四百周年学术研究会论文集》）和 2012

---

① 上述引文见蔡鸿生《清初岭南佛门事略》，广东高等教育出版社 1997 年版，第 167，183，246 页。

② 上述引文见姜伯勤《石濂大汕与澳门禅史——清初岭南禅学史研究初编》，学林出版社 1999 年版，第 27、28 页；饶宗颐序第 1、2 页。

③ 仇江：《清初岭南佛门史料整理研究》，（台北）"中央"研究院中国文哲研究所暨法鼓佛教学院主办：忏悔书写国际学术研讨会（2008 年 12 月 4—6 日）论文。

年出版的《广东历代书家研究丛书》中由杨权编著的《天然函昰》和钟东编著的《澹归今释》。我对中山大学中国古文献研究所在仇江主持下完成的清初岭南佛门史料整理与研究取得的成果感到震惊，向他们表示祝贺，也为在学风浮躁、物欲横流的环境下，中山大学有一批"坐稳冷板凳，做平常人，持平常心，写平常书"，为弘扬中华优秀文化精神而默默耕耘的学人而骄傲。因为我最近几年一直在关注和研究一代史学宗师陈垣，我感到仇江等人从事清初岭南佛门史料整理与研究的路数，基本是沿着陈垣《明季滇黔佛教考》一书的"轨则"而开展的，是受《佛教考》的沾溉而结出的硕果。兹阐述其理由如下。

（一）研究宗教史，是为了弘扬中国优秀的传统文化

仇江在《清初岭南佛门史料整理研究》的引言中说："清末以来，岭南的佛教多处于衰落艰难的局面，由于人为及自然的原因，佛门寺庙庵堂大都破败失修，经论语录、诗文杂著等佛教文献遭受极大损失。""要改变这种状况，首要的工作，无疑是搜寻史料，重加整理，出版传世。""幸存至今的有关史料已经不多了，而且因虫蛀、老化等原因还在不断消失，因而对这些文化遗产的保护整理工作，非常急迫。"①

蔡鸿生在《清初岭南佛门史料丛刊总序》中说："历代的大德上人，继承了'以华情学梵事'（宋释赞宁语）和'以忠孝作佛事'（宋释宗杲语）的优良传统，在人间化的实践中发扬高风亮节，光耀乡邦，垂范后世。""甲申（1644）以后，男女遗民逃禅成风，逐步形成爱国爱教的三大中心。"岭南的海云寺天然法师，"将弘法护生与忠孝节义结合起来，言传身教，不遗余力，成为十七世纪岭南佛门的精神领袖"。"清初岭南佛门的历史地位，是由亦儒亦释的高僧群体奠定的。他们的功业和智量，超越群伦，值得后人景仰和追思。""这项岭南佛、学两界共建的文化工程，堪称盛世胜缘。它的问世，必将促进佛门的人间化和学术的高雅化。"② 这项工程，必将在中华民族伟大复兴中发挥应有的作用。

上述两本论文集的文章和陈永正广东佛教书法研究，岭南佛教诗歌研究的成果和上述《天然函昰》《澹归今释》传记等论著，都是遵循弘扬岭南优秀传统文化的宗旨而展开的。

（二）对清初岭南佛门史料资料整理的创新。这种创新，体现在三套系列丛书中

1.《岭南名寺志·古志系列丛书》
寺志是记载佛教历史的重要载体之一。岭南的寺志比较系统地记载了有关寺

---

① 以上引文见仇江《清初岭南佛门史料整理研究》论文。
② 蔡鸿生：《清初岭南佛门史料丛刊总序》。

院的历史沿革与当代的情况，包括地理、建置、法位、规约、宗旨、人物、语录、庙产、赋役、艺文、题咏等，是了解佛教在岭南地区传播、发展的珍贵资料，对研究政治、经济、文化、艺术、宗教、民俗问题，具有重大的价值。由于人为及自然原因，岭南至今存世的寺志只有《光孝寺志》《曹溪通志》《丹霞山志》《华峰山志》《禺峡山志》《鼎湖山志》《阴那山志》等七种。而且《丹霞山志》《阴那山志》只是大体完整的孤本。整理这七种古志的创新在哪里，我们从整理凡例中可以看出来：

（1）研究每种文献的内容、价值、作者生平、版本流传情况，理清脉络，写出"前言"；

（2）采用善本作点校底本，参别他本以及有关别集、方志用补遗缺；

（3）加注新式标点；

（4）纠正错字，改正俗体字、自造字，保留古今字、通假字；

（5）有改动处或他本有歧义之异文出校记。①

从凡例可知，整理严谨，工作量大。我翻阅每种志的"前言"，深被整理者认真、负责、敬业精神所感动。需要特别指出的是，这七种古志，分别由中华书局、华宝斋古籍书社、香港梦梅馆以线装形式印制，保持古籍的风貌，尤其值得珍视。

《岭南名寺志·古志系列》为全国高校古籍整理研究工作委员会直接资助项目。我们从仇江《岭南名寺志·古志系列丛书》跋中知道，此项工作从 1998 年开始整理《光孝寺志》，到 2008 年最后一种《曹溪通志》出书，正好经过十年。"其间几次陷入山穷水尽的困境，幸而因缘际会，柳暗花明，先后得到各方支持，方能完成这个心愿。"② 仇江开列的感谢名单中，有学识渊博的大学教授、有佛门众多大德和尚、有热心做善事的商家、有乐于助人的出版家等等，这里凝聚着丰富多彩的佛缘、世缘、学缘。这套丛书是俗僧共创的一朵奇葩。

2.《清初岭南佛门史料丛刊》

蔡鸿生为《清初岭南佛门史料丛刊》写总序，说明出版这套丛刊的意义。"这批历劫幸存的岭南僧宝，不仅是'桑海换'的历史记录，也是'典型存'的文化象征，非同凡响。"

明末清初是岭南禅宗发展史上一个非常重要的阶段。

在清初顺治、康熙两朝约 80 年间，在各方面因素影响下，岭南禅宗得到很大的发展，达到了唐朝六祖以来第二个高峰。明清易代之际，岭南一地，"十年

---

① 仇江：《清初岭南佛门史料整理研究》论文。

② 仇江：《岭南名寺志·古志系列丛书·跋》，见《岭南名寺志系列·古志七·曹溪通志》，香港梦梅馆。

王谢半为僧"，许多不甘异族统治的前明官绅士人纷纷进入佛门，大大加强了佛门的力量，提高了僧众的素质，扩大了佛教对社会的影响。有些人原先深受儒家文化熏陶，出家后又受禅宗思想影响，身入佛门而又不能忘情世事，于是以文字寄托情怀，宣泄郁闷，写了大量诗文。这些作品与同时的许多高僧《语录》《经解》，都是中国佛教文献的重要组成部分，是岭南文化的宝贵财富。据冼玉清《广东释道著作考》统计，顺治到康熙的清初80年间，留传下来的佛门著作174种（涉及作者57人）。①《清初岭南佛门史料丛刊》选录了重要的18种，分两辑整理出版。第一辑四种：函昰《瞎堂诗集》；今释《徧行堂集》；成鹫《咸陟堂集》；大汕《大汕和尚集》。第二辑十四种：函可《千山诗集》；今无《光宣台集》；二严《啸楼前、后集》；徐作霖等《海云禅藻集》；弘赞《木人剩稿》《观音慈林集》《六道集》《兜率龟镜集》；一机《涂鸦集》《塗鸦集杂录》；开㲼《鼎湖外集》；道忞《布水台集》；愿光《法性禅院倡和诗》。第一辑四种已经出版，兹作介绍如下。

（1）《瞎堂诗集》，二十卷，清释函昰著，李福标、仇江点校，中山大学出版社2006年版。

函昰（1608—1685），字丽中，别字天然，号丹霞老人，广东番禺人。天然是清初岭南佛门的精神领袖，他兼容文士和高僧双重文化优势，以诗团结、培养僧人。其弟子最为著名的有所谓"十今"，"今"字辈以下再传弟子及俗家弟子许多是通诗者。天然创立的"海云诗派"是岭南诗坛的重要流派，影响深远。

《瞎堂诗集》收入诗1719首。此次整理者梳理了天然诗集留传至今的过程。天然生前手编《似诗》，有顺治、康熙刻本。《天然老人梅花诗》《丹霞天老人雪诗》两种有康熙刻本。《天然昰禅师语录》康熙刻本，后入《嘉兴藏》，今辩编，卷十二附梅、雪诗。《瞎堂诗集》，海云寺康熙刻本。天然示寂后，弟子今毬取天然未刻诗稿及传世单行本《梅花诗》《雪诗》与《似诗》汇刻一集，更名《瞎堂诗集》，为二十卷。移录天然《似诗》的《自序》为之序，并在序末加注云："老人生平吟咏之意，已尽于是。读者玩索之，不唯老人之诗可悟，即老人之人亦可得。故全集编定，即录以为序。"乾隆四十年，因丹霞山澹归文字狱案，被奏"集中多狂诞之语"，《天然昰禅师语录》和《瞎堂诗集》与澹归《徧行堂集》一道，皆列入禁毁书目，版片被销毁。道光年间海幢寺重刻《瞎堂诗集》，此版刻印精良，书品甚佳。此次整理，以中山大学图书馆藏道光海幢寺刻本为底本，参梅、雪诗单行本及《天然昰禅师语录》点校。②

---

① 黄炳炎、赖适观主编：《冼玉清文集》，中山大学出版社1995年版，第388–757页。

② 参阅李福标、仇江撰《瞎堂诗集·前言》，见《瞎堂诗集》，中山大学出版社2006年版。

（2）《徧行堂集》，前集四十九卷，续集十六卷，清澹归和尚著，段晓华点校，广东旅游出版社 2008 年版。

澹归，俗姓金，名堡，字道隐，浙江仁和（今杭州）人。幼年即颖悟绝伦，有神童之称。明崇祯庚辰（1640）进士，授临请知州，有政声，因得罪上司，被迫引疾去职。清顺治二年（1645），清兵下杭州，金堡起兵抗清，势孤而败。唐王在福建自立为隆武帝，金堡入闽献策，除兵科给事中，因服母丧，坚辞不受。隆武帝死，桂王在广西自立为永历帝。因瞿式耜推荐，金堡赴肇庆行朝，仍授兵科给事中，司谏职，即上疏抨击时政，弹劾专恣权臣，以"直臣"著称。永历小朝廷内部党争异常激烈险恶，金堡为楚党"五虎"之中坚，自未能幸免，下锦衣狱，备受酷刑，黜戍清浪卫，中途遇清兵至，押解之人逃窜，金堡得瞿式耜之助，留居桂林。因颓局势不可挽，左足创伤而成残疾，遂绝意世事，削发为僧，初取名性因，顺治九年（1652）投岭南天然和尚门下，始名今释。

澹归今释为天然第四法嗣。顺治十八年（1661），澹归得李永茂、李光茂兄弟所捐赠之仁化丹霞山，创建别传寺，迎天然和尚为住持，自为监院。别传寺成为岭南名寺，鼎盛时，僧众达二百多人。康熙十年（1671），天然赴庐山归宗寺，三年后澹归始正式住持别传寺法席。康熙十七年六月，澹归出梅关，走嘉兴请《藏》。十八年四月，遣僧徒将《藏经》奉回丹霞。澹归年衰病重，十九年八月九日示寂于平湖。

澹归著作丰硕，屡遭禁毁，多已不可复见。据清代《禁书总目》著录即有十种之多，除《今释四书义》收在《徧行堂集》外，其余九种皆因禁毁而不存。今存世除《徧行堂集》外，还有三种：

①《岭海焚余》三卷，收入《四库禁毁书丛刊补编》；
②《丹霞日记》一册，今藏澳门普济禅院；
③《元功垂范》二卷，此书为平南王尚可喜年谱，由澹归审订，广州中山图书馆藏 1957 年针笔重写本。

《徧行堂集》所收诗文，大约起于清顺治九年即明永历六年，迄于康熙十九年作者逝世，实乃澹归佛门生涯的完整记录。据《清代文字狱档案》第三辑，知《徧行堂集》由乾隆钦定为"语多悖谬，必应毁弃"的禁书，甚至连其墨迹碑石亦不容存世，一律"椎碎推仆，不使复留于世间"①。集中的尺牍和记传部分，记载抗清赴死的瞿式耜、何腾蛟、张同敞、李元胤、李永茂等人的事迹，篇篇"叙述沉痛，凛凛有生气，故犯清廷之忌"②。

---

① 上海书店出版社编：《清代文字狱档案》，上海书店出版社 2007 年版，第 143 页。
② 冼玉清：《广东释道著述考》，见黄炳炎、赖适观主编《冼玉清文集》，中山大学出版社 1995 年版，第 623 页。

澹归处于明清鼎革之动荡时代，其生平经历复杂特殊，与岭南明遗民、大德高僧、学界名流、地方官吏多有交往，所以集中内容庞杂丰富，涉及面极为广泛。此书对南明史、思想史、禅宗发展史，乃至文学史、民俗史研究都有重要的学术价值。

此次整理点校，前集用《四库禁毁书丛刊》本为底本，续集用香港佛教志莲图书馆 1989 年刊本为底本，以广东省中山图书馆藏的黄荫普忆江南馆藏二部《徧行堂集》进行参校。①

（3）《咸陟堂集》，分正、二两集。正集，诗十七卷，文二十五卷；二集，诗六卷，文八卷。清释成鹫撰。曹旅宁、蒋文仙、杨权、仇江点校，广东旅游出版社 2008 年版。

成鹫（1637—1722），俗姓方，名颛恺，字麟趾，广东番禺人。天性聪慧，有"神童"之称。十三岁被南明永历朝录为博士弟子员。清顺治七年（1650），平南王尚可喜劫屠广州城，方家中落，颛恺只好辍学耕稼。但仍潜心向学，"尽弃制科业，力究濂、洛、关、闽之学"，"攻苦逾年，经学淹贯"。二十多年的教学生涯，立言设教无不以儒行为务。四十一岁时，清朝平定三藩之乱，统一南方。恢复明朝已不可能，颛恺即自我削发为僧。康熙十八年（1679）拜临济宗高僧离幻元觉为师，因此成鹫在法脉上属天童系。成鹫曾主广州华林寺法席。曾客居丹霞山别传寺，与曹洞宗泽萌今遇相处十分融洽。康熙四十七年（1708）入主肇庆鼎湖山庆云寺，成为庆云寺第七代方丈，为整顿庆云寺寺务作出贡献，编纂完成《鼎湖山志》。康熙六十一年（1722）完寂于广州大通寺。

成鹫一生著述甚多，计有《楞严直说》《金刚直说》《老子直说》《注庄子·内篇》《鼎湖山志》《鹿湖草》《诗通》《不了吟》《自听编》《纪梦编年》等。而分量最大的是诗文集《咸陟堂集》。

《咸陟堂集》收录了成鹫一生不同时期的诗文作品，包括序、跋、志、铭、传、寿文、祭文、题赠、书、启、疏、引、说、尺牍、问答、警语等 620 篇，还有诗赋 1533 首。这些作品比较真切地记录了当时政治、军事、经济、文化、艺术、宗教、民生诸方面的情况，具有很高的文献价值和历史价值。时人及后人对成鹫的评价很高。他的挚友、岭南名学者胡方在《迹删和尚传》中说："其才以敏捷雄浩推倒一世，艺苑之士无与抗衡者。"② 黄培芳在《重刻咸陟堂裁叙》中引《钦定国朝别裁集》小传云，迹删"著述皆古歌诗杂文，无语录偈颂，本朝僧人鲜出其右者。"③ 可见成鹫在清初的杰出地位。

---

① 参考段晓华撰《徧行堂集·前言》，广东旅游出版社 2008 年版。

② 成鹫：《咸陟堂集》，清道光刻本。

③ 〔清〕成鹫和尚著，曹旅宁、蒋文仙、杨权、仇江点校：《咸陟堂集》序文《重刻咸陟堂集叙》，第 1 页，广东旅游出版社 2008 年版。

《咸陟堂集》的版本有二：一为康熙年间耕乐堂刊本，藏首都师范大学图书馆。此版只有正集，而《广东通志》等史籍，多称《咸陟堂集》有《续集》或《二集》。乾隆时文网严密，《咸陟堂集》亦遭禁毁。至道光二十五年，重刊《咸陟堂集》，并在康熙版的基础上，增补了原书出版至成鹫圆寂这一时期的新作，编为《咸陟堂二集》。是为道光重刻本，藏中山大学图书馆和广东省立中山图书馆。

此次整理点校，以康熙耕乐堂本及道光重刊本二集作底本，参校道光重刊本正集以及同版他本以补残缺模糊之处。①

（4）《大汕和尚集》，包括《离六堂集》十二卷、《离六堂二集》三卷、《潮行近草》三卷、《离六堂近稿》一卷、《海外纪事》六卷。清大汕和尚撰。万毅、杜霭华、仇江点校，中山大学出版社 2007 年版。

大汕（1633—1704?），字石濂，号厂翁，亦号石头陀。俗姓徐，江西九江（一说南昌）人。曾流寓江南，注籍浙江嘉兴，故亦被称为吴人。大汕生于明崇祯六年（1633），幼居吴中，家贫寒，十六七岁时皈依高僧觉浪道盛禅师，年十九剃度为僧。后云游修学，广历诸方，南度岭表，入住广州平南王尚可喜的家庙大佛寺。曾住持广州长寿寺、清远飞来寺。康熙三十四年（1695）应聘前往越南顺化弘法，受到当地王公大臣及信士民众的信重。晚年因官司被逐回注籍之地，途中卒于常州，时间应是康熙四十三年（1704）当年或稍后。

大汕的著述丰硕，据《海外纪事》卷首《本师〈海外纪事〉序》称"（大汕）著书二十余种"。这些著作，可分"佛教"及"文史"两类。佛教类有《语录》十种，《证伪录》《不敢不言》《源流就正》《问五家宗旨》《客问》《惜蛾草》等。但这类著作都已失传。文史类有《离六堂集》《离六堂二集》《潮行近草》《海外纪事》《离六堂近稿》《厂翁诗集》《燕游集》《绘空词》《叶声集》等。流传至今的只有前五种，后四种已失传。流传至今的著作都已收入《大汕和尚集》中。这是研究清初岭南社会历史文化的珍贵资料。

这次点校，以北京国家图书馆藏的《离六堂集》做底本，以广东省立中山图书馆所藏作参校。国家图书馆藏本是早期版本，有屈大均的《序》。广东省立中山图书馆所藏则是康熙四十一年（1702）后的版本。除以吴寿潜《序》取代屈大均《序》外，还增加了大汕晚年的诗作《离六堂近稿》。该书在早期版本的基础上，加进吴寿潜的《序》及《离六堂近稿》，合成最完整的一本《离六堂集》。

《海外纪事》详尽地记述了大汕赴越弘法的因缘、经过，所见的各类人物，各处的风土人情、制度习俗，旅越华侨的生活，还记录了与越南政要往来书札、议论、禅论，以及当时所写的律、绝诗一百多首。为中越关系史、越南史研究提

---

① 参考杨权撰《咸陟堂集·前言》，广东旅游出版社 2008 年版。

供宝贵材料。该书至少有三种版本：一为上海图书馆所藏的早期版本；二为日本东洋文库所藏的康熙三十八年至四十二年间的刊本，可称为善本；三为台湾"中央"图书馆藏劣质本。这次整理点校，以东洋文库藏本为底本，以上海图书馆藏本参校。①

以上四种集子，就古籍整理点校而言，有四个共同的特色。

第一，撰有前言，详细介绍著者生平（包括俗世及为僧），著述情况，学界评价。这四位高僧都是明末遗民，其生平及作品都表现了浓郁的民族气节。《前言》对此都有深刻精辟的分析和解剖。

第二，有关集子的资料如序、跋、像、赞、铭、评等搜集比较完整。例如《大汕和尚集》，先后为大汕著作写序、题辞的士人超过三十人，大都是官员、文人、诗家、学者。其中如"岭南三大家"之屈大均、梁佩兰，还有陈维崧、徐金九、曾灿、高层云，毛际可、吴绮、周在浚、方文等，无一不是诗、文、词方面的专家。这些序跋题辞是研究著者及其时代的重要资料。

第三，对集子的流传、版本梳理得比较清晰。因为这几位著者的作品，在清代都遭禁毁，流传至今的作品都是凤毛麟角。对作品的流传、版本梳理尤其重要。例如天然的《瞎堂诗集》，整理者把集子流传至今经过的九个过程梳理得清清楚楚，使读者一目了然。又例如澹归的《徧行堂集》，整理者对澹归存世的作品进行梳理，又说明为什么《徧行堂集》前集以《四库禁毁书丛刊》本为底本，而续集以香港佛教志莲图书馆 1989 年刊本为底本的道理。成鹫的《咸陟堂集》，整理者梳理版本情况，然后说明为什么以康熙耕乐堂本及道光重刊本二集作底本的道理。

第四，校勘认真。

总之，这四种集子，是迄今对以上集子整理最完整、水平较高的集子，对研究清初岭南社会历史文化具有较高的学术价值和文献价值。

3.《华严丛书·天然和尚专辑》

《华严丛书》由华严寺编纂出版。华严寺住持僧印觉法师任主编，冯焕珍、仇江任副主编。

已故佛门高僧，中国佛教协会咨询委员会主席，丹霞山别传寺及深圳弘法寺住持本焕和尚为《华严丛书》撰总序，说"编者以'华严'命名丛书，盖因华严为佛法界，三乘十二部经乃至山河大地'无不从此法界流，无不还归此法界"。"编者期望基于佛法一味、浅深得宜的精神，通过适当的选材、精当的校勘和恰当的编辑，既为广大佛学信众提供一些更为准确可靠的诵读经典，又为众多佛学研究和爱好者贡献一批校勘精审的基础文献。""《丛书》设有《经喻》

---

① 参阅万毅、杜霭华、仇江撰《大汕和尚集》，中山大学出版社 2007 年版，"前言"。

《经论注疏》《语录偈颂》《高僧年谱》以及《清初岭南佛门史料》等多个系列。""丛书对清初岭南诸家有所侧重，不仅因为岭南这一时期的佛门文献非常重要而难于搜求，还因为编者长期在岭南接受佛法的熏陶，不能遗忘一方法乳养育之恩。"编纂丛书"正是一件功德无量的胜举"。①

《华严丛书》辟《天然和尚专辑》。天然和尚为清初岭南诸家之翘楚，为岭南清初佛门的精神领袖。天然为清代番禺县慕德里司，造迳村人，该村位于今日广州市花都区，与华严寺近邻。故特设《天然和尚专辑》。现就已出版的七种略作介绍。

（1）《海云禅藻集·海云文献辑略》

该书含两部分：《海云禅藻集》，清徐作霖、黄蠡等编，黄国声点校；《海云文献辑略》，黄国声辑录。西泠印社 2004 年版。线装，一函三册。

《海云禅藻集》凡四卷，收录天然函昰的弟子"今""古""传"三代僧人及同时的居士 128 位，举凡与天然和尚及海云寺有关之诗作计 1010 首。其中诗僧 60 位 732 首。民国廿四年（1935）重印时汪兆镛作"序"说："《海云禅藻集》一书，凡所采录，附著里贯、行义，考岭南明遗老轶事，以此书为最详。"

海云系是清初佛教曹洞宗在广东的一个分支，其核心人物是天然函昰（1608—1685）。清顺治五年（1648），天然被门徒今湛迎主番禺雷峰山隆业寺，随后改名"海云寺"，遂成为海云寺的开山祖师。由此而产生的佛门海云系，在清初岭南的历史舞台上产生广泛而深远的影响。

明清易代之际，清军南下，明遗民纷纷越岭南来，或开展武装抗清斗争；或隐迹山林，躲避当道；或以"逃禅"的方式遁入佛门，以表达对清朝统治的不满与抗拒。正如邵廷采《遗民所知传》自序所说："明之季年，故臣庄士往往避于浮屠，以贞厥志。"而德高望重的天然函昰，便成了众多遗民参礼的对象。诚如汪宗衍《天然和尚年谱序》所说："吾粤佛教，自六祖后，宋世盛于云门，元明寝衰。崇祯壬午间，天然昰和尚应陈文忠诸人之请，开法诃林，宗风大振。顾天然虽处方外，仍以忠孝廉节垂示及门。迨明社既屋，文人学士、搢绅遗老多皈依受具，一时礼足，凡数千人。"在清初风云激荡的时代，海云寺实际上是志节之士安身立命之地和潜通声风之所。天然成为岭南遗民所宗奉的精神领袖。

《海云禅藻集》凡例曰："是集颜曰'禅藻'，《雷峰志》之一尔，禅者既已声尘俱断，宁用文藻标其唾弃。癸甲之秋，天老和尚开法岭表，四方章缝之士望光皈依，于时不二门开，才俊名流翕然趋向。斯集也，志一时之盛，见当日工文翰者皆弃词藻而归枯寂，非入枯寂而又以禅藻名也。观者毋因其名而反议其实

① 本焕：《华严丛书·总序》，见汪宗衍著，李福标、仇江点校《天然和尚天谱》，香港梦梅馆 2007 年。

焉。"可见此书为当时围绕在天然周围，以海云寺为中心的一批僧俗诗人的选集。这批诗人多为由儒入佛的读书人。他们在诗歌创作方面多有很高的修养，造诣极深，许多是岭南名家。所以，此书是岭南僧、俗共同探讨诗歌创作的记录，是岭南诗坛盛况空前的反映。

此书乾隆间被列入禁书目，清《禁毁书目补遗一》说："《海云禅藻集》乃雷峰诸僧之诗，中有金堡诗名，其他亦多冗杂不伦，应请销毁。"被禁毁半个多世纪后，至道光十年（1830）有番禺陶克昌如不来斋刊本，有陶氏之序。民国二十四年（1935）由逸社同人排字重印，有汪永觉（兆镛）序。

《海云文献辑略》，黄国声编纂。

黄国声在"编例"中说："海云为岭南上刹，而文献记载，恒苦不足，仅存《海云禅藻集》一书，稍资考镜，诚为憾事。兹所采录散见于僧、俗诸家著述之资料，或可略补阙亡。凡有所录。分别介绍作者生平，标明卷数，庶便稽考。""凡有关涉海云文献史迹之文字，不论诗、文、词、书启、禅颂，概予采集。"共辑得天然、剩人、今释、今无、成鹫等36人诗文近300篇。此《海云文献辑略》与《海云禅藻集》相辉映，更完整地反映了海云诗派的全貌。黄国声之功大矣。

（2）《天然和尚年谱》，汪宗衍著，李福标、仇江点校，香港梦梅馆2007年版。线装一函一册。

汪宗衍编《天然和尚年谱》，除因敬重谱主之外，还受陈垣、陈寅恪之影响。他在序中说："壬午（1942）初春，新会陈援庵先生自北平寄示《明季滇黔佛教考》，陈寅恪先生序之，谓政治与宗教，虽不同物，而不能无所关涉。又岂独滇黔为然哉？爰辑次《天然和尚年谱》一卷，附《著述考》一卷，《弟子考》五卷。""此篇限于天然一派，非以概当时之佛教，而天然实为大众所依归，法门之砥柱。知人论世，因以见世衰法盛之由，其亦谈宗门掌故者所乐闻矣。"此书的出版，亦得陈垣之力不小。有一本即由陈援庵题写书名。

李福标在"校点前言"中说："汪宗衍与陈垣同为粤产，其究心乡邦文献，无疑是陈氏深相许者。"汪宗衍还撰有剩人和尚、屈翁山、陈东塾年谱等，这些撰述，"皆可见其用心耿耿，正在弘扬岭南一地及我民族文化的精神。于此可见，其得二陈感发之因缘。《天然和尚年谱》乃为时、为事、为地而作，非泛泛空言学术者"。

此书附《天然和尚著述考》，录著作10种，遗作11种。

《年谱》最初有民国三十二年（1943）铅印本。书名为岭南著名学者黄佛颐题写。此次整理是就此铅印本加以点校。

（3）《天然昰禅师语录》，清释函昰撰，陶乃韩点校，香港梦梅馆2007年版。线装一函三册。

陶乃韩《天然昰禅师语录·跋》云："康熙乙丑禅师于岭南示寂后，弟子今辩应西粤永宁之请，奉三世语录入嘉藏。师之入藏语录题有《庐山天然和尚语录》。实则禅师固粤中硕德也，其住持梵刹率皆地处岭南。第以庐山金轮宿愿，乃住庐山栖贤祖庭，遂有此谓。"其目录下有"嗣法门人今辩重编"字样。所谓"重编"，是天然讲经问答多有记录刊布，先后有《诃林语录》（崇祯十年）、《雷峰语录》（顺治十五年）、《丹霞语录》（康熙九年）、《栖贤语录》等面世。天然圆寂后，今辩和尚收集在诸刹出版之语录，补充整理，再加日常积累的各种文字资料，编纂成《天然昰禅师语录》十二卷，即刊载于《嘉兴藏》者。前八卷分别为"上堂""小参""普说""茶话""垂示""举古""问答""颂古"，俱为"语录"之内容。而九至十二卷，则为"赞""偈""铭""书问""杂著"（包括"论""文""疏""序""跋""寿文""塔铭"）。这四卷的内容很明显属于"文"的范畴。天然有《瞎堂诗集》传世，"文集"则付阙如。想今辩为本师重编《天然昰禅师语录》，也可看作天然的文集。

乾隆时，此书因澹归《徧行堂集》文字狱案牵连，被列入禁书。清《禁毁书目补遗一》称："《天然和尚语录》一本，释函昰撰。函昰行状，系金堡所作（按：此说错误，金堡澹归先天然圆寂，实为今辩所作），语句亦有干犯处，应请销毁。"此书流传很少，汪宗衍编《天然和尚年谱》附《天然和尚著述考》，说《天然昰禅师语录》"故宫藏《嘉兴续藏》本。励耘书屋钞本"。"此书乾隆间列入"禁书目"，传本极罕。故宫藏有一部，承陈援庵先生假钞一本寄赠。"可见此书之珍贵。

此次整理以嘉兴藏《庐山天然禅师语录》（台湾新文丰影印本）为底本，取天然一脉师弟之著作《宗宝道独禅师语录》（卍续藏本）、《千山诗集》（道光广州海幢寺本）、《徧行堂集》（乾隆丹霞别传寺本）等参校。收入同门弟子函修序、同门弟子今转梁殿华序、当湖弟子陆世楷今亘序，释今辩《本师天然昰和尚行状》、汤来贺《天然昰和尚塔志铭》等有关资料。

此书对研究天然禅师有重要价值，正如陶乃韩在《天然昰禅师语录·跋》中所说："其苦节励志，举唱宗乘，锻炼学者事，大端见于师之语录。其与师友往还酬答，激扬古今，感慨平生事，亦得见于此中。"从此书可知禅师之文、之道、生平，"读其书，知其人，论其世"，意义大矣。

（4）《天然禅墨》，朱万章编纂，华宝斋书社2004年出版。线装一函一册。

该书汇集了广东省博物馆、广州艺术博物院、香港中文大学文物馆、香港何氏至乐楼、台湾何创时书法艺术基金会等处收藏的天然和尚墨宝原件和拓本、法帖十六幅，让世人一睹天然传世遗墨。该书的出版是佛门和书法界的盛事。

该书正文排列：一、图版目录。行书和梅影诗七律；行书栖贤山居诗（一）（二），行书惜暗夜笼月，行书五绝诗，行书议建殿宇卷，行草浴日亭诗，行草书；行草诗扇面，行书今无唱各法偈卷，行草五言诗，行书七言联，行书竹简（拓本），行书梅花诗，行书栖贤山居诗（法帖），行书至道无难四言偈（法帖）。二、释文。三、朱万章撰《天然和尚及其书艺论略》。四、朱万章辑《天然和尚艺术活动年表》。五、《各家评论摘录》。六、主要参考文献。七、编后记。

编者对天然墨宝作了注释，对天然的书法艺术及海云书派做了介绍和评价。书首有著名书家陈永正的《清初岭南禅墨序》一文，高瞻远瞩地对清初岭南禅墨作了概论。书末摘录了古今名书家对天然书法的评论。该书可以说是对天然书法艺术研究成果的汇集。对研究天然书法艺术及清初岭南书法史都有极重要的参考价值。

（5）《瞎堂诗集》二十卷，清天然和尚著，李福标、仇江点校。香港梦梅馆2007年版。线装一函四册。内容在前《清初岭南佛门史料丛刊》平装本中已作介绍。

（6）《楞伽经心印》四卷，清释函昰著，冯焕珍点校，西泠印社2011年版。线装一函八册。

《楞伽经》是对中国佛教有着深远影响的经典。《楞伽经心印》是函昰对该经的讲解、注疏，是函昰佛学思想的重要著作。点校者冯焕珍写有"前言"和"跋"。"前言"对《楞伽经》的成立情况、汉译情况、历代对该经的注释、函昰对该经的注疏、刊刻情况以及这次校勘义例做了说明。"跋"对整理点校的艰辛做了描述。这两篇"前言"和"跋"是冯焕珍研究《楞伽经心印》很有分量的心得体会。

（7）《首楞严经直指》十卷，清释函昰著，释普明、冯焕珍点校，西泠印社2011年版。线装一函十册。

《楞严经》中的赞颂和咒语，是汉传佛教僧众的日课，可见其对中国佛教影响之深。《首楞严经直指》是函昰对《楞严经》的解释。是函昰佛学思想的重要著作。点校者释普明、冯焕珍写《前言》。《前言》对历史上对《楞严经》的争论情况，对历代注疏《楞严经》情况以及函昰《首楞严经直指》的疏旨做了论述，对整理点校义例做了说明。

从以上《华严丛书·天然和尚专辑》七种著作，我们可以看出学者们作出的创造性贡献。

第一，为研究天然及清初岭南禅宗史奠定了坚实的资料基础。

天然是曹洞宗的第34代传人，他曾在岭南及江西地区大力弘扬佛法，住持过多座名刹，撰写过《楞伽经心印》等多部著作，道声远播，培养了众多弟子，使曹洞宗在岭南开枝散叶，使岭南禅宗史达到了自唐朝六祖以来的第二个高峰。他所主法的各寺，实际上成为抗清志士的安身立命之地。他是一位被清初的明遗民奉为精神领袖的高僧。

天然又是一位在岭南文学史和艺术史上具有典范意义的人物。他所创立的"海云诗派"具有深远影响。他有《瞎堂诗集》存世。《海云禅藻集》集众多僧俗诗人的作品，开创了僧俗共唱的局面，极盛一时，蔚为大观。他又是一位著名书家，在清初书坛上，继承传统，推陈出新，创立了独树一帜的"海云书派"。陈永正说："天然大师及其门下弟子'十今'皆善书，后世称为'海云书派'。"麦华三说："吾粤高僧之能书者，以函昰为最有名。"① 因此，天然入选广东省哲学社会科学"十一五"规划地方历史文化特色项目"广东历代书家研究丛书"之"书家"。

过去对这样一位重要人物研究不够。这七种著作的出版为研究天然及岭南禅宗史奠定了资料基础，必然有利于推动该领域的研究深入发展。

第二，每种古籍的整理者所写"前言"，均是较高质量的论文。这些《前言》比较详细地介绍了作者生平（包括俗、僧部分）、学术成就及学界的评价。这是整理者长期研究天然及岭南禅宗史的结晶。杨权撰写的"广东历代书家研究丛书"中的《天然函昰》，比较广泛地吸收了学界的研究成果，梳理了天然一生及其所作出的重要贡献。该书资料丰富，观点鲜明，论证严谨，文字流畅，富有文采。我认为这七部书及杨权所写的天然传记，是迄今岭南研究天然的比较高水平的学术著作。

第三，这七种书，整理者梳理了版本源流，选择了最好的版本作为校勘底本，《楞伽经心印》还利用了敦煌卷子作校勘。标点规范，校勘认真，把资料整理提高到一个新的水平。特别是用线装出版，有古色古香之感。

（三）进行学术交流，在学术争鸣中追求真理

中山大学的清初岭南禅宗史研究群体，继承陈垣的治学方法，贵在有诤友。召开学术研讨会，是进行学术交流的好方法。据我所知，中山大学中国古文献研究所与广东韶关丹霞山别传寺联合召开过几次学术研讨会。2002 年，在别传寺召开"别传寺开山三百四十周年研讨会"；2005 年，在别传寺又召开了"海云寺历史文化研讨会"。这两次研讨会收到论文数十篇，最后汇集成钟东主编的《悲智传响——海云寺与别传寺历史文化研讨会论文集》（中国海关出版社 2007 年版）。2008 年，又召开了"纪念函昰禅师诞辰四百周年学术研讨会"，又收到数十篇论文，汇集成杨权主编的《天然之光——纪念函昰禅师诞辰四百周年学术研讨会论文集》（中山大学出版社 2010 年版）。2012 年，又召开"纪念别传寺开山三百五十周年学术研讨会"，收到论文数十篇。这都是进行学术交流、开展学术

---

① 见朱万章编纂《天然禅墨》中的"各家评论摘录"。

争鸣、探讨真理的传统好方法。

　　以上我从三个方面来探讨陈垣《明季滇黔佛教考》沾溉中山大学的明清岭南禅宗史史料整理与研究的情况，不当之处，敬请读者不吝指教。

　　原载李振宏主编《朱绍侯九十华诞纪念文集》，河南大学出版社 2015 年版。

清初中西文化交流中的天主教士马国贤

——读陈垣《陈白沙画像与天主教士》一文的启示

1933 年 6 月，陈垣以"宁远堂丛录"名义，在《辅仁美术月刊》第三期发表《陈白沙画像与天主教士》一文。这篇文章，连摘录两广总督赵弘灿等给康熙的奏折，总共才二三千字，但关涉清初中西文化交流中许多重要事件和重要人物。文中说：

> 康熙四十四年，罗马教宗派使臣多（或译为铎——引者注）罗来华议礼，不合，多罗被禁于澳门。康熙四十六年，教廷擢多罗为枢机主教，由信德部派修士五人赍命东来。既至澳，多罗乃荐其中精天算之山遥瞻，精音律之德理格，精绘画之马国贤，三人留华效力，时康熙四十九年也。未几，多罗卒于澳，三人进京。

> 马国贤西名理拔，在内廷供奉十年，雍正元年回西洋，创建圣家修院于纳玻理府（现译为那不勒斯——引者注），培植传教中国人材，殊有名。然人言清初西洋画家，多举郎世宁、艾启蒙，而不举马国贤者，因马国贤作品流传较少也。吾尝见懋勤殿旧档有粤督进呈马国贤所画陈白沙遗像折，今此像不知下落，特录其折如下。①

本文就粤督奏折及相关资料，论述传教士马国贤（Matteo Ripa，1682—1746）在清初中西文化交流中的贡献。

一、 马国贤来华及受康熙皇帝恩宠

陈垣说，马国贤来华的时间是康熙四十九年（1710）。马国贤于 1682 年出生于意大利那不勒斯。1701 年 5 月，他加入意大利本土一个名为"虔劳会"的传教小修会。马国贤来华的最大背景就是"中国礼仪之争"。

明末清初，天主教的传教士开始进入中国。在传教过程中，传教士内部对中国礼仪发生了分歧。一派以利玛窦（Matteo Ricci）为代表，他认为儒家经典中的"上帝"和

康熙皇帝像

---

① 陈垣著，陈智超主编：《陈垣全集》第 2 册，安徽大学出版社 2009 年版，第 566 页。

"天"，与天主教的造物主"Deus"的意义相近，主张用"天""天主"和上帝来称呼"Deus"；认为中国的"祭祖""敬孔"礼仪，仅仅是一种没有掺杂任何偶像崇拜因素在内的世俗礼仪，与天主教义并不矛盾，因此，利玛窦允许天主教徒祭祖和敬孔。利玛窦这种适应本土风俗习惯的传教方法，为后来的耶稣会士所继承。康熙皇帝把利玛窦的传教方法称为"利玛窦规矩"。以龙华民（Nicolas Longobardi）为代表的另一派认为这种做法是异端，不能容忍。其后二派讼于罗马教廷。1704 年，罗马教皇克莱芒十一世（Clement XI），听从龙华民一派的意见，立《禁约》七条，并派主教多罗（Charles Maillard de Tournon）密携文件，出使中国，禁止天主教徒参加中国礼仪，见机行

意大利传教士马国贤
(1682—1745)

事，宣布《禁约》。据马国贤《清廷十三年——马国贤在华回忆录》说，"教宗收到了铎罗先生的好消息，他作为教宗的使节去到中国后，受到了皇帝的热情款待。教廷决定给他配一顶枢机主教的帽子，并加派一些传教士。"[1] 教宗这次的来华传教团，包括芬那利博士（Dr·Funari）、山遥瞻（Father Fabri Bonjour）、庆克修（Father Ceru）、潘如（Futher Perrone）、马国贤等。由此可见，教宗派马国贤等来华的目的，就是要为多罗举行晋升枢机主教仪式，并要他们协助多罗在华传教。

利玛窦（1552—1610）

宗教特使多（铎）罗

---

① 马国贤著，李天纲译：《清廷十三年——马国贤在华回忆录》，上海古籍出版社 2004 年版，第 11 页。

关于多罗来华。他是 1705 年（康熙四十四年）12 月 14 日抵达北京的，住在北堂。次年 8 月离开北京，在京 8 个月。康熙皇帝接见他之前，曾派人来探问他来华的真正使命，多罗只说他代表教宗来感谢皇帝对传教士的优容。但是，康熙皇帝早就怀疑多罗此行与礼仪问题有关。12 月 31 日，康熙皇帝接见多罗，鉴于当时多罗已卧病在床，皇帝特派官员到北堂用肩舆抬他进畅春园，还免除了他行跪拜之礼，赐其坐。康熙皇帝态度和蔼，款待周到，感谢教宗派特使来华之诚意。康熙皇帝再三问及来华的真实使命。但多罗始终闪烁其词，只说此仅为皇帝请安，拒绝谈论关于礼仪问题。

颜珰

康熙致多罗谕

在京的耶稣会士都知道多罗此行是为禁止中国礼仪而来，为避免冲突，曾劝说多罗。闵明我（Philippe – Marie Grimaldi）写信规劝："你起初来时曾面奏过，谢恩之外，并没有什么事。如今只管生事不已，我们在中国也不多，不在中国也不少，我们甚无关。你当仰体皇上优待远臣恩典，目今以后，再不可听颜珰等的言语生事。万一皇上有怒，将我们尽行逐去，那时如何好？你以后后悔也迟了。不如听我们的话，悄悄回去吧。"[1]

多罗不听许多传教士要他听取康熙关于礼仪问题意见的劝说，一意孤行，认为只有颜珰才是有关中国礼仪的专家。此颜珰（Charles Maigrot）是巴黎外方传教会的神父，是教廷任命的福建教区主教。他激烈反对中国礼仪，宣布在他的教

---

① 中国第一历史档案馆编：《清中前期西洋天主教在华活动档案史料》第 1 册，中华书局 2003 版，第 10 页。

区内，严禁教徒参与祭祖祀孔仪式；还下令将天主教堂上悬挂的、由康熙书写的"敬天"匾额一律摘除。

1706 年 6 月 29 日，康熙第二次接见多罗。在此之前，已发生康熙与多罗互生嫌隙事件。例如，多罗提出在北京设立管理全部传教士的宗教领导。康熙答复说，必须从在宫廷中服务十年以上的传教士中选择，那就只能是耶稣会士，这当然令多罗不满意。又例如，多罗的翻译遣使会士毕天祥（Ludovicus Antonius Appiani），曾在四川被官府驱逐，因此康熙不信任他。还有，康熙想在多罗使团中选一人出使罗马以回报教皇，多罗推荐沙国安（Mariani），康熙已先批准，后又以沙国安不谙中文为由，改命白晋（Joachim Bouvet）为正使，沙国安为副使，又使多罗不快。为此，《康熙为白晋事致罗马教王特使多罗朱谕》："览多罗所奏，朕知道了。无用再谕。但又白晋与沙国安不和，叫回白晋何如？还有不尽之谕，等多罗好了陛见之际再谕。传与多罗宽心养病，不必为愁。"所以，康熙第二次接见多罗时，气氛很紧张。康熙一再盘问多罗来华目的，多罗却仍只回答为向皇帝请安。康熙严厉警告多罗，应该告诉教皇，中国人不能改变祖传的礼仪，天主教不要干涉中国人的习俗，必须与儒学和谐共处，否则西洋人很难在中国留居。

19 世纪外国人笔下的北堂

1901 年北堂内部的照片

康熙下谕，曰：

> 近日自西洋所来者甚杂，亦有行道者，亦有白人借名为行道，难以分辨是非。如今尔来之际，若不定一规矩，惟恐后来惹出是非。也觉得教化王处有关系，只得将定例先明白晓喻。命后来之人谨守法度，不能少违方好。以后凡自西洋来者，再不回去的人，许他内地居住。若近年来明年去的人，不可叫他许住。此等人譬如立于大门之前，论人屋内之事，众人何以服之？况且多事。更有做生意、跑买卖等人盖不可留位。凡各各会皆以敬天主者，何得论彼此？一概同居同住，则永无争竞矣。为此晓谕。①

---

① 《清中前期西洋天主教在华活动档案史料》第 1 册，第 11 页。

康熙的这一谕旨，明白地将西洋传教士区别对待。不能将他们鱼龙混杂，以免在中国惹是生非。

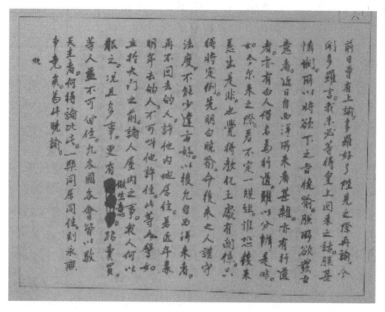

闵明我致多罗信

1706 年（康熙四十五年）7 月 22 日，康熙在热河行宫召见多罗推崇的颜珰。这次召见情况，被纪理安记录在他的《北京之行》中：

> 皇帝："你懂中文吗？"颜珰："懂很少的一点。"皇帝："多罗声称，你精通中国的书籍，因此我叫你来这里。你读过儒家的《四书》吗？"颜珰："是的，我读过。"皇帝："你能记得一些你所读过的内容吗？"颜珰："不记得了。"皇帝："你虽然读了，但是没有去记忆，去理解。"颜珰："在欧洲，记忆是没用的。"皇帝："看来你不能解释'四书'中的哪怕仅仅两个词，我说的没错吧？"颜珰没有否认。接下来颜珰被问及皇帝御座上方的四个中国字"敬天法祖"分别是什么意思，颜珰只认得一个字。颜珰也不能区别"四书"原文与后人注释之间的区别。这使康熙大怒，斥责颜珰："愚不识字，擅敢妄论中国之道"，"颜珰既不识字，又不善中国语言，对话须用翻译。这等人敢谈中国经书之道，像站在门外，从未进屋的人，讨论屋中之事，说话没一点根据。"[1]

① 转引自余三乐《中西文化交流的历史见证——明末清初北京天主教堂》，广东人民出版社 2006 年版，第 285 – 286 页。

此后，颜珰被驱逐出中国。康熙对多罗也产生反感。因此，当多罗要求离开北京时，康熙立即批准。8 月 27 日，多罗在北堂举行告别仪式，由安多送出北京。

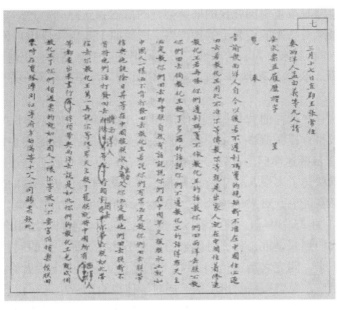

康熙在苏州接见传教士的圣谕

多罗离开北京后，于 1707 年 2 月 7 日在南京发表《公函》，公开与康熙对抗，宣布天主教徒必须遵守教皇的《禁约》，如有违反，将受"弃绝"，即开除出教。康熙下令把多罗遣送到澳门。由于葡萄牙与罗马教廷有矛盾，澳门当局把多罗投入监狱。

康熙的谕旨与教皇的《禁约》水火不相容。康熙对来华的传教士采取了区分对待的政策，即对遵守"利玛窦规矩"的传教士发给准许传教的"票"，他们继续在华居住、传教；对敌视中国礼仪的传教士，则将他们驱逐出境。同时，照旧欢迎身怀各种技艺的耶稣会士来华效力。

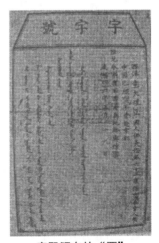

康熙颁布的"票"

1707 年（康熙四十六年）4 月 19 日，康熙在苏州接见愿意领"票"的耶稣会士，颁布圣谕：

> 自今以后，若不遵利玛窦的规矩，断不准在中国住，必逐回去。若教化王因此不准尔等传教，尔等既是出家人，就在中国住着修道。教化王若再怪你们遵利玛窦，不依教化王的话，教你们回西洋去，朕不教你们回去。倘教

化王听了多罗的话，说你们不遵教化王的话，得罪天主，必定教你回去，那时朕自然有话说。说你们在中国年久，服朕水土，就如中国人一样。尔等放心，不要害怕领票。①

这说明康熙对尊重中国礼仪的耶稣会士的信赖和支持。

此后，康熙对新来的传教士管理严格。康熙四十九年（1710）为多罗事传旨与众西洋人："再新来之人，若叫他们来，他俱不会中国的话，仍着尔等做通事，他心里也不服。朕意且教他在澳门学中国的话。"② 并且要对他们进行严格的考察。

马国贤就是在这样的背景下到中国来的。1707 年（康熙四十六年）10 月，马国贤等受教皇直接派遣，为多罗特使送去册封为枢机主教的红小帽前来中国。1710 年 1 月 3 日抵达澳门。此时多罗被囚禁于澳门（罗马教王并不知情）。马国贤等人去监狱探访了多罗，并于监狱举行了晋升多罗为枢机主教的仪式。此时，康熙对罗马怀有疑虑，对来华传教士，必须一一查问明白方许入境。马国贤在回忆录中说："1 月 23 日早晨，突然有 5 个官员来访。""他们开始用严格的法律方式来询查：我们到底是谁，什么时候来的，来干什么等等。他的问题和我们的回答都被记录下来。问完之后，他们走了，留下了一些中国士兵看管房子。""枢机主教决定给广东总督写一封申辩信。同时，他也给皇帝呈送一份急件，告知他以枢机主教的级别来促进相互关系的愿望，另外还宣布新来的六个传教士，其中三个通晓数学、音乐和绘画。枢机主教大人想到走这步棋，是因为他回忆起自己在北京的时候，皇帝曾经要主教以他的名义，给教宗写一封信，派一些在艺术和科学方面有技艺的传教士过来。枢机主教现在希望重新从皇帝那里获得这样的恩赐，把具有以上所称才能的山遥瞻、德理格神父（Don Teodorieo Pedrini）和我本人派到北京去。"③ 马国贤回忆录中的内容在中国的档案史料中得到证实。多罗奏章于康熙四十九年（1710）3 月 4 日发出，至 5 月底，两广总督赵弘灿便两次接到处理此事的谕令。5 月 25 日传圣旨："再西洋新来之人，且留广州学汉话，若不会汉话，即到京里亦难用，等他会之时，尔等再写奏折奏闻，钦此。"5 月 28 日传圣旨："西洋技巧三人中之善画者，可令他画拾数幅画来，亦不必等齐，有三、四幅随即差赍星飞进呈。再问他会人像否，亦不必令他画人像来，但问他会与不会，差人进画时，一并启奏。钦此。"在赵弘灿给康熙皇帝的奏折中称："至传旨指示臣等诘问多罗情由，查多罗已于五月十二日病故，并无别情，取结在案，无庸申饬。前所奏技巧三人，山遥瞻、马国贤、德理格，已安插广州府天

---

① 《清中前期西洋天主教在华活动档案史料》第 1 册，第 12 页。

② 《清中前期西洋天主教在华活动档案史料》第 1 册，第 12 页。

③ 马国贤著，李天纲译：《清廷十三年——马国贤在华回忆录》，第 30 页。

主堂内，令伊等学习汉话，俟伊等会时，另行启奏。马国贤所画之画，今止送到山水一幅，人物一幅，遵旨先行进呈，俟伊复有画到，再行差送。及问伊曾否会画人像，据伊口称会画，事关启奏，不敢冒昧，著令广城天主堂掌教郭多禄，出具甘结。据布政司详称，郭多禄不肯出结。臣等乃以本地配飨孔庙理学名臣陈献章遗像，令伊摹仿。今将马国贤所画陈献章遗像，一并进呈御览。"①

关于马国贤在广州画画的事，马国贤在回忆录中说："把在澳门开始为皇帝画的两幅肖像完成后，我们把它送给了总督，然后由他转送给陛下。""总督后来送来一幅表现孔子跪拜在李老君偶像前的画像，希望我画一个副本送给皇帝。因为不能做这种偶像崇拜式的事，我马上赶过去解释清楚。""当我告诉他我的宗教不允许我临摹这幅画像，他表示道歉，说他不知道我们的教义。他还补充说会给我另外送一幅。""随后又送来了一幅画像。为了澄清广泛传播、称我对绘画一无所知的说法，他同时还让我画一幅中国活人的画像。他派了大批人来看我画画，当最后证明我是被人造了谣以后，他下令抽了那个最初诬蔑我的人三十鞭子。我刚画完那个副本和肖像后，他就要我再画八幅。"② 马国贤的回忆录，在中国档案史料中得到证实。③

康熙皇帝是在一一验证了先后进呈的马国贤十幅图画之后，才于当年（1710）11 月下达了准其一行进京的命令。马国贤一行 11 月 27 日离开广州，次年 1 月抵达北京。在北京受到康熙帝的接见。马国贤的回忆中，对接见的过程有详细的描述，怎样磕头，怎样行"三跪九叩"的大礼等。官员们"问我们，是否已经准备好了为皇帝服务，死而后已。我们回答说：这正是我们之所愿"。皇帝"和我谈了一些关于绘画的事。到此为止，谈话都是经过通事们翻译的。接着皇上则要求我尽可能地用中文表述，回答下一个问题。这次，皇上在对我讲话时非常慢，为了让我明白他的意思，还使用很多同义词。他对我也非常耐心，让我重复说几遍，直到他理解了我所说的为止。此后，我作为画家留在宫中工作。"④

据马国贤回忆，1711 年（康熙五十年）"2 月 7 日我进宫，被带到一个油画家的画室。他们都是最早把油画艺术引进中国的耶稣会士年神父（Gerardino）的

① 《两广总督赵弘灿等奏报查问西洋人多罗并进画像等情折》，见中国第一历史档案馆编《康熙朝汉文朱批奏折汇编》第 3 册，档案出版社 1985 年版，第 9 页；又见《陈垣全集》第 2 册，安徽大学出版社 2009 年版，第 567－568 页。

② 马国贤著，李天纲译：《清廷十三年——马国贤在华回忆录》，安徽大学出版社 2009 年版，第 33 页。

③ 中国第一历史档案馆：《康熙朝汉文朱批奏折汇编》第 3 册，档案出版社 1985 年版，第 71 页。

④ 马国贤著，李天纲译：《清廷十三年——马国贤在华回忆录》，上海古籍出版社 2004 年版，第 43 页。

学生。一番礼貌的接待之后，这些先生们给了我一些画笔、颜料和画布，让我可以开始画画。他们画油画的时候，不用画布，而是高丽纸，就用明矾水刷一下，也不做更多的准备。这种纸买来的时候尺寸大得像毯子一样，纸质非常结实，我几乎不能撕破它。"马国贤知道皇帝对人物画没有什么兴趣，然后鼓起勇气画一些风景画和中国马匹。"很高兴我取得了如此的成功，以至于皇上非常满意。因此，我就不间断地画到4月份，皇上下令说可以把我的作品拿去刻版了。"①

马国贤勤奋地工作，得到康熙皇帝的赏识。"一天早上，我正要像往常一样进宫，忽然接到皇上御旨，要我随他到畅春园去。""在靠近帝宫的佟国舅住所安顿下来，佟国舅受命来照管我们。陛下还送马来给我每天骑用。"他得以常与皇帝一起去打猎、祭天、观焰火。②还常应邀陪皇帝去热河行宫欣赏美丽的风光。最能说明马国贤受康熙恩宠的，莫过于他能进入康熙的寝宫。马国贤回忆，说：

> 米兰教士兼内科医生佛奥塔博士（Dr. Volta）也来到了畅春园。他受命为皇上看病号脉。佛奥塔博士说，为了作出陛下健康状况的正确诊断，必须在这个晚上和次日早上号脉。这就使得皇帝在就寝后，和起床前再次被号了脉，随后佛奥塔博士向皇帝宣布说：陛下的健康状况非常好。利用这个机会，我观察到：皇帝的床宽得足以容纳五六个人，且没有床单。床褥的上下两部分都是用羊皮铺垫的，皇帝不穿任何睡衣，就躺在两层褥子的中间。因为很少会有陌生人看见皇帝躺在床上，陛下就对我们说："你们是外国人，倒是看见我躺在床上。"我们回答说：之所以有这样的荣幸，是因为陛下把我们视同亲子。陛下加上一句说："我认你们是自己的家里人，很近的亲戚。"③

二、 马国贤的绘画水平及在中西文化交流中的贡献

马国贤是18世纪初将西方油画和铜版画技法传入中国的重要人物。但由于他不是一名耶稣会士，留下来的画迹太少，因此，关于他的绘画成就，论者很少。进入20世纪90年代，研究者渐多。如沈定平、万明、刘晓明、莫小也、李

---

① 马国贤著，李天纲译：《清廷十三年——马国贤在华回忆录》，上海古籍出版社2004年版，第48页。

② 马国贤著，李天纲译：《清廷十三年——马国贤在华回忆录》，上海古籍出版社2004年版，第53-55页。

③ 马国贤著，李天纲译：《清廷十三年——马国贤在华回忆录》，上海古籍出版社2004年版，第100页。

晓丹、刘亚轩等都发表了有独立见解的论文，为这一研究领域奠定了基础。①

马国贤自幼年时代就对绘画有十分浓厚的兴趣。但他的父亲不愿意他在绘画方面用太多时间而耽误学习，他只是临摹一些名家的作品。在罗马读书的某一天，马国贤正在临摹一幅圣母的半身像，"何纳笃教士突然进来了，他的哥哥在中国任代牧，这时刚从中国返回罗马，何纳笃听他哥哥说中国皇帝要找一些精通科技和绘画的人才，看了我的画，认为我能胜任"②。马国贤善于画人物油画肖像，据他的回忆录称，在澳门时，他曾画了两幅画，作为赠送给皇帝的礼物，两广总督看后，大为赞叹，让马国贤为自己临摹一幅画并画一幅真人肖像。康熙看到他画的满人肖像，称赞他画得非常像。但正如陈垣所说，"马国贤作品流传较少"。莫小也认为，"只有一幅早期屏风画《桐荫仕女图》，有可能是他来华时期，由他或他的学生画的。"③ 所以，关于马国贤的油画水平如何，论者较少。

马国贤在中西美术交流中最大的贡献，是把西方铜版画技法传入中国。铜版画艺术始于欧洲。至迟在 1687 年（康熙二十六年），法王路易十四托传教士白晋带给康熙的礼物中，就有一批华丽的铜版画，而且康熙非常喜爱这种西方艺术品。④ 后来康熙派一些传教士和中国人到全国各省进行地理测量，并画成地图。康熙一直想把地图刻印出来。据马国贤回忆录，康熙四十九年（1710），有一天他"询问过德理格、蒂里希和我，即我们除了音乐、数学和绘画之外，还会什么。他们都作了否定回答。我说我懂得一点光学，还懂得一点在铜版上用硝酸腐蚀的刻版艺术的原理。皇帝听说这些，非常高兴。虽然没有做过，我还是准备试一下。皇帝立刻命令我开始刻印"。马国贤用硝酸腐蚀制版作的地形图，看起来非常漂亮，皇帝非常高兴。"刚刚完成，就和原图一起，让皇上观看了。他表现出相当的兴奋，为复制品如此完美地接近原件，没有任何差异而感到吃惊。"⑤

---

① 这些学者的论文，如沈定平《传教士马国贤在清宫廷的绘画活动及其与康熙皇帝关系述论》（载《清史研究》1998 年第 1 期），万明《意大利传教士马国贤论略》（载《传统文化与现代化》1999 年第 2 期），刘晓明《马国贤》（见《清代人物传稿》上编第 7 卷，中华书局 1994 版），莫小也《马国贤与〈避暑山庄三十六景图〉》（载《新美术》1997 年第 3 期），李晓丹等《清康熙年间意大利传教士马国贤及避暑山庄铜版画》（载《故宫博物院院刊》2006 年第 3 期），刘亚轩《清初来华传教士马国贤与中西文化交流》［载《江南大学学报（人文社会科学版）》2008 年第 3 期］和《清初来华传教士马国贤与中西美术交流》［载《内蒙古农业大学学报（社会科学版）》2008 年第 6 期］。

② 转引自莫小也《马国贤与〈避暑山庄三十六景图〉》，载《新美术》1997 年第 3 期。

③ 故宫博物院编：《故宫博物院藏清代宫廷绘画》，文物出版社 1995 版，第 86 页。

④ 李晓丹等：《清康熙年间意大利传教士马国贤及避暑山庄铜版画》，载《故宫博物院院刊》2006 年第 3 期。

⑤ 马国贤著，李天纲译：《清廷十三年——马国贤在华回忆录》，上海古籍出版社 2004 年版，第 58 页。

这是马国贤在中国宫廷首次尝试制作铜版画。

后来马国贤奉命随康熙去热河，"我被告知必须要完成已经进行了的铜版画，并马上用它来印刷"。于是马国贤根据自己仅有的一点铜版画知识，开始从事材料制作和制造印刷机。工作是艰苦的，遭遇到无数的困难。在康熙皇帝的支持下，技术有很大进展。"陛下知道我的雕版工艺获得了一些进展，决定要印刷一批采用他亲令建造的热河行宫的《热河三十六景图》。因此我就和一个受命画画的中国匠一起过去，从而有机会观看了全部地方的景致，这是一个从来没有授予给任何其他欧洲人的特别的恩惠。"① "我继续改进雕版工艺。陛下看见我最近制出的一些版本后，说它们都是宝贝（pan-pei）。他当场命令我刻印《热河三十六景图》，准备把它们和一些诗文合为一册，作为赠送给满族亲王和贝勒们的礼物。他还问我是不是可以带两个中国徒弟，条件是不能把我的工艺传授给任何人。我回答说，除了让陛下高兴外，我别无所愿。皇上马上向北京派了两个年轻人，后来又来了另外几个人，我还算成功地教会了他们。"② 我们从以上材料可知，直到马国贤亲自向康熙皇帝介绍铜版画技法及制作这些热河风景画之前，国内还没有人正式尝试过此类技术。所以，马国贤是引进西方铜版画技艺的第一人，并培养了中国第一批掌握铜版画技艺的学生。因而在中国绘画史上有一定地位。③

马国贤的回忆，我们从故宫档案史料中得到印证。

康熙五十一年（1712），康熙皇帝在澹泊敬诚殿前内午朝门上亲题"避暑山庄"四字，并同时为 36 处景色命名④，每一景都有题诗。遵照康熙的旨意，宫廷画家们要为热河避暑山庄诗咏绘制图画。

根据康熙朝满文朱批奏折，康熙五十一年七月二十二日，武英殿总监造和素、李国屏谨奏："臣等恭谨查得，热河避暑山庄三十六景诗，计两卷，九十二篇，交五十名工匠作连套板镌刻，以刻样各三套刷完略算之，八月初可得。再，

---

① 马国贤著，李天纲译：《清廷十三年——马国贤在华回忆录》，上海古籍出版社 2004 年版，第 62 - 63 页。

② 马国贤著，李天纲译：《清廷十三年——马国贤在华回忆录》，上海古籍出版社 2004 年版，第 71 页。

③ 莫小也：《马国贤与〈避暑山庄三十六景图〉》，载《新美术》1997 年第 3 期。

④ 关于《热河三十六景图》，有一个形成过程。康熙四十一年（1702）至四十七年（1708），大学士张玉书已列了十六景：澄波叠翠、芝径云堤、长虹饮练、暖溜暄波、双湖夹镜、万壑松风、曲水荷香、西岭晨霞、锤峰落照、芳渚临流、南山积雪、金莲映日、梨花伴月、莺啭乔木、石矶观鱼、甫田丛樾。康熙四十八年（1709）至五十二年（1713），又增列了二十景：烟波致爽、无暑清凉、水芳岩秀、松鹤清樾、延薰山馆、云山胜地、四面云山、濠濮闲想、青枫绿屿、香远益清、远近泉声、澄泉绕石、北枕双峰、风泉清听、天宇咸畅、泉源石壁、云帆月舫、镜水云岭、水流云在、云容水态。（参考袁森坡《避暑山庄与外八庙》，北京出版社 1981 年版，第 6 - 10 页）

跋诗，现既然镌刻御选唐诗，伊乞请将此跋诗亦由伊等镌刻。为此一并恭奏以闻。朱批：依议。"①

"七月二十四日，张常住咨称：奉旨：热河三十六景，每景各画详图二张，一张于绢板刊刻，另一张交报带去，于木板刊刻可也。钦此钦遵。画完之二张画交报带去，伏乞命朱贵，梅雨峰以木板刊刻。"②

《康熙朝满文朱批奏折全译》

康熙五十二年（1713）闰五月二十四日，康熙帝谕将《记》一篇作速刊刻："热河三十六景，前朕已缮记一篇带去，将此作速刊刻，订于先完之书前，多带几部来。"③

康熙五十二年六月初八日，武英殿总监造和素、李国屏上奏："印完御制避暑山庄记、诗、画，后面的部分，现今亦订完，作为插入之函，业经装完一部，谨奏。俟陆续装完再奏。"康熙朱批："刻完之书甚好，甚恭谨。尔等于西洋纸刷一二部后，放下。俟用铜刊刻之画完竣之时，再汇集装订。若西洋纸多，能多印几部更好。闻此种纸发绉之处多，如垫起来，墨到不了，笔画恐又易断。将此妥善为之。"④

一个月后（七月初八日），当和素等找到养心殿收藏的西洋纸，奏请印刷几部时，康熙批示："只印四部，妥善收藏，画完竣工之时再定。"⑤

至九月初三日，和素等以"御制避暑山庄满文诗三十部，业已装完，为此恭奏以闻。朱批：知道了。"⑥

由以上资料可知，到康熙五十二年（1713），《避暑山庄三十六景》，印有绢、木版本和铜版画三种版本。马国贤把西方铜版画技艺传入中国，并实践制作《避暑山庄三十六景》铜版画，为中外史料所证实。

这里还有一个问题需要讨论，这组铜版画的画稿，与马国贤是什么关系？有学者经过研究认为，这组画其中有一部分或多或少带有中国绘画的特色，由此推测，中国画家参与了铜版画的创作。用铜版画的特征明显与否来判断，其中12幅画定为完全由马氏个人创作的，这些画也许从一开始起稿直至雕刻结束，都出

① 中国第一历史档案馆编译：《康熙朝满文朱批奏折全译》，中国社会科学出版社1996年版，第808页。

② 《康熙朝满文朱批奏折全译》，第813页。

③ 《康熙朝满文朱批奏折全译》，第864页。

④ 《康熙朝满文朱批奏折全译》，第870页。

⑤ 《康熙朝满文朱批奏折全译》，第889页。

⑥ 《康熙朝满文朱批奏折全译》，第907页。

于他个人之手，如《西岭晨霞》《风泉清听》《云容水态》《濠濮闲想》《石矶观鱼》等。而其他一些画，有的是中西技法互渗，有的是中国风格显著，则很可能是由中国学徒帮着制作，或是与中国画家合作的。但无论如何，这套组画是以马国贤为主创作的，从技法到风格，都保留了当时西方铜版画的特征。① 这个问题或有更多的讨论空间。

西岭晨霞（铜版画）

马国贤不仅把西方美术技艺传给中国，而且在向西方传播中国美术的过程中起了十分重要的桥梁作用。雍正二年（1724），马国贤不得不离开北京，回到他的故乡意大利。他离开北京时，除了携带皇帝及其兄弟赐给的财物之外，还带着他的心血之作《避暑山庄三十六景图》铜版画。在途经英国伦敦时，引起轰动效应，受到英王乔治一世（George I）的接见和款待。国王还下令："所有我们从中国带来的财物被海关职员检查之后，都可免费转装上船，送去意大利。""因此，所有财物在离开英国的时候没有招致任何费用，也没有受到一点损失。""当时国王给了我 50 英镑的赠款。"② 1724 年 9 月 12 日伦敦《每日邮报》报道说："有一些中国贵族抵达我们国家，立即被英王召见，遭受到空前未有的礼遇。"同时还受到英国伯林顿建筑学派的创立者伯林顿勋爵非常友好的接待，伯林顿勋爵还获得了马国贤的一批雕版画。当时，伯林

《清中前期西洋天主教在华活动档案史料》

顿正和威廉·肯特合作，在伦敦附近设计他的花园住宅。据英国著名美术史学家苏立文在《东西方美术的交流》（江苏美术出版社 1998 年版）中说，威廉·肯特从马国贤的铜版画中得到启发，使英国园林产生了革命性的变化。后来伯林顿和一批朋友们研究和讨论这一组"热河景画"，无疑对当时英国人进一步认识中国园林是有很大意义的，从而为中国园林风靡西方准备了条件。③

马国贤在清宫中作为画家的生涯只有五年左右（1711—1715）。康熙五十四年（1715）以后，在清宫中主要是做翻译工作。

① 莫小也：《马国贤与〈避暑山庄三十六景图〉》，载《新美术》1997 年第 3 期。

② 《清廷十三年——马国贤在华回忆录》，第 126 页。

③ 参考李晓丹等《清康熙年间意大利传教士马国贤及避暑山庄铜版画》，载《故宫博物院院刊》2006 年第 3 期。

马国贤来华前，曾在克莱芒十一世建立在罗马的传信部学院学习过中文。1710 年 3 月到达广州时，两广总督赵弘灿根据康熙的谕旨，安排他在广州天主教堂内学习汉语，直到当年 11 月才前往北京。马国贤第一次面见康熙时，就已能够用汉语来回答康熙的问话。正如上文所引马国贤回忆录所说，康熙有意放慢讲话的速度，并很耐心地重复，直至马国贤能听懂。初到北京，法籍传教士杜德美（Pierre Jartoux）被指定作为马国贤的翻译。以后不久，康熙就要马国贤说汉语，不再给他派翻译，以便他的汉语学得更快。与他同时进宫的德理格，康熙则仍要派法籍传教士巴多明（Dominique Parrenin）翻译。马国贤入清宫，很快得到康熙宠信，与他的语言才能有很大关系。

马国贤在宫中做翻译，是从 1715 年 11 月开始的。马国贤在回忆录中说："1715 年 11 月，我奉旨到皇帝（康熙）御前，给两个刚刚到达的欧洲人担任翻译，一个是画家，一个是药剂师。"① 这个画家就是郎世宁（Joseph Castiglione）。郎世宁在来华之前已是欧洲出名的画家，从此他以宫廷画师身份服务于清宫中，历事康熙、雍正、乾隆三朝，深得宠爱。自此以后，马国贤则主要担任宫廷翻译之职，成为中西语言文字的沟通者。②

1720 年（康熙五十九年）11 月 29 日，沙皇彼得大帝派出伊斯梅洛夫伯爵（Count Ismailov）到中国担任公使，伯爵带了 90 个随从。为了和这个公使谈判，康熙任命了一套班子，由一名官员和两个朝臣组成，都是具有很高权威的人物。此外，还组成一个由五名欧洲人和一名中国人构成的翻译团，马国贤就是其中之一。这个俄公使团在中国逗留了三个多月，马国贤参与了接待这个访问团的主要活动。马国贤的《清廷十三年》第十九章、第二十章，回忆了接待沙俄使团的种种有趣故事。

俄国公使带来沙皇国书一封，要公使亲手交到康熙手中。这封国书是用拉丁文写的。国书副本交到谈判班子，而中国通事范罗思不懂拉丁文，嘟嘟囔囔，翻译不出来。最后由马国贤读出其中的内容。信中透露出的意思是，沙皇渴望加强两国之间的关系，为此，派出了伊斯梅洛夫伯爵作为公使，请求陛下能够详细倾听一下他所提交的所有事情，在他所有被委任的使命完全安排好之前，不要把他送回莫斯科。这个使团的主要任务是要签定一个俄中条约，以防止将来发生误会。当谈判班子与公使谈判时，康熙送给公使的宴会餐到了，当公使被要求向皇帝谢恩，也就是习惯上的跪拜时，他拒绝了。公使声明说，他代表自己的皇帝，与中国皇帝在级别上是平等的，他只能按照俄罗斯的习惯来完成觐见。班子成员们没有办法，不得已认可了他的做法。

---

① 《清廷十三年——马国贤在华回忆录》，第 77 页。

② 万明：《意大利传教士马国贤论略》，载《传统文化与现代化》1999 年第 2 期。

康熙皇帝知道这些情况，对国书的内容和公使带来的使命十分满意，但对不肯履行必不可少的跪拜之礼感到不悦。康熙通过太监总管、侍从，要马国贤等翻译转告公使，不管沙皇如何，他必须按照中国的礼仪履行跪拜礼，国书由朝廷重臣递送给皇帝。公使"坚持要亲自把国书交到皇帝自己的手上，地点也应该在他平时接待其他国家使节的宫殿。这种专横，极度冒犯了中国人的自豪感。太监总管笑了，侍从则说：公使真是疯了"。会谈中断了。

康熙自拟一道谕旨，由理藩院向公使宣读，大致内容是：俄国使臣来京，朝廷非常欢迎。但使臣提出无理要求，此人之行为，实有嫌疑。或是个商贾，只是假扮公使而已。既充任使节，则不应如此无理，不应固执己见，亲手呈递国书，应守中国不可变易之礼仪。公使之行事规矩，则不能达到出使的目的。这道严厉的谕旨，要翻译成意大利文。但马国贤担心，俄国公使会怀疑他有份参与了这份饱含抨击的谕令，惹起沙皇对传信部的仇恨。马国贤对管事太监说，公使的法语比他的意大利语更熟练。于是太监让巴多明神父把谕令译为法语。

经过多方交涉，彼此做了让步，最后达成协议，康熙接见伊斯梅洛夫伯爵公使时，按中国礼仪，公使行跪拜礼，向皇帝递呈国书。整个过程，马国贤做了详细而有趣的叙述。在晚宴时，康熙特意向公使解释，住在北京的欧洲人并不是被迫的，他们都是自愿从遥远的国家来到他身边，供奉左右。即使像今天这样帮助皇帝翻译的事，也不是出于命令，而是受到邀请。皇帝在御座上高兴地赞扬欧洲人，不仅是为了告诉公使，而且还为了在朝臣面前显示公正。觐见礼非常得体，公使、朝臣、翻译都十分高兴。

皇帝和公使互赠礼物之后，皇帝和公使专门讨论了和平议题，商量如何能够在两个大国之间保持友好。康熙的讲话，要求俄国人记录下来，也要求翻译用各自的文字记录下来，以后提供给公使一个精确的翻译文本，以便公使能把皇帝想传递的重要旨意带给沙皇。

公使代表团还参观了皇帝的大象园，观看了 33 头大象表演各种各样的技艺和把戏。公使还参观了皇帝收藏的各国赠送的钟表，惊讶不已。①

1721 年（康熙六十年）3 月 13 日，伊斯梅洛夫伯爵公使团随身携带了皇帝赠送给沙皇的很多珍贵礼品，踏上了回莫斯科的归程。康熙颁下给俄国使臣的敕书：

> 敕谕俄罗斯使臣伊兹麦伊洛夫（伊斯梅洛夫——引者注）：尔国君主恭请朕安，愿益敦两国之睦谊，祝中国愈加繁荣昌盛，诸事成功等情之奏书，朕已收阅，贡物皆已收下，凡事皆已当面降旨。著尔恭记朕旨，转告尔君

---

① 以上内容参阅《清廷十三年——马国贤在华回忆录》，第 90－99 页。

主，事竣妥为返回。特此敕谕。①

在中国礼仪之争中，康熙对多罗完全失望了，但他始终还认为教皇是听信了颜珰的谗言，因此多次派使者回罗马澄清事实。1714（康熙五十三年）12月，他亲自审定了给教皇的中文信稿，由马国贤等署名，纪理安等翻译成拉丁文，取道莫斯科送往罗马。信中说："西洋人在中国，皇上圣德，俱一体同仁，并不分何国何会，咸恩感荣耀。"继续要求教皇"选极有学问，天文律吕、算法、画工、内科几人，来中国效力。"②说明马国贤在中西文化交流中的重要作用。

康熙五十八年（1719），罗马教宗克莱芒十一世再派嘉乐（Mezzabarba Charles Ambroise）出使中国，次年底到达北京。皇帝准许他"京城内天主堂随尔便居住，以副朕怀柔至意"。康熙先后多次接见嘉乐，这是中西文化交流史上非常重要的事件。马国贤参加了嘉乐在华的活动，并担任翻译工作。康熙命将嘉乐在京期间自己发表的多次关于礼仪之争的谕旨编纂成《嘉乐来朝日记》，并亲自用朱笔批改。文本附有耶稣会士和其他修会的传教士苏霖、马国贤等18人签名，以作见证。在文件中多次出现马国贤的名字。例如："德里格、马国贤等以为皇上俯允教王所请，着入天主教人之俱依教王所定《条约》行，与嘉乐称贺，嘉乐亦偏信德里格、马国贤之言，中心摇动。""着令尔偏信德里格、马国贤动手……""且尔偏信德里格、马国贤一偏之言，……"后康熙传旨嘉乐曰："尔前日在朕前，亲见众西洋人言语参差，不成规矩。朕之旨意，通事之人不能尽传与尔，尔回奏之言，又加私意上奏，言语不同，事体不能明白，作何处置方可明白，尔当面奏。钦此。"康熙已看出传教士之间的不和，德理格、马国贤维护嘉乐。但马国贤与德里格有所不同，德理格在《嘉乐来朝日记》中不签名，而马国贤是签了名的。稍后，马国贤还参与了康熙命翻译的教皇敕令，即禁约。③

由此可见马国贤在清廷中任翻译，对中西文化交流是有重要贡献的。

———————————

① 中国第一历史档案馆编：《清代中俄关系档案史料选编》第一编下册，中华书局1981年版，第407页。

② 罗光：《教廷与中国使节史》，台湾光启出版社1961年版，第140页。

③ 《清中前期西洋天主教在华活动档案史料》第1册，第42、43、44、47页。

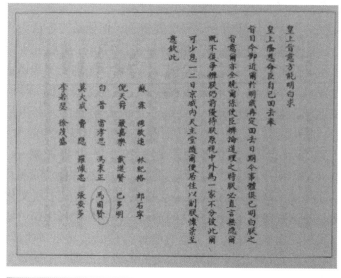

嘉乐来朝日记

三、 马国贤创办中国学院

陈垣在《陈白沙画像与天主教士》一文中说，马国贤"创建圣家修院于纳玻理府（即那不勒斯——引者注），培植传教中国人材，殊有名"。此"圣家修院"，亦作"圣家书院"，又名"中国学院"，中国人亦称为"文华书院"。关于创办"圣家书院"的经过，马国贤写过一部意大利文的专史，名为 *Storia della Fondazione della Congregazione – e del collegio de'cinesi*（译为《圣家中国学院建立记述》)。此书在马国贤逝世后近一个世纪，于 1832 年在那不勒斯出版，共三卷。此后 1861 年伦敦出版英文节译本。1918 年上海土山湾也曾出版一本拉丁文的《那不勒斯圣家修院名录》，其中有 1732 年 4 月 7 日教皇克莱芒十二世批准成立圣家修会和圣家书院的谕文、书院成立纪念碑，圣家修会及书院规章等资料。①

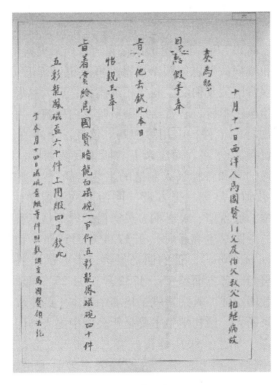

雍己赏恩事

马国贤于雍正元年（1723）离开北京回国。他在清廷服务了 13 年，他的回国反映了他思想存在深刻的内在矛盾。一方面，他作为罗马传信部直接派遣来华的传教士，要遵守教皇的禁令；而另一方面，作为在清廷为皇帝服务的传教士，又必须服从皇帝的权威。这种两难境地在康熙死后加剧。但是，促使他选择回国的重要原因是，他认为，不能只靠外国传教士来传教，而必须培养中国本土的神职人员。

据马国贤回忆录，他以父亲、伯父、叔父相继去世为由，提出申请告假回国，"我向皇帝的第十六兄弟（即庄亲王——引者注）申请，他表示非常倾向于答应我的要求，并给我出主意向内务府申请。内务府把我交给陛下的第十三兄弟

---

① 方豪：《中国天主教史人物传》（中），中华书局 1988 年版，第 347 页；万明：《意大利传教士马国贤论略》，载《传统文化与现代化》1999 年第 2 期。

（即怡亲王——引者注），他负责收藏钟表，自然就是我的直接主管。""在中国，礼物有神奇的威力。我拿出还藏有的所有欧洲来的珍玩，统统送到他的府上。"打通了关节，"不久，我就接到一个令人高兴的通知：皇帝考虑到我已经为他的父亲服务多年，就欣然同意我的申请，还命令说，我可以得到一些珍贵的丝绸、瓷器作为告别礼物"。11 月 13 日，"亲王领着我去了皇家的收藏库，吩咐我随意挑选。我选定了 4 个瓷花瓶和不少件的丝绸。亲王坚持要我多取一些，直到我取了 200 件瓷器，他才高兴"①。马国贤的回忆在清宫档案史料中得到印证。《西洋人马国贤伯父等人相继病故请恩给假奉旨恩赏事》记：雍正元年（1723）"十月十一日，西洋人马国贤因父及伯父、叔父相继病故，奏为恳恩给假事。奉旨：准他去。钦此。本日怡亲王奉旨，着赏给马国贤暗龙白磁碗一百件，五彩龙凤磁碗四十件，五彩龙凤磁杯六十件，上用缎四匹。钦此。于本月十四日磁碗杯缎等件，照数俱交马国贤领去讫"②。而庄亲王"听说我要回国，赠给了我一大批丝绸制品，两匹配了鞍的马和各种汉人制造的工艺物品"③。并特批马国贤带他的四名中国学生及其教师去欧洲。据方豪《同治前欧洲留学生史略》一文考证，这四名学生是谷文耀、殷若望、黄巴桐、吴露爵，教师是王雅敬。④

马国贤带着他的中国学生和教师，于 1724 年回到那不勒斯，即开始筹备成立中国学院（College of China）。他的回忆录第二十七章详细叙述了筹备工作的艰辛。经过七年的努力，各方面终于于 1732 年 7 月 25 日都同意成立中国学院，由一个学院和一个教团组成。其宗旨就是培养中国本土的传教士和发愿要到中国当传教士的其他国家的人。最初学生主要是年轻的中国人和印度人。学生要做五次发愿：第一，安贫；第二，服从尊长；第三，加入圣会；第四，参加东方教会，听从传信部的调遣；第五，毕生为罗马天主教会服务，不进入任何其他社群。⑤

中国学院是西方第一个专门培养中国学生的教学和研究机构。它的第一批学生是马国贤带到那不勒斯的四名中国学生，一段时间以后，罗马传信部又送来两名学生。后来凡有志去远东传教的西方人与土耳其人均可入院。学生由传信部赡养，毕业后授予学位。学院规模不大，特别是在"雍正、乾隆时期执行更严格的禁教政策，招生更困难，这个学院在中国内地找不到学生，不得不在暹罗、马六甲等海外地区寻找中国学生。以后生源更少，学校不得不扩大招收印度等地的学

---

① 《清廷十三年——马国贤在华回忆录》，第 115 – 116 页。
② 《清中前期西洋天主教在华活动档案史料》第 4 册，第 5 页。
③ 《清廷十三年——马国贤在华回忆录》，第 116 页。
④ 方豪：《方豪六十自定稿》（上），台北学生书局 1969 年版。
⑤ 《清廷十三年——马国贤在华回忆录》，第 131 页。

生，并且为此更为'东方学院'（Driental Institute）"①。后来，东方学院被意大利政府接收，合并为那不勒斯大学的一部分。中国学院的学生一般要学习十年左右的拉丁文、神学、西方哲学等课程，还要学习一些西方科学技术。据方豪《同治前欧洲留学生史略》一文统计，中国学院自雍正十年（1732）成立，至同治七年（1868）为意大利政府没收，共 136 年。培养中国学生 106 人，意大利学生 191 人，土耳其学生 67 人。②

中国学院在中西经济文化交流中发挥了重要作用。例如，乾隆五十七年（1792），英国马戛尔尼使团访华，拟与中国谈判通商事宜。在欧洲找不到合适的中文翻译，使团秘书斯当东（Staunton）慕名前往中国学院求助；得到两名正准备返华传教的学生李自标和柯宗孝的鼎力相助。据斯当东所著《英使谒见乾隆纪实》记载："这两个中国人，根据他们对本国事务的了解，对使团的准备工作做了有益的建议。首先是在按照东方方式选定赠送中国皇帝及其大臣们的礼品上，他们提出了宝贵的意见。另外，他们也提出了广州需要最大、获利最高的货品种类。"③ 李自标一直为使节团服务直至完成使命。马戛尔尼使团成员特赫纳在其书中对李自标大加赞叹："这位品德高尚的教士为使团帮了许多大忙，从而也为那不勒斯圣家学院争得了荣誉；无论是从他那颗善良的心，还是从他的才能来看，他都是值得尊重的。"④

又例如郭栋臣（1846—1923），字松柏，教名若瑟，湖北潜江县人，从小笃信天主教。咸丰十一年（1861）与一批湖北籍学生入那不勒斯中国学院，12 年后晋升司铎回国传教。光绪十二年（1886）被传信部召回母校执教中文并主持院务。他前往中国学院时，带去了陈国章、高作霖、周昌琅、钟思德、张道贤等湖北籍学生。他不仅培养了本土传教士，还用拉丁文和意大利文翻译了《三字经》，并将鄂多立克的《真福与德理传》翻译为中文。同治十一年（1872）他著《华学进境》一书，于那不勒斯出版，供意大利之有志研习中文者使用。计分古象形字表、楷行草隶篆

马国贤译《三字经》

① 《清廷十三年——马国贤在华回忆录》导言，第 31 页。
② 方豪：《方豪六十自定稿》（上），第 399 页。
③ ［英］斯当东著，叶笃文译：《英使谒见乾隆纪实》，上海书店出版社 1997 年版，第 37 页。
④ ［法］卫青心：《法国对华传教政策》（上），中国社会科学出版社 1991 年版，第 56 页，转引自夏泉等《传教士本土化的尝试：试论意大利传教士马国贤与清中叶中国学院的创办》，载《世界宗教研究》2010 年第 3 期。

清初中西文化交流中的天主教士马国贤——读陈垣《陈白沙画像与天主教士》一文的启示

表、省字表、伪字表、部首难寻字表、重要草子表、部首表等。其序曰："化民成俗，其必由学，此礼言学之紧要者也。""化成之功，由考辨其民俗；考辨之功，由通习其方言；而通习之功，则必由学明矣。""忆我华夏，自柔远人以来，西土多士，接踵而至，不惮荼辛，深攻华学，考其文而审其法，著其经而释其典，撮我国之古制，教他邦之新造，公诸同好，斯化成之功也。"可见其目的是要传播中华文化。所以方豪说："栋臣真传播华学于海外之前驱也。"①

马国贤创办中国学院，是该院的功臣，也是早期留欧中国教士的功臣，在促使中西经济文化交流中起了重要的作用。

本文从马国贤来华及受康熙帝恩宠、马国贤的绘画水平及在中西文化交流中的贡献、马国贤创办中国学院等三个方面，论证马国贤在清初中西文化交流中的贡献，凸显其历史地位与作用。请方家指正。

本文系"异趣·同辉——清代中国外销艺术品"国际学术研讨会论文。原载《异趣同辉——清代中国外销艺术品国际学术研讨会论文集》，岭南美术出版社2014年版。

---

① 方豪：《方豪六十自定稿》（上），第397-398页。

陈垣对外来宗教史研究的贡献述略

陈垣对外来宗教史研究的主要贡献，在于：（1）厘清了外来宗教（包括基督教、佛教、伊斯兰教）在中国流传的若干史实。（2）提出研究外来宗教史的几个基本观点：宗教信仰自由，宗教各派平等；倡导比较宗教研究；外来宗教与政治的关系；外来宗教与中国文化的关系；注重搜集教外典籍研究外来宗教史。（3）《二十史朔闰表》《中西回史日历》，为研究外来宗教史提供了中西回历法换算的可靠工具。（4）对外来宗教史籍的整理与校订作出了重要贡献。

由陈垣嫡孙陈智超主编的《陈垣全集》，2009 年由安徽大学出版社出版。该书 23 册，近 1000 万字。这是 20 世纪中国历史学的一座丰碑。在陈垣学术成就中，宗教史的研究成果比重最大。其内容包括古代外来宗教、世界三大宗教（基督教、佛教、伊斯兰教）在中国流传的历史以及中国土生土长的道教。本文就陈垣对外来宗教史研究的贡献谈些不成熟的意见，就教于方家。

一、厘清了外来宗教在中国流传的若干史实

学术界流传陈垣的"古教四考"最精湛，是指《元也里可温教考》《开封一赐乐业教考》《火祆教入中国考》《摩尼教入中国考》四篇论文①。这四篇论文发表于 1917 至 1923 年之间。陈垣所考四种古教，都是外来宗教，均一度兴盛，后又逐渐衰微以至绝迹。材料少而零散，陈垣爬梳文献，利用碑拓图绘、匾额楹联、敦煌出土经卷等材料，以科学的方法复原了四种古教在中国兴衰的历史，开创了 20 世纪中国"古教研究"的绝学。对此，学术界多有研究，在此不多述。下面主要论述陈垣厘清基督教、佛教、伊斯兰教三种外来宗教在中国流传的若干史实。

（一）基督教在中国传播的历史

陈垣研究外来宗教史是从研究基督教开始的。这缘于他早年的际遇和信仰。陈垣的人生历程中，几次重大转折都与教会、教友有千丝万缕的联系。1907 年，他考入美国教会创办的博济医院附属华南医学院学习西医，学校的教师和同学，许多都是教徒。1911 年，他主编由教会提供经费的《震旦日报》及其副刊《鸡

---

① 这四篇论文收入陈智超主编《陈垣全集》第 2 册，安徽大学出版社 2009 年版。

鸣录》。档案中记录，在清宣统三年（1911）正月《署两广总督张鸣岐为顺德县设立〈震旦日报〉请立案事致民政部咨文》，这样记载："宣统二年十二月十六日据《震旦日报》发行人康仲荦禀称，民等现联同志，集合股本，开设新报，名曰《震旦日报》，以诱导舆论、扶植人权、奖进民德、提倡实业为宗旨，一切言论采录，谨遵报律。经众股东集议，公推康仲荦为发行人，陈援庵为编辑人，梁慎余为印刷人。"报馆地址和印刷所都在广州第七甫第七十七号。发行人康仲荦，31 岁，顺德县人，石室圣心书院汉文总教习。印刷人梁慎余，36 岁，顺德县人，博济医学院毕业生。"陈援庵，三十岁，广州府新会县人，廪生，医学毕业生，原居晏公街信义，现住本报。"① 陈垣家数世居于广州靖海门附近的晏公街，而于 1888 年落成的广州最大的天主教堂——广州圣心大教堂坐落在靖海门附近的卖麻街。晏公街与卖麻街相距甚近，步行只需十分钟左右。卖麻街一带是天主教徒聚居的地方，也是法国天主教传教士重点传教的区域。1911 年，陈垣在广州圣心大教堂认识时为副主教的法国人光若翰（陈垣赴北京后，光氏始升为主教）。他对博学多才的陈垣十分欣赏，聘他为秘书。② 1913 年，陈垣以革命报人身份当选众议院议员，从此定居北京。在京认识了著名的天主教徒、天主教史研究专家马相伯和英华，并结为忘年之交。在他们的帮助下，陈垣于 1917 年完成第一篇史学论文《元也里可温教考》，这是他的成名之作。据司徒雷登的助手傅泾波回忆："陈援庵确于 1919 年冬与 1920 年春之间于四牌楼缸瓦市伦敦会由先师司徒雷登施洗入教。"经学者刘贤从教会档案、民国期刊以及胡适的回忆等各种资料佐证，陈垣是北京缸瓦市教会基督教徒。③ 1919 年，陈垣写《重刊铎书序》，说：

> 是书则取明太祖圣谕六言，以中西古近圣贤之说，为之逐条分疏，演绎详解，而一本于敬天爱人之旨，独标新义，扫除一切迂腐庸熟之谈，其真切感人，能令读竟者忘其为循例宣讲之书，渊然以思，蘧然以觉，泰然以安，而凡与先俱来及习俗黄染之种种恶德，如骄、如傲、如忿、如妒如贪、如吝、如怠、如餮、如淫等，均将飘然远扬，不敢为祟，而其分可以见上帝，是真救世之奇书也。迩年以来，余笃信敬天爱人之学，以为非此不足以救世。④

① 曾庆瑛：《陈垣和家人》，北京师范大学出版社 2010 年版，第 66 页。

② 刘泽生：《近代中国医史奠基人陈垣在广州》，见龚书铎主编《励耘学术承习录——纪念陈垣先生诞辰 120 周年》，北京师范大学出版社 2000 年版。

③ 刘贤：《陈垣基督教信仰考》，载《史学月刊》2006 年第 10 期。

④ 陈垣著，陈智超主编：《陈垣全集》第 2 册，安徽大学出版社 2009 年版，第 393 – 394 页。

"敬天爱人之学"即指基督教。

1919 年，陈垣发表对"罪"的看法，他为《神学志》主编陈金镛之《罪言》作序，说："宗教上所谓罪，异乎法律上所谓罪也。宗教上所谓罪，自觉而已，人不觉也；神知而已，人不知也。""始吾读陈子言，而觉吾身之无处非罪，踟蹰而不自安，继吾读陈子言，而觉吾罪虽多，然可藉神之力，以为驱除，吾心及稍自慰，而终则泰然以安也。"① 这可看作陈垣信仰基督教的告白。陈垣长子陈乐素在《陈垣同志的史学研究》一文中说："爱好史学研究的陈垣同志，过去因学医而研究医学史，既具宗教信仰，因而研究宗教史，这是合乎逻辑发展的。"② 1919 年，陈垣在《万松野人〈言善录〉跋》中说："丁巳（1917 年）春，居京师，发原著《中国基督教史》，于是搜求明季基督教遗籍益亟，更拟仿朱彝尊《经义考》、谢启昆《小学考》之例，为《乾隆基督教录》，以补《四库总目》之阙。"③ 1924 年，他在《基督教入华史略》讲演中说："余夙拟著《中国基督教史》，现尚未成功。"④ 陈垣研究基督教史的成果很丰硕，贡献很大，其中一个贡献就是厘清了基督教入华历史的轨迹。

陈垣关于基督教入华历史的通论性著作，收入《陈垣全集》的有三篇，即《中国基督教史讲义目略》《基督教入华史略》《基督教入华史：附明末清初教士译著现存目录》⑤。关于基督教何时传入中国，历代学者都有研究，而当时有所谓"后汉马援征交趾时，基督教已入中国"，又有"三国时关云长奉基督教之说"。陈垣认为："此种说法，太无根据，吾人不能相信。"⑥ 陈垣经过长期的深入研究考察，把基督教入华史分为四个时期，即第一期是唐朝的景教，第二期是元朝的也里可温教，第三期是明朝的天主教，第四期是清朝以后的耶稣教。⑦ 这种分期，四个时期特点明显，明晰地勾画了基督教入华历史的基本轮廓，这对研究基督教史具有十分重要的意义，至今仍为学界所认同。后来的研究者虽然也提出过基督教入华史分唐元之景教、明清之际的天主教和 19 世纪后的基督新教三段论等其他分法，但多是陈垣分期法的略微调整而已。⑧

---

① 《陈垣全集》第 2 册，第 403 页。

② 陈乐素：《陈乐素史学文存》，广东人民出版社 2012 年版，第 772 页。

③ 陈垣著，陈智超主编：《陈垣全集》第 2 册，安徽大学出版社 2009 年版，第 404 页。

④ 陈垣著，陈智超主编：《陈垣全集》第 2 册，安徽大学出版社 2009 年版，第 456 页。

⑤ 陈垣著，陈智超主编：《陈垣全集》第 2 册，安徽大学出版社 2009 年版，第 435 - 490 页。

⑥ 陈垣著，陈智超主编：《陈垣全集》第 2 册，安徽大学出版社 2009 年版，第 456 页。

⑦ 陈垣著，陈智超主编：《陈垣全集》第 2 册，安徽大学出版社 2009 年版，第 466 页。

⑧ 修彩波：《近代学人与中西交通史研究》，光明日报出版社 2010 年版，第 69 页。

（一）佛教在中国传播的历史

关于佛教在中国传播的历史，陈垣揭示出以下几个重要史实。

（1）关于在中国出现"佛"的名称及佛教译经的时间问题。

1933 年 3 月 30 日，胡适将《陶弘景的〈真诰〉考》一文送陈垣阅，文中证明《真诰》抄袭《四十二章经》。陈垣 4 月 1 日即复信胡适，同意《真诰》抄袭《四十二章经》的结论，但指出，后汉史料只称"浮屠""浮图"，未出现"佛"这一名词，今本《四十二章经》屡出现"佛"字，非汉代译本。① 4 月 3 日，胡适可能受陈垣观点的刺激，写《四十二章经考》，并于 4 月 5 日致信陈垣，反驳陈垣的观点，认为"佛之名称成立于后汉译经渐多信徒渐众的时期"，"后汉佛徒已渐渐一致用'佛之名'"了。② 陈垣连复三信，说明自己的观点。根据大量的史料，陈垣定了以下标准：

①后汉至魏中叶，尚纯用浮屠。

②三国末至晋初，浮屠与佛参用。

③东晋至宋，则纯用佛。

依此标准，遂有以下断定：

①后汉有译经，可信。后汉有《四十二章经》译文，亦或可信。现存《四十二章经》为汉译，则绝对不可信。

②襄楷所引为汉译佚经，可信。襄楷所引为汉译之《四十二章经》，亦或可信。襄楷所引为即现存之《四十二章经》，则绝对不可信。③

陈垣这一结论在佛教史学界有重要影响。而"佛"和"浮屠"名称，学界亦多有讨论。④

---

① 陈智超编注：《陈垣来往书信集》（增订本），生活·读书·新知三联书店 2010 年版，第 207－208 页。

② 陈智超编注：《陈垣来往书信集》（增订本），生活·读书·新知三联书店 2010 年版，第 208 页。

③ 陈垣著，陈智超主编：《陈垣全集》第 2 册，安徽大学出版社 2009 年版，第 209－210 页。

④ 季羡林 1947 年写过《浮屠与佛》一文。认为"浮屠""浮图"的来源是一种印度古代方言。"佛"的来源是吐火罗文。"我们现在可以大胆地猜想：《四十二章经》有两个译本。第一个译本，就是汉译本，是直接译自印度古代俗语。里面凡是称'佛'，都言'浮屠'。襄楷所引的就是这个译本。"这个译本已佚。"第二个译本就是支谦的译本，也就是现存的。这译本据猜想应该是译自某一种中亚语言。""对于'佛'与'浮屠'这两个词，我们可以做以下的推测：'浮屠'这个名称从印度译过来以后，大概就为一般人所采用。当时中国史家记载多半都用'浮屠'。其后西域高僧到中国来译经，才把'佛'这个名词带进来。"（见《季羡林文集》第 7 卷，江西教育出版社 1998 年版。）

（2）关于大同云冈石窟寺开凿时间及译经问题。

1918 年 10 月，陈垣与叶恭绰、郑洪年等游历山西大同云冈石窟寺，陈垣"以故龙门造像，宇内知名，武州石窟，言者盖寡"，"余归而神往者久之，乃撼拾群籍"，写《记大同武州山石窟寺》一文该文根据大量史料，提出"武州塞之石窟，始凿于昙曜"，开凿时间当在北魏文成帝拓跋濬兴安二年（453 年）。①1929 年 10 月，陈垣写《云冈石窟寺之译经与刘孝标》一文，指出"昙曜不独为石窟寺开山的创始者，亦为石窟寺译经的创始者"。分析了昙曜所译佛经存佚情况。并揭示刘孝标参与译经的秘密。娓娓阐述了南朝文学家刘孝标何以参与北魏石窟寺译经的故事。② 陈垣的这些发明，对研究佛教史有重要意义。

（3）关于玄奘开始出游年份问题。

关于玄奘开始出游年份，由于历史记载的抵牾，历来有不同的说法。1922 年，梁启超在《中国历史研究法》中谈到鉴别史料方法时，详细叙述了自己考证玄奘开始出游年代的过程，根据"第一等史料"，证明玄奘开始出游的年份是"贞观元年"，而不是史籍记载的"贞观三年"，认为"殆成铁案矣"。③ 1924 年10 月，陈垣发表《书内学院新校〈慈恩传〉后》一文，文分 13 目。前四目考评了玄奘的年岁；五至十二目，考证了玄奘出游年份及相关史实。——驳难梁启超的论据，推翻了梁启超的"贞观元年出游说"，维持了"贞观三年出游说"。④ 陈垣缜密论证的科学方法和实事求是的精神，受到学人的推崇。

（4）关于《大唐西域记》撰人辩机问题。

玄奘所译经论 75 部，皆称玄奘奉诏译，不著缀文人。唯《大唐西域记》卷首独著"玄奘奉诏译，沙门辩机撰"。《大唐西域记》不同于其他经论，在于其他经论是照本翻译，而《大唐西域记》则为玄奘自述，辩机撰文。根据《新唐书》《通鉴》记载，辩机与高阳公主私通，事情被揭发，辩机被诛。因此，僧传不为立传，辩机事迹不详。1930 年，陈垣"特搜集关于辩机之史料"，撰《大唐西域记撰人辩机》一文。⑤ 文分 14 目，从僧传及史书之零星记载中考证出辩机从出家、译经到与高阳公主来往并被杀的年代及相关事迹，并指出王鸣盛在《十

---

① 陈垣著，陈智超主编：《陈垣全集》第 2 册，安徽大学出版社 2009 年版，第 660 - 663 页。

② 陈垣著，陈智超主编：《陈垣全集》第 2 册，安徽大学出版社 2009 年版，第 709 页。

③ 梁启超：《中国历史研究法》，见《饮冰室合集·专集之七十三》，中华书局 1989 年版，第 77 - 79 页。

④ 陈垣著，陈智超主编：《陈垣全集》第 2 册，安徽大学出版社 2009 年版，第 672 - 683 页。

⑤ 陈垣著，陈智超主编：《陈垣全集》第 2 册，安徽大学出版社 2009 年版，第 712 - 737 页。

七史商榷》中不信《大唐西域记》为辩机撰之说的谬误。这也是陈垣为佛教史研究作出的贡献。

（5）关于佛牙在中国的流传。

佛牙为佛教各国所信奉。佛牙自南北朝时传入中国，到现代共约 1500 年。1961 年，中国佛教协会为了佛牙出国，拟整理一份佛牙在中国流传的资料，委托陈垣编写。据刘乃和说："他应协会之请，在中国的内典、外典各种文献中，终于考证出佛牙延续的历史，"① 1961 年 7 月 20 日，《人民日报》发表陈垣《佛牙故事》一文，考察了佛牙在中国流传的历史。文分"南北朝""唐五代""辽宋元明"三部分。据陈垣所考，"所举佛牙故事，说明来历者十一""未说明来历者七""有得之馈赠者""有得之贡献者""有得之神授者""有得之传授者""有得之礼请者""亦有得之骗劫者""有得之窃取者"。中国之有佛牙，最早当推法献，载《梁高僧传》卷十三《法献传》。② 1962 年，陈垣发表《法献佛牙隐现记》，记法献的佛牙，"自齐、梁、陈、隋、唐，以至孟蜀、后唐、后晋、北汉、辽、清，凡十余代，或隐或现，历历可考，牙入中国已近一千五百年"。③这是陈垣对佛牙流传中国的历史作出的贡献。

（三）关于回教（即伊斯兰教）入华的历史

陈垣在北京大学研究所国学门作"回回教进中国的源流"演讲，后易题为《回回教入中国史略》，刊于《东方杂志》第 25 卷第 1 号（1928 年 1 月）。该文虽然不长，但解决了伊斯兰教在中国流传的许多重要问题。

第一，用科学的方法准确地算定中国与阿拉伯帝国的正式交往发生在唐永徽二年（651），为研究伊斯兰教开始在中国传播的时间奠定了基础。伊斯兰教何时传入中国，陈垣在文章中，对"隋开皇中说""隋开皇七年说""唐武德说""唐贞观二年说""唐贞观六年说"做了辨证。认为以上诸说的错误，究其原因多为中回历互算错误造成的。陈垣说："欲知回回教进中国的源流，应先知中回历法之不同。回历以三百五十四日或三百五十五日为一年，并无闰月。若以中历与之对算，则每经三十年即差一年，百年即差三年，一千年应差三十年矣。""若照中历计算，则无不错。"④ 穆罕默德开始从事创建伊斯兰教的活动约始于 610 年（隋大业六年），622 年（唐武德五年）迁麦地那，该年也因此成为回教日历的起

① 刘乃和：《书屋而今号励耘》，见陈智超编《励耘书屋问学记——史学家陈垣的治学》（增订本），生活·读书·新知三联书店 2006 年版，第 177 页。

② 陈垣著，陈智超主编：《陈垣全集》第 2 册，安徽大学出版社 2009 年版，第 823 页。

③ 陈垣著，陈智超主编：《陈垣全集》第 2 册，安徽大学出版社 2009 年版，第 836 页。

④ 陈垣著，陈智超主编：《陈垣全集》第 2 册，安徽大学出版社 2009 年版，第 839、841 页。

点。开皇年间（581—600）伊斯兰教尚未创立，所以"开皇说"错误十分明显。而中国自明以来都误认回历纪元始于隋开皇十九年（599），结果造成实际相差23年的错误。"此二十三年，为研究中国回教源流者一大症结。"所以，他认为"贞观二年说""考其说之由来，亦由误算年数"所致。他根据《旧唐书》本纪及《册府元龟》等文献，考证"大食与中国正式通使，确自唐永徽二年（651）始。""永徽二年说"受到学术界的普遍重视，得到很多人的赞同。但也有人提出质疑，认为朝贡使与传教使是不同的，大食帝国来唐朝贡，不等于伊斯兰教就已在中国传播了。① 不过，这也准确地考定了中国与阿拉伯正式交往的年代，为研究伊斯兰教在中国的传播建立了基础。

第二，第一次系统地归纳出回回名称的起源及其演变。研究西北民族史的名家韩儒林曾指出："西北民族史料中，问题最多的恐怕是译名（人名、地名、物名、制度、风俗习惯的名称等）了。就拿汉文史籍来说，或由于所根据的资料来源不同（如有的得自所记载的本民族，有的则是根据重译或三译），或由于编纂历史的人不懂民族语言，致使同名异译、前后颠倒、或脱或衍等等现象屡见不鲜。"② 因此，译名的复原是很困难的工作。关于回回名称的起源，钱大昕、李光廷、丁谦等都论述过，但真正解决问题的则是陈垣。他认为，一个名词的成立，是经若干时间蜕化而成的。文中列了五个表。

第一表：由回鹘转变到回回之次第表

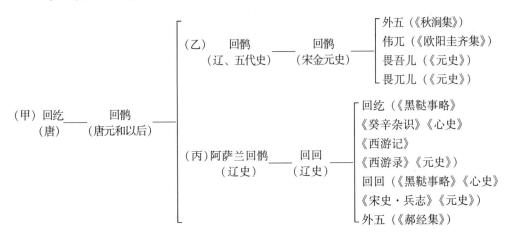

① 曹琦、彭耀：《世界三大宗教在中国》，中国社会科学出版社1991年版，第228页。
② 韩儒林：《关于西北民族史中的审音与勘同》，见《穹庐集》，河北教育出版社2000年版，第226页。

第二表："伊斯兰"名称之异译表

第三表：回回教名称之演变表

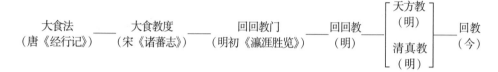

第四表："穆斯林"名称之异译表

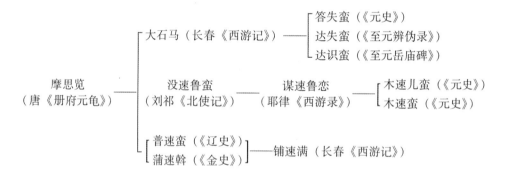

第五表："穆罕默德"名称之异译表

暮门	摩诃末	麻霞勿	马合麻	谟罕蓦德 ①
（唐《经行记》）	（唐贾耽《四夷述》）	（宋《岭外代答》）	（《元史》）	（元末明初）

　　这五个表把回鹘转为回回、伊斯兰名称、回回教名称、穆斯林名称、穆罕默德名称在各个时代的不同译名、演变过程梳理清楚，有很大的学术价值。非博览群书者则无法搜集得如此详尽；不解其意者则无法分清其类别。从这里亦可以看出陈垣对伊斯兰教流传中国研究作出的奠基性的贡献。

---

　　①　以上五表见陈垣著，陈智超主编《陈垣全集》第 2 册，安徽大学出版社 2009 年版，第 849－850 页。参阅邱树森《陈垣对伊斯兰教史研究的贡献》，载《宁夏社会科学》2000 年第 3 期。

二、 提出研究外来宗教史的几个基本观点

陈垣在长期研究外来宗教史的实践中，提出研究外来宗教史的几个基本观点。

（一） 宗教信仰自由，宗教各派平等

信仰自由，宗教平等，各教派应相互尊重，友好相处，互相学习，不应相互攻讦。这是陈垣的宗教观，也是他研究外来宗教史一贯的观点。他的朋友、基督教士张纯一（字仲如）持有相同观点。张纯一1918年3月30日在致陈垣的信中说："拙作《讲易举例》，大旨融合各教，会相归元，折衷基督。脱稿已数月，奈何西人意以未能力排他教，专崇基督，尚犹豫而未付梓。吾教徒识量狭隘，见道欠真，良可慨也。现方选注《新约》，拟取儒释道各教精粹以光大之。"[1] 张纯一抱怨现在基督教徒"识量狭隘""专崇基督"。他要"融合各教，会相归元，折衷基督"，"选注《新约》，拟取儒释道各教精粹以光大之"，"颇欲阐扬真正之基督教，一变现行之洋教"[2]。陈垣非常赞赏张纯一的观点，并支持他的做法。1919年3月17日，张纯一写成《耶稣基督人子释义》一书，在致陈垣的信中说："弟现述作惟求阐扬基督真光，颇为广学会外一牧师所不悦，以不合洋人旧法故。"请陈垣为该书作序[3]。陈垣于1919年4月作《耶稣基督人子释义序》，序曰：

> 吾友张子仲如，好以佛说谈耶理，以是为一般拘泥之基督教牧所不悦，仲如不顾也。仲如盖确有所见，谓中国现在诸教，堪与基督把臂入林者，惟佛庶几耳。恒人不入人室，而妄在门外评骘人室中铺陈之美恶，未见其能有当者。佛教始至自外国，其遭中国士夫之诟谤，倍于今日之耶教，观两《弘明集》及两《佛道论衡集》，略可见矣。

> 佛教史上所谓三武一宗之厄，毁佛像，焚佛经，坑沙门，又与雍、乾诸帝之禁基督教，及数十年前之仇教者何以异？皆以其为外国之教而排斥之也。吾读史至此，未尝不掩卷而悲，与有同感，以其可以施诸佛者，即可施诸耶也。然当时佛教，并未因此稍衰，士大夫之潜心内典者，反因此益盛。

> 吾尝谓耶教徒非博览佛典，不可以议佛；佛教徒非精研耶理，不得议

---

[1]　陈智超编注：《陈垣来往书信集》（增订本），生活·读书·新知三联书店2010年版，第31页。

[2]　陈智超编注：《陈垣来往书信集》（增订本），生活·读书·新知三联书店2010年版，第31页。

[3]　陈智超编注：《陈垣来往书信集》（增订本），生活·读书·新知三联书店2010年版，第32页。

耶。仲如知其然，始读耶氏之书，继钻释迦之训，积有年所，豁然贯通，以为辩生于末学，佛之高妙，实有合于耶。于是所著论，恒援佛入耶。近出《耶稣基督人子释义》相示，亦以佛为注脚者也，属余为序。……基督教之与佛，可谓患难之交矣。使二教有志之士，能尽如仲如之互易其经，虚心研诵，不为门外之空辩，固必有最后觉悟及最后决定之一日也。又何必深闭固拒，鳃鳃然惧岐路之多亡哉。①

这是一篇早期陈垣论述信仰自由、宗教平等，佛教耶教应平等对待、互相商榷经义，不应互相攻讦的文章，说理深刻，比喻形象。

陈垣晚年写《通鉴胡注表微》，在"释老篇"的小序中重申这一观点：

然信仰贵自由，佛老不当辟，犹之天主不当辟也。且孟子尝距杨墨矣，杨墨何尝熄，杨墨而熄，亦其有以自致，非由孟子之距之也。韩昌黎辟佛亦然，唐末五代禅宗之盛，反在昌黎辟佛以后，其效可睹矣。况隋唐以来，外来宗教如火袄、摩尼、回回、也里可温之属，皆尝盛极一时，其或衰灭，亦其教本身之不振，非人力有以摧残之。吾国民族不一，信仰各殊，教争虽微，牵涉民族，则足以动摇本国，谋国者岂可不顾虑及此。孔子称"攻其恶，无攻人之恶"，使孔子而知有异教，必以为西方之圣而尊敬之。故吾人当法孔子之问礼老聃，不当法孟子之距杨墨也。

陈垣还在小序中赞扬胡三省"注通鉴，于释老掌故，类能疏通疑滞，间有所讥切，亦只就事论事，无辟异端习气"，"足觇其学养之粹，识量之宏也"②。陈垣在《表微》中，多次崇尚信仰自由，例如《通鉴》卷二三二，唐德宗三年，胡三省在《注》中，为李泌好黄老之术辩护。陈垣在《表微》中说："李泌之笃好黄老，乃其个人之信仰与修养，于国家社会何损？必以此讥之，岂非不爱成人之美者乎！""学佛自是个人修养，何负于国？李泌之于黄老，亦犹是耳。身之详为之辩，而独以智许之，深得信仰自由之义，其识远矣。"③

信仰自由，陈垣有自己的解读。在《元西域人华化考》的儒学篇中，他考证了基督教世家马祖常，说"马氏一家，老辈皆奉基督，后生则为道为儒，分道扬镳，可谓极信仰之自由者矣。"信仰有世袭信仰、自由信仰。陈垣认为，"世代为基督徒者其信仰属于遗传，吾谥之曰世袭信仰，世袭信仰非出于自由，唯自

① 以上引文见陈垣著，陈智超主编《陈垣全集》第 2 册，安徽大学出版社 2009 年版，第 406 – 407 页。

② 陈垣著，陈智超主编：《陈垣全集》第 21 册，安徽大学出版社 2009 年版，第 337 – 338 页。

③ 陈垣著，陈智超主编：《陈垣全集》第 21 册，安徽大学出版社 2009 年版，第 349 页。

由信仰乃真信仰。"①

宗教的兴衰往往与是否信仰自由有密切关系。陈垣在《摩尼教入中国考》中说："唐代摩尼之盛，本藉回鹘之力。入宋而后，中国之摩尼教信者，乃渐自行组织教会，衍厥宗风。至南宋而复盛。"②"摩尼教本非秘密教。读今京师图书馆所藏摩尼教经残卷，可知摩尼教治已极严，待人极恕，自奉极约，用财极公，不失为一道德宗教。其所以能深入人心，亘六七百年而不坠者，亦自有故。当信仰不自由之世，以无大力者为之护法，遂陷于左道惑众之条，可叹也。"③ 宗教因信仰不自由而衰。

（二）倡导比较宗教研究

现代宗教学的创始人英籍德国学者麦克斯·缪勒，对宗教的研究不限于传统基督教的范围，还对古代的宗教和东方宗教做了广泛的比较研究。所以宗教学是在广泛的比较性研究中形成的，强调对各种不同宗教进行比较性的研究。④ 缪勒在《宗教学导论》中说："只懂一种宗教的人，其实什么宗教也不懂。"⑤

陈垣研究外来宗教，就主张并亲自实践比较宗教研究。他早年《元也里可温教考》《开封一赐乐业教考》《火祆教入中国考》《摩尼教入中国考》的"古教四考"，就是"构成一个比较宗教研究的经典性样板，足供后人研习、玩味和吸收"⑥。

陈垣每一种外来宗教史论著，虽然重点在某一宗教，但大都与其他宗教相联系或相比较而研究。如《元也里可温教考》虽然重点考证元代也里可温教，他也论述也里可温教与佛教的关系。如第十二章"也里可温被异教摧残之一证"，引用三个碑记的材料，证明"元初佛教与基督教势力之消长，可得其大略。赵碑一则曰'也里可温擅作十字寺'，二则曰也里可温'倚势修盖十字寺'，潘碑则曰也里可温'绾郡符，势张甚'；虞碑则曰'马薛里吉思所据银山二院'：此也里可温极盛时代也。既而斥之曰外道，蔑视之曰彼教，复奉旨申之曰，也里可温

---

① 陈垣著，陈智超主编：《陈垣全集》第 2 册，安徽大学出版社 2009 年版，第 239 页。文中"遗传"一语，实即"继承"之意。

② 陈垣著，陈智超主编：《陈垣全集》第 2 册，安徽大学出版社 2009 年版，第 173 - 174 页。

③ 陈垣著，陈智超主编：《陈垣全集》第 2 册，安徽大学出版社 2009 年版，第 181 页。参阅牛润珍《陈援庵先生的宗教史观》，见龚书铎主编《励耘学术承习录》，北京师范大学出版社 2000 年版。

④ 吕大吉主编：《宗教学通论》，中国社会科学出版社 1989 年版，第 10 页。

⑤ ［英］麦克斯·缪勒：《宗教学导论》，上海人民出版社 2010 年版，第 10 页。

⑥ 蔡鸿生：《陈垣与中国宗教史之完善》，见张荣芳、戴治国主编《陈垣与岭南》，中国社会科学出版社 2011 年版，第 78 页。

子子孙孙勿争，争者坐罪以重论：则当时释氏之气焰，咄咄逼人矣。"① 从这里可以看出元初佛教与也里可温教势力之消长。

1934 年陈垣撰《从教外典籍见明末清初之天主教》长文，认为各宗教互相攻击，如能善于利用，则可使宗教内部更加团结。崇祯年间苏州人钟始声著《天学初征》，攻击天主教。后剃发为僧，即世所称藕益大师。曾寄稿与际明禅师。际明复信，曰：

> 接手教，兼读《初微》，快甚。居士担当圣学，正应出此手眼。山衲既弃世法，不必更为辩论。若谓彼攻佛教，佛教实非彼所能破。且今时释子，有名无实者多，藉此外难以警悚之，未必非佛法之幸也。刀不磨不利，钟不击不鸣，三武灭僧而佛法益盛。山衲且拭目俟之矣。

陈明态度，即欲利用天主教之攻击，以警惕佛家内部的团结。

陈垣又举康熙年间粤东诗僧迹删和尚为例，迹删有《咏澳门三巴寺诗》云："相逢十字街头客，尽是三巴寺里人。"又云："年来吾道荒凉甚，翻羡侏离礼拜频。"澳门天主堂，当时称三巴寺，天主教名画家吴渔山晚年曾学道于此，吴渔山诗有《三巴集》。迹删见天主教礼拜之频，而深慨当时佛教之荒凉，亦欲借天主教以激励佛教。② 吴渔山是明末清初的著名画家，天主教司铎。陈垣撰《吴渔山生平》，专门有一节考证"吴渔山禅友"。③ 这些都是陈垣比较研究天主教与佛教的例子。

1939 年陈垣撰《汤若望与木陈忞》长文，可以说是比较宗教研究的典范。木陈忞是清初著名的佛教大师，著有《北游集》。汤若望是清初著名的天主教传教士，魏特著有《汤若望传》，内引《汤若望回忆录》许多材料。陈垣根据这些材料，写成此文，藉以窥见"天主教与佛教当时势力之消长"。④ 该文的第三章"汤忞二人之比较"。比较了"二人之知遇"，二人都得到顺治皇帝的重用，生活在皇帝身边得到许多优待，但"二人知遇，同而不同"，"木陈先信而后见，若望见后而仍疑"。"顺治盖根本未谙教士之生活者，无惑乎若望之不得行其道矣。"⑤ 比较了"二人之功绩"，认为"若论功绩，木陈对清廷，实无功绩可言"。"汤若望效力清廷者二十年，其功绩之伟大，除治历外"，"盛称其谏诤之

---

① 陈垣著，陈智超主编：《陈垣全集》第 2 册，安徽大学出版社 2009 年版，第 40 页。

② 陈垣著，陈智超主编：《陈垣全集》第 2 册，安徽大学出版社 2009 年版，第 585 - 586 页。

③ 陈垣著，陈智超主编：《陈垣全集》第 7 册，安徽大学出版社 2009 年版，第 784 - 786 页。

④ 陈垣著，陈智超主编：《陈垣全集》第 2 册，安徽大学出版社 2009 年版，第 756 页。

⑤ 陈垣著，陈智超主编：《陈垣全集》第 2 册，安徽大学出版社 2009 年版，第 773 页。

能"，"国家大事，有关安危者，必直言而争之"，"吾尝谓汤若望之于清世祖，犹魏徵之于唐太宗"。比较了"二人荣典"，顺治皇帝时二人的"荣典"大同而小异。比较了"二人之外学"。佛教以世俗之学为外学，"二人之外学，完全不同。若望以天文历算为外学，木陈则以当时儒者之学为外学。天文历算为国所急，而非帝所好，故言之无味。儒者之学为帝所习，故话能投机。且也若望以外学进，而欲与谈道，其势逆，木陈以禅进，而能与谈外学，其势顺。故结果木陈胜也。"① 顺治皇帝信奉了佛教。陈垣还以《北游集》所载，说明了木陈忞的文章、书法、小说、八股等外学的成就。经过比较之后，可见顺治时期天主教与佛教势力之消长。"若望与木陈等势力之消长，可以顺治十四年秋冬之交为一大界限"，"由顺治八年至十四年秋，七年之间，为汤若望势力。由顺治十四年冬至十七年，四年之间，为木陈等势力。"② 陈垣这一比较研究，是在东西方文化的广阔背景下进行的，具有十分重要的意义。

1942 年 1 月 10 日，陈垣在辅仁大学司铎书院作演讲，题为"国籍司铎之新园地"。在演讲中，陈垣把公教（天主教）、佛教、道教做比较研究。认为"公教汉文译著过少，而留存教外著作中之史料尤少。""普通书目，不载公教书；普通论文索引，不载公教杂志论文。""古代佛教则不然。刘宋王俭《七志》附载道佛二类，共为九类。梁阮孝绪《七录》，佛道即为七录之一，其书虽亡，而《广弘明集》犹载其序目。《隋志》四部之外，附道经佛经；自后凡著目录，莫不有释家一类。足见佛教已深入社会中心，欲去之而不能，去之，则其记载即有残阙之感。""佛教有《开元释教录》一书。卅年前，余发愿撰《乾隆基督教录》，曾与英敛之先生借阅公教诸书，终因材料太少，久未著成。""若南宋之新道教则不然。诸道流多能兼通儒学，广结士林，其事迹散见各名家集中；故虽欲毁灭其史迹，势有所不能。元初《道藏》曾焚毁二次，然道教不绝；所谓百足之虫，死而不僵者也。"经过三种宗教史籍的比较，陈垣奉劝国籍司铎："与其在教内传教，不如向教外传教，换言之，与其在天主堂内讲道，不如向天主堂外布道。以司铎地位，谅不愿加入政界军界，然学术界教育界似无禁止加入之理。""学术界教育界，当为国籍司铎之新园地。"③

陈垣在外来宗教史研究中取得卓著成就，进行比较宗教研究是重要原因之一。

（三）关于外来宗教与政治的关系

外来宗教与中国的政治很密切。统治者能否妥善处理外来宗教问题，关系到

---

① 陈垣著，陈智超主编：《陈垣全集》第 2 册，安徽大学出版社 2009 年版，第 776 页。
② 陈垣著，陈智超主编：《陈垣全集》第 2 册，安徽大学出版社 2009 年版，第 783 页。
③ 陈垣著，陈智超主编：《陈垣全集》第 2 册，安徽大学出版社2009 年版，第 632－634 页。

一个政权的生死存亡。陈垣在《通鉴胡注表微》释老篇小序中说："吾国民族不一，信仰各殊，教争虽微，牵涉民族，则足以动摇国本，谋国者岂可不顾虑及此。"① 所以，陈垣十分注意从政治角度考察外来宗教的兴衰。他在《摩尼教入中国考》中说："宗教无国界。宗教与政治，本分两途。然有时因传教之利便，及传教士国籍之关系，不得不与政治为缘；于是宗教之盛衰，每随其所信奉之民族为消息。"② 宗教不能脱离政治，但不能把二者混同为一，否则将会亡国。政治家应妥善处理个人的宗教信仰与政治的关系。他以梁武帝为例，《通鉴》卷一六〇，记"梁武帝太清元年，四月丙子，群臣奉赎。"胡三省注曰："自庚子舍身，至丙子奉赎，凡三十七日。万机之事，不可一日旷废，而荒于佛若是，帝忘天下矣。"梁武帝舍身奉佛，虽然是象征性的，但由此荒废国务，则是实质性的。陈垣《表微》曰："离政治而言宗教，或以宗教为个人之修养，岂不甚善。梁武帝等之于宗教，弊在因宗教而废政治，或与政治混而无别，遂以祸国，宗教不任其咎也。"③

陈垣研究四种外来古教，指出他们在中国传播的直接原因，都与中国政治有密切关系。《元也里可温教考》第十五章《总论》中说：

> 有元得国，不过百年耳。也里可温之流行，何以若此？盖元起朔漠，先据有中亚细亚诸地，皆昔日景教（聂斯托尔派）流行之地也。既而西侵欧洲，北抵俄罗斯，罗马教徒、希腊教徒之被虏及随节至和林者，不可以数计；而罗马教宗之使命，如柏朗嘉宾、隆如满、罗伯鲁诸教士，又先后至和林；斯时长城以北，及嘉峪关以西，万里纵横，已为基督教徒所遍布矣。燕京既下，北兵长驱直进，蒙古、色目、随便住居（详《廿二史札记》），于是塞外之基督教徒及传教士，遂随军旗弥漫内地。以故太宗初元（宋绍定间）诏旨，即以也里可温与僧道及诸色人等并提。④

说明也里可温教传入中国，与中国的政治密切相关。

《摩尼教入中国考》说："传摩尼教至中国者为回鹘。""回鹘势入唐之际，正摩尼教得志回鹘之时。唐人与回鹘交涉频繁，摩尼教在中国之势力，遂随之膨涨。""回鹘在唐之盛衰，即摩尼在唐之盛衰。"摩尼教在唐之盛，正是因为回鹘在安史之乱两次（753、762）出兵助唐有功，唐才容许信奉摩尼。"五代摩尼与

① 陈垣著，陈智超主编：《陈垣全集》第 21 册，安徽大学出版社 2009 年版，第 337 页。
② 陈垣著，陈智超主编：《陈垣全集》第 2 册，安徽大学出版社 2009 年版，第 158 页。
③ 陈垣著，陈智超主编：《陈垣全集》第 21 册，安徽大学出版社 2009 年版，第 343 页。
④ 陈垣著，陈智超主编：《陈垣全集》第 2 册，安徽大学出版社 2009 年版，第 57 页。

乱党"，"南宋摩尼复盛"，"元明时代摩尼教"，① 陈垣考察摩尼教在中国的传播及其盛衰，与中国的政治息息相关。《火祆教入中国考》中说，火祆教"一时行于中央亚细亚。南梁北魏间，如名闻于中国；北朝帝后有奉事之者，谓之胡天。六百二十五年，大食国灭波斯，占有中央亚细亚，祆教徒之移住东方者遂众。唐初颇见伏礼，两京及碛西诸州皆有祆祠；祆字之由来，即起于此际"。"唐代之尊崇火祆，颇有类于清人之尊崇黄教，建祠设官，岁进奉祀，实欲招来西域，并非出自本心；然则唐代两京之有火祆祠，犹清京师各处之有喇嘛庙耳。"② 一赐乐业教即犹太教，犹太教为一种民族宗教，故其种族所至之处，即为其宗教所布之处。陈垣在《开封一赐乐业教考》中指出，"元以前亦未闻有斡脱（即犹太）之名也。宋时犹太本土，为回教徒所据，三百余年，待犹太人至虐。阿剌比人之后，又据于土耳其人，十字军之役，即因是而起。十字军未兴之前，犹太族多已出亡在外，其永住中国，当在此时也。"③ 可见，犹太教传入中国，与中国的战争、政治关系十分密切。

中国政治的兴衰与佛教的发展关系十分密切。其道理说得最透彻的莫过于《明季滇黔佛教考》一书。陈垣在该书"乱世与宗教信仰第十七"中说：

> 人当得意之时，不觉宗教之可贵也，惟当艰难困苦、颠沛流离之际，则每思超现境而适乐土，乐土不易得，宗教家乃予以心灵上之安慰，此即乐土也。故凡百事业，丧乱则萧条，而宗教则丧乱皈依者愈众，宗教者，人生忧患之伴侣也。六朝五代，号称极乱，然译经莫盛于六朝，五宗即昌于五季，足见世乱与宗教不尽相妨，有时且可扩张其势力。兹举滇黔僧之因乱出家者数十人于篇，以证吾说。④

此说堪称不刊之论。陈寅恪在为该书作序时说："世人或谓宗教与政治不同物，是以二者不可参互合论，然自来史实所昭示，宗教与政治，终不能无所关涉。即就先生是书所述者言之，明末永历之世，滇黔实当日之畿辅，神州正朔之所在也，故值艰危扰攘之际，以边徼一隅之地，犹略能萃集禹域文化之精英者，盖由于此。及明社既屋，其地之学人端士，相率遁逃于禅，以全其志节，今日追述当

---

① 陈垣著，陈智超主编：《陈垣全集》第 2 册，安徽大学出版社 2009 年版，第 146、148、150 页。

② 陈垣著，陈智超主编：《陈垣全集》第 2 册，安徽大学出版社 2009 年版，第 113、125 页。

③ 陈垣著，陈智超主编：《陈垣全集》第 2 册，安徽大学出版社 2009 年版，第 85 页。

④ 陈垣著，陈智超主编：《陈垣全集》第 18 册，安徽大学出版社 2009 年版，第 262 - 263 页。

时政治之变迁，以考其人之出处本末，虽曰宗教史，未尝不可作政治史读也。"①

（四）关于外来宗教与中国文化的关系

宗教是一种社会意识形态，它之所以能超出国界、民族广泛传播流行，与它能与各国、各民族的文化相互融合有关。从文化的角度考察外来宗教在中国的兴衰是陈垣研究外来宗教史的特色之一。

陈垣《元西域人华化考》之"佛老篇"，《明季滇黔佛教考》之"藏经之遍布及僧徒撰述""僧徒之外学""读书僧寺之风习""士大夫之禅悦及出家"，《通鉴胡注表微》之"释老篇"，《佛教能传布中国的几种原因》等，都是这方面的重要著述。

中国儒学的发展吸收了外来宗教文化的因素。陈垣在《元西域人华化考》之"儒学篇"中说："宋、元以来，中国儒学史上，有所谓理学或称道学之一派，吾不知其称名当否，然其实确与汉、唐以来之儒学不同，盖儒学中之杂有道家及禅学之成分者也。"② 在《明季滇黔佛教考之藏经之遍布及僧徒撰述第七》中说：至明季，儒学、佛学又发生了新的变化。"明季心学盛而考证兴，宗门昌而义学起，人皆知空言面壁，不立语文，不足以相慑也，故儒释之学，同时丕变，问学与德性并重，相反而实相成焉。"③

外来宗教对中国文化的传播起了重要作用。《明季滇黔佛教考》一书，记述滇黔寺庙之多及很有趣致的僧徒生活，搜集了寺庙藏经的情况以及滇黔僧徒撰述和失载的著作。"僧徒之外学"，对僧徒善于诗、文、杂学、书、画、辩才等"外学"进行评述。对僧寺的读书风气，禅悦士大夫的逃禅掌故，都有详细记述。所以，这部书不但是一部佛教史，也是一部佛教开发滇黔、传播传统文化的滇黔文化史。

外来宗教要在中国传播、发展，必须吸收中国文化、与中国文化融合。陈垣《元西域人华化考》的"华化"基础，就是中国文化。陈垣说："至于华化之意义，则以后天所获，华人所独者为断。""西域人归化中国之事，古所恒有，特其人不能于中国文化有所表见，亦无足述。又有娴习华言，博综汉典，如《高僧传》中之西域翻经沙门，及明末清初之耶稣会士，可以谓之华学矣，然不得谓之华化。"④ 陈垣在"儒学篇"中搜集了"基督教世家之儒学""回回教世家之儒学""佛教世家之儒学""摩尼教世家之儒学"十数人，说明他

① 陈寅恪：《明季滇黔佛教考序》，见《金明馆丛稿二编》，上海古籍出版社 1980 年版，第 240 页。

② 陈垣著，陈智超主编：《陈垣全集》第 2 册，安徽大学出版社 2009 年版，第 226 页。

③ 陈垣著，陈智超主编：《陈垣全集》第 18 册，安徽大学出版社 2009 年版，第 81 页。

④ 陈垣著，陈智超主编：《陈垣全集》第 2 册，安徽大学出版社 2009 年版，第 214 页。

们吸收儒学的过程。

陈垣研究基督教入华史，在《基督教入华史略》中说："吾总觉得基督教文化未能与中国社会融成一片。即以文学一端论，《旧约》诗篇及雅歌等，皆极有文学兴味，何以百年来未见有以此为诗料者。如'寺'，如'僧'，如'禅'，皆可入诗，何以福音堂，牧师，神甫等，不可入诗。"以佛语入诗，自佛教传入中国之后，历代皆有，"到唐，则'禅房花木深'，'僧敲月下门'，'姑苏城外寒山寺'等句，俯拾皆是。白居易诗中用佛语最多。"天主教入中国百年，诗人即有以入诗者，而且逐渐成熟，到崇祯年间沈光裕的《赠汤若望诗》，"真可谓基督化的文学矣。"谭元春的《过利玛窦坟》，具有教外人凭吊利玛窦的价值。① 外来宗教要在中国谋求发展，一定要与中国文化打成一片。陈垣在《基督教入华史》一文中，认为利玛窦的传教是最成功的，他总结利玛窦成功的六个条件，而且说"这六个条件可以定其成功，也可以定以后来华之外人成功与否。"

这六个条件是：（1）奋志汉学。他喜欢汉文，知道真正的中国文学。以前外人来华习汉文者大半始自《三字经》等等。利玛窦能另辟途径，而得中文之精华，这是他了不得的地方。（2）结交名士。他所结交的并非乡人或下级社会的人，而是大夫。然第一他要有与士大夫往来的愿望；第二要名士肯与之往来。两者缺一不可。事实上名士既愿与之往来，可以想见他中国话、中国文之高深。（3）介绍西学。当时在文艺复兴时代，利玛窦介绍算学、地理等学来华。（4）译著汉书。利玛窦肯将西书译华，其文笔亦非凡雅致，有文学意味。（5）尊重儒教。他对于儒教，特别尊敬。对中国的旧俗，如拜祖先，尊孔子，都认为与天主教义一无冲突。因此而外人皆讥之屈学阿习。（6）排斥佛教。他一面结交儒教中人，一面极力攻击佛教。因非难佛教的文字而引起辩论，儒教中人都帮助他，他的地位，于是渐渐地增高起来。②

陈垣总结利玛窦在中国传播天主教所以成功，就是因为他与中国文化融为一体。1932年，陈垣在辅仁大学夏令会上演讲，题目为《佛教能传布中国的几种原因》。佛教入中国1800余年，历史上曾深入社会中心，"佛教何以能得此，佛家说是佛力广大，有人说是帝王提倡，据我观察，有三种原因：（1）能利用文学；（2）能利用美术；（3）能利用园林。"

陈垣逐项分析这三种原因。文学是与士大夫接近的工具，白居易有《题宗上人十韵》，认为借诗来交结士大夫，实中国佛家的秘诀。故自晋以来，历代能诗之僧，不可胜数。诗僧日多，名家诗集，不断见有赠某上人，赠某师的诗，而诗

① 陈垣著，陈智超主编：《陈垣全集》第 2 册，安徽大学出版社 2009 年版，第 463、464 页。

② 陈垣著，陈智超主编：《陈垣全集》第 2 册，安徽大学出版社 2009 年版，第 477 页。

句中与僧交际的话，亦不断写出来。以"僧""寺"等字入诗，实六朝以来诗家风气。而且文学最重感情，僧家的诗，或俗家的僧诗，能使人生感、生爱，做到深入人心。这是佛教能在中国传播的第一原因。

关于美术。爱美是人类的天性，故美术亦传教之一大工具。中国人的美术，指书和画，书画并称是中国人的特色。六朝以来，高僧能书能画的甚多。陈之智永，隋之智果，唐之怀仁、怀素，宋之梦瑛，皆是有名的书家。晋之惠远，五代之贯休，宋之巨然，皆为有名的画家。其他能书能画的，翻开书史及画传一看，殆无代无之。佛门如此重视书画，故易与士大夫接触。《历代名画记》云当时社会欲与高人逸士往来，亦非能画不可。六朝以来的名画家，如顾恺之、陆探微、张僧繇、吴道子，皆以佛画著名。《历代名画记》记两京外州寺观画壁二百余处，寺画实占十分之九。佛门重画如此，故古来名画，多赖佛寺保存，温庭筠诗所谓"为寻名画来过寺"是也。至于其他美术，如寺塔、造像、写经、壁画等，无一不是佛教遗物，离开佛教来言中国美术，中国美术要去了一大半。这是佛教能在中国传播的第二原因。

关于园林。诗云"天下名山僧占多"，"可惜湖山天下好，十分风景属僧家。"这些话都不错，今地方志中之古迹、名胜，金石三门，十之六七，或七八，是佛教资料。佛寺的专著，如《洛阳伽蓝记》《金陵梵刹志》等，皆极言佛教寺庙之盛，可游，可登，可宿、可食，当时并不是没有旅馆，但士大夫喜居僧寺，与僧游，名家诗集中，多有宿某寺、登某寺之作。"曲径通幽处，禅房花木深""因过竹院逢僧话，又得浮生半日闲""梦得滩声喧客枕，吟余竹色借僧窗""何时却宿云门寺，静听霜钟对佛灯""寻碑野寺云生屦，送客溪桥雪满衣""一夏与僧同粥饭，晓来破戒醉新秋"，这些都是咏僧寺的诗句。因为有僧点缀其间，觉得格外幽雅。因为有园林之胜，市朝俗客，偶一登临，便如入清凉世界，这是佛教能在中国传播的第三原因。

陈垣说，韩愈反对佛教，但不能不与释子唱酬，不能不欣赏佛教的壁画，不能不赞美佛寺的幽静。他的文集中，有送惠师，送灵师，送文畅师，送僧澄观，题秀禅师房，游湘西两寺，游青龙寺，宿岩寺等诗。"可见当时佛教入世的深，真是化民成俗了。"①

关于伊斯兰教在中国的传播，陈垣在《回回教入中国史略》一文中，他举出回教的传播与中国文化有关的有两条：回教在中国不传教；回教不攻击儒教。"因不传教，故不惹异教人之嫉视。"因不攻击儒教，回教徒对于孔子，独致尊

---

① 陈垣著，陈智超主编：《陈垣全集》第 2 册，安徽大学出版社 2009 年版，第 738 - 744 页。

崇；故能与中国一般儒生，不生恶感。所以回回教能在中国传播。①

以上说明基督教、佛教、伊斯兰教能在中国传播，与中国文化有密切关系。

（五）注重搜集教外典籍，研究外来宗教史

陈垣研究外来宗教史，注重搜集教外典籍资料，是他的特色之一。1934 年他发表《从教外典籍见明末清初之天主教》一文。此文运用大量档案、官书，文集和笔记等教外典籍研究明末清初的天主教。这是论证利用教外典籍研究宗教史的典范。文分上下两编，上编六目：（1）可补教史之不足；（2）可正教史之偶误；（3）可与教史相参证；（4）可见疑忌者之心理；（5）反对口中可得反证；（6）旁观议论可察人言。下编六目，从教外典籍可证：（7）教士之品学；（8）教徒之流品；（9）教徒之安分；（10）奉教之热诚；（11）教势之兴盛；（12）教徒之教外著述。② 陈寅恪对此文评价很高，1934 年 4 月 6 日在致陈垣的信中说："顷读大作（指此文——引者注）讫，佩服之至。近来日本人佛教史有极佳之著述，然多不能取材于教外之典籍，故有时尚可供吾国人之补正余地（然亦甚鲜矣）。今公此作，以此标题畅发其蕴，诚所谓金针度与人者。就此点言。大作不仅有关明清教史，实一般研究学问标准作品也。"③

1925 年，北京故宫博物院文献部在乐寿堂陈列了两份反映中西两方禁教与传教的档案，即《教王禁约》和《康熙谕西洋人》，陈垣写了《跋教王禁约及康熙谕西洋人》一文。此文为陈垣利用教外档案材料钩稽中西思想矛盾斗争的一段重要历史事实和线索。天主教传入中国后，发展了中国教徒，但这些中国教徒既信奉天主教，又保留了祭祖先、尊孔的旧传统。西洋教士对这个问题产生了不同的看法，一派以龙华民为代表，认为既然信奉天主教，就不能再祭祖尊孔；而以利玛窦为代表的一派则认为，要根据中国的具体情况，信奉天主教，也可以保持原先习惯。两派把情况反映给教皇后，罗马教皇支持龙华民一派，立了七条禁约，并两次派使节来华申明禁约。然而康熙对教皇此举极为不满，以不准传教为抵制，并召集供职于内廷的西洋人，包括白晋、费隐、雷孝思、麦大成、汤尚贤、冯秉正等，指示他们应对罗马教皇使节的方法。陈垣认为"得此可见当时中西思想之不相容，而此两道公文适足为两方代表，亦后得失之林也。"④

① 陈垣著，陈智超主编：《陈垣全集》第 2 册，安徽大学出版社 2009 年版，第 854 - 855 页。

② 陈垣著，陈智超主编：《陈垣全集》第 2 册，安徽大学出版社 2009 年版，第 569 - 570 页。

③ 陈智超编注：《陈垣来往书信集》（增订本），生活·读书·新知三联书店 2010 年版，第 398 页。

④ 陈垣著，陈智超主编：《陈垣全集》第 2 册，安徽大学出版社 2009 年版，第 500 页。

陈垣对外来宗教史研究的贡献述略

1932 年，陈垣撰《雍乾间奉天主教之宗室》长文，上编：苏努诸子；下编：简亲王德沛。这是利用教外档案材料补充教内文献之不足，纠正教内文献之错误之范例。上编叙述苏努诸子，苏努是清太祖努尔哈赤的四世孙，与雍正是兄弟辈，苏努和他的八个儿子都是天主教徒，由于苏努父子后来获罪被削籍，故在《宗室王公功绩表传》中无传。苏努父子事迹在教会史中倒有记载，可是西方人不了解中国各种制度，很多记载与史实不符合。陈垣此文补充了教会史之不足，纠正其错误。此文有三个附录：（一）苏努父子获罪年表。（二）苏努诸子表。教内文献谓苏努有子十三人，二人前卒，获罪时存者十一人。陈垣利用官书、教会史"细为勘合"，就其本名、圣名、受洗年、先后禁所、年岁，一一列表说明。（三）教会史载苏努事勘误表。列举了《燕京开教略》《圣教史略》《巴函选译》等教会文献的错误 23 条。[①] 下编：简亲王德沛。清宗室中与苏努诸子同时，而奉天主教者有德沛。关于德沛之世系、略历、奉教说之由来、其学说、清人对德沛之推崇等问题，教内文献及教外文献记载多有错误。陈垣一一考辨，文后附《诸家载德沛事勘误表》。[②]

此文发表后，《大公报·文学副刊》有人发表评论文章，但文中的史实有误，陈垣写《从雍乾间奉天主教之宗室说到石老娘胡同当街庙》一文，根据档案资料，驳正了一些因教内文献记载而误传的民间传说。[③]

《康熙与罗马使节关系文书》，共 14 件，原存故宫懋勤殿，先后发现于 1925 年、1928 年、1930 年，皆经康熙亲笔修改，是关于康熙与罗马教廷关系的极珍贵、极重要的材料。1930 年，故宫博物院将这批档案排印，登载在《文献丛编》第六辑上。这 14 件档案，标明年月者只有 4 件，其余有不著年月者，有有月无年者，参加整理者，将先后次序弄颠倒了。1932 年故宫将这批档案影印出版，陈垣写了《康熙与罗马使节关系文书影印本叙录》，[④] 对这 14 件档案的年代一一考订清楚，并按年代排列。使研究教会史及中外关系史的学者能正确利用。[⑤]

其实，利用教外典籍研究外来宗教史，是陈垣一贯的主张。早年他研究四种古教，就是利用大量教外史料。他在《摩尼教入中国考》中说："今摩尼教久

①　陈垣著，陈智超主编：《陈垣全集》第 2 册，安徽大学出版社 2009 年版，第 540－541 页。

②　陈垣著，陈智超主编：《陈垣全集》第 2 册，安徽大学出版社 2009 年版，第 559－560 页。

③　陈垣著，陈智超主编：《陈垣全集》第 2 册，安徽大学出版社 2009 年版，第 561－563 页。

④　陈垣著，陈智超主编：《陈垣全集》第 2 册，安徽大学出版社 2009 年版，第 512－516 页。

⑤　参阅曾庆瑛《陈垣与家人》，北京师范大学出版社 2010 年版，第 63 页。

亡，经典焚毁殆尽，言摩尼教者只可求诸基督教史。然欲求中国摩尼教史料，则又非基督教史所有，只可仍求之汉文典籍，及诸佛教史中。然而无论为基督教史，为佛教史，其对于摩尼，均具贬词。考古者只可取其言外之意而已。"①1933 年，陈垣与胡适关于"佛"字的出现与《四十二章经》真伪的辩论，也是陈垣利用教外文献研究佛教的例证。4 月 8 日，陈垣在复胡适的信云："来示又谓我过信教外史家，而抹杀教中一切现存后汉译经及《牟子》等，诚然诚然。窃以为信供不如信证，故每在教史以外求证，亦孔子所谓'孝哉，闵子骞，人不间于其父母昆弟之言'之意也。佛家记载如可信，吾何为不信，奈其可信者甚少何。故尝谓研求教义，自当寻之内典，研求教史，不能不证之外典也。"②

抗战时期，陈垣写《明季滇黔佛教考》一书，1940 年 4 月 25 日在致陈乐素的信中说：该书"所引明季书四十余种，滇黔书五十余种，多人间共见之书，而不知其有佛教史料。所引僧家语录六十余种，多人间未见之书，更不料其有明季滇黔史料矣。"③ 陈寅恪在为此书作序时说："寅恪颇喜读内典，又旅居滇地，而于先生是书征引之资料，所未见者殆十之七八，其搜罗之勤，闻见之博若是。"④可见陈垣运用教外史籍的丰富。

由此可见，陈垣研究外来宗教史，充分利用教外典籍是其特色之一。

三、《二十史朔闰表》《中西回史日历》对研究外来宗教史的意义

《二十史朔闰表》和《中西回史日历》是陈垣编著的两部关于年代、历法，研究历史必备的两部重要工具书。它对研究外来宗教史有什么意义呢？

陈垣早年写"古教四考"及《元西域人华化考》时，常常遇到中历、西历、回历对比的问题。有的书只记中历或西历月日，不知回历是何时；有的书只记西历或回历月日，也不知中历的确切日期；或各书记载参差纷乱，莫衷一是。陈垣深感没有一本中西回史的日历对照，给研究者造成极大的不便。

为什么各书记载不同呢？因为这三种历法各不相同。中西历纪年，一年相差10 多天至 50 多天，西历岁首，一般都在中历岁末，如不按年月日计算，而以中历某年作为西历某年，则在岁首岁尾之间，会有一年的差误。回历与中西历都不

① 陈垣著，陈智超主编：《陈垣全集》第 2 册，安徽大学出版社 2009 年版，第 142 页。

② 陈智超编注：《陈垣来往书信集》（增订本），生活·读书·新知三联书店 2010 年版，第 215 页。

③ 陈智超编注：《陈垣来往书信集》（增订本），生活·读书·新知三联书店 2010 年版，第 1113 页。

④ 陈寅恪：《金明馆丛稿二编》，上海古籍出版社 1980 年版，第 240 页。

相同。回历每月的天数固定，单月大尽，各30天；双月小尽，各29天。每隔二三年有一次闰年，逢闰年十二月末加一天，成为30天。所以回历平年354天，闰年355天。因回历不设闰月，故每年岁首不定，与季节无关。回历和中西历对算，每经三十二三年就差一年，即回历每过三十二三年就比中西历多一年，每一百年多三年多，一千年多三十几年。所以，如不了解这三种历法的差异，则在历史记载的运用上必然会出现许多错误。

更因为在《明史·历志》里谈到回历时，说回历"起西域阿剌喇必年（隋开皇己未），下至洪武甲子，七百八十六年。"

洪武甲子是洪武十七年（1384），由这一年按回历上推786年，是回历纪元开始，本来不错。上推786年应是唐高祖武德五年壬午（622），但《明史》的在下面注"隋开皇己未"，这就大错了。隋开皇己未是隋文帝开皇十九年（599），这是因为《明史》的作者不是按回历上推，而是错误地按中历上推786年，则把回历纪元的开始提早了23年。从此，很多人就按着这个错误的推算，来计算回历纪元，因此在历史文献典籍上，凡涉及中回历比较时，很少有不错的。①

陈垣认为"苟欲实事求是，非有精密之中西长历为工具不可"。下决心编《中西回史日历》，"稿凡五易，时阅四年"②。因为《中西回史日历》"卷帙较繁，一时不能付印。而朋辈索观及借钞者众，故特将中史朔闰表（即《二十史朔闰表》——引者注）先付影印，而西历回历亦附见焉"③。陈垣说，编这两个表"兹事甚细，智者不为，然不为终不能得其用。余之不惮烦，亦期为考史之助云尔，岂敢言历哉！"④

关于编《中西回史日历》的意义，陈垣说：

> 中间复得一九二〇年南京黄教士《中西年月通考》。又得一八八〇年日本内务省地理局所编之《三正综览》，备载中西回历。参互考订，始得写定。夫日民族，固无回族也，然四十五年前，日人已注意及此。吾国号称有回族若干万，有明一代，参用回回历法者又二百六十余年，而中回历比照年表，从未之见。年表且无，何有日表。故至今言回教者，犹时循《明史》以来之误，谓回历始于隋开皇己未，古今史实之谬，罕有如是之甚者也。海通而后，市上有所谓中西月份牌；汉回错杂之区，又有所谓西域斋期单，固中西回日表也。然皆一年一易，旋即废弃，无裨于考史。今此编不啻二千年

① 刘乃和：《励耘承学录》，北京师范大学出版社1992年版，第164页。
② 陈垣：《中西回史日历·自序》，见《陈垣全集》第4册，第1-2页。
③ 陈垣：《二十史朔闰表·例言》，见《陈垣全集》第6册，第1页。
④ 《中西回史日历·自序》，见《陈垣全集》第4册，第3页。

之中西月份牌，而一千三百五十年之西域斋期单也。①

有了这两部著作，对中西回日历的换算就十分方便了。因此，这两部著作受到学术界的欢迎和肯定。对《二十史朔闰表》，胡适发表书评说："此书在史学上的用处，凡做过精密的考证的人皆能明瞭，无须我们——指出。""我们应该感谢陈先生这一番苦功夫，作出这种精密的工具来供治史者之用。""这种勤苦的工作，不但给刘羲叟、钱侗、汪曰桢诸人的'长术'研究作一个总结果，并且可以给世界治史学的人作一种极有用的工具。"②

宗教史专家陈庆年收到陈垣赠送的《中西回史日历》书之后，致函陈垣说：

> 一则中外史实有待考于比照之日历者綦多，有此则无数纠纷可以解决。（回历尤要，自唐以来蕃客来华者众，影响于国史者甚大。）一则出版社沈寂殊甚，此书一出，如暗中得明，可腾耀于外邦也。
>
> 把卷细读，惟见其条理分明，朱墨朗然，二千年之历日，一检即得，中西回之比照，方便法门，莫过于是。
>
> 从此嘉惠史林，为功当无伦比，不朽事业，此其选矣。尝谓读史非比较时日，鲜不为古人所误。如黄巢之陷广州，《唐书》本纪及《通鉴》均谓在僖宗乾符六年，而《旧唐书·卢携传》及《五代史·南汉世家》又明言在乾符五年，两说相差一年，未知孰是。据阿拉伯人记载，则谓其事在回历二六四年，久思以其说证之，惜无书可以比照中回日历。今检大著，回历二六四年为乾符四年八月初三日至五年初二日，乃知《旧唐书》及《五代史》较《新唐书》、《通鉴》等为比较可信。即此一端，尊著之有功于考据界，岂不伟哉。③

由此可见，这两部书是我国编制历表的创举，为中、西、回三种历法纪年的换算提供了可靠工具，为中外史料的运用开辟了方便的途径，为历史研究成为科学研究作出了贡献。对研究外来宗教史具有十分重要的意义。

四、 对外来宗教史籍整理的贡献

（一） 对基督教史籍的整理与校订

陈垣研究基督教史，十分重视对基督教史籍的整理与校订。马相伯、英敛之

---

① 《中西回史日历·自序》，见《陈垣全集》第4册，第3-4页。

② 胡适：《介绍几部新出的史学书》，载《现代评论》第4卷第91期，1926年。

③ 陈智超编注：《陈垣来往书信集》（增订本），生活·读书·新知三联书店2010年版，第63-64页。

对陈垣"古教四考"非常叹服，遂以校订汇刻基督教会书籍的任务相嘱托。1919年8月3日，马相伯在致英敛之的信中说："《真福和德理传》，鄂省崇正书院梓（圣家会士郭栋臣松柏译，疑即尝注培根者），倘得援庵重加考订，亦元末圣教也，亦欧洲中世纪史也。"① 可见马、英对陈垣期望之殷。

据查，经陈垣校订过的基督教史籍，有以下几种。

（1）1918 年校刊《铎书》，并写《重刊铎书·序》。②

《铎书》一卷，明韩霖撰。1919 年陈垣校刊，以单行本印行。陈序说："是书则取明太祖圣谕六言，以中西古近圣贤之说，为之逐条分疏，演绎详解，而一本于敬天爱人之旨，独标新义，扫除一切迂腐庸熟之谈，其真切感人，能令读竟者忘其为循例宣讲之书。"

（2）1919 年校刊《灵言蠡勺》，并写《重刊灵言蠡勺·序》。③

《灵言蠡勺》二卷，明毕方济译撰。1919 年陈垣校刊，以单行本印行。陈序云：方济，字今梁，意大利人，以利玛窦卒后三年至中国，时万历四十一年。方济在华三十余年，卒于杭州。毕方济著作"诸编中《灵言蠡勺》说理最精，余从万松野人假得钞本，酷爱之，即欲重刊，近复得崇祯间慎修堂重刻《天学初函》本，因属樊君守执细为比勘，遂付活版。"该书单行本有马相伯写的《重刊灵言蠡勺序》。

（3）1919 年校刊《辩学遗牍》，并写《重刊辩学遗牍序》④

《辩学遗牍》，旧题利玛窦著，1915 年英华、马相伯曾校订刊行，英、马都写有跋。1919 年陈垣重校刊此书，并写序。序说：《辩学遗牍》一卷，旧本题利玛窦撰。前编为利《复虞淳熙书》，应为利玛窦的著作，"后编为《辩竹窗三笔天说》，殆非利撰。""当时天教人才辈出，西士中士能为此等文者不少，此必教中一名士所作，而逸其名，时人辗转传钞，因首篇系利复虞书，遂并此稿亦题为利著，李之藻付梓时，偶未及考，故未订正耳。"

（4）1919 年校刊《主制群征》，并写《三版主制群征跋》。⑤

《主制群征》二卷，明末传教士汤若望著。1915 年英华校刊此书，由天津

① 朱维铮主编：《马相伯集》，复旦大学出版社 1996 年版，第 368 页。

② 陈垣著，陈智超主编：《陈垣全集》第 2 册，安徽大学出版社 2009 年版，第 393 - 396 页。

③ 陈垣著，陈智超主编：《陈垣全集》第 2 册，安徽大学出版社 2009 年版，第 408 - 409 页。

④ 陈垣著，陈智超主编：《陈垣全集》第 2 册，安徽大学出版社 2009 年版，第 410 - 411 页。

⑤ 陈垣著，陈智超主编：《陈垣全集》第 2 册，安徽大学出版社 2009 年版，第 422 - 424 页。

《大公报》印刷。有马相伯、英华的序。英序中曾注云："昔见抄本赠送汤公诗文极多，皆一时名流，惜已失！"1919 年陈垣又再校刊印，并作跋。跋文说：此编"万松野人深喜之，1915 年重印于天津。近复谋再印，末附赠言一帙，则清初诸文士赠若望之作，其诗则为前印所未有，就从徐家汇书楼抄得者，录而存之，亦可想见当年之盛也。"此一"附赠言"，是陈垣校刊《主制群征》的最大特色。

（5）1919 年校刊《大西利先生行迹》，并写《大西利先生行迹识》。①

《大西利先生行迹》，艾儒略作。大西利先生即利玛窦。艾儒略曾在福建传教，故是书有"闽中景教堂"刻本。马相伯、英华据上海徐家汇藏书楼钞本，于 1916 年校刊，可称为"马英校本"。马先生写了一篇很长的《书后》和再记②。1919 年，陈垣再为之校刊，并写《大西利先生行迹识》，谓此书作于"崇祯三年秋冬之间"。

（6）校订圣经《新约》《旧约》。

1923 年陈垣发表《旧约三史异文考》③。文中说：对于基督教，"于义理方面，不欲多所论列，惟于考订方面，略有致力。尝以乾嘉诸儒治史之法，治旧、新约，有所获辄随手记录，八年以来，遂积巨帙。"因《真理周刊》之约，"特以《旧约三史异文考》寄之"。本文"亦犹治《诗》者之考三家《诗》异文，治《春秋》者之考《三传》异同云尔。"说明陈垣对《新约》《旧约》的整理考订下过功夫。

（7）关于《遵主圣范》的译本。

1925 年《语丝周刊》发文介绍《遵主圣范》一书。陈垣阅后写《再论遵主圣范译本》，"特将敝藏所藏此书汉译诸本，介绍于众。"此文共介绍了七种译本：①《轻世金书》；②《轻世金书便览》；③《遵主圣范》（1912 年北京救世堂本）；④《遵主圣范》（1904 年上海美华书馆本）；⑤《师主编》；⑥《遵主圣范新编》；⑦《轻世金书直解》。④ 可见陈垣对《遵主圣范》有相当深入的研究，并有丰富的藏书。

（8）影印《名理探》，并写《名理探跋》。

《名理探》五卷，明西洋人傅汎际与李之藻同译。《跋》曰：《名理探》为三百年前之名理学。原译十卷，此本仅五卷。陈垣得自英华，英华得自马相伯。

---

① 陈垣著，陈智超主编：《陈垣全集》第 2 册，安徽大学出版社 2009 年版，第 412 页。
② 朱维铮主编：《马相伯集》，复旦大学出版社 1996 年版，第 222－225 页。
③ 陈垣著，陈智超主编：《陈垣全集》第 2 册，安徽大学出版社 2009 年版，第 425－431 页。
④ 陈垣著，陈智超主编：《陈垣全集》第 2 册，安徽大学出版社 2009 年版，第 493－499 页。

陈垣对外来宗教史研究的贡献述略

1926 年春，吴宓在励耘书屋见此书，怂恿付印。陈垣云"影印数百部以传之，并以拙著《李之藻传》附卷末，而志其来历如此。"①

（9）编基督教史论著目录。

上文说过，陈垣在《万松野人言善录跋》中说："拟仿朱彝尊《经义考》、谢启昆《小学考》之例，为《乾隆基督教录》，以补《四库总目》之阙。"② 但此目录没有完成，1927 年，在《基督教入华史》中，附《明末清初教士译著现存目录》（只录说教之部，其天文历算地理之部从略），目录分"现有刊本通行者""现无刊本通行者"和"附录"三部分③。

（二）对佛教史籍的整理与校订

（1）《释氏疑年录》12 卷是陈垣 1938 年整理完竣，1939 年经修改后刻板印行的、检查历史上僧人生卒年的工具书。记载自晋至清初有年可考的名僧 2800 人。作者在《小引》中说："往阅僧传，见有卒年可纪者辄记之，阅他书有僧家年腊亦记之，积久遂盈卷帙。顾同一僧也，而有记载之殊，同一传也，而有版本之异。""所见愈广，纠纷愈烦，悔不株守一编为省事也。然既见之，则不能置之，故又每以考证其异同为乐，同则取其古，异则求其是，伪者订之，疑者辩之，辩论既定，遇有佳证，仍复易之。"④ 本书引用佛教典籍、僧传、语录，并参考诸家文集、方志、金石碑拓等资料，共 700 余种，是对释氏生卒年资料的一次全面整理。卞孝萱在《陈垣与〈释氏疑年录〉》一文中认为陈垣"《释氏疑年录》是自有《疑年录》以来学术价值最高者。"其特色有四：①体例完善；②选材审慎；③考证细密；④校勘谨严。"《释氏疑年录》好似信息库，为研究 2800 位僧人以至佛教史提供了重要线索，对读者帮助很大。"⑤ 此书足称工具书之典范，做学问的指南。

（2）《中国佛教史籍概论》完成于 1942 年 9 月。1943 年陈垣为辅仁大学研究生新开的一门课程，即以此书为讲义。1946 年至 1947 年间曾在报纸上发表单篇 20 余篇，未出版单行本。直至 1955 年，才由郭沫若推荐给科学出版社出版，并为此书题写了书名。

作者在"缘起"中说："中国佛教史籍，恒与列朝史事有关，不参稽而旁考之，则每有窒碍难通之史迹。此论即将六朝以来史学必需参考之佛教史籍，分类

---

① 陈垣著，陈智超主编：《陈垣全集》第 2 册，安徽大学出版社 2009 年版，第 502 页。
② 陈垣著，陈智超主编：《陈垣全集》第 2 册，安徽大学出版社 2009 年版，第 404 页。
③ 陈垣著，陈智超主编：《陈垣全集》第 2 册，安徽大学出版社 2009 年版，第 479 － 490 页。
④ 陈垣著，陈智超主编：《陈垣全集》第 17 册，安徽大学出版社 2009 年版，第 3 页。
⑤ 卞孝萱：《现代国学大师学记》，中华书局 2006 年版，第 148 页。

述其大意，以为史学研究之助，非敢言佛教史也。""尤所注意者，《四库》著录及存目之书，因《四库提要》于学术上有高名，而成书仓猝，纰缪百出，易播其误于众。""其弊盖由于撰释家类提要时，非按目求书，而惟因书著目，故疏漏至此。今特为之补正，冀初学者于此略得读佛教之门径云尔。"①

全书分六卷，著录六朝以来佛教史籍 35 种，按成书先后排序。此书是近代以来第一部介绍佛教史籍的目录学书，也是一部系统揭示在史学研究中如何利用佛教典籍的专著。

此书的特色在于：第一，每部佛教史籍都有题解，分列书名、卷数、作者、版本、内容等，并有"本书之体制及内容""本书之特色及在史学上的利用""本书之得失""本书版本异同""本书之流行"及撰者"略历"，有关史实"辨误""正误"等小标题，一一评价、考辨。这样就大大提高了它的目录学价值。第二，重视对于佛教典籍的版本分析。其版本考据，远在清代学者之上。第三，对前代各种目录学专著的失误辨证极多，如纠正《四库提要》错误凡 29 条。

（三）拟编《中国回教志》

陈垣在《回回教入中国史略》演讲中，说"二十年前，余即有意编纂《中国回教志》。其总目如下：一、宗派志；二、典礼志；三、氏族志；四、户口志；五、寺院志；六、古踪志；七、金石志；八、经籍志；九、人物志：经师、卓行、政绩、武功、文苑、方术、杂流、列女；十、大事志。附：中回历对照年表，历代哈里发世系表、唐宋辽大食交聘表、元明清回回科第表。"② 此志虽然没有编成，但可见其整理回教典籍的设想。

以上我从四个方面论述了陈垣对外来宗教史研究的贡献，不知是否得其要领，请方家指正。

附记：本文初稿得到中山大学历史系胡守为教授、蔡鸿生教授审阅，提出一些修改意见，谨此致由衷的感谢。

原载《中山大学学报（社会科学版）》2014 年第 4 期。

① 陈垣著，陈智超主编：《陈垣全集》第 17 册，安徽大学出版社 2009 年版，第 495 页。
② 陈垣著，陈智超主编：《陈垣全集》第 2 册，安徽大学出版社 2009 年版，第 838 页。

陈垣与中国佛教史研究的现代转型

——运用王国维创立的"新历史考证学"方法研究中国佛教史

"新历史考证学"方法的创立，是中国史学近代化的重要标志之一。本文分析陈垣对山西云冈石窟寺的研究、对《大唐西域记》的研究、关于《四十二章经》译撰时代的讨论、清初宫廷与禅宗史的研究，这些研究是运用"新历史考证学"方法研究佛教史的典范，从而确立他在中国佛教史研究从传统走向现代转型过程中的地位。

在中国，宗教学成为一门独立的学科是在 20 世纪初。中国宗教研究最初从宗教思想理论和宗教史两方面开展。当下，学术界对百年来的中国宗教研究进行总结，① 当然，包括对中国佛教史的研究进行总结。陈垣被誉为中国宗教史研究的开拓者，其研究领域包括元也里可温教、开封一赐乐业教、火祆教、摩尼教、基督教、伊斯兰教、佛教和道教等，而学术界对陈垣宗教史研究的成就、贡献、影响等进行深入研究，成果累累。陈垣对佛教史研究的成果在他的宗教史研究中占的比重最大。据《陈垣全集》统计，除《释氏疑年录》《明季滇黔佛教考》《清初僧诤记》《中国佛教史籍概论》四部专著外，还有 15 篇著名论文。在其他著作中涉及佛教的论述，还有不少精辟的论断。《陈垣来往书信集》（增订本）中也有许多关于佛教的通信。最近有学者从中国佛教史研究的现代转型的角度，探讨陈垣的学术地位和影响，提出许多真知灼见。② 本人受这些学者论文的启发，在这里谈谈陈垣在中国佛教史从传统的僧传、谱系研究走向现代研究的过程中的贡献，就教于同好。陈垣对中国佛教史研究现代转型的贡献是多方面的，这里只谈一个问题，即他运用王国维创立的"新历史考证学"方法研究中国佛教史，并取得卓越成就。

一、 对山西云冈石窟寺的研究

20 世纪是中国历史学研究由传统转向现代时期，王国维把中国传统的乾嘉

---

① 何光沪：《中国宗教学百年》，载《学术界》2003 年第 3 期；卓新平：《中国宗教研究百年》，载《中国宗教》1999 年第 2 期等。

② 葛兆光：《"聊为友谊的比赛"——从陈垣与胡适的争论说到早期中国佛教史研究的现代典范》，载《历史研究》2013 年第 1 期；刘贤：《陈垣与 20 世纪上半期中国宗教研究的现代转变》，载《中国人民大学学报》2014 年第 3 期等。

考据学方法与西方近代科学方法结合起来，创立中国近代实证史学方法，有的学者称为"新历史考证学"方法。这种方法的出现有两个关键，一是新材料的发现，二是"二重证据法"的采用。这是中国史学近代化的重要标志之一。① 王国维的"新历史考证学"方法，强调打破中西之隔，"兼通世界之学术"；打破正统观念和门户之见，提倡"自由研究"，"以事实决事实""不当以后世之理论决事实"。② 陈垣的宗教史研究，是运用这种"新历史考证学"方法的典范。

1930 年，陈寅恪在《陈垣敦煌劫余录序》中说：

> 新会陈援庵先生垣，往岁尝取敦煌所出摩尼教经，以考证宗教史。其书精博，世皆读而知之矣。③

1940 年 7 月，陈寅恪在《陈垣明季滇黔佛教考序》中说：

> 故严格言之，中国乙部之中，几无完善之宗教史。然其有之，实自近岁新会陈援庵先生之著述始。先生先后考释摩尼佛教诸文，海内外学者咸已诵读而仰慕之矣。④

这里陈寅恪两处提到的陈垣摩尼教考，是指陈垣 1923 年发表于北京大学《国学季刊》第一卷第二号的《摩尼教入中国考》一文。陈垣运用"新历史考证学"方法，解决了摩尼教在中国历史中流行的问题。刘铭恕在《书陈垣〈摩尼教入中国考〉后》中说：

> 摩尼教输入中国一事，在中国宗教史上，占有甚重要的地位。比年以来，因敦煌石室藏经之发现，学者取材有资，从事于此事之研究者，颇不乏人。如蒋伯斧、伯希和、王国维与陈援庵等，皆著者也。蒋伯二氏，虽有勾索，所得实少。王氏著摩尼教流行中国考（见《观堂别集补遗后编》），虽有所得，而系统未备，皆非所取也。对此问题，能作系统之研究，具体之解决者，只有陈援庵先生一人。陈氏著《摩尼教入中国考》一文，折衷旧说，附益新知，体大思精，得未曾有。其有功于中国史学界，岂浅鲜哉？⑤

校录京师图书馆及伦敦博物馆、法国图书馆所藏敦煌莫高窟摩尼教经残卷两

① 参阅林甘泉《20 世纪的中国历史学》，载《历史研究》1996 年第 2 期；戴逸《世纪之交中国历史学的回顾与展望》，载《历史研究》1998 年第 6 期；瞿林东《20 世纪的中国史学》，载《历史教学》2000 年第 3、5 期。

② 吴泽主编：《王国维全集·书信》，中华书局 1984 年版，第 46 页。

③ 陈寅恪：《金明馆丛稿二编》，上海古籍出版社 1980 年版，第 236 页。

④ 陈寅恪：《金明馆丛稿二编》，上海古籍出版社 1980 年版，第 240 页。

⑤ 《北平晨报·思辨》1936 年第 40 期，转引自王明泽《陈垣事迹著作编年》，广西师范大学出版社 2000 年版，第 33 页。

种，作为附录与上文同时发表。

陈垣《摩尼教入中国考》，与《元也里可温教考》《开封一赐乐业教考》《火祆教入中国考》等，被学界称为"古教四考"，是运用"新历史考证学"方法研究古代宗教史的典范。陈寅恪在上引《佛教考》序中把陈垣的"佛教诸文"与考释摩尼教文同等对待，都是"完善之宗教史"的范例。

《陈垣全集》中陈垣研究佛教史的论文有十多篇，每篇都是用"新历史考证学"方法，解决了佛教史的重大问题。《记大同武州山石窟寺》，发表于 1919 年的《东方杂志》，这是陈垣的第一篇研究中国佛教史的论文。该文根据大量史料，证明"武州塞之石窟，始凿于昙曜"，开凿时间当在北魏文成帝拓跋濬兴安二年（453）①。1929 年，他在《燕京学报》发表《云冈石窟寺之译经与刘孝标》，该文考证出"昙曜不独为石窟寺开山的创造者，亦为石窟寺译经的创始者"。分析了昙曜所译佛经存佚情况，并揭示刘孝标参与译经的秘密。② 这些考释对研究中国佛教史有重要意义。《陈垣全集》第七册"杂著"收入《云冈第七窟造象记识语》：右《观音势至文殊三菩萨造象记》，在云冈石窟寺第七窟高三丈余之东壁间，颜曰"佛光普照"。戊午秋（1918）余游大同尚未发现，翌年九月始有人用远镜搜得之。石质松渧，不易拓。同院梁君善济觅京工往拓之。太和七年为太武毁佛之三十七年，复兴佛法之三十年，迁洛之前十一年也。甲子一月二十日新会陈垣识。③ 甲子年即 1924 年，距离 1919 年陈垣发表《记大同武州山石窟寺》已经五年，他还继续跟踪相关资料，说明他对研究问题的执着。

二、 对《大唐西域记》的研究

1924 年 2 月 15 日，陈垣致叙畴函，云：

> 尊藏《大唐西域记》，弟始即疑为《四库全书》所据之底本，今细考之，果然，诚可宝也。书眉签注之人为祖之望，之望盖当时缮书处之分校官，名见《四库提要》卷首。书内间有墨点，其一点者行也，三点者叶也。四库书每半叶八行，行廿一字，此缮写时计算行款之标识也。篇首方印不甚明，当为翰林院印。进到各书，例于篇首用翰林院印，此见于乾隆三十九年五月上谕者也。卷十一第七叶"式修供养"以后一段廿九行凡五百十六字，

---

① 陈垣著，陈智超主编：《陈垣全集》第 2 册，安徽大学出版社 2009 年版，第 660 - 663 页。

② 陈垣著，陈智超主编：《陈垣全集》第 2 册，安徽大学出版社 2009 年版，第 707 - 711 页。

③ 陈垣著，陈智超主编：《陈垣全集》第 7 册，安徽大学出版社 2009 年版，第 925 页。

为宋、元藏本所无，盖据明藏本增入者也。《四库提要》（地理类四）未检校宋、元、明藏本，仅以理想推定自"今之锡兰山"句起，至"无量功德"句止三百七十字为明人附记之语，此馆臣之疏略也。日本缩印《大藏经》，以宋、元、明、高丽四本互勘，特将此五百十六字移附卷末，至审慎也。此为吴氏西爽堂刊本，《四库提要》所称为吴氏刊本者是也。不知何时流出海外。今君乃于海外复得之，其可宝贵为何如耶！阅毕敬缴，并缀数语如右，以志欣赏。弟陈垣谨启。甲子二月十五日。①

收信人叙畴，即廖世功，上海嘉定人。民国初年曾任驻法使馆秘书、驻巴黎总领事。与当时在法国勤工俭学的徐特立相识。据说此本原为法国某汉学家（似为沙畹）所藏并详细读过，书眉上有些地方有外国人书写的中文字和法文注释。此人在巴黎大学当过教授，死后拍卖遗物时，廖世功把此书买下，回国后，请陈垣赏鉴。陈垣写了上面的一封信。

陈垣这封信非常重要，他提出四点证据：（1）书眉签注的祖之望，正是当时修《四库全书》缮书处之分校官；（2）"书内间有墨点"，正是"缮写时计算行款之标识"；（3）篇首方印，虽不甚清楚，应是根据乾隆"上谕"在进到各书篇首加盖之"翰林院印"；（4）此书为吴氏西爽堂刊本，而《四库全书总目》在《大唐西域记》条下提到本书所据之本正为"吴氏刊本"。这四条证据铁证如山，证明此本即《四库全书》所采纳的底本。陈垣非常高兴，所以说"其可宝贵为何如耶！""并缀数语如右，以志欣赏。"②

陈垣对《大唐西域记》非常熟悉并有深刻的研究，就在写这封信之后四个月，在《东方杂志》发表《书内学院新慈恩传后》。《慈恩传》全名为《大慈恩寺三藏法师传》，即玄奘的传记。此书为玄奘弟子慧立撰，分五卷，为未定稿。慧立卒后，其稿散佚，至彦悰乃搜辑本文析为十卷。但"以此传与他传校，牴牾恒有；以此传前后互校，矛盾亦复不免。"③ 1921 年秋，梁启超在南开大学讲授《中国历史研究法》，在第六章"史料之搜集与鉴别"中，详细叙述了自己考证玄奘开始出游年份是"贞观元年"，而不是史籍记载的"贞观三年"，认为"殆成铁案矣！"④ 陈垣此文分 13 目，前四目考评了玄奘的年岁；五至十二目考证了玄奘出游年份及相关史实；并附本传甲子纪误。陈垣除利用梁启超所引《续高僧传》、《慈恩传》、新旧《唐书》和《资治通鉴》外，还利用了《大唐西域记》

---

① 陈智超编注：《陈垣来往书信集》（增订本），生活·读书·新知三联书店 2010 年版，第 191 页。

② 陈智超：《跋〈鉴真和上失明事质疑〉及〈致廖世功（叙畴）函〉》，载《社会科学战线》1980 年第 4 期。

③ 陈垣著，陈智超主编：《陈垣全集》第 2 册，安徽大学出版社 2009 年版，第 672 页。

④ 梁启超：《中国历史研究法》，上海古籍出版社 2011 年版，第 84 - 86 页。

《全唐文》《通典》《太平寰宇记》《册府元龟》《新唐书纠缪》《资治通鉴考异》等七种典籍，将新旧《唐书》与《资治通鉴》的记载相互循环比勘对校，又利用《通典》《册府元龟》考辨新旧《唐书》和《资治通鉴》的材料来源，一一驳难梁启超的论据，最后指出"故吾曰贞观三年出游说必不可推翻，元年出游说必不能成立也"①。陈垣寻找史源、订讹正误的"新历史考证学"方法和实事求是的精神，受到学人的推崇。

1930 年，在中央研究院《历史语言研究所集刊》发表《大唐西域记撰人辩机》一文。玄奘所译经论 75 部，皆称玄奘奉诏译，不著缀文人。唯《大唐西域记》卷首独著"玄奘奉诏译，沙门辩机撰。"《大唐西域记》不同于其他经论者，在于其他经论是照本翻译，而《大唐西域记》则是玄奘自述，辩机撰文。根据《新唐书》《资治通鉴》记载，辩机与高阳公主私通，事情被揭发，辩机被诛。因此，僧传不为立传，辩机事迹不详。"诸经论，非究心内典之人不读。《西域记》，则究心历史地理之人皆读之。故佛藏以外，传本亦众。"陈垣有感于此，"特搜集关于辩机之史料而论次之。"② 文分 14 目：（一）绪论；（二）辩机之自述；（三）瑜伽师地论后序之辩机；（四）慧立口中之辩机；（五）道宣口中之辩机；（六）僧传中散见之辩机；（七）《新唐书》辩机凡三见；（八）资治通鉴中之辩机；（九）辩机之略历及年岁；（十）辩机与高阳公主来往之年；（十一）辩机被戮之年及译经年表；（十二）王鸣盛不信西域记为辩机撰；（十三）同时是否有两辩机；（十四）余论。全文考证出辩机略历、出家、译经、与高阳公主来往及被杀的年代及相关事迹。③ 梁启超在《清代学术概论》中总结清代"朴学"有十条规则，其中有一条是"所见不合，则相辩诘，虽弟子驳难本师，亦所不避。"④ 本文的（十二）（十三）目，则是对陈垣所推崇的清代著名史学家王鸣盛的驳难。王鸣盛在《十七史商榷》卷九二"西域记"条和《蛾术编》卷十二提出不信《大唐西域记》为辩机撰，说"辩机恶僧，岂能著书?""以一淫乱沙门，乃意在撰述，亦理所无。"陈垣反驳曰：

> 恶僧不能著书，不成理由。昔鸠摩罗什为姚主所逼，强受十女。自尔以来，不住僧坊，每至讲说，常先自说，譬如臭泥，中生莲花，但采莲花，勿采臭泥。（《高僧传》二《鸠摩罗什传》）辩机之被逼，何以异是！相传玄奘大弟子窥基，常以三车自随，前乘经论，中乘自御，后乘家妓。故关辅语

① 陈垣著，陈智超主编：《陈垣全集》第 2 册，安徽大学出版社 2009 年版，第 682 页。

② 陈垣著，陈智超主编：《陈垣全集》第 2 册，安徽大学出版社 2009 年版，第 714 页。

③ 陈垣著，陈智超主编：《陈垣全集》第 2 册，安徽大学出版社 2009 年版，第 712 - 737 页。

④ 梁启超原著，朱维铮校注：《清代学术概论》，中华书局 2010 年版，第 70 页。

曰："三东和尚"（《宋高僧传》四《窥基传》）。此文何说？曾谓罗什、窥基不能著书乎？似不足辩也。①

或曰"同时有两辩机"，陈垣经过分析考证，认为"假定辩机有二，一贞一淫，当淫僧被戮之时，同名者同在西京，岂能绝无闻见？后来僧传，何不一为辩之？""今则无法证明贞观末年西京有两辩机也。"②

此文之（十四）目"余论"，则把辩机被诛事件放在更广阔的历史背景下考察，说"辩机之罪，似不至死，更何至腰斩？又何至杀奴婢十余人？颇疑其别有背景。"陈垣引《旧唐书》卷五七《裴寂传》："贞观三年，有沙门法雅，初以恩倖出入两宫，至是禁绝之。法雅怨望，出妖言，伏法。""今《新唐书》《高阳公主传》，言辩机之外，有浮屠智勖、惠弘等，皆私侍主，能占祸福、视鬼，殆亦法雅妖言之类。辩机之死，想与有关。宫掖事秘，莫能详也。"陈垣认为"唐太宗自始即不喜佛教"，"其不能容法雅之妖言，任辩机之淫乱也，必矣"③。此文为"新历史考证学"的范例，影响甚大。除在《历史语言研究所集刊》发表之外，1931 年收入日本弘文堂印行的《桑原博士还历纪念东洋史论丛》。④ 1955 年1 月修订后，作为文学古籍刊行社出版的《大唐西域记》一书的附录。

三、 关于《四十二章经》译撰时代的讨论

1933 年 3 月 30 日，胡适将《陶弘景的〈真诰〉考》一文，送陈垣阅，文中证明《真诰》抄袭《四十二章经》。陈垣 4 月 1 日即复信胡适，同意《真诰》抄袭《四十二章经》的结论，但指出，后汉史料只称"浮屠""浮图"，未出现"佛"这一名词，今本《四十二章经》屡出现"佛"字，非汉代译本。4 月 3日，胡适写《四十二章经考》，并于 4 月 5 日致信陈垣，反驳陈垣的观点，认为"后汉佛徒已渐渐一致用'佛'之名"了。从 4 月 1 日至 10 日的十天中，胡、

① 陈垣著，陈智超主编：《陈垣全集》第 2 册，安徽大学出版社 2009 年版，第 733 页。

② 陈垣著，陈智超主编：《陈垣全集》第 2 册，安徽大学出版社 2009 年版，第 734 -735 页。

③ 陈垣著，陈智超主编：《陈垣全集》第 2 册，安徽大学出版社 2009 年版，第 735 -737 页。

④ 日本学者竺沙雅章记述："1930 年，桑原的朋友、学生们为他祝贺 60 岁诞辰，编辑了还历纪念论文集，陈垣作为唯一的外国友人，寄来了题为《大唐西域记撰人辩机》的论文。"见竺沙雅章《陈垣与桑原骘藏》，见《陈垣教授诞生百一十周年纪念文集》，暨南大学出版社 1994 年版。

陈来往书信七通，讨论此问题。① 胡适十分重视这次争论，把陈垣4月5日的来信，以《关于四十二章经考》为题收入《胡适论学近著》（第一集）中。陈垣根据大量史料得出以下三条标准：

（1）后汉至魏中叶，尚纯用"浮屠"。

（2）三国末至晋初，"浮屠"与"佛"参用。

（3）东晋至宋，则纯用"佛"。

依此标准，遂有以下之断定：

（1）后汉有译经可信。后汉有《四十二章经》，亦或可信。现存之《四十二章经》为汉译，则绝对不可信。

（2）襄楷所引为汉译佚经，可信。襄楷所引为汉译之《四十二章经》，或亦可信。襄楷所引为即现存之《四十二章经》，则绝对不可信。

依此断定，遂推论到《牟子理惑论》，及现存汉译诸经，皆不能信为汉时所译撰。②

陈垣这一结论，在佛教界、史学界有重要影响。

葛兆光认为，从学术史进程来看，"中国的佛教史研究，恰恰因为胡适与陈垣两大学者的这一争论，获得了进展"，胡、陈争论，促进了"中国学界对于佛教史乃至宗教史研究的现代方法与研究典范之形成"。佛教史研究的现代方法之一，注重"教外史料"。佛教史包括各个教派的历史，由于大多是教内信仰者自己书写，所以不免有夸张和编造的现象。历史学家要弄清楚真实的历史，常常要借助教外文献，特别是碑刻、文集、史书等。尽管胡适批评陈垣的时候，觉得陈垣"过信此等教外史家"，但在实际的佛教史尤其是禅宗史研究中，他与陈垣一样，强调"在教史以外求证"。这是一个现代历史学原则，即一切历史叙述都应当得到客观证据的支持和检验。这就是"新历史考证学"的原则。③

四、　清初宫廷与禅宗史的研究

1939年到1940年，陈垣发表《汤若望与木陈忞》《语录与顺治宫廷》《顺治

---

① 陈智超编注：《陈垣来往书信集》（增订本），生活·读书·新知三联书店2010年版，第207－216页。

② 陈智超编注：《陈垣来往书信集》（增订本），生活·读书·新知三联书店2010年版，第209－210页。

③ 参考葛兆光《"聊为友谊的比赛"——从陈垣与胡适的争论说到早期中国佛教史研究的现代典范》，载《历史研究》2013年第1期；陈以爱《30年代胡适与陈垣的几次学术交涉》，见周梁楷编《结网二编》，台北东大图书股份有限公司2003年版，第341－408页；张荣芳《陈垣对外来宗教史研究的贡献述略》，载《中山大学学报（社会科学版）》，2014年第2期。

皇帝出家》三篇有关宫廷与佛教的长文①。这三篇论文用"新历史考证学"方法，解决了三个问题：（1）顺治皇帝是否出家；（2）董妃的来历；（3）帝、后是否火化。

顺治皇帝福临出家问题出于一种传说，源自吴梅村《清凉山赞佛诗》，诗中云"王母携双成，绿盖云中来"，"可怜千里草，萎落无颜色。""千里草"为董，"双成"是用《汉武帝内传》王母侍女董双成故事。加以顺治孝陵所葬，原是空坛，并无棺椁。后人把这两种原因合拢起来，遂有顺治因宠爱董妃，董妃死后，顺治过分悲痛，消极出家，到北京天台寺为僧，以寻求宗教的安慰，甚至指出该寺中一个和尚的肖像即为顺治皇帝；还有的以康熙帝在位时多次奉母后巡游山西五台山为据，推断福临到五台山当了和尚。这是一种传说，著名清史专家孟森曾写过《世祖出家事考实》以考证之②。

陈垣广泛搜集史实，包括清宫档案、历史文献、僧家语录等，考证顺治出家之事。据陈垣考证，顺治好佛，是历史事实。顺治好佛始于憨璞聪，木陈忞在《重修城南海会寺记》说，海会寺创于嘉靖乙未，至顺治丙申，岁久寺颓。都人士谋欲鼎新，乃请今憨璞聪公住持是刹，禅众川趋，宗风大振。丁酉上（顺治）狩南苑，因幸寺，廷见聪，复召入禁廷，问佛法大意，奏对称旨，赐明觉师号。日昨上（顺治）谓（木陈）忞曰，朕初虽尊崇象教，而未知有宗门耆旧。知有宗门耆旧，则自憨璞始，憨璞固大有造于祖庭者也。

自是以后，玉林琇、茆溪森、木陈忞、玄水杲先后至京，并与顺治帝交往至深，成为国师。木陈忞《北游集》载，上（顺治）一日语师（木陈忞）："朕不能与人同睡，若闻有些气息，则通夕为之不寐矣。"师曰："皇上凤世为僧，盖习气不忘耳。"上曰："朕想前身的确是僧，今每常到寺，见僧家明窗净几，辄低回不能去。"又言："财宝妻孥，人生最贪恋摆扑不下底。朕于财宝固然不在意中，即妻孥觉亦风云聚散，没甚关情。若非皇太后一人挂念，便可随老和尚出家去。"这是顺治想出家的最初记载。③

据《汤若望回忆录》载："此后皇帝便把自己完全委托于僧徒之手，他亲手把他的头发削去，如果没有他的理性深厚的母后和若望加以阻止，他一定会充当了僧徒的。"聂先《续指月录·玉林琇传》云："玉林到京，闻（茆溪）森首座为上净发，即命众聚薪烧（茆溪）森。上闻，遂许蓄发乃止。"④《汤若望回忆

① 三文收入陈垣著，陈智超主编《陈垣全集》第 2 册，安徽大学出版社 2009 年版，第754－814 页。

② 孟森：《明清史论著集刊正续编》，河北教育出版社 2002 年版，第 227－263 页。

③ 陈垣著，陈智超主编：《陈垣全集》第 2 册，安徽大学出版社 2009 年版，第 768－769 页。

④ 陈垣著，陈智超主编：《陈垣全集》第 2 册，安徽大学出版社 2009 年版，第 770 页。

录》与《续指月录》记载略有不同，一曰顺治自己削发，一曰茚溪森为之削发。然顺治将发削去，则为事实。陈垣从史源学的角度，认为《汤若望回忆录》与《续指月录》的记载能完全证实顺治削发之事。"因为两家史源，皆各有根据，不是彼此抄袭的，这些证据在身份上是'兄弟证'，而不是'父子证'，其事实自是可靠。"①

《玉林年谱》载，十月十五日到皇城内西苑万善殿，世祖就见丈室，相视而笑。世祖（顺治）谓师（玉林琇）曰："朕思上古，惟释迦如来舍王宫而成正觉，达磨亦舍国位而为禅祖，朕欲效之如何？"师曰："若以世法论，皇上宜永居正位，上以安圣母之心，下以乐万民之业。若以出世法论，皇上宜永作国王帝主，外以护持诸佛正法之轮，内住一切大权菩萨智所住处。"上意欣然听决。此"相视而笑"四字，最值得注意。顺治削去的头发，尚未长出来，两个秃头相见，故"相视而笑"②。

后来，陈垣又细读康熙间杭州圆照寺原刻本《茚溪语录》，在卷三罗人琮所撰《塔铭》中发现茚溪森有临终偈一首，说：

> 慈翁老，六十四年，倔强遭瘟，七颠八倒，开口便骂人，无事寻烦恼，今朝收拾去了，妙妙。人人道你大清国里度天子，金銮殿上说禅道，呵呵！总是一场好笑。

陈垣对此，写了一段一锤定音的按语：

> 我从前所看的龙藏本《茚溪语录》虽亦附此铭，惟"度天子"改成"见天子"，"金銮殿"改成"万善殿"。金銮与万善姑不具论，但一个"度"字的差，却关系非轻，"度"字显与剃度有关，实是出家问题之一大证据。若是"见"字，那么天子人人可"见"，就无关紧要。这个"度"字是我对读好多遍才发现的。足见读书不可不细心，虽一字亦不可马虎。版本问题，亦须注意。③

陈垣根据《续指月录》《玉林年谱》《汤若望回忆录》及《茚溪语录》几条证据，认为："顺治实曾有意出家，只是出家未遂耳。""顺治出家问题，可暂告结束。"④

关于董妃的来历。顺治出家问题，牵涉到董妃，董妃究为何人，需要搞清

① 陈垣著，陈智超主编：《陈垣全集》第 2 册，安徽大学出版社 2009 年版，第 808 页。
② 陈垣著，陈智超主编：《陈垣全集》第 2 册，安徽大学出版社 2009 年版，第 770 页。
③ 陈垣著，陈智超主编：《陈垣全集》第 2 册，安徽大学出版社 2009 年版，第 808 页。
④ 陈垣著，陈智超主编：《陈垣全集》第 2 册，安徽大学出版社 2009 年版，第 808 - 809 页。

楚。相传董妃为秦淮名妓董小宛，孟森写过《董小宛考》①，对此说之误进行辩论。董小宛后嫁冒辟疆，顺治八年卒，享年 28 岁。是年顺治才 14 岁，所以董小宛与董妃绝不相干。

《汤若望回忆录》说，顺治皇帝对于一位满籍军人的夫人起了一种火热的爱恋，当这位军人因此申斥他夫人时，竟被顺治闻知，打了他一个耳掴，这位军人于是因愤致死，或许竟是自杀而死。皇帝就将这位军人的未亡人收入宫中，封为贵妃，并于 1660 年生一子，皇帝预备立他为将来的皇太子。但数星期之后，这位皇子竟而死去，不久其母亦薨逝。

汤若望说董妃 1660 年生子之说是错误的。因为《御制董妃行状》说，董妃于丁酉冬生荣亲王（即顺治第四子，康熙乃顺治第三子），丁酉年即顺治十四年，公历为 1657 年。但根据《汤若望回忆录》和《御制董妃行状》断定军人之妻，必为董妃无疑。②

这位军人是谁？他的夫人竟能自由出入禁宫，且能亲炙皇帝，决非疏远之臣可知。陈垣从时间和清初制度上考证出此军人即顺治之弟博穆博果尔，即所谓襄亲王。

从时间上说，顺治乃太宗皇太极第九子，博穆博果尔居第十一，卒于顺治十三年（1656）七月初三日，享年 16 岁。同年八月间董妃即被册为贤妃，妃年仅 18 岁。以时间算，正二十七天的服制刚满。③

有人谓兄纳弟妇，即常人亦不屑为，何况顺治系一代人主，何能有此丑行。陈垣从制度上考证，认为"治楼"之风，满俗初不以为怪。他举顺治长兄豪格创于顺治五年（1648）逝世时，摄政王多尔衮与其兄阿济格曾各娶其"福晋"一人（"福晋"为满语，即妻子或贵妇人之意。清制，宗室、外藩亲王、郡王以及亲王世子的嫡、继正定封为福晋，视其夫爵位，分别称亲王福晋、郡王福晋等）。这是见诸国史的，正所谓"治楼"之俗。④ 陈垣在小注中说："治楼"二字，见于《孟子》：象曰"二嫂使治朕楼。"查《孟子·万章上》，象是舜同父异母弟。他企图害死舜，占有舜的干戈、琴、弤弓，"二嫂使治朕楼。""楼"，赵岐注云："床也"。即让舜的二位妻子替他铺床叠被，意即娶二位嫂嫂为妻。

又据初修《太宗实录》，天聪（皇太极）时曾有禁令娶继母、伯母、婶母以及嫂子、弟妇、侄妇，谕曰："礼义之国，同族从不婚娶"。今《太宗实录》已将此条删去。大概过去凡属禁止之事，多系当时必有此事可以反证。到了十七年六月竟有内大臣伯索尼曾上书谓：

---

① 孟森：《心史丛刊》，中华书局 2006 年版。
② 《陈垣全集》第 2 册，第 809 – 810 页。
③ 陈垣著，陈智超主编：《陈垣全集》第 2 册，安徽大学出版社 2009 年版，第 810 页。
④ 陈垣著，陈智超主编：《陈垣全集》第 2 册，安徽大学出版社 2009 年版，第 811 页。

凡外藩法令，应稍宽弘。过去不准再与同族婚配之禁，因彼此不能遵行，如强令遵行，恐男女间反滋悖乱，请仍照旧例，以示宽容。

这显然是对天聪时那个"同族人不准婚配"的禁令而发的。由此可知，清初对此等风俗，原不甚重视，后虽有禁令，仍不能实行。所以，顺治纳娶弟妇，殊不足怪。

根据这些材料，证明董妃原是顺治之弟博穆博果尔之妻。陈垣认为"董妃的来历已明。这里也可暂告结束。"①

关于顺治、董妃是否火葬问题。陈垣说，这个问题，"可以说是我发现的"②。有人说满洲根本无火葬风俗，这是数典忘祖。

陈垣首先考证，火葬是塞外满族之风俗。清太宗（皇太极）崩时，康熙初修《顺治实录》载，"顺治元年八月，以国礼焚化大行皇帝梓宫"一条，则清太宗行火化，今本《太宗实录》已经删去此条。《汤若望回忆录》亦说多尔衮曾被火化。盗墓者盗发多尔衮墓，结果仅得一空坛，也是多尔衮火葬的证据。又因顺承王府迁坟，发掘后亦只得空坛。《玉林年谱》载："顺治十八年正月初二日，佟大人奉旨往杭，请茚溪为上保母秉炬。""秉炬"亦写作"秉矩"，禅林之语，与通常所言下火同。别日秉炬者，因秉炬语长，下火语短。下火一人行之，秉炬数人行之。行火化时，秉炬火为法语之佛事也。若用真火，则移刻易烬，故刻木炬涂朱为火之状，或用红绵缯造花着之于炬首，不点火。③ 所以"秉炬"就是火化的形式。上保母何时卒，无明文。但茚溪森十七年十月二十八日奉旨南迁，上保乡母卒，必在茚溪南还之后。这些都可证明火葬是满族旧俗。④

顺治火葬的材料，陈垣举出《五灯全书·茚溪传》引《茚溪语录》有"世祖（顺治）遗诏召师（茚溪森），至景山寿皇殿秉炬"⑤ 语，说明顺治是火化的。此等火化，半信佛教，亦半循塞外风俗，当时不以为讳，故康熙本《茚溪语录》一再提及。

卷一"上堂门"载，今上（康熙）召师（茚溪森）为世祖（顺治）章皇帝进火讫，奉旨还山上堂，师拈香祝圣毕，卓拄杖曰："大众，弱川无力不胜航，进前也，骑龙难到白云乡，退后也，玉棺琢成已三载，总不怎么也，欲葬神仙归北邙，毕竟作么生，侍者礼拜，师喝出。"陈垣认为，语句在可解不可解之间，若憾其出家未遂者，然火化则事实也。

---

① 陈垣著，陈智超主编：《陈垣全集》第 2 册，安徽大学出版社 2009 年版，第 811 页。

② 陈垣著，陈智超主编：《陈垣全集》第 2 册，安徽大学出版社 2009 年版，第 812 页。

③ 佛学书局编纂：《实用佛学辞典》，上海古籍出版社 2013 年版，第 411 页。

④ 陈垣著，陈智超主编：《陈垣全集》第 2 册，安徽大学出版社 2009 年版，第 812 页。

⑤ 陈垣著，陈智超主编：《陈垣全集》第 2 册，安徽大学出版社 2009 年版，第 813 页。

卷二"早参门"载，康熙皇帝召师（茚溪森）为世祖（顺治）举火，起程早参，师拽拄杖曰："大众，山门前得底句，禅堂里商量去，进到方丈，不必再举，何也，慈翁不肯辜负汝，若有人知落处，许他随我去。"

卷六"佛事门"载，辛丑二月三日，钦差内总督满洲大人通议歌銮仪正堂董定邦奉世祖遗诏到圆昭，召师进京举火，即日设世祖升退位。

同卷又载，辛丑四月十六日，师到京复命，表贺康熙皇帝，诣世祖金棺前秉炬云云，与《五灯全书》所引同。①

陈垣把《茚溪语录》的记载作为第一证据。第二证据是《康熙实录》。

《康熙实录》，顺治崩后百日，即顺治十八年四月十七日，载："上（康熙）诣世祖（顺治）章皇帝梓宫前，行百日致祭礼。"至期年（康熙元年）正月初七日条下则称："上诣世祖章皇帝宝宫前，行期年致祭礼。"又另条载："康熙二年四月辛酉，奉移世祖章皇帝宝宫往孝陵。"

陈垣对此记载，按语说，在此看出顺治十八年四月康熙所祭者尚为"梓宫"！而时隔不逾一年的正月，则所祭者已成"宝宫"。梓宫与宝宫自然大有分别，是知宝宫所藏者必非梓宫原来之尸体，而是尸体焚化后的骨灰。所谓宝宫，其实就是一个灰罐，在帝王家则称之为宝宫而已。② 至于火化日期，据《旅庵月奏对录则》，说皇帝是四月十七日举行火浴。旅庵且有诗以记其事，内有"梓宫璀璨火空腾"之句。顺治是正月初七日崩，到四月十六日正是百日。百日火化，符合礼制。由此可以断定顺治确实是火化毫无疑义。所以现在孝陵所埋者是一个空坛而已。③

董妃火葬问题。《汤若望回忆录》中对于董妃薨后的记载曾说："按照满洲习俗，皇后皇妃底尸体，连同棺椁，并那两座宫殿，连同其中珍贵陈设，俱都被焚烧。"④ 董妃住东六宫之承乾宫，如此，非但董尸被火化，即承乾宫亦同时被烧。④ 董妃火化，康熙本《茚溪语录》言之凿凿。

卷一"上堂"云，圣驾临寿椿殿，命司吏院正堂张嘉谟等为董皇后收灵骨。（茚溪）师蓦竖如意云，左金鸟，右玉兔，皇后光明深且固，铁眼铜睛不敢窥，百万人天常守护。掷如意下座。此火化后收灵骨也，计其时当在三七，即重阳之后一日。

卷六"赞偈"载，上命近侍李国柱请师说偈，为董皇后镇灵骨，偈云，西溪之西，东山之东，不见其始，孰知其终。同卷"佛事门"载，上命文书馆正

① 陈垣著，陈智超主编：《陈垣全集》第2册，安徽大学出版社2009年版，第802-803页。

② 陈垣著，陈智超主编：《陈垣全集》第2册，安徽大学出版社2009年版，第813页。

③ 陈垣著，陈智超主编：《陈垣全集》第2册，安徽大学出版社2009年版，第814页。

④ 陈垣著，陈智超主编：《陈垣全集》第2册，安徽大学出版社2009年版，第812页。

堂李世昌等请为董皇后举火，师秉苣云，出门须审细，不比在家时，火里翻身转，诸佛不能知，便投火炬。此等史料，非康熙以后所能有，故求之康熙以前典籍，于语录中却有记载。①

以上史料证明董妃是火化的毫无疑义。《茆溪语录》还载火化地点，是在景山，时间是在"三七"。②

陈垣以上四个方面的佛教史研究成果，是运用"新历史考证学"方法解决重大问题的典范。他广泛搜集材料，包括许多别人未留意的僧家语录、清宫档案、教外典籍、各种文集、碑刻、新出土材料等，把佛教史问题放在更广阔的社会历史环境下考察，真实地再现历史场合下的事实。这是传统的僧传、谱系的佛教史研究不能比拟的。从而看出陈垣在佛教史研究现代转型过程中的地位和作用。

原载《船山学刊》2016 年第 1 期。

① 陈垣著，陈智超主编：《陈垣全集》第 2 册，安徽大学出版社 2009 年版，第 801 页。
② 陈垣著，陈智超主编：《陈垣全集》第 2 册，安徽大学出版社 2009 年版，第 812 页。

广东光华医学专门学校创办人之一陈垣 与鼠疫斗士伍连德

——以 1911 年扑灭东北鼠疫和"奉天国际鼠疫会议"为中心

一、 伍连德扑灭东北鼠疫功勋卓著

伍连德（1879—1960），祖籍广东新宁（今台山），生于英属马来西亚的槟城。其父伍祺学 16 岁时去南洋谋生，白手起家。其母林彩繁为当地土生第二代华侨。伍连德从小接受英文教育。18 岁（1896 年）时，以英女皇奖金选拔考试第一名的成绩入剑桥大学意曼纽学院，后就读于圣玛利亚医学院。后再获多项研究奖学金，在英国利物浦热带病学院、德国哈勒大学卫生学院、法国巴斯德研究所进修，从事细菌学专科研究。1903 年 8 月完成剑桥大学医学博士论文答辩，获博士学位，时年 24 岁。1904 年回到马来西亚的槟城开私人诊所。1907 年（28岁）受时任清政府直隶总督兼北洋大臣的袁世凯礼聘为天津陆军医学堂副监督（副校长），举家归国。[①]

1910 年 10 月，我国东北暴发震惊世界的鼠疫。10 月 12 日，鼠疫由俄国的西伯利亚传至中国境内的满洲里。10 月 26 日，满洲里车站首先发现了鼠疫患者。于是，这段全长 530 英里的东清铁路，成了满洲里向哈尔滨传播鼠疫的大通道；10 月 30 日到达长春；11 月 2 日抵达奉天（今沈阳）。尤以哈尔滨为甚。据当时的统计，吉林、黑龙江两省（当时哈尔滨属吉林管辖）已经死亡近 4 万人，相当于两省总人口的 1.7%，而且这个数字不断增加，让人不寒而栗。东三省总督锡良曾派遣两名北洋医学堂毕业的姚医生和孙医生速往哈尔滨探查病源，采取措施，以图阻断鼠疫进一步向沈阳方面侵漫。沿途各地的巡抚也纷纷向朝廷奏报这场突如其来的瘟疫。与此同时，世界几乎所有的报刊都在显著位置报道了这场鼠疫。14 世纪中叶，欧洲大陆曾发生过一次大规模鼠疫，蔓延到整个欧洲和俄国的部分地区，死亡约 2500 万人，占当时欧洲大陆总人口的 1/4。因为死者会出现黑斑，所以这场鼠疫又得名"黑死病"。侨居在哈尔滨、长春、沈阳等地的外国

---

① 参阅阿成《伍连德医生——纪念伍连德医生扑灭东北鼠疫 100 周年》载《光明日报·人物副刊》2010 年 12 月 17 日；黄贤强著《跨域史学：近代中国与南洋华人研究的新视野》，厦门大学出版社 2008 年版，第 256 页；王哲著《国士无双伍连德》，福建教育出版社2014 年版，第一章"少年苦旅"，第二章"此去经年"。

人闻鼠疫色变，纷纷举家离开中国的东北地区。疫情最严重的哈尔滨傅家甸（今哈尔滨道外区部分地带），每天都有十数人死亡。哈尔滨一时被外界传为"死亡之城"。①

朝廷为此事万分焦急。朝廷决定，从军中选派医官任钦差大臣，全权负责东北防疫。外务部按军中资历，选中海军总医官谢天宝。但是，谢天宝谢绝了这项任命，他认为此去生死未卜，有可能死于鼠疫，所以要求朝廷先付巨额抚恤金，以免家人生活无着，这令朝廷很为难。② 时任外务部右丞的施肇基向朝廷推荐了伍连德。

施肇基是留学美国康奈尔大学的第一位中国留学生，也是第一位在美国获得硕士学位的中国学生。正如他自己所说，他求学的动力是"中国积弱，受人欺凌，愿以所学，为国家收回权利，雪耻图强"③。他学成归国，1908 年，清政府委任他为吉林路兵备道兼滨江关监督。后调任外务部右丞，位居外务部的核心领导层。1905 年，施肇基参加清政府考察团，在槟城认识了伍连德。他们志趣相同，都有远大抱负，忧国忧民。当时，袁世凯正在考虑任用专家改造陆军军医学堂。施肇基认为伍连德是一个可堪大用之材，于是推荐了伍连德，并致信敦促他回国任职。鼠疫发生后，施肇基向伍连德介绍东北的情形，说哈尔滨居民中俄国人占大多数。1905 年，日俄战争中俄国失败，因而退出东北，借北满铁路盘踞哈尔滨一带。日本在列强干预下将辽东退还给清朝，但把大连作为殖民地，设关东州，借南满铁路继续吞食东北。彼时鼠疫突起，地方上没有能力加以控制，因此日俄双方对朝廷施加压力，都要求独自主持北满防疫，两国都想借此机会夺我东北主权，朝廷是万万不能答应的。驻华西方使团，一方面不愿意日俄任何一方独霸东北，另一方面也惧怕鼠疫传到全球，同样对朝廷施加压力，要求尽快控制东北鼠疫。因此，施肇基想向朝廷举荐伍连德任钦差大臣，全权负责东北防疫，不知伍连德能否接受。伍连德听完施肇基的话，立刻意识到，鼠疫关系到国家的命运，他毫不犹疑地表示，"施大人，东三省不能丢，绝对不能让日俄的阴谋得逞。我愿意接受朝廷的任命，为国家效力是我的荣幸"④。这样，朝廷任命伍连德为东三省防鼠疫全权总代表，统一协调东北鼠疫防疫。朝廷和对外关于鼠疫的事宜都由施肇基一人承担，包括与朝廷沟通、与伍连德联系。伍连德带着他的学生兼助手林家瑞，携带相应的医学器具、试验用品，如英制中型显微镜、酒精、试管、剪刀和钳子等，乘火车奔赴疫情最严重的哈尔滨。

1910 年 12 月 24 日晚，伍连德及其助手抵达哈尔滨。伍连德认为，首先要搞

---

① 阿成：《伍连德医生——纪念伍连德医生扑灭东北鼠疫 100 周年》。
② 王哲：《国士无双伍连德》，第 56 页。
③ 阿成：《伍连德医生——纪念伍连德医生扑灭东北鼠疫 100 周年》。
④ 王哲：《国士无双伍连德》，第 55 – 57 页。

清楚瘟疫的性质及源头。他开始对疫情最严重的傅家甸进行调查。在踏察过程中，他了解到这一区域的瘟源来自满洲里的一个俄国人和当地人捉土拨鼠的窝棚。土拨鼠亦称旱獭，属啮齿类，主要生存在蒙古、俄国贝加尔湖和中国东北地区，是一种穴居于干燥寒冷地带的小动物。在哈尔滨居住着大量俄国侨民，这些侨民喜穿裘皮衣装，尤喜紫貂围脖、帽子和抄手，以此御寒，以资装扮，显示高贵。东、西欧各国对中国东北地区的紫貂皮货亦情有独钟。由于紫貂数量有限，于是一些俄国人开始向中国满洲里地区进发，与当地的中国人一道捕捉土拨鼠。在窝棚内将土拨鼠剖杀之后，加工其毛皮，冒充紫貂出卖获利。伍连德经过认真研究后，立即请哈尔滨关道派人前往这一地区，寻找土拨鼠的活体样板，再进行解剖化验，以寻病源。伍连德从事先派来的姚医生和孙医生口中知道，他们的任务并不是防疫和治病，而是将染病者遣送到固定地区封锁起来；对于死者，则由当地政府购买棺材进行埋葬。这些防疫人员没有采取任何自我防护措施，包括那些负责收尸的警察均不戴口罩。①

随后，伍连德协调道府的官员，将滨江官立女子二等小学堂作为防疫办公室和消毒站，着手建立滨江疑似病院。同时，找到了一幢相对安静的泥草房作为疫病试验室。这幢茅草房即为中国第一个瘟疫病菌试验室。1910 年 12 月 27 日，伍连德在这里做了第一个疫尸解剖手术。死者是一家日式旅馆的女老板。伍连德及其助手看到死者房间的地板上到处是死者咳的血迹，气味刺鼻，死者身躯佝偻，表情痛苦。经调查知道，该旅馆一周前入住过从满洲里过来的日俄混血、专卖旱獭毛皮的商人。在瘟疫病菌试验室，伍连德对死者脏器的切片进行观察，在显微镜下，他很快发现鼠疫杆菌。因此可以肯定此地流行的是鼠疫。但重要的是必须探清它的传播渠道。三天后，营养液培养的样品便出现了大量的鼠疫杆菌。伍连德又对疫尸的各个器官进行了进一步研究，发现死者血液中存有鼠疫杆菌。同时，伍连德将土拨鼠的活体样本进行解剖后，在土拨鼠的体内也发现了大量的鼠疫杆菌。伍连德立刻致电施肇基，报告哈尔滨流行的是鼠疫，而这种鼠疫病菌是通过呼吸和唾液进行传播的。这些是在伍连德到达哈尔滨瘟疫区的第六天发现的。他立刻给施肇基发了一封长篇电报，向朝廷做了九点汇报并提出相关建议：

（1）鼠疫已经在傅家甸流行。

（2）鼠疫主要在人与人之间传播，鼠到人的传播可以排除，因此应该集中

---

① 关于警察，晚清废除了科举考试制度，成立了新的军事和警察组织。清政府的官员，如袁世凯，开始成立西式的公共卫生机构，将其作为新政府改革计划的一部分，借鉴德国和日本的警察负责公共卫生与疾病的观念，从 1902 年开始，中国一些城市的新式警察部门开始采用西式的疾病控制技术，如检疫及设置治疗传染病的隔离医院。渐渐的，一个由警察管理公共卫生的模式在中国出现。参考［美］班凯乐著《十九世纪中国的鼠疫》，朱慧颖译，余新忠校，中国人民大学出版社 2015 年版，第 159 页。

控制人群中的相互传播。

（3）与俄国政府合作，对俄方管辖的西伯利亚到哈尔滨的铁路加以严格控制。

（4）在路口和冰河通道处加强巡逻予以监控。

（5）在傅家甸建立更多的医院以便留置病人，并建立隔离区隔离病人家属。

（6）派遣大批医护人员来哈尔滨。

（7）道台衙门提供足够的资金。

（8）严格观察中方管辖的北京到奉天的南满铁路。

（9）和日本合作，监控日本管辖的大连到奉天的南满铁路。①

伍连德和林家瑞在傅家甸病人家中进行解剖，在普通房间里进行细菌培养，是冒着生命危险的。但是他们在六天内即证明了瘟疫的性质，查清了疫源并提出了合理的建议，创造了人间奇迹。

朝廷很快批准了伍连德的所有建议，并派了协和医院的吉布医生和方擎率领的十多名陆军军医学堂的学生赶来增援。

外国人不相信这个中国医生。12 月 31 日上午，伍连德拜访俄国铁路当局负责人中东铁路管理局局长霍尔瓦特将军和专程从圣彼得堡赶来的俄国专家伊沙恩斯基医生。伍连德介绍前几天的尸体解剖、样品观察和细菌培养结果，证明此地流行的是鼠疫。他还阐述该病菌是通过呼吸和唾液传播，建议俄方立即采取相应的防护措施，对俄籍医院和病人采取隔离方式，以避免瘟疫进一步扩大传播。俄国人认同伍连德的观点和建议。霍将军答应拨一些火车车皮，便于对傅家甸的染病者进行隔离。但是，他们不相信中国医生能控制这场鼠疫的发展。

伍连德又连续拜访了驻哈尔滨的各国领事馆。哈尔滨瘟疫刚暴发时，日本的南满铁路部门曾派一名日本医生专程到哈尔滨，进行该地区鼠疫流行的调查。这位医生是发现鼠疫杆菌的日本著名学者北里柴三郎教授的学生。当伍连德介绍此地流行的瘟疫是鼠疫时，这位医生坚持说，他已经在哈尔滨解剖了几百只老鼠，鼠疫是由老鼠经跳蚤的叮咬传给人的，他没有从任何一只老鼠身上发现鼠疫杆菌。因此，他可以证明，此地流行的不是鼠疫。伍连德深感难以说服这个固执的日本医生。但是，日本医生愿意把自己建立起来的实验室借给伍连德使用。这样，两人共同使用一间实验室。②

哈尔滨俄国铁路医院院长哈夫肯的叔叔老哈夫肯是印度孟买大鼠疫中参加预防控制的俄人医生。孟买鼠疫的源起是老鼠通过跳蚤的叮咬而传染给人的，只要

① 王哲：《国士无双伍连德》，第 75 页。阿成：《伍连德医生——纪念伍连德医生扑灭东北鼠疫 100 周年》。

② 王哲：《国士无双伍连德》，第 80 页。

采取大规模灭鼠行动就可以控制瘟疫的流行。朝廷派来哈尔滨增援伍连德的北洋医学堂首席教授——法国人麦斯尼，也认为应当在该地区大力灭鼠。某些当地官府也在采取灭鼠的方式企图阻止病源。伍连德依据自己的试验，向麦氏阐述自己的观点：哈尔滨的冬天异常寒冷，不可能有大量老鼠出来活动，按说，疫情应当越来越少，但事实正相反，不仅没有减少，而且越来越严重，这说明这场瘟疫一定另有传播渠道；必须把病人与健康人进行隔离，才是最有效的防疫方式。但是，伍连德的说法与提供的试验数据，并没有说服麦斯尼。①

伍连德利用日本医生提供的实验室所做的研究和这几次调查得到的大量事实，提出一个新的理论：肺鼠疫。

当时人们认为鼠疫传播的主要环节是从家鼠到人，也就是后来所说的腺鼠疫。伍连德认为这次是一种新型鼠疫，应该称之为肺鼠疫，是从人到人通过呼吸传播的，没有家鼠这个中间环节。这是在科学史上第一次提出鼠疫分类。他这个判断，并没有十分详细的大量临床资料可以佐证，而当时迫在眉睫的局势也不容许他从容求证。但是，伍连德强烈的责任感，使他表现出敏锐、自信、冷静和果断的品格。

1911年1月6日，以东三省防疫总指挥伍连德为首的防疫委员会召开哈尔滨各有关方面的联席会议，经讨论，决定实行下列防疫措施：

（1）将鼠疫流行中心傅家甸全面隔离。整个地区被划成四个相互严格隔离的小区，每小区由一位高级医生作为主管，配备足够的助理员和警察，逐日挨户检查。一旦发现患者和可疑病人，马上送入防疫医院。其亲属送入从俄方租借的车厢改建的隔离站，并对其住处进行彻底消毒，将情况每日上报。

（2）由于先前负责检查病人的警察不具备医学知识，由医护人员取代。负责逐户检查和接触病人的医护人员，上岗前必须接受培训。

（3）为了保证傅家甸隔离的成功，从长春调1160名官兵维持秩序，严格控制傅家甸地区人员出入。带队军官列席鼠疫联席会议。

（4）为了弥补医疗人员的不足，600名警察接受培训，协助医务人员进行鼠疫防疫。

同时，伍连德下令准备充足的硫磺和石炭酸等消毒剂。还规定当地居民的行动规则：每区人民必须在左臂佩戴政府之证章，该证章分为白、红、黄、蓝，以区分一、二、三、四区居民。佩戴证章之人，可以在本区内行动。如欲前往他区，必须申请特别准行证。军人亦施行同一规则。凡城外士兵，无许可证不得进入或离开城市。城外1200名士兵，城内600名警察，均为推行此项规则而工作。他还严禁假紫貂皮及皮货贩卖者进入哈尔滨地区；强调每个老百姓必须戴口罩。

---

① 参见阿成《伍连德医生——纪念伍连德医生扑灭东北鼠疫100周年》。

伍连德还亲自设计了一种防护口罩，老百姓称之为"呼吸囊"，后人称之为"伍式口罩"。①

这种严密的防疫措施，挽救了无数人的生命。这也是中国防疫史上的一个创举。

伍连德缜密的思维，使他想起还有一个地方没有被考虑到，那就是坟场。1911 年 1 月 28 日，伍连德考察了哈尔滨傅家甸坟场。这里的情况让他目瞪口呆。鼠疫刚开始时，官府还能提供棺材，征集民工掩埋。后来由于死亡人数太多，没有足够的棺材，只能直接下葬。可是由于缺乏人手，加上天寒地冻，挖土困难，尸体已经六个星期没有下葬了。坟场上三四千具尸体露天停放，长达数里。这个坟场可以说是鼠疫杆菌的天然冷藏柜。一旦有老鼠出没，鼠疫就可以传给老鼠，再由老鼠带到全城。这样，在傅家甸所做的一切防疫努力就可能化为乌有。

在这紧要关头，伍连德当机立断，决定把全部尸体焚烧，彻底消除隐患。然而，焚尸有违中国的伦理和传统。伍连德把当地官员们、全城士绅和商会首脑召集到傅家甸坟场，请大家戴好口罩，和他一起坐上马车，缓缓绕着长达数里的尸体和棺木视察。一路上没有一个人说话，走完这段令人伤心和惊心的路程。伍连德向他们解释了这里的隐患，然后沉痛地说："上报朝廷，请求全部烧掉这里的尸体和棺材。"这些人看到了惨不忍睹的情景，听了伍连德入情入理的解释，每个人都在伍连德起草的请求朝廷批准焚尸的电文上签了字。在北京，经过施肇基疏通，获得有关部门大臣的同意，最后由摄政王载沣批准了伍连德的焚尸电文。

1911 年 1 月 31 日，是中国传统春节的大年初一。防疫人员将疫尸分为 22 堆，每堆 100 人，分别倒上煤油后，开始焚烧。伍连德令所有文武官员都必须前来观看，前来观看的老百姓亦不计其数。这是中国历史上极罕见的集体火葬。疫尸共焚烧了三天。伍连德令防疫人员印制传单，借用春节之传统习俗，鼓励市民、商家燃放鞭炮，迎接好运的到来。亦鼓励百姓在自己的家里、屋内烧放鞭炮，消灾避邪，庆祝春节。全城放鞭炮，散发出的硫磺味道，也有良好的消毒作用。这是伍连德的良苦用心。

自焚烧疫尸之后，全城死亡人数急速下降，感染者亦越来越少。1911 年 3 月 1 日，是具有历史意义的一天，这一天，哈尔滨达到了鼠疫零死亡和零感染。之后连续几日，哈尔滨的瘟疫感染和死亡均为零。于是，伍连德宣布扑灭鼠疫取得胜利。据统计，此次东北鼠疫流行，共夺去了 60000 余条生命，其中傅家甸有7200 余人。参加防疫的工作人员为 2943 名，有 297 人殉职。施肇基和伍连德上下配合，及时控制疫情，在四个月内力挽狂澜，成功消灭鼠疫，创造了世界防疫

---

① 王哲：《国士无双伍连德》，第 99－101 页；阿成：《伍连德医生——纪念伍连德医生扑灭东北鼠疫 100 周年》。

史上的奇迹。① 伍连德名扬天下，他的名字与这次大规模控制传染病的行动被记载在世界防疫史的史册上。

清朝廷论功行赏，伍连德功劳第一。1911 年 4 月，圣旨赏伍连德医科进士。陆军部队授予蓝翎军衔（相当于西方国家的协参领）。摄政王亲自接见，并颁发二等双龙勋章。

二、 "奉天国际鼠疫会议" 及 《会议报告》

1911 年 4 月 3 日至 4 月 28 日，清政府在奉天举行 "奉天国际鼠疫会议"。会议结束后，受会议委托，由美国 R. P. 斯特朗（Strong）医生、德国埃里茨·马蒂尼（Erich Martini）医生、英国 G. F. 皮特里（Petrie）医生和在中国任职的亚瑟·斯坦利（Arthur Stanley）医生等组成的编辑委员会继续工作，并于 1911 年 10 月完成编辑。《奉天国际鼠疫会议报告（1911）》于 1911 年 10 月在马尼拉用英文出版。100 年之后，"国家清史编纂委员会编译丛刊" 把《奉天国际鼠疫会议报告（1911）》英文版列入翻译出版计划，张士尊译、苑洁审校，由中央编译出版社 2009 年出版。

1911 年 3 月初，清朝外务部与各国使节聚集一堂，讨论 "国际鼠疫会议" 之事。鉴于东三省的鼠疫大流行已经得到完全控制，外务部所邀请的、正在陆续来华的各国专家已经派不上用场，施肇基向朝廷建议，利用这个机会，在奉天召开国际鼠疫会议。这是宣传大清国威的事，朝廷大力支持，马上拨出十万两专款。

《奉天国际鼠疫会议报告》（以下简称《会议报告》）将近 45 万字，对会议全过程记载相当详尽。笔者先简要介绍《会议报告》的目录，然后再分析一些相关内容。

该书前面是理查德·P. 斯特朗 1911 年 10 月写于马尼拉的 "序言"。其后列奉天国际鼠疫会议代表名单。共有美、奥匈帝国、法、德、英、意大利、日本、墨西哥、荷兰、俄国、中国等 11 国数十名医生、专家参加会议。

《会议报告》分三部分：第一部分 "提供这次鼠疫的证据"。下列开幕式（4 月 3 日）、1910—1911 年肺鼠疫需要讨论问题、第 1 次会议至第 17 次会议的报告及讨论记录。第二部分 "为临时报告准备决议和证据、闭幕式"。下列第 18 次至第 23 次会议报告及讨论记录、临时报告、闭幕式（4 月 28 日下午）、附录 "有关肺鼠疫菌凝集的某些试验"。第三部分 "对这次鼠疫的总结"，分一、二、三、四章。

① 王哲：《国士无双伍连德》，第 123 – 135 页；阿成：《伍连德医生——纪念伍连德医生扑灭东北鼠疫 100 周年》。

会议正式使用的语言为英语、法语、德语和汉语。会议的目的就是总结经验教训，为人类今后预防和治疗鼠疫作出贡献。在开幕式上宣读的大清国摄政王给会议发来的贺电明确说："由各方面专家出席的本次会议，不但会在纯科学研究方面，而且在最大限度地减少未来鼠疫所带来灾难的预防和治疗手段方面，都将取得骄人的成就。""你们的劳动成果将促进博爱事业，给人类带来无限的福祉。"① 扎博罗特尼教授（俄国）在代表外国专家的致辞中说："同时也真诚地希望通过本次研讨，在采取有效措施以防止这种可怕的瘟疫卷土重来方面，我们可以提供帮助。"我们"制定完善的预防鼠疫的条例以务未来之需，并以这种方式，帮助你们抗击另外一次鼠疫，这是完全可以做到的"。②

关于会议需要讨论的内容，朝廷委派参加会议的特使施肇基在致辞中请与会者尤其要多多讨论如下问题：

（1）这次鼠疫的疫源和流行方式及其控制手段如何？

（2）这次鼠疫和满洲疫源地有什么样的联系？如果这次鼠疫与满洲疫源地有联系，那么，控制起源地的最好办法是什么？

（3）与导致腺鼠疫的细菌相比，引起肺鼠疫的细菌有更大的毒性吗？换句话说，就我们所知，为什么同样一种细菌，具有同样的显微表示，同样的细菌检验结果，在这里会引起肺炎和败血型鼠疫，在印度和其他地区则只导致腹股沟腺炎型鼠疫，而肺炎型的病例只是偶尔出现？

（4）根据我们所掌握的医学证据，这次鼠疫只在人类中流行，而没有发现老鼠传染的病例，这是怎么回事？

（5）肺鼠疫和腺鼠疫所依赖的环境各有什么不同？

（6）鼠疫可以通过空气传染，接触是唯一的传染途径吗？

（7）这种细菌能够在人体外存活数月之久吗？如果那样的话，需要什么条件？对我们来说，这是一个重要的问题，因为那也许意味着肺鼠疫可能于明年冬天再次爆发。

（8）如果可能的话，我们应该采取什么样的措施去预防鼠疫再次爆发？

（9）在鼠疫流行的特殊环境下，贸易可以在多大范围内进行？如价值不菲的大豆贸易和数量巨大的皮毛出口贸易等。

（10）您认为按照系统计划建立对城乡居民进行大规模接种的制度合适吗？

（11）焚毁鼠疫感染者房屋的办法是明智的吗？或者，根据您的经验，

---

① 国际会议编辑委员会编辑：《奉天国际鼠疫会议报告（1911）》，张士尊译，苑洁审校，中央编译出版社2009年版，第3—4页。

② 《奉天国际鼠疫会议报告》，第9—10页。

能找到其他对房屋进行彻底消毒的办法吗？

（12）在类似的鼠疫流行时，作为保护和治疗手段的疫苗和免疫血清生产出来还需要多长时间？①

我们翻阅《会议报告》第一部分，可以看到提供这次鼠疫的证据共 17 次会议，基本是围绕这 12 个问题展开报告和讨论的。

第二部分是"为临时报告准备决议和证据、闭幕式"。从第 18 次到 23 次会议，基本上逐字逐句讨论编辑委员会起草的《临时报告》。在 4 月 28 日下午的闭幕式上，由赫休尔斯医生（荷兰）呈交《临时报告》给中国政府的代表。所以这份《临时报告》，即会议研究成果，是相当正式的，由各国代表签字。《临时报告》"从提交给会议的证据中得出的临时结论"，共 11 条。笔者把它归结为重要的七条：

（1）从北蒙古，鼠疫沿着一条清晰的既定的路线向东向南流行，其传播主要由旅行路线决定，尤其是铁路、陆路和航运。这种传染病是从人到人直接传染。无论其最初起源可能是什么，但是没有证据表明，同时流行于啮齿动物中的传染病对鼠疫的普遍传播起过任何作用。

（2）鼠疫消退的主要因素可能是采用了科学方法，或人们出于自我保护的本能所努力采取的强制防疫措施。气候影响可能起着间接的甚至是直接的作用，从而导致鼠疫的结束，但是关于这些观点所提供的证据并不是决定性的。鼠疫的消退绝不是鼠疫病菌毒性减弱的结果。

（3）这次流行，几乎无一例外，一直是原发性肺鼠疫。潜伏期通常为 2～5 天。体温上升和脉搏加快通常是可以观察到的最早期症状，但是在患者痰液中找到特殊鼠疫菌之前，或者对痰液进行专门的染色之前，还不能做出诊断。为了排除其他细菌对肺部的传染，准确的诊断只能通过对痰液进行细菌检查。因为在这次鼠疫流行过程中，所有的患者都是败血症，证据倾向于得出这样的结论：对血液进行显微观察和培养物检查可能对诊断有很大的帮助。

（4）在这次鼠疫中患者死亡率极高，会议几乎没有收到患者康复的报告。

（5）在抢救生命的过程中，没有治疗手段能够发挥作用，但是有几个病例显示，血清治疗似乎有缩短患病时间的作用，甚至有一两个治愈的例子也归结为血清的使用。

（6）在这次鼠疫中分离出来的菌株，与以前从其他来源分离出来的菌株没有实质性的区别。

（7）在这次鼠疫中唯一的传染媒介是患者的痰液。在多数情况下，这种疾

---

① 《奉天国际鼠疫会议报告》，第 7－8 页。

病是由于吸入痰液飞沫中的鼠疫菌，致气管和支气管下部受到感染造成的。①

"决议"共 45 条。这 45 条与《会议报告》的第三部分，有些重复，不专列介绍，结合第三部分分析。

《会议报告》的第三部分"对这次鼠疫的总结"，也是这次会议的重要成果。分四章，由负责编写《会议报告》的三位医生署名撰写。

第一章"1900—1911 年华北各省肺鼠疫流行病学方面的回顾"，由英国皮特里医生撰写。全文分七个部分，主要论证三个问题。（一）鼠疫的起源：这次流行的肺鼠疫，在这个地区和人类鼠疫有密切联系的唯一动物是土拨鼠。土拨鼠中的瘟疫引发了这次人类的鼠疫。（二）鼠疫的传播：鼠疫的传播始于被严重传染的满洲里，接着沿向东向南的线路蔓延，最后传染到整个满洲地区和华北的直隶、山东等省。陆路、航运都起到了传播作用。漂泊不定的直隶、山东的苦力也对鼠疫向南向东传播起到作用。居住环境拥挤，给鼠疫传播提供了很好的机会。鼠疫传播是通过人与人的直接传染造成的。（三）鼠疫的消退：鼠疫消退的主要原因可能是采取了科学的措施，或出于人们自卫的本能而采取的防疫措施。气候影响可能间接地发挥作用，乃至直接带来鼠疫的结束。②

第二章"在满洲鼠疫流行过程中观察到肺鼠疫临床特征概要"，由美国斯特朗医生撰写，主要论证六个问题。（一）鼠疫流行过程中遇到的类型：感染者几乎完全可以归入原发性肺鼠疫；只有两三例属于原发性腺鼠疫；少数属于败血症型。（二）性别、年龄和潜伏期：男女两性同样易于受到感染。鼠疫在比较贫穷的阶层和苦力中传播特别迅速，感染者多数在 20 至 40 岁之间。潜伏期通常不超过两三天，但变化的幅度在 2 至 5 天之内。（三）症状：通常有头疼、厌食、脉搏加快和体温升高等症状。（四）体征：肺部体征常常较好，在一些病例中，感染者在患病晚期肺部功能还很好。（五）诊断：对鼠疫菌大量存在和几乎都是鼠疫菌的痰液进行检验，一般很容易做出明确的诊断。（六）预后和治疗：在这次鼠疫流行期间，没有一位通过细菌检验确诊的鼠疫患者康复。似乎没有什么治疗方法获得成功。③

第三章"肺鼠疫细菌学和病理学概要"由美国斯特朗医生撰写。主要论述下列问题：（一）肺鼠疫菌株的特性。（二）鼠疫患者的传染。（三）肺鼠疫的细菌学诊断。（四）预防接种。（五）血清治疗。（六）有关传染方式的病理解剖学。④

第四章"抗击鼠疫所采取的措施和鼠疫对贸易的影响"，由在中国任职的斯

---

① 《奉天国际鼠疫会议报告》，第 481–482 页。
② 《奉天国际鼠疫会议报告》，第 505–527 页。
③ 《奉天国际鼠疫会议报告》，第 528–532 页。
④ 《奉天国际鼠疫会议报告》，第 533–558 页。

坦利医生撰写，主要叙述两个问题。（一）抗击鼠疫所采取的措施，包括（1）预防性接种。（2）在疫区城镇或农村为控制疫情蔓延所采取的措施：防疫封锁线；限制居民区人口流动；普及卫生知识；建立医院；建立隔离营；疫情通报和死亡登记；消毒；处理鼠疫死亡者尸体；卫生工作人员的组织；卫生工作人员所采取的预防措施；防止污染传染大规模扩散所采取的措施；铁路运输的检疫；内河航运检疫；海港进出检疫。（二）鼠疫对贸易的影响：关于这次鼠疫对贸易的影响，并没有统计数据提供给会议。但是，大量的大豆及其他产品运不出去，主要是由于人们恐慌和交通中断。没有证据证明肺鼠疫是通过受到污染的货物传入非疫区港口的。因此，人们认为限制货物运输或邮件传递等抗击鼠疫的有关措施是不合适的。①

我们从上面介绍的《会议报告》的内容来看，该报告对会议的记录事无巨细，有言必录，真实、准确地反映了会议的情况。斯特朗在"序言"中说：由于会议实际使用的正式语言是英语、德语和法语，在记录中传达讲话者的确切意思非常困难。"但是，每当会议记录打印出来，编辑委员会和医学秘书马上进行校对，并就记录中出现的原话与速记之间似乎矛盾之处与发言者核对。另外，每次会议开始时，都要提交上次会议记录，并进行讨论，以决定接受、修改或纠正。"所以，"会议内容得以非常完整地记录下来"。② 为什么要对会议记录得如此详尽，"究其原因，主要有两点：第一，在此之前的文献记载中没有发生过如此规模的肺鼠疫，参加会议的代表虽然都是某个方面的专家，但对肺鼠疫却很生疏，所以对各种证据特别重视，生怕有所遗漏。第二，获得防疫方面的技术支持是中国政府召开这次会议的目的，所以从朝廷特使施肇基到会议主席伍连德都特别强调保留会议记录的细节，编辑委员会正是领会了这一点，才把工作做得如此细致。"③

这次会议是成功的，表现在：第一，各国专家对中国政府以及会议成果的肯定。在闭幕式上，赫休尔斯医生（荷兰）代表各国专家在《呈交临时报告》的讲话中说："中国政府不但尽其所能地控制正在夺去许多人生命的瘟疫，而且孕育出邀请各国代表到奉天研究这种疾病的非凡设想。通过这种行动，中国政府找到了加强自己力量的方法，得到全世界最杰出科学家经过常年研究所获得的经验和成果，从而根据人类友爱和仁慈的法则，抗击这个无情的致命的共同敌人。"④第二，中国政府对会议的肯定。在闭幕式上，朝廷特使施肇基在答词中说："为了阐明这次肺鼠疫流行过程中出现的许多问题，诸位在工作中表现出的令人钦佩

---

① 《奉天国际鼠疫会议报告》，第 559 – 571 页。
② 《奉天国际鼠疫会议报告》"序言"，第 2 – 3 页。
③ 《奉天国际鼠疫会议报告》"译者序"，第 2 – 3 页。
④ 《奉天国际鼠疫会议报告》，第 493 页。

的严谨态度，使我感动至深。""会议在鼠疫菌作用于人的方法、鼠疫传染的方式、防止从人向人传染的措施等方面都取得了很大的成功。""已经收集的众多证据将在未来指导防疫时发挥作用。我可以向诸位保证，帝国政府会特别重视这些东西。"① 第三，会议的气氛十分和谐，诚如会议主席伍连德在"闭幕词"中说："从始至终，会议讨论都充满和谐的气氛，有时出于科学的目的表达了相反的观点，但在产生分歧的代表之间，一直保持着友好的关系。这只能用每个人都有使会议取得圆满成功的愿望加以解释。"②

"奉天国际鼠疫会议"是世界历史上第一次国际肺鼠疫会议，是中国历史上第一次国际科学会议。这次会议形成的《奉天国际鼠疫会议报告》在世界医学史上和中国科技史上都占有重要地位，它不但是一部科学著作，也是一部历史著作。如果我们要研究中国科技史、中国社会史、东北地方史，甚至研究清末的中国政局，它都是一本不可或缺的重要史料。

三、 广东光华医社的地位和陈垣著 《奉天万国鼠疫研究会始末》

陈垣（1880—1971），字援庵，广东新会人，出生于中医药材店商人家庭。清光绪二十年（1894）广州发生鼠疫，传染得很快，陈垣看见郊区尸体遍野，都来不及埋葬。他认为如果医学发达，则鼠疫不至于传染蔓延。这时他就有学习医学的想法。1906 年，他父亲患膀胱结石病，中医老治不好，痛苦非常。后来入博济医院行膀胱取石手术后方痊愈。这坚定了他学西医的信念。1907 年，他考入博济医院附属南华医学院学习西医。学校当局歧视中国籍的教员和学生。陈垣愤而转学，1908 年与朋友创办了广东光华医学专门学校。他转入光华三年级做插班生，以优异成绩毕业。当时他已被推举为学校董事之一，所以在毕业文凭上，他以董事"陈援庵"的名字，与其他董事一起，签发了给"陈垣"的毕业文凭。他毕业后留校任助教，教授细菌学、解剖学等课程，还兼做医生。

这里首先要介绍广东光华医社、广东光华医学专门学校和广东光华医院成立的情况及其在国内外的影响。

西方医学伴随着外国的传教和贸易活动传入中国，而广州是西医传入中国最早的地区。西方传教士在广州行医、办西医学校、建西式医院，掌握医权和医学教育权。1907 年，在来往于广州与香港的佛山轮船上，发生英国雇用的印度籍警员踢死中国人事件，因当时的医疗事故鉴定权掌握在外国人手中，他们认定死者为心脏病猝死，而使中国人败诉，凶手逍遥法外，中国却无权过问。这件事震

---

① 《奉天国际鼠疫会议报告》，第 494 – 495 页。
② 《奉天国际鼠疫会议报告》，第 496 页。

动广州西医学界，激起国人义愤。大家决心集资创办中国人自办的医社、西医学校和医院，争取"国权""医权"和"医学教育权"。陈衍芬 1935 年著《私立广东光华医学院沿革史》中说：

> 本医学院之缘起，乃由广东光华医社所创办。而医社则倡于前清光绪三十四年冬，为吾粤医界及绅商学各界之同志者所组织。溯于清光绪三十四年十二月十五日，初次开筹备会于广州新城天平街刘子威牙医馆，到会者，医界有陈子光、梁培基、郑豪、左吉帆、刘子威、陈则参……等，各界则有沈子钧、邓亮之……等共数十人。为提倡世界大同科学化之医学，故议决组织医社、特筹办医校，以培育医才，并设医院，以救济贫疾。复以鉴于生老病死，为人类所不能免，而救济同胞疾苦，国人实责无旁贷。当时外国传教会及慈善界所设立医校、医院于我国者且多，而纯粹我华人创立者，反未尚之见，同人认为憾事。故本社创办医校院之主旨，乃本纯粹华人自立之精神，以兴神农之坠绪，光我华夏，是以命医社之名曰光华。随举出陈子光、梁培基、郑豪、左吉帆、刘子威、叶芳圃、邓肇初、罗炳常、刘禄衡、邓亮之等十人为筹备员，草拟简章，并广募倡建值理，以结合团体，务底于成。当时并由热心同志中陈子光、梁培基、郑豪……等九人，每名垫款五百元，足洋银三千两之数，定购广州新城五仙门内关部前麦氏七间过大屋一所，以为本社开办校院之基址。……业主麦君楚珍，商人也，屋价原取贰万两，但念本社之购此屋，乃创办慈善新事业，特愿割价四千两，以为义捐，而襄善举。麦君之慷慨好善，又殊可嘉。计本社当时所延揽之倡建值理，先后共四百三十五人。……由倡建值理中，举陆君汉秋等四十人为当年值理。并举绅商易兰池……等十人为总理，以资号召，于是广东光华医社之团体以成。

> 宣统元年春，校院开办，举医博士郑豪为医校校长。其时郑君适充广东陆军军医学堂总教习之席，对于光华医校校长职，特以义务任之，同时聘衍芬为医院院长，兼医校教务长，以实任规划，主持一切。衍芬其时正在香港充任那打素医院，及何妙龄医院两院院主任之职，因素提倡华人应谋医学自立之旨，乃毅然辞职回粤就聘，以冀得行其志耳。既而教医职员任定后，即于是年二月初十日（即阳历三月一日）开课，初名广东光华医学专门学校，定修业四年而毕业，计所招由博济医学堂转学插入三年班生陈垣等六人，插入二年班生张传霖等十一人，及新招一年班生叶慧博等四十二人，共有学生五十九人。同时医院成立，名曰广东光华医院。……迨医校院成立后，于宣统元年七月二十三日，呈奉两广总督部堂批准立案，札县出示保护，是年十月初三日（即阳历十一月十五日），举行开幕典礼。……并办一杂志，颜曰《广东光华医事卫生杂志》。……二年正月，兼办女医学校……同年冬，医校举行第一届学生毕业典礼，毕业者有陈垣、梅湛……等六人。……

同年，医社因以前当年总值理制，未尽妥善，改由倡建值理，举董事制，以专责成，同时并举郑豪、陈子光、陈垣、刘子威、左吉帆、池耀庭、梁培基……等十二人为董事，而正副社长为郑豪、陈子光两君。……①

以上是广东光华医社、医校、医院设立早期（1908—1912）的情况。这个时期梁培基、郑豪、陈垣三人和《医学医生报》《广东光华医事卫生杂志》两份报刊对医社、医校、医院的发展，扩大广东医学界在国内外的影响起了重要的作用。

梁培基（1875—1947），原名梁斌，字慎余。原籍广东顺德陈村大都乡。1875年（清光绪元年）出生于广州一个造船作坊主家庭。其父梁奕乾很想梁培基继承己业，但梁培基对此不感兴趣。1894年（光绪二十年），他接受父亲朋友的劝说，考入博济医院附属医校学习。1897年，以优异成绩毕业，留校作助理教师，后又兼任新成立于荔湾的夏葛女子医学校的药物学教师。与此同时，他开始自设诊所，对外挂牌行医。后来他发明治疗疟疾的"发冷丸"等药物，开厂制药。他治厂有方，又利用友人潘达微主办的《时事画报》刊登药品广告，广为宣传。由于经营得当，很快成为富商。他被推选为广东光华医社社长兼董事长。

为了宣传医学知识，提高国人卫生素质，1908年（光绪三十四年），由梁培基出资创办《医学卫生报》，主要由潘达微绘画、陈垣撰文。1910年又创办《广东光华医事卫生杂志》，由陈垣主编。梁培基在《医学卫生报发刊意见书》（署名梁慎余）中阐明办此报的目的。其中提到爱国必须有强体，"苟不培养国民之体魄，使其强壮有耐劳之能力，虽有经天纬地之才，仍恐其力与愿违，神疲脑倦，疾病缠绵，能以身殉国，而不能救国也"。而要体强，必须从卫生开始，"卫生者，合个人，公众两方面言之也，非独节饮食、慎寒暑而已"。国人愚昧、迷信，"种种谬论，其原因均由于不识生理与卫生之道来也"。"谁不爱其父母妻子，而欲其强壮哉？欲其强壮，则必有强壮之道。强壮之道，舍卫生实无他途。故医学卫生者，人人所应知之事，日日要用之件也。""抑吾闻之，治未开化之国，不可不从事于医事为第一着手。"日人欲侵我国，亦从医事入手，"吾不谋之，人将谋之。此同人等所以不量绵力，而欲分任此事也"。② 由此可见，创办此报之主旨就是要国民强身壮体，为国家效劳，以防外国侵略我国。

陈垣在《光华医事卫生杂志发刊词》中说，医学杂志犹如人之口，"人之苦

① 私立广东光华医学院总务处编：《私立广东光华医学院概况·私立广东光华医学院沿革史》（1935年编），见《民国史料丛刊》，大象出版社2009年版，第389－392页。

② 梁慎余：《医学卫生报发刊意见书》，载《医学卫生报》第1期。转引自陈垣《陈垣早年文集·附录》，"中央"研究院中国文哲研究所1992年印行，第411－414页。

莫苦于无口，口不备不足以成人，今吾医人亦赖口之用甚矣"。有新药、新治疗法、新病源；有新医事法令、新卫生规则；世界医学会议的地点、时日、布告、演说；世界著名医学家之逝世、纪念、诞辰、来游；海外医风之转移、各国医事法令之改变；病家、世俗对医生的批评和诽谤；医人对政府的正当要求；对医家先哲经验之继承；对风俗习惯的迷信；……凡此种种，均要靠医学杂志去传布、揭示、记录、编纂、调查、辨明、唤醒。"凡此诸端，皆须有报以为之口。光华诸子于时有卫生杂志之倡，将欲引其吭而摇其舌"，以改变过去存在的不足。①

《医学卫生报》和《光华医事卫生杂志》对普及医学卫生知识、开展医学史研究、提高广东医学界在中国医学界乃至世界医学界的影响起了重要作用。陈垣在《医学卫生报》发表 62 篇文章，在《光华医事卫生杂志》发表 30 篇论文。陈垣的文章和论文主要涉及三方面的内容。

（一）关于医学史人物的记述和评论

如《张仲景像题辞》中的张仲景，是我国汉代著名医家，著《伤寒杂病论》一书，论述伤寒发热病的发展和治疗规律，陈垣认为该书所列方剂，"世之师法先生者众矣"，并认为该书"二千年来，吾国言医者，竟莫能出其外也"。他同时赞誉张仲景的变革精神，认为《伤寒论自叙》的主旨在于说明"凡墨守旧法而不求新知者，为先生所深鄙也"，要求人们应该领略张仲景的不断革新精神。②

《王勋臣像题辞》中的王勋臣，名清任，河北玉田人，是我国清代著名医家。他用了数十年时间写出《医林改错》一书，论证了《内经》脏腑描述之差误，从而总结了活血化瘀的治疗理论，对中国医学发展有很大贡献，受到人们的赞誉。陈垣对王勋臣敢于冲破封建礼教束缚，探索人们脏腑机理的追求真理的求实精神十分赞赏，"譬之于儒，则黄梨洲之俦也"，呼吁人们学习他坚忍不拔的求知精神。③

《黄绰卿像题辞》中的黄绰卿，是我国近代留学欧洲最早学习医学者。他于道光二十年（1840）赴英美留学，比日本最早留学外国学习西洋医学的人要早。陈垣认为黄氏为"我国洋医前辈"。④ 后来有人对陈垣说，中国人最早留学西方学医者，还不是黄绰卿，康熙时有高老番随葡萄牙人学习西医，并曾为康熙朝太后治愈乳疮，为此被康熙赐为养心殿御医。后来陈垣写了《高嘉淇传》。嘉淇名竹，号广瞻，乡人称"高老番"。"高老番者，粤人称国外人为番，邑人以嘉淇

---

① 陈垣著，陈智超主编：《陈垣全集》第 1 册，安徽大学出版社 2009 年版，第 296 - 297 页。

② 陈垣著，陈智超主编：《陈垣全集》第 1 册，安徽大学出版社 2009 年版，第 142 页。

③ 陈垣著，陈智超主编：《陈垣全集》第 1 册，安徽大学出版社 2009 年版，第 148 页。

④ 陈垣著，陈智超主编：《陈垣全集》第 1 册，安徽大学出版社 2009 年版，第 183 页。

久处外洋，又习其医，故称之。"陈垣认为，我国学习西洋医学之最早人物，虽不敢说即为高嘉淇，但为高嘉淇、黄绰卿写传，使其姓氏事迹不致"湮没不称"。① 这点在我国医学史研究上具有重要意义。

《古弗先生》与《古弗先生之业绩》中的古弗（近人译为科赫，Ropert Koch，1843—1910）系德国细菌学家，"近代细菌学之泰斗"，对人类健康作出很大贡献，1905 年获得诺贝尔医学奖。他去世当年（1910 年），陈垣迅速做出反应，根据日本《医事新闻》758 号将所载先生小传译出，并写文章全面介绍他的细菌学成就，逐年排列他的业绩。② 这是我国第一次记载伟大细菌学家古弗的文章。

（二）关于医学史的研究

关于这方面的主要著作有下列几种。

《牛痘入中国考略》对免疫学在我国的发展作了最早的介绍。他列举了中国古籍中关于种痘术的记载，但他说："牛痘之法，虽不可谓发端于中国人，而中国人之早有见及，则典籍具在，不可得而诬也。所谓'人工免疫法'为人类思想所同到。"③ 此外，陈垣还写了《论人工免疫之理》和《告种痘者》等文④，在我国医学免疫学发展史上都是开拓之作。

《洗冤录略史》最早提倡改革我国的法医制度。古代汉律、唐律，虽然对于刑事检验之事也较重视，但因时代的局限尚不完备。到南宋，宋慈（惠父）因任刑事法官多年，荟萃众说，著成《洗冤集录》一书，受到人们重视，以致后世凡官司检验多奉为金科玉律。但是，至清末时，由于西方人体构造新说传入，《洗冤集录》所记载骨骼脏腑之说与实际相差甚远。为此，陈垣将我国历代法医著作寻检一遍，分"上古史""中古史""近古史""现世史"四篇罗列，并将英国人德贞（Dudeon）所著《洗冤新说》和英国人傅兰雅（John Fryer）与我国赵元益等所合译的《法律医学》，介绍于国内。陈垣说，"检验之事，各国均委诸医生，称为法医学。我国医生不为此，均委之仵作（收尸者），仵作所凭者《洗冤录》"⑤，其影响甚至达于日本和朝鲜。但日本自明治以后，记载判医学为

---

① 陈垣著，陈智超主编：《陈垣全集》第 1 册，安徽大学出版社 2009 年版，第 309 - 310 页。

② 陈垣著，陈智超主编：《陈垣全集》第 1 册，安徽大学出版社 2009 年版，第 298、314 页。

③ 陈垣著，陈智超主编：《陈垣全集》第 1 册，安徽大学出版社 2009 年版，第 210 页。

④ 陈垣著，陈智超主编：《陈垣全集》第 1 册，安徽大学出版社 2009 年版，第 247、256 页。

⑤ 陈垣著，陈智超主编：《陈垣全集》第 1 册，安徽大学出版社 2009 年版，第 207 页。

法医学，改善检验尸体之法，法医学成为独立学科。我国法医检验之事应有所改变。陈垣的这篇著作，可以说是一篇对我国落后的法医状况必须变革的最早呐喊，具有重要意义。

《中国解剖学史料》一文，引用《灵枢》《史记》《汉书》《宾退录》《郡斋读书志》《医旨绪余》等历代资料，说明我国医学重视解剖学渊源很早。但自汉代以后，解剖学没有得到相应的发展。因此，我国医学在一个很长历史时期中处于因循保守状态。陈垣认为，解剖学是基础医学，在世界医学日渐发达之日，如果不变革，仍"拘守残帙"，则更加落后。① 陈垣呼吁，应该重视人体解剖学的研究，以促进我国医学的发展。

（三）关于医事方面的研究

关于这方面的内容，主要有下列著作。

《论江督考试医生》记载两江总督端方有考试医生之举，于光绪三十四年（1908）要求南京所有开业医生均参加考试。考试成绩分为最优等、优等、中等、下等、不列等五级。前三等给予文凭，准予行医，后二等则不准行医。这次考试特点是中西医结合，为我国历来医学考试所没有的。这是在当时变法维新政治形势影响下，医学变革方面的一个体现。陈垣认为此次江督考试，虽然试题包括中医、西医内容，但只注重临床科目，而没有注意基础医学。考试新医学，必须先扩充医师教育，使医生先经过系统学习，然后再经考试。我国医学之进步，应首先从扩充医师教育入手，五年以后就可以培养出一批医生。此次江督考试的试题，至少对于促使学者"多读许多新书，多识许多新理"是有好处的。这样"未始非振兴中国医学之一大关键也"②。

《释医院》一文，主要从建立医院和防治疾病的必要出发，回顾我国医院制度。此文认为我国医院的建立始于六朝，《南齐书·文惠太子传》有"六疾馆"的记载，此即医院雏形。自此以后，唐有"养病坊"，宋有"安济坊"，宋金元均设有"惠民药局"。陈垣说："医院之制，吾国古代多有之，特皆为疗治贫民而设，未有如今日各国之医院者。"③ 在国外，医院有许多专科病院，如传染病、精神病、胃肠病、皮肤病等，都设有专科医院。凡患者"无贵无贱，无贫无富，有病应入医院者，无不以入医院为乐。"医院的构造，"较寻常住宅养病为宜。医生便、器械便、看护手便"④。文中列举了光绪三年（1877），西医传入后，已在中国设立医院，如上海公济医院等。清政府民政部在京师内外城开办了官医院

---

① 陈垣著，陈智超主编：《陈垣全集》第 1 册，安徽大学出版社 2009 年版，第 343 页。
② 陈垣著，陈智超主编：《陈垣全集》第 1 册，安徽大学出版社 2009 年版，第 171 页。
③ 陈垣著，陈智超主编：《陈垣全集》第 1 册，安徽大学出版社 2009 年版，第 218 页。
④ 陈垣著，陈智超主编：《陈垣全集》第 1 册，安徽大学出版社 2009 年版，第 220 页。

数所，这如"旭光之曦微"，是一个进步。这篇文章反映了一百年前我国医院处于初始状况的历史实际。陈垣还写一篇《粤中医院之始祖》，认为"粤之有医院中，不自六朝始也，盖始于宋宝祐间之寿安院"①。

《日本德川季世之医事教育》一文，是一篇介绍日本医学变革历程的文章。此文认为"吾国素无医事教育，故外人得操吾国医事教育权，可耻也"②。虽述日本医学发展的历史，实际上蕴涵着对我国医学发展的无限希望。

1908年至1912年的数年间，陈垣在《医学卫生报》和《光华医事卫生杂志》发表了一系列推动近代医学发展，以及中西医学史的文章，具有开拓性，因而，陈垣被医学史研究专家誉为近代中国医学史研究的开拓者和奠基人。③

关于郑豪（1878—1942），1948年，陈垣应光华医学院校友之请，撰写《广东光华医学院故校长郑君纪念碑》文，介绍郑豪的生平和贡献。碑文曰：

> 郑君名豪，字杰臣，粤之中山人。幼随叔父往檀香山，弱冠入美国加省大学医科，一九〇四年毕业，开业于三藩市者二年。归国后任南京中西医院院长，旋代表中国政府出席菲律宾万国医学会。返广州，任陆军军医学校教务长。一九〇八年应留学生考试，授医科举人、内阁中书。于是广州适有光华医学院之倡，乃共推君为校长。光华医学院者，合全粤医师之力而成，谋"学术自立"之先锋队也。学术贵自立，不能恒赖于人。广州濒海，得风气最先。近代医学之入广州百年矣，然迄无一粤人自办之医事教育机关，有之自光华始。君既长校，擘画经营，不遗余力。一九〇九年，出席挪威万国麻风会议，更感学术自立之必要，而吾国富于疾病，旷待学人之发掘及发明者无限，固大可为之地也。……君主持光华二十余年，中间复任中山大学内科主任、教授，又被推为广州医学会及中西医学会会长，培植人材甚众。今粤中名医，大半出君门下，此君稍可自慰者也。一九四二年六月十九日，以避寇，卒于广西贵县，得年六十有五。……君性笃厚，和易近人，热心社会事业。光华之成，余忝为创办人之一，复而就学焉，故余于光华诸师，皆先友而后师，君又余在校时之校长也。同人为君立纪念碑，不摈余于校友之外，属为之辞，因述其所知所感者如此。愿同人善继君志，毋

---

① 陈垣著，陈智超主编：《陈垣全集》第1册，安徽大学出版社2009年版，第350页。
② 陈垣著，陈智超主编：《陈垣全集》第1册，安徽大学出版社2009年版，第175页。
③ 赵璞珊：《陈垣先生和近代医学》，载《北京师范大学学报（社会科学版）》1983年第6期。赵璞珊：《陈垣先生和医学史》，见《纪念陈垣校长诞生110周年学术论文集》，北京师范大学出版社1990年版。刘泽生：《近代中国医史奠基人陈垣在广州》，见龚书铎主编《励耘学术承习录》，北京师范大学出版社2000年版。

忘学术自立之本旨也。①

陈垣这五百多字的碑文，简练概要地说明了当时广州医界的情况及郑豪的生平和贡献。我们还可以就碑文内容做更深入的研究。

郑豪 1878 年出生于广东省香山县乌石村。父母是很穷的农民。他 13 岁时，为追求更好的生活，逃到香港，并积极学习英文。15 岁时，没有钱买船票，也没有护照，随在檀香山工作的堂弟偷偷溜进即将开往美国的轮船，到了夏威夷岛的希炉市，与人合伙开一间"合旺商店"。在希炉市他加入基督教，并剪去辫子。② 1900 年夏天，他请堂弟郑旭、郑仲为法律代理人，照顾他在希炉的生意，只身前往加州医学院求学。1903 年 12 月，他回家度假并处理"合旺商店"的事务，孙中山在夏威夷组织"中华革命军"，郑豪由毛文明介绍，与堂弟郑旭（鉴）参加了"中华革命军"，并举行了隆重的宣誓仪式。③ 在加州医学院完成一年级的学业后，转学到三藩市内外科医学院，1904 年毕业，并通过加州医学考试部的考试，成为加州第一位取得行医执照的华人医生。三藩市中文报纸《大同报》1904 年 5 月 20 日对郑豪的毕业加以报道："本埠内外科医学堂之今年卒业生共数十人，昨晚在钟士街近乙地街之西人戏院内，行卒业之礼，其卒业班拔出为医者，内有少年华人一名。郑君豪原籍香山县人，系由檀香山来游学者，郑君考选甚高，盖平日苦学所致也。昨晚往观行礼者甚众，该戏院几无容足之地，内有华人五十余人。钟领士丰随员及商家多人皆在座，其余多是美国留学生。当该书院长高唱郑君之名时，郑君由右廊而出对书院长接卒业之文凭。当时中西人士尽鼓掌称贺。闻郑君再往东方大学堂再学一年，使其所业精益求精云。"《大同报》8 月报道郑豪考取加州行医执照的消息："准给医照。香邑郑君豪，内外科医士也，前两月卒业于本埠内外科医学堂，经登本报。郑君已于前礼拜二往加省考医生院应考，连考数日，可知其功课之多矣。至前礼拜六日，已得该院榜示，准给郑君在本省行医文凭。按西人此次之应考者一百二十余人，因医学未深，当时不准考者十余人。虽准考，今不得应选不能领取行医牌照者亦有二十余人。观此可知，虽能卒业，并要所学湛深，乃得领照行术也。今郑君一考，遂领悬壶凭照，可知其平日之苦学矣。"④

郑豪 1905 年学成归国，回国后的第一份工作，是在南京中西医院任外科主任。据说，郑豪为慈禧太后治好眼疾。其时，科举制度虽已废除，但慈禧仍为郑

① 陈垣著，陈智超主编：《陈垣全集》第 7 册，安徽大学出版社 2009 年版，第 824 - 825 页。
② 郑浩华主编：《郑豪——光华百年史料集》，中山大学出版社 2008 年版，第 2 - 3 页。
③ 《郑豪——光华百年史料集》，第 32 页。
④ 《郑豪——光华百年史料集》，第 42、57、58 页。

豪假设殿试，授以医科举人，并册封其为内阁中书，人称"郑中书"。郑豪在南京工作期间，曾代表中国政府出席菲律宾举办的国际医学会会议。后来，被调回广州陆军军医学堂任总教练。①

1909 年，郑豪代表清政府赴挪威出席第二届国际消除麻风病科学会议。这件事在广州乃至中国都是一件大事。因为当年美国推行排华政策，除了国家派出的公务人员外，其他华人很难入境美国。为此，清朝两广总督发给郑豪特别护照，美国领事馆也发给他特别签证及介绍信。行前广东光华医学专门学校校友在海珠慈度寺畔送别郑豪，为此陈垣写两篇文章《题郑学士送别图》《送郑学士之白耳根万国麻疯会序》在《医学卫生报》发表。前一文把参加告别会的 24 人，按摄影照片的位置一一介绍。这幅照片反映了当时光华医学专门学校的师资阵容，除郑豪外，还包括光华院长陈衍芬、保全堂主人刘子威、资生堂主人池耀庭、东美主人李镇、六和主人陈则参、恒安别馆主人梁慎余、九丹池主人左吉帆、大同春主人陈子光，"凡此皆光华教授及医生也"。还有光华书记长陈泮馨以及陈垣和十多名学生。为什么要摄影留念呢？陈垣说："斯为吾国医事纪念之大者，不可无纪也"，"后数年或十数年，开第三次万国麻疯会时，吾犹欲持是图而见吾国医学进步之高度也。""今图中诸人，……为今日吾国医学革新之健卒"，故"录诸人姓氏于后，俾他日有所考焉"。② 后一文是陈垣认为郑豪参加此会，既是国家的荣耀，对郑豪也寄予厚望。第一，我国参加国际医学会议，此前有过四次，此次为第五次，"吾愿学士此行，亦必有游记之属以报告于我医人也"。第二，中国和世界各国都有麻风病的历史，"吾愿学士此行，有以得各家治疗疯病之成绩，汇译之，以为吾国组织疯病疗养所之预备也"。第三，了解各国预防此病之方法，"有以得各国预防疯病最完备之法，足以施行于我国者毕录之，冀政府之实行也"。第四，各国对此病传染的途径有各种说法，"吾愿学士此行，有以得各家学说之已定论或未定论者，并存之，以祛吾国人之惑也"。第五，郑学士此行，不独至挪威，还有游伦敦、巴黎、柏林、华盛顿等欧美各国，"壮哉，此行"。据报载，本年 8 月间，在匈牙利布特佩斯召开第十六次国际医学会议，讨论医学 21 个学科的问题，必大有裨益于医界。"吾愿学士此行，顺道入匈牙利一会"。第六，以前我国不知有麻风病国际会议，也没有风病疗养所，更无取缔麻风病之法律，而此三者为会议讨论之内容。"吾愿学士此行，有以雪此耻也"。③ 由此可见，陈垣对此会十分关注，从国家、民族、学科发展、中国医

---

① 《郑豪——光华百年史料集》，第 68 页。

② 陈垣著，陈智超主编：《陈垣全集》第 1 册，安徽大学出版社 2009 年版，第 279 - 280 页。

③ 陈垣著，陈智超主编：《陈垣全集》第 1 册，安徽大学出版社 2009 年版，第 281 - 285 页。

学传统出发，来看世界医学的发展。如何取得先进国家医学的技术和经验，改造我国落后之医学，为我国人民所用。

郑豪在挪威贝根市国际麻风病会议上的表现是突出的，他也非常谦虚，引起会议主持人和各国医生的注意。贝根市的 *Bergan Tridende*（《泰典报》）于1909年8月20日报道会议圆满结束。此文叙述会议的主持人、医学权威及在麻风病研究、防治方面确有成就的学者演说及表扬对医治麻风病有贡献的医生。郑豪被邀请为演讲者，报道用了1/3的篇幅登载他流利而谦逊的演讲。他介绍了中国麻风病的历史，"我们希望用科学的方法，控制疾病的蔓延"，"在与该病的抗争中，我们落后了很多年，换言之，我们还处于童年时代，中国的医学科学将全力以赴对抗此病"。"中国渴望西方的科学，但没有哪一个科学领域比医学来得更为迫切。因此，中国对这次会议充满了期待。在此，我感谢此行带给我们的学习机会和收获，也感谢此行对未来的成果将产生的影响。"① 还有一件事足以反映郑豪在国际卫生医药领域的地位及在美国的影响。1906年，美国国会通过肉类检查法案，要求所有进口肉类食品必须要有合法的检验官签名的证书，才准进口。法案规定，饲养及屠宰后的肉类，均要有检验报告。由于中国没有肉类监测制度，肉类食品制造商的产品出口备受打击。两广总督张人骏寻求对策，他委任郑豪为检验官，负责肉类检测、审批及签名等事项。1908年10月4日，郑豪给美国驻广州领事写信解释，中国生产的腊肠中的肉只采用大米饲养的猪，并采用后1/4部分的肉类，加上酱油、糖、盐及少量酒来调味腌制，然后在阳光下晒制而成。用这种简便的脱水方法制作成无毒害、无传染、无腐败、无染色的腊肠，符合美国肉类检查法案标准。他在信中也提及自己的身份，毕业于三藩市内外科医学院，并拥有加州行医护照。后来经过清政府委任，再向美国国务院提名，经美国农业部及其属下的肉类检查部门同意后，知会财政部及其附属的海关等机构，其间中国两广总督、美国驻广州领事馆、清政府驻美国大使馆往返多次的沟通、协调，最后，美国国务院批准郑豪为中国肉类出口美国的总检验官。从此，所有中国制作的腊肠出口美国，均要有郑豪签名的证书。② 这件事足以说明郑豪的地位及反映广州的卫生医药领域的情况。

由于广东光华医社、医校、医院做出了很好的成绩，加之梁培基、郑豪、陈垣等人的努力，《医学卫生报》《光华医事卫生杂志》的出版发行，广东医学界在国内外医学界有比较大的影响，具有举足轻重的重要地位。1913年，光华医校的同仁为欢送陈垣去北京参加众议院而召开恳亲会，陈垣在会上有过一段论述：

---

① 《郑豪——光华百年史料集》，第124页。
② 《郑豪——光华百年史料集》，第84-87页。

以今日大势，我国不欲强及不欲免外人干涉内治则已矣；我国苟欲强而免外人干涉内治，则卫生政治岂能不竭力实行乎？若实行卫生政治，则必要提倡医学，培植医材。医科大学之设，又岂能缓乎？然设医科大学，当有多数医人以为教授。窃思医人之多，唯一广东。我光华为广东一大医团，医师荟萃之区。故国家兴医学，求医材，亦唯一之光华矣。昔那威开万国麻风会，香港开热带病学会，前清政府皆派本社郑君豪往。滇省办理陆军医院，则电聘陈君子光往。去月鲁省筹办军医，亦电聘陈君子光往。即如前东三省之防疫来电请医，现在粤省陆军医院长、警察公医生、警察医院长、高等检察厅之检验局长、都督府之军医课，均是我光华同人。有事可征，固非徒见诸空言已也。……是故我光华必欲常为广东最有名誉之医校，不可不黾勉力求进取。惟是前毕业诸君，或奉职京师，或就聘他省，或求学外国，或就席医院，或悬壶于乡，散处四方。①

正是由于广东光华医社在全国的地位，所以 1911 年 4 月 3 日至 28 日，在奉天召开"国际鼠疫会议"时邀请广东光华医社派人参加，光华医社共派九人赴会，陈垣因为有其他事，不能前往。陈垣在广州根据东省友人函告、京沪奉天各报、东西方各国新闻等资料，编纂成《奉天万国鼠疫研究会始末》（以下简称《始末》）一书，在"纂例"中说："是书不名报告而名始末。报告非会外人所得为，他日大部自为之。此名始末，乃私家著述，纪其事之首尾云尔。"② 该书于 1911 年 4 月初版，发行者为广州光华医社。本书还在上海丁福保主办的《中西医学报》第 13 期（1911 年 4 月出版）开始，连续八期刊载。说明了陈垣对此会的关注及反应之快。

书前有《伍连德像题词》，作者专门介绍伍连德的经历，在英国剑桥大学取得医学博士学位，被聘为天津陆军医院军官。"此次万国鼠疫研究会，经各国医士公意，举充会长。伍君之学术资望，久为世人所推重也。"③

此书是一部纪事本末体史书，以事件为中心记载史事的始末。从"本会之发端"到"闭幕式"，把"奉天国际鼠疫会议"的全过程分 79 条事目（包括附录 7 条）叙述清楚。诚如郑豪在"序"中说："陈君固邃于国学，其于细菌学，又为专门，故所纪述，能原原本本。"④ 在本文第二节中，我们专门分析了《奉天国际鼠疫会议报告》。今天虽有《会议报告》行世，但陈垣的《始末》仍有重要

① 梁培基：《光华医事卫生杂志续出发刊词》，见《陈垣早年文集·附录》，第 417—418 页。

② 陈垣：《奉天万国鼠疫研究会始末》，见《陈垣全集》第 1 册，第 357 页。

③ 陈垣著，陈智超主编：《陈垣全集》第 1 册，安徽大学出版社 2009 年版，第 353—354 页。

④ 陈垣著，陈智超主编：《陈垣全集》第 1 册，安徽大学出版社 2009 年版，第 355 页。

的历史学和文献学价值。

第一，其保存了《会议报告》没有录入的许多关于会议的历史资料。

如"会场之盛饰""实验室之陈列""媒介物之陈列""报告写真及救护人模型"等事目，使我们了解当时会场的布置及供会议使用的设备。"满铁病院之参观""日领事晚餐会"记参见南满铁路公司的情形。"休会之消遣""旅大视察""哈尔滨游历"等，记各国医生参见奉天各皇宫，考察旅顺、大连，游历哈尔滨的情形。"赐觐及观光""入觐记""公私之酬宴"等，记各国代表进京参观一些政府部门、觐见监国摄政王、公私宴会的盛况。附录保存了《学部奏请赏给伍连德医科进士折》。以上略举《会议报告》所未备者，可见其珍贵。

第二，其是一部为中国争取国权、医权，弘扬爱国精神的历史记录。

郑豪在"序"中说："陈君援庵，以事不获行，乃于诸君子出发之日，为词以勖之，曰东省牺牲数万生灵，以供诸君子之研究矣，诸君子其毋负此行也。其言至为悲惨。""其于国权一节，尤三致意，又不徒为研究学术观已。"① 陈垣在"自序"中说："既纂《奉天万国鼠疫研究会始末》毕，喟然曰：中国学者，其果不足以外国学者抗行乎。万国医学大会中，中国学者果不容置喙乎。今观斯会，然其不然。"对于医学，"国家不任提倡，士夫视为末技，求一有志撰述，研精专门，致力于国家医学者，殆不多见"。此次东北鼠疫，日俄以为我国无力，"彼得越俎而谋之"，企图由他们主持扑灭鼠疫工作，夺我主权，是可忍，孰不可忍！"今日之会，伍君竟能本其所学，为祖国光"。"伍君其吾国后起之英哉。一般医界男女青年，急起直追，储为国家御侮之才，此其时矣。"②

"会长之举定"一目中说："公推中国外务部特派医官伍连德为会长。伍君学问湛深，此次从事防疫，尤富经验，故膺此选也。"但据某报报道云："鼠疫研究会之开办，以吾国为东道主。无如吾国医学，不见发达，会长一席，遂惹起他们之艳羡，以某国为尤甚。其某博士之来东，最在事先，即为此也。幸有美医士，深恐喧宾夺主，不第不甚雅观，且于中国主权，亦形丧失，遂不惜周折，与吾交涉司说明，并与各医士关说，同举伍连德为会长。且谓伍君医学高明，不但有称主位，即于此会前途亦多便利云。"③

在附录中，有"字林报驳北里博士之言论""上海报驳北里博士之言论"及"日人对我最后之言论"三目，摘录了当时国内外媒体报道日人企图担任会议主席之野心，及各国医士对日人言论的批驳。

事情的原委是这样的：1911 年 3 月初，施肇基向朝廷建议，利用各国医学专

① 陈垣著，陈智超主编：《陈垣全集》第 1 册，安徽大学出版社 2009 年版，第 355 页。

② 陈垣著，陈智超主编：《陈垣全集》第 1 册，安徽大学出版社 2009 年版，第 355 - 356 页。

③ 陈垣著，陈智超主编：《陈垣全集》第 1 册，安徽大学出版社 2009 年版，第 370 页。

家来华的机会，在奉天召开万国鼠疫研究会议，朝廷大力支持此事。施肇基和一直共同关注东三省鼠疫的英、美领事商议后，正式向各国使馆发出照会。各国均做出热烈的回应，只有日本使馆，在表示北里柴三郎可能出席以后，提出了一个要求：如果北里出席，必须任会议主席。在讨论会议的组织议程时，日本领事首先发言说："敝国前来参加鼠疫研究会议的北里柴三郎教授是鼠疫杆菌的发现者，著名的微生物学家。因此敝国政府认为，此次会议主席应该由北里柴三郎教授担任。"但其他各国领事和医生表示反对。英国使馆医生道格拉斯·戈瑞说："我认为此次会议的主席应该由毕业于大英帝国剑桥大学的伍连德博士担任，伍博士是满洲防鼠疫的总指挥，对控制此次流行的贡献最大，会议主席非他莫属。"美国代表也说："我也认为应该由伍博士出任会议主席。"俄国领事说："完全同意。鉴于伍博士在满洲，特别是在哈尔滨控制鼠疫的突出成绩，以及挽救在哈十万俄国公民的壮举，敝国政府已经决定，授予他二等勋章。"法国领事也同意伍博士任会议主席。在各国领事和医生的反对下，日本领事收回由北里柴三郎担任会议主席的要求。①

附录"字林报驳北里博士之言论"一目引述《满洲日报》报道，日本代表北里博士说："决意不准中国于会中议事置喙。"②"上海报驳北里博士之言论"一目，引述北里言论："清国政府无防疫智识，而日本则已早将关于研究之种疫材料，调集于南满铁路病院之一室中，直已超于万国之上。故会中欲研究者，但求诸日本可耳。清政府虽为召集此之主人，虽可于会中置喙，而决不容其有提议权。果其提议，余必会断然拒绝之。"对于北里之言论，我国记者批驳曰："彼欲反客为主，禁我国在会中提议。观于北里宣言，阴谋不啻若自其口出矣。盖彼又欲乘开此会时，剥夺我国在东三省之主权，乃致脱口而出，如见肺肝也。""我国所以召集此会之意，不过欲藉今日世界甚进步之科学医术，以祛至烈之恶疫，造世界人类之宏福耳。此固我国召集斯会纯粹之真意也。而北里乃竟挟争夺侵侮之心以俱来，且公然以傲慢之态度，宣之于口，竟不自悟，大有背于各国遣派专门家来赴会纯为乐利之本旨。"③

在中国政府特派员施肇基和伍连德的合作领导下，在各国派遣的专家的努力下，会议取得巨大成功，取得重大收获，使日本改变了态度。在"日人对我最后之言论"一目中，引述《东京报》云："奉天鼠疫研究会日本代表北里博士，四月十二日回抵东京，盛赞中政府招待奉天研究会各代表之周到，并谓该会为中国科学历史上空前之举动。又力言此次关于肺炎霉菌，多所发明，关系极巨。彼言

---

① 王哲：《国士无双伍连德》，第 136 – 137 页。
② 陈垣著，陈智超主编：《陈垣全集》第 1 册，安徽大学出版社 2009 年版，第 423 页。
③ 陈垣著，陈智超主编：《陈垣全集》第 1 册，安徽大学出版社 2009 年版，第 426 – 427 页。

此会结果，影响于中国医学前途，极有效力云。"①

由此可见，《始末》不啻是一部为中国争主权、争医权、弘扬爱国精神的真实记录。

1911 年，伍连德领导扑灭东北鼠疫之后，继续为清政府和中华民国政府服务，成为中国近现代医学先驱，国际公认的公共卫生学奠基人，著名的预防医学家，医学教育家和社会活动家。陈垣 1912 年被选为中华民国第一届国会众议院议员，1913 年 3 月赴北京参加国会会议，从此定居北京。陈垣无心政界，转而从事历史学研究和高等教育，在宗教史、元史、历史文献学等领域作出卓越贡献，被誉为"中国近代之世界学者"，20 世纪 20—30 年代，他与王国维齐名，40 年代以后，他与陈寅恪被称为"史学二陈"。他任辅仁大学校长 27 年，成为著名的教育家。

原载《黄今言八十华诞纪念文集》，江西人民出版社 2017 年版。又见《华学》第十二辑《饶宗颐百岁华诞专号》，中山大学出版社 2017 年版。

---

① 陈垣著，陈智超主编：《陈垣全集》第 1 册，安徽大学出版社 2009 年版，第 429 页。

陈垣与南海吴荣光著 《历代名人年谱》

一、 吴荣光著 《历代名人年谱》

吴荣光（1773—1843），清朝南海佛山人，生于乾隆三十八年（1773）正月初十。原名燎光，字殿垣，号荷屋。27 岁进士及第后改名荣光，改字伯荣，从40 岁起又自号石云山人。嘉庆二年（1797）至四年（1799），连捷秀才、举人、进士，改庶吉士，嘉庆六年（1801），散馆，授编修。在此后的 40 年中，历仕嘉庆、道光两朝，历官数十种。约计 46 岁以前为京官，历任武英殿协修、纂修，江南道、河南道、云南道监察御史，刑部员外郎，军机处章京（官名，清代军职多称章京，为满洲语之译音。军机处的章京，被称为"小军机"）等。47 岁以后为地方官，历任陕西陕安兵备道，福建盐法道，福建、浙江、湖北按察使，贵州、福建、湖北布政使，贵州、湖南巡抚，一度兼署湖广总督。此外，曾充甲子（1804）顺天乡试同考官、丁卯（1807）浙江乡试副考官、己巳（1809）陕西乡试监试官、甲午（1834）湖南乡试监临官等。68 岁致仕，道光二十三年（1843）闰七月初四卒于桂林，终年 71 岁。

吴荣光不但仕途显达，而且学有所成。一生别无所好，唯独视书籍、名画、碑帖、金石如同性命，收藏宏富，其中有皇帝多次赐书，故晚年特建"赐书楼"，一并收藏，并亲书《赐书楼记》，勒石树碑，以教子孙。与同时代名儒如阮元、翁方纲、刘墉等交游密切，是著名的鉴藏家、金石学家。著有《辛丑销夏记》《吾学录初编》《筠清馆金石录》《历代名人年谱》等十数种。吴荣光卒后，其三胞弟吴弥光辑其诗文为《石云山人集》。①

通过《吴荣光（吴荷屋）自订年谱》，可了解其生平。其事迹见《清史列传》卷三八、《国朝耆献类征》卷一九九、《国朝书人辑略》卷八等。《佛山忠义乡志》（民国十二年刻本）、《南海县志》（同治本、宣统本）都为他立传。

吴荣光为什么要编纂《历代名人年谱》？我们应从清代编制年谱之兴盛及吴荣光师承关系中寻找答案。

---

① 以上吴荣光简况，参阅《吴荣光（吴荷屋）自订年谱》，见沈云龙主编《近代中国史料丛刊》第七十七辑，以下简称《吴荷屋自订年谱》，文海出版社 1969 年印行；裴效维《吴趼人家世考略》，载《明清小说研究》1998 年第 3 期。

年谱作为一种专门体裁，始于宋，可以成为定论。① 元明二代继有所作，清代得到极大的发展。据来新夏约略统计，清人年谱当有 800 余种，1000 余卷。年谱在清代之所以得到大发展，有下列原因：

第一，清代建立之后，历经康熙、雍正、乾隆三代的恢复发展，已经达到了"盛世"阶段，学术文化各方面都在前人基础上取得了新的成就。为了配合学术研究，编写年谱作为一种研究方式也得到较快的发展，尤其是乾嘉考证学的兴盛，对此也起了促进作用。

第二，清代制作年谱之风兴盛也有它的社会原因。清代处于封建社会末期，其阶段结构、等级关系、社会风尚和以前相比都有较大的变化。年谱的谱主不只限于文人学士和达官显宦，社会各阶层根据经济状况、各人爱好，都可以编纂年谱，或自编，或由弟子、亲属编，或请名家编纂，各显神通，自行其是。据来新夏统计，谱主包括以下各种类型人物：官僚军阀、文学家、学术家、艺术家、工商业者、和尚、妇女、明遗民。还有一些不太为人注意的人物，如在科举上只有最低的秀才功名而以教读、作幕为业者；一生只设塾教读者；一生从事私密道门活动者；有的一生碌碌、毫无足述者。这些人都自撰或他人为之编写年谱行世。②

第三，清代学术思想的变化。清代学术乾嘉时代形成的以考证求真为主的汉学，嘉庆以来汉学传统发生了衍变，逐渐走向经世致用。京师人士的修禊雅集活动③，其内容由赋诗唱酬、享受自然风光，逐渐转向士人对社会问题的关注，对琐碎学风的反思。在诗歌唱和中感叹民生艰苦，表达自己心中的惆怅，忧国忧民的情怀，进而探讨古今治乱兴衰之理，讲求经济实用之学。"江亭展禊"④ 的主角之一陈庆镛（1795—1858，此人为《历代名人年谱》作序），被道光皇帝贬回原籍之后，更推重经世致用之学。他曾跋同籍经世学者的著述："读书将以致用也。学者束发受经，便期于远者大者，自谓能文章，通经世，至问其所学何事，则爽失矣！及近而叩之以当世之务，风俗之是非，世情之厚薄，则又漠然若罔闻知。"故他对当地讲究农田、兵礼、水利、海志的学者林啸云十分推许。⑤ 陈庆镛深受宋学影响，陈启明为他写的《陈公墓志铭》中说：陈庆镛"生平精研汉

---

① 来新夏：《近三百年人物年谱知见录》（增订本），中华书局 2010 年版，第 891 页。

② 来新夏：《近三百年人物年谱知见录》（增订本），第 893 - 894 页。

③ 修禊，是古代文人到水边嬉戏、洗濯以祓除不祥的活动，后来成为士人雅集的主要形式，参加者赋诗唱酬，享受自然风光。这种活动不以时地为限，有春禊、秋禊、饯春、纪念祭祀先贤等活动。

④ "修禊"有时亦称"展禊"。"江亭"，即京城宣武门外的陶然亭，最初为康熙时工部郎中江藻所建，故又名"江亭"。士人多以"江亭"为中心举行修禊雅集活动。

⑤ 陈庆镛：《林啸云丛记跋》，见《籀经堂类稿》卷十五，第 7 页。

学，而服膺宋儒，尝谓'六经宗许（慎）、郑（玄），百行学程（颐）、朱（熹），亭林之言'，吾辈当以励"。① 以宋学的品性修养自励。嘉庆以后，汉学、宋学走向合流，学人自觉地讲求经世致用之学。② 陈庆镛、吴荣光都受嘉庆以后经世学风的影响。

第四，直接承传乃师阮元的经世致用的史学思想。

阮元（1764—1849），字云台（又字芸台），别号雷塘庵主，江苏扬州人。他生活于清代乾隆、嘉庆、道光三朝，是大官僚，又是著名的大学者。史称其"身历乾嘉文物鼎盛之时，主持风会数十年，海内学者奉为山斗焉"③。他是乾嘉学派的强有力殿军和总结者，又是嘉庆以后经世致用新思想的倡导者和实践者。他说"夫经述修治之原，史载治乱之迹。疏于史鉴，虽经学文章何以致用耶！"④他号召学人要学习顾炎武的经世致用思想，注意处理好经史与治世的关系。

嘉庆四年（1799），吴荣光进京会试，时任户部左侍郎的阮元担任会试副总裁之一，自此结下师生之谊，师生交往凡四十年，对吴荣光一生影响甚大。嘉庆十四年（1809），吴荣光因漕运事件失察而罢官，回京后居住在下斜街，《吴荷屋自订年谱》载：

> 迁居下斜街小屋时，阮仪征师以浙江巡抚编修，寓居相近，日夕过从，指授经义。又常与翁覃溪（方纲）先生讲论书画及考据之学。暇则涂抹山水以遣意。余少时好为六朝骈四俪六之文，自罢闲后从覃溪先生仪征师讲学，始知究心经义。⑤

又据《吴荷屋自订年谱》"嘉庆十七年"条载："二月，补授刑部员外郎，阮仪征相国师曰：'刑部出入，所关甚巨，勿云幸矣'。"⑥

吴荣光不仅是著名鉴藏家、书法家，也是一名画家。佛山市博物馆藏吴荣光道光十八年（1838）作《授经图卷》，该画左上方题记：

> 荣光自己未后，事仪征相国老夫子垂四十年，丙申六月重至京师，侍杖履者，殆无虚日，别后敬绘像，附以弟子，作《授经图》，以志渊源之自。
> （款署）道光戊戌三月庚子日，南海吴荣光并识。

① 陈启荣：《陈公墓志铭》，见陈庆镛《籀经堂类稿》卷末附录，第 3 页。
② 罗检秋：《嘉庆以来汉学传统的衍变与传承》，中国人民大学出版社 2006 年版，第 195 页。
③ 《清史稿》卷三六四，中华书局 1998 年版，第 38 册，第 11424 页。
④ 阮元：《揅经室二集》卷八《己未会试策问》，《揅经室集》（上），中华书局点校本 1993 年版，第 575 页。
⑤ 《吴荷屋自订年谱》，第 16 页。
⑥ 《吴荷屋自订年谱》，第 17 页。

末钤："吴荣光印""荷屋""拜经日生"三印。

鉴藏印钤："吴荃选""内阁之章""南海吴氏宝择楼审定真迹印"。①

此《图卷》题咏有十余首。道光十八年（1883）十二月，阮元题咏：

古人专传经，科名等过客。蠹简半在家，漆书或藏壁。或治伏生书，或传孟氏易。

由篆变为隶，由竹写于帛。后世经义多，书卷日堆积。不专传一经，探索乃更颐。

唐初尚守古，中唐少精核。昌黎读经文，但向奇葩摘。习之逃空虚，外儒而内释。

吾于经甚疏，传授鲜古册。诗无鲁与韩，春秋昧高赤。惟于古人训，或者少有获。

吴氏起岭南，于经口有癖。遥遥四十年，久列门生籍。在都更相亲，出游共车迹。

廉赵万柳堂，冯家园改亦。身虽在台阁，地乃拟泉石。绘像秋林间，函丈接两席。

相对写须眉，或苍或全白。两貌颇相肖，我老当更瘠。古今异口趋，学术如迁宅。

而我数十年，虑仁屡审择。或甘为平近，或失于偏僻。究将何所口，商取二三策。

道光十九年（1839）三月，吴荣光《和云台相国师题余授经图原韵》：

师事四十年，滥作门下客。不得闻性道，而或见奎壁。迢迢中外间，冉冉岁华易。

质疑辨同异，好古求竹帛。蠹残但日守，蛾求与年积。吾师口经手，学究天人颐。

戴孔穷源流，毛韩兼综核。譬如云雾拨，独向星斗摘。高则抉精微，次

① 张雪莲《从吴荣光〈授经图卷〉看阮元思想影响》说：吴荃选为吴荣光五弟绥光之孙，尚时之子，字颂明，号文麀。光绪十五年（1889）举人，官内阁中书，广西补用知县。工诗词，善收藏。光绪末年，吴荣光在佛山观音堂铺大树堂居所之"赐书楼"被风吹毁，为保存吴荣光所藏御赐书籍、金石、书画等"筠清馆"旧物，吴荃选在其修筑的"陆沈园"内重建"赐书楼"。民国十二年（1923）冼宝干总纂《佛山忠义乡志》，吴荃选提供吴荣光传统的"阮氏大理石屏"入编金石卷，在跋记中言及家藏《授经图卷》，"文达公（阮元）为荷屋公座师，道光戊戌（1838），荷屋公曾绘《授经图卷》以明渊源之目。师为文达公，门生为余伯祖，小门生则何氏子贞（何绍基）也。图成，传诵至都，都中诸老题咏者十余人"。（见广东省文史研究馆编《岭南文史》2011 年第 1 期）。可见此画曾名动京城。

亦富诠释。

以兹治九省，善政布方册。薄海靖鲸鲵，匝宇讴苍赤。政暇语吾徒，学古期有获。

肤功衮绣身，大福烟霞癖。可知古完人，靡不本经籍。近溯春明游，半年杖屦迹。

善向惭迟从，足发愧回亦。或访益都柳，或梦点苍石。南来写此图，神先到讲席。

蒔花秋映红，种竹霜气白。郑家草殊荣，羊家鹤仍瘠。回首五云多，长护相公宅。

恨无缩地术，遂我比邻择。蜀冈仰弥高，闽峤远以僻。及我尚未衰，春风一鞭策。①

我们从《吴荷屋自订年谱》和吴荣光作《授经图卷》的题词、题诗看，阮元与吴荣光的师徒关系是十分清楚的。吴荣光是在清代编制年谱兴盛的社会背景影响下，承继其师阮元的经世致用思想，编制了《历代名人年谱》。

《吴荷屋自订年谱》载，道光二十一年辛丑（1841），69 岁以前为自订，所以记"手订止"。二十二年壬寅（1842）以后为其子尚忠、尚志补订。是年"府君以近年步逊前，将往桂林就医"。二月二十二日偕太夫人及儿孙同往，"仍邀瞿申之同行。三月十五日抵桂林，侨寓文昌门内"。二十三年五月记："自壬寅岁考订《历代名人年谱》，至是病中虽手不能搦管，仍属瞿申之偕尚志校阅，亲为裁定。尚志以恐过劳精神为谏，而府君无他消遣，依然手不释卷"。七月记："是月所著《历代名人年谱》告成。犹以所辑书籍尚有未成为念。"② 由此可见，吴荣光在生命的最后时刻，仍由瞿申之及尚志协助校订《历代名人年谱》。此著是他一生心血所在。

《历代名人年谱》与一般流行的个人年谱或合族名人年谱不同，它是一部自汉高祖刘邦元年（前 206），至清道光二十三年（1843），搜集共 3525 人。全书按年记载内容，每年分干支、纪年、时事、生卒四项。干支记于书眉。纪年包括历代国号、帝王姓名、年号、陵寝、谥号及避讳等等。时事则按年月记载中国历史政治、经济、文化、军事等重要事件，特别是对文化、书法作品（如碑帖、经幢、墓志、塔铭等）记载犹详。生卒则记载名人（包括文化、佛教等各种名人）生卒年月、岁数，此外还记载其谥号、爵号，此项有则记，无则阙如。全书纵横井然、前后鳞次、简洁明了，是一部了解中国古代历史、历朝治乱兴衰以及名人生平事迹的实用工具书。今举两例的内容以说明之。

---

① 佛山市博物馆藏《授经图卷》吴荣光后跋（1839）。转引自张雪莲上文。
② 《吴荷屋自订年谱》，第 42、43、44 页。

例一：

　　干支：乙未

　　纪年：前汉

　　　　　汉高帝元年

　　　　　　　　名邦。讳邦曰国。葬长陵。

　　　　　楚义帝元年

　　　　　西楚霸王元年

　　时事：冬十月，沛公至霸上，入咸阳。萧何先入秦丞相府，收图籍
　　　　　藏之。

　　　　　沛公与父老约法三章。

　　　　　项籍诈坑秦降卒二十余万于新安。

　　　　　四月，汉以萧何为丞相，遣张良归韩。

　　　　　七月，西楚杀韩王成。张良复归汉。

　　生卒：

例二：

　　干支：戊辰

　　纪年：庄烈帝崇祯元年

　　　　　　　　名由检。

　　时事：三月，施凤来、张瑞图罢。起周嘉谟为南京吏部尚书。逾
　　　　　年，卒。

　　　　　四月，以袁崇焕督师蓟辽。

　　　　　五月，李国楈罢。卒，谥文敏。毁《三朝要典》。

　　　　　六月，来宗道、杨景辰罢。

　　　　　十月，刘鸿训免，寻遣戍。

　　　　　十二月，召韩爌复入阁。

　　　　　四月，文文起跋《赵松雪行书诗赞》卷。

　　生卒：姜西溟宸英生。李辰山延昰生。赵天羽吉士生。
　　　　　励近公杜讷生。王子撰熙生。顾璘初卒，年六十四。

　　对此书的评价，光绪元年（1875）二月，张荫桓作序说：“《历代名人年谱》
十卷，《存疑》一卷，南海吴荷屋中丞之所著也。”“中丞渊襟凝旷，天才杰越，
赋事之暇，靡间披玩。”“沈绎默识，营兹约秩，群书笔毂，涉目斯获，简矣核
矣，宏益博矣。”“是篇萌芽炎汉，下迄国朝。事以隶年，人以隶事，纵横井
斠，羽眷鳞猎。撷赤珠于骊渊，导鸿源于星海，繁而不杂，略而不渗。”

　　陈庆镛作序说：“南海吴荷屋中丞，酷嗜经史，老不废学。”“手著《历代名

人年谱》藏于家。……盖本史公《年表》纵横之例为书。”“因掇举《帝纪》之要，荟萃史家列传、载记之言，芟繁就简，约为时事，叙而不漏。末乃系名人生卒年月及谥法、爵号。前后鳞次，若网在纲。”“斯诚读史之津梁，而谱牒之要诀矣。”“夫史以纪成败，考见得失。二十四家，浩如渊海。儒者读其书，不能博究始末；即有文人学士，亦取瑰奇伟丽之文，受而读之。而能彻姓贯终，搜括靡遗，成一家言者，盖未见也。”“是编未竟时，阮仪征夫子尝为之《序》。既而中丞此书成，而此《序》散佚，寻不复得。咸丰纪元二年，其喆嗣莘畲工部复校，属余补序。余喜其书之有裨于世，而足与史编相为表里也，于是手书。”①

关于本书的版本，已知有下列九种：

（一）《历代名人年谱》不分卷，稿本，杭州大学图书馆藏。

（二）《历代名人年谱》不分卷，咸丰二年（1852）刻本，广东省立中山图书馆藏。

（三）《历代名人年谱》十卷，附存疑及生卒年月无考一卷，樵山草堂藏板，嘉定瞿树辰、南海吴弥光编校，光绪元年（1875）南海张荫桓重校刊，有张荫桓序、陈庆镛序，藏北京国家图书馆、广东省立中山图书馆。

（四）《历代名人年谱》十卷，附存疑及生卒年月无考一卷，天禄阁藏板，光绪二年（1876），京都宝经书坊重刊本。

（五）李宗颢以京都宝经书坊重刊本作底本，于1914年对《历代名人年谱》记载的书法作品及人物生卒作补遗，李宗颢以其精研金石文物之专长，补充吴荣光记载所缺的金石、文物及名人生卒一千多种（条），此书保留李宗颢手稿，是孤本。此本原由广东收藏鉴赏、版本目录名家王贵忱收藏，后赠给林梓宗，林梓宗转赠给广东省立中山图书馆。

（六）《历代名人年谱》五册，1930年上海商务印书馆铅印本，是《万有文库》中的一种。

（七）《历代名人年谱》一册，1935年上海商务印书馆用《万有文库》版铅印，收入《国学基本丛书》中。

（八）《历代名人年谱》，李宗颢补遗，林梓宗点校，北京图书馆出版社2002年版。②

（九）《中国古代名人生卒·历史大事年谱》，吴荣光撰，陈垣校注。北京图书馆出版社2002年版。此版本情况详见本文第二部分。

吴荣光从经世致用的原则出发，总结历代治乱兴衰的经验教训，从浩如烟海

---

①　张序、陈序见《中国古代名人生卒·历史大事年谱》，北京图书馆出版社2002年影印本。

②　关于《历代名人年谱》的版本，参考林梓宗点校本“前言”和“后记”。

的典籍中勾弦提要，辑录每年的重要大事，考证出历代名人（包括帝王、名臣、文化名人、佛教僧侣等）生卒，一目了然，如陈庆镛序所说："诚读史之津梁，而谱牒之要诀也。"受到学界重视，一版再版，广为流传。

二、 陈垣校注《历代名人年谱》

2002 年 10 月，北京图书馆出版社出版《中国古代名人生卒·历史大事年谱》一书，版权页中著者署："（清）吴荣光撰，陈垣校注。""出版说明"中说：

> 本书原名《历代名人年谱》十一卷，为表谱式历代名人生卒与大事纪年，起汉高祖刘邦元年（前二〇六），迄清道光二十三年（一八四三）。首列干支纪年，次为帝王年号纪年，三为重大历史事件，最后乃生卒于该年之名人。今据其内容改为《中国古代名人生卒·历史大事件年谱》。
>
> 本书成于清道光末年，曾于咸丰光绪年间数次刻印，现存数种版本。此次影印所据底本乃国家图书馆藏陈垣先生校注光绪元年南海张荫桓重刻本，陈垣先生于干支年逐一标注西历，并于著名历史人物和释者生卒月日标注西历，颇便于今人利用。
>
> 本书著者吴荣光（一七七三—一八四三），清广东南海人。……
>
> 为便于检索，特请北京大学图书馆李雄飞先生编制《人名索引》，附于卷末。①

陈垣 1971 年逝世后，其后人根据陈垣遗愿，把他珍藏的四万册图书捐献给国家，现藏于北京国家图书馆。北京图书馆出版社就是根据入藏的《历代名人年谱》作了上述处理，并影印出版。陈垣校注做了哪些工作呢？主要有三项：

一是把干支纪年换成西历：从汉高祖元年乙未（公元前 206）至清道光二十二年壬寅（1842）共 2048 年的干支换算成西历，注于书眉。如乙未（206，按：指公元前）。丙申（205，按：指公元前）。

二是全书加了 175 条注。在注中尤其注意历法中的闰月，共六条。如"纪年：汉二年丙申（前 205），是年闰月乙亥朔，自太初未改历以前，闰皆在岁末，谓之后九月"。陈垣加注于书眉："此书载闰月，均据通鉴目录，闰月乙亥云：用颛顼术也，与殷术不合。"② 西汉太始三年丁亥（前 94）闰十月，陈垣加注于书眉："闰九。"③ 西汉元凤元年辛丑（前 80）"七月改元元凤，闰二月"，陈垣

---

① 吴荣光撰，陈垣校注：《中国古代名人生卒·历史大事年谱》，北京图书馆出版社 2002 年版，"出版说明"页。后引此书，仅注书名及页码。

② 《中国古代名人生卒·历史大事年谱》，第 11 页。

③ 《中国古代名人生卒·历史大事年谱》，长 33 页。

加注于书眉："闰三。"元凤三年癸卯（前78）"闰十"，陈垣加注于书眉："闰十一，口闰十二"。① 西汉建始四年壬辰（前29）"闰十一月"，陈垣于书眉注："闰十。"② 明天启六年丙寅（1626），"闰五月，九月我太宗文皇帝嗣位以明年为元聪元年"，陈垣于书眉注："此书自无启四年始，用清万年历，与明大统历不同，如本年，明闰六月，万年历五月是也。"③

陈垣在注中特别注意重要历史人物的生卒年月，把干支纪年换算成西历注于相关之处。例如，宋端拱二年己丑（989），生卒记"范希文仲淹生于八月二日丑时"，陈垣注"西九月四日"④。宋景德四年丁未（1007），生卒记"欧阳永叔修生于六月二十一日寅时"，陈垣注"西八月六日"⑤。宋天禧三年己未（1019），生卒记"司马温公君实光生于十一月十一日"，陈垣注"西十二月九日"⑥。宋哲宗元祐元年丙寅（1086），生卒记"司马温公卒于九月朔，谥文正，年六十八"，陈垣注"西十月十一日"⑦。明神宗万历四十一年癸丑（1613），生卒记"顾亭林炎武生于五月二十八日"，陈垣注"西七月十五"⑧。这样，读者在阅读重要历史人物的生卒年哪月时，由干支纪年就知道西历是哪年月，十分方便。

陈垣为什么特别注重中国干支纪年与西历的换算及闰月问题呢？

陈垣在20世纪20年代编著过《中西回史日历》《二十史朔闰表》两部关于年代、历法的书。⑨ 这两部书解决了中历、西历、回历的年月日的换算问题，是考史必备的工具书。三种历法各不相同，中西历纪年，一年相差十多天至五十多天，西历岁首，一般都在中历岁末，如不按年月日计算，而以中历某年作为西历某年，则在岁首岁尾之间，会有一年的差误。回历和中历换算，每经三十二三年就差一年。陈垣在研究宗教史、元史和中西交通史时，遇到三历对算的问题，这个问题不解决，必然会发生错误，所以他下决心克服各种困难，编著了这两部书。他在《中西回史日历》的自序中说："兹事甚细，智者不为，然不为终不能得其用。余之不惮烦，亦期为考之助云尔。"⑩ 陈垣为了方便读者，利用自己这

---

① 《中国古代名人生卒·历史大事年谱》，第36页。
② 《中国古代名人生卒·历史大事年谱》，第47页。
③ 《中国古代名人生卒·历史大事年谱》，第1045页。
④ 《中国古代名人生卒·历史大事年谱》，第550页。
⑤ 《中国古代名人生卒·历史大事年谱》，第561页。
⑥ 《中国古代名人生卒·历史大事年谱》，第567页。
⑦ 《中国古代名人生卒·历史大事年谱》，第621页。
⑧ 《中国古代名人生卒·历史大事年谱》，第1035页
⑨ 陈智超主编：《陈垣全集》第四、五、六册，安徽大学出版社2009年版。
⑩ 陈智超主编：《陈垣全集》第四册，"自序"第3页。

两部书的研究成果，在《历代名人年谱》中把干支纪元和闰月换算成西历注于书眉及相关之处，使读者一目了然。

三是在 175 条注中，特别注意重要释氏的生卒年月。例如，唐太宗贞观十五年辛丑（641），生卒记"释慧静卒，年六十九"，陈垣注"五七三生"。[1] 唐武则天垂拱二年丙戌（686），生卒记"释神赡卒于四月，年四十二"，陈垣注"六四五生"。唐武则天永昌元年己丑（689），生卒记"释法如卒于七月，年五十二"，陈垣注"六三八生"。宋钦宗靖康元年丙午（1126），生卒记"释崇远卒于六月，年七十三"，陈垣注"一〇五四生"。[2] 我们统计了一下，陈垣为释氏生卒年加注 20 多条。

陈垣为什么重视重要释氏的生卒年？佛教自汉代从印度传入中国之后，受中国古代的经济、政治和思想文化的影响，逐步走上中国化的道路。同时，当佛教广泛传播之后，又反过来对中国古代的政治、社会和思想文化产生巨大而深刻的影响。隋唐之后，佛教与中国传统文化相融合，成为中国古代文化的一个重要组成部分。要研究中国古代文化，不能不研究佛教。研究中国佛教史成为近现代学人的重要选择之一。陈垣一生研究领域相当广泛，佛教史是重要领域之一，成就甚高，是佛教史从传统的僧传、谱系研究，向现代实证研究转型的开创人之一。[3] 1938 年，他出版的《释氏疑年录》一书，收录自晋至清初，有年可考僧人 2800 人，引书 700 余种，是检查历史上僧人生卒年的重要工具书。他在该书"小引"中说：

> 往阅僧传，见有卒年可纪者，辄记之，阅他书，有僧家年腊亦记之，积久遂盈卷帙。顾同一僧也，而有记载之殊；同一传也，而有版本之异，达磨卒年有五说，玄奘年岁有四说，所见愈广，纠纷愈烦，悔不株守一编为省事也。然既见之，则不能置之，故又每以考证其异同为乐，同则取其古，异则求其是，讹则订之，疑者辨之，辨论既定，遇有佳证，仍复易之，如是一人恒用三四出处，不敢冀无误，亦冀少误云尔。[4]

有学者评价该书具有体例完善、选材审慎、考证细密、校勘谨严的特色，"不仅是工具书之典范，而且是做学问的指南，可以窥见陈氏学识之渊博，见解之卓越，用功之勤勉，用心之细致"[5]。可见陈垣对历史上的僧人的生卒年有深

① 《中国古代名人生卒·历史大事年谱》，第 313 页。
② 《中国古代名人生卒·历史大事年谱》，第 665 页。
③ 张荣芳：《陈垣与中国佛教史研究的现代转型》，载《船山学刊》2016 年第 1 期
④ 《释氏疑年录》，见《陈垣全集》第 17 册，安徽大学出版社 2009 年版，第 3 页。
⑤ 《陈垣与〈释氏疑年录〉》，见卞孝萱著《现代国学大师学记》，中华书局 2006 年版，第 148 页。

陈垣与南海吴荣光著《历代名人年谱》

入研究，并作出重要贡献。陈垣为编纂《释氏疑年录》，参考了700余种典籍，其中就包括吴荣光的《历代名人年谱》。例如，

> 方山昭化院观政。太原平晋罗氏。宋政和三年卒，年七十一（一〇四三——一一一三）。《金石续编》一七载宗悟撰行状，"政"上字泐，今据《历代名人年谱》。①

我们查阅《历代名人年谱》中，陈垣对僧人加的20多条注中有四种情况：

（1）《历代名人年谱》加注的僧人，在《释氏疑年录》中查不到该僧人，共有九条。例如，慧然、神赡、定慧（两见）、大德、显和、义琼、道云、密岩。②

（2）《历代名人年谱》加注的僧人，在《释氏疑年录》中有几个同名者，但都不是陈垣加注的僧人。例如，唐太宗贞观十五年辛丑（641），生卒记"释慧静卒，年六十九"，陈垣注"五七三生"。③

在《释氏疑年录》中有两名"慧静"：

> 东阿慧静，东阿王氏。宋元嘉中卒，年六十余。《梁僧传》七。④

> 山阴天柱山慧静，余杭邵氏。宋太始中卒，年五十八。《梁僧传》七，《六学僧传》二一作年五十。⑤

显然，《释氏疑年录》中的慧静，不是《历代名人年谱》中的慧静。

（3）《历代名人年谱》加注的僧人，在《释氏疑年录》中有几个同名者，其中有一个是陈垣加注的僧人。例如：唐武则天永昌元年己丑（689），生卒记："释法如卒于七月，年五十二"。陈垣加注："六三八生"。⑥

查《释氏疑年录》中有三名"法如"：

> 中岳泐如，上党王氏。《金石续编》作法如。唐永昌元年卒，年五十二（六三八——六八九）。行状见《十二砚斋金石录》十。⑦

> 太行山法如，慈州韩氏。唐元和六年（八一一）入塔，年八十五。《宋僧传》二九。⑧

> 云居法如，台州临海胡氏。宋绍兴十六生卒，年六十七（一〇八〇——一

---

① 《陈垣全集》第17册，第222–223页。

② 各条分别见《中国古代名人生卒·历史大事年谱》，第316、335、403、442、427、862、866、869、871页。

③ 《中国古代名人生卒·历史大事年谱》，第313页。

④ 《陈垣全集》第17册，第18页。

⑤ 《陈垣全集》第17册，第25页。

⑥ 《中国古代名人生卒·历史大事年谱》，第337页。

⑦ 《陈垣全集》第17册，第104页。

⑧ 《陈垣全集》第17册，第129页。

一四六）。《僧宝正续传》五。①

显然，在这三条中，第一条所载的法如，就是陈垣加注中的法如。

（4）《历史名人年谱》中加注的僧人，与《释氏疑年录》的僧人资料相同者，共有七条。例如：唐代宗大历九年甲寅（774），生卒记："僧不空卒"。陈垣注："七〇五生"。②

查《释氏疑年录》：

> 京兆大兴善寺不空，北天竺人。唐大历九年卒，年七十（七〇五—七七四）。《神僧传》作永泰中卒，误。司马《通鉴》本系其卒年于大历九年，《释氏通鉴》改系于大历五年，《释氏资鉴》《隆兴通论》《佛祖通载》等因之。今据《宋僧传》一及赵迁撰行状。又，飞锡撰碑、严郢撰碑铭，见《不空三藏表制集》四，严碑并见《唐文粹》六四，徐浩所书，世俗习见，无作五年者。《释氏通鉴》据误本而误，反谓司马《通鉴》为误也。③

显然，两书记不空的卒年是相同的。由《释氏疑年录》可知，陈垣为了考证不空的卒年，查阅了多少资料，费了多少心力。两书资料相同者还有了缘、神行、行钧、怀溢、崇远、通法等。④

我们从陈垣对《历代名人年谱》僧人加注的四种情况来看，他并不是简单地运用已有的《释氏疑年录》成果，查出其生卒年，移录到《历代名人年谱》中，而是经过深入研究，有选择地移录到《历代名人年谱》中。特别是对于《释氏疑年录》中没有收录的僧人，要在《历代名人年谱》中将其生卒年注出，须经过深入的考证研究。这是陈垣对研究工作一丝不苟的体现。陈垣校注《历代名人年谱》是一件很有意义的重要工作，而且北京图书馆出版社出版的《中国古代名人生卒·历史大事年谱》，于卷末附录《人名索引》，方便读者检索。这个版本保存了陈垣的墨宝，我认为这是《历代名人年谱》（即更名《中国古代名人生卒·历史大事年谱》）最好的版本。

原载《珠江文明的八代灯塔》，广东旅游出版社 2017 年版。

---

① 《陈垣全集》第 17 册，第 245 页。
② 《中国古代名人生卒·历史大事年谱》，第 400 页。
③ 《陈垣全集》第 17 册，第 122 页。
④ 各条分别见《中国古代名人生卒·历史大事年谱》，第 377、402、492、502、665、693 页。

南明重臣瞿式耜
——读陈垣一幅珍贵遗墨

一、 缘起

2013 年 8 月 6 日，接到陈垣嫡孙陈智超一件快递邮件，内有陈垣一幅珍贵遗墨及陈智超跋语，十分高兴。现把援老遗墨的内容及智超兄的跋语录下。

援老墨迹：

> 据瞿式耜为其父汝说行状
> 瞿文懿公景淳四子
> 长太仆某
> 次某
> 三佐击某
> 四汝说子式耜
> 据圣教史略
> 瞿景淳长子名汝夔，字太素，子式穀
> 据明史
> 瞿景淳子汝稷、汝说，汝稷以太仆少卿致仕
> 据圣教史略，式穀、式耜奉教
> 据指月录，汝稷奉佛

陈智超跋语：

> 此为先祖援庵先生有关瞿式耜珍贵墨迹一幅。瞿式耜为南明历史重要人物，拥立桂王，留守桂林。清兵攻陷桂林，不屈而死，有记载瞿式耜奉天子（主）教。援老研究中国基督教史，注意到这个人物，他在 1924 年所作《中国基督教史讲义目略》及《基督教入华史略》讲演中都是提到瞿式耜。此幅墨迹即为援老为准备《讲义》及演讲所作札记。他据瞿式耜为其父汝说所作行状，知式耜父汝说为景淳第四子；而天子（主）教书籍《圣教史略》称景淳长子汝夔之子名式穀，式穀及式耜均奉天主教；《明史》则载景淳长子为汝稷；佛教书籍《指月录》则称汝稷奉佛。张荣芳兄研究援老多年，著述甚丰，成绩卓著，谨以援老此幅墨迹相赠，以作纪念。

陈智超二〇一三年七月于北京

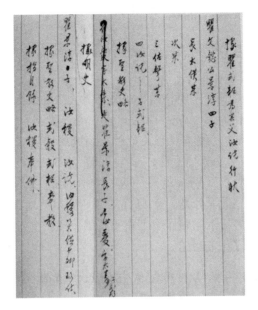

援老墨迹

根据援老的墨宝及陈智超跋语中提示，我查了援老著作中有关瞿式耜的论述。除了《中国基督教史讲义目略》《基督教入华史略》之外，在《重刊灵言蠡勺序》《从教外典籍见明末清初之天主教》《国籍司铎之新园地》等文中，也谈到瞿式耜。智超先生说我研究陈垣"著作甚丰，成绩卓著"，实不敢当，我把它作为鼓励、鞭策的话，激励今后不断努力。虽然我心仪陈垣已久，但涉足陈垣研究则始于2004年。2005年出版《近代之世界学者——陈垣》一书（广东人民出版社版）至今已十多年。这十多年在陈垣研究这个领域摸爬滚打，写过一些文字。例如：2008年1月由北京金城出版社出版的"二十世纪中国著名科学家书系"之一《陈垣》（与陈垣孙媳曾庆瑛合著）、2008年4月由广东人民出版社出版的《陈垣》，2010年11月我在中山大学主持"纪念陈垣先生诞生130周年学术研讨会"，会后由我主编的《陈垣与岭南》一书，2011年由中国社会科学出版社出版。"高山仰止，景行行止。"越研究越感到陈垣学问之博大精深，其学问道德，是中华民族一笔宝贵的精神财富。我是陈垣学术的敬仰者，见到他的关于瞿式耜的墨迹，很兴奋，勾起我对研究瞿式耜的兴趣。于是搜集资料，了解学术界对瞿式耜研究的状况，陈垣对瞿式耜奉教问题的态度等有关问题，并将其梳理，撰成此文。

二、 家世及家族中的若干问题

从陈垣的墨宝中可知，当时对瞿式耜家世及家族的情况，不是十分清晰的，近年学术界对此问题的研究，有很大进展，取得很多成果。1987 年瞿果行根据瞿式耜之子瞿玄锡撰的《显考明柱国特进光禄大夫少师兼太子太师兵部尚书武英殿大学士临桂伯稼轩瞿府君（按：即瞿式耜）暨显妣诰封一品夫人邵氏合葬行实》（以下简称《行实》）稿本及有关资料，编成的《瞿式耜年谱》①。1991 年，将《行实》又排印出版，收入《明史研究丛刊》第 5 辑。② 2006 年台湾"中央"研究院院士黄一农出版了《两头蛇——明末清初的第一代天主教徒》③，其中第二章"天主教徒瞿汝夔及其家难"和第九章"南明重臣对天主教的态度"，对解决瞿式耜家世及家族的若干问题作出了重要贡献。现在笔者根据学术界的研究成果及相关资料，梳理成几个问题。

（一）文献记载的抵牾及对瞿式耜的正本清源

据瞿玄锡撰的《行实》：瞿式耜，字伯略，一字起田，别号稼轩。江苏常熟人。"粤考吾瞿……在吴郡之常熟者有二支，一居五瞿，一居贵溪，……五瞿先世砺斋公以宋室遗民，抗节不仕，隐居水乡。国初御史周士良高其义，题其墓曰：'宋处士砺斋公之墓'。"

据瞿式耜撰的《显考江西布政使司右参议达观瞿府君（按：式耜父汝说）行状》（以下简称《达观瞿府君行状》），"曾祖玼，赠通议大夫、礼部左侍郎、兼翰林院学士。妣邹氏，赠淑人。祖国贤，赠通议大夫、礼部左侍郎、兼翰林院学士。妣秦氏，赠淑人。父景淳，通议大夫、礼部左侍郎、兼翰林院学士，赠礼部尚书，谥文懿。妣李氏，封淑人。生母殷氏，赠安人。"瞿式耜追溯他父亲汝说先祖时说："瞿氏之先，有砺斋公者，以宋遗民，不仕胜国，居常熟之五渠里。自处士至文懿公，凡九代。"④ 从《行实》和《达观瞿府君行状》来看，瞿氏祖先，是宋遗民，"不仕胜国"，隐居于常熟五渠里。"自处士至文懿公（景淳），凡九代"记载是清楚的。

---

① 瞿果行编著：《瞿式耜年谱》，齐鲁书社 1987 年版。
② 余行迈、吴奈夫、何永昌点校：《稼轩瞿府君暨邵氏合葬行实》（以下简称《行实》），载中国社会科学院历史研究所明史研究室编《明史研究论丛》第 5 辑，江苏古籍出版社 1991 年版。
③ 黄一农：《两头蛇——明末清初的第一代天主教徒》，上海古籍出版社 2006 年版。
④ 江苏师范学院历史系苏州地方史研究室整理：《瞿式耜集》，上海古籍出版社 1981 年版，第 286 页。下文引用此书时，仅注明书名及页码。

景淳（文懿公）以后的历史，文献记载多有抵牾。景淳有几个儿子？排序如何？记载有不同。陈垣墨宝中说："据明史，瞿景淳子汝稷、汝说，汝稷以太仆少卿致仕"。查《明史》卷二一六《瞿景淳列传》，仅称景淳有汝稷、汝说二子；明末所编的《皇明三元考》，说景淳有汝稷、汝益和汝说三子；清光绪《重修常昭合志》所收的景淳小传，也只记有汝稷、汝益、汝说三子。①

黄一农运用现代科学技术，充分利用台北汉学研究中心所制作的"明人文集联合目录与篇目索引资料库"，找出了由乡里名人如陈瓒、严纳、赵用贤、钱谦益等为景淳家族写的行状、神道碑、墓志铭、小传、墓表、像赞等十几种文献，这些记载景淳儿子的情况很不一致。多称其有汝稷、汝益、汝说三子，或称汝稷、汝说二子，或说三子、二子而不称其名。其排序也有歧异。②

瞿式耜撰写的《达观瞿府君行状》第一次提示景淳有四子，为家世及家族正本清源。文曰："文懿公（按：即景淳）生四子，府君其季也。""文懿公弃世，府君才五岁，躃踊如礼。又五年，李淑人亦殁。太仆公字之如子，躬兴起居，一言一动，以身为师……"③这说明瞿式耜父亲汝说，是景淳第四子，由长兄太仆公抚养长大。又说汝说"事叔兄佐击公"。④陈垣云："据瞿式耜为其父汝说行状，瞿文懿公景淳四子，长太仆某，次其，三佐击某，四汝说……子式耜。"瞿果行在《瞿式耜年谱》中说：

> 关于瞿汝夔，藕渠瞿氏所藏《家谱》中列有汝夔。式耜《达观瞿府君行状》云："文懿公生四子，府君其季也。"则汝夔长于汝说。而《瞿氏家乘（抄本）》（藏常熟市图书馆）有明陈瓒撰《昆湖瞿文懿公行状》以及明王世贞撰《瞿文懿公传》，均云，瞿景淳三子，汝稷、汝益、汝说，未提及汝夔，未知何故。⑤

后来瞿果行读到江文汉《明清间在华的天主教耶稣会士》、方豪《中国天主教史人物传》和利玛窦、金尼阁合著的《利玛窦中国札记》等著作，写了《瞿汝夔行实发微》一文，知道：（1）汝夔确实有其人，而且是文懿公的儿子；文懿公确有四个儿子；（2）汝夔犯了家族所不容的错误，他的名字在兄弟行列中被排除，他只能流浪在外；（3）汝夔在广东遇到来华的利玛窦，倾心结交，在1605年受洗礼入天主教。⑥

---

① 黄一农：《两头蛇——明末清初的第一代天主教徒》，第38页。
② 参阅黄一农《两头蛇——明末清初的第一代天主教徒》，第45-48页。
③ 《瞿式耜集》，第286页。
④ 《瞿式耜集》，第290页。
⑤ 瞿果行编著：《瞿式耜年谱》，第3页。
⑥ 瞿果行：《瞿汝夔行实发微》，载《齐鲁学刊》1994年第1期。

瞿汝夔犯了什么"家族所不容"的错误？钱谦益在为瞿汝稷所写的小传中，揭示了其中的秘密。瞿汝稷的文集《瞿冏卿集》之"后跋"，被收入钱谦益写的《元立瞿公传》。瞿冏卿即汝稷，字元立，号洞观。传曰：

> 初，文懿公为公娶徐尚书女。文懿公殁，公三年不入内，公仲弟夔与妇徐以奸闻，公叱妇徐，去之。郡邑吏皆尚书门下士，亲知故旧，承望风旨，游说百端，公不为动尚书养刺客遮道刺公，公仅以身免。公往谒尚书，踞上坐，尚书厉声诘公："生自念亦有所悔乎？"公仰而应曰："悔不能刑于寡妻，至于兄弟。"尚书卒无以加公。①

瞿式耜在刊印其师钱谦益的《牧斋初学集》时，虽亦收入此传，惟欲为家族存留颜面，乃将相关细节加以删改，文曰：

> 公娶徐尚书之女，文懿公之丧，三年不入内，徐有通问之奸，公叱去之。尚书声势烜赫，郡邑吏承奉风旨，协持万状，亲知故旧，交关游说，公屹不为动。则养死士遮道刺公，黄金白刃，交错衢路，覆巢毁室，命在漏刻。公庐于文懿公之墓，明灯读书，门阖不闭，指墓前宰木以誓曰："此吾所死也。"一日持平交刺谒尚书，踞客座。尚书厉声诘问："生自念亦有所悔乎？"公仰而应曰："悔不能刑于寡妻，至于兄弟。"尚书默然而止。②

文中虽亦指出徐女有"通问之奸"，但却未点出汝夔之名。文中的"三年不入内"，内，指内房。古礼，遭父母大故，守丧三年，这期间，夫妇不同房。据《礼记·曲礼上第一》，"男女不杂坐""叔嫂不通问"③，即男女不要混杂而坐，小叔子和嫂子不通问候。文中说"通问之奸"，就是指徐氏有了叔嫂通奸的丑行。所以汝夔不为家族所容忍，家族把他从兄弟中除名，赶出家门，甚至死后也不准他葬在家族墓地。光绪《重修常昭合志》记景淳墓曰："子太仆少卿汝稷、神枢营佐击将军汝益、江西布政司参议汝说祔"，汝夔不在祔葬诸子之列。④ 而瞿家遭到徐尚书的威逼，瞿式耜称之为"家难"，他在《先兄涪州二守启周府君状略》（按：启周，即式耒，又名少潜，汝稷之长子）中说："太仆早罹家难"。⑤

综上所述，景淳有四子，兄弟排行顺序为汝稷、汝夔、汝益、汝说。

---

① 瞿汝稷：《瞿冏卿集》，见《四库全书存目丛书》集部第 187 册，齐鲁书社 1997 年版，第 323 页；黄一农：《两头蛇——明末清初的第一代天主教徒》，第 50 页。

② 钱谦益著，钱曾笺注，钱仲联标校《牧斋初学集》（下），上海古籍出版社 2009 年版，第 1604 页。下文引用此书，仅注明书名及页码。

③ 杨天宇：《礼记译注》（上），上海古籍出版社 1997 年版，第 18 页。

④ 黄一农：《两头蛇——明末清初的第一代天主教徒》，第 38 页。

⑤ 《瞿式耜集》，第 299 页。

瞿式耜家族世系如下图所示①：

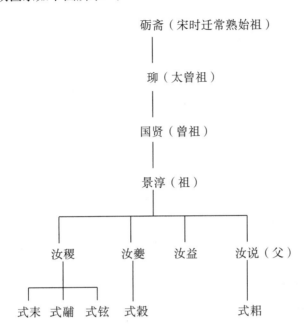

砺斋（宋时迁常熟始祖）

珋（太曾祖）

国贤（曾祖）

景淳（祖）

汝稷　　汝夔　　汝益　　汝说（父）

式耒　式黼　式铉　式穀　　　　式耜

　　　汝稷过世之后，上一代的恩怨逐渐淡薄，而瞿家的重心也转移到四房汝说及其独子式耜两位进士身上。汝稷的儿子式耒、汝夔的儿子式穀与式耜的关系都比较融洽。式耜撰《先兄涪州二守启周府君状略》，说"及崇祯改元，余蒙擢为天子谏官，偕余京邸，因用事例援授光禄署丞"②，对式耒有所提携。式穀较早洗礼入天主教，据萧静山《圣教史略》，"瞿式穀自幼洗礼，在南京从神父读书，及长还家，屡次请神父至常熟开教"，"在常熟不久，就有多人奉教，其最著名的是瞿式耜（字起田）。式耜是式穀的伯叔兄弟，早年登弟，在北京做官（给事中），因丁母忧回家。在家二三年，时与艾（儒略）神父谈论，渐知教理真正，决意奉教，艾神父鉴其诚切，与领圣水，圣名多默"③。（关于瞿式耜奉教问题详后。）"式"字辈这一代人，重新接受汝夔一房为瞿家成员，式耜为其父汝说所撰的《达观瞿府君行状》以及玄锡为其父式耜所写的《行实》中，均明指景淳有四子；且后世的瞿氏家谱亦列有汝夔之名，亦为明证。所以说瞿式耜为其家族正本清源。

①　参阅黄一农《两头蛇——明末清初的第一代天主教徒》，第39页。
②　《瞿式耜集》，第300页。
③　转引自黄一农《两头蛇——明末清初的第一代天主教徒》，第316页。

南明重臣瞿式耜——读陈垣一幅珍贵遗墨

（二）二伯父汝夔与利玛窦

瞿汝夔被瞿氏家族赶出家门之后，偕家眷浪迹天涯，在广东肇庆结交了来华传教士利玛窦。汝夔曾自述其与利玛窦交往的经过曰：

> 万历己丑（1589），不佞南游罗浮，因访司马节斋刘公，与利公遇于端州，目击之顷，已哂然异之矣！及司马公徙于韶，予适过曹溪，又与公遇，于是从公讲象数之学，凡两年而别。①

这里所说的"司马节斋刘公"，即新任两广总督刘继文（号节斋），他下令驱逐利玛窦，利玛窦离开肇庆，迁到韶州。

在西方教史的著作中，多称瞿汝夔为瞿太素，如艾儒略著《大西西泰利先生行迹》称"姑苏瞿太素者（原注：讳汝夔）。"瞿太素在为利玛窦《交友论》作序时，自署"友人瞿汝夔序"。②《利玛窦中国札记》亦称瞿汝夔为瞿太素。最早向西方人介绍瞿太素情况的，是利玛窦从肇庆来到韶州后寄出的信件。1589 年 9 月 9 日在他寄往澳门的信件中第一次提到来自南雄府的瞿太素有礼貌的拜访。三年后，又谈到去南雄府看望一位绅士朋友瞿太素。③ 在《利玛窦中国札记》中更详细谈了瞿太素的身世及利玛窦与之交往的过程。第三卷第三章"瞿太素"、第五卷第六章"瞿太素终于皈依了基督"专门谈了瞿太素。他说：

> 瞿太素是我们将有机会常常提到的人，他是一个被称为尚书的第二级高官的儿子，苏州人，是受过良好教育的知识分子。他的父亲因据有官职而知名，但更因他是三百名应博士学位考试中的魁元而著称。……他的儿子是这个家里的天才，如果是继续学习的话，他肯定会得到最高的荣誉的。相反地，他变成一个公开的败家子。他青年时就摆脱了孝道的约束，父亲死后，他越变越坏，交结败类，沾染种种恶习，其中包括他变成炼金术士时所得的狂热病。……他沦于贫困，在老家呆不下去，便带着妻子仆人在国内周游，拜访他父亲的朋友，利用他们的友谊，靠念旧得点财物。……（在韶州时），有一天，他前来拜访，穿着传统的礼服，奉送贵重的礼物，这是学生拜师的风俗。他请求利玛窦收他当学生，第二天他邀请老师在他家里吃饭，送给他绸料为礼。他们送礼是常情，不大好拒不接受，但神父们总是用欧洲

---

① 此见万历二十七年（1599）瞿汝夔为利玛窦刊行《交友论》时所写之序。见朱维铮主编《利玛窦中文著译集》，复旦大学出版社 2001 年版，第 117 页。

② 朱维铮主编《利玛窦中文著译集》，第 118 页。

③ 罗渔译：《利玛窦书信集》（上册），光启出版社、辅仁大学出版社 1986 年版，第 98，122 页。

珍品作为回报，以免留下他们是为了报酬而教学的印象。①

此后瞿太素与利玛窦相交将近 20 年，成为良师益友，交情甚笃，他们之间"无话不谈，亲如家人"。最后瞿太素皈依基督教，教名为依纳爵（Ignatius）。利玛窦给瞿太素很高的评价：

> 所有的神父和基督教在中国的事业都大大受惠于此人，即使他还是个异教徒的时候；因为无论在广东或在江西省所取得的成就，大部分都是由于他的合作。蒙上帝恩佑，全靠了他的努力南京的驻地才得以建立，而且也主要是靠他的关切，神父们才得以第二次从水路去京城。因此神父们都渴望着以一切可能的方式报答这些恩惠。②

在明清之际中西文化交流史中，利玛窦是一位极其重要的人物，为中西文化交流作出过重要贡献。明代后期中西文化交流的两条历史线索：一条是西方传教士，为适应中国传统文化和风俗而形成的传教路线；另一条是明代社会变革造成的思想文化多元化趋势，为西学传播创造了良好的文化氛围。有学者认为，利玛窦对天主教在华传教策略的制定与推动甚具贡献，是"适应性传教策略的集大成者"。③ 而瞿汝夔在利玛窦制定适应性传教策略中具有举足轻重的作用。主要表现在几个方面。

第一，瞿汝夔深受中国儒家思想的熏陶，对世情十分谙熟，深知天主教要在中国发展，必须得到儒家传统的士大夫的认可与容纳。于是，他建议利玛窦抛弃原来的僧人打扮，改换中国儒生的服装，为利玛窦的传教路线在适应占统治地位的儒家思想和与中国上层士大夫的交往开辟了道路。④ 最初罗明坚、利玛窦进入肇庆时，官府误以为他们是来自天竺的番僧，遂赐以中国和尚服；传教士本身因人地生疏，势单力薄，亦有依傍佛教在中国的根基，以培植天主教势力。于是他们削发易服，从初来的西洋教士装束一变而为中国和尚打扮，并乐于以"西僧"（佛朗机僧人，指葡萄牙势力下的外国传教士）自称；且称住所与小教堂为"仙花寺"。他们对儒家学说亦持强烈的批评态度。随着时间的推移，利玛窦认识到，佛教"寺院特殊作奴仆的阶层被认为是，而且也的确是，全国最低贱和最被轻视的阶层。他们来自底层的群众，年幼时就被卖给和尚们为奴。……他们也和师父一样既无知识也无经验，而且又不愿学习知识和良好的风范，所以他们天生向恶

① ［意］利玛窦、［比］金尼阁：《利玛窦中国札记》，何高济等译，中华书局 2012 年版，第 245－246 页。下文引用此书，仅注书名及页码。

② 《利玛窦中国札记》，第 506－507 页。

③ 沈定平：《明清之际中西文化交流史——明代：调适与会通》，商务印书馆 2001 年版，第 289 页。

④ 沈定平：《明清之际中西文化交流史——明代：调适与会通》，第 641 页。

的倾向就随时间的推移而每况愈下"①。但是"僧侣们的地位尽管低下，但他们的情况却使传教士获得了实际的好处，他们使传教士们更能接触到大多数的中国民众，并把他们置于可以直接就宗教题目进行对话的地位"，"采用僧侣们的生活方式乃是支持中国传教团事业的一种恰当的措施"。② 这种情况，直到利玛窦在韶州遇到瞿太素，情况才有所改变。瞿太素建议利玛窦改僧服为儒服，学习儒家的学说，广泛接触社会上层士大夫阶层，传教士才能在中国站稳脚跟。对于瞿太素的这项建议，艾儒略在《大西西泰利先生行迹》中说："姑苏瞿太素者……适过曹溪，闻利子名，因访焉，谈论间深相契合，遂愿从游，劝利子服儒服。"③中国天主教三大柱石之一的李之藻在《读景教碑书后》中也说："利氏之初入五羊也，亦复数年混迹（按：指僧人打扮）。后遇瞿太素，乃辨非僧，然后蓄发称儒，观光上国。"④ 从艾、李二人的寥寥数语，可见瞿太素的作用。

在瞿太素的点拨和指引下，利玛窦和传教士们改弦易辙，改僧装为儒装，改称"西儒"。利玛窦在向耶稣会的视察员神父汇报时说：

> 经验告诉他，神父们应该象高度有教养的中国人那样装束打扮，他们都应该有一件在拜访官员时穿的绸袍，在中国人看来，没有它，一个人就不配和官员，甚至和一个有教养的阶层的人平起平坐。……韶州的神父逐渐习惯于这种新装束，它证明很合他们朋友的意，因为按他们的礼节，他们现在能够把神父当作同侪而更随便地交往。……官员和上等阶级的中国人始终很礼遇神父，因为他们钦佩神父的学识和品德，两者都是当地僧侣明显缺乏的。⑤

这样，利玛窦和传教士便彻底"摆脱讨厌的和尚称号"，而被认作是有学识和品德的阶层。利玛窦则更以"神学家和儒者"的身份，出入文人学士的场合，自由和官员显贵们交往。传教士跻身于中国的主流社会。⑥

利玛窦为了适应与中国士大夫阶层密切交往的需要，认真学习和了解儒家思想，研究儒家的经典著作。跟从瞿太素研读四书五经，作拉丁文释义和注解。经过研究，他认为儒家经典中的"天"或"上帝"即西方崇奉的"天主"，将孔孟之道及中国敬祖思想同天主教教义相融合。他1595年11月4日从南昌寄出的信中，已经明确谈到在中国老师的帮助下，"我们曾从他们的经中找到不少和我们

① 《利玛窦中国札记》，第108页。
② 《利玛窦中国札记》，第677－678页。
③ ［意］艾儒略：《大西西泰利先生行迹》，民国八年铅印本。
④ 李之藻：《读景教碑书后》，见李之藻编《天学初函》第1册。
⑤ 《利玛窦中国札记》，第276－277页。
⑥ 参考沈定平《明清之际中西文化交流史——明代：调适与会通》，第642页。

的教义相吻合的地方……获知如一位天主、灵魂不灭、天堂不朽等思想全都有"①。这为利玛窦制定和完善适应中国传统文化和风俗特征的传教路线起了不可忽视的重要作用。稍后于利玛窦的金尼阁，把在中国的传教史，以改僧服为儒服为界线，分为前后两个阶段：

> 在第一阶段，中国的耶稣会士们穿着僧服。金尼阁指出，在这时期，"他们仅仅是很少或根本不注重推动基督教的进展"，因为中国人对他们抱有奇特的看法，"例如在许多年后，一直把他们当作是炼丹术的专家或掌握着延年益寿秘诀的人，而中国人对这两件事的关注已经达到了荒谬的程度"。第二个阶段始于1595年，这时利玛窦采用了儒生装束。金尼阁注意到，"从始之后，一切都开始发展，几乎到了繁花盛开的地步"。②

> 利玛窦后来承认，他的教友们和他本人永远也无法偿还有负于他（按：指瞿太素）的那份感激之情。他了解到利玛窦的心愿，并帮助他去实现。就是在他的劝告下，利玛窦采用儒家博士们的生活方式；也正是由于他的建议，利玛窦才冒险入了中国省一级的贵族圈子。③

1927年，陈垣在"基督教入华史"的讲演中，认为利玛窦在中国传教之所以取得成功，有六个条件：（一）奋志汉学；（二）结交名士；（三）介绍西学；（四）译著汉书；（五）尊重儒教；（六）排斥佛教。而且认为天主教前盛后衰之总因，是因为"前百年耶稣会士深通汉学"，"后二百年各会士不讲汉学"。④ 这是陈垣对基督教在华传教史的深刻总结。

第二，瞿太素利用广泛的社会联系和人脉关系，为利玛窦扩大中国教区作出了贡献。

现在我们沿着利玛窦传教的路线，看看瞿太素的作用。利玛窦在韶州和南雄府传教时，由于瞿太素的帮助，他与主要官员结为知交，利玛窦说：

> 正是通过他（按：指瞿太素）的工作，神父们才和一位军官，叫做兵道备（Pimpithan）的（按：中译者注，据德礼贤考订，此人为邓美政）并和他的同乡新上任的韶州长官（按：中译者注，此人为韶州知府谢台卿）都结为好友。其他当地的友谊还有知县（按：中译者注，此人为曲江知县刘文芳）和他的幕僚，再远一些还有南京巡抚（按：中译者注，"南京巡抚"有误，应为南雄知府，此人为黄门），此人从前是他们这位奇才的家庭教师。

---

① 罗渔译：《利玛窦书信集》（上），第209页。

② 《利玛窦中国札记》"附录：1978年法文版序言"，第660页。

③ 《利玛窦中国札记》"附录：1978年法文版序言"，第678页。

④ 陈垣著，陈智超主编：《陈垣全集》第2册，安徽大学出版社2009年版，第477、455页。

有了这些达官贵人作为保护人，事业得到了发展，困难也减少了。①

这些达官贵人经常来拜访利玛窦，使"韶州的百姓认为神父们是从肇庆迁居来的而不是被撵走的"。"应我们的朋友瞿太素之请，他（按：指韶州知府谢台卿）公布一道严厉的告示，贴在教堂的大门口，宣告他自己是这座房屋的保护人"。② 后来韶州发生一场反对教团的事情，某天晚上群众不断向教堂掷石头，教堂的仆人出来制止时，"遭到粗暴的凌辱，衣服也被撕掉了"。瞿太素把这件事反映给知府谢台卿。谢台卿怒不可遏，"他马上下令把所有当地捕快头领都召来见他，要他们找出严重侵犯洋人的主犯"。当捕快抓到两名首犯，要在衙门用刑审问时，罪犯的家长多次到教堂找利玛窦恳求宽恕。"瞿太素以利玛窦的名义向长官写了一份申请，利玛窦也亲自几次到公堂去请求宽恕，终于得到应允，但只是很勉强的。作为整个案件的结果，长官颁发了一道比以前更严厉的告示，其中在指出这桩特殊案件的后果之后，他严刑禁止任何人利用他的宽大措施，以求逃避今后犯罪所应受的惩罚。"③

利玛窦离开韶州，把传教事业向内地发展，选定江西南昌作为开辟新教区的地方，是基于瞿太素的建议。1594 年，瞿太素在苏州托付前往广东经商的人带信给利玛窦，请他来南昌发展传教事业，其理由不仅包括南昌是一个"较广东文化气息浓郁"的都市，"这里的人对身后问题相当注意"；而且瞿太素及其父亲在南昌结交了不少著名文人和官吏，有着良好的社会关系。④ 下面我们举一些例子，说明瞿太素对利玛窦在南昌发展所起的作用。瞿太素在南昌的文人和官吏中高度赞扬利玛窦的为人及其西学。明代南昌著名理学家章潢为白鹿洞书院主讲，瞿太素曾在白鹿洞书院师从章潢。据《明史·章潢传》说，他的著作很多，他在《图书编》中说："近接瞿太素，谓曾游广南，睹一僧，自称胡洛巴人，最精历数，行大海中，惟观其日轨，不特知时、知方，且知距东西南北远近几何。"⑤ 利玛窦回忆他与章潢的交游时说：

> 这些人是城里的梭伦（按：中译者注，梭伦为古希腊著名的立法者），是文坛的领袖，他们常在文艺聚会中确解法律的原义。当时这个团体的首领是年已七十岁的章（Ciam）（按：中译者注，此人为章潢）。他和他的同僚从我们的朋友瞿太素那里听说了不少关于利玛窦神父的事，瞿太素在这里已

---

① 《利玛窦中国札记》，第 248 页。
② 《利玛窦中国札记》，第 251 页。
③ 《利玛窦中国札记》，第 252－255 页。
④ 沈定平：《明清之际中西文化交流史——明代：调适与会通》，第 644 页。
⑤ 《图书编》卷一六，北京大学图书馆善本室藏本，转引自林金水《利玛窦与中国》，中国社会科学出版社 1996 年版，第 48 页。

住了些时候了。事实上，瞿太素曾向这个团体极力赞扬利玛窦神父的热诚，以致利玛窦本人开始有理由担心中国人会对他期望过高。然而，这些通常是轻视别人的梭伦们，却极谦恭地去拜访这个外国人，非常高兴倾听他娴熟地谈中国的典籍，然后引用中国的权威来证明他所说的话。①

瞿太素在南昌广为宣传利玛窦的为人及其西学，使江西巡抚（按：利玛窦称为总督）陆万垓友好地接待利玛窦，并答应利玛窦在南昌居住的要求。《利玛窦中国札记》记述：

> 一见利玛窦神父送给他的文件，总督就明白这是他所疑心的那个人。这一发现使他高兴，他命武官把洋人带到他的官府里来，……当他进入官府大厅时，总督在宽敞的厅内半途相迎，离开他的大椅去接待他。利玛窦正准备向他跪拜，这是对本府官员的常礼，但总督示意他别这样做，要他向前，并且是总督先打开了话题。他说："我等着见你有很久了。""你的人未到而名先到。我曾听说你的德行和学识，现在我对这两者都深信不疑，因为我从你的品貌和风度中看到了这点。言谈是不必要的，德行就在你的身上闪耀出来。"……谈话快要结束时，他问利玛窦打算离开这里到什么地方去，当他知道神父打算返回广东时，总督说："何不留在这座最出名的城市，和我们一起呢？"利玛窦回答说："我当然十分高兴留在这里，假如你给我必要的许可。""那么就务必留在这里。你已经得到我的许可了。"这样结束了会晤，利玛窦神父满怀愉快地离去。②

南昌是明朝第一代宁王朱权的藩地。建安王朱多炡和乐安王朱多㷍是宁王的第六代后裔。这两个王公不惜降低贵族身份和利玛窦交朋友。据说瞿太素和建安王联姻，瞿太素的女儿嫁给建安王的儿子。由于这种关系，利氏成了建安王的座上宾。③《利玛窦中国札记》描述利玛窦与建安王的交往："他们都派了管家带着重礼去邀利玛窦神父到他们的宫里去"，这里的王宫，"论规模和建筑，论园林的设计和美观，都称得上富丽堂皇，而且有着王室仆从和设备"。接待在宫殿内举行，主人穿着全副王袍，头戴王冠，按中国的习惯，请喝茶，以表示他们的友情和礼貌。利玛窦赠送从欧洲带来的物品给建安王，其中包括卧钟、天球仪、地球仪、小塑像、玻璃器皿等。"建安王接收的礼物中，最使他高兴的莫如两部按欧洲样式装订、用日本纸张印刷的书籍"，这两本书都是利玛窦所著，一本是《世界图志》，另一本是《交友论》。建安王回赠的礼物十分丰厚，包括各种丝

---

① 《利玛窦中国札记》，第 302 页。

② 《利玛窦中国札记》，第 297－299 页。

③ 林金水：《利玛窦与中国》，中国社会科学出版社 1996 年出版，第 46 页。

料、银器、食品等，赠送时还有必要的排场和王室的礼仪。①

　　利玛窦在南昌的名声与日俱增，来访者非常多。1597年12月19日至29日举行乡试，各地来南昌考生约有四千人。他们听说南昌来了一个博学多闻的西方奇人，纷纷登门求教。为了使南昌成为耶稣会一个长久的传教点，利玛窦向巡抚陆万垓提出购房要求。巡抚饬令南昌知府王佐经办，利氏在府台官署附近购买一幢房屋，作为在南昌的永久基地。②

　　利玛窦的传教事业在南昌的发展，他非常感激瞿太素，他在一封信中说："太素对中国的人情世故知之甚稔。还是他建议给我来南昌建立另一所会院……真可说是天主在冥冥中安排我到这里来的，而我以前并不知晓。"③

　　利玛窦想开辟新教区，总把希望寄托在瞿太素身上。1599年（万历二十七年）1月，利玛窦到达苏州，会见了在苏州丹阳居住的瞿太素。利氏"由于工作和旅行过于劳累而患病，几乎死去。但瞿太素如此之殷勤的照看他，以致他病倒不到一个月，他的健康就完全恢复了，他感觉病后比病前还要好"。④ 利玛窦想到建立新的教区，"和几个很谨慎的学者磋商之后，瞿太素和利玛窦神父一致认为在南京找一个地方较好"。"为了实现他们的计划，他们决定第一步是到南京去拜见第一部的首脑（按：中译者注，王尚书，即王忠铭。此处英译文有误，王忠铭是南京的礼部尚书，礼部是第三部），他最近刚和神父一起旅行，并请他写信给苏州的官员。再从瞿太素做官的朋友们那里拿到别的信，这些将有助于他们计划的完成。"那时正值中国人欢度新年，因而接洽任何事情都不方便。所以利玛窦和瞿太素乘船往镇江。"这个城市人人都知道瞿太素，这意味着他们也知道利玛窦神父，因为瞿太素不论到什么地方，总是盛赞他的朋友。"当新年过去之后，镇江知府（按：中译者注，即王玉沙）用公费为他们准备了一艘大船，"他们于1599年二月六日到达南京，……他们住的地方叫承恩寺（Cinghensu）。"几天之后他们去拜会王尚书，王尚书对利玛窦取得的成就很高兴。"瞿太素对神父经常是滔滔不绝加以赞美，还补充说明他所带给中国的科学知识以及他是怎样开阔了知识界的眼界的。……但当然，要是没有尚书作为他的特别保护人的那种权威，不管是他自己或是他的教会就会无法进行活动。尚书对这一切的反应是劝利玛窦神父在南京买一座房子。"他们刚刚回到住处，王尚书便回访了他们。⑤

　　王尚书与利玛窦互访，在南京城引起了很大反响，所有司法官和其他高级官员都对利玛窦表示敬意，包括刑部尚书赵参曾，刑部侍郎王樵，户部尚书张孟

　　① 《利玛窦中国札记》，第301页。
　　② 《利玛窦中国札记》，第303-307页；林金水：《利玛窦与中国》，第49-50页。
　　③ 罗渔译：《利玛窦书信集》（上），第185页。
　　④ 《利玛窦中国札记》，第339页。
　　⑤ 《利玛窦中国札记》，第340-342页。

男，礼部侍郎叶向高。他们都认为利玛窦应当住在南京，并答应帮他找房子。自此以后利玛窦在城中自由来往、访问官员，无人诘问。叶向高数年后在北京任阁老的要职，他《赠西国诸子》诗云：

> 天地信无垠，小智安能拟。爰有西方人，来自八万里。
> 蹑屐历穷荒，浮槎过弱水。言慕中华风，深契吾儒理。
> 著书多格言，结交皆名士。傲诡良不矜，熙攘乃所鄙。
> 圣化被九诞，殊方表同轨。拘儒徒管窥，达观自一视。
> 我亦与之游，冷然得深旨。①

这些官员的来访，使利玛窦感到南京非常有利于教会事业，于是他决定放弃原定居苏州的计划，改定居南京。而且瞿太素介绍在南京官场上颇有影响的，著名学者李心斋作为利玛窦的支持者和保护人，瞿太素带利玛窦去拜访李心斋，《利玛窦中国札记》记述：

> 在谈话中，瞿太素乘机告诉他的主人，他到南京来不是要待在这里，而只是作为一个老朋友的同伴，帮他在一个近郊找一处安全的住所，这件事办完后他就要回家。接着他说，"由于整个南京城没有一个人能比把这个计划托付给你本人更加安全的了，所以我真挚地想请求你成为我的朋友利玛窦神父的支持和保护人"。这个著名的学者对这次意外的会见和谈话感到非常高兴，……他允诺尽一切努力赞助这个计划，而他此后的努力是符合他的诺言的。他在继续谈话中向他们保证说，南京确实是利玛窦神父最适合居住的地方，这有各种原因。②

李心斋和瞿太素充分分析了利玛窦在苏州和南京定居的利与弊，利玛窦最终决定定居南京，并在南京购买了房子，为他在南京事业的发展打下了基础。利玛窦在南京居住的时间不长，但取得了显著的成绩。《利玛窦中国札记》说，使神父感到最高兴的是，利玛窦已蜚声南京。人们把他视为一个天才。利玛窦并不为已取得的成绩而感到心满意足，他的最终的目的是北京。南京不过是他们的途经之点。在筹备策划往北京的计划时，瞿太素起了重要作用。《利玛窦中国札记》记述：

> 郭居静神父和他的同伴（按：中译者注，指钟鸣仁）到达南京这件事，使利玛窦神父深信他可以打消一切犹豫，从事北京之行了。……他拿郭居静神父带来的一部分新奇礼品分送几位大臣，希望以此换得信件和推荐书。瞿

---

①　晋江天学堂辑：《闽中诸公赠诗》，巴黎国家图书馆藏《熙朝崇正集》（影印本）；《天主教东传文献》，第693页，转引自林金水《利玛窦与中国》，第60页。

②　《利玛窦中国札记》，第344页。

太素已离开南京一些时候了，但最近又回来办事，同神父住在一起。于是利玛窦神父就找他和前提及的由瞿太素介绍给他的一位共同的友人（按：中译者注，指李心斋）一起商量。他们俩认为进行这次冒险的唯一的办法是打动一位最高大臣。三人一致同意这一点，然后就直接去找皇帝的顾问祝石林，向他求计。他告诉他们，礼物必须想尽办法送呈给皇帝，因为有关礼物的谈论已经流传甚广。他并且向他们保证，他们不必担心拿不到任何公文来保证他们的安全，因为他本人很愿意以官方身份作出任何这方面所必须的事。①

他们找到皇帝的顾问祝石林，而祝石林表现出他的真正人品，信守了他的诺言。他不但提供了有利的文书，而且还和许多人一起馈赠礼品来支付旅途的费用，还向北京的一位身居要职的大臣发出了推荐信。就这样，利玛窦在庞迪我、钟鸣旦、游文辉的陪同下，起程前往北京。郭居静被指定留在南京。由此可见瞿太素的作用。

第三，瞿太素宣扬利玛窦《交友论》的伦理思想并组织利玛窦与佛学大师的辩论，扩大了利氏的社会影响和声誉。上文说到，瞿太素与南昌建安王朱多炡联姻，有这层关系，利玛窦成为建安王的座上客。利玛窦应建安王的要求，写《交友论》一书。利玛窦在《交友论》的《交友引》中说：

> 低回留之不能去，遂舍舟就舍，因而赴见建安王。荷不鄙，许之以长揖，宾序设醴欢甚。王乃移席握手而言曰："凡有德行之君子，辱临吾地，未尝不请而友、且敬之。西方为道义之邦，愿闻其论友道何知。"窦退而从述昔少所闻，辑成友道一帙，敬陈于左。②

关于《交友论》的出版，利玛窦在 1596 年（万历二十四年）10 月 13 日致罗马总会长阿桂委瓦神父的信中说：

> 去年（1595）曾致力用中文试撰《交友论》一书，是从我们的书中挑最好的作为参考而编写的，其中引用许多欧洲名人的遗训或名言，因此引起中国学人们的惊奇，为使该书更有权威，我还请大官冯应京写了一序言，后赠送给皇帝的亲属——建安王。后来不少学者争相传阅、抄录，我也都使他们称心满意。尤其我的至友（按：冯应京）曾在他的故乡（按：安徽省凤阳府盱眙县）未曾告诉我便刻版印刷了，上面也刻了我的姓名；我虽然有些不快，但他的善心仍值得赞扬。也有其他人刻印我编写的书，对我们

---

① 《利玛窦中国札记》，第 382 页。

② 朱维铮主编：《利玛窦中文著译集》，复旦大学出版社 2001 年版，第 107 页。

推崇备至。①

由此可见，《交友论》一书，1595 年写成，1596 年便有初刻本。《利玛窦中国札记》记述：

> 这本书至今乃为人们阅读和称美，并受到读过它的人的推荐。因为是用欧洲和中国两种文字写成，所以它更加风行。就在它付印后不久，赣州有一位知县（按：日本平川祐弘《利玛窦传》认为此人是苏大用，见该书第 236、276 页）完全用中文把它加以重印，流传于各省，包括北京和浙江。它到处受到知识阶层的赞许，并往往被权威作家在其他著作中引用。事实上，在一个短得可惊的时期之内，这部书被当作标准读物为人们所接受。这是利玛窦神父用中文写的第一部著作。它给神父召来了许多朋友，为他赢得广泛的声誉，部分原因在于两位王爷起了作用。②

为什么《交友论》在中国士大夫阶层受到如此高的赞扬，为利玛窦赢得如此广泛的声誉？这要从这本书的内容来分析。

据中外学者考证，本书初稿乃对话体，用拉丁文和中文写成，不久用中文印行，改为语录体，凡西方名贤（如哲学家、神父）格言一百则。利玛窦写此书时（1595）是他从澳门进入内地的第十三年。这时他对中国传统文化、重要经籍已相当熟悉。他要利用这个机会，宣传西方的"友道"，而他和他同会的传教士，不远万里来到中国，目的也在于交友。我们从这些格言来看，他极力淡化宗教主旨，从世俗人伦的角度来陈述友道，以迎合中国传统的论友道学说，其内容主要是：

（1）交友之重要。"吾友非他，即我之半，乃第二我也。故当视友如己焉。""天下无友，则无乐焉。""世无友，如天无日，如身无目矣。""友也，为贫之财，为弱之力，为病之药。""国家可无财库，而不可无友也。"

（2）交友之基础为互相信任。"交友之先宜察，交友之后宜信。""友之与我，虽有二身，二身之内，其心一而已。""友者于友，处处时时一而已。诚无近远、内外、面背、异言、异情也。""相须相佑，为结友之由。"

（3）交友之作用在于互相促进。"交友之旨无他，在彼善长于我，则我效习之；我善长于彼，则我教化之。是学而即教，教而即学，两者互资矣。如彼善不足以效习，彼不善不可以变动，何殊尽日相与游谑而徒费阴影乎哉？""上帝给人双目、双耳、双手、双足，欲两友相助，方为事有成矣。"

---

① 罗渔译：《利玛窦书信集》（上册），光启出版社、辅仁大学出版社 1986 年版，第 231 – 232 页。

② 《利玛窦中国札记》，第 301 – 302 页。

（4）交友必须谨慎，无益之友莫交。"人事莫测，友谊难凭。今日之友，后或变成仇；今日之仇，亦或变而为友。可不敬慎乎。""谀谄友，非友，乃偷者，偷其名而僭之耳。""无益之友，乃偷时之盗。偷时之损，甚于偷财。财可复积，时则否。""君子之交友难，小人之交友易。难合者难散，易合者易散也。"

（5）交友不是商贾，它与等价交换全然不是一回事。"友之馈友而望报，非馈也，与市易者等耳。""视财势友人者，其财势已，即退而利焉，谓既不见其初友之所以然，则友之情遂涣矣。""交友使独知利己，不复顾益其友，是商贾之人耳，不可谓友也。小人交友如放帐，惟计利几何。""友者古之尊名，今出之以售，比之于货，惜哉。"①

由此可见，利玛窦的《交友论》，在介绍西方交友观的同时，大量吸收中国儒家经典中的交友观。例如"交友以信"，在《论语》中有，曾子曰："吾日三省吾身，为人谋而不忠乎，与朋友交而不信乎？"子夏曰："与朋友交，言而有信。"② 交友的作用在相互促进，也见之于《论语》，如"无友不如己者"③。曾子曰："君子以文会友，以友辅仁。"④ 据《论语·季氏》，孔子曰："益者三友，损者三友。友直、友谅、友多闻，益矣。友便辟，友善柔，友便佞，损矣。"⑤交友必须谨慎的观点，在儒家经典中也累见不鲜，如《论语》中"友其士之仁者"，西汉扬雄《法言·学行》中"朋而不心，面朋也；友而不心，面友也"，《颜氏家训》中"君子必慎交游焉"等。利玛窦把西方格言与中国儒家关于交友的观点结合起来，寻求中西伦理在交友上的同一性，因而其观点在中国知识阶层容易引起积极反应。

瞿太素敏锐地看到了这一点，在《大西域利公友论序》中，他正是从中西方交友观的契合上，向中国学人推荐《交友论》。他说，中国自古以来"积德累仁，光被四表，以致越裳、肃慎、重译来献"。自此以后，汉唐时期中西文化交流史不绝书。"洪惟我大明中天，冠绝百代，神圣继起，德覆无疆，以致遐方硕德如利公者，慕化来款，匪命闻达，愿列编氓，诵圣谟，遵王度，受冠带，祠春

---

① 以上引文见《交友论》，载《利玛窦中文著译集》，第107–115页。参考邹振环《明清知识场域中的〈交友论〉》，见氏著《晚明汉文西学经典：编译、诠释、流传与影响》，复旦大学出版社2011年版，第82–101页。

② 《论语·学而》，见刘宝楠《论语正义》，"诸子集成"本（一），上海书店1986年版，第5、11页。

③ 《论语·学而》，见刘宝楠《论语正义》，"诸子集成"本（一），上海书店1986年版，第12页。

④ 《论语·颜渊》《论语·学而》，见刘宝楠《论语正义》，"诸子集成"本（一），上海书店1986年版，第279页。

⑤ 《论语·颜渊》《论语·学而》，见刘宝楠《论语正义》，"诸子集成"本（一），上海书店1986年版，第357页。

秋，躬守身之行，以践真修，申敬事天之旨，以裨正学。即楚材、希宪，未得与利公同日语也。""今利公其弥天之资，匪徒来宾，服习圣化，以我华文，译彼师授，此心此理，若合契符，藉有录之以备陈风采谣之献，其为国之端。"① 可见瞿太素不但在促成利玛窦著《交友论》中起了作用，而且在结合中国儒家的实际，推广宣传《交友论》的观点，因而对扩大利玛窦的影响也起了一定的作用。陈垣在《中国基督教史讲义目录》中说"《交友论》等为利自著有据。""人伦道德：《交友论》一种，教外书籍选录者四五家。"② 这说明《交友论》亦入陈垣研究的视野。

利玛窦在中国传教，其基本思想是扬孔抑释，或说"补儒易佛"。利玛窦与佛教的论争，是中国思想上第一次出现的基督教与佛教的论争。在这一过程中，瞿太素起了一定的作用。《利玛窦中国札记》第四卷第七章"利玛窦神父和一位拜偶像的和尚辩论"和第十六章"偶像崇拜者自己遭到失败"，专门叙述利玛窦与佛教大师的辩论及利氏对佛教大师的抨击及讥讽，从而提高利氏的名誉和影响。

利玛窦第三次进南京时，通过瞿太素拜会了南京佛教大师名官李本固（字叔茂，号汝桢）。《利玛窦中国札记》记述：

> 当时，南京住着受人尊敬的七十老翁。他是京城御史之一，以道德和学问兼优闻名（按：中译者注，李汝桢，即李本固）。人们从各处到他这里来，就象来求神谕一样。他一定有上千名信徒。他放弃了儒家的学说，转而成为偶像崇拜者，宣扬他们的教义。他不喜欢来自各地向他请教的络绎不绝的人群。因此，规定每月只有几天接见宾客。其他时间拒不会见任何人。他表示他愿意见利玛窦神父，利玛窦认为，靠了上帝的帮助，他或许可以争取这位贤人转到真正的信仰上来。因此，他通过两人共同的朋友瞿太素，约好去拜会他。……他们的谈话一开始就是讨论宗教问题，在他们的第一次辩论中，利玛窦神父逼得他不得不承认，偶像崇拜就象是一个半好半烂的苹果一样，人们可以接受其中好的部分而抛弃其余部分。他有几个弟子在场，听见他们老师承认这一点，都惊惶不止。他自己也认识自己遇到一个竟针锋相对地反驳偶像崇拜的人，似乎思想上也有点惶惑。③

李本固原来信崇儒家，后来转向崇拜佛教。在一次集会中，李本固发表演讲，赞成佛教而反对儒家孔子的学说。很有声誉的儒家士大夫、工部主事刘冠南

---

① 《利玛窦中文著译集》，第 117 页。

② 陈垣著，陈智超主编：《陈垣全集》第 2 册，安徽大学出版社 2009 年版，第 445、454 页。

③ 《利玛窦中国札记》，第 363 页。

（即刘斗墟）站起来大声抗议，反驳抵毁孔夫子，说参加会议者"完全是儒者，完全是中国人的集会，却竟然狂妄违背孔夫子并赞美从外界传到中国来的偶像崇拜，这是很不得体的，很不合适的"。"外国人利玛窦也是儒家（按：此时刘冠南尚未见过利玛窦），就很值得钦佩，因为他理解孔夫子，反对偶像的狂妄。"刘冠南的发言，使李本固十分尴尬。① 而这个集会利玛窦并没有参加。

后来李本固邀请利玛窦赴宴，并就宗教问题开展辩论。邀请被利玛窦谢绝了。后来"他在瞿太素的建议下几次派人来，执意要请利玛窦前往"，开启辩论。李本固邀请当代大名僧雪浪大师黄洪恩与会。《利玛窦中国札记》说："这位名僧有大群弟子，善男信女也不少，他们都称他为老师。这位哲人是三淮［三淮（怀、槐），即雪浪大师黄洪恩——中译者注］，同那些由于懒散无知而声名狼藉的一般寺僧大不相同。他是一位热情的学者、哲学家、演说家和诗人，十分熟悉他所不同意的其他教派的理论。"参加会议的有 20 多人。这次辩论涉及几个问题：

（1）关于造物主（天主）的问题。利玛窦说"在我们开始进行辩论之前，我愿意知道你对天地的根本原则和我们称之为天主的万物的创造者有什么看法。"雪浪大师说，我并不否认有一个天地的主宰者存在，但他不是神或是具有任何特别的尊严。我认为，我和在座的其他人都和他是一样的；我看不出任何理由，我们在那些方面不如他。"利玛窦说，天主是可以创造天地的，你可以创造吗？雪浪承认他可以创造天地。利玛窦指着旁边的火炉说："就请让我们看看你创造出一个和这里一样的火炉吧。"雪浪非常生气地说，神父要他做这样的事完全不合宜的。利玛窦也提高嗓门说，硬说自己能办到自己办不到的事，也是完全不合宜的。这时会场吵作一团。"最后，瞿太素平息了这场风波说，利玛窦神父的问题一点也不是不合时宜的。"②

（2）关于哲学上的认识论问题。雪浪先发问说："当你看到太阳或月亮的时候，你是升到天上去了呢，还是那些星宿下降到你这里来了呢？"利玛窦回答说："两者都不是。当我们看见一个东西的时候，我们就在自己的心里形成它的影像，当我们想要谈论我们所看到的东西时，或想到它时，我们就把贮存在我们记忆中的这件东西的影像取出来。"雪浪说："这就对了。换句话说，你已经创造了一个新太阳、一个新月亮，用同样的办法还可以创造任何别的东西。"利玛窦解释说，人们心里形成的影像，是太阳或月亮在心里的影子，并不是实物本身。"人人都可以明显地看出实物和影像有多大的差别。事实上确实如此，如果一个人从来没有见过太阳或月亮，他就不可能在心里形成太阳或月亮的形象，更不要说实

---

① 《利玛窦中国札记》，第 364 页。
② 《利玛窦中国札记》，第 365 – 366 页。

际上创造了太阳和月亮了。如果我们在一面镜子里面看见了太阳或月亮的影像，就说镜子创造了月亮或太阳，那不是太糊涂了吗？"在座的人对这一解释比对雪浪的争辩更为满意。①

（3）关于人性的问题。人性本善，还是本恶，抑或两者都不是。这一问题长期在中国学者中争论。利玛窦认为，"由于这些人缺乏逻辑法则，又不懂得自然的善和道德的善的区别，他们就把人性中所固有东西和人性所获得的东西混淆起来了。""我们必须把天地之神看做是无限地善，这是不容置疑的。如果人性竟是如此之脆弱，乃至我们对它本身究竟是善是恶都怀疑起来的话，如果人也和上帝一样是天地的创造者，象是三淮大师几分钟之前断言的那样；那么，我们就必须承认，神究竟是善是恶，也就值得怀疑了。"人性的善是上帝赋予的，"太阳十分明亮，以致由于它的天然固有的明亮性，它就不能不是十分明亮的"。②

此次辩论结束后，只有雪浪不肯承认失败，而与会者都认为利玛窦是胜利者。东道主李本固的一些弟子就成了利玛窦的常客。这场辩论，"在中华帝国为基督之道奠定了基础"。明末佛教已渐趋衰落，神宗无昔日之盛。利玛窦在北京期间，正是佛教受神宗排斥之时，昔人受宠之佛教高僧如紫柏达观，憨山德清大师，或投狱而死，或谪戍到广东，还有其他佛徒名宦如黄辉等亦告老归乡。利玛窦目睹佛教在当时遭到的厄运，说他们"自己遭到失败"，对他们进行嘲弄和抨击。③

第四，瞿太素向利玛窦学习西方科学技术确有成效，扩大了利玛窦的社会影响，促进了中西文化交流。

上文提到瞿太素在为利玛窦《交友论》作序时说："从公讲象数之学，凡两年而别。"④ 利玛窦收瞿太素做学生，向他传授西学和天文学知识。《利玛窦中国札记》说：

> 瞿太素把他的天才用于严肃的和高尚的科学研究。他从研究算学开始，欧洲人的算学要比中国的更简单更有条理。中国人在木框上计数，即上面有圆珠沿着棍条滑动并挪动位置以表示数目（按：中译者注，即算盘）。这个方法尽管严密，但易发生错误，肯定在科学应用方面是有局限的。他接着从事研习丁先生（按：指利玛窦的老师克拉维乌斯）的地动仪和欧几里德的原理，即欧氏的第一书。⑤

---

① 《利玛窦中国札记》，第 366－367 页。
② 《利玛窦中国札记》，第 367－368 页。
③ 《利玛窦中国札记》，第 434－441 页；第 234－239 页。
④ 《利玛窦中文著译集》，第 11 页。
⑤ 《利玛窦中国札记》，第 246－247 页。

此外，瞿太素还学习阿拉伯数字、四则整数运算、分数法则、三率（准则）法（Rule of three）、级数、开平方等等。利玛窦向瞿太素传授《欧几里得几何》第一卷时，先列出一系列定义、定理、公式。所有这些都非常严密，互相联系，一环扣一环，缺一不可。瞿太素将所学的西方算术和几何新知识，或用中国古代算经上的术语，或用自己新创的算术术语，将它们译成通顺流畅的汉文，传给他的朋友看。随着瞿太素的译文在各地流传，利玛窦的数学家称号也到处传扬开来。①《利玛窦中国札记》中说：

> 有些科学家想做利玛窦的学生。他们为他的学识所吸引，并受到瞿太素的诱发，瞿太素已从一个学长成长为一个导师了。那个有学问的学者（按：中译者注，即李心斋）害怕他儿子的名誉可能被作为数学家利玛窦的声望所危害，便把他自己的两个精于中国天文学的学生带来。其中一个是那位学者作为他儿子的作品而出版的那部书的真正著者。随同这两个人一起来的还有第三个人（按：中译者注，即张养默），他比其他两个人都聪明。第三个学生是被他的老师派来的，这位老师是北京翰林院里一位杰出的哲学家，叫做翰林（按：中译者注，即王肯堂，王樵之子）。②

由此可见，在瞿太素的帮助、宣传下，利玛窦在中国数学界影响之大。

利玛窦在肇庆时就开始制作天文仪器，这些仪器是用铜和铁制成的，"用以表明天文并指出地球的形状。他还在家里绘制日晷或者把日晷刻在铜版上，把它们送给各个友好官员，包括总督在内。当把这些不同的器械展览出来，把它们的目的解说清楚，指出太阳的位置、星球的轨道和地球的中心位置，这时它们的设计者和制造者就被看成是世界上的大天文学家"。③ 利玛窦在韶州，收瞿太素做学生，向他传授西方天文学知识，主要有克拉维乌斯的天球仪的制作和各种日晷的设计。《利玛窦中国札记》说：

> （瞿太素）学习绘制各种日晷的图案，准确地表示时辰，并用几何法则测量物体的高度。我们已经说过，他很有知识并长于写作。他运用所学到的知识写出一系列精细的注释，当他把这些注释呈献给他的有学识的官员朋友们时，他和他所归功的老师都赢得普遍的、令人艳美的声誉。他所学到的新鲜东西使中国人大惑不解，他们认为他不能靠自己的研究获得它。他日以继夜地从事工作，用图表来装点他的手稿，那些图表可以与最佳的欧洲工艺相媲美。他还为自己制作科学仪器，诸如天球仪、星盘、象限仪、罗盘、日晷

---

① 《利玛窦中国札记》，第 185－186 页。
② 《利玛窦中国札记》，第 350－351 页。
③ 《利玛窦中国札记》，第 182－183 页。

及其他这类器械，制作精巧，装饰美观。他制作用的材料，正如他的手艺一样，各不相同。他不满足于用木和铜，而是用银来制作一些仪器。经验证明，神父们在这个人身上没有白费时间。大家都已知道，这个雄心勃勃的贵人是一位欧洲教士的学生。欧洲的信仰和科学始终是他所谈论的崇拜的对象。在韶州和他浪迹的任何地方，他无休无止地赞扬和评论欧洲的事物。①

由此可见，瞿太素用他所学的西方科学技术知识并加以实践，扩大了利玛窦和传教士们的社会影响。瞿太素在中西文化交流中的作用是不可低估的。法国裴化行在《利玛窦评传》中说："真正开始有用而又谦虚的中介人，把西方文明的成就系统引入远东世界的，是瞿太素。"② 这个评价是有根据的。

第五，瞿太素最后皈依基督教，在一定程度上说明利玛窦调适与会通的传教路线在中国是行之有效的。瞿太素的洗礼，为中国士大夫入教树立了榜样，对利玛窦的传教也起了一定作用。

瞿太素出身于一个博学鸿儒的家庭，对儒家经典谙熟，有良好的儒学修养，是一位有根底且受人尊重的儒学名家。从他力劝利玛窦改穿儒服，以及经常同各地总督、巡抚、道尹和著名儒学大师交往，就可以证明这一点。瞿太素对道家也十分崇拜。他平日弃汝夔名，而常用太素号。"太素"是道教徒中常用的名号。他醉迷炼金术，而"中国炼金术以锻炼身心、追求长生不老为目的，……因此，中国的炼金术也称炼丹术，包含着宗教热情"③。他还是佛教偶像崇拜的信仰者。他在洗礼入基督教的仪式上宣读的《信仰声明》，证明了这一点。他说：

> 我已是五十七岁的人，现在确定认识到长期以来我有眼而看不见的上帝的神圣的律法，有耳而不愿谛听的他的圣名。恰恰相反，我宁愿追随释迦的教派（释迦是中国主要的偶像），虽然我充分了解到它是违反理性和真理的。我广泛宣传这种教义。这是我最大的错误。④

一个对儒、道、佛都有深刻修养的士大夫，在利玛窦的诱导和影响下，于明万历三十三年（1605）接受洗礼加入基督教，这在一定程度上说明利玛窦调适与会通的传教路线是成功的。利玛窦说："此人就这样勇敢地改变了信仰，大家对此都很高兴。异教徒们看到依纳爵（瞿太素的圣名）对偶像崇拜捍卫了那么多年之后也摒弃了它，因而也对基督教深表钦佩。"把瞿太素作为"光辉的榜样"而加以宣传。⑤ 陈垣在这幅珍贵遗墨中说："瞿景淳长子名汝夔字太素，子式

---

① 《利玛窦中国札记》，第 247 页。
② ［法］裴化行：《利玛窦评传》（上），管震湖译，商务印书馆 1993 年版，第 140 页。
③ ［日］福井康顺等监修：《道教》第一卷，上海古籍出版社 1990 年版，第 233 页。
④ 《利玛窦中国札记》，第 509 页。
⑤ 《利玛窦中国札记》，第 510 页。

縠。"他根据西方教史的材料，把景淳四子排序搞错了，但汝夔的重要性已进入他的研究视野，在《中国基督教史讲义目录》中，为圣教作序之名士中，列有瞿汝夔的名字①。

（三）伯父汝稷从政的业绩及其奉佛

从以上对瞿氏粗家世的梳理可知，汝稷是景淳的长子，《圣教史略》说汝夔是长子，是错误的。陈垣遗墨中说，"长太仆某"，"汝稷以太仆少卿致仕"，"据《指月录》汝稷奉佛"。今把汝稷从政业绩与奉佛情况梳理如下。

（1）从政业绩。

瞿汝稷，字元立，号洞观，生于嘉靖二十七年（1548），自幼好学，工于文章。隆庆二年（1568）六月，以父荫为国子生。初补官为詹事府录事（正九品），再任中军都督府都事（从七品）升左府经历（从五品），凡十余年始迁至刑部主事（从五品）。

瞿汝稷任刑部主事期间，万历年间出了一件有名的案子，就是河南扶沟知县无意中责打宗人（皇室宗亲），这位皇亲把事情闹到皇帝神宗那里，"神宗令予重比"②，即要严查此案。这个案子正好交由刑部主事瞿汝稷审理。瞿汝稷为官清明，敢于坚持原则。他认为，皇室宗亲有违法纪，只能由宗人府处理，一般行政机构是无权处置的，更何况不能责打宗亲，这是人所共知的规矩，扶沟知县敢于冒此大不韪，其中必有隐情。他经过调查研究，弄清了事情的来龙去脉，然后向神宗皇帝说：皇亲当时是微服出行，穿的是普通老百姓的服装，在扶沟境内又确有触犯刑律的行为。扶沟知县不知道他的皇亲身份，以为只是扶沟的百姓，故依照律法处罚，这是他权限之内的事，是没有过错的，并不是故意不尊重皇室。瞿汝稷有理有据，皇帝居然被他所说服，没有再处置扶沟知县。这件事载入《明史·瞿汝稷传》。

他后在"南缮部"任职。永乐迁都北京之后，朝中机构随着皇帝北迁，但是南京作为留都，还保留一套机构，这套机构与北京的机构一样，也有吏、户、礼、兵、刑、工六部与其他衙门。明初工部分营缮、虞衡、都水、屯田四清吏司。营缮主管土木工程建设，"南缮部"应是留都南京的工部的营缮衙门。南京的机构是一个闲曹，所以钱谦益为瞿汝稷写传记时，称他"以一任子居闲曹"，应是指此而言。原来的"南缮部"为奸商窟穴，土木工程皆由商人承办，突破原来的预算，耗钱巨大。瞿汝稷主事之后，"请用两关榷木，榷木不至朽蠹，而

---

① 陈垣著，陈智超主编：《陈垣全集》第 2 册，安徽大学出版社 2009 年版，第 445 页。

② 《明史》卷二一六《瞿景淳列传》附子《汝稷传》。

商不得比而为奸"。与陈御史共事，南都人流行一句话说"长御史怕短主事"①，因为瞿汝稷个子短小而有此言②。因为瞿汝稷办事认真，廉洁奉公，陈御史盛赞汝稷，向大司空反映他的政绩，于是推举他出任黄州太守。黄州州治在黄冈县，今为湖北属地。后又徙治邵武，今属福建。在黄州、邵武任内，皆有政绩。汝稷执法公平，有朝廷官员在地方搜括赋税，每上告中央，得到百姓好评。

后调任辰州太守，治沅陵县（今属湖南西部），与永顺、保靖等少数民族聚居之地相邻。少数民族由中央王朝核准的土司统治，其最高官职为宣慰司（或宣慰使），官位可以世袭。辰州太守的一个重要任务就是协调民族关系，既要处理好汉民族与少数民族（土司）的关系，在少数民族（土司）内部出现矛盾，发生纠纷时，也要主持正义，妥善解决，以实现各民族和睦相处。到明代中期，中央政府对此有比较清楚的认识。在这些地区，就是"扶绥得人"，为了妥善实施安抚和绥靖政策，地方官员的选拔是非常重要的。瞿汝稷能荣任辰州太守，说明朝廷对他的执政能力评价相当高。

瞿汝稷到辰州上任，就碰到一个危机四伏的局势。辰州周边的永顺土司、保靖土司与四川酉阳土司，都是朝廷所委封，与朝廷都保持着较好的关系。永顺、保靖土司还曾派兵到东南沿海，帮助剿灭倭寇，多有战功。然而他们之间积怨很深，不能和睦相处，互相仇杀。在这三个土司中，永顺土司彭元锦的力量最强，与酉阳土司冉御龙相仇杀。保靖土司彭象乾失爱于其父，欲立其弟象坤。彭元锦帮助象坤，聚兵驱逐象乾，这件事相持很久没有解决。瞿汝稷经过分析研究，认为三土司的矛盾主要在永顺土司彭元锦。于是他写信给彭元锦，用万历二十年（1592）宁夏哱拜叛乱，被朝廷镇压和万历十七年（1589）四川播州宣慰司使杨应龙造反，被中央打败的历史事实，说服彭元锦罢兵，解决了三土司的矛盾。信的内容摘要如下：

> 窃闻宣慰（即彭元锦）悦礼乐而敦《诗》《书》。挟立彭象坤一事，啧有烦言。夫立后自有成法，抚、按、司、道诸臣，孰肯从宣慰而紊国家之法耶？宣慰世受爵封，亦恃国家之法耳。终身覆帱国家之法，而不知法之覆帱我，是犹鱼之在水，而不知水之生我也。鱼不知水之生我，荡而失水，则虽有鳝鲸之力，且制于蝼蚁矣。人不知法之覆帱我，纵而败法，则虽负富强之盛，且雁于僇辱矣。宣慰自恃富强，谓朝廷莫如我何。宣慰自计，孰与宁夏

① 《瞿元立传》，见《牧斋初学集》（下）卷七二，第1604页。
② 《瞿冏卿集》书末收录叶向高撰写的墓志铭中，形容瞿汝稷"弱其貌"，同书所收钱谦益的像赞，则称他"状貌矮小"，汝稷的知交丁此吕指其"长不满六尺而气雄"；友人高攀龙也称其"身不逾五尺，而胸包六合"；沈德符称为"渺小丈夫，貌类侏儒"。见黄一农《两头蛇——明末清初的第一代天主教徒》，第52页。

之哱与播之杨氏哉？哱拜以降胡数立战功，历位总戎，遂有骄色。于是举兵反朝廷，夺宁夏。宁夏城与虏仅隔一后卫，守后卫者为萧如薰，杨司空之婿也。状貌如妇人女子，拜遣骁将哱云往攻之，杨司空女力赞其夫，誓以死国。如薰鼓勇而前，以一矢毙云。拜父子兵败，坐而被缚。以拜之强，倚北胡之援，最后一败涂地。宣慰之强，不过哱拜，敌国之援，不如强胡。窃为宣慰危之也。哱拜事尚在北隅，播州之役，宣慰尝驰兵而与之角矣。往者万人，丧者八千，盖十不存二。其强岂后宣慰？播地之险且广，又孰与永顺也？播州宣慰司使杨应龙，起兵反朝廷，陷入众叛亲离之中。今宣慰衅端尚浅，翻然知悔，白圭可全。若不良图，而逯巡护前，噬脐无及，窃为宣慰惜之。宣慰诚能听本府之言，尊国家之法，保靖立后，一从汉法，请力任其无咎。不然，宣慰所树碑家庙，以播事重戒子孙，后事之师，岂遽忘之也？

彭元锦接到瞿汝稷的信，感激流涕，说："太守生我矣。"他遂解兵去，不敢逐象乾。瞿汝稷把握时机，亲自率领一队官兵，来到两军对峙的前线，直闯保靖土司彭象坤的营帐，帮他分析局势，晓以利害，使他认识到自己战无胜机，而且执意开打，不仅是与酉阳土司为敌，也是与朝廷为敌，战后还将受到朝廷的惩处。彭象坤反复思量，最后接受了瞿汝稷的建议，愿意停战讲和，瞿汝稷再去见酉阳土司冉御龙，说明彭元锦、彭象坤都已有求和之意，希望他也能接受和议。冉御龙以一敌二，本就是铤而走险，并无胜算，于是接受和议。这样，一场恶战得以避免，三家土司得以保全，多年冤仇开始化解。瞿汝稷此举，于国于民，都是莫大功德。瞿汝稷处理三土司矛盾的来往文书，见于《瞿冏卿集》卷十四，有《谕永顺宣慰彭元锦檄》《答司道访彭元锦诗句对联公移》《报永顺宣慰彭元锦帖服公移》《上院道揭》《复巡道永顺事宜》《再谕永顺并谕保酉三司檄》等。[1]

在瞿汝稷任辰州太守期间，朝廷曾讨论是否应讨伐贵州苗族之乱。汝稷曾上《剿红苗议》，认为应用"怀柔绥远"的羁縻政策，而不宜讨伐。

分布在湖南、四川、贵州一带的苗族，到明代，大都由朝廷封赐的大大小小土司统治。为了加强对土司和土民的控制，在苗疆设置一些卫所，由汉人领兵屯守。由于遍设卫所，大量汉人进入苗区与之杂居。这样就产生了"生苗""熟苗"。明人田汝成《炎徼纪闻》卷四记述："苗人，其种甚夥，聚而成村者曰寨。……近省界者为熟苗，输租服役，稍同良家，十年，则官司籍其户口患耗，登于天府；不与是籍者，谓之生苗。生苗多而熟苗寡。"也就是说，与汉人较为接近者，纳为政府户籍，承担赋税和徭役，称之为"熟苗"；反之，称之为"生

---

① 瞿汝稷：《瞿冏卿集》，见《四库全书存目丛书》集部第 187 册，齐鲁书社 1997 年版。

苗"。① 瞿汝稷所处的嘉靖至万历时代，湘、蜀、黔地区的苗族大部分都属"熟苗"。汝稷在《剿红苗议》中说，古代统治者对少数民族"羁縻而抚绥之"，这是"先王之制"。"苗地接楚、蜀、黔三省，晏然无事，寇盗窃发，卒岁不过一二"，"今兹之衅，实起于黔总戎陈璘。盖黔有食粮熟苗，龙惠，大种苗也，居小桥，颇为部落所归。中国羁縻之，假以指挥服色。总戎初至，遽革其粮，苗警日起。总戎以为皆惠也，总戎使健步王仁续至惠寨，仁续淫苗妇，惠并苗妇杀之，白状于总戎。总戎诱惠杀之，尽灭其家。复杀其弟富。夫汉法，民奸人妇女者，并杀其妇则勿问。惠故奉汉法也。又以白总戎，何至杀惠而灭其家邪？衅起如是，曲在我矣。奉词讨之，不亦难乎"。瞿汝稷认为，龙惠所统领的熟苗寻衅闹事，是因为朝廷派驻的总戎陈璘，他的部下王仁续奸淫苗女，龙惠根据汉法，处置了王仁续及苗妇，并把处置结果报告了陈璘。陈璘为什么要杀龙惠并灭其家？事情的起因是朝廷的总戎陈璘，"曲在我矣"。故不能出兵讨伐苗族。接着汝稷从山川地理形势分析，苗人"上下山险若飞，履茨棘崭岩，跳跃如猿猱。方跳跃时，以一足蹶张，背手傅矢，往往命中。掉枪以卫弩，执弩者口衔刀，而手射人。度险能整，退必设伏，此苗之长技也。而其性好独居扼守，不能远攻。今若尽歼其类，则彼将聚而救死，酋长无乐生之心，部落有必死之志。以数十万之众，据四五百里不可测识之山川，我未可以速得志也"。瞿汝稷还总结明代历史经验，说宣德、正德时代都曾讨伐苗族，结果都失败了。"二祖创业垂统，凡夷汉杂居之郡县，必名之羁縻。知怀柔抚绥之道。今乃横席中国强大，兴无名之师，括抒轴皆空之财，供组练不赀之费，劳疮痍未复之众，攻往古不臣之夷，苗之所结怨一人，我之所骚动三省，背二祖之训，贻兆姓之忧，失策甚矣。"因此，建议朝廷用安抚政策，"令各哨堡传谕苗长，其不愿助龙氏为乱者，人自首"，则有奖励；"只诛其不用命者"，这样，苗族就会接受安抚而归顺朝廷。"不然，黩武兴戎，兵连祸结，国家之患。"瞿汝稷的建议被朝廷所采纳，讨伐苗族之事就停止了。②

钱牧斋在为瞿汝稷立传时，对此事评价很高，说"永顺、红苗两役，微公，其不为播者几希？公以一郡守，削赤一豨，再弭疆圉大故，曲突徙薪之功，世故罕有能明之者也"③。这里所说的"播者"，指播州宣慰司使杨应龙反朝廷事。"曲突徙薪"，是用《汉书·霍光传》的一个典故。其中，曲，即使弯曲；突，即烟囱；徙，即迁移；薪，即柴。意为把烟囱改建成弯的，搬开灶旁边的柴火，避免发生火灾。《霍光传》载，有一户人家，灶上装了一个很直的烟囱，灶旁堆

---

① 参考江应樑主编《中国民族史》（下），民族出版社 1990 年版，第 178－179 页。
② 《瞿冏卿集》卷十四《剿红苗议》。
③ 《牧斋初学集》（下），第 1609 页。

满了柴禾。有人劝他把烟囱改成弯的，把柴火搬开，免得发生火灾。这一家不听，后来果然失火。后遂把"曲突徙薪"比喻事先采取措施，防患于未然。

由于瞿汝稷的政绩，朝廷把他由辰州太守（从四品）升任长芦都转运使（从三品）。明代的制盐工业大多用灶煎熬制盐，直接生产者为"灶户"，登记为灶籍。明代全国的盐务由户部掌管，在户部之下，于各产盐地设都转运盐使司（简称转运司、盐运司或盐司）。洪武时设有两淮、两浙、长芦、山东、福建、河东六个转运司。另外还设有广东、海北、四川、云南黑盐井、白盐井、安定盐井、五井等七个盐课提举司（简称提举司）。这两个官衙，是明代管理盐务的最高地方机构。瞿汝稷升任长芦都转运使（长芦，在今河北沧县。长芦以水旁多芦苇而得名。明初置长芦转运司，清置长芦盐使，其后盐运使移至天津，而犹仍长芦之名），说明朝廷对他的重用。

明朝政府核定各地岁办盐课的定额，一直落实到炉户。政府拨给灶户草场，供其樵采，作为煎盐时的燃料。灶户每煎盐一引四百斤（此为大引四百斤，小引则为二百斤）给工本米一石。灶户所缴纳的盐课称为"正盐"。缴纳"正盐"以外多余的部分称为"余盐"。灶户对余盐也不得自由处理，政府规定，灶丁如将余盐夹带出场或货卖，则处绞刑。所以余盐都要送交政府，以二百斤为一引，官给工本米。明朝各代盐课的数额有变化，但不管怎样变，这笔财政收入"几与漕运米直等"。盐课在明代的财政收入中，处于仅次于田赋的重要地位。① 到明代中后期，吏治腐败，商人盘剥，政府的盐课收入日益减少。钱谦益在《瞿元立传》中说："长芦盐政日弊，公以都转运使往治，风清弊绝，汰潞藩食盐之艘，蠲商人落地之税，皆与中涓文移往复，力陈利害，乃著为令"。② 瞿汝稷任内进行大刀阔斧的改革，颁布法令，整顿吏治，免除商人的落地之税，使政府盐课收入大为改观。《瞿冏卿集》收入的《行税监停寝税耗公移》《再行税监停寝税耗公移》③ 两件公文就是历史见证。国家遇到大灾害，水利不通，瞿汝稷率领民众除害兴利，疏通利国濠六十里，兴国河八里，"事举而民不害。是岁上计京师，举清廉异等"。④

万历三十八年庚戌（1610）春，瞿汝稷卒于沧州官舍，诏加"太仆少卿致仕"，享年62岁。

关于瞿汝稷为官的评价。汝稷每念自己因父荫任官朝廷，而因父荫而任职者多为绮襦纨绔子弟，并不为国家所倚重，亦很少有人激昂感慨，洗掉任子没有好

① 顾炎武：《天下郡国利病书》卷二八《江南·盐法考》；参考汤纲、南炳文著《明史》（上），上海人民出版社1985年版，第146页。

② 《牧斋初学集》（下），第1609页。

③ 《瞿冏卿集》卷十四。

④ 《牧斋初学集》（下），第1609页。

名声的俗见。汝稷"家难"之后，益自刻励，服官南北，结交海内名士，志节慷慨，相与引重。汝稷洁身修行，又谙熟吏事，所以在官场有很好的名声。叶向高在瞿汝稷的《墓志铭》中说："瞿公虽以任子起家而海内称其行品清高，文学赡富，历官所至，建树卓然，共期以鸿巨之业，固有巍科甲第之士所不敢望者，余私心甚颂慕之。"① 高攀龙撰的《瞿元立先生集序》中说："人言科目未必足以罗豪杰，而豪杰必由此进。余谓不然，科目未必不足以得豪杰，而豪杰不皆由此进，则瞿元立先生其证也。"瞿元立不靠科第而成为"豪杰之士"。钱谦益则说："公熟习国朝掌故，留心于人才政术，自分宜、江陵以来，朝著变更，党论错互，抵掌而谈。若数一二。居恒谓代无全人，人无全是。"这说明同时代的人对瞿汝稷的评价是比较高的。

（2）奉佛。

陈垣遗墨说："据指月录，汝稷奉佛。"

钱谦益在《瞿元立传》中说：

> （瞿汝稷）于书无所不窥，考订同异，箴砭蹉驳，援据搜讨，不穷极源流不已。博综释典，酷嗜宗门诸书，手撮其玄要者为《指月录》。②

说明汝稷学问渊博，研究学问，必多方搜集资料，追流溯源。著有《石经大学质疑》《兵略纂要》《瞿冏卿集》《指月录》。尤其喜爱禅学，有关佛学的著作甚丰。现存收入《瞿冏卿集》中的诗文，有关佛学的有"偈"，如《显密圆通指要偈》《赠仰崖法师南游偈》《酬严道彻跋大慧语抄及偈》等；有"颂"，如《昙拈保宁禅师三语颂》；有"序文"，如《送川玺上人南归序》《佛说百喻经序》《合刻辅教编续原教谕序》《送大圆上人住持潭柘寺序》《幻居上人纂注楞严经序》《送三明悟如二上座诣云栖莲池禅师受具序》《刻梵纲经序》等；有"祭文"，如《祭道行严丈文》《祭管老师文》等；有"记"，如《幻居寮记》《衡岳九莲社记》等；有"传"，如《湛源陆公传》《严道彻生传》等；有"志铭"，如《太学生严道时暨配李孺人合葬墓志铭》等；有"碑铭"，如《重修清凉山旧路岭龙泉寺碑铭》《五台山竹林岭师子山窝建十方大义禅院碑铭》《敕赐大乘禅林碑铭》等；有"唱导文"和"疏"，如《杭州大慈山虎跑泉定慧禅寺募造大藏唱导文》《重修兴福寺唱导文》《募刻大藏唱导文》《妙音庵大藏经疏》等。③

在瞿汝稷所有佛教著作中，最重要的是他纂辑的《指月录》。《指月录》，全

① 瞿汝稷：《瞿冏卿集》，附叶向高《明长芦转运使加太仆寺少卿致仕瞿公墓志铭》。高攀龙：《瞿元立先生集序》。钱谦益：《明长芦都转盐运使司都转运使加太仆寺少卿致仕元立瞿公传》。以上均见《四库全书存目丛书》集部第187册，齐鲁书社1997年版。

② 《牧斋初学集》（下），第1609页。

③ 《瞿冏卿集》卷六至卷十二，《四库全书存目丛书》集部第187册，齐鲁书社1997年版。

称《水月斋指月录》，三十二卷。收入《续藏经》第一四三册。① 四川出版集团巴蜀书社出版《佛典丛书》，其中 2013 年出版德贤、侯剑整理的《指月录》（上下册），书首有万历三十年壬寅（1602）夏五月瞿汝稷的《水月斋指月录序》和万历二十九年辛丑（1601）八月初三日严澂的《刻指月录发愿偈》。瞿汝稷在"序"中说：

> 予垂髫则好读竺坟（指佛典——引者注），尤好宗门（指禅宗——引者注）家言。及岁乙亥夏，侍管师东溟先生于郡之竹堂寺，幸以焦芽与沾甘露，开蔽良多。既而师则朝彻蝉蜕，五宗掩耳，不欲复闻。予则沉醋，于是恒语同辈：圣人六艺之精蕴，诸所训诂，非读竺坟，不能得其真。生于万物之中，而得为人，人而男，男而知读书，于书知竺坟，于竺坟知宗门。是犹谷乳而得雪山之牛，复能得酪于乳，得生酥于酪，而熟酥，而醍醐哉！虽有他好，吾不移矣，此正予跌宕炉鞴、婆娑火蜡时语也。于是在架之书，率多宗门家言。每读之，如一瓶一钵，从诸耆宿于长林深壑，虽人间世波涛际天，埃壒蔽日，予席枕此，如握灵犀，得辟尘分流之妙，彼浡滴堀埒，莫能我侵矣。意适处辄手录之，当点笔意适，虽圭组见逼必谢之，儿稚牵挽必谢之。寒暑之薄股骨，饥渴之迫脏腑，有不暇顾，肯复移意他好之杂陈耶？僻而至是，奚必人嗤，予固自渎矣。至乙未，积录有三十二卷。②

从这篇"序"中可知瞿汝稷自幼好读佛典，尤其喜欢"宗门家言"。拜管东溟为师之后，情趣亦然。书架上所存放的，大多是禅书。每读到意适处，就把它抄录下来，至万历二十三年（1595）已录得三十二卷。稿成之后，先是由友人陈孟起抄录了两部。六年之后，才由同乡严澂（字道彻）校订付梓。由于刻印者的书坊名"水月斋"，而作者撰写本书的目的，是使读者通过它（"指"，即手指的指点）而了解禅宗的法要（"月"，此处特指禅宗以心传心的"心月"），故取名为《水月斋指月录》。

《指月录》各卷的内容如下。

卷一：七佛。七佛，通称过去七佛，包括毗婆尸佛、尸弃佛、毗舍浮佛、拘留孙佛、拘那舍牟尼佛、迦叶佛、释迦牟尼佛。附：诸师拈颂诸经语句。部派佛教以后的佛教认为在释迦牟尼以前有六佛，加上释迦牟尼佛，通称过去七佛。

卷二：应化圣贤。应化圣贤，即化身佛，亦称应身佛，应身、化身通指佛为度脱众生，随三界六道不同状况和需要而现的不同身。或为佛、菩萨，或为人、天，或为魔等众生。本卷始列文殊菩萨，终于清凉澄观国师，二十八圣贤。其中无厌足王（紧那罗王附）、广额屠儿（文殊思业禅师附）、泗州僧伽

---

① 收入北京出版社出版的《四库未收书辑刊》第三辑第 26 册。

② 瞿汝稷撰，德贤、侯剑整理：《指月录》，巴蜀书社 2013 年版，"序"第 1 页。

大圣（万回附）。

卷三：西天祖师。西天祖师即西天二十八祖。禅宗对其印度时代传承世系的编制。该书按《景德传灯录》，始一祖摩诃迦叶尊者，终二十八祖菩提达摩尊者（"章次列于东土祖师"）。

卷四：东土祖师。始初祖菩提达摩大师，终六祖慧能大鉴禅师。

卷五：六祖下第一世，收南岳怀让禅师、青原行思禅师。六祖下第二世，怀江西马祖道一禅师（"南岳让嗣、南岳一世"）、南岳石头希迁禅师（"青原一世"）。

卷六：二祖旁出法嗣，收僧那禅师、向居士二人；四祖旁出法嗣，始牛头山法融禅师，佟乌窠道林祖师（"径山钦嗣"）；五祖旁出法嗣，始嵩岳慧安国师，终嵩山峻极和尚（"破灶堕嗣"）；六祖旁出法嗣，始司空山本净禅师，终圭峰宗密禅师（"遂州道圆嗣，圆荆南惟忠嗣，忠磁州法如嗣，如荷泽嗣"）。

卷七：未详法嗣。始泗州塔头，终文通慧。

卷八至卷三十：六祖下第三世至第十六世。始洪州百丈山怀海禅师（"南二，马祖嗣"），终无为冶父道川禅师（"净因成嗣"）。每一世均按先南岳，后青原系的顺序叙述。其中青原系僧人载至卷二十九的六祖下第十五世，卷三十的六祖下第十六世全是南岳系僧人。

卷三十一、卷三十二，六祖下第十六世临安径山宗杲大慧普觉禅师语要（上、下）。

《指月录》虽然没有以灯录自命，"但究其性质而言，与灯录并无二致，也是以禅宗的传法世次为经，禅师和受禅的居士的身世、机缘语录为纬，编织起来的禅宗谱系类著作"[1]。但它与一般灯录也有不同，表现在三个方面：

第一，就标题而言。一般灯录在标列世次时，都采用三级标题。第一级标题通常是以南岳怀让、青原行思或六祖慧能（谥"大鉴"）"某世"的名义立的，第二级标题是以某禅师"法嗣"（弟子）的名义立的，第三级标题是书中要具体记叙的这位禅师的弟子。而《指月录》则在目录中于"六祖下第十四世"之下，直接列"隆兴黄龙悟新禅师"（"南十三，临济，祖心嗣"）。括号内的文字，说明悟新是祖心禅师的法嗣，这样就删去了一般灯录中的第二级标题。至于正文，则不复标注"法嗣"。

第二，就所收入的人物言。北宋道原《景德传灯录》，是自禅宗有史以来，迄此书为止，禅宗世次源流最为完备的记载。此书每卷之首有目录，对编入世次的人物分别标注"见录"与"无机缘语句不录"的字样。所谓"见录"，指的是不仅在卷目中有他的名字，而且在正文中有他的专章，用来记录他的身世和机缘

① 陈士强：《大藏经总目提要·文史藏》（一），上海古籍出版社 2008 年版，第 564 页。

南明重臣瞿式耜——读陈垣一幅珍贵遗墨

语句；所谓"无机缘语句不录"，指的是仅仅在卷目中有他的名字，而在正文中没有他的专章，因为没有搜集到他的机缘语句。这就是通常说的"有目有文"和"有目无文"。《景德传灯录》收录的人物，据明智旭《阅藏知津》卷四二载，收入"一千七百十二人，内九百五十四人有语见录，余七百五十八人但存名字"①。而《指月录》记述禅宗世次，上始过去七佛，下至宋大慧宗杲止，共禅宗传承法系652人，比《景德传灯录》收入的人物少一半多，但所收的人物均有言行事略，机缘语句，没有"有目无文"的现象。还附载了许多禅宗名宿的拈颂评唱以及作者的辨析论议，收录禅宗公案1700余则。它保留了《传灯录》《续传灯录》《五灯会元》等书未见的资料。这是十分珍贵的文献。

第三，选择资料和叙述比较严谨，自从《传灯录》以来，有关荆州城内只有一个皇寺的道悟，还是别有一个天王寺的道悟，孰真孰假，哪一个道悟是石头希迁的弟子，哪一个又是龙潭崇信的老师，一直存在着争论。《指月录》对两说采存疑的态度。在卷九"六祖下第三世（下）"以"南岳、青原宗派未定法嗣"为标题，并裁荆州天皇道悟禅师和天王道悟禅师两人，存而不论。在论述荆州天皇道悟禅师时，最后加注曰："嗣石头，住城东。弟子三人，慧真、文贲、幽闲。协律郎符载撰碑。《传灯》所录悉同符碑，而误以龙潭列师法嗣。"在叙述天王道悟禅师时，最后加注："嗣马祖，住城西。弟子一人，龙潭崇信。荆南节度使丘玄素撰写碑。又唐闻人为登《南岳碑》、圭峰《答裴相同宗趣状》、权德舆《马祖塔铭》皆以天王为马祖嗣。佛国白、达观颖、吕夏卿、张无尽皆著辩证《传灯》之误。独其时同，其地同，其参谒石头马石头马祖同，故犹不能不阙疑。且药山参石头，头谓因缘当在马祖处。山旋于马祖处大悟，而竟嗣头。皆释迦之胤，何彼此石分析耶！"这样把两者分歧的资料来源及历史上的争论都罗列出来，让后人去分析研究。这种叙述是比较严谨可取的。②

《指月录》自问世以后十分流行。清代聂先在《续指月录凡例二十则》中说：

> 虞山瞿幻寄（按：即瞿汝稷）先生《指月录》一书，先有严天池（按：即严澄）先生水月斋初刻，为禅林秘宝，海内盛行，板经数易。后如破山禅师翻刻东塔禅堂，具德禅师两镌天宁、灵隐，甚至斗大茅庵，亦皆供奉，腰包衲子，无不肩携。儒者谈禅之书，未有盛于此本者也。③

---

① 陈士强：《大藏经总目提要·文史藏》（一），第510页。

② 参考瞿汝稷撰，德贤、侯剑整理《指月录》（上），第292－293页；陈士强《大藏经总目提要·文史藏》（一），第566页。

③ 《续指月录凡例二十则》，见聂先编撰，心善整理《续指月录》，四川出版集团巴蜀书社2005年版，第1页。

可见《指月录》在佛教界、学术界影响之大。

瞿汝稷对佛教还有一个重要贡献。就是参与了《嘉兴藏》的刻印工作。

自从第一部木刻本《大藏经》问世以来，历代所刻的大藏经，多为梵夹本（刻经文于贝多罗叶，夹以厚板，以绳结之，故名梵夹），亦有少数（如《开宝藏》《赵城藏》）属卷轴本。这两种装帧形式的大藏经，全部卷帙繁重。无论印造、流布或收藏、阅读，均相当不便。而且木质经版，印造愈多，字迹便愈加模糊不清，且时间一长，容易腐朽。有鉴于此，袁了凡、幻余法本以及紫柏真可等人，均曾先后谋划易梵夹本为方册本（即今所谓"线装本"）事宜。紫柏真可与弟子密藏道开一起将此事付诸行动。明神宗万历十七年（1589）在山西五台山紫霞谷大钵庵正式开刻，主持者相继为密藏道开、幻余法本（云谷法会侍者）、体玄如奇（紫柏真可弟子）、谵居法铠（紫柏真可弟子）等人。四年后，以五台山冰雪苦寒，不便刻经，南移至浙江径山寂照庵继续刊刻。万历三十一年（1603）以后，又分散在嘉兴漏泽寺、吴江接待寺、吴郡寒山化城庵、姑苏兜率阁、虞山华严阁、金坛顾龙山等处募刻。至清圣祖康熙十五年（1676）全部完工。其间，又得到紫柏门人、桐城居士吴用先大力资助，出资修复径山下院化城寺，作为贮藏经版之处。所以此大藏经称为《嘉兴藏》，又称《径山藏》。《嘉兴藏》分为《正藏》《续藏》《又续藏》三部分。① 《嘉兴藏》是明代私刻的《大藏经》，改梵夹本为方册本，大大方便了印造、流布、收藏和阅读。

瞿汝稷对刊刻《嘉兴藏》大力赞佐。撰《赠幻余密藏上人唱缘刻大藏序》《募刻大藏唱导文》两文②。在后一文中说："密藏、幻余二上人，以南北二藏皆梵夹，流通不易，思刻方删，广其流通。拯溺之慈甚盛，诸龙象敷美其事，尽矣。予特恐世之诞佛者或沮之，遂书此，以辅韦驮氏之跋折罗杵云。""跋折罗"意译为"金刚"。韦驮为大乘佛教所说护持佛法之天神，佛典记载他有大勇猛力，手持金刚杵，摧伏一切魔恼。可见他对改梵夹本为方册本的支持，并与曾乾亨、袁了凡等九人在佛前发愿："愿毕我形寿，力荷此法藏。苟可效我力，靡所不自竭。念昔佛菩萨，以此法藏故。剥皮以为纸，析骨以为笔。书写此经卷，积好须弥山。……常以此法藏，普度诸众生。"③ 陈垣对《嘉兴藏》有非常深入的研究，他在清理故宫文物时，发现故宫藏有《嘉兴藏》，多年无人过问，藏书处阴暗潮湿，蚊子很多。为了打开这座史料宝库，当时已是 60 高龄、享有盛名的陈垣，带领助手，每次事先服用奎宁丸，历时一年，将全藏翻阅一遍，并抄录了多种清初僧人语录，在《明季滇黔佛教考》中充分加以利用。他 1939 年 3 月 26

---

① 任宜敏：《中国佛教史·明代》，人民出版社 2009 年版，第 62 页。

② 两文收入《瞿冏卿集》卷七和卷十二，《四库全书存目丛书》集部第 187 册，齐鲁书社 1997 年版。

③ 彭绍昇撰，张培锋校注：《居士传校注》，中华书局 2014 年版，第 388 页。

日在给儿子陈乐素的信中说："无意中又发现某处藏《嘉兴藏》一部，有清初语录二百余种，塔铭可采者多，因此又须将第十一、十二卷改造，此意外收获也。《嘉兴藏·弘觉语录》本附有《北游集》，因目录不载明，故知者绝少。吾亦据目求书，故十年不得，可笑也。"1940 年 2 月 24 日致陈乐素信中又说："记得去年灯节后开始阅《嘉兴藏》（海内孤本），至此适一年，亦巧也。"1940 年 4 月 25 日信中又说："所引僧家语录六十余种，多人间未见之书，更不料有明季滇黔史料矣。此三百年沈霾之宝窟，待时而开，不足为人道也。"1957 年在《佛教考》重印后记中说："本书特出者系资料方面多采自僧家语录，以语录入史，尚是作者初次尝试，为前次所未有。"陈垣对《嘉兴藏》的研究还有一重大贡献。在《佛教考》卷二《藏经之遍布及僧徒撰述第七》中，有一节涉及黔僧与《嘉兴藏》之关系，陈垣说，世人知道《嘉兴藏》之刻倡始于紫柏老人及密藏、幼予，但紫柏生前未竟其业，幼予先紫柏卒，密藏旋亦隐去。则继紫柏完成《嘉兴藏》者是谁？陈垣根据《颛愚衡语录》所载《方册藏经目录序》，知第一次完成《嘉兴藏》之人，实为黔僧利根。其完成在明弘光之时。这一考证具有重大意义。① 瞿汝稷的佛学思想，与晚明士夫醉心于佛、道，倡导儒、佛、道三教合流相一致。他的老师管志道，字登之，学者称东溟先生。为诸生，笃行力学。隆庆初，知府蔡公建中吴书院，以志道为师，集诸生讲学。隆庆五年，举进士，升为南京兵部职方司主事，以父逝世而归家服丧。服除，补刑部主事。万历初，张居正当国，总揽大权。志道条上九事，大旨在肃朝纲，通下情，革弊政，欲夺居正权归天子，居正不悦，被贬外任，以老疾致仕。管志道的学问，钱牧斋说："公少笃信好学，精研五经性理，确然以圣贤为己任。""已而穷究性命，参稽儒释，疑义横生，心口交蹠，经年浃月，坐卧不解衣。久之，纵横体认，专求向上，本儒宗以课业，资禅理以治心，视世间诗文著述，不啻如空华阳焰矣。隆庆己巳，应选贡入北京，阅《华严经》于西山碧云寺，至《世主妙严品》，顿悟《周易》"'乾元统天，用九无首'之旨，与《华严》性海，浑无差别。豁然若亡其身，与太虚合。照见古往今来，一切圣贤，出世经世，乘愿乘力，与时变化之妙用。大概理则互融，教必不滥。"主张儒、释、道三教互通，"我圣祖揽二氏以通儒，而各理其条贯。以儒治儒，以释治释，以老治老，与其相参，而不与其相滥，此宪章之所在也。教理不得不圆，教体不得不方。见（规）欲圆，即以仲尼之圆，圆宋儒之方，而使儒不碍释，释不碍儒，极而至于事事无碍，以通并育并行之辙；矩欲方，亦以仲尼方，方近儒之圆，而使儒不滥释，释不滥儒，推而及于法

---

① 陈智超编注：《陈垣来往书信集》（增订本），生活·读书·新知三联书店 2010 年版，第 1105、1111、1113 页。《陈垣全集》第 18 册，第 295, 88 页。

法不滥，以持不害不悖之衡"①。管志道学问的特点，就是用西来之佛教，以证中国的儒家，使释儒合而为一。正如焦竑所作的概括，管志道"意将囊括三教，熔铸九流，以自成一家之言"②。当然，在管志道的思想中，仍以儒学为正宗，佛、道只是为儒学所用。尽管如此，他还是将佛、老与孔子并称，称之为"三大圣人""三大宗师"，并说："释迦，圣之圣者也。老子，圣之智者也。孔子，圣之仁者也。"儒、佛、道三教合一之论，是整个晚明时代的一种风尚。③

瞿汝稷从管志道学，在上引《水月斋指月录序》中说明了这一点。学到了三教合一的思想。钱牧斋说："中吴管登之先生讲三教合一之学，公纳履称弟子，晚而与先生论学，则曰：无问学儒学佛学道，苟得其真，不妨唤作一家货，否则为三脚猫，终无用处。"④ 对儒、佛、道三教，不问形式，只求内容为真，这是三教合一的典型思想。

三、 抗清英雄瞿式耜

瞿式耜，生于明万历十八年（1590），卒于清顺治七年（1650）。祖父景淳为明嘉靖甲辰进士，官至礼部侍郎兼翰林院学士。景淳有四子：汝稷、汝夔、汝益、汝说。式耜为汝说之子。

关于汝说，瞿式耜写有《显考江西布政使司右参议达观瞿府君行状》传世，此文详述汝说一生，长达四千余言。瞿汝说曾任工部营缮司主事、湖广学政和广东布政司参议等职。时人评论他为政清廉，"风骨棱棱"⑤。此为政之风骨，对瞿式耜产生影响。

瞿式耜为政除受家风的影响之外，还受钱谦益（号牧斋）影响，瞿式耜年谱载："乙巳（万历三十三年，1605 年）受业于宗伯钱公谦益，读书拂水山房，与执友顾公云鸿，邵公濂及族叔祖纯仁互相镞砺，学业大进。"⑥ 时瞿式耜 16岁，钱谦益 24 岁。钱谦益与瞿式耜父辈来往密切。《牧斋杂著》内所收《题瞿氏家乘》云："余为儿时，与星卿、元初两先生友善，……忆余与星卿、元初交

---

① 钱谦益：《湖广提刑按察司佥事晋阶朝列大夫管公行状》，《牧斋初学集》（中），第1257 - 1259 页。

② 焦竑：《谵园续集》卷十四《广东按察司佥事东溟管公墓志铭》，中华书局 1999 年版，第 1045 页。

③ 参考陈宝良《明代社会转型与文化变迁》，重庆大学出版社 2014 年版，第 336 页。

④ 钱谦益：《牧斋初学集》（下），第 1610 页。

⑤ 江苏师范学院历史系苏州地方史研究室整理：《瞿式耜集》，上海古籍出版社 1981 年版，第 286 - 292 页。

⑥ 瞿果行编著：《瞿式耜年谱》，齐鲁书社 1989 年版，第 10 页。

时，历历在目。一弹指间耳，为元初志其祖，志其父，复为星卿传其兄洞观先生，未几哭星卿、元初，而兹又哭我稼轩。"① 式耜的父亲汝说，字星卿，逝世时，牧斋为他写挽词，并为他的《皇明臣略》一书作序，可见牧斋与式耜之父汝说交往密切。式耜伯父汝稷，牧斋曾为其立传：《瞿元立传》，收入《牧斋初学集》卷七十二。② 瞿纯仁即式耜之族叔祖。由此可见，式耜受其父祖辈人熏陶，仰慕牧斋人品文章，16 岁即从牧斋学。

钱谦益为晚明时期东林党领袖之一。东林党是以江南士大夫为主的政治集团，以东林书院讲学为中心，讲习之余，往往讽议朝政，裁量人物。明神宗朱翊钧后期，宦官专权，倒行逆施，政治日益腐败，社会矛盾激化。针对这一现象，东林党人提出反对矿监税使掠夺，减轻赋役负担，发展东南地区经济等主张。他们还主张开放言路、实行改良等针砭时政的意见，得到当时社会的广泛支持，同时遭到宦官及各种依附势力的激烈反对。明熹宗朱由校天启中，宦官魏忠贤专政，形成明代势力最大的阉党集团，对东林党人实行血腥镇压。在晚明时期统治阶级内部形成了改革派与守旧派的激烈斗争。瞿式耜就是在这种社会背景下走上政治舞台的。

（一）瞿式耜在晚明时期的改革主张

（1）任永丰县令时的政绩。

瞿式耜于万历四十四年丙辰（1616）中进士（以三甲一九七名进士中式），是年 27 岁。历历四十五年（1617）授江西吉安府永丰县令，《明史·瞿式耜传》："授吉安永丰知县，有惠政。"从此走上仕途。《明史》对"有惠政"没有作具体解释。式耜长子玄锡编撰的《行实》③ 有详细记载。式耜从万历四十六年（1618）到任至天启三年（1623）离任，治理永丰四年。政绩表现在下列几个方面。

首先，整顿吏治。

永丰县，在江西吉安府东南，自嘉靖、隆庆以后，由于吏治败坏，"有司不能正身率下，因其玩敝而苟且焉。文学沦替，武备废弛，狱讼易兴，奸宄丛集，钱粮滋弊，案牍纠纷，岩邑亦疲邑也"。瞿式耜到任之后，整顿吏治，进行改革，制定了八项措施："一切与民更始；举从事奸役朦胧上下之弊，悉扫去之；更广

---

① 钱谦益著，钱曾笺注，钱仲联标校：《牧斋杂著》，上海古籍出版社 2009 年版，第 928 页。

② 《牧斋初学集》，第 1604－1610 页。

③ 余行迈、吴奈夫、何永昌点校：《稼轩瞿府君暨邵氏合葬行实》（以下简称《行实》），载中国社会科学院历史研究所明史研究室编《明史研究论丛》第 5 辑，江苏古籍出版社 1991 年版。

积谷，以备凶荒；严保甲，以防盗贼；举乡约，以风善良；公访犯，以除蠹恶；清查监禁，囹圄尝空；谢却馈遗，苞苴不入。”“一年之内，纲举目张，日不暇给。凡小民之心，士大夫之口，上官之耳，靡不久慑。”① 一年的时间，把永丰县整治得井井有序，充分显示出瞿式耜卓越的政治才能。

其次，举办学校。

《行实》载："（永）丰城窄隘，学宫向在城外，前枕大江，水冲基削，每至夏水发，则圣殿宛在中央。师长至，僦屋而居。人文削焉寡色，二十年来登甲、乙榜者，指不一二屈，府君每谒庙，慨惜久之。"万历四十七年（1619），己未秋，"集生徒公议鼎新文庙"，"遂捐棒百金，鸠工庀材而生徒之助义乐输者鳞集，不捐官帑一钱"。于第二年冬竣工。"自文庙、明伦堂、启圣祠、尊经阁及廊庑斋舍，靡不焕然，缔构坚牢，彤髹骏蔚。观成之日，合邑士民无不低徊兴感，谓今而后人文其丕振手！"

同时"又以余力葺恩江书院，聚师生会课月讲，亲第文之高下，鼓舞而作兴之"。并"刻《士约衷旨》一书，以名行相砥砺。嗣后文教昌明，士子翔骞，得隽春闱，如程君峋、钟君抢芳辈，皆府君拔诸童试中，渐靡而拂拭者也"②。

再次，关注民生，重修恩江大桥。

《行实》载："丰邑城外环绕恩江，向有大桥桓亘江面，远接赣州、兴国宁都孔道，后因洪水漂没，向渡者有风波之惧。府君商诸耆老，于急流汹涌中建大台二十座，横铺桥板，计九十五丈。于桥上盖凉房六十间，便通商贸易。更造官舍三间，以司市价"。③ 重建恩江大桥，不仅使交通运输畅通无阻，有利于商品经济的发展，而且也给当地人民生产和生活带来极大的方便。所以当地百姓称颂式耜"德泽与恩水俱长矣"。

永丰邻县吉水缺县令，经东林党人邹元标、李邦华的推荐，瞿式耜于万历四十六年（1618）冬，又兼任吉水令达一年之久。《行实》载："一岁中往来两邑。而吉之剧倍于丰，凡刑名、钱谷、士习、民风，无弗细心厘剔，嘉与维新，不以代庖苟且塞责。学宫前地多旷，一望榛芜，风水涣散，府君特建射圃一区，于内更造讲台书舍，为士子肄业之地。"邹元标把"射圃"改题为"瞿圃"，以表彰瞿式耜的政绩。此后"吉水文风，时称极盛"，出了不少人才，"至今江右士人，犹能一一道之"。

明光宗朱常洛登位，改元泰昌元年（1620），题补式耜父汝说为江西布政司参议，分巡湖南道。按照当时令甲回避制度，式耜于这年年底离任，《行实》

---

① 《行实》，见《明史研究论丛》第5辑，第362页。
② 《行实》，见《明史研究论丛》第5辑，第362页。
③ 《行实》，见《明史研究论丛》第5辑，第363页。

载："士民攀辕号泣，执香奔送者，自永丰至南昌，亘四百余里，遮道可遏。"①
明熹宗朱由校天启元年（1621）春，式耜在家与父汝说共纂《皇明臣略》。六
月，式耜奉调江陵。永丰民众乞留，《行实》载，丰民起而争之，虔抚房公壮
丽，特疏请留，曰："本官经世瑰才，绝尘高品，厘振庶务咸宁，抚育四民攸德。
前缘引避，若失慈母，后咨复任，如就乳哺。忽闻别调，群起卧攀，真若相依为
命者。建官原以牧民，民情如此，何忍背之？相应仍令复任永丰，舆情允洽，地
方有赖。"疏上，得旨，如所请。② 这样，式耜复任永丰令，达一年之久。天启
三年（1623），任期已满，才正式解任。《行实》载："癸亥三月始解任，攀辕泣
送者，甚于前之去丰时。府君前后莅丰计四载，督、抚、按荐剡凡二十余，无不
以府君为第一。"可见为官清廉公正、为民办好事实事者，必然得到人民群众的
依赖和爱戴。

（2）与腐朽的阉党势力进行坚决的斗争。

瞿式耜离开永丰后不久，其父汝说病逝，丁忧归家。其时正是魏忠贤专权，
残杀东林党人，瞿式耜坚定地站在东林党人一边，与阉官势力展开不屈的斗争。

《行实》载：天启五年（乙丑，1625）四月，东厂缇骑逮捕著名清官、嘉善
魏大中（忠节公），"远近人情危惧，同志者摇手，戒勿与通，府君轻舟造其居，
慷慨言别，出囊中衣装赠"。接着缇骑又逮捕"澄江李忠毅公应昇，吴门周忠介
公顺昌，府君左右之，一如忠节公。盖府君与三公皆以气节道义相砥砺者也"。
乙丑九月，"吾邑顾裕愍公大章以秦枭被逮，考死诏狱。狱成，追赃四万，责郡
邑追比。时顾公子麟生才十五龄耳，府君不避强御，竭力保全"。③ 后来瞿式耜
写《顾太仆谕茔记》，除阐杨顾大章忧国奉公、慷慨捐躯之大节外，述及与顾大
章之关系及写谕茔记的目的："而孝子乃属记谕茔，用敢节略公志义谨书之。"
阐发芳烈，"以慰他年芸夫牧竖之凭吊云尔"。④

据计六奇《明季北略》卷二第 36 条"魏忠贤浊乱朝政"云：魏忠贤专政，
"于是群小归附"，"忠贤听崔（呈秀）、傅（櫆）、阮（大铖）三人言"，对东林
派人"崔、傅等遂谋一网打尽"。第 37 条"点将录"，由阮大铖作献于魏忠贤，
"指为东林恶堂"共 72 人。第 38 条"天鉴录"，由崔呈秀作献于阉党，列东林
29 人。"又有非东林，为人正直不附魏党，亦一网打尽"，其名单上有瞿式耜。⑤

天启六年（丙寅，1626）颁布《三朝要典》。三朝是指明神宗、光宗、熹宗
三朝。编纂的宗旨就是要使被东林派所诽谤的三朝皇帝，慈孝明于天下，那些邪

---

① 《行实》，见《明史研究论丛》第 5 辑，第 363 页。
② 《行实》，见《明史研究论丛》第 5 辑，第 363 页。
③ 《行实》，见《明史研究论丛》第 5 辑，第 364 – 365 页。
④ 《瞿式耜集·顾太仆谕茔记》，上海古籍出版社 1981 年版，第 281 页。
⑤ 计六奇：《明季北略》（上），中华书局 1984 年版，第 44 – 45 页。

说，必须由史官加以断案。此书总裁官为阉党顾秉谦、冯铨等。此书对梃击、红丸、移宫三案，按年代顺序罗列有关事项、奏疏和谕旨，并加上"史臣曰"的评语。对阉党的奏疏加了辅佐天子的赞辞，对东林派则尽其所能将其骂倒。冯铨得意地说：《三朝要典》"继《春秋》之绝笔，绎《孝经》之微言"，"读此，使乱臣贼子惧"，"忠臣孝子感"。以红丸、移宫两案开始的天启政局，由此书的编纂与刊行，最后由阉党完成了断案。阉党势力得以巩固，魏忠贤的恐怖时代，一直持续到天启终了。①

天启七年（丁卯，1627）八月，崇祯帝即位后，处死了魏忠贤，斥逐了一批阉党，销毁了《三朝要典》，昭雪了一部分冤狱，重新起用一批东林党人。朝廷颇有一番革新气象。但崇祯帝并无彻底革除弊政的决心，不久又继续重用宦官，纵容阉党余孽，社会矛盾逐步加深，明朝统治危如累卵。

崇祯元年（戊辰，1628）四月，瞿式耜任户科给事中。明制有六科给事中，按六部分为六科，各设都给事中一人，左右给事中各一人，给事中设置人数，各科不等，户科设八人。给事中是在内廷服务之意，担任此职的人可以出入宫内，接近皇帝，均为正、从七品官，其职务有一部分是稽察六部百官之事，这与御史互有出入。给事中衙署即在午门外东西朝房，章奏均必经其手，故权势尤重。与御史合称科道，或称台垣。台指御史，垣指给事中。② 瞿式耜任户科给事中的时间很短，从这年的四月至十二月。但他在任上，针对时弊，直言极谏。现收入《瞿式耜集》的"掖垣疏草"有 19 通，就是这一时期的奏疏。平均每月有两通奏疏。《明史·瞿式耜传》说："式耜矫矫立名，所建白多当帝意，然博击权豪，大臣多畏其口。"这些奏疏的一个内容就是与阉党余孽作斗争，表现在下列几个方面。

其一，弹劾混迹朝廷的漏网阉党。

《直纠贪昧阁臣疏》，"题为直纠贪昧阁臣，以肃朝廷，以伸士气事"。奏疏弹劾大学士来宗道、杨景辰，直陈他们"疮痏满身，依栖丹阙，污政府而辱纶扉"，并分别列出两人媚珰劣迹，要求"速赐罢斥"；并表示"但使朝廷得肃，士气得伸，即褫臣职以谢两臣，臣固甘之矣"。③

《严诛附党台臣疏》，"题为公论渐明，邪气复炽，谨据实纠参，恳乞圣明严诛附党台臣，以快人心，以清仕路事。"弹劾"怀私植党，鼓煽邪说，淆乱是非"之袁弘勋。不仅揭发"事涉风闻"的罪行，并列举"其章奏内显而可据

---

① ［日］小野和子：《明季党社考》，李庆、张荣湄译，上海古籍出版社 2013 年版，第 228 页。

② 黄本骥编：《历代职官表》，上海古籍出版社 1980 年版，附瞿蜕园《历代职官简释》，第 23－24 页。

③ 《瞿式耜集·直纠贪昧阁臣疏》，第 6－7 页。

者"，指出其"脚跟本邪，行事本秽"，"堂堂腐绣，不思为朝廷驱奸指佞，而乃为私人修怨复仇"。"伏乞皇上，毅然雷断，即将败群之宏勋，严行究讯，主使何人？挠乱何意？立加显戮，以为邪说乱政者之戒。"①

《黔事速赐处分疏》，"题为黔事万不堪再误，黔督万不可误黔，恳乞圣明速赐处分，以毋自误封疆事"。此疏弹劾兵部尚书、总督川湖等五省兼贵州巡抚张鹤鸣，指出他"失策丧地"，"卸罪冒功"以及勾结崔、魏之劣迹。提出对张鹤鸣的处理："不但去督抚，并其向来官衔世荫，滥冒隆恩，一概褫革，臣犹见有逸罪也。"并揭发："臣方草疏，更闻鹤鸣遣子张大同辇金来长安，更多携空头札付市鬻，又当有神通，以施曚瞀，以保富贵"之阴谋。"臣不量辄为直纠，祗念封疆大事关系至重，不敢避凶锋以嘿嘿，伏候皇上立赐干断施行，幸甚"。②

有学者统计，被瞿式耜弹劾者有前任阁臣四人，现任阁臣四人，枢臣一人，抚臣一人，台臣一人，瞿式耜表现出嫉恶如仇、不畏强暴的斗争精神。③

其二，为被阉党惨杀、流放的忠臣义士请恤、加谥，主张恢复名誉，请求重新录用，安排工作。

《特表忠清疏》，"题为特表忠中之忠，清中之清，惨中之惨，仰祈圣明特赐殊旌，以风颓运，并乞优恤冤狱幽魂，以回天和事"。疏长达 2200 字，列举事实，颂杨涟、魏大中、周顺昌"忠中之忠，清中之清，惨中之惨，要求将三臣特加旌表，于赠官荫谥之外，总敕赐一祠，仍给匾额，俾三臣生前为第一清忠之品，死后亦邀第一褒恤之恩"。特别提出："魏忠贤之冤狱，……其已蒙皇上之恤录者，大抵皆官僚也。而青衿之立毙，穷民之横死，独非天地生之，君父育之者乎？"要求"下令镇抚司与东厂衙门，凡魏忠贤六七年中所杀之人，尽数查出"，"令所在有司"，优恤遗属或"下礼部为坛以招谕之"。④ 据查，瞿式耜先后疏荐被斥、被逐的正直官吏达 20 余人。

《陈时政急著疏》，谓"圣主图治甚殷，愚臣竭忠有素，敬陈目前时政急着，以佐平明之事。"其中提出七条急政，其中有一条"媚珰之不可不分也"，说为人立身，要讲名节，"独至媚珰，而终身不可对乡间，丑莫甚矣"。但对媚珰者，应按情节之轻重、罪之大小而分等级，"未可一概而同"。"臣愚谓皇上宜将一切红本，尽数发出，着九卿科道从公查勘；某情属可恕，某情实难宽，因其称颂之多少、浓淡，而差等罪之。或削夺；或闲住；或准其自陈，如养廉耻；或免其追究，策励供职；则天下始晓然于圣主之无苛政，无逸罪，而宽贳诸臣益洗心涤肠，图收桑榆之效矣。不然，听其引退知待何时？而且使见在供职者，未免有徬

① 《瞿式耜集·严诛附党台臣疏》，第 7 - 9 页。
② 《瞿式耜集·黔事速赐处分疏》，第 10 - 11 页。
③ 吴奈夫：《论瞿式耜》，载《江苏师范学院学报》1981 年第 1 期。
④ 《瞿式耜集·特表忠清疏》，第 12 - 15 页。

徨疑虑之心，岂皇上嘉与维新之意乎？"① 可见瞿式耜与阉党余孽作斗争的决心和处理问题的政策分寸。

（3）建言献策巩固边防。

针对明末边备废弛，屯田制度破坏，镇兵逃亡的现象，瞿式耜提出修治北方长城、墩堡，配备得力边将，加强镇兵的整顿、训练的主张。并建议使用从国外进口的西洋大炮，以加强边防。

《亟修战守疏》，谓"亟修战守，拣用实心任事之人，以毋误封疆事"。《疏》首先回顾朝廷对北方少数民族侵扰采取容忍退让的政策，使"文武将吏全不言兵，惟知胺削军脂，半以媚虏，半以润橐。偷旦夕之安，以俟瓜期之代。城垣之修浚，弗问也；墩堡之倾圮，弗顾也；器械衣甲之朽烂，弗计也；尺籍队伍之虚冒，弗理也。驯至今日，而养痈已溃不可收拾矣"。式耜呼吁"宜亟反前日之误，大修战守之防。虏入则完守入堡，坚壁清野以待；虏出则出奇设伏，邀其惰归击之。虏求款，吾亦姑为讲以延之；虏不求款，吾亦故为缓以钓之；庶乎可耳"。再反复说明"专官款虏"之非，认为"惟有修边墙墩堡以固守，教练士卒以待战，任用能战能守之人，以待敌之来"。并具体提出"修大同长边"，"明烽火"以及"就两镇之兵，速行简练"的措施。推荐胡平表、刘永基、方孔炤、吕一奏等为"实心任事之臣"，希望分别任用。此疏于崇祯元年（1628）七月二十五日上。"二十八日奉圣旨：筹画插酋，不恃款而厚修战备，足破积习。所举四人，该部分别核实录用，勿抑勿徇。"② 《佐边储疏》，提出在边疆实行"屯田"。对"盐法""事例""滥支""冗员""滥赏"进行改革，以达到"以裕国计，以佐边储事"的目的。③

《核征解以足军储疏》，以"边备不足，则四夷不畏，粮饷不继，则武备难张"，肯定"足军储"的重要性，分析迟饷的原因。主张以钱粮分等，"职之所请，虽有数端，然急解京、边者，救目前军士之燃眉也"。④

《讲求火器疏》，此疏先引大同巡抚张宗衡"建议出征全以火器为主"之疏，认为"足以祛久睡之魔，振久颓之魂"。而"我之火器二百五十年矣"，"此等神器，天下之至奇也，亦天下之至险也。何也？此器一发，可伤数百千人。用之得当，前无横敌，敌人遇之，智勇俱废。是即明旨所云'吞胡之气，足鼓敌忾者也'。"万历四十七年（1619）徐光启购得西洋大炮四门，天启元年（1621）李之藻从广东取到红夷火炮二十三门，孙元化"深明台铳事宜，赞画关门建台置铳"，由于这些火炮，"天启六年正月，宁远守城歼贼一万七千余人"，"却敌固

① 《瞿式耜集·陈时政急着疏》，第 19 页。
② 《瞿式耜集·亟修战守疏》，第 25－29 页。
③ 《瞿式耜集·佐边储疏》，第 21－25 页。
④ 《瞿式耜集·核征解以足军储疏》，第 44－48 页。

南明重臣瞿式耜——读陈垣一幅珍贵遗墨

圈，明效已见"。"伏乞皇上允臣所奏，将火器一事从长讲求，务期事事合法。"由此推荐学究天人，才兼文武之徐光启"可备顾问"，以及李之藻、孙元化、徐良彦等可供任用，"或命与枢臣讨论兵务，或责令铨臣镇抚边疆，则中国制夷有人，而丑虏不足烫平矣"。① 可见瞿式耜在边备上主张引进外国先进火炮以固边防。

（4）整顿吏治，改善民生。

《清苛政疏》从"地震星妖"谈到当时两浙水灾之严重，"两浙之间，江海鼎沸，风雨凭陵，陷没城池，淹溺人命，冲坏田禾，浮尸蔽江，积骸满山"之惨象，因此提出要"恤穷民以回天变，清苛政以恤穷民"。他说："夷情边备，病之变症也；吏治、民生病之本症也。人当大病之后，怪症百出，而明眼之医，惟以保固根本为要义。今日根本之计，惟有痛恤穷民、严饬吏治而已。"于是揭露当时催科苛政之为害："计海内用兵十年矣，无事不取于民间，而郡县催科苛政，无一事不入考成。""故一当催征之期，新旧并出，差役四驰，扭系枷锁，载于道路，鞭笞楚打，叫彻堂皇。至于滨水荒陂不毛山地，即正供本自难完，今概加新饷，倍而又倍，荒山荒地，谁人承买。卖子鬻妻，逃亡遍野，而户下所欠，终无着落，以累其宗族亲戚者又不知凡几矣。"他建议"颁下明诏，凡天启六年以前百姓逋欠，悉以蠲除，则欢呼踊跃遍原野矣"，并列举了贪官污吏利用"赎金"、捕盗、访犯和诉讼，趁机敲诈勒索，残害百姓的大量事实，要求废除一切苛政，以救民于水火之中。②

瞿式耜以上奏疏反映了他对百姓的同情和关怀；同时不畏权势，与阉党余孽作坚决的斗争，得罪了一大批权贵。崇祯元年（1628）十月，朝廷会推阁臣，阉党余孽、礼部尚书温体仁勾结侍郎周延传，诬陷礼部侍郎钱谦益和瞿式耜结党受贿，包揽枚卜大典，说满朝钱党不下数百人，瞿式耜受钱的指使，疏催会推等。瞿式耜被逐出朝廷。崇祯六年（癸酉，1633），温体仁出任内阁首辅，掌握了朝政大权，他怕瞿式耜复出，又指使常熟奸吏张汉儒捏造罪状，诬陷瞿式耜贪赃枉法，鱼肉百姓，横行乡里，制造了一桩大冤狱。崇祯十年（丁丑，1637）正月，瞿式耜锒铛入狱。直到第二年十月，温体仁下台，朝廷平反冤案，瞿式耜才被释放归家。终崇祯朝，瞿式耜废弃于家，只得"寄兴园林，隐情翰墨"，享受天伦之乐，以排其"偃蹇失意"的苦闷与无奈。

（二）在南明政权中的地位和作用

崇祯十七年（甲申，1644），明王朝覆亡，随着清军入关，全国掀起大规模

---

① 《瞿式耜集·讲求火器疏》，第 32－34 页。
② 《瞿式耜集·清苛政疏》，第 38－44 页。

的抗清斗争。明朝宗室在南方相继建立弘光、鲁王、隆武、绍武、永历诸政权，史称"南明"。

崇祯十七年，福王朱由崧立于南京，建立弘光政权。八月起任式耜应天府丞。不久，擢右佥都御史，代方震孺巡抚广西。① 弘光元年（1645）二月赴任。临行前，他在《指陈粤西情事疏》中，向弘光小朝廷提出"收拾人心，慎重门户，修饬武备、严伦序以肃土司，怀远人以清奸宄，封黎、苗以定交南，补员缺以靖内地"等七条治理粤西的措施。② 但弘光朝已于同年五月覆灭。汉族地主、官僚、将领又拥明宗室唐王朱聿键在福州称帝，建立隆武小朝廷。几乎与此同时，鲁王朱以海在绍兴监国。但这两个政权仅仅维持了一年多时间，就相继覆灭了。于是，瞿式耜与广西总督丁魁楚、肇庆知府朱治𪩘等人，于1646年（清顺治三年）农历十一月，拥立在肇庆的桂王朱由榔为帝，建立了永历政权。永历是南明坚持时间最长、抗清最有成效的小朝廷。这与瞿式耜的努力是分不开的。瞿式耜在永历政权中的地位和作用，表现在下列几个方面。

第一，拥立桂王监国，肇建永历朝廷，并论证永历帝的正统性、合理性，举起抗清大旗，在粤西建立勋业。

王朝的正统与否，对封建王朝是否具有号召力至关重大。瞿式耜在家书中称："桂王为神宗第五子，出封楚之衡州，以避寇入粤，栖于梧州。崇祯十七年（1644），桂王薨逝。遗二王子，一为安仁，一为永明，安仁居长。正枝嫡派，当弘光失国之后，即应照伦序立之。"后虽唐王以旁系捷足先登，建元隆武，然瞿氏心不服。式耜到梧州，"时皇太妃同安仁、永明俱停舟水次。余朝见安仁，见其丰姿气度，真天日之表也"。瞿氏对安仁、永明母子加以照顾，直视为患难之交。"岂意不一月而安仁一病遂不起。余于丧次谒永明王，见其丰姿气度不减安仁，而浑厚笃诚更过之"。隆武二年（1645）九月，隆武败亡。于是瞿式耜与宗室、词林、部郎、太监及两广总督丁魁楚亟谋监国之举。"式耜首言监国；永明王贤，且为神宗嫡孙，应立。"并谓"桂王盖以名正言顺，可以服天下心"。征得众臣赞同后，永明王"以十月初十日监国。十四日丙戌，即皇帝位。仍称隆武二年，以明年为永历元年。改肇庆府署为行宫，推置僚署有差"。丁魁楚以大学士兼戎政，瞿式耜以吏部侍郎兼阁学掌铨事。③

为了论证桂王永历帝之正统，瞿式耜不惜杀身之祸，与拟篡位夺权的明太祖之侄朱文正后裔靖江王朱亨嘉进行坚决的斗争，先是，福建隆武帝颁亲诏，不奉

① 《明史》卷十八〇《瞿式耜传》。

② 《行实》，见《明史研究论丛》第5辑，第374页。

③ 《瞿式耜集》卷三"家书"，第255、259页；计六奇：《明季南略》卷九，"粤中立永历"条，中华书局1984年出版，2011年第四次印刷，第334页；沈定平：《明清之际中西文化交流史——明季：趋同与辨异》（下），商务印书馆2012年版，第718页。

新诏，自称监国于桂林。"即借勤王为名，有窥神器之心。"当此谱系最远之逆藩，欲淆乱正统，提兵东下之际，瞿式耜启以大义，遥谓之曰："两京继陷，大统悬于一发，豪杰耽耽逐鹿。闽诏既颁，何可自兴内难，为人渔利？"靖江王怒，提兵到梧州掳瞿至桂林，"以刃加府君（指式耜）颈，血溅衣"，终不屈。两广总督闻讯率军平叛，靖江王战败，退守桂林，只得请式耜重出治事。焦琏救驾永明王于道州，密奉式耜令，直逼桂林。瞿氏对焦琏说：罪在靖江王，勿殃及桂城数万生灵。"时陴守皆琏兵，遂擒国威"，暨附逆诸臣。"九月二十五日五鼓，攻靖邸，戒军士止擒靖一人，他无所株拢。"① 对此义举，瞿式耜甚感欣慰。他在家书中说："吾于靖逆一事，虽不能销患于未然，而先期多方阻遏，临变百折不回，又以一身保全数万生灵之命。今日邀恩于朝廷者即不奢，而阴府簿籍其注我功德必大。"又谓："余之不服靖江王，而甘受其逼辱者，非为唐王也，为桂之安仁王也"。② 瞿氏为争正统而百折不回的精神可见一斑。

事实上，推举永明王监国称帝，对保卫汉族衣冠、赓反清大业有实际意义。瞿式耜在家书中说："至于拥立桂王，真是时会适逢，机缘巧凑。当弘光元年南都变后，余已心属桂王，盖以名正言顺，可以服天下之心耳。"永明既立，"神宗四十八年之德泽，业已中断，而今复续之，海内人心，孰不欢欣鼓舞？谓宜闻永历登极之信，各省便当奋起义师，迎銮拥驾，天下果不绝本朝宗祀，岂有鬼神不效而呵护者乎？"③ 果不其然，永历继统影响深远。弘光、隆武旧臣趋之若鹜，海上郑成功奉其正朔，雄踞江西、广东之清臣金声桓、李成栋相继反正，就连李自成、张献忠起义军余部，也在永历帝抗清大旗下联合作战。致使永历朝廷号令所及，一度延伸七省。凡此表明，瞿式耜不计生死，争立"一隅之正统"，在南明历史上具有积极意义。

第二，三次桂林保卫战，建立了以桂林为中心的抗清基地。

永历元年（清顺治四年，1647 年）正月，清军攻陷肇庆，永历皇帝朱由榔自梧州奔平乐，抵桂林。闻清军逼近，又拟走避全州。于是瞿式耜于二月十三日上《留守需人疏》，挺身担当力守危城。他说："今上意既决，不可留；迁臣又决，不肯留。惟是桂林为省会之地，不可空虚，诸臣尽随驾以行，谁为留守？臣自念昔人曾叨抚粤，颇得人心，且与思恩侯陈邦傅共事保疆，习知地利。臣今自愿以身当贼，为皇上力守危城。"奉圣旨："准卿以兵部尚书、特进、太子太傅，留镇西土。兵马钱粮，悉听调度。"④《明史·瞿式耜传》载："进文渊阁大学士，

① 《行实》，见《明史研究论丛》第 5 辑，第 376 页。
② 《瞿式耜集》卷三"家书"，第 254、255 页。
③ 《瞿式耜集》卷三"家书"，第 259、261 页。
④ 《瞿式耜集·留守需人疏》，第 54 页。

兼兵部尚书，赐剑便宜从事。"① 这样，瞿式耜奉旨留守桂林。

第一次桂林保卫战。此战从永历元年三月开始的。当清兵侦知永历帝已逃离桂林，军队被抽走，桂林城防空虚，遂立即从平乐进逼桂林，于十一日冲进文昌门，情势十分危急。但瞿式耜镇定自若，督兵巷战，《明史·瞿式耜传》载"式耜身立矢石中，与士卒同甘共苦"。在关键时刻，焦琏奉调率援军赶到，琏连发数矢，敌骑应弦而倒。敌兵下城巷战败走，"琏引三百骑直贯其营，左右冲突，所向披靡，自寅至午，斩首数千级"，清兵落胆遁逃。"斯役也，琏以三百破清兵数万，桂林得全，南渡以来武功第一"。② 事后瞿式耜上《飞报首功疏》，对此役记述颇详。疏曰："今日之事，亦从来未有之奇功矣"，"虏自广而肇，自梧而平，曾有以一矢加遗者乎？曾有见虏一面而退者乎？曾有阵斩其酋长几级，阵夺其骡马几匹，衣甲功刀几件者乎？"③ 凡此力扫往日怯懦，是同仇敌忾捍卫桂林之壮举。此次袭桂林之清兵由何人率领？各书记载仅云"虏""清兵""大兵"，而顾炎武《永历纪略》云："三月，李成栋兵至桂林，值焦琏自全州回，……大破虏兵，桂林得全。"④ 李成栋通过内奸王天爵打开城门迎接虏军。论守桂功，晋式耜为临桂世伯、武英殿大学士、少师兼太子太师。式耜上《力辞功勋爵疏》《辞督师敕命疏》《坚辞勋封疏》等，⑤ 而帝不允辞。

第二次桂林保卫战。同年五月二十五日，清兵万余再度猛攻文昌门。瞿式耜对此有所防备，与焦琏分门扼守，居高临下，式耜用西洋大炮击毙数百敌骑。午后，又大开城门冲杀。这时"兵无粒粟，营绝炊烟"，士兵们自清晨至中午都未就餐。瞿式耜与巡抚鲁可藻，"悉括署中所存食米，蒸饭分哺士兵"，从而大大鼓舞了士气。第二天黎明，焦琏与部将白贵率领士兵，乘敌不意，枵腹出击，在督师副将马之骥的大炮掩护下，斩敌数千名，夺回衣甲、器械、铳炮和马匹无数。这就是著名的"桂林大捷"。桂林第二次保卫战的胜利，对稳定永历政权、巩固和扩大广西抗清根据地具有战略意义。瞿式耜总结说："自强方能破贼，人定确可回天。""乃知天扶国运，事在人为；势至万难，须拼一死。兵法所谓置之死地而后生，置之亡地而后存，则桂林近事，其彰明较著者也。"⑥

第三次桂林保卫战。由于上述战役的胜利，加上瞿式耜一再吁请，永历帝终于同年十二月还跸桂林。永历二年（1648）二月，清兵再次向广西发动进攻，前锋抵达兴安，永历帝又要逃跑，式耜泣谏曰："敌骑在二百里外，何事张皇？今

---

① 《明史》卷二八〇《瞿式耜传》。

② 《行实》，见《明史研究论丛》第 5 辑，第 380 页；《瞿式耜年谱》，第 80 页。

③ 《瞿式耜集·飞报首功疏》，第 58 页。

④ 《瞿式耜年谱》，第 81 页。

⑤ 均见《瞿式耜集》卷一。

⑥ 《瞿式耜集·破敌大获奇功疏》，第 69–71 页。

播迁无宁日，因势愈弱，兵气愈难振，民心皇皇，复何所依？且势果急，甲士正山立，咫尺天威，劝激将士背城借一，胜败未可知。若以走为策，我能走，敌独不能蹑其后耶？"[①] 永历帝竟叱责瞿是想置他于死地，遂连夜逃奔南宁，大大影响军心。加上南明军队分属于不同派系，常常出现"主客不和"；联明抗清的农民军，更因受到歧视和排斥，导致郝永忠部在桂林哗变出走。清军便乘机对桂林发动更大规模的进攻，于三月二十二日猛攻桂林北门。瞿式耜一面据城坚守，一面调兵增援。在援兵齐集后便分兵三路出击，滇军出文昌门，楚师出榕树门，焦琏部出北门，一举击败围城之敌，并在甘棠坡和严关连续获胜，又一次赢得了桂林保卫战的胜利，史称"桂林三捷"。[②]

桂林保卫战的三次胜利，使桂林成为名副其实的永明政权的军事基地、政治中心，成为抗清基地。

第三，为朝廷尽忠竭力，化解各种内部矛盾，以求统一对外，成"中兴"大业。瞿式耜多次上疏永历帝，要整饬内部的政治，主张"修纪纲，布威武，抑权阉，招俊杰"，防止"强敌外逼，奸宄内讧"，必须做到"广开言路，招徕贤才"，就是要消除内部的矛盾和倾轧，树立统一的事权，团结各方面的人士，齐心协力，一致对外。

在军事上主张"调和主客，和辑勋镇"。"主"是指明朝的军官焦琏、胡一清等，"客"是指农民军和原非明朝军队。由于有这种认识，当农民军郝永忠由湖南到桂林，遭受明朝军官焦琏等排挤时，瞿式耜曾对焦琏晓以大义，积极设法使这两支军队抛弃成见，共同抗敌。[③] 又如，瞿式耜留守桂林，永历多次诏他来肇庆入朝辅政，瞿总以留守事责任重大而予以婉拒，恳切地说："实因督师臣腾蛟，躬率诸勋，努力南楚，天子声灵渐远，自合居中接应，臣有何威望弹压边陲？臣今日保固中兴根本之区，以待六龙西幸，且使江、楚、滇、黔，知根本尚自有人，则圣跸出楚有望。臣区区狗马之愚，实是如此。"[④]

瞿式耜企图在政治上、军事上团结各方力量，助永历帝收复失地，"中兴"明代祖业。事实上，也一定程度上起到稳定永历朝的作用。"桂林三捷"极大地鼓舞了各地的抗清斗争，也促使一些降清的明将率部宣告倒戈反清，归顺永历。督师何腾蛟也乘胜向湖南反攻，取得"湘楚大捷"。这样，永历政权直接控制的地区便从广西扩展到广东、江西、湖南以及云、贵、川等省，从而为进军中原创造了十分有利的条件。

---

① 温睿临：《南疆逸史》卷二一《瞿式耜传》。
② 梁业敬、关汉华：《试论瞿式耜在广西的抗清斗争》，载《学术论坛》1991 年第 3 期。
③ 谢国桢：《南明史略》，吉林出版集团有限责任公司 2009 年版，第 153 – 154 页。
④ 《瞿式耜集·不敢轻离本土疏》，第 91 页。

（三）树立了中华民族的浩然正气

然而，大好形势很快被永历政权腐朽的官僚断送了。首先是内部分崩离析。陈邦傅在浔州胁封，受封为庆国公，"世守广西"，朝中多不服；李成栋为了"挟帝自尊"，力促永历帝移跸广州，而瞿式耜从抗清"中兴"的整个战略出发，坚请永历帝还跸桂林，以桂林为中心，收复湘楚，"入桂而后入楚，入楚而后规定中原"。可惜永历帝庸碌无为，再加上阁臣王化澄、朱天麟等又收受了李成栋的贿赂，通过宫内促帝东幸，于永历二年八月由梧州移驻肇庆，而置湘楚大局于不顾。结果造成湖南各镇将因相互猜疑而内讧，清兵遂得以大举南下。永历三年（1649）正月，何腾蛟在湘潭英勇就义，金声桓、李成栋亦相继败亡，湖南、江西、广东许多地方落入清军手里。

清兵进入广西，瞿式耜奉命兼督其师以稳住阵脚，瞿又举荐兵部侍郎张同敞（张居正曾孙）总领军务，与清军相抗衡，互有胜负。在这紧要关头，永历政权已全部被王化澄、马吉翔之流所左右，他们指派于元烨接任督师，夺去了瞿式耜的兵权，于是局势越发不可收拾。

《明史·瞿式耜传》记载了瞿式耜英勇就义的情形：永历四年（1650）十月，"一青、永祚入桂林分饷，榕江无戍兵，大兵益深入。十一月五日，式耜檄印选出，不肯行，再趣之，则尽室逃。一青及武陵侯杨国栋、绥宁伯蒲缨、宁武伯马养麟亦逃去。永祚迎降，城中无一兵。式耜端坐府中，家人亦散。部将戚良勋请式耜上马速走，式耜坚不听，叱退之。俄总督张同敞至，誓偕死，乃相对饮酒，一老兵侍。召中军徐高付以敕印，属驰送王。是夕，两人秉烛危坐。黎明，数骑至。式耜曰"吾两人待死久矣"，遂与偕行，至则踞坐于地。谕之降，不听，幽于民舍。两人日赋诗倡和，得百余首。至闰十一月十有七日，将就刑，天大雷电，空中震击者三，远近称异，遂与同敞俱死。……赞曰：何腾蛟、瞿式耜崎岖危难之中，介然以艰贞自守。虽其设施经画，未能一睹厥效，要亦时势使然。其于鞠躬尽瘁之操，无少亏损，固未可以是为訾议也。夫节义必穷而后见，如二人之竭力致死，靡有二心，所谓百折不回者矣"。[1] 这是清代人修的《明史》给瞿式耜的评价。永历朝追赠瞿式耜为粤国公，谥文忠。清乾隆帝为了宣扬忠义，赐瞿式耜谥号"忠宣"，故世称"瞿忠宣公"。

有关南明史料中，记载瞿式耜视死如归、大义凛然的情形颇多。王夫之《永历实录》卷二《瞿式耜列传》说，清定南王孔有德大举进犯，"诸将不战而走，式耜驰皇令，召诸将守城，无应者"。时城中大乱，残兵沿途劫掠，城外败兵如鸟兽散，城关烟火蔽天。瞿式耜眼见禁令不止，大势已去，乃沐浴易衣，危坐署

---

① 《明史》卷二八○《瞿式耜传》。

中。先是，通山王驰入告曰："先生受命督师，全军未亏，公且驰入柳（州），为恢复计，社稷存亡，系公去留，不可缓也。"至涕泣曳其袖固请上马。式耜从容应曰："留守，吾初命也。吾此心安者，死耳。逃死而以捲土为之辞，他人能之，我固不能也。"瞿共美《天南逸史》载：滇将胡一清跃马入署，请随之逃遁，遭拒。最后，标下戚将军牵马跪请："公为拥戴元老，系国安危，尚可号召诸勋，再图恢复。"瞿答道："四年忍死留守，其义为何？我为大臣，不能御敌，以至于此，更何面目见皇上提调诸勋乎！"温睿临《南疆逸史》卷二一《张同敞传》载：张同敞每见悍将不用命，辄忿然而泣下曰："天下事无可为矣。……士心如此，何能复振，余惟以死自誓耳。"城陷之日，张同敞适从外地返桂。中途闻知城虚无人，止留守在，故曰："安可使留守独殉社稷！"遂泅水过江，直入式耜府署。"式耜曰：'子无城守责，可以无死'。同敞曰：'君恩师义，同敞共之'。"于是二人孤灯相伴，彼此砥砺，坐以待旦，束手为清军所执。

关于定南王孔有德劝瞿式耜投降，瞿共美《天南逸史》和钱澄之《所知录》卷四载，孔有德"素重留守"，称"瞿阁部先生"，先诱以功名利禄，曰："公守一城，捍天下数年于兹，屡挫强兵，能已见于天下，尚复谁为？何不转祸为福，建立非常，以事明者事大清，毋忧不富贵。徒以身膏草野，谁复知之？"瞿答道："……常愿殚精竭力，扫清中原。今大志不就，自痛负国，虽刀锯汤镬，百死莫赎，尚蒙死求生于腥膻中逐臭耶？"前招不着，继责以刑罚。孔有德令对辱骂不已怕张同敞用刑，批颊、斫足、牵项、折其两臂、伤一目，为瞿式耜喝止。软硬兼施难奏效，退求其次，劝以剃发为僧。"清臬司王三元、苍梧道彭燫，皆留守里人，有德使说以百端，不应。得进曰：'国家兴亡，何代无之？人生若朝露，何自若如此！公当剃发为僧，自当了悟，为世人所不能为，岂仅仅守拘儒之节哉？'留守曰：'僧者，降之别名也。佛即圣人，圣人，人伦之至也。未识人伦，何为了悟？'徐赋诗与张相倡和。王、彭二人见其至诚，喟然曰：'此真人也！'不敢复言。"

瞿、张二人身系缧绁，吟咏之余惟求速死，或仍存脱牢笼之侥幸。闰十一月十四日，式耜语同敞曰："两人待死四十日矣，尚隐忍偷生，其为苏武耶，李陵耶？谁实知之。"于是决定采取行动。式耜托死士带焦琏信，极言清兵羸弱，城中空虚，劝琏宜亟提兵至桂林，且曰："中兴大计，毋以吾为念。"信被狱卒查获，孔有德大怒，于是从速处决。"十七日丙申辰刻，驰骑数人至幽所，请府君出，府君神色自若曰：'吾知之矣！'遂援笔成诗曰：'从容待死与城亡，千古忠臣自主张。三百年来恩泽久，头丝犹带满天香。'复赠张公一诗云：'断臂伤睛木塞唇，犹存双膝旧乾坤。但将一死酬今古，剩有丹心照汗青〔臣〕。'题毕，整衣冠南向，行五拜三叩头礼，将手录《临难诗稿》一帙，置于几上，从容步出，遇张公于途。"① 两人同时就义于独秀岩下。

此《临难诗稿》即流传至今的《浩气吟》。刘湘客《临桂伯瞿公传》：被囚四十二日，"公衣冠整肃，神情恬适，日赋诗，张公和之，诗共四十余首，韵度铿然。其忠厚和平，忠君爱国，绝无愤怨愁绝之色。公所谓'看得分明，不生恐怖'"。② 现收入《瞿式耜集》卷二的《浩气吟》，诗序云："庚寅十一月初五日，闻警，诸将弃城而去。城亡与亡，余自誓一死。别山张司马自江东来城，与余同死，被刑不屈。累月幽囚，漫赋数章，以明厥志。别山从而和之。"③ 其中有云："藉草为茵枕块眠，更长寂寂夜如年。苏卿绛节惟思汉，信国丹心只告天。九死如饴遑惜苦，三生有石亦随缘。残灯一室群魔绕，宁识孤臣梦坦然？""已拚薄名付危疆，生死关头岂待商？二祖江山人尽掷，四年精血我偏伤。羞将颜面寻吾主，剩取忠魂落异乡。不有江陵真铁汉，腐儒谁为剖心肠？""莫笑老夫轻一死，汗青留取姓名香。""边臣死节亦寻常，恨死犹衔负国伤。拥主竟成千古罪，留京翻失一隅疆。骂名此日知难免，厉鬼他年讵敢忘？幸有颠毛留旦夕，魂兮早赴祖宗旁。""年逾六十复奚求，多难频经浑不愁。劫运千年弹指到，纲常万古一身留。欲坚道力惟魔力，何事俘囚学楚囚？了却人间生死业，黄冠莫拟故乡游。"这些字字血、句句泪的诗句，充溢着瞿式耜忠君爱国、民族气节、为汉家衣冠纲常拚却一死而不悔的浩然正气。

瞿式耜的浩然正气来自何方？来自中国传统的儒家文化。中国传统儒家文化中的教育，其目标是要把人培养成为君子。君子，是道德完善、品德高尚的人。按照儒家的说法，要把人培养成君子，就要按修身的八目——格物、致知、诚意、正心、修身、齐家、治国、平天下来进行训练。瞿式耜一生服膺儒家传统，以古今大儒的嘉言懿行惕厉和鞭策自己，参悟人生道理，勿忘经世责任。最明显的例子就是，瞿氏在仕宦功名低潮时期［从崇祯二年（1629）四月贬谪归家至九年（1636）八月，为《魁林漫录》作序］的八年时间里，在家里汇纂宋明理学大家如朱熹、程颢、程颐、张载、邵雍、张九成、陆九渊、杨万里、许衡、王守仁、薛瑄、王畿、罗洪先、湛若水、顾宪成、高攀龙、焦竑，以及慎行、海瑞等当时著名人物的议论主张，辑成两卷《魁林漫录》，刊行于世。其内容分为十个方面：学问、居心、在位、规家、酬世（以上二条目内容阙失）、读书、积德、究竟、摄生、依隐。他在《魁林漫录自序》中说："余朴薮性成，所事辄魁魁不逮今人，即无论古人矣，顾于名哲之训诫，先辈之格言，有惕于目，辄憬然于心，童而习之，久而不能忘也。""因取先后之缮采，类次十种，汇成一帙，名

① 《行实》，见《明史研究论丛》第 5 辑，第 409 – 410 页。
② 《瞿式耜年谱》，第 169 – 170 页。
③ 《瞿式耜集·浩气吟》，第 232 页。

曰《媿林漫录》，盖内典中有惭媿林之义也。"《四库全书总目》中"《媿林漫录》提要"曰："是编成于崇祯丙子，集抄诸儒之言，分为……十篇，儒异兼陈，盖林居时录以自警，大旨归于为善而已。"① 瞿式耜在儒家思想的熏陶下形成的价值观，杀身成仁、忠君殉国是最高的精神境界和追求。

四、 瞿式耜奉教问题辨证

瞿式耜是否信奉天主教，学术界一直存是与否或两说。

瞿式耜奉教一说，多见于传教士写的教史著作。潘国光（Francis Brancatus）于 1637 年抵华，迄 1665 年均在上海一带传教，他与被免职闲居于家的瞿式耜关系密切。据他介绍："他（指任广西巡抚、'阁老'的瞿式耜）与我友情深厚，我自己和全中国的基督徒，因他高尚的品德，都怀念他，二十年以来，我们始终是他的友人，而且敬重他。他生于南京省的常熟，教名瞿多默，这是值得永远纪念的名字。"② 另有教会史资料亦表明："1623 年（天启三年）瞿太素子玛窦（Matthieu，式穀）者，召艾儒略赴常熟开教，玛窦从兄进士式耜（Thomas）曾经儒略受洗。教务发达，颇赖其力，数星期中新入教者有二百二十余人，中有式耜之诸父某护教尤力。式耜受洗后，曾以'僧道无缘'字条提示门外，伪神偶像悉皆易以耶稣圣名。"③ 方豪在《中国天主教史人物传》中详细介绍了瞿式耜受洗入教及其旁证材料。④ 在此我还要介绍瞿式耜在常熟组织"仁会"的问题。晚明社会出现"仁会"，学术界已有人关注，但多认为与世俗社会的"同善会""放生会"相类似。直到 20 世纪 90 年代，汤开建教授根据新发现中西文资料发表《敬天爱人：天儒混杂的晚明仁会》一文，提出一个新的看法，认为晚明社会出现的"仁会"，是天主教性质的"天儒混杂"的民间慈善团体。⑤ 该文分析了杨廷筠之武林仁会、瞿式耜之常熟仁会、王征之泾阳仁会、叶益蕃之三山仁会、段衮之绛州仁会、《仁会会规》六个"仁会"的资料而得出上述结论。其中"瞿式耜之常熟仁会"一节，揭示了瞿式耜《仁会引》一文，此文为旧本《瞿忠宣公集》、今本《瞿式耜集》所不存，仅见于明张应遴的《海虞文苑》卷二〇（载《北京图书馆古籍珍本丛刊》）。《仁会引》说："泰西利氏阐明天学于中土，

---

① 瞿式耜：《媿林漫录》，《四库全书存目丛书》第 144 册，齐鲁书社 1996 年版。

② 卫匡国著，何高济译：《鞑靼战纪》，中华书局 2008 年版，第 397 页。

③ 费赖之著，冯承钧译：《在华耶稣会士列传及书目》（上册），中华书局 1995 年版，第 134 页。

④ 方豪：《中国天主教史人物传》（上册），中华书局 1988 年版，第 277 – 280 页。

⑤ 汤开建：《明清天主教史论稿二编》（上），澳门大学出版中心 2014 年版，第 222 – 258 页。

垂三四十年。其教主于敬天孝亲、克己爱人，于吾儒为仁之功用分毫不爽，而警醒痛切更多，吾儒之所未逮。武林淇园杨师推广其爱人如己之学，偕同志者，倡为仁会。会约凡数条，而弁其首曰《广放生说》。盖仁民爱物原有次第，序中反复开诱，详且切矣。岁在子丑，泰西上德艾公、毕公相继来虞。余忧居无事，得详叩其学术之原委。第苦障深力弱，弗克受持，至于仁事，不敢不勉也。今年春，友人张又玄暨余弟式榖锐然请余广同人，而杨师亦谆谆寓书为勖。""遂欣然允张君之请。重锓杨师之序，而复以厄言引其端。盖一则畅杨师仁会之旨，一则破凡夫天学之疑，使知达其仁则人矣，如其人则天矣。"由此可见，瞿式耜之常熟"仁会"的创建，有着极为深厚的天主教人脉渊源，其宗旨为继承杨廷筠推广"爱人如己之学"的天学，是效仿杨廷筠武林仁会而设的。据汤开建考定，该文应写于天启六七年之间，而按黄一农考订，瞿式耜于天启三年（1623）之后洗礼入教，那么写《仁会引》时，瞿式耜已是天主教徒。①

对瞿式耜奉教采怀疑态度者，如冯承钧尝以式耜在被清军所执时有妾随侍一事，判断其绝非信徒②；瞿果行从式耜的诗文中屡见佛教信仰痕迹等事，否定其曾奉教说③。南炳文在《南明史》一书说："方豪著《中国天主教史人物传》即肯定瞿式耜、焦琏是受过洗的天主教徒。不过，在另一些论著中，对于某个文官武将之是否入教，却常有否定意见。某个具体的文官或武将是否入了教，在没有掌握确凿充分的史料之时，结论是难以得出的。不过，从当时的总形势看，要根本否定永历政权的文官武将有加入天主教者，是十分困难的。从宫廷内到宫廷外，永历政权中的重要人物皆有与西方传教士关系密切，甚至因而加入天主教会者，这是永历政权对外关系中的一个极应重视的部分。"④

台湾"中央"研究院院士黄一农著《两头蛇——明末清初的第一代天主教徒》的第八章《南明重臣对天主教的态度》，第二目《瞿式耜家族与天主教》，对瞿式耜奉教问题作了全面的梳理。其贡献在于运用中西文记载的资料，全面论述瞿式耜家族与天主教的关系，并就证明瞿式耜是天主教徒的各种证据（包括方豪举出的证据）加以讨论。书中说："故我们实在很有必要对照相关的中文文献，以解析西文资料的可信度，而不应轻以当时西人所记的当时事必为可信。中西史料的相互呼应，常能提供崭新的研究空间。"⑤ 黄先生的结论是："瞿式耜或

① 汤开建：《明清天主教史论稿二编》（上），第 237 页。
② 冯承钧为沙不列《明末奉使罗马教廷耶稣会士卜弥格传》一书所撰的译序，见冯承钧《西域南海地考证译丛》第三卷（上集），商务印书馆 1999 年版，第 10 页。
③ 瞿果行：《瞿式耜"入教"和"借兵"的考辨》，载《清史研究通讯》1990 年第 4 期。
④ 南炳文：《南明史》，南开大学出版社 1992 年版，第 375－376 页。
⑤ 黄一农：《两头蛇——明末清初的第一代天主教徒》，第 347 页。

在天启三年之后不久决定受洗，但此应属一时冲动，因其未几即违反'十诫'纳妾。……天启七年左右，式耜此际对天主教的热情似已淡去。"① 他还在此文的"后记"中说："笔者先前因错误执着于信仰的单纯性，故根据瞿式耜和金声在文集中所显露的深厚佛门言行而判断，他俩应该均不曾入教；惟本章在仔细析究中西史料后，发现瞿、金二人应均曾受洗，但稍后即出教，并转而佞佛。……推翻前人之说，应是治史的一大乐趣；修订己说，则如同自我蜕变，或许能从破茧之痛中让学力向前超越。"② 黄先生重视中西史料互相印证、勇于修正自己的观点都是正确的。但是，在"结论"中有一个观点却是可以讨论的。他说：

> 在陈垣和方豪等学者扬教的心态之下，天主教史的研究出现浓厚的移情现象，瞿式耜、金声、焦琏、郑成功等忠君爱国的文臣武将，于是都被形容成教徒中的典范，而这些人物的生平事迹并因此激起热烈的研究。……我们在治天主教史时，实有必要暂时撇开个人的宗教情怀，而回归较谨严的史学研究。③

最近陈方中先生撰《陈垣的中国天主教史研究》一文，对陈垣研究天主教的著作进行全面系统的研究，认为黄一农"这种说法对陈垣和方豪不完全公允，特别对陈垣更是如此"④。笔者非常同意陈方中这一意见，在此补充一些想法。

第一，诚然，据刘贤研究，陈垣于1919年在北京缸瓦市洗礼入基督教，"的确曾公开流露和表达自己的基督教信仰，但这些却只见于他1920年前后的著述中，此后则很少出现"。⑤ 陈垣研究天主教史，始于1917年的《元也里可温考》，终于1938年的《汤若望与木陈忞》。从他研究天主教史的全部著作可知，他一贯坚持客观、理性的实证研究，只研究天主教的历史，而不研究其义理，这是陈垣史学研究的精髓，他在天主教史研究中始终坚持这一方法与路向。他1923年写的《旧约三史异文考》说："余于基督教，所知至浅，所见又颇异于时贤，故于义理方面，不欲多所论列，惟于考订方面，略有致力。尝以乾嘉诸儒治史之法，治旧、新约，有所获辄随手记录，八年以来，遂积巨帙。"特撰《旧约三史异文考》。"三史"是指《旧约圣经》的六卷经文：《撒母耳记》上下卷、《历代志》上下卷和《列王记》上下卷。他说："三史记载，时有异同，其显而易见者为世

---

① 黄一农：《两头蛇——明末清初的第一代天主教徒》，第320页。

② 黄一农：《两头蛇——明末清初的第一代天主教徒》，第347页。

③ 黄一农：《两头蛇——明末清初的第一代天主教徒》，第346页。

④ 陈方中：《陈垣的中国天主教史研究》，见北京师范大学陈垣研究室编《陈垣先生的史学研究与教育事业——纪念陈垣先生诞辰130周年学术论文集》，北京师范大学出版社2010年版，第74页。

⑤ 刘贤：《学术与信仰——宗教史家陈垣研究》，中国社会科学出版社2013年版，第39页。

系及数目之属。世系如《历代志上》七章与八章所记之便雅悯后裔，八章与九章所记之扫罗后裔，名氏世次各异。余于此曾剖析原文，演成图谱，以便比勘。兹复取其同记一事而数目不同者另著于篇，宜亦治《旧约》者所有事也。"从此文所说"八年以来"来看，他读《圣经》开始于 1915 年。"右所征引，为凡治《旧约》者所习见，并非隐僻之文。惟汉文著译中，尚无人为之综合比附，缀辑成篇，至为憾事。今特小发其端，亦犹治《诗》者之考三家《诗》异文，治《春秋》者之考《三传》异同云尔。"① 陈垣 1923 年又发表《基督教圣经审定之经过》一文。他说，"基督教圣经，有旧、新约。《旧约》本犹太教圣经"，"惟基督教《旧约》与犹太教圣经不尽相同"。陈垣把基督教圣经审定之经过分六期，其结论为"今耶稣教会与罗马教会所用之《旧约》，卷帙不同，取舍互异。譬之于儒，则今古文《尚书》之各有宗尚也。观圣经之既往，测圣经之将来，谓圣经一成不可变，则变者已六回；谓圣经一字不可删，则删者且七卷。此犹举其大者显者，人所共见者，其他一章一节之疑难，一宗一派之意见，尤不可胜数"②。陈垣用乾嘉考据学的方法研究《圣经》，可见其把宗教作为一种文化现象来研究，研究其历史、演变，而非研究其教义，不存在"扬教心态""移情现象"。

第二，陈垣研究瞿式耜奉教问题也是有一分材料说一分话，不完全相信教会史的说法。陈垣的著作中有几处谈到瞿式耜奉教问题。在《从教外典籍见明末清初之天主教》中说："如瞿式耜之奉教，教史言之凿凿，而吾人至今尚无法在教外典籍证明之。""然则瞿式耜奉教之迹，为其后人所削，亦或有之。然终无法证明也。"③ 在《中国基督教史讲义目略》中编第十六节"名士晚节之信仰之疑问"条曰："瞿式耜著述无信教之征。"④ 在《国籍司铎之新园地》的讲演中说："又明末瞿忠宣公式耜为公教信徒，公教史中，言之凿凿；余拟作《瞿忠宣奉教事迹钩沉》，在教外文献中，探觅佐证，卅年未获只字。"⑤ 由此可见，陈垣对瞿式耜的研究并没有"扬教心态""移情现象"，而是实事求是地说明问题，在未找到证据之前，持怀疑态度，这说明他研究的客观性。

我们还必须指出，《从教外典籍见明末清初之天主教》一文可以说是一篇代表其研究方法和研究特色的文章。他认为教外典籍"可补教史之不足""可证教

---

① 陈垣著，陈智超主编：《陈垣全集》第 2 册，安徽大学出版社 2009 年版，第 425 - 431 页。

② 陈垣著，陈智超主编：《陈垣全集》第 2 册，安徽大学出版社 2009 年版，第 432 - 434 页。

③ 陈垣著，陈智超主编：《陈垣全集》第 2 册，安徽大学出版社 2009 年版，第 578 页。

④ 陈垣著，陈智超主编：《陈垣全集》第 2 册，安徽大学出版社 2009 年版，第 451 页。

⑤ 陈垣著，陈智超主编：《陈垣全集》第 2 册，安徽大学出版社 2009 年版，第 633 页。

史之偶误""可与教史相参证"。陈寅恪对此文评价甚高，说"今公此作，以此标题畅发其蕴，诚所谓金针度与人者。就此点言，大作不仅有关明清教史，实一般研究学问之标准作品也"①。研究学问必须全面占有材料，研究宗教史要充分运用教内材料和教外材料，这种方法影响一代又一代的学人。

此外，应该客观地看待陈垣研究中的失误。陈方中在《陈垣的中国天主教史研究》中说，在中国天主教史研究上，"陈垣无疑是一位非常重要的开创者"，"在史料考证上的功夫是值得肯定的"。但由于"时代限制"和"语文上的限制"，"陈垣的某些研究结论是待修正的。"但陈垣"是一位相当开放的史家，若有新证据出现，改变以往他所做的推论，他都能接受这些改变，甚至主动的以今日之我推翻昨日之我"②。这些观点是十分公允。时代在前进，社会在发展，学术在进步，一个时代有一个时代的学术，在继承前辈学者成就的基础上进行创新，这是学术进步的永恒规律。

五、 简短的结语

陈垣于20世纪二三十年代研究中国基督教史，在《中国基督教史讲义目录》及《基督教入华史》等著作中多处提到瞿式耜。本文根据陈垣嫡孙智超先生赠送的陈垣珍贵遗墨，对瞿式耜及其家族的历史做一个梳理，在吸收学术界研究成果的基础上重点阐述五个问题：

（1）关于瞿式耜家族的历史，文献记载抵牾，瞿式耜为其父汝说写行状，为此问题正本清源。

（2）二伯父汝夔与利玛窦关系密切，在中西文化交流中发挥重要作用。

（3）伯父汝稷从政的业绩及其奉佛。

（4）抗清英雄瞿式耜及其坚持民族气节，为中华民族树立浩然正气。

（5）瞿式耜奉教问题辨证。

原载《广州文博》，文物出版社2017年第1期。

---

① 陈智超编注：《陈垣来往书信集》（增订本），生活·读书·新知三联书店2010年版，第398页。

② 《陈垣先生的史学研究与教育事业——纪念陈垣先生诞辰130周年学术论文集》，第74页。

一部学习历史研究方法的好教材
——评介陈智超编著《陈垣〈元西域人华化考〉创作历程——用稿本说话》

2008 年 8 月，国家图书馆出版社出版了陈智超编著《陈垣〈元西域人华化考〉创作历程——用稿本说话》（以下简称《创作历程》）一书。这是一部十分重要的著作，特作评介。

一、 珍贵的历史资料

该书 16 开本，精装，上下两册，共 1328 页。前面有陈智超写的《〈元西域人华化考〉创作历程》和《修订本导读》两文。书中收入了迄今为止所能见到的陈垣创作《元西域人华化考》的所有资料，包括《提纲本》《西域华化考史料上》《西域华化考史料中》《西域华化考史料下》《散稿》《元西域人华化考余料（选载）》《元事杂钞（选载）》《赡思遗文（选载）》《油印稿本》《排印本修改散稿及资料》《排印本》《木刻本修改资料》《木刻本正字表》《木刻本》《一九六三年修订本（选载）》《英译本第一版（1966 年）》封面、扉页，《英译本第二版（1989 年）》封面、扉页等 17 种资料。陈垣创作《元西域人华化考》（以下简称《华化考》）开始于 1922 年，到 1963 年做最后一次修订，前后经历 41 年。陈垣经历了晚清、北洋军阀、抗日战争、解放战争、新中国的"文化大革命"等几个中国社会最紊乱的时代，《华化考》的手稿和资料，能完整地保存下来，是很难得的，十分珍贵的。

这些资料的搜集，是经过陈垣嫡孙陈智超艰辛寻访获得的。以上材料，有些陈垣生前原已装订成册，并集中在一起，如《西域华化考史料》《元西域人华化考余料》。有些散页则分散在各种资料中，经过陈智超的爬梳，才集中在一起。特别是《华化考》油印稿本，1990 年 12 月在广东省江门市举行的"纪念陈垣教授诞生 110 周年国际学术研讨会"上，日本京都大学竺沙雅章在会上介绍了陈垣赠予日本桑原骘藏的《华化考》油印稿本，此本现藏日本京都大学文学部东洋史研究室。此后，陈智超在国内遍寻这个稿本，但都没有结果。直到 2006 年 1 月，陈智超到日本大阪参加一个国际学术研讨会，会后专程往京都，在日本朋友的帮助下，才得以将油印稿本影印回来。可见这些资料来之不易，亦见其价值之重要。

历史学家的一部历史经典著作是怎样创作出来的？也就是说精神产品是如何产生的？阐述这个问题，对学术界是很重要的。据我所知，到目前为止，阐述一部文学作品的产生过程的著作不少，但用充分的资料说明一部历史经典作品的创作过程，这部《创作历程》恐怕是唯一的一部。在计算机时代，许多学者写作论文、创作专著都在电脑上操作，修改也在电脑上进行。最后出来的是一部可以出版的成果，根本看不到作者的思维和修改过程。这部《创作历程》记录了陈垣从确定选题和题目到搜集资料、考证资料、拟定提纲、连缀成文、请朋友批评指正、反复修改、译成英文等全过程，从中看出创作一部精神产品的艰辛。这充分显示出它的历史价值和学术意义。

二、 学习历史研究方法的好教材

一门科学有它特定的研究对象及研究方法，历史科学也不例外。中国史学源远流长，有着悠久的历史。自从 20 世纪初梁启超提出"新史学"的概念，经过一个世纪的探索，中国传统史学逐渐走向近代化。在中国史学走向近代化的过程中，学者们始终关注历史研究的方法。胡适出版《中国哲学史大纲》上卷，在导论中阐述了历史研究工作的程序和步骤；梁启超著《中国历史研究法》和《中国历史研究法补编》……这类著作层出不穷。新中国成立后，唯物史观成为历史研究的基本指导思想。特别是改革开放以来，史学的繁荣和学科化建设，促进了历史研究法研究。《历史科学概论》《史学概论》《史学导论》这类著作如雨后春笋般涌现于学术界。这些著作的一个重要内容就是讲历史研究方法。各类高等学校的历史学系，把"史学概论"作为一门必修课，这门课的基本任务之一，就是要求学生初步掌握历史研究的方法。可见，掌握历史研究方法对于史学工作者来说何等重要。

怎样才能掌握历史研究的方法？这固然是一个理论问题，同时也是一个实践问题。20 世纪以来，中国造就了众多史学大家，产生了许多史学名著、学术经典。学习历史研究的方法，从教科书中摄取营养是必要的。从史学大家的名著中学习其研究方法，也不失为一条重要途径。《创作历程》就是一本学习史学大师陈垣的历史研究方法的绝好教材。

陈垣的《元西域人华化考》是陈垣前期的代表作，是一部学术经典，这是被国内外学术界公认的。1923 年，陈垣把这部著作的油印稿（上下册）寄赠给日本汉学界的中坚人物桑原骘藏，桑原于 1924 年写了题为《读陈垣氏之〈元西域人华化考〉》的书评，称陈垣是当时中国史学家中"尤为有价值之学者"，其"研究方法为科学的"。1935 年，陈寅恪写《重刻〈元西域人华化考〉序》，说："是书之材料丰实，条理明辨，分析与综合二者俱极其工力，庶几宋贤著述之规模。""近二十年来，国人内感民族文化之衰颓，外受世界思潮之激荡，其论史之作，渐能脱除清代经师之旧染，有以合于今日史学之真谛，而新会陈援庵先生之书，尤为中外学人所推服，盖先生之精思博识，吾国学者自钱晓徵（大昕）以来未之有也。""今日吾国治学之士竞言古史，察其持论，间有类乎清季夸诞经学家之所为者。先生是书之所发明，必可示以准绳，匡其趋向，然则是书之重刊流布，关系吾国学术风气之转移者至大，岂仅局于元代西域人华化一事而已哉！"本书由美国学者钱星海和古德里译成英文并加注释，作为《华裔学志丛书》之一种，于1966年在美国洛杉矶出版，1989年又在德国再版。

20世纪末，上海古籍出版社策划出版《蓬莱阁丛书》，在丛书"出版说明"中说：中国传统学术，从清末民初起，涌现出了一批大师级的学者。"他们以渊深的国学根底，融通中西，不仅擘划了学术研究的新领域，更开创了一种圆融通博且富于个性特征的治学门径与学术风范。"这是后世学者所心仪的核心问题。这套丛书选取了28种垂范后世的学术经典，并请当今著名专家为之导读。陈垣《元西域人华化考》入选该丛书，并由陈智超撰写导读。这反映了本书在国内外长盛不衰的学术生命力。

陈智超为什么要编著这部书？他在《〈元西域人华化考〉创作历程》一文中做了说明，"出版一部图文并举的援庵先生稿本，反映他的著作的创作历程，是编著者多年的愿望。《元西域人华化考》成为首选"。这是因为"第一，这是他前期的代表作。它奠定了援庵先生作为世界级学者的地位"。"第二，份量适中。……对于有志于学的读者而言，是一部合适的教材。""第三，留存的手稿资料比较完整。包括酝酿题目，确定提纲，收集资料，考证材料，得出结论，连缀成文，不断完善，这样一个创作的全过程。"编著这部书的"目的是帮助读者较快找到理解原著创作方法的门径"，从中学习陈垣历史研究的方法。陈智超这篇文章写得很好，可以作为这部《创作历程》的导读。陈智超30多年来，用了比较多的时间和精力整理和研究祖父陈垣的遗著。先后主持出版了十数种陈垣遗著，主编《陈垣全集》，发表了40余种研究陈垣的论著。没有这种深入的研究，是很难编出这种高质量的书的；没有对陈垣思想及其创作方法的深刻了解，是不可能写出这种导读文章来的。陈智超在该文中"尽量复原本书创作的全过程"，并钩玄提要地总结出陈垣历史研究的方法。结合这篇文章去阅读《创作历程》全书，对学习陈垣历史研究的方法一定会受益匪浅。下面谈谈笔者的一些学习体会。

第一，确定选题和题目。对于史学著作，选题是非常重要的。选题要有学术价值和意义。陈垣写这部著作是1923年，当时国家积贫积弱。1964年，陈垣赠友人《元西域人华化考》，并在信中说："此书著于中国被人最看不起之时，又值有人主张全盘西化之日，故其言如此。"元朝在中国历史上建立了空前规模的大帝国，大批的外国人以及西北少数民族来到中国，接触中华文化，受到感染，并为之同化。陈垣在书中说："吾之为是编，亦以证明西域人之同化中国而已。"陈垣阐明这一历史事实。以唤醒国人，振兴中华文化。所以，这一选题有深刻的意义和重大学术价值，也反映了陈垣的敏锐眼光和深邃的洞察力。

对于题目的确定，我们从本书的《提纲本》中可以清楚地看到题目的修改过程：开始题为《元时代外国人之中国化（文学）》，后改为《元代西域人之中国化》，又改为《元世种人汉化考》，再改为《元代西域人之汉化考》，到油印稿本时确定为《元西域人华化考》。此后历次修改，对题目再没有改动。被化的对象由"外国人"改为"西域人"，化的结果由"中国化"改为"华化"。这些改动说明作者对论著题目非常重视，要求科学而严谨。

关于论文的选题，1940 年 1 月 7 日，陈垣在致长子陈乐素的信中，有一段精辟的论述，说："论文之难，在最好因人所已知，告其所未知。若人人皆知，则无须再说，若人人不知，则又太偏僻太专门，人看之无味也。前者之失在显，后者之失在隐，必须隐而显或显而隐乃成佳作。又凡论文必须有新发现，或新解释，方于人有用。"这说明一部著作（或一篇论文）的选题，必须要有社会意义，不能太显，也不能太隐，"必须隐而显或显而隐乃成佳作"。在论述上必须有新发现，或新解释，"方于人有用"，这就是它的社会意义。

第二，拟定提纲安排章节。我们从《提纲本》中看到陈垣拟提纲时，考虑几个问题。（一）确定应列入"华化"的"西域人"名单。（二）确定"华化"的内涵和外延。作者把"华化"界定为"以后天所获，华人所独者为断"。并列出"华化"的表现。（三）撰述的形式，他曾考虑过两种方案：一是以人为纲，即以一个个"华化"的"西域人"为纲，分述他们"华化"的表现。另一种是以"华化"的内容为纲，如学术、宗教、美术等，然后分述"华化"的西域人。后来陈垣选择了第二种方案。我们从《提纲本》和《油印稿本》中可以看出，为了使作品能更好地表达主题，陈垣在写作中对章节的名称、安排，不断进行调整。

第三，搜集材料，"竭泽而渔"。对于陈垣主张搜集材料要"竭泽而渔"，启功有一个解释，说"老师研究某一个问题，特别是作历史考证，最重视占有材料。所谓占有材料，并不是指专门挖掘什么新奇的材料，更不是主张找人所未见的什么珍秘材料，而是说要了解这一问题各个方面有关的材料。尽量搜集，加以考察。在人所共见的平凡书中，发现问题，提出见解。自己常说，在准备材料阶段，要'竭泽而渔'，意思是要不漏掉一条材料。至于用几条，怎么用，即是第二步的事"。陈垣为写《华化考》所搜集的材料，保留在《创作历程》中的有《西域华化考史料》上中下三册、《元西域人华化考余料》一册，《元事杂钞》一册，《赡思遗文》一册，还有若干散页。《华化考》所附的"征引书目"有 220 多种，除正史、方志、杂记、随笔之外，还有各种金石录、元明人的诗文集、画谱、进士录等等。其搜集的材料，可谓"竭泽而渔"。但写成的著作，只有7万多字。

第四，整理考证材料，求真求实。1940年1月，陈垣在致长子乐素的信中说："凡论文必须有新发见，或新解释，方于人有用。第一搜集材料，第二考证及整理材料，第三则连缀成文。"陈垣说："吾人论学求真非求胜也。"因此，他撰写学术论著，以求真求实为根本。对所引用的材料，必须经过考证，证明它是真实的。他常说，写文章就像搞建筑，如果基础不稳固，就像建在沙地上的楼房，楼房再华丽，也站不稳，是经不起考验的。陈垣对《华化考》材料所做的考证，大都采用眉批的形式。陈智超在《〈元西域人华化考〉创作历程》一文中，以郝天挺、泰不华、迺贤三个人为实例，就搜集材料、考证整理材料、连缀成文三个阶段，做了详细的说明。

第五，"连缀成文"，文字要严谨简洁明了，深入浅出、以理服人。陈垣对文风的要求极端严格，字句的精简，逻辑的周密，从来一丝不苟。1961年他在一个讲话中，说"发表的文章，最低要求应当：（1）理要讲清楚，使人心里服；（2）话要讲明白，使人看得懂；（3）闲话不说，或者少说。"著名元史专家杨志玖教授总结陈垣的论著"具有创始性，系统性和可读性三个特色"。他以《华化考》为例，说这是一部对西域人华化在各方面的表现综述无遗的大著，令读者叹为观止。文章结构，语言运用，甚为考究。遣词造句，简洁流畅，无冗句赘语，意达而易解。"文中原始资料与解说语言，浑然一体，天衣无缝，一气呵成，读来琅琅上口，无雕饰之迹，有自然之美，令人百读不厌。此种风格，实颇罕见，姑名之曰'援庵体'。"

陈垣没有专门写过历史研究法之类的文章，但在著作中、在书信中，结合自己的创作实践，提出过一些原则性意见。例如他主张史学论著必须设法减少小注，或改为正文。1946年4月8日在致陈乐素的信中说："我近日作品，为避小注，不论引文、解释、考证、评论，皆作正文。此体将来未知如何，我现在尚在尝试中，未识能成风气否也？且要问注之意义为何，无非是想人明白，恐人误会耳。既是想人明白，何以不作正文？若是无关紧要之言，又何必注？"陈垣的著作，虽然没有采取注的形式，但无一不符合现代学术著作的规范。又例如主张引文可删节，但不能篡改。在《创作历程》一书，陈垣搜集到的许多材料，由书手抄写，其中勾去数段，这是指示书手誊稿时略去此数段。删节后既不损原意又不着痕迹。陈垣为文不喜欢删节号，认为引用时不会抄全篇，当然都是删节的，不衔接的引文，应该分开引用。

第六，文成后请人指摘，反复修改，精益求精。陈垣治学态度谨严，虚怀若谷，写好文章，总要听取各方面的意见。他的学生柴德赓、刘乃和、启功回忆，他写好文章后，要给三种人看：老师辈、朋友辈和学生。柴德赓保留了陈垣写的一些便条，大都是请柴对他的文章提意见的，如："文中砂石甚多，殊不满意，请细为雠勘、讥弹，以便洗刷磨砻，至盼至盼。"又如："考证文最患不明白，令人易于误会，又患有可省不省之字句。关于此两点，希两兄（指皖峰、青峰）为我尽力挑剔，俾得改定，至以为感。"陈垣的著作，多请陈寅恪、胡适、伦明等人指摘。1939 年 1 月 14 日，陈垣在致长子乐素的信中说："前者文成，并就正于伦（明）、胡（适），陈（寅恪）诸公。今诸公散处四方，无由请教，至为遗憾……直谅、多闻之友不易得，当以诚意求之。"陈垣常说："做学问一点也不能骄傲。"

他的著作总是一改再改，精益求精，一般总要多次修改才能定下来。就以《华化考》为例。从 1922 年开始写作，到 1963 年作最后一次修订，相隔 41 年，作过四次修订。从 1922 年 9 月至 1923 年 10 月，历时 13 个月，完成油印稿本。作者把油印稿本分别寄给国内外的一些学者，如王国维、鲁迅、桑原骘藏等批评指正。1923 年 10 月至同年 12 月，作者对油印稿本的前四卷做了修改，包括增补材料，删节内容和修正某些提法，其结果发表在北京大学《国学季刊》第一卷第四号上。第二次修改主要是对油印稿本的后四卷进行修改，其结果发表在 1927 年 12 月《燕京学报》第 2 期上。1934 年冬，第三次修改，并将全书第一次完整地公开出版，并列为《励耘书屋丛刻》第一集第一种。1963 年，作者应中华书局之约，对木刻本又作了修改补充，交出版社拟出版第一个排印本（当时因故未出版，直至 2000 年，陈智超写导读，由上海古籍出版社出版）。关于历次修改情况，陈智超的《〈元西域人华化考〉创作历程》一文作了详细说明。

陈垣对学者们的意见是从善如流的。例如王国维读《华化考》油印稿后，于 1925 年 2 月向作者寄赠有关李珣材料一条，以后周肇祥、英华也告以同一材料。受此启示而联想及李珣之妹李舜弦，能书能画，陈垣增写了《西域妇女华化先导》一节。1934 年将《华化考》上下篇合起来出版木刻本，请陈寅恪作序。陈寅恪除作序之外，也提出一些修改意见，陈垣根据意见做了相应的修改。

以上情况反映了陈垣对作品精益求精，对读者高度负责的精神。

从以上几点，我们可以看出陈垣《华化考》从选题、确定题目、安排章节、搜集材料、考证整理材料、连缀成文、多次修改、不断完善、成为学术经典的全过程，从这里可以悟出历史研究的方法。《创作历程》一书，实有向读者推荐的必要。

原载《中国史研究》2010 年第 2 期。

《陈垣与岭南》序言

　　我知道陈垣先生是一位大史学家，是读大学本科的时候。1959年到1964年，我在南开大学历史系读书（当时的学制是五年）。按当时的大学体制，大学四年级时，系里根据学生的兴趣和志愿分成中国古代史、中国近现代史、世界史三个专门。我对中国古代史有兴趣，选择了这个专门化的课程。其中有一门课程"元史"，由杨志玖先生讲授。杨先生给学生发两种材料：一是关于"元史"的基本史料目录；二是关于"元史"的前人研究论著目录。杨先生要求学生根据这些目录到图书馆找书看，并要求精读一两种基本史料。从第二种材料中，可知陈垣先生有许多关于"元史"的论著。在授课中，杨先生非常景仰陈垣先生，称陈垣先生为"援老""陈援老""援庵先生"，对陈垣先生在元史领域的发明如数家珍，娓娓道来，引人入胜。陈垣先生在《中国青年》1961年第16期发表《谈谈我的一些读书经验》一文，我反复阅读，并把它剪下来，至今还保存在我的大学读书笔记中。1964年大学毕业后，我被分配到中国科学院哲学社会科学部（今中国社会科学院前身）历史研究所工作。1973年又调到中山大学历史系工作。几十年来我的教学和研究兴趣都在先秦、秦汉史以及秦汉考古学，招收的硕士生、博士生也以秦汉史为研究方向。但是陈垣先生在《谈谈我的一些读书经验》中总结出"从目录学入手""要专门读通一些书"的读书方法，始终伴随着我。由于景仰陈垣先生，所以逛书店时，见到陈垣先生的著作和有关他的书，我都毫不犹豫地买下。这样，我的书斋中也藏有一部分陈垣先生的有关资料。

　　1973年我调入中山大学之后，对岭南文化和历史产生了浓厚兴趣。我首先关注的是汉初的"南越国"。经过十多年的研究，于1995年出版了《南越国史》（与黄淼章合作，2008年修订重版）并发表了若干相关论文。2004年广东省委宣传部和广东炎黄文化研究会联合编辑出版《广东历史文化名人丛书》，我是这套丛书的副主编之一。在第一批（10人）入选名人中有陈垣。因我景慕陈垣先生已久，手中也有一些资料，所以，承担了撰写陈垣分册的任务。2005年以《近代之世界学者——陈垣》（15万字）为书名，由广东人民出版社出版。2006年，"二十世纪中国著名科学家书系编著出版委员会"选录了20世纪以来中国高层次的自然科学家、社会科学家、工程科学家百余人，每人一传，以生平为线索，侧重反映科学家的科学生涯和奋斗历程，重点介绍科学家的突出科研成就，充分表现科学家们矢志不渝、追求科学的崇高精神和淡泊名利的人格魅力。陈垣入选这一书系，编委会约请陈垣嫡孙陈智超先生撰写。但陈先生太忙，向编委会推荐我写（陈先生看过我写的《近代之世界学者——陈垣》一书的初稿，并提出过很宝贵的修改意见），于是我和陈智超先生的夫人曾庆瑛教授合作写《中国科学院哲学社会科学部委员陈垣》一书，2008 年由北京金城出版社出版。在此期间，我还为岭南文库编辑委员会、广东中华民族文化促进会合编的"岭南文化知识书系"写过《陈垣》（5 万字），由广东人民出版社出版。

从 2004 年开始，我在"陈垣研究"这个领域摸爬滚打好几年。除了认真阅读陈垣著作之外，还认真查阅了学术界研究陈垣的论著。北京师范大学陈垣研究室和陈垣后人陈智超先生在整理陈垣先生遗著和研究他的生平、学术、教育和交往方面做了大量工作，取得许多重要成果。据不完全统计，陈垣先生逝世后，全国出版的研究陈垣的学术著作有十数种，发表的论文有 200 多篇。这些论著，我能找到的都拜读过，吸收这些成果，使陈垣先生的生平事迹、史学成就、学术思想、教育业绩和爱国精神比较清晰地呈现在我的脑海里。"高山仰止，景行行止。"2009 年我产生了在中山大学召开一次关于陈垣先生研讨会的想法。我这个想法基于以下原因：（1）陈垣先生的学术成就及治史方法，沾溉后世是历久而不衰的。研究历史，不管侧重哪一朝代，或某个专史，陈垣先生的治史方法都是有用的；其追求科学的崇高精神和淡泊名利的人格魅力，都是值得景仰的。（2）陈垣先生 33 岁以前在广东生活和工作。而他的这段历史，是学界研究的一个薄弱环节。要发动岭南学者去研究，研讨会是一个最佳方案。（3）陈垣先生定居北京以后，在京的粤籍学者，因为地缘、乡情的关系，他们的交往多以陈垣先生为中心。研究清楚这些关系，对全方位地认识陈垣先生是十分重要的。（4）中山大学与陈垣先生有很深的渊源。1908 年他与友人一起创办的广东光华医学专门学校，即中山医科大学的前身之一。陈垣先生与中山大学的著名学者，如陈寅恪、岑仲勉等学缘深厚，有必要深入探讨。我把这些想法向广东炎黄文化研究会会长会议作了汇报，得到了会长们的赞同。我又向中山大学副校长陈春声教授汇报，他也表示支持。2010 年是陈垣先生诞辰 130 周年，我把这些想法跟陈智超先生谈了，他十分高兴，并表示要来参加会议。就这样，中山大学与以宣传弘扬岭南文化为宗旨的广东炎黄文化研究会联合举办的"纪念陈垣先生诞生 130 周年学术研讨会"，于 2010 年 11 月 21 日在中山大学召开。关于这次会议的情况，请参阅《陈垣与岭南》中景圆斋《"纪念陈垣先生诞生 130 周年学术研讨会"综述》一文。

这本《陈垣与岭南》就是这次会议的论文选集。定名为"陈垣与岭南"有两层意思：一是陈垣为广东新会人，33 岁以前，生活工作在岭南。清末民初岭南的学术环境和社会风气对陈垣一生的学术成就和民族气节、家国情怀有深刻影响。陈垣在许多著作中都署名"新会陈垣"，在一些忆乡诗中表达了他对岭南生活的怀恋。"陈垣与岭南"既表达了陈垣与岭南的渊源关系，也承载着岭南学人对陈垣的景仰。二是此书有相当多的内容是探讨陈垣与岭南关系的，这也是这次会议的特色之一。

这次会议能够顺利召开，并能很快结集出版论文集，首先要感谢中山大学副校长陈春声教授，原广州市副市长、广东炎黄文化研究会执行会长戴治国先生和常务副会长张磊研究员的大力支持。其次要感谢提供论文的作者，是他们的较高水平的论文为会议增光添彩。还要感谢中山大学历史学系主任吴义雄教授、副主任曹家启（齐）教授、历史学系总支书记陈树良同志，他们提供了良好的学术会议环境和会议服务工作。广东炎黄文化研究会办公室诸位同仁也为会议做了许多工作。

还要特别感谢中国社会科学院历史所研究员、陈垣嫡孙陈智超先生及夫人曾庆瑛教授，他们不远千里应邀从北京赴广州开会，而且从会议的筹备到论文集的出版都提出过许多宝贵意见。中山大学历史学系蔡鸿生教授始终关注会议的召开和论文集的出版，也要衷心感谢。历史学系博士生石声伟为论文集的前期编辑做了许多工作，中国社会科学出版社总编辑赵剑英先生和责任编辑郭媛女士精心编辑，也特此表示由衷谢意。

此书存在的不足和缺点，敬请读者不吝指正。

2011 年 3 月 23 日于中山大学康乐园

原载《陈垣与岭南——纪念陈垣先生诞生 130 周年学术研讨会论文集》，中国社会科学出版社 2011 年版。

二十世纪中国历史学的一座丰碑

——《陈垣全集》读后

一、 概述

2009 年 12 月，安徽大学出版社出版了陈智超主编的《陈垣全集》（以下简称《全集》）。《全集》将近一千万字，分 23 册。今把各册目录列下。第一册：早年文；第二册：元也里可温教考、开封一赐乐业教考、火祆教入中国考、摩尼教入中国考、元西域人华化考、宗教史论文；第三册：四库书目考异；第四册：中西回史日历（上）；第五册：中西回史日历（下）；第六册：二十史朔闰表；第七册：史讳举例、校勘学释例、吴渔山年谱、旧五代史辑本发覆、历史文献学论文、杂著；第八册：敦煌劫余录（上）；第九册：敦煌劫余录（下）；第十册：元典章校补；第十一册：元秘史音译类纂（上）；第十二册：元秘史音译类纂（下）、元秘史校记、元秘史译音用字考；第十三册：廿二史札记批注、廿二史札记考正；第十四册：日知录校注（上）；第十五册：日知录校注（中）；第十六册：日知录校注（下）；第十七册：释氏疑年录、中国佛教史籍概论；第十八册：明季滇黔佛教考、清初僧诤记、南宋初河北新道教考；第十九册：鲒埼亭集批注（上）；第二十册：鲒埼亭集批注（下）；第二十一册：通鉴胡注表微；第二十二册：文稿、批注本（中国历史研究法批注、西游录批注、墨井集批注、辩伪录批注、困学碎金批注）、教材、诗稿、新中国成立后重要讲话文章；第二十三册：书信、附陈垣简谱。从目录看，半数以上内容为陈垣生前未公开发表过的。

陈垣（1880—1971），字援庵，广东新会人，是 20 世纪一代史学宗师，大教育家，还是一位炽热的爱国者。他得享高寿，研究成果丰硕，涉及方面广泛，所以，整理、出版他的《全集》是一项十分浩大的系统工程。编辑整理小组和出版社通力合作，经过五年的努力，终于按编辑小组确立的全面、权威、高质的目标完成任务。《陈垣全集》就编辑而言，有几点是值得称道的。

第一，选录全面合理。"《全集》的'全'主要是指全面。所谓全面，纵的方面，尽可能反映他从少年、青年到老年的一生；横的方面，尽可能反映他一生的各个方面。"①

但全面中还有重点，重点就是他的史学、教育与爱国精神。从上述 23 册的目录中可以看出，《全集》充分反映了陈垣在这三个方面留给我们的重要遗产。

第二，整理、校对认真负责，印制精良。整理近一千万字的遗著，工作量是非常大的。既要保持著作的原貌，又要方便读者利用，整理者费尽心思，想了许多办法。主要做了以下工作：（一）对已刊的著作，原则上保持原样，只有少数著作，为了保持全书体例的统一，在版式上作了调整；所有著作，采用最后出版的增订本或校订本；所有引文都做了核对。（二）对生前未出版的著作，整理工作量特别大，特别对《日知录校注》《元秘史音译类纂》等的整理，很方便读者的利用。（三）收入七个"批注本"，过录了全部批注，工作量也很大。这是陈垣史学遗产的重要组成部分。（四）书信。上世纪 90 年代陈智超编注的《陈垣来往书信集》一书，收陈垣致他人书信 375 封，这次《全集》新增收陈垣致他人书信 467 封，另有陈垣批复家书 125 封。这样《全集》收入陈垣致他人书信 967 封。每通书信都作了释文，加标点符号，尽量考定写信时间，对收信者做了简介，对书信内容也做了必要的注释。

《全集》的每一种校样，整理小组与出版社平行校对，一般校对两三次，多者四五次。可见校对的认真负责。全书印制精良。

特别需要指出的是，为了保证《全集》的质量，除编辑整理小组和出版社之外，还请了一些专家学者、博士研究生协助整理、校对。

第三，内容编次适当实用。"全集的编次可采取三种方式：编年、分类、分体。《陈垣全集》所收的内容，时间长、范围广、数量大，单单采取上述三种方式的任何一种都不合适。我们编次的原则，是以他的主要史学著作为主干，兼采上述三种方式。为此，我们将《全集》分为三十七个单元。杂著、小的批注本、教材、新中国成立后的讲话文章、诗稿、书信，在体裁或内容上都有相对独立性，各自作一单元。早年文章、宗教史论文、历史文献学论文、有关《元秘史》的三部著作、有关《四库全书》的几种论著，在内容上各有特点，也各自作为一单元。除了书文稿、小的批注本、教材、新中国成立后的讲话文章、诗稿、书信置于《全集》的后部外，其他各单元与他的主要史学著作一起，大致按时间先后分册编排。这样既可以看到援庵先生思想和学术发展的脉络，内容相关的论著也相对集中。"② 这样编次，我认为比较适当，也方便读者查阅，具有实用性。

陈垣是一位世界级的历史学者，在国内外享有崇高声誉，为世人所敬仰。《陈垣全集》的出版，为我们学习、研究陈垣的生平、思想、学术、治学方法以

① 《陈垣全集》第一册，安徽大学出版社 2009 年版，"主编者语"，第 5 页。

② 《陈垣全集》第一册，"主编者语"，第 11 - 12 页。

及总结中国 20 世纪的史学成就等提供了方便。《陈垣全集》是中华民族历史文化的一笔宝贵财富。

二、 20 世纪中国历史学的一座丰碑

为什么说《陈垣全集》是 20 世纪中国历史学的一座丰碑呢?

(一) 陈垣在中国近代实证史学中有许多重要建树

20 世纪是中国传统史学向近代史学转变的时期,中国史学近代化的重要标志之一,就是创立了近代实证史学。中国近代实证史学的开创者是王国维。[1] 王国维继承了乾嘉学者无征不信的 "实事求是" 的优良传统,又吸收了近代西方史学的观念和方法,创立了中国近代的实证史学。王国维治史的基本思想是,打破中西古今之隔,"兼通世界之学术"。他说:"异日发明光大我国之学术者,必在兼通世界学术之人,而不在一孔之陋儒,固可决也。"他打破正统观念和门户之见,提倡 "自由研究",说 "今日之时代,已入研究自由之时代,而非教权专制之时代"。[2] 他强调 "以事实决事实",说 "吾侪当以事实决事实,而不当以后世之理论决事实,此又今日为学者之所当然也"[3],并创立了 "二重证据法"。

胡适在近代实证史学建立过程中起了重要作用,有学者认为他是为实证史学提供理论、方法的依据。[4] 胡适极力提倡和鼓吹杜威的实验主义方法论,认为中国人太缺乏 "科学" 的观念和方法,必须用科学的方法重新整理国故。他认为实验主义就是科学的方法,主要有两个方面:一是源于物理学、化学研究的 "科学试验室的态度";二是古生物学、地质学研究的 "历史的态度"。胡适还把这种方法论原则运用于中国文学史、中国哲学史、中国历史的研究。胡适的影响主要并不表现在具体的学术成就上,而是表现在实证史学模式的建立上。有学者认为,由于胡适对实验主义方法的鼓吹和提倡,实证史学才成为 "五四以后史学上的一个主流"[5]。

实证史学,"实证的" (positive) 在西方语言中的原义是指可以在经验中观察到的无可置疑的事实。所以,实证史学的特征是: (1) 认为历史学完全可以成为如同自然科学那样严谨的实证科学; (2) 史学的任务就是史料的搜集、校

① 林甘泉:《20 世纪的中国历史学》,载《历史研究》1996 年第 2 期。

② 王国维:《奏定经学科大学文学科大学章程书后》,见《王国维遗书》第 5 册,上海古籍书店 1983 年版。

③ 刘寅生、袁光英编:《王国维全集·书信》,中华书局 1984 年版,第 46 页。

④ 张书学:《中国现代史学思潮研究》,湖南教育出版社 1998 年版,第 25 页。

⑤ 张书学:《中国现代史学思潮研究》,第 26 页。

勘、辨伪、整理和考订，对史料"存而不补""证而不疏"，反对疏通和解释；（3）主张研究历史的目的在于求真，以"博学""考证"和"专题研究"在各自的领域里精耕细作；（4）在研究方法上主张"二重证据法"。实证史学在中国近代史学中占有重要地位，产生了一批著名的实证史学家和具有实证史学特征的史学名著。陈垣就是实证史学的倡导者，并且在实证史学研究中是成绩卓著的一位名家。其成就可分几个方面。

陈垣是宗教史研究的开拓者。1917 年发表《元也里可温考》之后，1919 年写成《开封一赐乐业教考》，1922 年发表《火祆教入中国考》，1923 年发表《摩尼教入中国考》。陈垣以科学的方法复原了这四种古教在中国兴衰的历史，把对四种古教的研究提高到一个新的水平。陈垣对基督教、佛教、回教、道教等宗教都有精湛的研究。在陈垣学术成就总量中，宗教史研究占比较大的比重。除几种专著之外，《全集》收入宗教史全部论文。陈垣研究宗教史是把宗教作为一种历史现象、社会现象，着重研究它的流传以及与政治、文化、经济的关系，而不是研究它的教义。他对材料搜罗齐全，叙述力求符合历史事实，是实证史学的范例。这些著作是留给我们的具有很高学术价值的宗教史著作。

关于元代历史的研究。陈垣 1924 年写成《元西域人华化考》专著，这是陈垣早年最为满意的著作，发表后在中外学术界引起巨大的轰动。蔡元培称此书为"石破天惊"之作。日本著名汉学家桑原骘藏在书评中说："陈垣氏为现在支那史学者中，尤为有价值之学者也。"1935 年陈寅恪为此书重刊作序说，"新会陈援庵先生之书尤为中外学人所推服。盖先生之精思博识，吾国学者，自钱晓徵以来，未之有也"，"至于先生是书之材料丰实，条理明辨，分析与综合二者极具工力"。"然则是书之重刊流布，关系吾国学术风气之转移者至大，岂仅局于元代西域人华化之一事而已哉？"

陈垣 1931 年写成《沈刻元典章校补》。《元典章》是编集元朝廷所发表的有关典章制度的文献，史料价值甚高，为治元史所必备的文献。但当时通行的沈家本刻本，错误很多，不便使用。陈垣选取沈刻本为底本，根据故宫所藏之刻本及四种旧抄书精心校勘，校出沈刻本讹误、衍脱、颠倒、妄改等各种错误 12000 余条，据此写成《沈刻元典章校补》十卷，使之成为利用沈刻《元典章》者必备之书。

1933 年写成《元秘史译音用字考》。这部著作分量不大，但作者下的功夫很深。多年来，他搜集了《元秘史》的各种版本，考察了它的源流，断定了它由蒙语译为汉语的年代，并找出它的译音用字的规律。他搜集并编制了数十万字的资料，最后写成一万多字的著作。著名学者冯承钧非常佩服他的"用力之勤"及"别人所无的细密方法"。《陈垣全集》还收入了陈垣生前没有发表过的《元秘史音译类纂》和《元秘史校记》以及相关论文。著名元史专家杨志玖总结陈垣的元史研究说："它具有创始性、系统性和可读性三个特点。"①

关于历史年代学、避讳学、校勘学的研究。关于历史年代学的研究，陈垣有两部书问世，即《中西回史日历》和《二十史朔闰表》（以下简称《日历》和《朔闰表》）。陈垣研究古宗教时，常常遇到中西回历对比问题。如果不了解这三种历法的差异，则在历史记载的运用上必然会出现很多错误。为了今后考史的人工作方便，陈垣决心写了一本两千年的历表，表中包括中、西、回三历。两书编著极艰巨，《朔闰表》的编排，列出又改，编好又换，反复推敲，精心裁取；《日历》则"稿凡五易，时阅四年"。这两部书是中国近代历表编制的创举，不仅为两千年来中、西、回三种历法提供了可靠的换算工具，而且使中国近代史学研究由传统走上科学。

避讳是我国古时特有的现象。辛亥革命以前，凡文字都不得触犯当代帝王或所尊者的名字，必须用其他方法来回避。古人叙述历史或抄刻古书的时候，为了避讳，甚至把历史上的人名、地名、官名、书名、年号等等都改掉。不懂避讳，读古书往往会发生疑难和混乱。但反过来，由于各个时代避讳的字不同，可以把讳字作为时代的标志。掌握了避讳的规律，就可以利用它来"解释古文书之疑滞，辨别古文书之真伪及时代"。陈垣根据他多年读书的经验及搜集的历代避讳资料，总结了避讳的规律，1928 年写成《史讳举例》一书，"意欲为避讳史一总结束，而使考史者多一门路一钥匙也"②。

校勘学也是历史学的一门辅助学科。陈垣在北京各高校开校勘学课，以《沈刻元典章校补》一书为教材，并从中提炼、分类和说明，撰写《元典章校补释例》六卷（1959 年重版时更名《校勘学释例》）。他提出"校法四例"：对校法、本校法、他校法、理校法。他把过去校勘的零散经验提高到规律性的高度，使校勘学真正成为一门学问。

陈垣的上述著作都是实证史学的典范，为中外学人如伯希和、桑原骘藏、陈寅恪、胡适、傅斯年等所推崇，有的成为学术经典，流芳百世。其作用正如陈寅恪所言"关系吾国学术风气之转移"。

（二）陈垣把史学"通史以致用"的功能发挥得淋漓尽致

历史学的功能是什么，是史学的一个前沿课题。我国古代无专门讲政治、经济诸学的书，一切治国理民之道，均载于史书，所以司马迁著《太史公书》要"通古今之变"，司马光著书，宋英宗赐名《资治通鉴》，皆表明鉴戒的宗旨。史

---

① 陈智超编：《励耘书屋问学记》（增订本），生活·读书·新知三联书店 2006 年版，第 171 – 172 页。

② 《史讳举例·序》，《陈垣全集》第 7 册，第 4 页。

学足以经世致用，唐杜佑，宋司马光、李焘、徐天麟、李心传、王应麟、马端临以至清初顾炎武、黄宗羲、王夫之等人将其发挥得十分尽致。

全面抗日战争的八年是陈垣史学创作的一个高潮，先后写成专著《明季滇黔佛教考》《南宋初河北新道教考》《中国佛教史籍概论》《清初僧诤记》《通鉴胡注表微》，并有《旧五代史辑本发覆》和论文《明末殉国者陈于阶传》。这些著作体现了陈垣在中华民族生死存亡关头，自觉地用自己的学术研究工作为民族抗战事业服务的思想境界，是他坚持民族气节、发扬爱国精神的集中表现。这些著作不仅都是足以流传后世的学术名著，而且闪耀着爱国主义思想的时代光辉。其中《明季滇黔佛教考》和《通鉴胡注表微》最能代表他这一时期的风格。

《明季滇黔佛教考》重点在"遗民多逃禅"及"僧徒之外学"。僧徒于教外之学作诗，撰文，挥毫书法，泼墨绘画，以儒雅情趣见其志向和故国情怀。"明季遗民多逃禅，示不仕决心也。"1957 年，陈垣在"重印后记"中说："此书作于抗日战争时，所言虽系明季滇黔佛教之盛，遗民逃禅之众，及僧徒拓殖本领，其实所欲表彰者乃明末遗民之爱国精神、民族气节，不徒佛教史迹而已。"① 沈兼士读了此书之后，写了一首诗，其中两句是："傲骨撑天地，奇文泣鬼神。"一部学术著作在当时引起这样的反响，而且至今一再重印，反映了它的学术生命力。为什么能如此？第一，作品所发扬的精神是先人的宝贵遗产，将会激励后人不断前进。他所鞭策的一些丑恶现象仍然会在新的条件下复活。第二，著作建立在可靠的事实基础上，经得起时间的考验。陈垣一直强调"史贵求真"，"为学求真非求胜"。建立在"实事求是"基础上的著作是不朽的。

《通鉴胡注表微》是抗战时期陈垣的最后一本专著。胡三省生于南宋理宗绍定三年（1230），死于元大德六年（1302）。南宋亡后，入元不仕，隐居山中注书，很少与外界来往。因为他曾亲眼看到宋朝的腐败，亲身经历了南宋的灭亡，又身处异族统治之下，心情悲愤异常，所以在《通鉴》注释里隐晦地流露出他的民族气节和爱国心情。这一思想长期以来未被后世治史者注意，《宋史》《元史》都没有留下他的传记。陈垣在 1957 年"重印后记"中说："这样一位爱国史学家是在长时期里被埋没着，从来就没有人给他写过传记。……他究竟为什么注《通鉴》？用意何在？从没有人注意，更没有人研究。""我写《胡注表微》的时候，正当敌人统治着北京；人民在极端黑暗中过活，汉奸更依阿苟容，助纣为虐。同人同学屡次遭受迫害，我自己更是时时受到威胁，精神异常痛苦，阅读胡注，体会了他当日的心情，慨叹彼此的遭遇，忍不住流泪，甚至痛哭。因此决心对胡三省的生平、处境，以及他为什么注《通鉴》和用什么方法来表达他自己

---

① 《陈垣全集》第 18 册，第 295 页。

的意志等，作了全面的研究，用三年时间写成《通鉴胡注表微》二十篇。"①《通鉴胡注表微》充分体现了陈垣通史以经世致用的思想，是他坚持民族气节、爱国情怀的历史篇章，是他"学识的记里碑"。他在致友人的信中说："九一八以前，为同学讲嘉定钱氏之学，九一八以后，世变日亟，乃改顾氏《日知录》，注意事功，以为经世之学在是矣。北京沦陷后，北方士气萎靡，乃讲全谢山之学以振之。谢山排斥降人，激发故国思想。所有《辑覆》《佛考》《诤记》《道考》《表微》等皆此时作品，以为报国之道止此矣。所著已刊都数十万言，言道、言僧、言史、言考据，皆托词，其实斥汉奸、斥日寇、责当政耳"。② 陈垣把通史以致用的史学功能发挥得淋漓尽致。何谓致用，陈垣在该书中说"陈古证今"是致用，"劝戒为史家之大用"，"导人以忠孝"是致用。反过来，"有闻必录"不一定致用。他说："史贵求真，然有时不必过泥。凡事足以伤民族之感情，失国家之体统者，不载不失为真也。"他在给杨树达的信中说："国难中曾著宗教三书（指《佛考》《诤记》《道考》），皆外蒙考据宗教史之皮，而提倡民族不屈之精神者也。"③ 陈垣在抗战时期，出色地完成了一名中国史学家的责任。陈垣这时期的史学，可称为"抗战史学"。

（三）陈垣对历史文献学的贡献可示来者以轨则

中国历史文献学，就是对我国历史上的各类文献进行注释、著录、校勘、辨伪、辑佚等的一门专科之学。陈垣一生的著作，关于中国历史文献学的占了相当大的比重。生前已刊的有《中西回史日历》《二十史朔闰表》《敦煌劫余录》《元典章校补》《校勘学释例》《史讳举例》《释氏疑年录》《中国佛教史籍概论》等专著。《全集》收入陈垣生前未刊的有《四库书目考异》《元秘史音译类纂》《元秘史校记》《廿二史札记批注》《廿二史札记考正》《日知录校注》《鲒埼亭集批注》《中国历史研究法批注》《西游录批注》《墨井集批注》《辩伪录批注》《困学碎金批注》等。还收入历史文献学论文95篇。

陈垣对《四库全书》的整理、研究贡献是巨大的。他是全面调查研究《四库全书》的第一人。除调查、阅读文津阁的《四库全书》之外，还在故宫摛藻堂发现尘封多年的《四库全书荟要》，并特意留影纪念。《陈垣全集》收入陈垣研究《四库全书》的论著有《四库书目考异》（第三册）以及《编纂四库全书始末》《检查文津阁书页数简章》《文津阁四库全书册数页数表》《四库全书中过万页书》《大唐西域记之四库底本》《四库撤出书原委》《书于文襄论四库全书手札

---

① 陈垣著，陈智超主编：《陈垣全集》第21册，安徽大学出版社2009年版，第403页。

② 陈垣著，陈智超主编：《陈垣全集》第23册，安徽大学出版社2009年版，第337页。

③ 陈垣著，陈智超主编：《陈垣全集》第23册，安徽大学出版社2009年版，第328页。

后》《景印四库全书未刊本草目签注》《四库提要中之周亮工》《再跋于文襄论四库全书手札》等十文（第七册）。

陈垣对《四库全书》整理、研究的贡献主要表现在下列方面。

第一，《全集》第一次收入《四库书目考异》（四卷）。这是20世纪20年代初全面检查文津阁《四库全书》之后所作。该书把《四库全书》每书的书名、时代、作者、卷数逐条记录，对与《总目》《简目》等所载有异者逐条加按语说明，并记载各书函、册、页数，所在书架架数、层次位置。后附经、史、子、集四部各类、属之书的部、卷、册、页的小计。凡见于《四库全书荟要》者，书名上加○；凡辑于《永乐大典》本者，书名上加●。编纂方法科学，设计合理，条理分明，脉络清楚，一目了然。这是对抄成后的《四库全书》第一次全面清点检查，为后人使用《四库全书》提供方便。

第二，查清了《四库全书》的基本数字。统计的结果：《四库》收书共3461种，99309卷；存目6793种，93551卷。全书共2290916页，分装成36275册，总字数99700万。过万页之书31部，页数最多、部头最大者是《佩文韵府》，444卷，28027页；第二名是《册府元龟》，1000卷，27269页。这一基本统计为人们认识《四库全书》提供了方便。

第三，《编纂四库全书始末》一文，第一次将编修《四库全书》全过程做了简明扼要的记载。《四库全书》是如何编成的？虽有零星记载，但并没有系统的材料，人们并不清楚编纂全过程。此文采用编年体例，以事系年，逐年逐目编例，记述了乾隆三十七年（1722）到五十七年（1792）《四库全书》的编纂始末。从此文我们得知修书者前后约有900多人，乾隆第六子永瑢等八人为总裁，纪昀、陆锡熊、孙士毅任总纂修者，邵晋涵、周永年、余集、戴震、杨昌霖等任校勘。《四库全书》采入书本有敕撰本、内府本、《永乐大典》本、各省采进本、私人进献本和通行本等六种。《四库》抄成七部，建七阁分藏等等。

第四，考证《四库全书》撤出书原委。《四库撤出书原委》是1928年陈垣致余嘉锡的信。他根据乾隆宫廷档案，考出周亮工等人的书被撤出的原因。因书中有被清廷视为"违碍"之句，或有"猥亵"之疑，故被撤出。被撤出的书共有11种之多。又在《四库提要中之周亮工》一文中说："周亮工著述，四库全书著录五种，存目三种。""乾隆五十二年，覆勘四库全书，……亮工著述之已著录及存目者一律扣除，已刻提要之有亮工名者亦一律抽改。"

第五，对于文襄论《四库全书》手札的研究。于文襄即于敏中，《四库》总裁之一，他曾写信给《四库》总纂修之一的陆锡熊，论《四库全书》前后56通，附函5件，手札有日月，但无年代。1933年《北平图书馆馆刊》刊载《于文襄手札》时，只以日、月的次序，故事实多倒置。陈垣根据手札用信笺、内容及所书月、日，考出这些信写于乾隆三十八年（1773）至四十一年（1776），

"故此诸函前后亘四年"。纠正了原刊本的错误，可见陈垣考证之功力。

陈垣认为，这些信件非常重要，说修《四库全书》的材料很详细，好多官方文书都赶不上。从这些信件中知道，于敏中在修书过程中，发出指示，"密授机宜，不徒画诺而已"。又曰："统观诸札，办书要旨：第一求速，故不能不草率；第二求无碍，故不能不有所删改；第三求进呈本字画无讹误，故呈本以外，讹误遂不可问。敏中亦深知其弊，故其奉办《日下旧闻考》附函有曰'此书私办更胜于官办'；六月十一日函亦曰'欲将《玉海》校正，别行刊板，不由官办更妥'。然则世之震惊四库全书者可以不必矣。"统观信札，于敏中对《四库全书》的评价是正确的。

第六，对《四库全书》整理与刊行的意见。1920 年，有重印《四库全书》之议，因款项巨大，未能实现。1924—1925 年，教育部有两次议印之举，计划具在，因故未果。1933 年又有选印《四库全书》之议。教育部函请陈垣等 15 人为"编订四库全书未刊珍本目录委员会"委员，编写《四库全书未刊珍本目录》，选书 231 种，于 1935 年由商务印书馆印成发行。这次影印四库全书未刊珍本，陈垣之功不可没。陈垣写《影印四库全书未刊本草目签注》，对《四库》整理和刊行提出了十分重要的意见。经陈垣"签注"，有 52 种书"均应剔出，可省二万二千四百八十一页。此外已有刊本应剔出者尚多，应俟公同订定"①。8 月 21 日陈垣致信时任教育部长的王世杰说："承以编订四库全书未刊本目录事见委……乞即博采众说，将共认为未见刊本之书先行付印，庶得早日观成，至以为幸。"② 陈垣的这些意见基本被采纳。早在 1925 年，商务印书馆负责人李宣龚在准备影印文津阁本《四库全书》时，致信陈垣说："敝馆承印《四库全书》事，屡承指导，铭感不谖。且文津阁一书，原为我公平日所整理者，一切简帙，秩然有序，尤堪征信。……俟全书运沪之后，拟请执事莅沪一游，共商绦絷。辱蒙允许，此不独敝馆之荣幸，异日书成，揭橥得当，必更有餍海内士之望者，则皆我公之赐也。"③ 从这里可以看出学术界、文化界对陈垣《四库全书》研究的承认与推崇。

陈垣对中国史料的整理发表过很好的意见。1929 年 5 月 27 日在燕京大学现代文化班作《中国史料急待整理》的讲演，翁独健笔述。记录稿经作者修改补

---

① 以上论述参阅《陈垣全集》第 3 册、第 7 册，第 467 - 526 页；刘国恩《陈垣先生〈四库全书〉研究述论》，载《纪念陈垣校长诞生 110 周年学术论文集》，北京师范大学出版社 1990 年版，第 150 - 164 页；刘乃和《陈垣对〈四库全书〉研究的贡献》，载氏著《历史文献研究论丛》，广西师范大学出版社 1998 年版，第 285 - 295 页。

② 陈垣著，陈智超主编：《陈垣全集》第 23 册，安徽大学出版社 2009 年版，第 179 页。

③ 陈智超编注：《陈垣来往书信集》（增订本），生活·读书·新知三联书店 2010 年版，第 269 页。

充后，题目改为《中国史料的整理》，发表于《史学年报》第 1 期。此文首先提出整理史料的重要性，史料要整理，"理由是很简单的：人类的寿命有限，史料的增加却是无穷"，"我们若不是想法子先把中国的史料整理起来，就不免要兴庄子的'吾生也有涯，而知也无涯，以有涯随无涯殆已'之叹了"。"我们若是自己不来整理，恐怕不久后，……而外人却越俎代庖来替我们整理了，那才是我们的大耻辱呢！"其次谈中国史料整理的方法，主要讲史籍的整理和档案的整理。关于史籍的整理，他提出八条方法。

（1）书籍翻印的改良。"现在我们要整理史料，第一步的工作便是有翻印旧书的时候，最低限度，要将旧书点句，能分段分节，加以标点符号更佳。""点句分段就是使人节省精力时光的一种方法。"

（2）类书工具书的改良。现有的工具书，如《历代地理韵编》《纪元编》《说文通检》《读书记数略》等都有许多缺点和不足，不便使用，必须改良。"中国的工具书无论在编制方面，排列方面都应加改良的，要做到小学生都能利用才行。"

（3）书籍装订的改良。他以《全唐文》为例，使用十分不便，"倘若能够把总目录和每卷的目录统通集合起来另订成册，并且装套时无连上连下弊，那么检查《全唐文》的人不是要便利了许多吗？"

（4）笔记的整理。唐宋以来，笔记著作日多一日，笔记"是绝好的社会史风俗史的资料"。但笔记非常难读，为方便读者使用，"笔记题目的整理是非常必要的；要把所有的笔记，无目录的加目录，有目录的加总目，有总目的编为索引，使后来要从笔记里寻找任何材料的都可以一目了然"。

（5）文集的整理。中国文集在所有书籍中占最多数，"所以我以为倘若我们有了一部完整的所有文集的总目录或索引，对于我们研究学问一定大有帮助"。

（6）群书篇目汇纂。"群书篇目汇纂是想把所有重要书籍的篇目按类编一部总目，使人一检即知某书的内容。"

（7）重要书籍索引。这种索引"是以书做单位，把每一部重要书籍的内容凡是有名可治的都编成索引，使检查欲知某事某物系在某书之某卷某篇，皆能由索引内一索即得"。有了索引，"学者研究学问时间极省而效能极高"。

（8）分类专题编集。"以题做单位，然后将群书中所有有关的材料统通都编集在一起，使后来研究的人不用再费时去搜集。"关于档案的整理，陈垣也提出分类、分年、分部、分省、分人、分事、摘由、编目八种方法。最后陈垣总结，"倘若能够依着这种方法整理下去"，"我们的寿命虽不加长，也不难窥见中国史料的全豹了"。"把我们的史料整理起来，多做机械的工夫，笨的工夫，那就可以一人劳而万人逸，一时劳而多时逸了。"① 陈垣 80 多年前在这篇文章中所提出的整理史料和整理档案的方法，至今还是我们工作的圭臬。可见其沾溉之广大。

陈垣对《册府元龟》和《旧五代史》的研究，也是我们整理古籍的一面镜子。陈垣著有《旧五代史辑本发覆》，《全集》中还收入《以册府校薛史计划》《旧五代史作业题》《旧五代史札记》《为册府错简事复傅沅叔先生》《册府元龟五二〇下倪若水等四则文义不属显有错简应用何书何法校正之》《影印明本册府元龟序》《旧五代史辑本引书卷数多误例》《标点旧五代史问题》等文。②

《册府元龟》是宋代的一部大型史料分类汇编，所收资料相当丰富，史料价值较高。

陈垣在《影印明本册府元龟序》中说："册府材料丰富，自上古到五代，按人事人物，分门编纂，凡一千一百余门，概括全部十七史。其所见史，又皆北宋以前古本，故可以校史，亦可补史。"③ 陈垣以《册府元龟》补《魏书》缺页，就是显例。

《魏书》写本自唐朝以来就已有残缺。北宋由刘攽、刘恕、范祖禹等修补、校勘，始有刻本。经战乱之后，刻本又有残缺。南宋时收拾补缀，在四川眉山将此书与其他六本书合刻，称"眉山七史本"，即今所谓"宋蜀大字本"。明、清两代所刻《魏书》，皆出自此本。1935 年涵芬楼影印百衲本廿四史时，所用《魏书》即眉山本。但此本仍缺三页，无法补足。即卷一〇八之四《礼志》四、卷一〇九《乐志》及卷一一一《刑罚志》各缺一页。《乐志》缺页，殿本注"缺一页"，因有此三字注，故缺页向为人注意。但此缺页亡佚八百年，乾隆中卢文弨据《通典》补了 16 个字。1941 年，陈垣将其前后文内容仔细分析，用《册府元龟》卷五六七，及《通典》卷一四三历代制造后魏条，把此缺页补全，共 316 字。陈垣嘱启功仿《魏书》原刻本字体，将缺页补抄，栏格与原书一致，字体秀美。陈垣后印若干份，急寄涵芬楼主人，并分赠藏有百衲本廿四史师友、学生，各地藏有百衲本廿四史者，纷纷来信索要，以补全书之缺。

1944 年再版重印百衲本廿四史时，已按励耘书屋抄页影印插入全书。《魏书》增补此页后，天衣无缝，极为美观。《礼志》和《刑罚志》缺页二处，中华书局点校本，皆已用《册府元龟》补上。《礼志》据《册府元龟》卷五八一，共补 315 字。《刑罚志》据《册府元龟》卷六一五，共补 319 字。从此《魏书》三

---

① 以上引文见陈垣著，陈智超主编：《陈垣全集》第 7 册，安徽大学出版社 2009 年版，第 455－464 页。

② 陈垣著，陈智超主编：《陈垣全集》第 7 册，安徽大学出版社 2009 年版，第 393－453 页，第 582－618 页。

③ 陈垣著，陈智超主编：《陈垣全集》第 7 册，安徽大学出版社 2009 年版，第 590－591 页。

缺页完全补齐。①

由此可见，陈垣对历史文献学的贡献是陈垣史学遗产中重要组成部分，也是20世纪中国历史学的重要华章。其方法可示来者以轨则。

（四）陈垣的治史方法是一笔宝贵的精神财富

一门科学有它特定的研究对象和研究方法，历史科学也不例外。20世纪是中国传统史学逐渐走向近代化的时代。中国史学走向近代化的过程中，学者们始终关注着历史研究的方法，梁启超、胡适等都有史学方法论的著作闻世。怎样才能掌握历史研究的方法，这固然是一个理论问题，也是一个实践问题。20世纪以来，中国造就了众多史学大家，产生了许多史学名著、学术经典。我们从史学大家的学术成就中，总结历史研究方法，是十分有意义的。

陈垣是一代史学宗师，靠自学成材，自有他的治史方法。他没有专门讲史学方法的著作，但《全集》收入他许多教材、谈话、书信等，我们学习他的著作，结合他几十年史学研究的实践，试将他治史的方法归纳为以下几点。

第一，选择研究课题要有学术前沿意识，具有社会意义和学术价值。

陈垣20世纪二三十年代写的"古教四考"（《元也里可温教考》《开封一赐乐业教考》《火祆教入中国考》《摩尼教入中国考》）就是国际学术前沿课题。这四种古教在西方都有学者研究，如沙畹、伯希和等都取得一定的成绩。② 近代中国，"生产落后，百业凋零，科学建设，方之异国，殆无足言；若乃一线未斩唯在学术"。③ 当时中国自己的学术不如西方，令不少中国学人引以为耻，陈垣感受最强烈。他曾对胡适说："汉学正统此时在西京呢？还是在巴黎？"两人"相对叹气，盼望十年之后也许可以在北京"。据陈垣的学生郑天挺、翁独健、陈述等回忆，从1920年起，陈垣在不同场合多次说过："我们应当把汉学中心夺回中国，夺回北京。"④ 陈垣"古教四考"的成就，令国内外学人称赞不已。这应是陈垣"把汉学中心夺回中国"的具体实践。

《元西域人华化考》是陈垣前期的代表作，是一部学术经典。陈垣写这部著

---

① 刘乃和：《册府元龟新探序》，见氏著《励耘承学录》，北京师范大学出版社1992年版，第284–286页。

② 参见林悟殊《陈垣先生与中国火祆教研究》；张小贵《陈垣摩尼教研究探析》。两文见龚书铎主编《励耘学术承习录——纪念陈垣先生诞辰120周年》，北京师范大学出版社2000年版。

③ 孙楷第致陈垣函，见陈智超编注《陈垣来往书信集》（增订本），生活·读书·新知三联书店2010年版，第437页。

④ 桑兵：《陈垣与国际汉学界》，载龚书铎主编《励耘学术录习录——纪念陈垣先生诞辰120周年》，第195页。

作是在 1923 年，当时国家积贫积弱。陈垣赠友人此书，并在信中说："此书著于中国被人最看不起之时，又值有人主张全盘西化之日，故其言如此。"① 元朝在中国历史上建立了空前规模的大帝国，大批的外国人以及西北少数民族来到中国，接触了中华文化，受到感染，并为之同化。陈垣在书中说："吾之为是编，亦以证明西域人之同化中国而已。"② 阐明这一历史事实，以唤醒国人，振兴中华文化。所以，这一选题具有深刻的社会意义和重大学术价值。

1940 年 1 月 7 日，陈垣在致长子陈乐素的信中有一段关于论文选题的精辟论述，说："论文之难，在最好因人所已知，告人所未知。若人人皆知，则无须再说，若人人不知，则又太偏太专门，人看之无味也。前者之失在显，后者之失在隐，必须隐而显或显而隐乃成佳作。又凡论文必须有新发见，或新解释，方于人有用。"③ 这说明一部著作（或一篇论文）的选题，必须是学术前沿，要具有社会意义和学术价值。

第二，治学从目录学入手。

陈垣治学以目录学为门径，特别是从《书目答问》和《四库全书总目》两部书入手，摸索到一套行之有效的寻书、买书、读书、藏书的路子，形成具有独特风格的学术道路和方法，这是学术界公认的事实。详见《谈谈我的一些读书经验》和《与历史系毕业生谈学习历史的门径》，④ 在此不多谈。1934 年 8 月，儿子陈约来信说："博兄教儿造目录工夫。"陈垣在"目录"旁打重点号，并批复说："假如一个人熟读《四库提要》，并无他能，亦可以吓倒人。"⑤ 可见陈垣以"治学从目录学入手"教他长子陈博（即陈乐素），陈乐素又以此道教弟弟陈约。陈垣又强调精通目录学，"可以吓倒人"。

第三，搜集材料要"竭泽而渔"。

研究问题搜集材料要"竭泽而渔"，也就是说要详细地占有材料，这是陈垣治学的一贯主张。陈垣的著作，在搜集材料方面都是"竭泽而渔"的。例如《元也里可温教考》，先将《元史》通读一遍，把"也里可温"的条目全部抄录下来，再参考其他有关书籍，不断搜集相关材料。从初稿到最后定稿，前后历时 18 年。他编写《吴渔山年谱》，参考文献达 80 多种。《元西域人华化考》，依据典籍 220 种，原稿有三四大捆，写成论文时才七万多字。为写《旧五代史辑本发

① 陈智超编注：《陈垣来往书信集》（增订本），生活·读书·新知三联书店 2010 年版，第 912 页。

② 陈垣著，陈智超主编：《陈垣全集》第 2 册，安徽大学出版社 2009 年版，第 252 页。

③ 陈垣著，陈智超主编：《陈垣全集》第 23 册，安徽大学出版社 2009 年版，第805 - 806 页。

④ 见《陈垣全集》第 22 册。

⑤ 陈垣著，陈智超主编：《陈垣全集》第 23 册，安徽大学出版社 2009 年版，第 640 页。

覆》，搜集了大量资料和例证，写成初稿有三尺厚，后来约取例证 194 条，精简成两万多字。他校补沈刻《元典章》12000 多条错误，而只选取一千多条撰成《元典章校补释例》（重版时改名为《校勘学释例》）。他研究问题，往往将一半以上时间花在材料搜集上，他在致儿子陈乐素的信中说，写论文"第一搜集材料，第二考证及整理材料，第三则连缀成文。第一步工夫，须有长时间，第二步亦须有十分三时间，第三步则十分二时间可矣。"① 他还把怎样才能做到搜集材料"竭泽而渔"的章法告诉陈乐素，在 1939 年 3 月 26 日的信中说："欲撰陈同甫年谱，应将四库全书全部南宋人文集与同甫年代不相上下者尽览一遍，方可无遗漏。""且凡撰年谱，应同时撰一二人或二三人，因搜集材料时，找一人材料如此，找三四人材料亦如此，故可同时并撰数部也。若专撰一人，则事多而功少矣。"② 陈垣注重材料，有学者认为陈垣的著作，在取材方面有三多：一是数量多，二是种类多，三是版本多。③ 只有这样，搜集材料才能"竭泽而渔"。

第四，对清学谙熟，多学科综合运用的考证方法。

我们知道，陈垣对乾嘉考据学十分推崇，尤其对赵翼、钱大昕等学者非常敬佩。他精通目录、版本、年代、史讳、校勘等学科，熟谙史部书籍，在研究过程中，综合运用各种学科的知识，取得惊人的成绩。在《通鉴胡注表微》一书中，版本、目录、避讳、年代、校勘、经学、小学等各种知识综合兼用，揭示出胡三省《通鉴》注微言大义，是一部考史、论史的杰作。④ 关于陈垣的治史方法，他有一段重要论述。他在对陈约来信的批复中说："今不业医，然极得医学之益，非只身体少病而已，近二十年学问，皆用医学方法也。有人谓我懂科学方法，其实我何尝懂科学方法，不过用这些医学方法参用乾嘉诸儒考证方法而已。"⑤

陈垣开设"史源学实习"课，就是培养学生运用多种学科进行考史的方法。⑥

第五，从前人著作中学习治史方法。

1936 年 4 月 19 日，陈垣在批复儿子陈约的信中有这样一段话："白话最要紧是简净、谨严，闲字闲句少。时人白话，当先阅胡适论著。""文言目前最要

① 陈垣著，陈智超主编：《陈垣全集》第 23 册，安徽大学出版社 2009 年版，第 806 页。
② 陈垣著，陈智超主编：《陈垣全集》第 23 册，安徽大学出版社 2009 年版，第 797 - 798 页。
③ 许冠三：《新史学九十年》，香港中文大学出版社 1986 年版，第 121 - 122 页。
④ 牛润珍：《陈垣学术思想评传》，北京图书馆出版社 1999 年版，第 255 页。
⑤ 陈垣著，陈智超主编：《陈垣全集》第 23 册，安徽大学出版社 2009 年版，第 593 - 594 页。
⑥ 参拙文《陈垣的"史源学"与"新史学"》，载《中山大学学报（社会科学版）》2011 年第 1 期。

是学改文。因为教书，即要改文。如何改法，非下一番功夫不可。此事要有师承。师承不易得，最好将《后汉书》与《三国志》同有之传，如董卓、袁绍、袁术、刘表、吕布、张邈、张鲁、臧洪、公孙瓒、陶谦、荀彧、刘焉、刘璋、华佗等十四传，以《三国》为底，与《后汉》对照，看《后汉》如何改作，即可悟作文及改文之法，与自己及教人均大有裨益。"① 这说明一个道理，从前人的著作中学习作文和研究学问的方法。学生启功、牟润孙等在纪念陈垣的文章中都谈到这一方法。牟润孙说："先师经常鼓励学生以《史记》与《汉书》相对勘，他主张用墨笔抄录《史记》中与《汉书》相同的几篇纪、传，然后用红笔依照《汉书》去改，这样就可以看出两位大史学家剪裁字句、安排材料的异同来。他更主张将《三国志》与《后汉书》相同的传也这样比对一番。他说前人有'《史》《汉》方驾'、'班马异同'，我们可以动手作一部，更可以作一部'陈范异同'。他从不空谈史学方法，只教人追寻史源，比对史书，其用意即在于使学生通过实践去了解治历史途径的各种方法。"②

第六，讲究著作体例。

牟润孙说："细心去看老师的著作即可见先师极讲究著作体例。他对方东澍的《书林扬觯》大为赞赏，就因为谈了好多著书体例。""不过先师认为方氏的书尚不能算十分完善，曾说过想另写一部《广书林扬觯》。"③《陈垣全集》收入《广书林扬觯提纲》，在文末陈智超注："上世纪三十年代，援庵计划写一部专谈著作体例的《广书林扬觯》，最后没有完成。保留下来的，是一份残缺的提纲和十四册资料。"④ 陈垣对叶昌炽的《藏书记事诗》颇为爱好，不过批评说："他找到了这么多材料，却用诗表示出来，未免减低了价值"。陈垣评价叶德辉的《书林清话》："书是很好，只是体例太差。"⑤ 从这里可见陈垣对著述体例的重视。陈垣十分重视自己著作的体例，很多都用"考"字。他不主张发表孤立、琐碎的考证笔记，认为必须将它们合在一起归纳出条例来，找出系统来，才堪称著作。他著《史讳举例》《元典章校补释例》《五代史辑本发覆》都是这一主张的实践。

第七，"连缀成文"，文字要严谨简洁明了，深入浅出，以理服人。

陈垣对文风的要求极端严格，字句的精简、逻辑的周密，从来一丝不苟。1961 年他在一个讲话中说："发表的文章，最低要求应当：（1）理要讲清楚，使

---

① 陈垣著，陈智超主编：《陈垣全集》第 23 册，安徽大学出版社 2009 年版，第 642 页。
② 牟润孙：《海遗丛稿》二编，中华书局 2009 年版，第 91 页。
③ 牟润孙：《海遗丛稿》二编，中华书局 2009 年版，第 92 页。
④ 陈垣著，陈智超主编：《陈垣全集》第 22 册，安徽大学出版社 2009 年版，第 83 页。
⑤ 牟润孙：《海遗丛稿》二编，中华书局 2009 年版，第 92 页。

人心里服；（2）话要讲明白，使人看得懂；（3）闲话不说，或者少说。"① 著名元史专家杨志玖总结陈垣的论著"具有创始性、系统性和可读性三个特色"。他以《元西域人华化考》为例，说这是一部对西域人华化在各方面表现综述无遗的大著，令读者叹为观止。文章结构，语言运用，遣词造句，简洁流畅，无冗句赘语，意达而易解。"文中原始资料与解说语言，浑然一体，天衣无缝，一气呵成，读来琅琅上口，无雕饰之迹，有自然之美，令人百读不厌。此种风格，实颇罕见，姑名之曰'援庵体'。"②

第八，著作完成后请人指摘，反复修改，精益求精。

陈垣治学态度谨严，虚怀若谷，写好文章，总要听取多方面人的意见。柴德赓、刘乃和、启功回忆陈垣写好文章，要给三种人看：老师辈、朋友辈、学生辈。柴德赓保留了陈垣写的一些便条，大都是请柴对他的文章提意见的，如"文中砂石甚多，殊不满意，请细雕勘、讥弹，以便洗刷磨砻，至盼至盼"。又如"考证文最患不明白，令人易于误会，又患有可省不省之字句。关于此两点，希两兄（指皖峰、青峰）为我尽力挑剔，俾得改定，至以为感"③。陈垣的著作，多请陈寅恪、胡适、伦明等人指摘。1939 年 1 月 14 日，他在致长子陈乐素的信中说："前者文成必先就正于伦（明）、胡（适）、陈（寅恪）诸公。今诸公散处四方，无由请教，至为遗憾……直、谅、多闻之友不易得，当以诚意求之。"④陈垣常说："做学问一点也不能骄傲。"他的著作总是一改再改，精益求精。

以上治史方法，在《陈垣全集》中都有具体体现。古人说："取法乎上，得乎其中；取法乎中，得乎其下"。倘若我们能按上述陈垣方法去研究历史，也就是"取法乎上"，庶几可以得其中，是可以取得成绩的，或许可以成史学家。

鉴于以上四点，我认为《陈垣全集》是 20 世纪中国历史学的一座丰碑。

原载《陈垣与岭南——纪念陈垣先生诞生 130 周年学术研讨会论文集》，中国社会科学出版社，2011 年版。

① 陈垣著，陈智超主编：《陈垣全集》第 22 册，安徽大学出版社 2009 年版，第 736 页。
② 陈智超编：《励耘书屋问学记》（增订本），第 172 页。
③ 柴德赓：《史学丛考》，中华书局 1982 年版，第 436 页。
④ 陈垣著，陈智超主编：《陈垣全集》第 23 册，安徽大学出版社 2009 年版，第 794 页。

"纪念陈垣先生诞生 130 周年学术研讨会" 综述

2010 年 11 月 21 日，中山大学与广东炎黄文化研究会联合举办的"纪念陈垣先生诞生 130 周年学术研讨会"在中山大学永芳堂举行。国内 50 多位专家学者会聚中大，济济一堂，共同探讨陈垣的生平、学术、教育与交往。广东炎黄文化研究会执行会长、原广州市副市长戴治国先生致开幕词，中山大学副校长陈春声教授致欢迎词。现任黄帝陵基金会理事长、原任陕西省政协副主席的辅仁大学校友孙天义先生，原任广东省政协副主席的北京师范大学校友王兆林先生，广东省社会科学联合会专职副主席、广东炎黄文化研究会副会长林有能先生，陈垣嫡孙、中国社会科学院历史研究所研究员陈智超先生偕夫人曾庆瑛教授应邀参加了会议。

陈垣（1880—1971），广东新会人。他的青少年是在广东度过的。1913 年，以"革命报人"的身份当选民国众议院议员，从此在北京定居。陈垣是我国当代的世界级史学大师、杰出的教育家、卓越的爱国主义者。他虽定居北京，但心系粤地人，他的心灵深处有一种浓厚的广东情结和故乡情怀。他的学术研究具有深厚的岭南地域文化背景。他的成长轨迹也深深地打上岭南文化的烙印。

陈垣与中山大学有着不解之缘。1908 年，身为博济医院附属南华医学院学生的陈垣与广州西医界爱国人士梁培基等，为摆脱外国教会势力对医学界的控制，反对外国医生独揽医权，争取中国人自己的"国权""医权""医学教育权"，在广州成立了中国人自办的第一所私立西医学校——广东光华医学专门学校。"光华"取"光我华夏"之意。陈垣由博济医院附属华南医学院转入光华医学专门学校就读，毕业后留校任教。光华医学专门学校就是中山医科大学的前身之一。后来，中山医科大学与中山大学组建新的中山大学，所以，陈垣是中山大学的校友。他参与创办《医学卫生报》和主编《光华医事卫生杂志》，并发表医学史方面的文章近百篇，是中国医学史研究的开拓者和奠基人。陈垣参与创建光华医学堂的事迹，在中山大学历史上写下浓墨重彩的一笔。陈垣与中山大学文史学界的著名学者陈寅恪、岑仲勉、梁方仲、刘节、容庚、冼玉清等有着深厚的友谊。他们之间的交往是中国近代学术史的重要组成部分，是中山大学一笔巨大的精神遗产，弥足珍贵。发掘、整理、保护、继承这笔珍贵遗产，是我们义不容辞的责任。因此，以弘扬岭南文化为宗旨的广东炎黄文化研究会和中山大学联合举办此次会议，意义深远而重大。

会议得到有关领导和学人的大力支持，开得很成功，表现在下列几个方面：（1）论文数量多，质量比较高。共收到论文 40 余篇，而且质量都比较高；（2）讨论热烈、活跃，"百家争鸣，百花齐放"。一些收藏家还展示了有关陈垣先生的藏品。如著名收藏家王贵忱先生展示收藏多年的《胡金竹草书诗卷》，使与会者大开眼界。陈垣弟子李镜池之孙李铭建展示了 1949 年春，陈垣为李镜池行书一幅王安石《即事》诗，使与会者目睹了陈垣书法真迹。（3）参会人员老中青结合，以中年为主。老的已 80 多岁，年轻的有在读博士生等。这说明我们的学术事业继承传统，开启未来。

下面就会议论文内容及讨论情况作一简单介绍。

一、 对《陈垣全集》的评论

陈智超主编的《陈垣全集》刚面世不久，这是研究整理陈垣遗著的最新成果。会议收到五篇这方面的论文，作者有《全集》主编、有出版《全集》的责任编辑、有参与整理《全集》的教授、有对《全集》评论的学人。这些都是学界最新的研究成果，值得我们重视。

陈智超从事陈垣遗著的搜集、整理、研究 30 多年，这次提交的《〈陈垣全集〉主编者语》一文阐述了"搜集与清理援庵先生遗留的著作及有关资料""选录""整理""编次""校对"等几个方面的情况，使读者对《全集》的编辑及内容有一个大概的了解。《陈垣全集》充分反映了他的史学成就、教育思想和爱国精神，是留给后人的一笔重要精神财富、文化遗产。安徽大学出版社的杨应芹、彭君华是《陈垣全集》的责任编辑，他们提供的《我们又上了一次大学——〈陈垣全集〉编辑感言》，说过去没有受过"史源学"的训练，《陈垣全集》中几部过去未刊的大部头，如《日知录校注》《廿二史札记批注》《鲒埼亭集批注》等，都是关于"史源学"的。通过编辑，受到严谨治学方法和提高研究能力的训练。还受到陈垣人格魅力和爱国精神的熏陶和感召。陈致易在《参与整理〈日知录校注〉的体会》中，说通过对陈垣《日知录》眉批的过录、整理、誉抄的技术性工作，体会到陈垣怎样读书、怎样承前启后、怎样把教学与研究结合起来，以及与时俱进的爱国情怀，使晚辈受到很大的教育。方健在《大师的丰碑——写在〈陈垣全集〉刊行之际》文中，着重介绍了首次刊布的《四库书目考异》《日知录校注》《鲒埼亭集批注》《廿二史札记批注》等，认为这些著作体现了陈垣"一贯的绵密细致踏实学风"，是"符合现代学术规范的善本"。该文还介绍了《全集》的书信卷，该卷收入陈垣致他人书信 967 通，比 1990 年出版的《陈垣来往书信集》中所收的 375 通多了约 1.6 倍。作者并就书信阐述陈垣与陈寅恪、胡适的关系。作者还认为，陈垣的《道家金石略》、搜集的《广书林扬觯》的有关资料以及编成的多种索引，如《全上古六朝文姓氏通检》稿本等，都应该收入《全集》。张荣芳《二十世纪中国历史学的一座丰碑——〈陈垣全集〉读后》一文，从"陈垣在中国近代实证史学中有许多重要建树""陈垣把史学'通史以致用'的功能发挥得淋漓尽致""陈垣对历史文献学的贡献可示来者以轨则""陈垣的治史方法是一笔宝贵的精神财富"四个方面论证《陈垣全集》是 20 世纪中国历史学的一座丰碑。《陈垣全集》的出版，为我们学习、研究陈垣的生平、思想、学术、治学方法以及总结中国 20 世纪史学成就等提供了方便。

二、 陈垣与岭南的关系

在以往陈垣生平研究中，陈垣与岭南的关系，是一个薄弱的环节。这次会议，有几篇论文对此进行了探讨。这些论文指出清末民初岭南学术环境对陈垣一生的学术成就和民族气节、家国情怀有深刻影响。李绪柏《陈垣与陈澧》一文指出，陈垣早年受到陈澧弟子汪兆镛的奖誉，自认为终身受鼓舞之效。中年以后积极收藏东塾书法遗墨作品，后又大力参与协助汪宗衍编纂《陈东塾先生年谱》，在补遗、考证和校勘方面贡献尤多。陈垣平时以东塾读书治学为榜样，并常教育自己的儿子及学生效法，继承了乾嘉朴学的优秀传统。梁启超在《近代学风之地理分布》一文中说："有一陆子，而江右承其风者数百年；有一朱子，而皖南承其风者数百年。虽在风流歇绝之后，而其精爽之熏镂于社会意识中，不可磨灭，遇机缘而辄复活。"我们应当从这一角度来审视陈垣早年在广东的历史。阮元在广州开学海堂，改变了岭南的学风，产生了陈澧学派（或称东塾学派）。汪兆镛是陈澧的入门弟子。陈垣与汪兆镛有学术交往。因此，阮元、陈澧、陈垣三者学术上的渊源传承关系，逻辑线索清晰可寻。所以，岭南出现陈垣不是偶然的，而是有其历史的必然性。研究清楚这一点，对研究陈垣的生平及其学术成就有重要意义。李锦全《民族气节　家国情怀——略论陈垣人生价值观的心路历程》认为，近代以康、梁为代表的维新派和以孙中山为代表的革命派都产生于广东珠江三角洲地区，这一地区邻近港澳，人们可以不同程度地接触到西方文化。近代岭南文化的主流是爱国主义。陈垣在广东生活了 33 年，由维新派和革命派的主张共同构成的近代岭南人士的爱国思想，影响了陈垣一生。所以，陈垣一生的民族气节、家国情怀，深深植根于岭南文化之中。

陈垣与岭南学者的交往是这次会议的热门话题。会议收到八篇这方面的论文。李欣荣《墙内之花墙外香：在京粤籍学者与岭南文史之学的发展——以陈垣为例》认为，20 世纪二三十年代，在京的粤籍文史学者不少，如梁启超、陈垣、陈振先、陈受颐、黄节、容庚、容肇祖、商承祚、伦明和罗香林等人皆是其中的佼佼者。文章以陈垣为中心，重建当时在京粤籍学者的交往网络，还原该群体的发展历程，分析中国主流学术与地域文化的歧异性。在京粤籍学者多认同陈垣，陈垣植根于岭南故土学海堂以降的流风余韵，得京师之地阳光雨露的滋润，苗壮开花结果。东莞藏书家莫伯骥《五十万卷楼藏书目录》出版，末册附自著书目凡五十余种，陈垣阅后不由赞叹，在致陈乐素的信中说："何其巨观也！粤人不读书则已，读则辄出人头地，亦风气使之然耶！"此语可视为陈垣对岭南学术发展的殷切期望。周永卫《陈垣与广东学人的交往》一文，重点论述陈垣与黄节、叶恭绰、伦明、莫伯骥、李棪、林砺儒、罗香林、李镜池、汪祖泽、汪德亮、吴三立等人的交往。文章认为陈垣的心灵深处有一种浓厚的广东情结，主要表现在收藏乡贤遗墨、倚重广东文献、关心乡邦文献的整理出版、提携粤籍学人等几个方面。通过对陈垣与广东学人交往的研究，对全方位理解陈垣的人格品质、治学思想、学术成就等都有重要意义。陈希《论民国时期陈垣的交游：以黄节为例》、李铭建《李镜池晚年忆述陈垣先生》、倪根金《学为人师　行为世范——记陈垣教授对梁家勉拟编〈徐光启集〉的关怀与指导》、李吉奎《梁士诒陈垣关系述略》、张晓辉《略评晚年的陈垣和陈寅恪》等文，以个案为例论述了陈垣与这些学人的交往，或揭示了新的材料，或对材料有新的解释，或考证了有关交往的一些史实等，都有新意，从不同角度阐述了陈垣知人论世的人格魅力。

　　陈垣早年在广东的活动也备受关注。蒋志华《陈垣早年社会思想刍议》一文，分析了收入陈垣1913年之前刊于广州《时事画报》《医学卫生报》《光华医事卫生杂志》和《震旦日报》上160多篇小品文的《陈垣早年文集》（陈智超编），认为这些文章评论时事兼引征史料，介绍新知并抒发胸臆，上下古今，纵横捭阖，其文蕴藉深厚，视野宏阔，见解独到，笔触犀利。陈垣这些文章的主旨是试为中国社会把脉，针砭时弊，开启民智，深得时人称许。1939年10月5日，陈垣在致陈乐素信中说："卅年前，憬老（即汪兆镛——引者注）见予所写作小品，以为必传。当时受宠若惊，不审何以见奖至此，然因此受暗示不少。今日虽无成，不能如老人所期，然三十年来孜孜不倦，未始非老人鼓舞之效也。"该文就满汉民族关系问题、专制政权的阴鸷术与家天下问题、中国国民愚弱等问题，分析了陈垣早年的社会思想，认为他是一位勇担道义的志士、博学多闻的报人。2000年纪念陈垣先生诞辰120周年时，刘泽生写过《近代中国医学奠基人陈垣在广州》一文，现在刘泽生已作古，由其同单位（中山大学孙逸仙纪念医院）的王海芳、杨聘英在原有论文的基础上，加以整理补充，易题为《近代中国医学史研究的开拓者和奠基人陈垣在广州》，使人们对陈垣在广州的活动有较多的了解。

　　对于陈垣的家族和家乡，以往的研究者描述不够确切，有些情节与事实不符。陈垣家族的成员，曾经在家乡以及这个家族拥有的陈信义商号内居住过相当一段时间的陈珍广，提供《陈垣及其祖家陈宁远堂》一文，分"独具特色的清末民初的民居""陈宁远堂和陈信义""陈垣和陈宁远堂"三子目论述，揭示了鲜为人知的陈垣及其祖家陈宁远堂的事实，并附有"陈宁远堂原貌简图"。这些材料，是作者从家族成员的几十年通信中，并千方百计访寻一些知情者调查研究得来的，"力争做到尽可能的准确无误"。此文为研究陈垣提供了十分珍贵的资料。

三、 对陈垣宗教史研究成就的探讨

陈垣的宗教史研究，在陈垣全部学术成就中占相当大的比重。这次会议收到八篇研究陈垣宗教史研究的论文。蔡鸿生《陈垣与中国宗教史的完善》一文，指出陈寅恪将援庵先生置于中国宗教史从不完善到完善的关键地位，作出"精思博识""金针度人"和"标准作品"的评语。该文并从陈垣"古教四考"中取证，说明它"构成一个比较宗教研究的经典性学术样板"。文章说"陈寅恪先生将陈援庵先生誉为中国完善之宗教史的开创者，这在近代学术史上，可说是大师评大师的范例"。该文言简意赅，对陈垣宗教史研究的贡献可谓一锤定音。林悟殊《"宋摩尼依托道教"考论》，以陈垣早期名作《摩尼教入中国考》中所立之命题"宋摩尼依托道教"为中心，在陈垣研究的基础上，结合近年发现的新史料，分"道教与摩尼教因缘溯源""唐摩尼依托道辩说""《化胡经》与摩尼经入编道藏辨释""霞浦林瞪崇拜——'宋摩尼依托道教'又一证"等几个子目，进一步论证这一命题。文章说，这一命题"足见陈垣先生乃以辩证之历史思维，解读纷繁复杂多变之历史现象，其史识之过人，盖亦因缘有自，是为吾辈所当努力学习效法者"。该文中外资料翔实，论证严谨，可谓得陈垣治学之道。章文钦《陈垣先生与吴渔山研究》一文，认为对名画家、诗人、明遗民兼天学修士吴渔山的研究，是20世纪国际学术界一个颇受关注的学术领域。陈垣不仅是对吴渔山研究的奠基人，而且为吴渔山研究定调。本文从史事考释、治学方法、沾溉后学、吴渔山情绪诸方面进行探讨。作者以吴渔山研究获得中山大学博士学位，其导师蔡鸿生教授认为其是吴渔山的"后世相知"。此外，王媛媛《关于唐大历、元和年间摩尼诗的一点思考》、殷小平《再谈陈垣先生与元代基督教史研究》、刘玲娣《陈垣与中国的道教研究》、杨权《清初僧净记补》等文，资料丰富、论证翔实，富有创见。陈垣的宗教史研究，多为外来宗教，古代外来宗教入华都曾遇到与中国文化融合的问题。胡守为《陈垣先生论述文化问题的启示》一文，认为陈垣以为基督教文化之所以未能与中国社会融成一片，其原因则是"乾嘉以前，中国声明文物，为西人所羡，故耶稣会士，通汉学者极多。道咸以来，中国国力暴露无遗，陵夷以至今日，欲求西人从事华学难矣"。传播基督教不考虑同中国文化的结合，此基督教未能在中国广泛传播的重要原因。而佛教认同以中国传统文化为依归，佛教思想深入文化各个领域，而且两种异质文化融为一体。从基督教、佛教入华经历的两例，可得知外来宗教入华的规律。"当今世界，各民族文化，各种思想主张，互相传播，如何对待不同的文化，循其规律而处之，陈垣先生在宗教史、元史等著作中，关于文化的论述，实可供借鉴。"

此次会议，对陈垣宗教史研究的探讨是会议的特色之一。中山大学有宗教文化研究所，老中青齐上阵，几位研究人员都撰文与会。而这些论文的质量都较高，把陈垣对宗教史研究的研究提高到一个新的水平。

四、 对陈垣教育业绩的探讨

陈垣是一位杰出的教育家，从事教育工作 70 多年，培养了大批国家栋梁人才。此次会议收到几篇关于陈垣教育成就的论文。李炳泉《从〈励耘书屋问学记〉看陈垣的史学教育及其成就》一文，从《励耘书屋问学记》收入的 21 位学者回忆老师陈垣的文章中，研究陈垣的史学教育及其成就。陈垣注重不拘一格选拔新秀，并以为民族振兴而读书治学相鼓励，在循循善诱中，培养学生的史学基本功和学术研究能力。文章概括陈垣史学教育的成就有几方面：（1）培养了一批优秀的历史学家和史学教育名家；（2）开创了新课程体系并首创"中国史学名著选读""中国史学名著评论"和"史源学实习"等课程；（3）为今天中国历史文选教科书的编写提供了范式；（4）留下了关心和培养史学英才的精神。所以说"陈垣是 20 世纪最成功的史学教育家之一"。曹天忠的《陈垣学术教育思想述略》一文，认为中国学术自晚清至民国，在清学的基础上，借鉴西学方法，到达一个新的高峰。如何将学术轨则与规矩传授给后生弟子，是关系到学术传承的大问题。这是总结近代学术传授教育史的重要内容。该文用"学术教育"这个关键词来涵括陈垣一生从事史学教育的"史法"。文章分"学术研究的理念""学术研究的选题""材料的搜集与整理""论著的写作与发表"四部分论述陈垣"学术教育"的特色。作者认为陈垣在中国传统向近现代学术传承上作出重要贡献，"陈垣不仅以史料著称，而且其史法同样值得今人学习总结继承，发扬光大"。卢光启的《陈垣教育思想对我们的启迪》一文，认为爱国主义是陈垣教育思想的灵魂，是他终生从事研究与教育工作的指导思想；陈垣重视国学教育，主张学习西方，但反对"全盘西化"，强调文理融合与渗透。这些思想对今天仍有十分重要的意义。

五、 其他

会议还收到其他方面的论文。陈垣与近代著名学人的交往，姜伯勤的《陈垣先生与王国维先生》一文，认为以往研究陈垣的学缘，少见专论陈垣与王国维交往的文章。该文根据观堂先生去世后，清华国学院研究生自办刊物、由"述学社"出版之《国学月刊·王静安先生专号》由陈垣题写封面，以及《陈垣来往书信集》中有陈、王二先生往来书信三封，证明陈、王二先生有密切的交往，且相互十分尊重。该文将陈、王二先生之治学轨辙进行比较，认为两先生"都是以新材料研究新问题的领军人物"；两位先生学术上互相支持；在清末民初中国近代学术转型中作出划时代的贡献；为中国学术独立而奋斗。作者认为"我们今天纪念陈垣先生和王国维先生的学术研究，不仅体味了一种中国学术应当独立于世界民族之林的教育，也受到了中华民族独立精神的教育"，真是一语中的，说明我们今天纪念陈垣的意义。翟麦玲的《陈垣任辅仁大学校长之前与马相伯、英敛之的交往》一文，梳理了陈垣任辅仁大学校长之前与马相伯、英敛之的交往，欲以解决早年信仰基督教的陈垣，何以能任由天主教会出资创办的辅仁大学校长的问题。

陈垣的学术领域很广阔，高荣《陈垣先生对敦煌学研究的贡献》一文，分析了陈垣《敦煌劫余录》《跋西凉户籍残卷》和《摩尼教入中国考》等论著，是利用敦煌新材料以研求问题的代表作。陈垣不仅为我国早期敦煌学的发展奠定了基础，而且其治学态度、研究方法极大地影响和推动了学术研究的发展。白芳的《陈垣先生与中国文博事业》一文，从故宫博物院的创建、文物保护、文物点交、藏品管理、藏品鉴定等几个方面，论证陈垣筚路蓝缕，不畏艰难，在抢救保护祖国历史文化遗产中功绩卓越，为中国文物博物事业的健康发展作出了开创性的贡献。吴小强的《重评陈垣先生〈史讳举例〉》一文，除论述《史讳举例》的写作背景、主要内容和特点之外，着重分析其学术价值和历史地位。认为其价值和作用，主要表现为：（1）创立了避讳学，使之成为史学专门辅助学科；（2）为大学生读史提供一把钥匙，为后学者治学打开一条通道；（3）为出土文献资料的断代提供了直接的方法论帮助。慕援庐的《陈垣的"史源学"与"新史学"》一文，认为陈垣是"新史学"的倡导者和实践者，为"新史学"培养人才首创"史源学"和"史源学实习课"，培养了不少史学名家。曹旅宁的《陈垣先生称誉乾嘉考据学之解说》一文，认为陈垣继承和发展乾嘉考据学治学重日积月累，长时期写札记的功夫。文章以《元典章》校补的底本问题、《明史列传》残稿考证题记、《齐民要术跋》、《辛平公上仙》（是讲唐宪宗抑顺宗）等所体现的方法论为事例加以解说。

一丁《追忆"纪念陈垣教授诞辰110周年国际学术研讨会"盛况》一文，追忆1990年月12月11日至14日在广东江门市隆重召开陈垣去世后第一次举行的纪念他的国际学术研讨会的盛况。该会得到广东省、广州市、江门市和暨南大学的重视，会议开得很成功，影响很大。会议上有学者提出建立"陈垣学"的问题。这次会议张龙提供《关于建立"陈垣学"的几点思考》一文，文章梳理学界近 40 年来对陈垣著作的整理和对他本人的研究情况。文中分"陈垣学"的提出、"陈垣学"涵盖的领域与内容、近 40 年来陈垣研究状况、"陈垣学"建立的意义等四部分，再次提出建立"陈垣学"的想法。作者认为，随着《陈垣全集》的出版，"陈垣研究著作、论文的不断涌现，参与研究的学术队伍不断延续与壮大，研究领域的不断深入与增加，为了更好地将陈垣先生的学术成就、治学方法、教育理念一代代相传，同时也为了更好地推动对 20 世纪上半叶中国思想、学术的深层次研究'陈垣学'的建立是非常必要的。希望学术界从继承先贤遗产，推动学术发展的角度，深入思考和探讨这一问题"。

经过讨论，与会者一致认为，陈垣是一代史学宗师、杰出的教育家、炽热的爱国者，是一位世界级的学者。我们要世世代代纪念他。

纪念他就要：

学习和继承他矢志不渝、崇尚科学和追求真理的崇高精神、为学术事业而奋斗不息的人格魅力；

学习和继承他忠于教育事业，为国家培养大批栋梁人才而孜孜不倦的奉献精神；

学习和继承他与时俱进、一生精忠报国的爱国主义精神。

让陈垣先生的励耘精神世代传承。

原载《陈垣与岭南——纪念陈垣先生诞生 130 周年学术研讨会论文集》，中国社会科学出版社 2011 年版。作者署名景圆斋（化名）。

励耘史学传承录

——读《殊途同归——励耘三代学谱》

　　2013 年 4 月，东方出版社出版了陈智超著《殊途同归——励耘三代学谱》。该书 13 万字，配图 70 多幅，作者用真挚的感情、通俗精炼的文字，把陈垣、陈乐素、陈智超励耘三代史学传承的有趣故事，深入浅出地娓娓道来，对青少年读者有励志作用；也为文史专业工作者提供了新的研究视角和许多新的资料。全书分"祖""父""我"三部分。"祖"13 目，"父"三目，"我"三目，共 19 目。本书是一部思想深刻、内容真实、形式完美的可以信赖的信史，可谓一部经典性的传记作品。

　　陈垣 1971 年逝世，大量遗稿由嫡孙陈智超收集、保存。1976 年"文革"结束之后，他即集中时间和精力，研究和整理陈垣遗稿。

1946 年陈垣（中）、陈乐素、陈智超三代人
合影于南京

陈智超著《殊途同归——励耘三代学谱》

　　30 多年来，先后整理出版了《陈垣学术论文集》一、二集，《陈垣史源学杂文》及增订本，《道家金石略》《陈垣来往书信集》及增订本，《陈垣早期文集》

《陈垣先生遗墨》《陈垣史学论著选》《近现代著名学者佛学文集·陈垣集》《中国社会科学院学者文集·陈垣集》《陈垣学术文化随笔》《陈垣四库学论著》等十多种。2009 年主编一千万字的《陈垣全集》。陈乐素逝世后，陈智超整理了《陈乐素史学文存》《宋史艺文志考证》等陈乐素遗著。在此期间，陈智超写了大量有关陈垣研究的论著，校订并导读、出版《元西域人华化考》，出版《陈垣〈元西域人华化考〉创作历程》专著，又把其研究陈垣的主要论文集成《陈垣——生平 学术 教育与交往》一书出版。陈智超整理陈垣、陈乐素遗著及其研究陈垣的论著，在学术界有目共睹，在国内外产生重要影响，这是陈智超对总结中国 20 世纪史学作出的杰出贡献。陈智超对祖父和父亲是非常敬仰的，常说："祖父真了不起，没有上过正规的大学，没有受过正规的史学教育，完全是靠自己的努力，自学成才，成为一个世界级的知名学者。""我整理他们的遗著，其实也是向他们学习的过程，学到祖父、父亲的许多好方法，增加了不少新知识。"祖父、父亲的学问和方法，"只要认真钻研他们的著作，都是可以摸得着，学得到的"。因此，30 多年来，他一直在搜集祖父的有关资料，一张纸条也不放过。这种对先辈遗著孜孜不倦地整理研究的精神，就是一种"励耘精神"。现在奉献给读者的《殊途同归——励耘三代学谱》，是陈智超长期整理研究陈垣和陈乐素遗著的结晶之一。没有上述工作，不能形成深刻睿智的思想，不能选择准确地反映事实真相的细节；不能做到如此融会贯通，深入浅出；不能做到内容与形式结合得如此精美。

民国时期是传统史学向近代史学转变的重要时段。中国史学近代化的重要标志之一，就是王国维继承乾嘉无征不信的优良传统，又吸收了近代西方史学的观念和方法，创立了中国近代的实证史学。民国时期实证史学大师层出不穷，群星璀璨，胡适、陈垣、陈寅恪、傅斯年、顾颉刚等是其中的佼佼者。我们从本书中可以看到这些大师们为振兴中华，发展近代学术事业的执着追求，可以看到他们真挚的学术友谊，可以捉摸到他们为学术而互相磋商驳难的治学境界，可以领悟到他们治学为人的真谛。《陈垣与陈寅恪》一节披露了大量新的材料，或对材料作了新的解释，使人对"史学二陈"的研究有耳目一新之感。1926 年 7 月 8 日，通过吴宓牵线，"二陈"首次会面于中山公园的"来今雨轩"，一谈就是三个半钟头。他们惺惺相惜，陈寅恪为陈垣的三部著作写序，给陈垣的学术以很高的评价，还称陈垣为大师，说陈垣的文章是"研究学问之标准作品"。而陈垣在家书中多次说写好文章，一定要先请陈寅恪、胡适、伦明三人看，征求意见。抗战时期，陈寅恪、陈乐素同居香港，陈垣在家书中多次嘱咐陈乐素一定要多向陈先生请教，"幸勿交臂之失"。患难见真情，陈寅恪的三位女公子写的《也同欢乐也同愁》一书，披露了一件鲜为人知的事情。1942 年居于香港的陈寅恪，生活困难，大米奇缺，"陈乐素先生带领一个孩子，背着一个布袋来我家，原来布袋中装的是米。他扮成携子回乡的难民、冒着生命危险，绕路把米送到我们家"。而这个孩子就是陈智超。蒋天枢是陈寅恪学术、文化、思想的托孤人。陈垣逝世前三个月，1971 年 6 月 18 日，蒋天枢给刘乃和写信说："当前国内真正研究历史可称为史学专家或史学泰斗的人，实援老及陈寅恪先生两人。不幸寅恪先生已于 1969 年 10 月去世，援老为仅存的硕学泰斗。尤盼能早日康复，指导领袖群伦。"在叙述了寅恪先生和夫人去世的经过后，他又写道："寅恪先生系援老多年老友，如不知此事，盼无告之。"可知"史学二陈"的友谊为学界所公认，而该书披露了不少这方面的新材料。

《陈垣与胡适》一节把"土学者"与"洋博士"两人在长时间内是学术净友描绘得有声有色，令人赞叹。20 世纪 20 年代，胡适主持北京大学《国学季刊》，提出要"用历史的眼光来扩大国学研究的范围""用系统的整理来部勒国学研究的资料""用比较的研究来帮助国学的材料的整理与解释"。这可以说是胡适、陈垣及傅斯年等为把汉学中心夺回中国的宣言和纲领。陈垣是实践这一宣言和纲领的干将，他相继在《国学季刊》上发表"古教四考"中的"二考"和《元西域人华化考》上半部。《中西回史日历》和《二十史朔闰表》又列入北大研究所国学门丛书出版。20 世纪 30 年代，陈、胡做了五年邻居，在通信中，又讨论了《四十二章经》《元典章校补释例》、中国旧史中保留的语体文等问题。"中央研究院院士选举"一目披露了全新的材料，从《夏鼐日记》中知道，当年选举院士的开放性、公开性。对院士提名的考语（即评语）更是引人入胜。胡适的考语最初为"研究中国思想史与文化史，曾有开创新风气的贡献"，最后改为"研究中国思想史与中国文学史"。陈垣的考语，最初为"专治中国宗教史，搜集材料最勤，考订最谨严，论断亦最精确，其余力所治校勘学、年历学、移译学皆为有用工具"，最后改为"专治宗教史，兼治校勘学，年历学，避讳学"。陈寅恪的考语，最初为"天才最高，功力亦最勤谨，往往能用人人习知之材料，解答前人未能想到之问题，研究六朝隋唐史最精"，最后改为"研究六朝隋唐史，兼治宗教史与文学史"。最初的考语，都带有一些主观性的评价，最后则改为客观的中性介绍。候选人可以参加考语的讨论，而且在"国立中央研究院公告"中公布。1948 年 3 月，评议会从 150 名候选人中一共选出了 81 名院士（包括自然科学、人文科学）。胡适、陈垣、陈寅恪在第一次投票后就被选出来了，可见知识界对他们的学术成就是有共识的。该书对新中国成立前夕陈垣致胡适的公开信也做了详细的、客观的分析，并揭示了一些当时国民党政府失去民心的材料，如哈佛燕京图书馆墙上挂着陈垣给他北大的学生吴相湘的题词《民心》，这是《通鉴胡注表微》中民心篇的叙论，揭示了一个政权如果丧失了民心，就不能维持下去的真理。当政治局势已经定格之后，而陈胡的关系又回归到学术层面，彼此牵挂和怀念。对于台湾学术界，该书披露了一些鲜为人知的材料，比如，二三十年前，台湾有一位教授发表文章，就"史学二陈"的比较发表了一通议论。俞大维先生知道后非常生气，严厉地批评了这位教授。大维先生说，"你知道吗，像陈援庵先生这样，自学成为大师，世上能有几人？你怎能说三道四？"这位教授后来在纪念大维先生的文章中，坦诚地披露了大维先生对他的语重心长的教育。该书通过叙述陈垣的生平，把20世纪上半叶中国实证史学大家的学术脸谱勾画出一个概貌，真可谓民国史学的一个缩影。

陈垣史学的精髓是把史学求真与致用的功能结合得十分完美。历史学作为一门科学，它要求"求真"，而作为一种社会意识形成，它又必须"致用"。求真与致用的关系，是历史学的一项重要前沿课题，多为学人探讨。或把两者对立起来，要"求真"就不能"致用"；讲"致用"就难以"求真"。陈垣一生的史学成就都是求真与致用的完美结合。《殊途同归》一书，对此有充分的论述。他的宗教史研究的"古教四考"，历史文献学的"陈门四学"（目录学、年代学、校勘学、避讳学），元史研究的《元西域人华化考》等，都是"求真"的，这是为学界所公认的。同时，它也是"致用"的，不是为考证而考证。他的这些研究成果是为"要把汉学中心夺回中国"的目标服务的。上世纪二三十年代，中国的学术界对"汉学正统有在巴黎之势"，"现在中外学者谈汉学，不是说巴黎如何，就是说西京如何，没有提中国的"的现象，十分不满，"是若可忍，孰不可忍？"胡适、陈垣、陈寅恪、傅斯年等都义愤填膺，发誓"要把汉学中心夺回中国"。怎样才能解决这个问题呢？第一，要创作世界水平的学术著作。陈垣对学生说："一个国家是从多方面发展起来的，一个国家的地位，是从各方面的成就累积的。……我们必须从各方面，就着个人所干的，努力和人家比。我们的军人要比人家的军人好，我们的商人要比人家的商人好，我们的学生要比人家的学生好，我们是干史学的，就当处心积虑，在史学上压倒人家。"又说："日本史学家寄一部新著作来，无异一炮打在我的书桌上"，所以"就更加努力钻研"。国家兴亡，匹夫有责。陈垣的著作水平很高，傅斯年从国外留学回来，致信陈垣说，他在国外就感觉到因为中国有两个人，所以外国学者不敢轻视他们，而且"后生之世得其承受，为幸何极"。这两个人就是王国维、陈垣，"静庵先生驰誉海东于前，先生鹰扬河朔于后"。陈垣用实实在在的研究成果，使外国学者刮目相看。第二，要激励和培养青年一代。陈垣在不同地点、不同场合、不同时间多次教育激励学生，要把汉学中心夺回中国。像郑天挺、翁独健、陈述、柴德赓等，都是在他的鞭策下，励志学史，以老师为榜样，做出骄人的成绩，成为知名学者。第三，要关注国际学术动态，扩大学术视野。陈垣请人翻译的日本学术著作，就达数十万字，上面还有不少批语。因此，陈垣的上述著作是求真与致用相结合的典范。

陈垣在抗日战争时期的史学创作达到了另一个高峰。他先后写成专著《明季滇黔佛教考》《南宋初河北新道教考》《清初僧诤记》《中国佛教史籍概论》《通鉴胡注表微》《吴渔山年谱》等，并有《旧五代史辑本发覆》和论文《明末殉国者陈于阶传》。关于这些著作，陈垣说"言道、言僧、言史、言考据、皆托词，其实斥汉奸、斥日寇、责当政耳"。在民族生死存亡关头，陈垣坚持民族气节、发扬爱国精神，用自己学术研究成果自觉地为民族抗战事业服务。这些著作既闪耀着爱国主义思想的光辉，又是足以流传后世的学术名著。其中，《明季滇黔佛教考》和《通鉴胡注表微》最能代表他这一时期求真致用的风格。《明季滇黔佛教考》的求真精神，陈寅恪为该书写的《序》最能说明。"寅恪颇喜读内典，又旅居滇地，而于先生是书征引之资料，所未见者殆十之七八，其搜罗之勤，闻见之博若是。至识断之精，体制之善，亦同先生前此考释宗教诸文，是又读是书者所共知，无待赘言者也。"陈垣在1940年6月27日致陈乐素的信中说，"顾亭林言著书如铸钱，此书（指《佛教考》——引者注）尚是采铜于山，非用旧钱充铸者也。"《明季滇黔佛教考》所用的材料都是第一手材料，明季书四十余种，滇黔书五十余种，僧家语录六十余种。《通鉴胡注表微》的求真追求，在陈垣家书中有充分反映。1945年1月31日，陈垣致陈乐素信说，此书成书殊不易，如果按语太少，不能动众。"如果每篇皆有十余廿条按语，则甚不易。说空话无意思，如果找事实，则必须与身之相近时事实，即宋末及元初事实，是为上等；南宋事实次之；北宋事实又次之，非宋时事实，则无意味矣。因'表微'云者，即身之有感于当时事实，援古证今也。"可见"援古证今"，必须以事实为依据。陈垣的学术著作，之所以具有生命力，是因为建立在可靠的事实的基础之上。陈垣一直强调"史贵求真""为学求真非求胜"。建立在"实事求是"基础上的著作，是不朽的。

"抗日战争中的陈垣"一目，分析陈垣为什么不离开北平。因为他有一套理论、一套信念在支持着他。这一目披露了许多鲜为人知的故事，为研究者提供新的素材。

历史学要发展，必须发展史学教育。陈垣是一位大教育家，有科学的先进的教育思想和理念。对陈垣的史学教育遗产给予比较全面、深刻的总结，是该书的特色之一。可以分两个层面来看，在"多姿多彩的陈门弟子群体"一目中，陈述了陈垣培养平民中学学生那志良，高等学校学生郑天挺、罗常培、牟润孙、白寿彝、翁独健、陈述、单士元、史树青、史念海，私淑弟子杨志玖，"陈门四翰林"柴德赓、启功、周祖谟、余逊的动人故事。"四名登堂入室的弟子"一目，则主要介绍启功、柴德赓、方豪、刘乃和四人，在陈垣指导下成为著名学者的过程、他们的学术成就以及他们之间的师生情谊。该书有一个特点，讲师生情谊时，都强调"教学相长""知恩图报"。例如启功，作者披露了许多陈垣怎样把中学尚未毕业的懵懂少年培养成文史大师的鲜为人知的动人故事。而启功知恩图报，他怎样报答老师呢？他用到香港卖书画所得的100多万元港币，设立"励耘奖学助学金"，使励耘精神代代相传；在各种场合宣传老师的高贵品质；在《夫子循循然善诱人》《启功口述历史》等论著中，通过许多动人的事迹，说明老师怎样教自己教书、做学问和做人。陈智超主编《陈垣全集》，请他担任顾问，他幽默地说："除了要他脑袋之外，什么要求都可以同意。"又例如柴德赓，柴是"陈门四翰林"之一，是陈垣史学主要传承人之一。书中披露了大量陈垣家书中对柴的怀念与眷恋。陈垣开的"中国史学名著选读"和"中国史学名著评论"两门课程，都由柴继承，并延续到新中国成立后。陈垣的文章都请柴等学生提出修改意见。柴为阐述陈垣的学术思想和成就，写过《〈通鉴胡注表微〉浅论》《我的老师——陈垣先生》《陈垣先生的学识》等文，为宣扬励耘精神作出过重要贡献。方豪原是杭州天主堂修道院的青年，因为对陈垣十分景仰和崇拜，冒着犯修道院戒条的风险，偷偷与陈垣通信，今收入《陈垣来往书信集》（增订本）中的有41通。从这些信中，既可以看到陈垣怎样帮助方豪成才，又可以看到"教学相长"的生动例子。1927年2月12日，方豪致陈垣信，他从一篇拉丁文的文章中，翻译了三块明清时期关于犹太人在开封的碑文，寄给陈垣。那时方豪只有18岁，翻译这些拉丁文碑文是很不容易的。陈垣4月19日给他回信，鼓励他说"所译拉丁文论犹太教一段，具见用功"，然后告诉他，"唯原文材料悉译自弘治、正德及康熙二年碑，能求之汉文原本为愈"。既鼓励他很用功，又提醒他不如直接引用原文。方豪对陈垣也不是一意地奉承，有时也提意见批评，但年少气盛，很自负，有时讲话过了头。陈垣很欣赏方豪，来往书信不断。陈垣逝世后，方豪在台湾、香港写文章纪念陈垣，宣传陈垣的爱国思想、道德文章。刘乃和于1939年考入辅仁大学史学系，毕业后又考上陈垣的研究生，研究生毕业后留校任教，一直担任陈垣的助手兼秘书。陈垣手把手地教她，使她成为著名学者。刘乃和为陈垣提供很多帮助，不但在行政事务和生活方面予以帮助，在学术方面也协助陈垣做了许多工作，如协助陈垣收集资料、修订旧著等。陈垣逝世后，又对陈垣的学术道路、成就贡献及励耘精神进行总结、宣传，并提出建立"陈垣学"的主张。《殊途同归》一书，对陈垣的史学教育、培养的一大批史学名家，都有极其精彩的介绍。

陈垣史学教育的另一个层面，就是产生了励耘三代史学名家。陈垣不倚家学、无寻师承，靠自学成才，成为世界著名学者。第二代陈乐素，励行严谨，勤勉耕耘，成为20世纪中国宋史研究的开拓者与奠基者之一。第三代陈智超，在宋至明代历史、历史文献学、陈垣及其时代的研究多有创获，在整理陈垣、陈乐素遗著方面作出卓越贡献。陈氏三代治史卓然成家，可以说是百年中国学术史的奇迹。我们从《殊途同归》一书中，看出创造这种奇迹的原因，除了大的社会学术背景之外，主要是从幼年开始受文史知识的熏陶、科学方法及高度的历史责任感的培养。正如作者在自序中说："家庭的命运是和祖国的命运、人民的命运紧密相连的。但我们的家庭也可以说是相当特殊的家庭。三代史家，史学报国，在相当长的时间内恐难再现。"《殊途同归》的出版是史学界的一件盛事，有深刻的现实意义。对"史学无用""史学危机"的论调是一个正面的回应。

原载《南方都市报》2013 年 9 月 22 日（星期日），南方周刊 A Ⅱ 06 版。

求是与致用

——读《陈乐素史学文存》

2012 年 11 月，广东人民出版社出版了陈智超编《陈乐素史学文存》（以下简称《文存》），属广东出版品牌《岭南文库》之一种。该书近 70 万字，收入论文 31 篇，附录两篇。1984 年和 1986 年，广东人民出版社先后出版过陈乐素的《求是集》第二集和第一集。《文存》在《求是集》基础上，增补了七篇论文。书前有陈智超的《编者前言》、常绍温的《陈乐素同志的生平和学术》、张其凡的《关于〈求是集〉第一、二集的编辑出版》。

陈乐素是 1990 年 7 月去世的。暨南大学前副校长王越教授写的挽联曰："宣扬求是精神，两卷鸿文堪问世；树立庭训风范，一门史学有传人。"这幅挽联真实地反映了陈乐素是陈垣史学的第二代传人。《文存》就是陈乐素继承励耘史学的真实记录。

陈垣史学的精髓是实事求是的科学精神与史学经世致用思想的完美结合，把中国传统史学功能发挥得淋漓尽致。综观陈垣的所有著述，如"古教四考"、"宗教三书"、《元西域人华化考》、《通鉴胡注表微》、《史讳举例》、《校勘学释例》、两部年表等，都是求是与致用的优良学风的产物。陈垣被后世奉为治学楷模。陈乐素是陈垣这种治学精神的直接受益者。《文存》收入《学习历史，整理古文献》一文，叙述了受父亲教育的过程，说"就学历史而言，我的家庭条件比较有利。我父亲陈垣精研元史和宗教史，又精于考据；还在我幼年时代，他就通过讲论和实践教育我，启发了我对学习历史特别是中国古代史的兴趣和对搜集资料的重视。"成年以后，陈垣在家书中不断以治学必须追求求是与致用相结合的最高境界来教育他。所以，陈乐素从青年踏入史学门槛开始，就循着这条道路走。陈乐素的史学研究是从研究日本史和中日关系史开始的。他研究这一领域是有感于在日本留学时，察觉到有些日本学者研究历史为日本侵略中国服务。陈乐素认为，作为一个中国人，不能对这种局势熟视无睹，而应该拿起笔来，用历史事实唤起民众。从 1930 年开始，他着手研究日本史和中日关系史，特别是甲午战争史。1931 年发生九一八事变，东北大好河山被日军占领，侵略者步步进逼，平津岌岌可危。陈乐素高度的历史责任感，促使他在研究工作中探索国家兴亡的事例和规律，以为救亡兴国的借鉴。1933 年，他发表《宋徽宗谋复燕云之失败》一文。在历史上，宋徽宗是一个政治方面的昏君，连一个昏君都想收复被辽朝占领的燕云十六州，蒋介石政府却连宋徽宗都不如，对日本侵略采取不抵抗主义。

此文四万多字，分 18 目，发表于名气很大的《辅仁学志》，以材料丰富、内容扎实、分析透彻、穷源究委而著称。此文是求是与致用结合得十分完美的典范。

陈乐素 1934 年在《国学季刊》发表《徐梦莘考》，1935 年在《历史语言研究所集刊》发表《〈三朝北盟会编〉考》（两文以下简称"两考"），两文共约 18 万字。《三朝北盟会编》记录了宋朝的徽宗、钦宗、高宗这三朝和金朝交往的情况，徐梦莘是《三朝北盟会编》的作者。徐梦莘为什么要编《三朝北盟会编》呢？他在序言中说，是要"使忠臣义士、乱臣贼子善恶之迹，万世之下不得而掩没也。"也就是说在尖锐的民族斗争中，有的是忠臣义士，为国牺牲；有的是乱臣贼子，投降敌人，忠臣义士和乱臣贼子的事迹都要完整地记录下来。要么是流芳百世，要么就是遗臭万年。在《徐梦莘考》中，陈乐素说：靖康之耻，"不特宋人所不能遗忘之痛，亦汉民族史上最大耻辱之一。又况徐氏生当此年，其所感受自更深也。北宋既亡，南宋接兴，而祸乱方炽；两河既已非国有，长江下游且相继遭敌骑之蹂躏，徐氏甫四龄即身逢其难，幸其母褓负南奔，得免于死。及长，渐知家难实随国难而来，痛愤之回忆，遂导之为事实之寻究"。徐梦莘编《三朝北盟会编》的政治目的是很清楚的。但是，过去还没有人对这部书及其作者做过系统的、深入的考订和研究。陈乐素深感他自己所处的时代与《会编》所记载的时代，有某些相似之处。于是花了相当长的时间，对宋朝"国难痛史"《三朝北盟会编》及其作者徐梦莘的生平进行研究，写出了"两考"。从政治上说，"两考"是陈乐素爱国心声的表达。从学术上说，"两考"详征博引，考证并纠正了《会编》各种传抄本和刊本的不少错误。对所引书目、材料来源一一考索，对所录之重要史料《宣和乙巳奉使行程录》进行校补。第九节"引用书杂考"，对徐梦莘所引用的 51 种未传世或流传极少的著作，写出考订和论述三万五千字。这类考证既是对《会编》的说明和补充，也是后人治学的重要参考。台湾著名宋史研究专家王德毅在其所著《徐梦莘年表》中，对"两考"做了充分的肯定。"两考"奠定了陈乐素在宋史学界的地位，是 20 世纪中国宋史研究的开拓者和奠基者之一。"两考"是在北平写作，并发表在与陈垣有密切关系的刊物上，应该是得到陈垣的支持和指导的。"两考"是陈乐素实践陈垣求真与致用史学的又一个实例。

在治学方法上，从《文存》中可以看出陈乐素的治史方法渊源于陈垣。陈垣治学以目录学为门径，特别是从《书目答问》和《四库全书总目》两部书入手，摸索到一套读书治学的路子，形成"陈门四学"：目录学、校勘学、避讳学、年代学。陈乐素讲述自己的治学道路时说："为了打开研究宋史的难关，我决心较有系统地学习研究打开古籍锁钥的基本学科校勘学、目录学、史料学等等。"收入《文存》的论著，有相当部分是关于目录学、版本学的，如《宋初三馆考》《记万历刊本〈毛诗六帖〉》《〈直斋书录解题〉作者陈振孙》《宋史艺文志序文证误》《四库提要与宋史艺文志之关系》《袁本与衢本〈郡斋读书志〉》《略论〈直斋书录解题〉》《北宋国家的古籍整理印行事业及其意义》《关于点校〈宋史·艺文志〉的一些问题》等。应特别指出的是，陈乐素对《宋史·艺文志》的研究。2003年广东人民出版社出版了他的《宋史艺文志考证》，是他大半生心血的结晶，是他对宋史研究作出的重要贡献之一。陈乐素的儿子陈智超在"前言"中说："在祖父的教导、影响下，父亲从开始研究历史起，就注意掌握目录学。自从三十年代初期他把研究领域转移到宋史上来，就注意宋代史籍的目录。"陈乐素研究《宋史·艺文志》取得的成果，可以说是陈垣播下的种子。

《文存》收入《关于日知录校注稿》一文和附录《日知录校注第一卷整理稿》手稿。从这两份材料中，读者既能欣赏到陈乐素秀美的书法，又可以体会他严谨的学风。《日知录校注》是陈垣历时20多年而未完成的一部著作，又是他开设"史源学实习"课的讲稿。关于如何整理陈垣这部遗著，陈乐素《关于日知录校注稿》一文规范了整理原则。顾炎武写《日知录》，对引用书一概不注明卷数，不注明引文的起讫，使读者不容易辨别哪些是引文，哪些是顾炎武自己的话。所以整理这部遗著，首先要根据陈垣《关于〈日知录校注〉写作问题》草稿的意见，先将顾炎武引用的文字尽可能地找出来，弄清楚它们的起讫；所有顾炎武引用的书，现在有传本的，追溯它的本源，校勘它的异同，注明引文的起讫，订正它的错误。其次，这个旧稿原来既是校注稿，又是讲课稿，现在作"校注"整理出版，就要把两者区别开来。第三，潘耒刻的《日知录》出于政治原因删改一些文字，要把修改的文字改回来并补足。第四，对黄汝成的《日知录集释》的整理《集释》存在两大问题，一是有些注释往往与《日知录》无关；二是有些《集释》将《日知录》引文拦腰截断，容易引起读者的误解。因此，《日知录校注》不收《日知录集释》文字。陈乐素根据这几条整理原则，亲自整理了第一卷。后来由陈智超主持整理工作，陈乐素这份整理稿成为整理《日知录校注》全书的范本。《日知录校注》2007年出版了单行本（上中下三册），2009年又收入《陈垣全集》中。《日知录校注》经过陈氏三代人的努力，得以出版传世，可谓励耘史学三代传承的生动体现。

《文存》的出版是广东史学界的一件盛事，是弘扬励耘史学的举措，也是对当前"史学无用"论的正面回应。

原载《南方都市报》2013年9月1日，《阅读周刊》A II 07版。

商务印书馆新出陈垣学术著作发微

商务印书馆最近出版陈垣的《中国史学名著评论》《史源学实习》及《清代史学考证法》以及陈垣的学术传人柴德赓的《清代学术史讲义》等著作，是根据陈垣、柴德赓的课程说明、讲稿、讲义、教学日记、札记及听课学生来新夏、李瑚等的听课笔记整理而成。这几种著作是中国现代优秀的史学遗产。它们的出版凸显了抢救优秀传统文化遗产的时代感、紧迫感；同时，对弘扬尊师重教的中华民族优秀传统美德和学术传承精神有重要意义；也是对当下浮躁学风下的一剂猛药。

最近我从不同渠道得到商务印书馆这两年出版的两个系列的几种图书。一是由陈智超编的陈垣系列三种：《陈垣四库学论著》《中国史学名著评论》《史源学实习及清代史学考证法》；二是柴德赓系列三种：《清代学术史讲义》《柴德赓点校新五代史》《青峰草堂师友墨缘》（此书只见目，未见书）。我翻阅着这五种著作，对商务印书馆在功利心重、学风浮躁、物欲横流的社会环境下，投入巨大的人力、物力、财力，出版这种对发展和弘扬中华优秀传统文化、坚持严谨学风有重要作用的学术著作，表示由衷的敬意。商务印书馆自 1897 年始创起，以"昌明教育，开启民智"为己任，首刊了中华现代学术史上诸多开山之著、扛鼎之作。陈垣是中国现代的世界级著名学者，大史学家，大教育家。柴德赓是陈垣学术主要承传人之一，通过这几种书，看到陈垣、柴德赓、来新夏、李瑚、刘家和等学术承传的清晰脉络。正如中国社科院学部委员陈祖武在《清代学术史讲义》序中说："青峰先生之所著，既有如梁、钱二位论著一般的学术源流梳理，更有对援庵老先生学术和精神之发扬光大。"北京师范大学资深教授刘家和在该书的"序言"中说："读柴先生的书，细寻陈、柴先生治学之途径，对于未来一代史学大师之涌现是会有所裨益的。"这几种书凸显了商务印书馆什么精神，值得我们称道的呢？

一、 抢救优秀传统文化遗产的时代感、紧迫感和担当精神

我们知道，陈垣 1971 年仙逝以后，国内外学术界对陈垣生平思想、学术成就，与国内外学者的交往，在学术界的地位与影响等进行了广泛而深入的研究，取得了众多的成果。陈垣的文孙陈智超 40 多年来不遗余力地搜集陈垣的遗著、遗物、遗迹，完成了 23 册《陈垣全集》等遗著的整理工作。毋庸讳言，学术界

对陈垣的研究，以往偏重于其大史学家的一面；而对于其大教育家的一面关注较少。究其原因，诚如陈智超在《中国史学名著评论》"编者前言"中所说："一是他的教育成就为史学所掩；再则是他的学术成就可以从他的著作中探寻，而他的许多教学成果，只有亲身受业的学生才能体会，而这样的学生，今天可以说是凤毛麟角了。"

20 世纪初梁启超呼吁建立"新史学"，以区别于中国传统的旧史学体系。20世纪的前半期是新旧史学的转型时期。"新史学"与"旧史学"的根本区别，在于历史研究的科学性，即史学要真正成为一门科学。要建立科学的历史学体系，必须要有一套适应时代需要的课程体系和研究方法，以培养"新史学"人才。陈垣是"新史学"的倡导者和实践者。他利用在高等学校开课的机会构建了一套"新史学"的课程体系。从 20 世纪 20 年代末起，他先后在北京大学等高校开设"中国史学名著评论""中国史学名著选读"两门姐妹课和"史源学实习""清代史学考证法"等课程。这些课程的有关说明、教学日记、讲稿、札记和学生的课堂笔记等，都是中国现代教育优秀的文化遗产，亟待抢救，以期使这些优秀遗产得以继承和发扬。

《中国史学名著评论》一书由陈垣"中国史学名著评论"课的两份"课程说明"、讲稿、教学日记、札记以及 1943 年 9 月至 1944 年 6 月来新夏关于上述课程的听课笔记等内容组成。书后还附有课程说明、讲稿、日记、札记及来新夏听课笔记的原件影印件图版。

陈垣在课程说明中说："取学者必须诵读之史学名著，而部帙大小适合一年之用者，令其先期精读，然后为之解释疑难，指授体要，以为阅读一切史书之练习。"而在另一份课程说明中说："取史学上有名之著作，而加以批评。每书举作者之略历，史料之来源，编纂之体制，板本之异同，以及后人对此书之批评等等，以为学者读史之先导。"这些课程的考试试题，很能说明培养学生的独立思想和工作能力，绝非临时应试者所能完成之。1936 年有一份试题："有《新唐书》，何以《旧唐书》不能废？有《新旧唐书合钞》，何以新、旧《唐书》仍不能废？试言其故。现在《旧五代史》之来历，及有何书可以校之，其校之之程序当如何？《宋史》史料何以独丰富？既丰富何以后人又嫌其缺略？试详言之。"由此可见，这些课程是训练史学系学生的基本功的课程，帮助学生培养阅读古书的能力，了解史学著作的源流并培养学生评判的能力；是适应"新史学"需要的创新的课程。这些课程一直被沿袭下来，新中国成立后的历史系将其定名为"历史文选"和"历史要籍介绍"，被规定为大学历史系的必修课。

"史源学实习"和"清代史学考证法"是培养学生历史研究方法的两门课程。陈垣 20 世纪三四十年代在北平各高校开设这两门课程。这两门课程曾先后以《廿二史札记》《日知录》和《鲒埼亭集》作为教材。课程名称虽异，但在以

《日知录》为教材时内容相同。《史源学实习及清代史学考证法》一书，由"史源学实习"课三份课程说明、教学日记及"清代史学考证法"课的教学日记、札记和1947年9月至1949年6月李瑚听这两门课程时所记的课堂笔记，陈垣在教学过程中写的三篇范文等内容组成。书后还附有这两门课程的学生座位表、签到表、陈垣课程说明、教学日记、札记、陈垣批改的刘翰屏、李瑚的"史源学实习"课作业以及李瑚听课笔记的影印件图版等。

史学方法是训练史学家的一门学问。"新史学"的史学家，必须具有考证的基本功。陈垣说："考证为史学方法之一，欲实事求是，非考证不可。"① "随笔杂记之属，有裨于史学。然史学重考证，如只凭记忆，或仅据所闻，漫然载笔，其事每不可据。"② 陈垣首创"史源学"课程，认为研究历史，必须追寻史源。所谓"史源"，是指历史资料的最早来源。而"史源学"的任务，是找出后人在使用这些资料时发生的种种错误，并予以纠正，同时总结出带规律性的东西。该书收入陈垣三段关于"史源学实习"课程说明，充分说明了这门课程的目的和方法。这门课程熔铸"陈门四学"，即目录学、年代学、校勘学、避讳学而成。学者必须运用"陈门四学"，通过寻找史源，"练习读一切史书之识力及方法，又可警惕自己论撰时不敢轻心相掉也"。"由此可得前人考证之方法，并可随时纠正其论据之偶误，增加本人读书之经验。"这门课程"贵乎实习"，因为"史源学一名，系理论，恐怕无多讲法，如果名史源学实习，则教者可讲，学者可以实习"③。

陈垣设计这门课程时，知道这是一门枯燥无味的课，怎样才能引起学生的学习兴趣呢？关键在选择教材。要选择有错误的书作为教材，"若全篇无甚错处，则不能作课本用矣"。因为有错，"学者以找得其错处为有意思"，"最宜使学生查对，查出时必大高兴"。④ 这样就可以大大促进学生的学习积极性和主动性。李瑚在记述"史源学实习"课的心得时说："《日知录》，后学不易窥其涯矣。史源一得，简易者知其率尔而成，繁难者亦遂知其组织。溯流而探其源，入门而窥其室，于治学致用，两有得矣。""读书须细心揣摩，否则走马观花，毫无所获。求《日知录》史源，亦是学者如庖丁之解牛，化整为零，则其肉其骨砉然分明。""《日知录》之引书，多有未书明出处，寻找史源，自稍繁难。每遇一条，先闭目遐想（先生批云：先用思想，对。）此条究为何人之语，在何书中。及到翻阅其书，臆断有中，其喜亦恒情也。""率尔读书，匆匆过目，浮云逝波，亦

① 《陈垣全集》第二十一册，第95页。
② 陈智超编注《陈垣史源学杂文》增订本，生活·读书·新知三联书店2007年版，第74页。
③ 陈垣著，陈智超主编：《陈垣全集》第二十二册，安徽大学出版社2009年版，第455页。
④ 陈智超编注《陈垣史源学杂文》增订本，第117－119页。

复何益？亦复何趣？弗细瞩澄流，无以见荇藻；不亲饮勺水，无以知寒温。检《日知录》亦然。其趣其苦，自知之，亦自求之而已。""考史源对于一般青年学子来说，是十分枯燥无味的。但变枯燥无味为兴趣盎然，不是一件简单的事。这完全是先生循循善诱，教导有方的结果。"① 我们从李瑚这段回忆和陈垣对学生作业的批示中，可以看出修习这门课的学生和老师共同沉浸在苦与乐之中。

陈垣讲这门课，每次布置学生做练习、写考释，自己事先也写一篇，事后或印发，或张贴，以为示范。这门课的考试试题也别开生面。在以《廿二史札记》为教材时的试题为：

> 读《廿二史札记》所得教训，试就左（下）列各点举例说明之：
> （1）读书不统观首尾，不可妄下批评。
> （2）读史不知人论世，不能妄相比较。
> （3）读书不点句分段，则上下文易混。
> （4）读书不细心寻绎，则甲乙事易淆。
> （5）引书不论朝代，则因果每倒置。
> （6）引书不注卷数，则证据嫌浮泛。

另一次的试题为：

> 以史源学论南、北史，《新唐书》之价值。
> 以史源学论《西魏书》有无著作之必要。
> 以史源学读《廿二史札记》所得之教训。②

我们从这门课的目的、讲授及实习方法、考试的试题来看，此课完全是为了训练学生们掌握治史方法，正如在辅仁大学接受过此课训练的来新夏说："陈垣老师之创立史源学是对乾嘉以来治史经验的概括和发展。""直到陈垣老师把史源学、目录学、年代学、校勘学和避讳学等五种专学构筑成'陈学'治史方法的基础，并以教授学生，使学生能得到研究历史的金针。"③

由于这门课程重在实习，主要由学生寻史源、作考释。陈垣只留下课程说明、教学日记、札记以及结合课程作的"史源学杂文"等。后人对这门课程所知不甚了了。《史源学实习及清代史学考证法》一书，附上李瑚 1947 年 9 月至

---

① 张其凡主编：《陈垣教授诞生百一十周年纪念文集》，暨南大学出版社 1994 年版，第 45 页。

② 以上试题见陈垣著，陈智超主编《陈垣全集》第二十二册，安徽大学出版社 2009 年版，第 439－446 页。

③ 龚书铎主编：《励耘学术承习录——纪念陈垣先生诞辰 120 周年》，北京师范大学出版社 2000 年版，第 182、180 页。

1949 年 6 月"史源学实习"听讲笔记和 1948 年 10 月到 1949 年 6 月"清代史学考证法"听讲笔记，使我们对这门课程的了解清晰了许多。如听课笔记所记："史源学皆求其根源，俗云'打破砂锅问到底'。此课为吾所首开。我之学问，小儒之学，如汉章句之学。史源学十五年前在北大开过，选此课者当皆已成材。今日宜造成为学问而学问，养成研究学问之风气。"① 可见这门课程对培养史学人才是行之有效的。笔记又云："讲史学，讲文学，未读经，岂可成乎？成名难由侥幸。史学家尤难成名。书太多，三十岁以前难成史学家。文学家、哲学家二十五岁之前即可成名，史学不可也。"② 陈垣的这些话，都通过李瑚的听课笔记而保存下来，可见其珍贵。听课笔记由陈智超誊清。商务印书馆出版本书，完全是抢救性质，使陈垣"史源学实习"课的面貌清晰地展现在后人面前，其功莫大焉。陈垣通过"史源学实习"课培养了不少史学家。现在开设这门课的高校寥寥可数。如果通过商务印书馆出版这本书，宣传"史源学实习"课的重要性，能有更多的高校开设这门课（或者在研究生阶段），则浮躁的学风改为严谨扎实的学风，或可指日而待。

二、 弘扬尊师重教的中华民族优秀传统美德和学术传承精神

我国自古以来就有尊师重教的传统。《礼记·学记》中说："凡学之道，严师为难。师严然后道尊，道尊然后民知敬学。"以上几种书突出地记述了以陈垣为祖师爷的几代人的尊师重教和学术传承的生动故事。

柴德赓 1929 年慕陈垣之名而考入北平师范大学史学系，当时陈垣担任史学系主任。柴听陈垣"中国史学名著评论"等课程，在课堂答问、作业、测验等方面的优异表现，得到老师的赏识。陈垣在"中国史学名著评论"课讲稿上，写了一条批评："（民国）十九年六月廿五日试卷，师大史系一年生柴德赓、王兰荫、雷震、李焕绂四卷极佳。"这年年终考试，陈垣把柴德赓列为优秀学生中的第一名。到三年级时，知道他经济困难，又把他介绍到辅仁附中兼课。大学毕业后，他任教于辅仁大学。在辅仁大学有"陈门四翰林"的说法，"四翰林"是指柴德赓、启功、周祖谟、余逊，而柴德赓居首，可见柴是陈垣最得意的门生。

柴德赓在致陈垣的信中说："昔年受政治影响，颇思投波逐浪，自受夫子之教，顿易昔日之趣。迩来愈觉除为学之外，不足以言意义，故虽处艰塞，不堕斯志，或亦足以慰夫子垂念之万一耳。著述之暇，望时赐训言，受业不胜感激瞻企

---

① 陈垣：《史源学实习及清代史学考证法》，商务印书馆 2014 年版，第 9 页。
② 陈垣：《史源学实习及清代史学考证法》，第 103 页。

之至。"① 可见柴德赓走上治学的道路，得益于陈垣的教诲。《陈垣来往书信集》（增订本）中，收入陈、柴来往书信 30 通。读着这些书信，为他们讨论学问之真切、老师教学生之严谨、师生感情之真挚而扼腕赞叹。1956 年 3 月 3 日，柴德赓从苏州致信陈垣，其中谈到"连日甚寒，请夜间勿去书斋胡同。"陈垣即复信说："半夜提灯入书库是不得已的事情，又是快乐的事情，诚如来示所云，又是危险的事情。但是两相比较，遵守来示则会睡不着，不遵守来示则有危险。与其睡不着，无宁危险。因睡不着是很难受的，危险是不一定的，当心些就不至出危险。因此每提灯到院子时，就想起来示所诫，格外小心。如此，虽不遵守来示，实未尝不尊重来示。请放心请见谅为幸。谨此复谢青峰仁兄。陈垣。"② 这里所说的"书斋胡同"和"半夜提灯入书库"，是指陈垣的住宅，放着四万余册书，书多房不大，两排书架之间的距离很窄，陈垣戏称之为"胡同"。陈垣与柴德赓讨论学问，有时到深夜。一个问题，双方意见不同，经常争得面红耳赤，最后只好以书为证。于是两人提着马灯，拿着小凳，到书库去查书讨论。问题解决，乐在其中。1956 年，柴德赓远在苏州，老师已是 77 岁的老人，担心老师在研究中想起一个问题，急于查书解决，半夜也要提灯入书库，所以来信苦心相劝。老师的复信则是对学生的真切感谢。可见师生之间情真意切。我们也宛似看到一幅师生在"书斋胡同"讨论学问的真实图景。

尊师最重要的体现是继承和弘扬老师的学术事业和学术精神。

柴德赓继承和发展了陈垣首创的"中国史学名著选读"和"中国史学名著评论"两门课程。柴德赓多次听陈垣的这两门课程。新中国成立后，柴德赓把这两门课合成"中国历史要籍介绍及选读"，多年来在江苏师范学院讲授。他讲课继承了陈垣的讲课风格，认真负责，内容充实，深入浅出，语言生动，谈笑风生，一直受到同学们的欢迎。他逝世后，由他的家属和学生根据手稿和讲义整理成《史籍举要》一书出版（北京出版社 2002 年再版）。

我们把《史籍举要》与《中国史学名著评论》和来新夏"听讲笔记"对照阅读，就可以充分了解两者的继承与发展的关系。

所谓继承。《史籍举要》一书的设计是按《中国史学名著评论》的框架而来的。"听讲笔记"记曰："吾人读书；（1）当看成书之时代、时间；（2）当看其人之学问、性情、道德等。此外，又当视其书为官书或私书。官书则多慑于势力，每有所顾虑而多忌讳；私书亦每偏重感情，或与私人恩怨有关。皆不能必信也。古人论史有三长，才、学、识三者是也。……故简言之，史实为事、文、义

① 陈智超编注：《陈垣来往书信集》（增订本），生活·读书·新知三联书店 2010 年版，第 588 页。

② 陈智超编注：《陈垣来往书信集》（增订本），生活·读书·新知三联书店 2010 年版，第 594 页。

三者而已。故吾人仍以后者事、文、义为治史标准。"①

按"听讲笔记",介绍每种史籍时,有"名目之由来""史料之来源""编纂之体例""文章得失""版本之异同"、后人之批评、该书的特点等目,但介绍各书的"目"多寡由该书的具体情况而定。

《史籍举要》的"前言"说:本书的目的是要使青年学生"了解中国历史方面有哪些是重要书籍,哪些应该精读,哪些应该参考,哪些仅备检阅;更进一步了解这些书籍是什么人做的,什么时候做的,站在什么立场说话的,什么时候印行的,它里面记载些什么重要史料,它是用什么方法记载的,这些记载和见解对不对,这些书有什么优点,有什么缺点,我们对这些书应该怎样批判和利用"。"介绍的方法,以史籍性质分类择要来讲,可分下列四个重点:(一)作者及著作时代;(二)史料来源及编纂方法;(三)优缺点及在史学上的地位;(四)注解及版本。"由此可见,《史籍举要》继承了《中国史学名著评论》的框架结构。

所谓发展。(1)《史籍举要》对史籍的分类比《中国史学名著评论》简明扼要。《评论》介绍了236种史籍(有的只列书名、作者、卷数),分成正史、编年、纪事本末、政书、别史、载记、传记、史钞、诏令奏议、地理、目录、史评、儒家、医家、天文算法、艺术、杂家等十七类。《史籍举要》分上下编,上编纪传体类,介绍廿四史和《清史稿》。下编分编年体类、纪事本末类、政书类、传记类、地理类五类,而每类下又分若干目,眉目清晰,一目了然。(2)对每种史籍的介绍,吸取学术界最新的研究、整理成果,并有自己的创见,非有长期的关注和研究不能总其成的。对陈垣的研究成果,亦充分介绍。例如对元辛文房撰的《唐才子传》的介绍,说"陈援庵《元西域人华化考》卷四曾述及上述情况并录有《石田集》卷二《题辛良史披沙集》诗一首"。"陈援庵《元西域人华化考》卷四又引伍崇曜跋,称此书'评骘精审,似钟嵘《诗品》。标举新颖,似刘义庆《世说》。而叙次古雅,则又与皇甫谧《高士传》等相同'。总之,辛书实为治唐代文学史者必要参考书。"②(3)随着时代的进步,介绍史籍时也反映时代的精神。陈智超对比这两书后说:"两者是继承和发展的关系。有继承也有发展,这正是一个好学生所应做的。"③这个判断是公允的。《史籍举要》出版后,受到学界好评。吕叔湘评价说:全书"脉络贯通",评论"恰中肯綮","在同类书中允称上选","有志于史学的人,手此一编,费力省而得益多,登堂入室,左右逢源,对于著者一定是感激不尽的。"④

来新夏也是一位尊师的典范。他在"中国史学名著评论"课听讲笔记附记

① 陈垣:《中国史学名著评论》,商务印书馆2014年版,第63页。
② 柴德赓:《史籍举要》,北京出版社2002年版,第332–333页。
③ 《中国史学名著评论》,第162页。
④ 参见1990年5月2日《光明日报》史学专刊。

说："1942年，我考入北平辅仁大学历史学系，从师新会陈垣先生，修'中国史学名著评论'一课，随听随记。课后整理订正，又用墨笔誊清，装订成册，藏于箧袋。历经劫难，幸获保存。时隔七十年，目睹讲稿，想见当年受业情景，缅怀师恩，不禁涕泗从之。""我虽年逾九十，精力衰退，目眊难于辨字，惟传承师教，弘扬师门，义何敢辞。乃尽三月之力，校对核正，粗作条理，稿成寄奉智超，祈其再加订正。庶励耘学术重得发扬，我又何幸获沾余光。"来新夏保存听课笔记，使"中国史学名著评论"课更加清晰地呈现在世人面前，其功不可没。从他的"附记"中可见其对老师的景仰，师生情深，令人感奋。

柴德赓《清代学术史讲义》的出版更具传奇性，是几代师生情的生动记录。

该书的"出版说明"说：2009年春，由柴德赓女公子柴令文处获悉李瑚宝藏有20世纪40年代初柴先生讲授清代学术史的听课笔记。于是4月23日上午，我们去拜访李瑚，了解相关情况。李瑚是中国社会科学院荣誉学部委员，1940年考入辅仁大学历史学系，在二年级时听柴先生"清代学术史"课。当时的辅仁大学虽在沦陷的北平，但在陈垣校长的主持下屹立不倒，以传承和弘扬中国固有的文化、思想和学术为职志，以唤醒和振奋国人的民族自尊、自信。李瑚不仅受柴先生亲传，更得到陈垣的指点。在听课笔记里，柴先生讲课时屡屡提到校长、陈校长。李瑚得到陈垣、柴德赓的亲炙，对老师的品格和学问十分信从。从后来李瑚对魏源研究、社会经济史研究以及诗歌、书法的成就看，就可以感受到来自陈校长、柴先生的深刻影响。

这部著作由"清代学术史""识小录"和附录四篇柴先生关于清代学术的论文组成。"清代学术史"部分，由柴先生的"清代学术史讲义"和李瑚的听课笔记合璧而成。

在这里我要特别强调柴先生的学生（当然也是陈垣的学生）刘家和先生在出版这部书过程中倾注的心血和他们之间浓浓的师生情以及学术薪火相传的责任感。此书的责任编辑丁波写过《刘家和先生与〈清代学术史讲义〉》一文[①]，读后令人感动。我摘录有关情节，与读者分享。

"清代学术史"第一次整理，2012年6月完成，以较为完整的李瑚的听课笔记为底本，柴先生讲义为补充。刘家和先生看了第一次整理稿和柴先生讲义原稿的复印件和李瑚笔记的复印件。一周后，刘先生约丁波去谈，"到先生家后，先生表情严肃地对我说，初稿他认真看了，问题很多，最主要的问题是'清代学术史讲义稿仅据李君笔记整理而成，而柴先生手稿尚有许多相当重要之内容未能收入。任何人做笔记都难免，甚至必有个人注意点之偏重与选择，故李君之笔记虽十分出色，但仍不能置柴先生残缺之手稿于不顾。我提出，推倒整理稿初稿重新

---

① 载《中华读书报》2013年7月3日。

整理，恐怕找不到合适的整理者。刘家和先生说，这个我已经替你考虑了，我本人事务较多，难以胜任，如果出版社同意重新整理，他可以在听过柴德赓先生课的辅仁大学的同学中帮我们物色合适的整理者。"过了一个月，刘先生推荐北京师范大学传统文化与古籍整理研究院的邱居里教授承担整理任务，邱居里是著名史学家邱汉生先生的女公子，学术功底深厚。

后来丁波才知道，从2012年7月中旬开始，为了物色合适的整理者，刘先生与辅仁大学同学反复讨论，遇到各种困难，两位80多岁的老人在师大门口打车。出租车司机看到老者年岁太高，纷纷拒载。适逢刘先生一位学生开车路过，亲自把两位老人送到当年听过柴德赓的"清代学术史"课的陶麐老人家里。而陶先生年事已高，视力有些问题，力不从心，不能担任整理任务。从陶先生家出来后，两位老人又走了相当一段距离才坐上出租车。刘先生为了此书的编辑整理付出了难以想象的辛劳。邱居里接受了整理任务后，刘先生又反复多次与她沟通，就柴先生讲义原稿与李瑚笔记如何融合等细节问题进行了深入沟通。到9月初，整理方案最终确定之后，刘先生如释重负地对丁波说："我这一个暑假都交给我的老师了。"在柴德赓百年诞辰时，刘家和写过一首《鹧鸪天》："忆昔师门问学时，屡闻考史复言诗，闲来漫语连掌故，兴到挥毫走龙蛇。流年改，南北离，侍从朝夕不堪期。高才硕学人难企，每念先生总心仪。"可见他们师生感情之深。

该书有陈祖武、刘家和写的两篇序。陈先生坚持要把他的文字作为"跋"，而刘先生坚持要把陈先生的文字作为序一。刘先生认为，陈祖武是清代学术史的专家，因年纪比他小，要把他放在前面；作为柴德赓先生的学生，他参与柴先生著作整理是应尽的义务，而陈先生却是在帮忙，他虽然年纪大一些，但一定要陈先生放在前面。这种谦让行为十分高尚，是学人应该学习的人格。

刘家和先生的这篇序言一万多字，题为《试谈研究史学的一些基本功》。刘先生说："柴先生的这一本书，虽然由后人编组而成，不过细读起来，还是能看出柴先生以及他的老师陈援庵先生治史的一贯方法和精神的。所以，我相信青年学人或学生如果能够耐下心来加以研读，那么无疑是会从此书学到一些独特而颇有价值的治史之门径。尤其是在当前学风中有些难以讳言的功利与浮躁的倾向的情况下，这本书对于我们现在治史之深入仍然是具有重要启发意义的。"序言分"关于目录与掌故""关于'识小'与'识大'""关于'竭泽而渔'"三个目，深刻地阐述了陈垣、柴德赓的治史方法与精神。文中对陈垣、柴德赓的学术如数家珍，高屋建瓴，娓娓道来，深入浅出，既是对陈垣、柴德赓学术的一篇导读，又是对青年学子寄予殷殷期望的劝学记。该书出版后，学术界好评如潮，认为可与梁启超、钱穆的清代学术史著作鼎足而三。

来新夏是陈垣、柴德赓的学生，他认为柴德赓对师道尊严十分重视。他在

《忆青峰师》一文中说："青峰师无论教学与研究都谨守陈门严谨缜密之家法，当年我曾亲见其撰写《谢三宾考》一文的全过程，他搜求史料之广，考辨论题之精，以至反复修订成文之认真，处处体现援庵师的治学精神。至于日常行事，亦唯援庵师所命是从，当时虽有人嫉妒、讥议，而青峰师不为所动，执弟子礼益恭。"①

丁波本科就读于北京师范大学历史系，是刘家和先生的学生，在中国社科院历史所获得博士学位。他在商务印书馆出版陈垣系列、柴德赓系列著作中发挥举足轻重的作用。我们在这两个系列的几部著作中，看到了陈垣、柴德赓、来新夏、李瑚、刘家和几代人的学术传承关系。弘扬陈垣的学术精神，在今天的学术界十分重要。商务印书馆在出版《柴德赓点校新五代史》之后，又制定了出版《柴德赓全集》的计划，这是令学界振奋的。商务印书馆以抢救优秀历史文化遗产、弘扬尊师重道的传统美德和学术传承精神为己任，令人敬佩。

原载《中国史研究》2015 年第 2 期。

---

① 来新夏：《不辍集》，商务印书馆 2012 年版，第 316 页。

读陈垣先生珍藏的 《陈氏家谱》 的启示

一代史学宗师、著名教育家和炽热爱国者陈垣先生（1880—1971），是广东新会石头乡人。他生前藏有一部用励耘书屋专用稿纸抄录的《陈氏家谱》（以下简称《家谱》）。陈垣注明"抄白《陈氏世谱》"。"抄白"就是抄录别人的材料，未加任何评断。一般的家谱为了说明自己家庭的光荣历史，都把本姓历史上的名人作为先辈载入家谱。本谱也不例外。根据《陈氏家谱》的记载，新会陈氏的祖先，可以追溯到中国历史远古的虞舜时代。舜的第二十八代孙胡公满，被周武王（约公元前 11 世纪）册封为陈国（在今河南淮阳）的国君，因而以"陈"为姓。胡公满的第三十八代孙为陈寔，陈寔的第五代孙名陈登，陈登的第二十二代孙陈洪，在北宋初年曾当过官。陈洪的后人先在金陵（今江苏南京），后迁到福建。陈洪的第五代孙名寅，又迁到今广东北部南雄保昌县珠玑巷。陈寅的第四代孙名陈宣。陈宣有七兄弟，当时保昌县的黄姓珠宝商人，勾引皇妃苏氏潜逃，宋朝因此发兵除灭保昌县的百姓，陈氏家族又从南雄迁到珠江三角洲的顺德、新会一带。《家谱》记载，新会石头乡陈氏始祖是陈宣，曰："始祖讳宣，号猷，字南乔，葬于蛇子形"。"陈猷，其先汴梁人，尝仕宋，金陷汴，播迁南雄珠玑里。至猷，沉毅有远识。咸淳间，世事日非，遂移家新会（下）峒。身仍在雄守祖墓。德祐末，率乡人保聚。景炎初，助官军与元人战于雄。败绩，乃归下峒。未几宋亡。猷辟谷饵草木实，嘱子孙毋仕元。"《陈氏家谱》中记载，陈宣"次子仲义，安居石头乡开族"。陈仲义就是陈垣的直系祖先，是陈氏的二世祖。陈仲义，名考，亦称陈巧，号景彝，生于南宋淳祐二年（1242）。他曾被举为孝廉，但因遵祖命不为元朝做事，便隐遁庐山，后遇罗真人，得引导术，为民消灾除患，人称"陈巧六大真君"。石头乡太祖祠堂供奉着陈巧的塑像。

《家谱》中，从虞舜到陈洪，只是一些传说，不可能是真正的历史。从陈寅到陈仲义这一段，也有许多传说的成分，如所谓黄姓商人勾引皇妃的故事，就是一种传说，类似的故事在广东其他姓的家谱中也有记载。陈垣的祖先，自陈宣以下，在《家谱》中都有明确的生卒年月及葬地，到此才算是真正的历史。①

《家谱》也部分地反映了珠江三角洲的开发情况。珠江三角洲比黄河流域、长江流域开发得晚。北宋末年到南宋初年，南宋末年至元朝初年，北方战乱，大批中原地区的人民一次又一次大迁徙到珠江三角洲，从此珠江三角洲的社会经

---

① 曾庆瑛：《陈垣与家人》，北京师范大学出版社 2010 年版，第 2 页。

济、文化得到迅速发展，赶上中原的发展水平。许多南迁人的后代发展为有名望的大家族，文化名人辈出。如南宋的崔与之、李昂英，明代的罗亨信、陈献章，清代的屈大均，近代的康有为、梁启超等。①

据《家谱》记载，陈垣的祖父海学，即陈宣的第二十一代孙。"二十一世祖考讳社松，字海学，号达湖。生于嘉庆辛未年五月十八日未时，终于光绪戊寅年十月廿一日亥时，享寿六十八岁，葬于迳口山。"在封建社会的中国，非常重视家庭的辈分，为了家族方便区分辈分，每个家族都选一首诗，按诗的字句取名。近代石头乡陈氏宗亲诗为："世德施光裕，明廷擢茂良。学维宗孔孟，华国以文章。"据说，这首诗是新会历史上第一个具有全国影响的著名思想家陈献章（白沙）写的，他的家乡在新会白沙里，人称他为"白沙先生"。陈垣祖父海学，在结婚时按例取宗亲诗中的第一个字"学"字，名海学。

海学（1811—1878）出身贫寒，原先务农，后来靠贩卖陈皮发家。所谓陈皮即柑果皮。陈皮，只有新会所产才是上品。陈皮不但可以入药，过去还常用来奉客，像敬烟敬茶那样，而且陈皮放得时间越长，就越香、越贵。据说上百年的陈皮买卖都是使用厘戥称的。最初，海学只是到各乡收购陈皮，然后背扛肩挑拿到广州摆卖或寻找买主，赚了些钱后自己开了一间小铺，取名"松记"。最后，租了广州晏公街闽漳会馆作为店铺，并改名为"陈信义药材行"。店门前挂了一副对联——"信人所任，义事之宜"。药店取名"陈信义"，寓意商店重视诚信，老幼不欺。"陈信义药材行"开张的时间，据陈垣考证是清道光十七年（1837）②，当时海学 26 岁。陈垣还写过《跋何其厚重修晏公神庙碑记》一文，考证晏公街的历史。③

海学是陈氏家族药材生意的开创者和奠基人。海学靠克勤克俭、艰苦奋斗起家。海学年幼丧父，分家后并无恒产。最初到会城一间葵扇厂打工，后向友人借了七钱二分银。靠这微薄的本钱买卖陈皮。在广州经营"陈信义"时，能省则省，连口粮都是由乡间带去的。乡间各宅的家眷妯娌把米舂好托水客运到广州，又把一些需要加工的药材送回乡下，由他们加工，然后再运回广州。由于注重诚信，经营得法，后来子侄们更分头向各地发展，至 20 世纪初，"陈信义"在广州开设了两家：一间在晏公街，一间在仁济路，由九宅陈维镳、四宅陈国彦主持；香港"陈信义"由六宅陈宗玉，后来由五宅陈国键主持；新加坡"陈信义"由九宅陈国烈主持；上海的"琪记"，即《上海地方志》说的"琪记及陈信义"，由八宅陈国琪主持；天津的"陈信义"由六宅陈宗澜主持；海口的"陈信义"，

---

① 陈乐素：《珠玑巷史事》，见陈乐素《求是集》第二集，广东人民出版社 1984 年版。

② 陈垣著，陈智超主编：《陈垣全集》第 23 册，安徽大学出版社 2009 年版，第 655、657、659 页。

③ 《陈垣全集》第 7 册，第 877－880 页。

据《海口市志》称，"海口广德堂创办于光绪年间，由广州'陈信义药材行'家族集资，在海口市买地建房开设"，后由大宅陈振德主持，亦即后来湛江的"信诚"。这样，"陈信义"形成国内东西南北，以及国外的购销链条。"陈信义"最兴盛的时代，九宅的陈维镳在广州药材行业中是老行尊，有很高的威望。香港的"陈信义"在同业中也有很高的地位，主持人六宅陈宗玉于1926年与其他商号负责人创立了香港中药联商会，推广中药，因此被推选为该商会的第一任正会长，深受同业的尊重。这个群体的经济来源绝大部分都来自商业，大多数老一辈人都在上述商行中供职，领取工薪。各家则按实际需要支取生活费。可见"陈信义"在新会是有相当影响的名望大族，基本上维持着家族式大家庭的体制。①

海学先后有三位妻子。第一位是谢氏，《家谱》称其为"淑配"。谢氏比海学小七岁，12岁时便死了，可能是童养媳，或订婚后未完婚就死了。海学正式娶的第一位妻子是钟氏，《家谱》上称其为"继配"，比海学小六岁。在海学富裕起来后，又娶了比他小23岁的黄氏为妾，《家谱》上称其为"庶配"。钟氏和黄氏一共生了九个儿子，这九个儿子按宗亲诗的第二个字"维"字取名，即维远、维谦、维举、维骧、维启、维塈、维宣、维饶、维镳，他们在《家谱》中都有明确记载。九兄弟中，除了老四维骧读过几年书外，其余八子都继承父业经商。

海学家境富裕之后，为九个儿子买地置产。在石头乡规划了一个庄园，建三排九栋房子，每个儿子一栋。整个庄园的建筑由五子维启，也就是陈垣生父主持。海学是1878年去世的，这个建筑群的建成应该在这一年的前后（清光绪初年）。前排按九、三、四宅排列，中间按八、一、五、七宅排列，后排按二、六宅排列。后来六宅在四宅旁边加建了一间即新六宅；九宅在旧九宅旁边加建了新九宅；七宅在二宅旁加建了新七宅。这些房舍除新九宅因人口众多建成二层楼房之外，其余都是一个模式：金字屋顶单层青砖平房，主体正厅左右各带两个共四个房间，正厅门外是天井，左右两廊一边是厨房，一边是杂物房，每户面积介乎140～143平方米之间。这样的房舍和同村邻近的一般房子并没有多大区别。它反映出创业者勤劳俭朴的家风，以及为儿孙的使用设想得尽可能实用和周全的用心。整个庄园周边由一堵约一丈高的砖墙围起，前面是青砖和花岗石建的高大门楼，上刻有"富岗里"几个大字②。这个庄园靠近"大虎山"，据说"富岗里"的"富"字是"虎"字的谐音。陈垣"生于广东新会县石头乡富冈里"③ 是准

---

① 陈珍广：《陈垣及其祖家陈宁远堂》，见张荣芳、戴治国主编《陈垣与岭南》，中国社会科学出版社2011年版，第544－545页。

② 陈珍广：《陈垣及其祖家陈宁远堂》，见张荣芳、戴治国主编《陈垣与岭南》，第541页。

③ 《陈垣简谱》，见陈智超编注《陈垣来往书信集》，生活·读书·新知三联书店2010年版，第1193页。

确的。整个庄园总称之为"陈宁远堂"，是这个家族的名号，取自"淡泊明志，宁静致远"的古训。学者称这个建筑群是"独具特色的清末民初的民居"。光绪二十四年（1898）树立的一块界碑，至今还在原处。

陈垣的生父维启是海学的第五个儿子，生于清咸丰五年（1855）。他除了经营中药材外，还做过茶叶生意，曾到过湖南湘潭县采办过茶叶，还主张读书、做官、做学问。陈垣在20世纪40年代曾为湘潭宁氏《题锄耕图手卷》诗，曰"两世论交话有因，湘潭烟树记前闻。寒宗也是农家子，书屋而今号励耘。（自注：吾先人在湘潭办茶。先父名田，号励耘）"，"仲尼立论轻农圃，儒者由来爱作官。可是丈人勤四体，未教二子废铅丹。"① 陈垣后来把自己的书斋取名"励耘书屋"，一方面是用它来勉励自己要努力在学术上耕耘，另一面也是表达他对父亲的怀念。

维启的妻子周氏，于光绪六年十月初十（1880年11月12日）生陈垣。按照宗亲诗"学维宗孔孟"，排"宗"字辈，起名"道宗"。陈垣六岁时，他的三伯父维举去世，死时不到34岁。他只有一个女儿，没有儿子。维举比维启大两岁，两人感情最好，于是维启把六岁的儿子陈垣过继给维举，按照宗族家法，陈垣要兼祧两房（三房、五房）。此事《家谱》有明确记载。在"维举"条，记"国垣入继"；在"维启"条，记"长国垣出继维举"。这样，陈垣有两位母亲，即生母周氏和过继母李氏。

陈垣生活在北京时，对故乡石头乡的生活印象深刻，《陈垣全集》收入陈垣忆乡诗，今录几首如下：

宁侄北来出示莲姐照片已不相识感而赋此

久别容颜异往朝，儿时旧事未全消。
不知姜性酸仍辣，持向檐前雨水浇。
自注：儿时在四宅旧屋与莲姐共食酸姜，辣甚，
则持向檐前雨水浇之。②

汉侄书来知询虞八叔及耀东大兄近状以此寄之

卅年不到古冈城，记否邻庵念佛声。
六韵五言吟甫罢，北门楼上已三更。

---

① 陈垣著，陈智超主编：《陈垣全集》第22册，安徽大学出版社2009年版，第557－558页。

② 陈垣著，陈智超主编：《陈垣全集》第22册，安徽大学出版社2009年版，第538页。

自注：石溪陈氏试馆在邑城北门大街，左右邻均为尼庵。县试头场必殿以诗，夜深始交卷。

东海桑围百亩租，十年膏火赖无虞。
清明共踏蛇山路，定过君家卖酒垆。
自注：询虞昆仲耕白云祖东海围学租，在墟上巢谷酿酒。
每清明省太祖墓蛇子形，必于此聚集。

惠受街前秋意新，入闱主考虎纹茵。
红男绿女争相看，蕞尔科名竟醉人。
自注：耀东尊人设肆藩司前，每秋试主考入闱，即邀余往观。①

寄薛二妹

十年兄妹阻关河，世乱忧深鬓已皤。
记得故乡风味否，石头出色是烧鹅。②

无题

多时不食脯腌鱼，深悔离乡北地居。
两度南旋刚橘绿，土鲮犹未上村墟。

寄汉侄石头

昔吾廿五居乡校，今汝传经太祖祠。
日懔白沙追远训，湖光山色最宜诗。

寄汉侄太祖祠

岐山头畔百花鲜，艳说真人圣水传。
为问近年傩礼日，祠堂香火可如前？

初夏食西葫芦味同节瓜而形大

西葫芦味清如许，恍惚吾乡酿节瓜。
或说本来同一物，居分南北遂相差。③

由此可见，新会石头乡的风物，如酸姜、鲮鱼、烧鹅、节瓜、科考、祠堂香

---

① 陈垣著，陈智超主编：《陈垣全集》第 22 册，安徽大学出版社 2009 年版，第 545 页。
② 陈垣著，陈智超主编：《陈垣全集》第 22 册，安徽大学出版社 2009 年版，第 547 页。
③ 陈垣著，陈智超主编：《陈垣全集》第 22 册，安徽大学出版社 2009 年版，第 548 – 549 页。

火、傩礼等给陈垣以深刻印象，故他在中年、壮年时，还以此入诗。这说明他对故乡的怀恋。

我们从《陈氏家谱》以及陈垣成为世界级学者的历史来看，可以得到几点启示。

第一，"陈宁远堂"是靠克勤克俭、艰苦奋斗发迹的。

第二，"陈信义药材行"是靠诚实守信、童叟无欺的经营理念，逐渐发展起来的。

第三，陈氏家族是居住在农村与居住在城市的家族成员共同努力下发展起来的。在城市的成员富裕起来之后，不忘在农村多办公益事业。从20世纪20年代起，陈宁远堂就经理乡间的学校，给予资助。1929年，二宅的陈珍汉正式创办石头小学，历任该校的名誉校长，二宅的陈瑞卿、大宅的陈默仪都曾在这小学长期任教。抗战时期太祖祠堂曾收养过数十名难童，其学费和生活费也由宁远堂资助。1937年坑美大围连年水患，农民损失很大，宁远堂曾与其他方面共同资助购置救灾用的水泵。至于修桥补路等事更是普遍。从石头乡到棠下镇的几座石桥，乃至当时来往广州江门的"花尾渡"使用的码头，都是由宁远堂独力或出资建成。宁远堂在乡间坑美市开设了一间"太和堂"药铺，由族外人士陈琏在太和堂行医。陈琏医术高明，医德很好，对来看病的乡里，只收诊金，抓药只是记账。由于使用的都是"陈信义"从广州送回来的药材，其实是不用钱的。在太和堂对面，宁远堂还有一处公益性质的"阅书报社"，门前的题字是陈垣所书，里面备有若干报纸书刊供大众阅读。①

第四，重视教育是宁远堂的一个特点。宁远堂中只在私塾里学习过的老一辈人已经懂得让子女接受现代教育的重要性。受过高等教育的人，有学医、学新闻学、学历史、学生物、学工程、学经济、学农艺的，也有到外国留学的。"陈信义"有一条不成文的规定：族内子侄读书可以得到资助，有困难者都可以到店里免费吃住。据不完全统计，从陈垣算起，宁远堂第三、第四代人，男女几乎全都受过中等或中等以上的教育，其中大专学校毕业的就有百人左右，包括到国外留学的八人，约占统计人数的70%。其中的佼佼者，如九宅的陈国锐，是一位医术高明的外科医生和中山大学教授，是一位国家级的专家。②

陈宁远堂最杰出的人才就是陈垣。陈垣的成才，离不开宁远堂的培养。父亲维启对陈垣的读书全力支持和鼓励。1941年陈垣在致长子陈乐素的信中说："余少不喜八股，而好泛览。长者许之者夸为能读大书，而非之者诃为好读杂书，余

---

① 陈珍广：《陈垣及其祖家陈宁远堂》，见张荣芳、戴治国主编《陈垣与岭南》，中国社会科学出版社2011年版，第545－546页。

② 陈珍广：《陈垣及其祖家陈宁远堂》，见张荣芳、戴治国主编《陈垣与岭南》，第567页。

不顾也。幸先君子（指父亲）不加督责，且购书无吝，故能纵其所欲。"① 在致三子约之的信中说："余家自植卿四伯始读书，然只习时文，不得云学。至余始稍稍寻求读书门径。幸先君子（指父亲）放任，尽力供给书籍。今得一知半解，皆赖先君子卓识有以启之也。"② 所以，陈垣十五六岁时，就在广州购买了大部分学海堂、广雅书局、潘仕诚的《海山仙馆丛书》、伍崇曜的《粤雅堂丛书》所刻印的古籍，为他日后的学问打下了坚实的基础。

由此可见，根据《陈氏家谱》记载，陈垣的家族是从珠玑巷迁移到新会石头乡的。这个家族宁远堂为珠江三角洲社会经济、文化教育的发展作出过卓越的贡献。总结宁远堂发展的历史，今天还有许多值得我们回味的启示。

原载《广府寻根　祖地珠玑》2012 年第 4 期。

---

① 陈垣著，陈智超主编：《陈垣全集》第 23 册，安徽大学出版社 2009 年版，第 845 页。

② 陈垣著，陈智超主编：《陈垣全集》第 23 册，安徽大学出版社 2009 年版，第 704 页。

晚清岭南汉学学风的形成与陈垣的学术渊源

本文论述陈垣的学术渊源。阮元创办学海堂，一改岭南的学风，使之由明代以来的心性、帖括之学变为重视考据训诂之汉学；岭南汉学学风形成的标志是出现了陈东塾之学及东塾学派。这是陈垣的学术渊源之一。

一、 尹炎武与陈垣的交往并论陈垣的学术渊源

尹炎武（1888—1971），又名太蒸、文，号石公、硕公、谈翁，又号蒜山，江苏镇江人，古文献与文物专家。1911 年入安徽存古学堂，从朱骏声学《说文》。朱骏声著《说文通训定声》，从形、音、义三方面综合研究词义，为竭半生精力之作。此为尹炎武打下了文字学基础。尹炎武后毕业于私立吴淞中国公学国文系，又师从胡韫玉、李详，精熟清史，善作骈文。20 世纪 20 年代初，任国立北京农业学堂教员。1926 年，受陈垣之聘，任私立北平辅仁大学国文系主任，并兼私立中法大学教授。其后历任河南大学历史系主任、贵阳师范学院教授，国史馆纂修等职。1934 年，任《江苏通志》稿件整理处编纂。1937 年，镇江沦陷前，将志稿和资料送僧寺保管，使之未遭损失。中华人民共和国成立后，任上海市文物管理委员会委员，负责征集组工作。在任期间，为国家征集到大批图书文物，特别是收集到金山（今属上海）著名藏书家姚石子（字复庐，1891—1945）的藏书，其中以有关金石、碑板、图录等为多，很多都很难得，并有不少善本、孤本、批校本、手抄本典籍，大都为海内稀有之物，弥足珍贵。这次的征集，受到有关单位的表扬。他曾与严致和、柳诒徵等合力恢复绍宗楼藏书。自名所居为"说食斋"。[①]

尹炎武与陈垣交情甚笃，《陈垣来往书信集》（增订本）中，收入两人的来往书信119 通，从 1922 年到1964 年，书信不断，达 40 余年。[②] 1922 年，陈垣任教育次长时，尹炎武即"送上教育部现职员简录一册以供清览"，并向陈垣提供

---

① 徐友春主编：《民国人物大辞典》（增订版），河北人民出版社 2007 年版，第 239 页；刘乃和：《读陈垣〈寿尹文书札跋〉》，见氏著《历史文献研究论丛》，广西师范大学出版社1998 年版，第 194 页。

② 陈智超编注：《陈垣来往书信集》（增订本），生活·读书·新知三联书店 2010 年版，第 117 - 160 页。

人事布局的意见。① 同年又致函陈垣，说："本日社集，因预有清华之约，不及赶回。社中诸友，幸为代谢。"② 此"社集""社中"诸友，是指 1922 年 5 月，由吴承仕发议，尹炎武、朱师辙、程炎震、洪汝闿、邵瑞彭、杨树达、孙人和等八人假座北京的歙县会馆结成"思误社"，取北齐邢邵语"日思误书，亦是一适"之意。每两周会集一次。主要是校订古书，以养成学术空气。后改名为"思辨社"，陆续加入者有陈垣、高步瀛、陈世宜、席启駉、邵章、徐鸿宝、孟森、董节、伦明、谭祖任、张尔田等人。③ 陈垣与"思辨社"成员的交谊尤为深厚。谭祖任加入"思辨社"之后，该社的论集改到位于丰盛胡同的谭宅聊园举行。1933 年，杨钟羲、尹炎武在聊园宴请到访的法国学者伯希和，邀请陈垣出席作陪。

1933 年杨钟羲、尹炎武在聊园宴请到访的法国学者伯希和，邀请陈垣出席作陪。
（选自刘乃和等编著《陈垣图传》，北京师范大学出版社 2010 年版）

1933 年，尹炎武离开北平到开封河南大学任教，在河南大学第一次致函陈垣的时间是 1933 年 4 月 27 日，说："到汴（开封）四五十日，尚未笺候起居，负疚何已。"然后述说"此间与（北）平绝异"，带着对友人的情感，叙述在开

---

① 陈智超编注：《陈垣来往书信集》（增订本），生活・读书・新知三联书店 2010 年版，第 117 页。

② 陈智超编注：《陈垣来往书信集》（增订本），生活・读书・新知三联书店 2010 年版，第 118 页。

③ 桑兵：《民国学界的老辈》，见氏著《晚清民国的学人与学术》，中华书局 2008 年版，第 206 页。

封的生活，"课余之暇以阅肆访书为消遣"。"今月十五日，伯希和翁回国，我公与适之、圣章、叔琦、贝大夫诸君到站送行。临发，伯翁谓人曰：中国近代之世界学者，惟王国维及陈先生两人。不幸国维死矣，鲁殿灵光，长受士人之爱护者，独吾陈君也。在平四月，遍见故国遗老及当代胜流，而少所许可，乃心悦诚服，矢口不移，必以执事为首屈一指。"① 后来尹炎武致函陈垣时，每每忆及聊园研讨学问的情趣。1934 年的一封致陈垣函说："每念高斋促膝，娓娓雅谭，风月聊园，沉沉清夜，未尝不极目苍茫，精神飞越。南北相望，想同之也。夫以博雅宏深之学，精密湛邃，肴核百家，委怀乙部，冷交易集，起冬至而消寒，版本搜奇，汲修绠之供给。左揽绩溪（胡适）之奇侅，右瞰藏园（傅增湘）之珍秘，真率五簋，高谈娱心，横议华筵，抵掌快意，此情此景，寤寐不忘。辅仁诸友，晨夕过从，亦曾忆及憔悴江头，风雪弥天，有一故人贪夜灯前，拥书独坐乎？""聊园居士，江安老人及伦老师、余季老、雪桥、心史、葆之、理斋、羹某、少滨、蜀丞、燕龄、森老、遇央、孟劬、文如诸钜子，见面时幸为道意。"② 1935年 1 月 31 日致陈垣函云："每忆励云（耘）学肆之雅谈，聊园春酤之坠馥，茶消意倦，遥夜明灯、辄不胜起舞弄清影之感。"③ 尹炎武还把聊园同仁的业绩和趣事写入诗中，如 1935 年致陈垣一函忆及聊园君子："寄援庵北平并简石遗（陈衍）公休含光三君子，平生缟纻倾南北，天下文章右八陈。乱世功名委尘土，藏山著述割星辰。从来吴越陵中国，今日湖湘叹绝伦。开岁聊园数社集，知君定忆未归人。援庵史学，伯严、公休古文，弢庵（陈宝琛）、石遗歌诗，含光骈体，海梢倚声，皆极天下之选，卓然为一代传人。八君子著籍粤、闽、吴、赣，皆吴越境内也。"④ 1944 年致陈垣一函曰："柳翼谋过筑入都赋此送之。仓黄未饮茅台酒，邂逅还登甲秀楼。奔命兵间神愈王，填胸掌故世无俦。难忘书藏几灰烬，早续厄林（明周婴）备敏求。犹欲捃遗传大错，文澜侨置待卢牟（文澜阁库书近侨置贵阳）。援庵少滨琴石季豫诸老一笑。石公录稿。"⑤ 1962 年 6 月，简陈援庵诗中曰："杨（遇夫）朱（少滨）解故（《汉书窥管》《商君书解诂》）破拘挛，

① 陈智超编注：《陈垣来往书信集》（增订本），生活·读书·新知三联书店 2010 年版，第 123 – 124 页。

② 陈智超编注：《陈垣来往书信集》（增订本），生活·读书·新知三联书店 2010 年版，第 130 – 131 页。

③ 陈智超编注：《陈垣来往书信集》（增订本），生活·读书·新知三联书店 2010 年版，第 133 页。

④ 陈智超编注：《陈垣来往书信集》（增订本），生活·读书·新知三联书店 2010 年版，第 134 页。

⑤ 陈智超编注：《陈垣来往书信集》（增订本），生活·读书·新知三联书店 2010 年版，第 137 页。

高叟（阆仙）钩沉（《文选注疏》）孰比肩，一任余（季豫）吴（检斋）规纪阮（《四库提要辨证》《经籍纂诂》），登坛述学首潜研（先生教人，为从竹汀《考异》《养新》入手）。黄（晦闻）陈（匡石）伦（哲如）孟（心史）闵（葆之）孙（蜀丞）谭（篆卿），二郡（伯骃、次公）张（孟劬）洪（泽丞）共一龛，若问聊园思辨社，空余惆怅望江南（黄诗，陈词，伦、孟、闵、孙考证，二邵、张、洪均词家，谭余石赏鉴）。梦到宣南著作林，追攀翊教许同心，昨宵有客传新句，如接锵鸣满神金（西城翊教寺为先生闭户著书之所）。"①

尹炎武在京外工作，十分思念聊园思辨社的同人，在致陈垣的信中经常提及，如 1944 年 9 月 7 日信云："圣遗（杨钟羲）作古，颇有老成凋谢之感。""聊园觞咏如恒，可有昔时之盛？少滨携妾北征，兴致不浅。哲儒养疴家弄，曾否还平？季豫《四库考证》，定增新稿。兼士殚思音韵，发明必多。亮丞（张星烺）钻研外史，有何新纂？孟劬息影燕大，近况何如？"② 陈垣在给尹炎武的信中，亦经常提到聊园思辨社同人，如 1956 年 2 月 25 日，陈垣致尹信中说："即日所闻，积微居主（杨树达）已作古，思辨同人又觞一个了。"③ 又如 1956 年 3 月 30 日，陈垣致尹信云："春寒，杨、柳（杨树达、柳诒徵）一时俱萎，甚为怆痛何如。""与大师兄（朱师辙）合照早收到，渠来书屡将张冷僧（张宗祥）误为阆仙（高步瀛），昨去信告之。""余谓阆仙、冷僧皆教部同事，而君与阆仙又是思辨社同人。"④

能反映尹炎武与陈垣交往密切、感情深厚的，除了上述书信之外，还有庚午年（即 1930 年）陈垣写《寿尹文书札跋》之例。尹文生于 1888 年农历十月初十日（陈垣为 1880 年农历十月初十日生）两人同月同日生，陈垣比尹文大八岁。1930 年，尹文四十一岁生日，生辰前，适琉璃厂文物店持明清人手札数件求售，陈垣见其中有二札，正可祝尹文之寿，乃将书札买下，并撰写跋文，说明以此两札祝寿之理由。经过陈垣考证，这两封书札是：王如金（字子坚）与曹伟（号硕公）书，写于清顺治二年（1645）三月；申涵光（号凫盟）与戴廷栻（字枫伟）书，写于清康熙十五年（1676）。

两札皆有傅山（字青主）印章，曾为傅山所藏。作书受信四人，都是傅山挚友。

---

① 陈智超编注：《陈垣来往书信集》（增订本），生活·读书·新知三联书店 2010 年版，第 159 页。

② 陈智超编注：《陈垣来往书信集》（增订本），生活·读书·新知三联书店 2010 年版，第 136 页。

③ 陈智超编注：《陈垣来往书信集》（增订本），生活·读书·新知三联书店 2010 年版，第 149 页。

④ 陈智超编注：《陈垣来往书信集》（增订本），生活·读书·新知三联书店 2010 年版，第 149 页。

两札所涉及的人物，都是明末遗民。明亡后，志不得伸，或抗清死节，或洁身不仕，或闭门读书，或诗酒解忧。他们是山西地区一批青壮年，怀念故国，坚不降清。他们的老师袁继咸（字袁山），江西宜春人。明天启四年（1624）、五年（1625）联捷进士，擢兵部右侍郎，兼右佥都御史。崇祯七年（1634）提学山西，为巡按御史张孙振所诬，帝怒，将之逮捕入狱，几死。诸生随至京都，伏阙诉冤，被释放。后总督江西、湖广等地军务。驻九江。清兵南下，九江陷，被执北去，不屈见杀。可见袁山也是抗清之士。

陈垣跋中说，"一则隐藏硕公之姓与名"，指第二札，此札中"称及宁人、公他、伯岩"。宁人，顾炎武字，尹文一名炎武，此即隐藏尹文之名。公他、公之他，皆傅山别号。《孟子·离娄下》有《庾公之斯学射于尹公之他》，傅山此别名源于《孟子》，此即隐藏尹文之姓。

跋中又说，"一则明著硕公之号"，盖第一札为王如金与硕公书，上款为硕公，尹文字硕公，即明著尹文之号也。因此陈垣谓"是非还之硕公不可"，乃将两札连同跋文装裱成册，以祝尹文四十一大寿。

尹文得此册页极喜，视为珍品，宝而藏之。一来喜得傅山收藏过的明末忠义之士书札；更主要的是喜于陈垣的题跋及精妙细致的考证。①

陈垣以古人墨迹赠送尹文以祝寿者，如尹文七十二大寿，1960 年 4 月 12 日，陈垣致函尹文：

> 大错和尚为公乡人，前承借我大错遗集，久思以大错真迹为报，昨在厂肆见《明人印章题词》墨迹一册，十八开，题者八人，中有陈元长持钱少开札索晤张鹄之事，又有少开亲笔题记。册首有董玄宰、陈眉公书，末有夏树芳老人题诗，又有睦明永，希姓书家难得，因亟携归，另邮寄呈，以为吾师寿。②

1960 年 4 月 23 日，尹文复信陈垣曰：

> 承赐明人印章题辞墨迹，不独开少亲笔，生平未睹，即夏睦遗翰，亦希罕之极矣。不知先生何来得之，又不自留，其于锄生，惠贶大矣。望风拜

① 陈垣：《寿尹文书札跋》，见《陈垣全集》第 7 册，安徽大学出版社 2009 年版，第 888 页；刘乃和：《读陈垣〈寿尹文书札跋〉》，见氏著《历史文献研究论丛》，广西师范大学出版社 1998 年版，第 193–200 页；陈智超：《学者的收藏》，见氏著《陈垣——生平 学术 教育与交往》，安徽大学出版社 2010 年版，第 106 页。

② 陈智超编注：《陈垣来往书信集》（增订本），生活·读书·新知三联书店 2010 年版，第 156 页。

嘉，难以笔述。①

尹炎武比陈垣小八岁，在书信中累称陈垣为老师，或自称为陈垣"门下"②。对陈垣的史学成就十分崇敬，称陈垣为"近百年来横绝一世"的"当代史学钜子"，"我公学术，海内匪二，主讲旧京，腾声城外"。③ "考据之业，至此境界，真神乎其技，空前绝后也，岂特当世无两哉！"④ 1952 年，时任上海市文物保管委员会委员的尹炎武把友人携来的钱竹汀手简 15 通，请陈垣考释。陈垣写成《跋钱竹汀手简》⑤。1952 年 4 月 5 日，陈垣致信尹炎武曰："钱大昕竹汀手简十五通，分裱十四开，石公自沪寄我。抽暇一阅，皆竹汀寄家人子弟信，中有"东壁图书印"，当为竹汀长子东壁所收藏。今考其年月次第以下（略）。""综核此册。虽寥寥十五简，但自乾隆三十九年竹汀四十七岁起至嘉庆八年竹汀七十六岁止，绵亘凡三十年。中多有月无年，或有日无月，或日月并缺，今为一一考出，以质石公。一九五二年清明。"⑥ 尹炎武收到陈垣来信和考释文字，于 1952 年 5 月 20 日复函陈垣曰："奉四月中毕海，并跋竹汀手简，欢喜捧诵，传观赞叹。""跋竹汀文与往年跋于文襄手札同一精妙。尝与柳劬堂、鲍扆九（鼎）谈当代擅长史学，而以深入浅出之文达之，励云（耘）书居外无二手也。"⑦ 1956 年 3 月 29 日致陈垣函云："至先生史学明并日月，无待称述，况名垂瀛海之人，更何须自号老友者为之杨诩也。"⑧ 1960 年 5 月 23 日，陈垣致函尹炎武曰："前日偶检旧筐，见有凌次仲（凌廷堪）上款钱（钱大昕）、阮（阮元）牍一册，记得系吾师所贻，中有残札两开，据内容笔迹，是孙渊如（孙星衍）的无疑，但此札年月，颇有问题，特为考定如另纸。"⑨ 此"特为考定如另纸"即陈垣《跋凌次仲

① 陈智超编注：《陈垣来往书信集》（增订本），生活·读书·新知三联书店 2010 年版，第 156 页。

② 陈智超编注：《陈垣来往书信集》（增订本），生活·读书·新知三联书店 2010 年版，第 126 页。

③ 陈智超编注：《陈垣来往书信集》（增订本），生活·读书·新知三联书店 2010 年版，第 127 页。

④ 陈智超编注：《陈垣来往书信集》（增订本），生活·读书·新知三联书店 2010 年版，第 141 页。

⑤ 此跋后经修改，发表于《文物》1963 年第 5 期，题曰《钱竹汀手简十五通考释》。收入《陈垣全集》第七册，第 752—761 页。

⑥ 《陈垣来往书信集》（增订本），第 143 页。

⑦ 《陈垣来往书信集》（增订本），第 143 页。

⑧ 陈智超编注：《陈垣来往书信集》（增订本），生活·读书·新知三联书店 2010 年版，第 151 页。

⑨ 陈智超编注：《陈垣来往书信集》（增订本），生活·读书·新知三联书店 2010 年版，第 157 页。

藏孙渊如残札》一文。① 尹炎武收到来信及考释后，于同年 1960 年 6 月 1 日复信陈垣曰："跋无名断简，断定孙渊如，真是具眼，非我公无第二手。"② 1961 年，尹炎武把上海文物保管委员会所藏的清代学者书札寄请陈垣考释，陈垣写《跋洪北江与王复手札》一文。文曰："上海市文物保管委员会尹同志寄示乾嘉诸儒手札墨跋，中有洪亮吉与秋塍明府一札，有月无年，试释其时地人事如下。""秋塍者王复，浙江秀水人，王又曾之子。"③ 上述事迹说明尹炎武对陈垣的史学考证佩服得五体投地。1956 年 3 月 20 日他致信赞陈垣"考据之文至师可谓登峰造极矣。"④

尹炎武对陈垣新中国成立后的思想进步也十分敬佩。他于 1952 年 1 月 21 日的信中说："吾师与时俱进，养新德而起新知，幸有以广之。"⑤ 同年 2 月 14 日信云："本日《大公报》载吾师三反检讨文，朴实说理，真诚无妄，真可示范。"⑥ 尹炎武对陈垣的学术十分熟悉，不但阅读过他的大部分著作，而且对其中的"微言大义"也很了解。1962 年，陈垣为庆祝北京师范大学成立 60 周年而作《今日》诗一首⑦，尹炎武 1962 年 6 月致陈垣信云："昨读先生新诗，忆及往事，爱效急就篇得八截句寄呈。"这八首绝句，不但说明尹炎武对陈垣学术著作的谙熟，而且深刻阐述了陈垣学术渊源，其中云：

珠江学海肇仪真（征），粤秀承风更绝尘，今日代兴起新会，不知面广几由旬。（陈东塾学出仪真［征］而精纯过之。先生实承其术，面复加广。）

漫云国竟判西东，且暮何年路大同，不有励耘钩距手，谁知西域被华风。（《西域华风考》）

随园樊榭寻常见，西沚辛楣是处无，今日吾侪眼孔仄，天台梅涧已模糊。（《通鉴胡注表微》）

霁月光风上绿阴，坐看群碧在遥岑，护林影事难回首，却慰平生种树

① 陈垣：《跋凌次仲藏孙渊如残札》，载《文物》1962 年第 6 期。收入《陈垣全集》第 7 册，第 745 – 748 页。

② 陈智超编注：《陈垣来往书信集》（增订本），生活·读书·新知三联书店 2010 年版，第 157 页。

③ 陈智超编注：《陈垣来往书信集》（增订本），生活·读书·新知三联书店 2010 年版，第 158 页

④ 陈智超编注：《陈垣来往书信集》（增订本），生活·读书·新知三联书店 2010 年版，第 150 页。

⑤ 陈智超编注：《陈垣来往书信集》（增订本），生活·读书·新知三联书店 2010 年版，第 140 页。

⑥ 陈智超编注：《陈垣来往书信集》（增订本），生活·读书·新知三联书店 2010 年版，第 140 页。

⑦ 《陈垣全集》第 22 册，第 564 页。

人。（第四句先生原句）

　　梦到宣南著作林，追攀翊教许同心，昨宵有客传新句，如接铿鸣满袖金。（西城翊教寺为先生闭户著书之所）①

　　这些诗作和自注不但画龙点睛地说明了陈垣每种著作之精髓所在，而且第一首精准地道出了陈垣的学术渊源于阮元在广州创办的学海堂之，和陈澧任山长的菊坡精舍。学海堂改变晚清岭南学风，这对陈垣学术的影响甚大。"粤秀承风更绝尘"，是指菊坡精舍和陈澧。菊坡精舍建于粤秀山南麓，陈澧任山长十年，教学仿学海堂。所以尹炎武自注云："陈东塾学出仪真（征）而精纯过之。先生实承其术，面复加广。"阮元—陈澧—陈垣的学术一脉相承。

二、 阮元督粤创立学海堂， 一改岭南学风

　　阮元（1764—1849），字伯元，号芸台，江苏仪征人。他是乾隆五十四年（1789）进士，历事乾隆、嘉庆、道光三朝，曾任浙江、河南、江西巡抚和两广、云贵总督，后入京任体仁阁大学士，加太傅，死谥"文达"。他既是封疆大吏、朝廷重臣，又是学坛领袖、经术名家，集高官与学者于一身，并且长达数十年。《清史稿》本传称他"身历乾嘉文物鼎盛之时，主持风会数十年，海内学者奉为山斗焉"②。

　　阮元于嘉庆二十二年（1817）由湖广总督调补两广总督。道光六年（1826）奉旨调任云贵总督，在粤前后约九年。其间还四度兼任广东巡抚，还曾兼署学政和粤海关总督等职。他去世后，当时一篇《粤东绅士公请前两广总督太傅阮文达公入祀名宦祠启》，对他在粤的政绩做了全面而具体的高度评价。其中关于改变岭南学风的功绩，有如下评述："取学海以建堂，上林获稽古之益"。"《皇清经解》八十

阮元像

家，实艺林之渊岳。岂徒岭南纸贵，已看海内风行。公研经有集，著述等身。而独举二书者，则以此二书能阐发乎群经，而皆开雕于东粤者也。他如纂《广东通

　　① 陈智超编注：《陈垣来往书信集》（增订本），生活·读书·新知三联书店2010年版，第159页。

　　② 赵尔巽等：《清史稿》卷三六四，中华书局1998年版，第11424页。

志》，修镇海层楼，……凡兹措置，无懈宣勤。"① 由此可见时人对阮元督粤岭南兴学、转变学风的作用是充分肯定的。梁启超也说："同是一岭南，假使无阮文达之师，则道咸之后，与其前或不相远，未可知也。"② 阮元推动岭南学风的转变主要表现在以下几个方面。

（一）提倡汉学，转变岭南的学术风气

清代岭南学术文化，以阮元督粤为界，可分为前后两期：前期为帖括之学，守白沙、甘泉之旧，多尚宋明理学（或称宋学）；后期则因阮元提倡，多崇汉学、朴学。③ 诚如陈澧之弟子、曾任广雅书院院长的廖廷相所说："岭南承白沙、甘泉之遗，国初如金竹、潜斋诸儒，类多讲求身心性命之学，迨扬州阮文达公督粤，开学海堂以经术课士，而考据训诂之学大兴。"④ 梁启超在《三十自述》中说："余十二岁应试学院，补博士弟子员，日治帖括，虽心不慊之，然不知天地间于帖括外，更有所谓学也。""十五岁方游学省会，时肄业于省会之学海堂，堂为嘉庆间前督阮元所立，以训诂词章课粤人者也。至是乃决舍帖括以从事于此。"梁氏接着叙述光绪十六年（1890）初次拜见康有为时的心态："时余以少年科第，且于时流所推重之训诂词章学，颇有所知，辄沾沾自喜。"⑤ 谢国桢在《近代书院学校制度变迁考》中说："自阮文达元督学浙江时，创立诂经精舍，总督两粤时，创立学海堂，其学以考证经史为宗，兼及天算推步之学。于是士子闻风竞起，所向景从，学风为之一变。"⑥ 由此可见，清代岭南的学风以阮元督粤开学海堂为界分为前后两期，为学术界所公认。

前期崇尚帖括之学与白沙遗绪。帖括之学，是指读书的目的完全是博取功名和利禄仕途。学人读儒家经典，只取其有涉制艺试帖者，练习揣摩，积习相沿。对这种学风，时人樊封就尖锐指出："学校、书院之设遍天下，儒生竟为文以博进取，兀兀穷年，不外帖括。圣经贤传之旨，不暇寓目。即长吏爱才养士，亦不

---

① 《粤东绅士公请前两广总督太傅阮文达公入祀名宦祠启》。

② 梁启超：《近代学风之地理分布·序》，见《饮冰室合集·饮冰室文集之四十一》，中华书局1989年版，第5册，第51页。

③ 李绪柏：《清代广东朴学研究》，广东省地图出版社2001年版，第1页。

④ 〔清〕廖廷相：《劬书室遗集序》，见《广州大典》，广州出版社2017年版，第464册，第349页

⑤ 梁启超：《三十自述》，见《饮冰室合集·饮冰室文集之十一》，中华书局1989年版，第16页。

⑥ 谢国桢：《近代书院学校制度变迁考》，见《谢国桢全集》第7册，北京出版社2013年版，第378页。

过校其时艺之优劣，量加劝奖而已，其他亦非所计也。"① 帖括之风愈刮愈浓，学风日下，与乾嘉考据学的读书做学问之风气相去甚远。所谓"白沙遗绪"，是指"白沙学派"的遗风。创立"白沙学派"的明代大理学家陈献章（1428—1500），字公甫，号石斋，广东新会白沙村人，学界称其为"白沙先生"。白沙开王阳明心学思想之先河，并将其学说授之弟子湛若水（字甘泉），门徒众多，影响甚大，世称"陈湛学派""江门学派"或"广宗"。清代学者全祖望说：陈白沙"粤中学统，殆莫之或先也。白沙授之甘泉，其门户益盛，受业著录四千余人，当时称为'广宗'，同时与阳明分讲席，当时称为'浙宗'。终明之世，学统未有盛于二宗者，而河汾一辈之学，几至遏而不行"②。由此可知，明代白沙、甘泉学派在全国占有举足轻重的地位。但是白沙之学提倡学宗自然，学贵自得，主静致虚，明心见性，为学须在静中坐养出来，不必靠书册。这种哲学思想有其积极的一面，但发展到清代晚期，其消极面已凸显出来。阮元曾经评论说："粤东自前明以来，多传白沙、甘泉之学，固甚高妙，但有束书不睹，不立文字之流弊。"③ 时人抨击说："粤人濡阳明绪余，祖法乎良知之说，与康成、晦庵相违，视六籍为支离，薄训诂研索为末务。士子稍解握管，辄高谈妙论，凡目所未见之书，辄指为伪册，父诫其子，师训其徒，牢不可破，空疏无据，流弊三百年。"④ 这里所谓"阳明绪余"，当然包括白沙、甘泉绪余在内，岭南这种崇尚空谈、言心言性的学术风气，与乾嘉以来崇尚训诂名物考订的汉学、实学大相径庭。

阮元在嘉庆二十二年（1817）接任两广总督时，"在广东找不到一本考据必需的书籍——段注《说文解字》，诧为怪事"⑤。因粤人不治汉学，阮元要改变这种状况，提倡汉学。这里所说的"汉学"，是指传统的考据学（或曰考证学）或称朴学，而非 18 世纪以后产生于欧洲的西方汉学。关于汉学（朴学）的学风，梁启超在《清代学术概论》中，归纳出十大要素：

（1）凡立一义，必凭证据；无证据而以臆度者，在所必摈。

（2）选择证据，以古为尚。以汉唐证据难宋明，不以宋明证据难汉唐；据汉魏可以难唐，据汉可以难魏晋，据先秦西汉可以难东汉。以经证经，可以难一切传记。

（3）孤证不为定说。其无反证者姑存之，得有续证则渐信之，遇有力

① 樊封：《新建粤秀山学海堂题名记》，《学海堂初集》卷十六，见《广州大典》第 512 册，广州出版社 2017 年版。

② 朱铸禹汇校集注：《全祖望集汇校集注》（中），上海古籍出版社 2000 年版，第 1852 页。

③ 张鉴等撰，张爱平点校：《阮元年谱》，中华书局 1995 年版，第 147 页。

④ 樊封：《粤秀山新建学海堂铭并序》，《学海堂初集》卷十六，见《广州大典》第 512 册，广州出版社 2017 年版。

⑤ 王惠荣：《陈澧思想研究》，中国社会科学出版社 2008 年版，第 14 页。

之反证则弃之。

（4）隐匿证据或曲解证据，皆认为不德。

（5）最喜罗列事项之同类者，为比较的研究，而求得其公则。

（6）凡采用旧说，必明引之，剿说认为大不德。

（7）所见不合，则相辩诘，虽弟子驳难本师，亦所不避，受之者从不以为忤。

（8）辩诘以本问题为范围，词旨务笃实温厚。虽不肯枉自己意见，同时仍尊重别人意见。有盛气凌轹，或支离牵涉，或影射讥笑者，认为不德。

（9）喜专治一业，为"窄而深"的研究。

（10）文体贵朴实简洁，最忌"言有枝叶"。①

学海堂图（选自《学海堂志》，《陈澧集》伍）

清代乾嘉学术以这种学风为主流，学者以此种学风相矜尚，自命曰"朴学"。其学问之中，以经学为中坚。经学之附庸则小学，以次及于史学、天算学、地理学、音韵学、律吕学、金石学、校勘学、目录学等等，一切学问皆以此种研究精神治之。这样，举凡自汉以来的典籍，皆加以一番研究，得出新的结论。阮元要在岭南倡导这种"汉学""朴学""实学"的学风。

（二）创立学海堂，培养汉学人才

要提倡一种学风，必须有一批以此种学术风格治学的人才。为此，嘉庆二十

① 梁启超原著，朱维铮校注：《清代学术概论》，中华书局2010年版，第69–70页。

五年（1800），阮元在广州创立学海堂。① 光绪三十一年（1905）学海堂奉旨撤销，学海堂在历史上存在 75 年，它的办学规制有一个形成、发展、完善的过程。在此，我不专门探讨它的完善过程，只从它的过程，提炼它的办学特色。

1. 阮元办学海堂之取名及意旨

阮元曾在《学海堂集序》中说：

> 昔者何邵公学无不通，进退忠直，聿有学海之誉，与康成并举，惟此山堂，吞吐潮汐，近取于海，乃见主名。多士或习经传，寻疏义于宋、齐，或解文字，考故训于仓雅，或析道理，守晦庵之正传，或讨史志，求深宁之家法，或且规矩汉晋，熟精萧选，师法唐宋，各得诗笔，虽性之所近，业有殊工，而力有可兼，事亦并擅。②

在《学海堂志》中，明确指出，根据阮元之指示，学海堂设立学长，"学长责任与山长无异，惟此课既劝通经，兼该众体，非可独擅"。"此堂专勉实学"。③ 这里所说的"实学"，就是汉学、朴学。阮元取"学海"之意，因东汉学者何休学识渊博，人称学海。崔弼在《新建粤秀山学海堂记》中说："公之名堂，取何休学海之意，谓学之海也。若扬雄所谓'百川学于海'，非其指也。"④ 堂中有阮元自撰楹联："公羊传经，司马记史；白虎论德，雕龙文心。"⑤ 此联与阮元为浙江诂经精舍所撰之联完全相同，"其实事求是，崇尚汉学之初心，又于是寓焉"⑥。学海堂规制仿诂经精舍，阮元在《西湖诂经精舍记》中说："圣贤之道存于经，经非诂不明。汉人之诂，去圣贤为尤近。"他巡抚浙江时，"选两浙诸生学古者读书其中，题曰'诂经精舍'。'精舍'者，汉学生徒所居之名。'诂经'者，不忘旧业且勖新知也"。"诸生谓周、秦经训至汉高密郑大司农集其成，请祀于舍，孙君曰：非汝南许浚长，则三代文字不传于后世，其有功于经尤重，宜并祀之。"乃"奉许、郑木主于舍中，群拜祀焉"，"谓有志于圣贤之经，惟汉人

① 关于学海堂创立的时间，学术界有四种说法：一说道光元年（1821）；一说道光四年（1824）；一说道光六年（1826）；一说嘉庆二十五年（1820）。准确的说法，应该是嘉庆二十五年创办学海堂，学海堂匾挂于城西文澜书院；道光四年，粤秀山的学海堂校舍建成，学海堂匾迁挂于新地。参考陈泽泓《学海堂考略》，见《岭峤春秋——广府文化与阮元论文集》，中山大学出版社 2003 年版，第 211－216 页。

② 阮元：《揅经室集》（下），中华书局 1993 年版，第 1077 页。

③ 林伯桐编，陈澧续编，周康燮补编：《学海堂志》，见黄国声主编《陈澧集》（伍），上海古籍出版社 2008 年版，第 620－621 页。

④ 《学海堂集》卷十六，见《广州大典》第 512 册，广州出版社 2017 年版，第 746 页。

⑤ 《学海堂志》，见《陈澧集》（伍），第 668 页。

⑥ 张鉴：《诂经精舍志初稿》，见赵所生、薛正兴主编《中国历代书院志》，江苏教育出版社 1995 年版。

之诂多得其实者，去古近也。许、郑集汉诂之成者也，故宜祀之"。① 可见阮元创学海堂，是仿诂经精舍，提倡汉学、朴学、实学。阮元在学海堂首次命题为王应麟《困学纪闻》、顾炎武《日知录》、钱大昕《十驾斋养新录》三跋。② 顾炎武为清学开山之祖；钱大昕是乾嘉考据学大师，汉学中坚人物；而追溯清代考据学渊源，则非宋代王应麟莫属。阮元以此三跋课士，其学术宗旨及治学方法已明白无疑。

学海堂图　　　　　　　　　　　　学海堂课题

（选自《人文广州丛书·千年文脉看越秀》）

2. 阮元提倡汉学，并不排斥宋学，而主张汉宋兼采

近代学者刘师培说："自汉学风靡天下，大江以北治经者，以十百计。或守一先生之言，累世不能殚其业。或缘词生训，歧惑学者。惟焦（循）、阮（元）二公，力持学术之平，不主门户之见。"③ 所谓汉学、宋学，从其治学宗旨来看，都是要阐述经义，解释圣言，发挥儒家道义。从历史文化遗产来分析，两者都值得重视。从治学上讲，汉学本着实事求是的态度，对儒家经典做了许多忠实的训诂，他们发展了我国的文字、音韵、训诂等方面的学问，从而开始了考据学的新时代。但是，乾嘉时代，汉、宋二家门户对立，各执一端，互相排斥，水火不相容。汉学家江藩在《国朝汉学师承记》中，攻击宋学，斥宋明诸儒为"乱经非圣"。他在卷一的"序言"中说：

① 阮元：《西湖诂经精舍记》，见阮元著，邓经元点校《揅经室集》（上），中华书局1993年版，第547-548页。

② 桂文灿撰，王晓骊、柳向春点校：《经学博采录》卷一第五则，华东师范大学出版社2010年版。

③ 刘师培：《左庵外集》卷二〇《扬州前哲画象记》。

宋初承唐之弊，而邪说诡言，乱经非圣，殆有甚焉。如欧阳修之《诗》，孙明复之《春秋》，王安石之《新义》是已。至于濂、洛、关、闽之学，不究礼乐之源，独标性命之旨，义疏诸书，束置高阁，视如糟粕，弃等弁髦，盖率履则有余，考镜则不足也。元、明之际，以制义取士，古学几绝，而有明三百年，四方秀艾，困于帖括，以讲章为经学，以类书为博闻，长夜悠悠，视天梦梦，可悲也夫。①

宋学家方东树著《汉学商兑》，反唇相讥，在"序例"中说：

自是以来，汉学大盛，新编林立，声气扇和，专与宋儒为水火。……历观诸家之书，所以标宗旨、峻门户，上援通贤，下謇流俗，众口一舌，不出于训诂、小学、名物、制度。弃本贵末，违戾诋诬，于圣人躬行求仁，修齐治平之教，一切抹摋。名为治经，实足乱经；名为卫道，实则畔道。②

阮元在治学上抛弃门户之见，"力持学术之平"。他说："两汉名教得儒经之功，宋、明讲学得师道之益，皆于周孔之道得其分合，未可偏讥互诮也。"③ 这种态度在当时无疑是十分进步的。阮元"力持学术之平"，在治学方法上遵循汉学家的方法。如在训诂学上，他说："汉人之诂，去圣贤为尤近，譬之越人之语言，吴人能辨之，楚人则否；高、曾之容体，祖父及见之，云仍则否，盖远者见闻终不若近者之实也。"④ 他认为，推求古义、古音应当以最近该时期者可靠，因此，应相信汉儒对经传的注释。对于宋明理学，因朱熹是理学的集大成者，阮元对朱熹的义理之学十分重视。他在《拟国史儒林传序》中说："我朝列圣，道德纯备，包涵前古，崇宋学之圣道，而以汉儒经义实之，圣学所指，海内响风。"⑤ 他以性道和经义二者结合，互为补充，把对朱熹义理之学的研究放到一个崭新的视角来思考。

我们在这里特别指出，对于宋明理学，一般都认为有程（颐）朱（熹）、陆（九渊）王（阳明）两大派。陆王派思想理路偏于心性之学。由于王阳明写了《朱子晚年定论》，朱派的人认为其混淆朱、陆两家思想的是非，因此而加以驳斥。明代东莞的陈建（别号清澜，1497—1567）著《学蔀通辨》一书，就是驳斥王阳明上述著作，阐明朱、陆的根本不同，从而申明朱学。故后人认为他完全

---

① 江藩纂，漆永祥笺释：《汉学师承记笺释》（上），上海古籍出版社 2006 年版，第 12 - 13 页。

② 方东树：《汉学商兑》，见江藩《汉学师承记》（外三种），生活·读书·新知三联书店 1998 年版，第 235 页。

③ 《揅经室一集》卷二《拟国史儒林传序》，见《揅经室集》（上），第 37 页。

④ 《揅经室二集》卷七《西湖诂经精舍记》，见《揅经室集》（上），第 547 - 548 页。

⑤ 《揅经室一集》卷二《拟国史儒林传序》，见《揅经室集》（上），第 37 页。

可以为朱熹护法。

陈建《学蔀通辨》分前、后、续、终四编，共十二卷。他在《自序》中说："学术之患，莫大于蔀障。近世学者所以儒佛混淆而朱陆莫辨者，以异说重为之蔀障，而其底里是非之实不白也。……《前编》明朱、陆早同晚异之实；《后编》明象山阳儒阴释之实；《续编》明佛学近似惑人之实；而以圣贤正学不可妄议之实终焉。"陈建这部著作的最大贡献是，阐明朱熹学问思想的先后次序，并说明朱学与陆学的不同。在《学蔀通辨·终篇》卷中，举《朱子语类》的一条，说明朱子为学的主张：朱子曰，"涵养、致知、力行三者，便是以涵养做头，致知次之，力行次之。不涵养则无主宰，既涵养又须致知，既致知又须力行。若致知而不力行，与不知同。亦须一时并了。非谓今日涵养，明日致知，后日力行也。要当皆以敬为本。敬只是提起这心，莫教放散。凭地，则心便自明。这里便穷理格物，见得当如此便是，不当如此便不是。既见了，便行将去"。朱子主张无论知和见，都要落实到行动中去；而陆学"惑于佛氏本来面目之说"，教人静心养性，"假其似以乱吾儒之真，授儒言以掩佛学之实"，是"改头换面，阳儒阴释"的货色。所以，陈建说："静坐体认之说，非圣贤意也，起于佛氏也。"因此，容肇祖说："陈建对于朱学上的贡献，是不能不注意的。"《明儒学案》不提陈建，"应有补充的述说陈建的必要了"①。

清初学者顾炎武对《学蔀通辨》评价很高，在《日知录》卷十八"朱子晚年定论"条中说："《困知》之记，《学蔀》之编，固今日中流之砥柱矣。"②阮元在学海堂极力推广《学蔀通辨》的观点，写了《学蔀通辨序》《书东莞陈氏学蔀通辨后》等文。他在前文中说："粤中学人，固当知此乡先生学博识高，为三百年来之崇议也。"在后文中说："朱子中年讲理，固已精实，晚年讲礼，尤耐繁难，诚有见乎理必出于礼也。古今所以治天下者礼也，五伦皆礼，故宜忠宜孝即理也。""朱子一生拳拳于君国大事，圣贤礼经，晚年益精益勤之明证确据。若如王阳明诬朱子以晚年定论之说，直似朱子晚年厌弃经疏，忘情礼教，但如禅家之简静，不必烦劳，不必栖黯矣，适相反

学海堂冬课史卷

---

① 参阅容肇祖《补明儒东莞学案——林光与陈建》，见《容肇祖全集》第 5 册，齐鲁书社 2013 年版，第 2362－2380 页。

② 陈垣：《日知录校注》，见《陈垣全集》第 15 册，安徽大学出版社 2009 年版，第 1082 页。

矣。然则《三礼》注疏，学者何可不读。盖未有象山、篁墩、阳明而肯读《仪礼》注疏者也。其视诸经注疏，直以为支离丧志者也。岂有朱子守礼、颜博文约礼之训，而晚悔支离者哉？此清澜陈氏所未及，亦学海堂诸人所未言者，故特著之。"① 阮元后来说："岭南学人惟知多奉白沙、甘泉，余于《学海堂初集》大推东莞陈氏《学蔀》之说，粤人乃知儒道。"由此可见，阮元在学海堂提倡汉学，并且不排斥宋学，尤其推荐《学蔀通辨》，光大朱子之学，对岭南学风之改变，起了巨大作用。容肇祖在《学海堂考》中说："阮元在广东学术界的提倡有二方面：（一）打破专作帖括之学的迷梦，而引导之，使之入于经史理文的范围；（二）提出陈建的《学蔀通辨》一书，使一部分人放弃支离的理学而为切实的学问的研究。"② 这一评价是中肯的。

3. 教育学生以实践为主，培养通经致用的高级专门人才

学海堂的教学，依照阮元创立的诂经精舍成例，并更趋完善。学海堂不讲授八股制艺，而开设《十三经注疏》及《史记》《汉书》《后汉书》《三国志》《文选》《杜诗》《昌黎集》《朱子大全》等各种专书课程。每生在学长八人中择师而从其学，成为专课生。各生备有功课日程簿，簿注明某书，将每日所作功课填入簿中。各生就性之所近，专攻一书，进行句读、评校、抄录、著述。"令肄业生每日读书，用红笔挨次点句，毋得漏略凌乱，以杜浮躁。至于评校、抄录、著述三项，视乎其人学问深浅。凡为句读工夫者，不限以兼三项，为三项工夫者，必限以兼句读。期使学问风气益臻笃实。"③

学海堂教学严谨，强调实践，要求通经以致用。在这种教学思想指导下，培养了大批经世致用的人才。这些人才大致可以分为经史、古文、算数、测绘、金石、校勘、考古、书画、诗词、骈文、编志、医学等类。

4. 提倡学术自由，不设山长而设八名学长，使学海堂成为学术研究的机构

阮元在《学海堂章程》中说："管理学海堂，本部堂酌派出学长吴兰修、赵均、林伯桐、曾钊、徐荣、熊景星、马福安、吴应逵共八人，同司课事，其有出仕等事再由七人公举补额，永不设立山长，亦不允荐山长。"④ 为什么不设山长，阮元解释道："学长责任与山长无异，惟此课既劝通经，兼赅众体，非可独理。而山长不能多设，且课举业者各书院已大备，士子皆知讲习，此堂专勉实学，必须八学长各用所长，协力启导，庶望人才日出也。"⑤ 由此可见，学海堂不设山长，而设八名学长，是为了使学生真正得到除科举八股以外的更多知识。各位学

① 阮元：《揅经室续三集》卷三，见《揅经室集》（下），第 1062 – 1064 页。

② 容肇祖：《学海堂考》，见《容肇祖全集》（五），第 2196 页。

③ 《学海堂志·学海堂增设课业诸生草程》，见《陈澧集》（伍），第 618 页。

④ 林伯桐编、陈澧续编、周康燮补编：《学海堂志》，见《陈澧集》（伍），第 615 页。

⑤ 《学海堂志》，见《陈澧集》（伍），第 621 页。

长有自己的专业特长，以己所长教授学生。而教授学生的方法，一改传统的由教师专讲为师生共同讨论，自由辩论，探求真理。诚如陈澧所说，"天下为真学问者，岂敢谓无人。然师友讲习者，则惟吾粤有学海堂"，"于举业之外，尚有此一程学问"。① 学海堂成为一所新式的研究型学术机构，培养了大批汉学人才。

（三）刊刻大量典籍图书，对近代学术文化产生深刻影响

刊刻图书的多寡，是文化事业发展盛衰的标志之一。清代前期，广东刻书很少，书籍多来自江浙。乾隆三十七年（1772），为纂修《四库全书》，谕令各地征集遗书。当年两广总督李侍尧奏称，粤省无书可购，"粤东书贾，向系贩自江浙，不过通行文籍，并无刊刻新书，大率鲜有可采"②。"初粤省虽号富饶，而藏书家绝少。坊间所售，止学馆所诵习洎科场应用之书，此外无从购买，……而本省板刻无多，其他处贩运来者，作值傍倍昂，寒士艰于储蓄。"③ 这些情况说明，清前期广东刻书业不发达。④

自阮元创办学海堂以后，广东刻书业出现了重要的转折。学海堂以朴学课士，经史子集，皆为研究实学所必须。为满足士子学习研究之需，阮元提倡学海堂刻书。学海堂前期，在阮元主持下，刻书规模比较大。如《皇清经解》，《揅经室集》及《再续集》《外集》，《诗集》，《学海堂集》一、二、三、四集等。阮元逝世后，学海堂师生专建"启秀山房"，一来祭祀阮元，二来做收藏书版和刊刻书籍之用。所以学海堂后期刻本称为"启秀山房刊本"。

启秀山房刻书很多。学海堂刻的书，大体可分为三类。第一类为公共图书，经史子集四部都有。学海堂以倡导学术、总结优秀学术成果为己任。因此，一些久负盛名的学术经典成为刊刻的重点。如《皇清经解》（又名《学海堂经解》），搜辑了清初至乾隆、嘉庆年间 74 家的经学著作，共 183 种（一作 188 种），凡 1400 卷（一作 1468 卷）。其中大部分是清代学者经学研究的最新成果，包括了顾炎武、万斯大、毛奇龄、惠士奇、江永、全祖望、惠栋、卢文弨、王鸣盛、钱大昕、任大椿、段玉裁、王念孙、戴震、孙星衍、凌廷堪、阮元、王引之等人的著作。这套丛书，几乎汇聚了阮元以前清代经学研究的全部成果。后来，王先谦又汇刻《续皇清经解》，汇集了阮元以后的经学研究成果。皮锡瑞说："《皇清经解》、《续皇清经解》二书，于国朝诸家搜集大备。"⑤ 因此，《皇清经解》的汇

---

① 陈澧：《默记》，见《陈澧集》（贰），上海古籍出版社 2008 年版，第 753 页。

② 中国第一历史档案馆编：《纂修四库全书档案》（上），上海古籍出版社 1997 年版，第 41－42 页。

③ 同治《南海县志》卷十八。

④ 参考李绪柏《清代广东朴学研究》，第 233 页。

⑤ 皮锡瑞著，周予同校注：《经学历史》，中华书局 1959 年版。

刻，实在是清代经学史、学术史上的一件盛事。此外，还刻了一些地方文献，如先后刻了宋代方信儒的《南海百咏》，清代樊封的《南海百咏续编》，清代陈在谦的《国朝岭南文钞》等。第二类图书为书院文献，包括书院志、学规、讲义等。主要是为书院的教学和管理服务。如屈曾发编著的《数学精详》十二卷，林柏桐著的《学海堂志》等。第三类图书为本院教师的学术著作和学生的课艺。如马福安著《止斋文钞》二卷，曾钊著《面城楼集》十卷，仪克中著《剑光楼集》十一卷，谭莹著《乐志堂文略》四卷等。学海堂编的课艺《学海堂集》，共四集，分别由阮元、钱仪吉、张维屏、陈澧等主编。《学海堂集》展示了书院教学和研究水平。自学海堂以后，广东的刻书进入高潮，使广东的出版事业走在全国前列。①

（四）重修《广东通志》，对改变广东学风起重要作用

阮元在两广总督任内，主持重修《广东通志》（以下简称"阮志"），始于嘉庆二十四年（1819），成于道光二年（1822），历时三年。梁启超对阮志评价甚高，说："大约省志中，嘉道间之广西谢志，浙江、广东阮志，其价值久为学界所公认。"② 阮志被古典方志学者推为"善本"。阮元重修《广东通志》，影响广东学风者，有以下数端。

第一，严谨的实事求是和经世致用的学风。

阮志选材十分广泛，阮元在《广东通志》序中说："今志阅书颇博，考古较旧加详，而沿革、选举、人物、前事、艺文、金石各门亦详核。"③ 这一长处为史志学界公认，阮志对史籍文献览阅之广博，引用之专精，对取材考核之翔实，是历代《广东通志》之冠。被阮志广为征引的首推各类方志，如不仅大量引用明之黄佐通志、郭棐通志、清之金光祖通志、郝玉麟通志等，凡粤省各府州县之旧志，几乎都在查阅引用之列；其他舆地学名著如《天下郡国利病书》《读史方舆纪要》《元和郡县志》《元丰九域志》《太平寰宇记》《舆地纪胜》等均被征引。此外，还引用了大量专著和文集、金石、碑刻。全志征引的史籍文献有多少种，没有人统计过。但有学者就《舆地略·风俗》一门（卷九二、九三）统计过，这一门征引的府州县志共 65 种，其他典籍共 43 种。仅此两卷征引文献即达

---

① 陈勇强：《学海堂刻书考述》，见《岭峤春秋——广府文化与阮元论文集》，中山大学出版社 2003 年版，第 223 – 228 页。

② 梁启超：《中国近三百年学术史》，见《饮冰室合集·专集之七十五》，中华书局 1989 年版，第 309 页。

③ 〔清〕阮元：《揅经室二集》卷八《重修广东通志序》，见《揅经室集》（上），中华书局 1993 年版，第 589 页。

一百余种。① 阮志对古籍广征博引，但不是轻信盲从，而是详加考核，如发现有谬误、缺漏之处，便在引条之下，用"谨案"的形式加以纠正或补充。例如《山川略》引用《舆地纪胜》与郝玉麟通志，记述石门山在城西北三十里，两山对峙，夹石如门，高二十余丈，前有控海楼，下有贪泉。在此条下，"谨案"指出：《史记·南越传》引《广州记》云，在番禺县西北二十里，吕嘉拒汉，积石江中为门，石门由此得名。这是一种讹传，经考证《南海古迹记》诸书，"皆云两山夹江对峙如门，乃天生形胜，非积石为之。吕嘉积为门之石门，疑非贪泉之石门也"②。又例如历代《广东通志》列传均首列高固、公师隅二人。阮志虽仍列二人，但在"谨案"中指出："固为楚相，岂有去郢适粤之事耶，后人因此附会，固为南海人实无确据也。"③ 这种辨证与存疑，体现的是一种科学的、实事求是的学风。

阮元修《广东通志》的时代，是清代学风由专注考证转向经世致用的时代。阮志也被烙上经世致用的时代特征，对关于国计民生的大事都极为关注，并给予充分的阐述。如粤中桑园围，地跨南海、顺德、三水诸县，珠江三支流西江、北江、绥江环绕而过，成为捍卫粤中经济命脉的水利体系。阮志便详记了自明代洪武年间到清代嘉道年间，历次溃堤造成的灾害，历任地方官对桑园围修葺的情况，为后人对粤中水利建设提供参考依据。又如明末清初，西方殖民者东来，成为明清两代的大事。阮志对此有较详记录，并对一些东来国家的政治、经济、军事、殖民地范围都有分析记载，反映了对时代潮流的认识水平。

第二，推动广东各府州县编修方志事业的发展。

阮元奏修省志，先命各府州县预辑草志呈送省志局。因此，各地纷纷筹划开局编纂，出现全省普修方志的局面。如南雄州，知州余保纯遵照所颁之章程，制定义例，聘邑人黄其勤纂成《南雄州志》十三卷。及至道光四年（1824），重修之《广东通志》传世后，南雄知州戴锡纶以阮志复加校核，发现旧志的不少脱漏，将黄其勤所修之《南雄州志》补缀增修，整为三十四卷。

阮志对广州府及所辖各县方志修纂，影响尤深。同治八年（1869），代理知府戴肇辰，聘史澄、李光廷为总纂，重修《广州府志》。然志未成而戴调任。光绪五年（1879），知府冯端本踵成之。冯在《重修广州府志序》中说："体例悉遵阮文达公通志，考核精详，较旧志尤为明备。"府志以阮志为本，不仅依其体

① 关汉华、颜广文：《论阮元与〈广东通志〉的编纂》，见《岭峤春秋——广府文化与阮元论文集》，中山大学出版社2003年版，第283页。

② 阮元：《广东通志》卷一〇〇"山川略"。上海古籍出版社影印《广东通志》（二），第1904页。

③ 阮元：《广东通志》卷二六八"列传一"，上海古籍出版社影印《广东通志》（四），第4642页。

例，而且师其加强采访调查和考证核实之方法，使记述的人和事翔实准确。除《广州府志》外，南海、番禺、顺德诸县志，均师承阮志，可征信而考核详实。①

第三，通过修《广东通志》，培养了一大批在后来广东学术事业中发挥重要作用的人才。

阮志的编纂班子中绝大多数是具有真才实学的人士。查在阮志中署名的编纂者共32人：总纂陈昌齐、刘彬华、江藩、谢兰生；总校叶梦龙；分纂吴兰修、曾钊、刘华东、胡傅、郑灏若、余悼、崔弼、吴应逵、李光昭、方东树、马良宇；分校许珩、郑兆珩、韩卫勋、江安、谢光辅、熊景星、黄一桂、吴梅修、邓淳、赵古农、郑兰芳；收掌虞树宝；绘图李明澈；采访冯之基、仪克中；掌管誊录钱漳。阮志初刻于道光二年（1822），版片藏于学海堂，第二次鸦片战争期间，版片毁于炮火。咸丰十一年（1861），史澄等倡议重刊，同治三年（1864）刊成（这是我们通常见到的版本）。参与再版重刊工作的共六人：总理梁纶枢、陈日新；部校史澄、谭莹、陈澧；有些是初露峥嵘的新秀俊彦。他们大多学有所长，或通经懂史，或能诗善文，或精于舆地，或熟谙掌故。这些人大多成为晚清广东汉学运动的中坚力量，在转变广东学风中发挥重要作用。

（五）对西学知识的开放态度，推动岭南科学技术研究

明末清初以来，西学东渐，西方一些先进的自然科学知识已为中国有识之士所接受和推介。阮元一方面"博通古人之书"，研求经史；另一方面"兼明西洋泰西之说"，对西方先进的科学技术有所研究，是一位天文学家和数学家。他对西方先进文化的开放态度，还贯彻于他的办学实践中。在学海堂的教学中，算学、几何、三角、历法的题目占有相当的数量；而且要求学生结合中国的记载，认真学习和研究。他在《学海堂策问》中，向学生提问说：

> 今大、小西洋之历法来至中国在于何时？所由何路？小西洋即今港脚等国，在今回疆之南，古天竺等处。元之《回回历》，是否如明之《大西洋新法》之由广东海舶而来？大、小西洋之法，自必亦如中国之由疏而密，但孰先孰后？孰密孰疏？其创始造历由今上溯若干年？准中国之何代何年？西法言依巴谷在汉武帝、周显王时，确否？六朝番舶已有广东相通，故达摩得入中国。中国汉郄萌已有诸曜不附天之说，后秦姜岌有游气之论，宋何承天立强弱二率，齐祖冲之立岁差等法，皆比汉为密，与明来之《大西洋新法》相合，是皆在达摩未入中国前也。至于唐时市舶与西洋各国往来更熟，元之《回回法》，明之《大西洋新法》如是古法，何以不来于唐《九执法》之前？

---

① 参阅甄人《略论阮元与道光〈广东通志〉》，见《岭峤春秋——广府文化与阮元论文集》，第 299 – 300 页。

《九执法》又自何来？且西洋又何以名借根方为东来法也？其考证之。①

这是中西文化交流史的试题，要求学生对西方科学知识和中国科技史要有一定的了解。学海堂培养了不少科学技术人才，邹伯奇就是杰出的代表。邹伯奇在物理学、测绘学等学科领域的研究成果在近代中国处于领先的地位。学海堂师生中如吴兰修、张其翙、陈澧、张金涛、温仲和、蔡受采、徐灏等都撰写有自然科学的著作，说明清末广东对自然科学的研究已逐渐形成风气。②

从以上可知，阮元督粤，提倡汉学，创立学海堂，刊刻《皇清经解》等大量图书，重修《广东通志》，对西学知识的开放态度等，对改变晚清广东的学风起着重要作用，正如梁启超所说："广东近百年的学风，由他一手开出。"

三、东塾之学及其提倡的新学风

（一）陈澧生平简述

陈澧（1810—1882），字兰甫，号江南倦客，广东番禺人。因他读书处在祖宅东厢，自命所撰书为"东塾读书记"，学者称之为"东塾先生"，其学问被世人称为"东塾之学"。清道光举人，七应会试不中，大挑二等选授河源县学训导，只任职两个月便告病归。从此绝意功名仕宦，请京官职衔，得国子监学录，以讲学著述终生。

陈澧于道光十四年（1834）选为学海堂专课肄业生，道光二十年（1840），时年31岁，补为学海堂学长，从此为学海堂学长数十年。同治六年（1867），两广盐运使方濬颐创办菊坡精舍，聘陈澧为菊坡精舍山长，为山长长达十年之久。光绪八年（1882），73岁病逝。③

《菊坡精舍记》

---

① 阮元：《揅经室续三集》卷三，见《揅经室集》（下），中华书局 1993 年版，第 1067－1068 页。

② 林子雄：《学海堂师生及其对近代广东文化兴起与发展的贡献》，见《岭峤春秋——广府文化与阮元论文集》，第 210 页。

③ 黄国声、李福标：《陈澧先生年谱》，广东人民出版社 2014 年版，第 35、51、213、297 页。

（一）东塾之学

刘禺生在《世载堂杂忆》"岭南两大儒"条中说："东塾之学，悉本之阮元。元督粤，以粤人不治朴学，乃创学海堂以训士，东塾遂为高材生。"①

陈澧在《东塾读书记·自述》中说："生平无事可述，惟读书数十年，著书百余卷耳。""少好为诗，及长弃去，泛滥群籍。中年读朱子书，读诸经注疏子史，日有课程。尤好读《孟子》，以为《孟子》所谓性善者，人性皆有善，荀、杨辈皆未知也。读郑氏诸经注，以为郑学有宗主，复有不同，中正无弊，胜于许氏《异义》、何氏《墨守》之学。魏晋以后，天下大乱，而圣人之道不绝，惟郑氏礼学是赖。读《后汉书》，以为学汉儒之学，尤当学汉儒之行。读朱子书，以为国朝考据之学源出朱子，不可反诋朱子。又以为国朝考据之学盛矣，犹有未备者，宜补苴之。"②

陈澧像

陈澧的这段话，把他一生的读书及学术思想勾勒得很清晰。他的一生主要有参加科举考试和著书育人两件事。中年以前主要是从事前者，中年以后则纯为治学与教学。他毕生勤于著述，成果丰硕。2008 年上海古籍出版社出版黄国声主编的《陈澧集》（全六册），近 250 万字，包括其主要学术成果在内的著作、别集三十余种，其中新辑的《东塾集外文》六卷，以及录自其读书笔记《东塾遗稿》的《东塾读书论学札记》《默记》等，均为首次刊行。尤以《东塾集》《东塾读书记》《切韵考》《声律通考》《汉书地理志水道图说》《水经注西南诸水考》《汉儒通义》等闻名学界。陈澧是一位于小学（包括文字、音韵、训诂）、经学、史学、地理学、方志学、诗词、声律、书法、篆刻领域造诣精深的学人，是晚清岭南学术界的领袖人物。陈澧的著述及其学术成就，构成了被学界认可的"东塾之学"，影响了岭南学术界乃至全国的学术界。

陈澧一生培养学生甚多，有赞成汉宋调和、反对门户之争、成就显著的学者群，如赵齐婴、桂文灿、胡伯蓟、黎永椿、林国庚、陶福祥、廖廷相、陈树镛、汪兆镛等。有从政而获得高官者如谭宗浚、于式枚、文廷式、冯焌光等。有在清末新政中作出贡献的如梁鼎芬等。有学者认为，陈澧及其培养的学生形成了晚清

① 刘禺生：《世载堂杂忆》，中华书局 2006 年版，第 280 页。
② 《东塾读书记》，见《陈澧集》（贰），广东人民出版社 2014 年版，第 10 – 11 页。

的"东塾学派",有其一定的道理。① 阮元创办学海堂,一改岭南自明代心性、帖括之学为重视考据训诂之汉学,而汉学风气形成的标志是出现了"东塾之学"及"东塾学派"。

(三) 提倡学术经世致用的新学风

陈澧处于乾嘉汉学由盛极转衰之时期,汉学的流弊已暴露无遗。他在著作中多言汉学之弊端,说现在的汉学专务训诂考据而忘义理,"今人只讲训诂考据,而不求其义理,遂至于终年读许多书,而做人办事全无长进,此真与不读书者等耳。此风气急宜挽回。"② 他对乾嘉汉学的总体批评:

> 今时学术之弊:说经不求义理,而不知经;好求新义,与先儒异,且与近儒异;著书太繁,夸多门靡;墨守;好诋宋儒,不读宋儒书;说文字太繁碎;信古而迂;穿凿牵强;不读史;叠木架屋……以骈体加于古文之上;无诗人;门户之见太深;辑古书太零碎。③

陈澧目击汉学风气之坏,至今日而极,无事不坏,盖数百年所未有,因此他提倡一种新学风,以挽救颓世。

陈澧提倡的新学风,内容很广泛。如读经要寻求大义,重大义亦不废考据;汉宋兼采;人通一经,劝人读一部注疏,克服懒且躁的风气等。在此仅介绍其学术经世致用的学风。

陈澧一生经历嘉庆、道光、咸丰、同治、光绪五朝,他一生几乎没有做过官(仅在道光二十九年,获选授广东河源县学训导,仅任职 80 余天,便结束他唯一的出任经历),还没有在实践中实现儒家传统的治国平天下的理想,他便选择了学术经世致用的道路。

儒家的"经世致用",就是用儒家的经典来治理国家,治理天下。学术怎样可以治理国家,治理天下呢? 陈澧认为,学者们可以通过著书立说或参与组织学术文化事业来移风易俗,影响政治、教育。他服膺顾炎武的经世致用之学,对于顾氏"目击世趋,方知治乱之关必在人心风俗。而所以转移人心,整顿风俗,则教化纲纪为不可阙矣。百年必世养之而不足,一朝一夕败之而有余"④,陈澧认为,只有这样才能祛弊救时,拯救国家于危难之中。他在《与黄理厈书》中说:

---

① 李绪柏:《东塾学派与汉宋调和》,见桑兵等主编《先因后创与不破不立:近代中国学术流派研究》,生活·读书·新知三联书店 2007 年版,第 75 – 194 页;王惠荣:《陈澧思想研究》,中国社会科学出版社 2008 年版,第 200 – 213 页。

② 《东塾读书论学札记》,见《陈澧集》(贰),第 358 页。

③ 《学思录序目》,见《陈澧集》(贰),第 769 – 770 页。

④ 顾炎武:《与人书》之九,见《顾亭林诗文集》卷四,中华书局 1983 年版,第 93 页。

读书三十年，颇有所得，见时事之日非，感愤无聊，既不能出，则将竭其愚才，以著一书，或可有益于世。惟政治得失，未尝身历其事，不欲为空论，至于学术衰坏，关系人心风俗，则粗知之矣，笔之于书，名曰《学思录》（按：后改名为《东塾读书记》）。来诗所云，澧诚不敢当，然天之生才，使之出而仕，用也；使之隐而著述，亦用也。但有栖托之地，陋室可居，脱粟可食，著成此书，生平志业亦粗毕矣。①

他在《与胡伯蓟书》中又说：

以为政治由于人才，人才由于学术，吾之书专明学术，幸而传于世，庶几读书明理之人多，其出而从政者必有济于天下，此其效在数十年之后者也。②

陈澧十分推崇孟子，认为《孟子》一书论述了学风可以影响世风，说："《离娄》章'上无道揆也，下无法守也'以下百余言，于战国衰乱言之痛切，当时竟不知也。若知如此则衰乱，则知不如此即转衰为盛，拨乱为治矣。上修道揆，下谨法守；朝信道，工信度；以义治君子，以刑威小人；上兴礼，下勤学；事君以义，进退以礼，言必称先王；如此则国存而贼民灭矣。且以贼民兴，由于下无学。然则学向之事，所系岂不重哉！"③

陈澧把学术与国家的兴亡联系起来，上无学则下无行，学风的偏正，关系到世道人心，要使自己的著作有用于社会，为后世提供典范，必须端正学风。无论是治理乱世还是整顿学风，都离不开学问。陈澧的著作，都是以学术经世的典范，能够潜移默化地影响当代或后世的学风及世俗人心。

陈澧的学术经世学风还表现在他在作品中揭露官僚的腐败无能和对外患的忧虑。咸丰七年（1857）十一月，英法联军进攻广州，两广总督叶名琛不设防守，相信卜筮，以为联军不会攻陷广州，结果广州沦陷，叶名琛被俘。陈澧避乱寓居横沙。时事日非，感愤无聊，惟以读书著书遣日。陈澧尝私记其心绪："《魏书·裴粲传》云云，前时抄此条，非有所指，乃近日叶相国之于夷寇，正复相类，为之概然，戊午正月六日书。""《北史·穆寿传》：蠕蠕吴提将来犯，寿信卜筮，谓贼不来，竟不设备。吴提果至，京邑大骇，寿不知何为，信卜筮谓贼不来而不备。叶相国似之。""《北史·公孙质传》：穆寿雅信任质为盟主。质性好卜筮，卜筮者咸云蠕蠕必不来，故不设备，由质几败国。今复见此事，读此为之愤恨。"叶名琛误国被俘，陈澧有感，作《有感》《白蚁行》等诗以志愤，《有

① 《与黄理厓书》，见《陈澧集》（壹）卷四，第 165 页。
② 《与胡伯蓟书》，见《陈澧集》（壹）卷四，第 175 页。
③ 《东塾读书记》，见《陈澧集》（贰）卷三，第 62 页。

《感》诗曰：

> 晋时王凝之，世事五斗米。
> 孙恩攻会稽，凝之为内史。
> 寮佐请设备，内史偏禁止。
> 靖室自祷祠，出告诸将吏。
> 吾已请大道，击贼自破矣。
> 贼至破其城，凝之遇害死。①

　　这首诗是陈澧借晋代王凝之在会稽被杀的事，讽刺叶名琛临敌而不设防，只靠卜筮来应付事变的愚蠢行为。

　　又有《失题》诗三首，亦是讥刺叶名琛丧师辱国之事。

　　其一云："叶中堂告官吏，十五日，必无事。十三夷炮打城惊，十四城破炮无声。十五无事灵不灵？乩仙耶？占卦耶？谶诗耶？择日耶？"

　　其二云："夷船夷炮环珠口，绅衿翰林谒中堂。中堂绝不道时事，但讲算术声琅琅。四元玉鉴精妙极，近来此秘无人识。中堂真有学问人，不作学政真可惜。"

　　其三云："洋炮打城破，中堂书院坐。忽然双泪垂，广东人误我。广东人误诚有之，中堂此语本无疑。试问广东之人千百万，贻误中堂是阿谁？"②

　　这些诗作反映了陈澧对清末官吏的腐败无能和外敌侵入的愤慨。在《白蚁行》一诗中，他讽刺成千上万的大小官吏，像白蚁一样日复一日、年复一年腐蚀着清王朝这座大厦。

　　陈澧以学术经世的学风也表现在他提倡并践行编刻大量书籍，嘉惠后学。

　　清代在考据、校勘、辑佚、辨伪兴起的同时，刻书之风大盛。清末叶德辉认为刻书不仅可以利及子孙，还可以扬名后世。张之洞劝人刻书说：凡有力好事之人，"而欲求不朽者，莫如刊布古书一法。""其书终古不废，则刻书之人终古不泯，如歙之鲍，吴之黄，南海之伍，金山之钱，可决其五百年中必不泯灭。""且刻书者，传先哲之精蕴，启后学之困蒙，亦利济之先务，积善之雅谈也。"③张之洞所举"南海之伍"，即广东著名洋商兼刻书家伍崇曜，广东近代以前刻书不多，刻印书籍形成较大规模是道光朝之事。道光九年（1829），阮元辑刊《皇

---

　　① 《陈东塾先生遗诗》，见《陈澧集》（壹），第 577 页。此诗汪宗衍《陈东塾先生年谱》系于咸丰六年丙辰作，黄国声考证为咸丰八年戊午所作。（见黄国声、李福标编著《陈澧先生年谱》，第 132－133 页）。

　　② 黄国声、李福标编著：《陈澧先生年谱》，第 133 页。

　　③ 张之洞：《书目答问二种》，见钱钟书主编《中国近代学术名著》，生活·读书·新知三联书店 1998 年版，第 263 页。

清经解》开启了近代广东刻书的风气。

据黄国声、李福标编著《陈澧先生年谱》，咸丰十年（1860）闰三月，"两广总督劳崇光聘先生为总校，负责补刊《皇清经解》，乃自东莞归省城"。"校事设局于城西长寿寺半帆亭，同总校者有郑献甫（小谷）、谭莹、孔广镛。"① 陈澧在《复王峻之书》中说："仆以刻《皇清经解》事不能不急急回省，然颇恋龙溪也。"② 按：此前英法联军占领广州三年多，联军撤离广州后，陈澧应聘前往东莞石龙主讲龙溪书院。陈澧主讲龙溪书院时间不长，但东莞士人却十分珍惜，看重此事，引以为荣。陈铭珪在《家兰甫掌教龙溪书院赋赠》诗中写道："且喜先生来唐洞，遂令多士仰龙门。"陈铭珪，字友珊，东莞人，陈澧门人，光绪探花陈伯陶之父。这首诗表明，早在咸丰末年，广东人士已把陈澧尊为大崇儒师了。

道光初年，阮元组织辑刊的《皇清经解》，因为版片贮存于广州粤秀山学海堂文澜阁，又称为《学海堂经解》。此书蜚声海内，是广东学界的骄傲。咸丰七年（1857）十一月，英法联军攻陷广州，占据了粤秀山学海堂。《皇清经解》版片损失大半。联军撤出广州后，两广总督劳崇光为了振兴文化事业，自己捐银并筹资补刊《皇清经解》，至同治元年（1862）完成，补刊时，加入冯登府所著《石经考异》七种于后，共计收书190种，1408卷。③

在补刊《皇清经解》期间，陈澧又参加了重刻道光《广东通志》的校刊工作。道光年间修的"阮通志"刻成后，版片贮藏于广州城内双门底拱北楼。英法联军侵入广州，拱北楼与"阮通志"版片均被战火焚毁。咸丰十一年（1861），广东士绅史澄等人呼吁，重新刊刻阮通志。得到当局应允，由史澄、谭莹、陈澧三人担任总校，于同治三年（1864）春完成。

清史上的"同治中兴"在文化事业上有一个重要表现，即各省相继创造官书局，聘请名儒学者主持校雠，大规模刊刻经史古籍，掀起一个搜书、校书、刻书的文化高潮。广东书局创始于同治七年（1868）春，倡议者是广东巡抚蒋益澧和两广盐运使方俊颐二人。蒋益澧以巡抚身份过问此事，真正积极筹款使书局得以实际运作起来的是方俊颐。他大力推荐陈澧主持书局，总习校雠事宜。

广东书局首先刊刻的是《钦定四库全书总目》200卷和《钦定四库全书简明目录》20卷。这里可以看出陈澧挑选刻书的重心是学术，这与他一贯重视、提倡研究学问应从阅读《四库全书总目》开始的精神是一致的。后来方俊颐于同治七年秋移任两淮盐运使，由于经费的短缺，广东书局的运作难以为继。同治十年（1871）春，陈澧弟子桂文灿会试落第，出京师南下，到皇陵拜谒了两江总督

① 《陈澧先生年谱》，第161页。

② 《东塾集》卷四，见《陈澧集》（壹），第181页。

③ 李绪柏：《清代岭南大儒陈澧》，广东人民出版社2009年版，第106页。

曾国藩。曾、桂在金陵数次晤谈，十分投机，大有相见恨晚之意。桂文灿回到广东后，当年七月，曾国藩分别致信两广总督瑞麟和两广盐运使钟谦钧，主要内容是敦促劝导广东当局开设书局，"先刻《十三经注疏》，以为振兴文教之基"。信中又特别谈到桂文灿，认为他"绩学敦行，于国朝研经诸老辈洞悉源流，不独为粤中翘楚，抑不愧海内硕彦"。曾国藩还特别嘱咐说，广东如果开设书局刻书，可以委派桂文灿总司其成，一定有裨益等等。从此信可知，曾国藩并不知道广东书局的存在及其刻书情况。由于钟谦钧与曾国藩关系十分密切，受到曾国藩的赏识提拔。有了曾国藩此信，广东书局绝处逢生，没有另起炉灶，而是继承了广东书局原有名称、原班人马及大体构架。在钟谦钧鼎力支持和积极推动下，广东书局刻书达到高潮，重刊、辑刊了以下几种大部头书籍：《十三经注疏》346卷、《通志堂解经》1792卷、《古经解汇函》附《小学汇函》126卷等。广东书局刻书，以重刊或复刻数量居多，但也有一些自己独立编纂辑刻的书籍，如《古经解汇函》附《小学汇函》。

汇刻宋元以前经学家说经的书，始于康熙年间纳兰性德。纳兰性德笃志于经学、史学，与徐乾学搜集宋元以后诸儒说经之书，刻为《通志堂经解》一千八百余集。嘉庆道光年间，浙江嘉兴经学家钱仪吉任教于大梁书院时，因旧籍流传于大梁很少，便出所藏经籍，补刊《通志堂经解》未刊之书，得四十一种，名为《经苑》。《古经解汇函》附《小学汇函》。似仿黄奭《汉学丛书》的体例，在前人基础上，继续汇刻宋元以后经解之书，其中《周易》12种，《尚书》1种，《诗》2种，《春秋》5种，《论语》2种，共23种，126卷。同治十二年（1873）刻成，版藏于粤秀山菊坡精舍。书中自序云："恭阅《四库全书总目》，自《十三经注疏》上，凡经部著录唐以前之书尽刻之，唯提要定伪作者不刻，通志堂已刻者不刻，近儒有注释刻入《皇清经解》者不刻。所刻诸书，昔人刊本不一，今择善本，校而刻之。"所收大都是流传较少的书籍，如南朝梁皇侃《论语义疏》、唐李鼎祚《周易集解》等。所附《小学汇函》14种，也是研究经学必不可少的重要参考书。这是清代广东学者独力编辑的一部经学丛书，在校勘、文字订正方面，"质量上乘"①。

对于广东书局，方浚颐、钟谦钧等官员都曾大力支持，其创建及解决经费问题，功不可没。但无论从何种意义上说，陈澧都是广东书局的实际主持者和组织者，是书局的领袖核心人物，而协助参与书局校勘事务的，都是陈澧的学生、门人及弟子。卷首"在事诸臣职名"中，除各级官员的名字外，真正担任实际工

---

① 李绪柏：《清代岭南大儒陈澧》，第132页。但也有学者认为"入选之书欠精，刻工也太粗糙"。见李学勤、吕文郁主编《四库大辞典》（上），吉林大学出版社1996年版，第854页。吴格、眭骏整理：《续修四库全书总目提要》丛书部，中华书局、国家图书馆出版社2010年版，第13页。

作的总校、分校署名的有陈澧、桂文灿、谭宗浚、廖廷相、饶珍、陈国修、沈葆和、高学耀等。以上署名者大都是陈澧的门人弟子，就充分说明了这点。陈澧对于自己主持广东书局刻书、校勘群籍是十分满意的，他在《与郑小谷书》中说："得意之事，则在刻书。曾文正公（曾国藩）去年致书粤东当道，重刊注疏，（武英殿本）今已刊成。又刊通志堂诸书。劳文毅公督粤时，欲刊唐以前甲部书，今亦陆续付刻，当道属弟司其事，此难得之盛举，故乐此不疲。"① 经过鸦片战争、太平天国运动和英法联军战役的多次战火摧残，全国的图书典籍遭到毁灭性破坏，学者士子无书可读。而陈澧能够带领弟子重刊学术经典名著，使之流布海内，嘉惠后学，自然喜形于色。

传统的儒家士人，怎样才能达到治国平天下的宿愿？陈澧选择了学术经世的道路，自己著书立说，扭转乾嘉以来的琐碎空疏的学风，提倡关注民生、揭露官僚腐败，反抗外国侵略，着力刊刻书籍，嘉惠后学。这种新学风，在当时是有积极意义的。

关于"东塾之学"的内涵，陈澧在各个学术领域的成就及作出的贡献，陈垣以研究"东塾之学"为一生职志之一等问题，将另撰文论述。

原载《动国际而垂久远：纪念陈垣先生诞辰 140 周年论集》，北京师范大学出版社 2022 年 9 月版。

---

① 《东塾集外文》卷五，见《陈澧集》（壹），第 483 页。

陈垣教授与陈乐素的学术传承
——读陈垣致陈乐素书信

陈垣、陈乐素父子二人都是 20 世纪中国著名的史学家、教育家。陈垣通过言传身教，影响陈乐素的学术道路，这些影响主要反映在学术思想的传承、治学方法的传授和教书为人的教诲。

陈垣（1880—1971）是 20 世纪中国著名的历史学家、教育家，被学术界称为"民国以来史学开山大师"。① 其长子陈乐素（1902—1990）也是 20 世纪中国著名的宋史专家、教育家。父子两代都能成为著名史学家、教育家，在中国近现代史上是少见的。近读 1990 年上海古籍出版社出版的陈智超编注的《陈垣来往书信集》。该书收入陈垣与陈乐素往来书信 104 通，主要是陈垣致陈乐素的书信。可以这么说，这 104 通书信，没有一封不是与学术问题有关的。读完这些书信，对为什么父子两代都能成为著名史学家、教育家的道理有所觉悟。这些书信充分反映了陈垣对陈乐素学术道路的影响。这些影响主要反映在学术思想的传承、治学方法的传授和教书为人的教诲。

一、 学术思想的传承

学术思想对一位学者来说是非常重要的，学术思想指导学术行为。本文不专门探讨陈垣的学术思想，只是从上述书信探讨陈垣学术思想对陈乐素学术思想的形成与发展影响最大的两个方面。

（一）陈垣实事求是的科学精神给陈乐素以重大影响

"实事求是"的科学精神，是陈垣学术思想的精髓。他一生从事考证，认为"欲实事求是，非考证不可"②，一生把实事求是作为治学的金科玉律。综观陈垣的所有著述，如"古教四考"、"宗教三书"、《元西域人华化考》、《通鉴胡注表微》、《二十史朔闰表》、《中西回史日历》、《史讳举例》等，无论鸿篇巨制，还是吉光片羽，都是实事求是精神的直接产物。所以学界把陈垣实事求是的精神，

---

① 牟润孙：《励耘书屋问学回忆》，见《励耘书屋问学记》，生活·读书·新知三联书店1982 年版，第 90 页。

② 陈垣：《通鉴胡注表微·考证篇第六》，辽宁教育出版社 1997 年版，第 76 页。

奉为后世治学的楷模。

我们从上述书信中可以看出，陈垣的许多著述的写作过程都在书信中说及。如《旧五代史辑本忌讳改窜例》（最后定名为《旧五代史辑本发覆》）①、《释氏疑年录》②、《汤若望与木陈忞》③、《明末滇黔之佛教》（最后定名为《明季滇黔佛教考》）④、《清初僧人之斗诤》（最后定名为《清初僧诤记》）⑤、《南宋初河北新兴三教》（最后定名为《南宋初河北新道教考》）⑥、《通鉴胡注表微》⑦等等，这些著作形成的过程，就是实事求是地做学问的过程。他对"实事求是"并没有太多的论述，而是通过其踏踏实实的史学著作来实现的，载之空言，不如见诸行事，求真、求实、求新，不言诸口，而体现在笔端。1945 年 1 月 31 日的信充分说明他写《通鉴胡注表微》的实事求是精神：

> 《胡注表微》至今始写定《本朝》及《出处》二篇。成书殊不易，材料虽找出一千一百余条，未必条条皆有按语。如果按语太少，又等于编辑史料而已，不能动众。如果每篇皆有十余廿条按语，则甚不易。说空话无意思，如果找事实，则必须与身之（即胡三省——引者注）相近时事实，即宋末及元初事实，是为上等；南宋事实次之；北宋事实又次之；非宋时事实，则无意味矣。⑧

这说明立论必须以事实为依据。陈垣的学术师承乾嘉考据学，在乾嘉诸儒中，他最推崇钱大昕，说"《日知录》在清代是第一流的，但还不是第一；第一应推钱大昕的《十驾斋养新录》"⑨。钱大昕治学，皆从"实事求是"出发。他认为"通儒之学，必自实事求是始"⑩。可见，陈垣继承了钱大昕的"实事求是"的治学精神。

陈乐素说："就学历史而言，我的家庭条件比较有利。我父亲陈垣……还在我幼年时代，他就通过讲论和实践教育我，启发了我对学习历史特别是中国古代

---

① 陈智超：《陈垣来往书信集》，上海古籍出版社 1990 年版，第 636 页。以下引用此书，简称《书信集》。

② 《书信集》，第 637、638、639、640、641、645、646、660、661 页。

③ 《书信集》，第 642－643 页。

④ 《书信集》，第 646、650、651、652、655、656、659 页。

⑤ 《书信集》，第 665、667、668 页。

⑥ 《书信集》，第 669、671、674、677 页。

⑦ 《书信集》，第 679、680、700 页。

⑧ 《书信集》，第 679 页。

⑨ 赵光贤：《回忆我的老师陈援庵先生》，见《励耘书屋问学记》，生活·读书·新知三联书店 1982 年版，第 159 页。

⑩ 钱大昕：《潜研堂文集》卷二五《卢氏群书拾遗序》。

史的兴趣和搜集史料的重视。"① 成年以后，陈垣在家书中不断以治学必须"实事求是"的精神教育陈乐素，陈乐素虔诚地接受、继承了这种科学精神。综观陈乐素的著作，如《徐梦莘考》《〈三朝北盟会编〉考》《宋史艺文志考证》等，都是在"实事求是"精神指导下，经过艰苦卓绝的努力而取得的重大成果。陈乐素的夫人常绍温教授在总结陈乐素的学术时说：

> 我所了解的陈乐素同志，是一位笃实严谨的学者，严肃认真的老师，敦厚纯朴的长者。他一生不慕案荣名利禄，不追求生活享受，只是孜孜不息地钻研学问，悉心教育学生。治学上一心求真求实。80 年代中期广东人民出版社出版他的文集，他名之为《求真集》，可说是这种心声的表露。②

陈乐素承传陈垣治学"实事求是"精神，得到学界的认同。陈乐素逝世后，不少好友送了挽联，其中暨南大学原副校长王越教授所写联文为：

> 宣扬求是精神，两卷鸿文堪问世；
> 树立过庭风范，一门史学有传人。③

代表了学界对其的赞许。

(二) 陈垣通史以经世致用的思想，给陈乐素以重要影响

我们知道，陈垣的学术思想经历过前后两个不同的阶段。1937 年七七事变以前，"服膺嘉定钱氏"，专心致志于精密考证。七七事变以后发生了变化，他越来越推崇"经世致用"的思想。④ 1943 年 11 月 24 日陈垣致方豪信云：

> 至于史学，此间风气亦变。从前专重考证，服膺嘉定钱氏；事变后颇趋重实用，推尊昆山顾氏；近有进一步，颇提倡有意义之史学。故前两年讲《日知录》，今年讲《鲒埼亭集》，亦欲以正人心，端世习，不徒为精密之考证而已。⑤

陈垣"经世致用"的思想直接来源于清初著名学者顾炎武。他反复研读《日知录》，深受其经世思想的熏陶，称《日知录》为清代第一流的著作；并以这部书和赵翼《廿二史札记》、全祖望《鲒埼亭集》作为"史源学实习"课程的

① 陈乐素：《学习历史，整理古文献》，见《求是集》第 2 集，广东人民出版社 1984 年版，第 336 页。
② 常绍温：《陈乐素教授九十诞辰纪念文集·前言》，见《陈乐素教授九十诞辰纪念文集》，广东人民出版社 1992 年版，第 1－2 页。
③ 《陈乐素教授九十诞辰纪念文集》，广东人民出版社 1992 年版，第 6 页。
④ 牛润珍：《陈垣学术思想评传》，北京图书馆出版社 1999 年版，第 219 页。
⑤ 《书信集》，第 302 页。

教材。陈垣把这门课程的目的、教材、教法、经验写信告诉陈乐素，并建议他也开同样的课程。1946 年 6 月 1 日陈垣致陈乐素信说：

> 关于汝所担任功课，我想《鲒埼亭集》可以开，不管用甚么名目，但以此书为底本，加以研诵及讲授，于教者学者均有裨益。我已试验两年，课名是《史源学实习》，即以此书为实习。……惟其文美及有精神，所以不沾沾于考证，惟其中时有舛误，所以能作《史源学实习》课程，学者时可正其谬误，则将来自己作文精细也。……未讲此书前，余曾讲《日知录》两年。又前，曾讲《廿二史札记》好些年，皆隔年一次。错误以《札记》为最多，《鲒埼》次之，《日知》较少。学者以找得其错处为有意思。然于找错处之外能得其精神，则莫若《鲒埼》也，故甚欲介绍于汝。①

关于以《鲒埼亭集》为教本之事，他们在通信中还多次提到。如同年 6 月 23 日陈垣信云：

> 闻愿下年开《鲒埼亭》，至慰。但史源学一名，系理论，恐怕无多讲法，如果名《史源学实习》，则教者可以讲，学者可以实习。余已试用两年，觉颇有趣。……总之，朱竹垞（彝尊）、全谢山（祖望）、钱竹汀（大昕）三家集，不可不一看，此近代学术之泉源也。他以为课本者，全氏最适宜。②

当陈乐素开《鲒埼亭集》课时，陈垣又致信说：

> 《鲒埼亭》读出有头绪未？文章、意义皆佳，在清人集中总算第一流。考据稍疏，此其所以能为《史源学实习》课本也。若全篇无甚错处，则不能作课本矣。③

陈垣以《鲒埼亭集》作为教材，是"欲以正人心，端士习，不徒为精密之考证而已"，"惟其文美及有精神"，这种"精神"是什么呢？是全祖望在作品中热烈歌颂东南义士抗清斗争精神。虽然清初江南人民抗清斗争与中国人民反对日本帝国主义侵略的斗争在性质上不能同日而语，但在民族的危急关头，我们祖先反对民族压迫的光荣传统，确能唤起人民的民族意识和斗争精神。他是用史学作为抗日斗争的武器。

抗日战争时期，陈垣生活在日寇统治下的北平。他这个时期的几部著作都体现他的通史以经世致用的思想。他认为"古人通经以致用，读史亦何莫非以致

---

① 《书信集》，第 694 – 695 页。
② 《书信集》，第 696 – 697 页。
③ 《书信集》，第 698 页。

用?"① 1950 年,他在致席启驷(字鲁思)的信中,把当时身处沦陷区不便说明的意思,说得更清楚了:

> 九一八以前,为同学讲嘉定钱氏之学;九一八以后,世变日亟,乃改顾氏《日知录》,注意事功,以为经世之学在是矣。北京沦陷后,北方士气萎靡,乃讲全谢山(祖望)之学以振之。谢山排斥降人,激发故国思想。所有《辑覆》《佛考》《诤记》《道考》《表微》等,皆此时作品,以为报国之道止此矣。所著已刊者数十万言,言道、言僧、言史、言考据,皆托词,其实斥汉奸、斥日寇、责当政耳。②

其实,这些意思在当年致陈乐素的信中都有所述及。例如上述《佛考》,即《明季滇黔佛教考》,1945 年 5 月 3 日致陈乐素信说:

> 本文之着眼处不在佛教本身,而在佛教与士大夫遗民之关系,及佛教与地方开辟,文化发展之关系。若专就佛教言佛教,则不好佛者无读此文之必要。惟不专言佛教,故凡读史者皆不可不一读此文也。三十年来所著书,以此书为得左右逢源之乐。③

当时陈寅恪为该书写了序,陈寅恪深知作者之心,说:"虽曰宗教史,未尝不可作政治史读也。"④ 1957 年重印此书时,陈垣在《重印后记》中说:"此书作于抗日战争时,所言虽系明季滇黔佛教之盛,其实所欲表彰者乃明末遗民之爱国精神,民族气节,不徒佛教史迹而已。"抒此书的写作目的说得更清楚了。

上文说的《诤记》,即《清初僧诤记》,他在 1941 年 1 月至 3 月多次致信陈乐素,说明此书的写作情况。⑤ 书中突出两人:木陈忞和澹归。1962 年重版该书时,陈垣在后记中说:"1941 年,日军既占平津,汉奸得意洋洋,有结队渡海朝拜,归以为荣,夸耀于乡党邻里者。时余方阅诸家语录,有感而为是编,非专为木陈诸僧发也。"他写《僧诤记》的目的,就是抨击沦陷区中的汉奸行为。

上文说的《道考》,即《南宋初河北新道教考》,他在致陈乐素的信中多次言及本书的写作过程。⑥ 关于写作的本意,他在 1957 年的《重印后记》中说:"卢沟桥变起,河北各地相继沦陷,作者亦备受迫害,有感于宋金及金元时事,觉此所谓道家者类皆抗节不仕之遗民,岂可以其为道家而忽之也。因发愤为著此

---

① 陈垣:《通鉴胡注表微·书法篇第二》,辽宁教育出版社 1997 年版,第 24 页。

② 《书信集》,第 216 页。又该书 796 页录 1954 年致佚名者一信,意同而文稍异。

③ 《书信集》,第 656 页。

④ 陈寅恪:《陈垣明季滇黔佛教考序》,见《金明馆丛稿二编》,上海古籍出版社 1980 年版,第 240 页。

⑤ 《书信集》,第 667 – 669 页。

⑥ 《书信集》,第 671 – 677 页。

书，阐明其隐……诸人之所以值得表扬者，不仅消极方面不甘事敌之操，其积极方面复有济人利物之行，固与明季遗民之逃禅者异曲同工也。"所谓"济人利物"，就是用历史教育世人，劝诫世人。《佛教考》《道教考》两书所表彰的人物，都是抗节不仕、表现民族气节的义士。陈垣以此警告人们要操持大节，不可投敌变节。1942 年陈垣写成《中国佛教史籍概论》，1955 年出版时，有"后记"说："稿成于抗日战争时期，时北京沦陷，故其中论断，多有为而发。"所谓"多有为而发"和《佛教考》《道教考》，同时针对当时现实，提倡民族气节，反对无耻事敌。

上述《表微》，就是《通鉴胡注表微》，这部著作是陈垣通史以经世致用学术思想发展到顶峰，也是这一思想的总结。他在致陈乐素的信中，多次提到这部著作。他在 1945 年 1 月 31 日的信中说：

> 《表微》目录，为本朝、书法、校雠、解释、旧闻、避讳、考证、察虚、纠谬、评论、感慨、劝戒，为前篇，论史法；君道、治术、相业、臣节、伦纪、出处、兵事、边情、民心、夷夏、生死、货利，为后篇，论史事。①

这里提出的"史法"和"史事"，是陈垣对自己过去的史学研究做了带总结性的叙述。"史法"，就是读史、研究历史的方法；"史事"，就是对历史事件，历史人物的评论。在写作过程中，关于全书的格式、完成进度，陈垣都对陈乐素言之极详。1945 年 5 月 1 日信说："《胡注表微》付写者只有本朝、书法、校勘、解释、避讳、出处六篇，每篇约八千言，余尚未写就也。全书格式，每篇前有小序，低二格；次引《通鉴》，顶格；次引注，低一格；次为表微，亦低二格。今将已成诸篇，各抄一段寄阅，亦可略知书之内容也。"② 完稿之后，他还要陈乐素协助校对。1946 年 2 月 3 日信云："《表微》订误表甚佳，尤其是《通鉴》卷数有误，非细对不可。至于熙、纂等误，于排印尚无碍，因铅字不至误也。惟符、苻，偏、徧等字，铅字有二，钞本误则排字误矣。"③

在 1957 年此书重印后记中，陈垣叙述了研究与写作本书的过程及目的。他说："胡三省亲眼看到宋朝在异族的严重压迫下，政治还是那么腐败，又眼见宋朝覆亡，元朝的残酷统治，精神不断受到剧烈的打击，他要揭露宋朝招致灭亡的原因，斥责那些卖国投降的败类，申诉元朝横暴统治的难以容忍，以及身受亡国

---

① 《书信集》，第 679 页。关于本书的目录，最后定稿时，与此稍有出入，即本朝、书法、校勘、解释、避讳、考证、辨误、评论、感慨、劝戒、治术、臣节、伦纪、出处、边事、夷夏、民心、释老、生死、货利等二十篇。

② 《书信集》，第 680 页。

③ 《书信集》，第 685 页。

惨痛的心情，因此，在《通鉴注》里，他充分表现了民族气节和爱国热情。"
"我写《胡注表微》的时候，正当敌人统治着北京；人民在极端黑暗中过活，汉奸更依阿苟容，助纣为虐。同人同学屡次遭受迫害，我自己更是时时受到威胁，精神异常痛苦，阅读《胡注》，体会了他当日的心情，慨叹彼此的遭遇，忍不住流泪，甚至痛哭。因此决心对胡三省的生平、处境以及他为什么注《通鉴》和用什么方法来表达他自己的意志等，做了全面的研究，用三年时间写就《通鉴胡注表微》二十篇。"他从自身的处境与遭遇，对胡三省的遭遇和心情有了深刻的认识与体会，于是写《表微》以"表"胡三省作注之"微"。据陈乐素说：书名"表微"是经过反复推敲的；最初作"通鉴胡注述义"，"述义"后改为"奥论""探微"，最后才定名为"表微"①。他对陈乐素说："因'表微'云者，即身之（胡三省）有感于当时事实，援古证今也。"② 此书达到了通史以经世致用的学术思想的最高境界。所以陈垣的学生牟润孙说：

> 援庵师在《胡注表微》中真的达到"古为今用"、"通史以经世致用"中国传统史学的目的，完成史学家应尽的责任，上绍司马迁、司马光以迄顾炎武之学。钱大昕深知这番道理，局限于时代不敢为，章学诚虽然能知史学之大义在于用此，亦不能为。援庵师写出了《胡注表微》，表现出中国史学的功用，为中国史学家在世界上争回一口气！③

从上所述，陈垣通史以经世致用思想的形成及表现，陈乐素都是十分清楚的。而且从陈乐素踏进史学门槛开始，就受到这种思想的影响与陶冶，并运用于自己的研究实践中。他 1983 年春在教育部高等院校古籍整理研究规划会议上，以《学习历史，整理古文献》为题发表讲演，简略地论述他的史学研究都是经世致用的。20 世纪 30 年代初，陈乐素在上海《日本研究》杂志社任主编，有感于日本侵略危机的严重，对中日历史关系进行研究，写了《魏志倭人传研究》《后汉刘宋间之倭史》等论文，旨在以历史上我国对日本的友好文化传播，对比当时现实，唤起同胞对日本军国主义者侵略野心的同仇敌忾。九一八事变之后，对日本侵占东北和当时政府所持不抵抗主义十分愤慨，发表了《宋徽宗谋复燕云之失败》一文，意指像宋徽宗这样政治上的昏君，也还有过谋复燕云之行动，难道当时的执政者连古代昏君也不如？从此便把宋代历史作为主要研究对象，从研

---

① 陈乐素：《陈垣同志的史学研究》，见《求是集》第 2 集，广东人民出版社 1984 年版，第 223 页。

② 《书信集》，第 679 页。

③ 牟润孙：《从〈通鉴胡注表微〉论援庵先生的史学》，见《励耘书屋问学记》，生活·读书·新知三联书店 1982 年版，第 72 – 73 页。

究它的外患频仍，进而研究它的经济、政治、文化。① 抗日战争时期，陈乐素居住香港，他受叶恭绰先生和《广东丛书》编印会的委托，主持明末清初广东志士屈大均所著《皇明四朝成仁录》的汇编、校订工作。这部著作由于主要记载了明末崇祯和南明弘光、隆武、永历等四朝各阶层人民的抗清斗争和死难事迹。这部书对唤起人民爱国热情、发扬民族气节有促进作用。此书校订编纂完成，于抗战胜利后作为《广东丛书》第二集出版。② 1979 年陈乐素调到广州暨南大学任教，目睹广州对外开放改革、经济发展迅速，他开始研究两广地区古代与中原文化的联系，写出了《珠玑巷史事》《流放岭南的元祐党人》《桂林石刻〈元祐党籍〉》等论文，这些文章既是宋史研究的一部分，也是岭南地方史研究的一部分，为岭南地区历史的研究作出了重要贡献。③ 陈乐素是陈垣通史以经世致用思想的承传者，也是忠实地实行这一思想的实践者。因而，陈乐素在史学研究上也能取得卓著的成绩。

二、 治学方法的传授

从陈垣的家书中，我们可以看到陈垣对陈乐素治学方法的许多具体指导。首先，他以自己的体会说"二十年来余立意每年至少为文一篇（专题），若能著比较有分量之书，则一书作两年或三年成绩，二十年未尝间断也"，要求儿子"每年必要有一、二稍有分量之文发表，积之数年，必有可观"。④ 写文章如何选题，如何搜集材料，如何与朋友讨论，都有原则性的教导。他在 1940 年 1 月 7 日的信中说：

> 论文之难，在最好因人所已知，告其所未知。若人人皆知，则无须再说，若人人不知，则又太偏僻太专门，人看之无味也。前者之失在显，后者之失在稳，必须隐而显或显而隐乃成佳作。又凡论文必须有新发现，或新解释，方于人有用。第一搜集材料，第二考证及整理材料，第三则连缀成文。第一步工夫，须有长时间，第二步亦须有十分之三时，第三步则十分之二时间可矣。草草成文，无佳文可言也。文成必须有不客气之诤友指摘之，惜胡（适）、陈（寅恪）、伦（明）诸先生均离平，吾文遂无可请教之人矣。非无人也，无不客气之人也。⑤

---

① 《求是集》第 2 集，广东人民出版社 1984 年版，第 337 页。

② 常绍温：《陈乐素同志从事教育和学术研究情况述略》，见《求是集》第 1 集，第 20 页。

③ 常绍温：《陈乐素同志从事教育和学术研究情况述略》，见《求是集》第 1 集，第 32－33 页。

④ 《书信集》，第 642 页。

⑤ 《书信集》，第 650 页。

总体来说，这是原则性的指导。陈垣在自己的历史研究实践中，有许多行之有效的具体方法，都通过家书教育陈乐素。而陈乐素亦步亦趋，终成事业。这些具体方法，举其大者，有下列数端。

（一）陈垣以目录学为治学门径的方法，直接影响陈乐素的一生

陈垣治学以目录学为门径，特别是从《书目答问》和《四库全书总目》两部书入手，摸索到一套行之有效的寻书、买书、读书、藏书的路子，形成具有陈垣自己独特风格的学术道路和方法，这是学术界公认的事实。陈垣在对北京师范大学历史系应届毕业生谈自己读书经验时，勉励学生治学"从目录学入手"，精读《书目答问》《四库全书总目》等目录书①。陈垣在家书中经常教导陈乐素治学要从目录学入手，而且要花时间和精力去研究目录学。据陈乐素的自述和常绍温教授介绍，当陈乐素选定宋代历史作为研究工作的主要对象时，首先遇到的是大量的史料问题。要想掌握和运用史料，必须掌握史料的目录学。陈乐素在留学日本为陈垣收集宗教史资料期间，陈垣就嘱咐他尽可能掌握详尽的目录。这培养了他对史料本身和史料采集方法的重视。此后，陈乐素用了相当多时间去研究目录学、版本学、校勘学、避讳学、考据学、年代学等治史所必需的知识。陈乐素所发表的论著，有相当部分是关于目录学的，如《宋初三馆考》《记万历刊本毛诗六帖》《〈直斋书录解题〉作者陈振孙》《宋史艺文志序文证误》《四库提要与宋史艺文志之关系》《袁本与衢本〈郡斋读书志〉》《略论〈直斋书录解题〉》等。他在大学开设的课程有"中国目录学史"，并写成专著初稿。特别需要指出的是他对《宋史·艺文志》的研究。2002 年 3 月广东人民出版社出版的陈乐素著《宋史艺文志考证》，是他大半生心血的结晶，是他对宋史研究作出的重要贡献的学术成果之一。整理者陈乐素的儿子陈智超教授在"前言"中说，"在祖父的教导、影响下，父亲从开始研究历史起，就注意掌握目录学。自从三十年代初期他把研究领域转移到宋史上来，就注意宋代史籍的目录。"陈智超回顾了本书从开始写作到完稿的全过程。这是一篇感人至深的关于陈乐素治学严谨的真实记录。"本书经过整理以后正式出版，无疑对《宋志》的研究提高到了一个崭新的阶段，对宋史的研究也将起推动作用。"② 这一重大成果，可以说是陈垣播下的种子。

陈乐素也以治学从目录学入手的方法教育他的学生。他的学生程光裕说：乐素师曾说，目录校勘之学是治史之基础学问，也是工具之学；叮嘱阅读正史艺文志、经籍志，《通志·艺文略》，《通考》经籍、金石、图谱、校雠考，于《汉

---

① 《谈谈我的一些读书经验——与北京师大历史系应届毕业生谈话纪要》，见《陈垣史学论著选》，上海人民出版社 1981 年版，第 640－645 页。

② 陈乐素：《宋史艺文志考证》，广东人民出版社 2002 年版。陈智超写的《前言》第 1－7 页。

书·艺文志》、《隋书·经籍志》、晁公武《郡斋读书志》、陈振孙《直斋书录解题》、永瑢等撰《四库全书总目》，尤须精读。校勘学则多本陈垣太老师所撰《元典章校补释例》所云，以为之范。乐素师于目录、版本、校勘、避讳学极为精湛。①

（二）搜集材料要"竭泽而渔"

研究问题搜集材料要"竭泽而渔"，也就是说要详细地占有材料。这是陈垣治学的一贯主张。他的学生启功说：

> 老师研究某个问题，特别是做历史考证，最重视占有材料。所谓占有材料，并不是指专门挖掘什么新奇的材料，更不是主张找人所未见的什么珍秘材料，而是说要了解这一问题各个方面有关的材料。尽量搜集，加以考察。在人所共见的平凡书中，发现问题，提出见解。自己常说，在准备材料的阶段，要"竭泽而渔"，意思即是要不漏掉一条材料。至于用几条，怎么用，那是第二步的事。②

陈垣的著作，在搜集材料方面都是"竭泽而渔"的。例如撰《元也里可温教考》时，先将《元史》通读一遍，书中凡是提到"也里可温"的地方，全部抄录出来，再参阅其他有关书籍，不断搜集相关材料。从初稿到最后定本，前后历时18年。他研究明末清初画家、天主教司铎吴历（号渔山），编写《吴渔山年谱》，参考文献达80多种，尽将有关材料囊括无遗。他早年写的最满意的著作《元西域人华化考》，依据典籍220种，原稿有三四大捆，写成论文时才只有七万多字。他为撰写《旧五代史发覆》一书，搜集了大量资料和例证，写成初稿有三尺厚，后来约取例证194条，精简成两万多字的论文。他校补《元典章》，曾用五种本子互勘，③ 校出沈刻本《元典章》一万多条错误，而只选取一千多条撰成《元典章校补释例》。他研究问题，往往利用一半时间花在材料搜集上，对搜集材料真正做到"竭泽而渔"。

陈垣把这一方法传授给陈乐素，而且把怎样才能做到搜集材料"竭泽而渔"的章法告诉儿子。他于1939年3月26日致信说：

> 欲撰陈同甫年谱，应将四库全书全部南宋人文集与同甫年代不相上下者

---

① 程光裕：《永怀乐素师》，见《陈乐素教授九十诞辰纪念文集》，广东人民出版社1992年版，第18页。

② 启功：《夫子循循然善诱人》，见《励耘书屋问学记》，生活·读书·新知三联书店1982年版，第99页。

③ 徐梓：《陈垣先生史学的总结性特征》，见《纪念陈垣校长诞生110周年学术论文集》，北京师范大学出版社1990年版。

尽览一遍，方可无遗漏。然南中岂易得此机会也。且凡撰年谱，应同时撰一二人或二三人，因搜集材料时，找一人材料如此，找三数人材料亦如此，故可同时并撰数部也。若专撰一人，则事多而功少矣。吾撰《渔山年谱》时，本可同时撰四王并南田（指与吴渔山齐名的王时敏、王鉴、王翚、王原祁及恽寿平）年谱，以欲推尊渔山，故独撰之，其实找渔山材料时，各家材料均触于目也。竹汀先生撰二洪及陆王年谱，亦此意，然知此者鲜矣。余撰《释氏疑年录》，目前已整理完竣，无意中又发现某处藏《嘉兴藏》一部，有清初语录二百余种，塔铭可采者多，因此又须将第十一、十二卷改造，此意外收获也。《嘉兴藏·弘觉语录》，本附有《北游集》，因目录不载明，故知者绝少。吾亦据目求书，故十年不得，可笑也。①

这是一封关于如何搜集材料的有趣的家书，既讲出方法，又讲出自己的甘苦。我以为有几点是特别值得提出的：第一，要将有关材料"尽览一遍，方可无遗漏"。第二，撰写年谱或研究专题，几个问题同时进行，避免"事多而功少"，要达到事半功倍之效。第三，在撰写著作的过程中根据新发现的材料，不断修改。以其著《释氏疑年录》为例，发现《嘉兴藏》而重新改写第11、12卷，为寻找《北游集》而花了十年时间，在《嘉兴藏》发现此书，可喜又可笑。父子交流心得之乐，跃然纸上。启功先生对发现《嘉兴藏》有一段有趣而深刻的回忆：陈垣家藏有三部《大藏经》和一部《道藏经》，启功怀疑老师是否都阅览过。一次老师在古物陈列所发现了一部嘉兴地方刻的《大藏经》，立刻知道里边有哪些是别处没有的，而且有什么用处，随即带着人去抄出许多本，摘录若干条。启功这才"考证"出老师藏的"四藏"并不是陈列品，而是都曾一一过目，心中有数的。② 可见陈垣搜集材料的"竭泽而渔"。陈乐素接受这种方法的教育，并贯彻到自己的研究实践中，最显著的例子就是他的《宋史艺文志考证》一书。该书第一篇《宋史艺文志考异》就对《宋志》著录的9000多种书名、卷数、作者而无其他记载的古籍进行考订。凡是《宋志》记载与他书有异，或本志上下有异的，一一举出。然后加以分析、考证，哪些是宋志的错误，哪些是他书的错误。不能判断是非的，也加以说明。陈乐素对《宋志》的研究，凡50年，倾其半生心血，对搜集材料可谓"竭泽而渔"。

（三）专题深入与窄题宽作的方法

蔡尚思曾论及陈垣的"专题深入的治学方法"。他说：陈师"比清代朴学家

---

① 《书信集》，第645页。

② 启功：《夫子循循然善诱人》，见《励耘书屋问学记》，生活·读书·新知三联书店1982年版，第99－100页。

更加集中精力，专做'窄而深'的史学工作。不再上自天文，下至地理，近自书本，远至器物调查，什么自然科学与哲学社会科学、文艺等无所不包。他曾亲自对我说：'像胡适的《中国哲学史大纲》之类的所谓名著，很像报章杂志，盛行一时，不会传之永久。'"① 1933 年 6 月 24 日，陈垣教授致书蔡尚思说："什么思想史、文化史等颇空泛而弘廓，不成一专门学问。为足下自身计，欲成一专门学者，似尚须缩短战线，专精一二类或一二朝代，方足动国际而垂久远。不然，虽日书万言，可以得名，可以啖饭，终成为讲义的教科书的，三五年间即归消灭，无当于名山之业也。"② 同年 7 月 1 日致信蔡尚思云："关于治学问题，前函不过偶尔论及，士各有志，不能强同。且仆所反对者系'空泛弘廓'之理论，未尝反对'博'，更未尝主张'无博之精'也。来示先博后精之论，仆岂敢有异同。愿足下勉之而已矣。"③ 陈垣这种专题深入研究的著作很多，关于宗教史的有《元也里可温教考》《明季滇黔佛教考》《清初僧诤记》《摩尼教入中国考》《回回教入中国史略》等；关于元史方面的有《元西域人华化考》《元典章校补释例》（即《校勘学释例》）等；关于专题深入研究的论文则不胜枚举。

陈乐素继承了这种治学方法，他所发表的有影响的论著都是遵循这一方法进行研究的结果。他一生以宋代历史作为主要研究对象，就是按照陈垣"欲成一专门学者，似尚须缩短战线，专精一二类或一二朝代"的教诲。1934 年和 1935 年陈乐素先后发表《徐梦莘考》和《三朝北盟会编考》，共约 18 万字。这两本著作，既是陈乐素继承陈垣通史以致用学术思想的表现，也是陈垣窄而深专题研究方法运用的典范。南宋史学家徐梦莘因痛感靖康之耻而写宋徽宗、钦宗、高宗三朝与金国会盟的《三朝北盟会编》。写作该书徐梦莘用了 46 年的时间，倾尽毕生心血，在"自序"中谈到他写这部书的目的是"使忠臣义士，乱臣贼子善恶之迹，万事之下不得而淹没也"。这是一部既有政治教育意义、又有相当学术价值的史书。陈乐素深感自己所处的时代与《会编》所记述的时代有某种相似之处。他花相当长的时间，对这部宋朝"国难痛史"《三朝北盟会编》及其作者徐梦莘进行研究，撰成了上述两《考》。从政治上说，这两《考》，是他自己爱国心声的表达，是对陈垣通史致用思想的运用；从学术上说，这两《考》旁征博引，考证并纠正了《会编》各种传抄本和刊本的不少错误，也考订了《会编》本身的不足之处，是贯彻、学习陈垣窄而深的专题研究方法的典范。台湾学者宋史专家王德毅教授撰《跋陈乐素〈徐梦莘考〉》和《徐梦莘年表》两文，对两《考》评价颇高，说两《考》对于《会编》及其作者的研究，"都是很值得参考的"，

---

① 蔡尚思：《陈垣先生的学术贡献》，见《励耘书屋问学记》，生活·读书·新知三联书店 1982 年版，第 8 页。

② 《书信集》，第 355 页。

③ 《书信集》，第 355 – 356 页。

"在有关本书（指《会编》）的内容、流传版本、引用书目和材料来源，陈乐素撰之《三朝北盟会编考》言之甚详，兹不重赘"。① 陈垣对此两《考》也十分重视，把自己知道的信息及时告诉陈乐素。1946 年 2 月 3 日信云："美国人哈佛柯立夫翻译你《北盟会编考》论文。"3 月 8 日信云："柯君译《北盟会编考》，已出版否亦未知。"②

我们还必须指出，陈乐素的一些专题研究直接得到陈垣的指导。如陈乐素在《大公报》1946 年 11 月 20 日《文史周刊》第 6 期发表《〈直斋书录解题〉作者陈振孙》一文，就得到陈垣的直接指导。1946 年 3 月 2 日陈垣致陈乐素信，是关于此文的指导意见，今摘录如下：

> 家信久不谈学问，接 2 月 16 日函，喜慰无已。直斋（按：指《直斋书录解题》作者陈振孙）本名瑗一节，前此未见人说过，可算是一发见。但此等作法甚劳，而所获不算大，在乾嘉诸志中，不过笔记一条，扩而充之，则为今人一论文矣。譬诸炼奶，一匙可冲水一大碗也，为之一笑。但当搜索材料时，应并注意他题，或同样诸题，庶不致劳多获少耳。

下面是对材料的运用，文章的结构，如何使文章"不干燥"等提出意见，"照来信分名字、成书、卒年、学行四项，甚妥。学行改言行，何如？"③ 他还在同年 4 月 8 日的信中说："顷接 3 月 30 日书并陈振孙文，甚好。惟有一笑话，以《梅诗话》为胡身之诗话是也。宋元间以梅为号者不止一二人。故此文未有给别人看，今签改数处寄回，可自斟酌，不必尽依吾说也。此外尚有两点须注意：一此文引号多，传写排印，易于脱落，故须预备其有脱落时，亦不至令人误会乃可。则行文时须做到不加引号，而引文与己文分别显然，乃足贵也。二此文小注不少，其多者乃至二三行，此必须设法减少，或改为正文，如十一页前数行是。因近日印品多用五号，再有小注，须用七号，大不宜也。且作文自加注，只可施之词章，如诗赋铭颂之属，字句长短有限制，不能畅所欲言，有时不得不加自注。史传散文自注甚少，除表及艺文志之属为例外。……此文在研究院集刊发表如何？"④ 陈垣在这里不仅以严谨的学风教育儿子，而且对行文的格式和著作体例都有非常严格的要求。对陈乐素从事《四库提要》与《宋史艺文志》的关系，北宋主客户对称等专题的研究，都给予指导。1946 年 3 月 20 日信云："《四库提要》与《宋志》，大体尚稳，余文批了三处：一、第二行引《宋志》序，'前后

---

① 转引自常绍温《陈乐素同志从事教育和学术研究情况述略》，见《求是集》第 1 集，广东人民出版社 1986 年版，第 18 页。

② 《书信集》，第 686 页，689 页。

③ 《书信集》，第 686－688 页。

④ 《书信集》，第 691－692 页。

部帙有亡增损互有异同'，应在'损'字绝句；二、《包拯奏议》条，《宋志》是元至正本，非成化本；三、《中兴小历》条，四库改作小纪，是避清讳耳。……客户云云，未见有人注意，日文杂志中似亦未见有此等目录。……颐采引文，谬误如此，是为引书不检元文者戒。真所谓'毋信人之言，人实诳汝'也。"① 同年3月25日信云："客户文是何意思？能将题解开列及此文提要抄来。或可找找日本杂志有此类论文否，空洞'客户'二字，无从知其内容也。"② 在这里不但教育他治学要严谨，而且教育他要了解自己研究专题的学术动态及学术史，这是研究问题的起点。这既是言教，也是身教。

陈乐素也以这种窄而深的专题研究教育他的学生：选题要窄，但研究要深。其学生宋晞教授回忆说：1948年夏，他在福建晋江国立海疆学校任教，生活粗定之后，即给时在浙江大学任教的乐素师写信，并"寄《宋代的商税网》一文请其指正，及告知正在撰写《南安九日山宋代石刻》一文"。翌年3月27日乐素师来函，关心宋晞的身体，示知学术研究近况，又说"税网文容稍待阅读，发表则似不必急急，普通刊物不宜也。九日山上知州或提举市舶题名已知者谁，宋代石刻一文甚有意思，但'宋代'二字似当改，太泛也"③。也就是教育他选题不要"太泛"。他的另一学生程光裕，1944年在陈乐素的指导下完成的《宋代四川茶盐》论文，被评为"能于事之本末述其概要"，列为甲等。这些都是窄而深的选题。④

三、 教书与做人的教诲

陈垣的一生主要是教书和做研究，是蜚声中外的著名教育家和学者。陈乐素的一生也主要从事教学与研究。在如何教书和做人方面，陈垣对陈乐素有许多教诲，使陈乐素常以"饭疏食、饮水，曲肱而枕之，乐亦在其中矣。不义而富且贵，于我如浮云"（《论语·述而》）和"士而怀居，不足以为士矣"（《论语·宪问》）的教导为自乐。陈乐素对夫人常绍温说，我的名字叫"乐素"，就是说，可以安贫乐道，对粗茶淡饭安之若素。⑤

---

① 《书信集》，第689-690页。

② 《书信集》，第690-691页。

③ 宋晞：《对乐素师教学风范之感念》，见《陈乐素教授九十诞辰纪念文集》，广东人民出版社1992年版，第7-8页。

④ 程光裕：《对乐素师教学风范之感念》，见《永怀乐素师》，广东人民出版社1992年版，第17页。

⑤ 常绍温：《陈乐素教授九十诞辰纪念文集·前言》，广东人民出版社1992年版，第5页。

（一）如何教书

陈垣多次致书教育陈乐素安心教书，说"教书最好能教学相长，详人之所略，略人之所详，而后能出色。"① 1939 年 8 月 21 日的信中，他很详尽地说明如何教书："教书可以教学相长，教国文尤其可以借此练习国文（于己有益，必有进步）。教经书字音要紧，最低限度，要照《康熙字典》为主，不可忽略。吾见教书因读错字闹笑话而失馆者多矣，尤其在今之世，幸注意也。《左传》人名最难记，每一人数名。前后不画一，应有法记之。"② 他在同年 9 月 9 日的信中说："《左传》、四书教法，应注重文章，不能照经书讲，总要说出使人明白而有趣为主。我近亦在《论》《孟》选出数十章（目另纸），令学生读之烂熟，涵泳玩索（每一二句），习惯自然，则出口成文，可免翻译之苦。作文是作文，翻译是翻译。今初学作文，辄先作成白话，然后易为文言，此翻译法也。本国人学本国文不须此。学本国文贵能使言文一致，今以《论》《孟》为言文一致之标准，选出数十章，熟读如流，不啻若自其口出，则出笔自易。"③ 在 1941 年 5 月 7 日的信中，也有类似的论述，并强调"最忌先做成白话，乃改易为文言，则难得佳作矣。"④ 1940 年 4 月 6 日信云："今想起一事，久欲告汝，凡与学生改文，应加圈，将其佳句圈以旁圈，俾其高兴。改不必多，圈不妨多，平常句亦须用单圈圈之。因见有改文而不圈者，殊不合，故告你。"⑤ 这是对教国文、文选一类课程的指导意见。

对于在教学中如何启发学生的兴趣，也就是教书之法，陈垣也谆谆教导。1939 年 10 月 15 日函云："前夕复一函后，想起教书之法。前已说过要充分预备，宁可备而不用，不可不备也。又对学生多夸奖，生其兴趣，都已明白矣。"⑥ 1940 年 2 月 19 日信云："初教书，先要站得稳，无问题，乃安心。认真多奖励（即尽心之谓），要学生有精神，生趣味为要。凡说学生懒学生闹者，必教者不得法之过也。"⑦ 同年 6 月 27 日函云："又中学教员有批评学生不用心，或讲话，或睡觉者，分明系教者不能引起兴趣，或不得法。又大学教员有上堂只批评人，说人人都不成，以自显其能，学生反问他，则又不能满答。凡此种种皆不适宜。大约教书以诚恳为主，无论宽严，总要用心，使学生得益。见学生有作弊（指考

① 《书信集》，第 697 页。
② 《书信集》，第 647 页。
③ 《书信集》，第 647 页。
④ 《书信集》，第 669 页。
⑤ 《书信集》，第 654 页。
⑥ 《书信集》，第 649－650 页。
⑦ 《书信集》，第 652－653 页。

试偷看等）或不及格等等，总要用哀矜而喜态度，不可过于苛责，又不必乱打八九十分讨学生欢喜，总不外诚恳二字为要。"① 这是多么令人感动、苦口婆心地在教育儿子。

至于在大学中如何处理好教学、研究和行政管理关系，陈垣也有许多令人深思的意见，当陈乐素在大学教书，没有什么文章发表时，陈垣十分关切地问："汝年来曾作什么文，甚愿知道。记得从前似曾对汝说过，每年必要有一二稍有分量之文发表，积之数年，必有可观。"② 当陈乐素因生活奔波、劳累、生病而不能写文章时，陈垣十分关心。1945 年 12 月 13 日信说："11 月 14 日及 17 日晚函均收到，因劳及肠病以致不能作文，殊可感喟。……身体第一要紧，其次则学问。因生活而劳，因劳而病，以致不能有所述作，最不值得也。教书固然要紧，然全力放在教书上，而自己无所就，亦不上算。年前吾防汝随便发表文章，嘱要谨慎，今因汝久无文章发表，又想汝注意于此。……能有一机关半教书半研究，而可以解决生活，多写几篇文章，最上算也。有所图否？即使有研究机关，不能完全解决生活，而有家中帮补解决生活，亦中策也。年一过往，何可攀援，乘精壮之年，养好身体，多著几部书，最有意思，幸留意也。……身体要紧，著述第二，幸紧记。"③ 陈垣强调大学的教师一定要搞研究，不能单成为教书匠。1946 年 2 月 3 日信云："减少教书钟点，或少改课本，为惟一自救之方法。不然，舍己芸人，殊不值得也。教大学（要自己劳）与教中学（要对学生劳）不同，亦须注意。"④ 同年 2 月 15 日信又云："'舍己芸人'一语，幸切记。总要留一点日子为自己修养之地，教大学与中学不同也。"⑤ 在大学中教学与研究的关系，一直是大学教师需要处理好的问题。或偏教学轻研究，或重研究轻教学。陈垣强调两者要并重。既要教好书，又要加强研究，出论文，出著作。至于在大学中的教授是否担任行政管理，陈垣听"有人说浙大史系主任有属汝说"⑥，同年 4 月 27 日信，对此言之颇详："要注意，资格是不能一时得的，需要积，最好能积至五年，则算一段落矣。现行款则，每有任大学教授五年以上等条文，少有云三年以上者。廿四日函言主任'好做否'？我意是不宜做也。资望浅，令人妒，而且起眼。对于聘人，聘者固然得好感，不聘者则生恶感矣，故暂不做也。过几年资历稍深，则又当别论。今日之函言教授'好辞否'？我意是不可辞也。稍积数年，著作日多，实力充足，则无施不可，此时可自由矣。最要者是要基础稳固，能任

---

① 《书信集》，第 659－660 页。
② 《书信集》，第 642 页。
③ 《书信集》，第 683－684 页。
④ 《书信集》，第 685 页。
⑤ 《书信集》，第 686 页。
⑥ 《书信集》，第 692 页。

教授五年以上，非常时及平时皆曾任过，此所谓打好基础也"①陈垣不是笼统地反对教授当行政管理，而是主张当行政管理一定要有资历，任教授五年以上，基础稳固，则可以任系主任。资望浅，则不宜任主任也。这些主张都是可以令人深思的。

关于陈垣在大学中开设"史源学实习"课，把自己选定的教材、经验告诉陈乐素，让他在大学中也开设同样的课程。前面已经述及，在此不赘。

陈乐素对陈垣的教诲是遵循不违的，所以在大学中课程教得好，科研成绩卓著，成为著名的教育家和宋史研究专家。

（二）如何做人

教师是人类灵魂的工程师。教师如何做人，如何处理好同事的关系，如何在学生中树立好的形象，事关重大，为人师表者不可不慎也。陈垣对此也给陈乐素以深刻的影响。尊老，是中国传统的美德。陈垣对老一辈是非常尊敬的。全部家书中，在字里行间都洋溢着对老一辈学者崇敬的感情。1939 年 10 月 5 日信云："即接廿一日函，知憬老（按：即汪兆镛）去世，至为感怆。卅年前，憬老见予所写作小品，以为必传。当时受宠若惊，不审何以见望至此，然因此受暗示不少。今日虽无成，不能如老人所期，然三十年来孜孜不倦，未始非老人鼓舞之效也。今往矣，天南知己又少一个矣，为之凄然者终日也！"②并撰挽联曰："节拟西山，学传东塾。词刊雨屋，诗著晴簃。"汪兆镛（1861—1939），字憬吾，广东番禺人，比陈垣大 19 岁。陈澧弟子，著有《晋会要》《碑传集三编》等，挽联中的"雨屋"，指汪著《雨屋深灯词集》，"晴簃"指徐世昌辑《晚晴簃诗汇》，例不录生存人诗，但采汪作《泐溪岩》一首。③可见陈垣对老人的尊敬。对于交友，陈垣认为必须有诤友，在学问上互相磋商、辩难，才能成学。1939 年 1 月 14 日函云："《汤若望与木陈忞》已印讫，昨将原稿寄阅。前者文成必先就正于伦、胡、陈（按指伦明、胡适、陈寅恪）诸公，今诸公散处四方，无由请教，至为遗憾。但此稿亦曾经十人参阅，凡有勾抹，大抵皆赖人指摘者也。直谅多闻之友不易得，当以诚意求之。"④1940 年 1 月 7 日信云："文成必须有不客气之诤友指摘之，惜胡、陈、伦诸先生均离平，吾文遂无可请教之人矣。非无人也，无不客气之人也。"⑤对于一般同事的关系，陈垣认为"对同事要注意，太生疏不好，太密亦不好，总要斟酌及谦让，不可使人妒忌，使人轻侮。交友原本

---

① 《书信集》，第 693 页。
② 《书信集》，第 648 - 649 页。
③ 《书信集》，第 445 页。
④ 《书信集》，第 643 页。
⑤ 《书信集》，第 650 - 651 页。

要紧，无友不可以成学，但同事则又另一样，与为学问而交之友不尽同，因有权利关系也。"① 在人际关系方面，陈垣比较严格地区别学问上的诤友与一般同事的关系。这都是非常深刻的人生阅历的总结。

　　总之，陈垣的教育把陈乐素塑造成"一位笃实严谨的学者，严肃认真的老师，敦厚纯朴的长者"② 的形象。陈垣的教育是成功的，对我们今天有很大的教育意义。古人云："养子不教，父之过。"陈垣对儿子进行非常严格的教育与训练，使儿子能继承自己的事业。这一现象给我们以深刻的启迪。我们今天纪念陈乐素诞辰一百周年，总结陈垣对他的教育，我认为是有意义的。

　　　　　　　　　　原载《宋代历史文化研究》（续编），人民出版社 2003 年版。

---

① 《书信集》，第 650 页。
② 常绍温：《陈乐素教授九十诞辰纪念文集·前言》。

陈垣"史源学实习"课与"新史学"人才培养
——读《陈垣史源学杂文》（增订本）后

陈垣（1880—1971），广东新会人，著名爱国史学家、教育家，与陈寅恪被学术界并称为"史学二陈"。1908 年陈垣与友人在广州共同创办光华医学专门学校，成为该校第一届毕业生并留校教授细菌学、解剖学等。光华医学专门学校，即中山大学中山医学院的前身之一。因此，陈垣是中山大学校友。1913 年以后，陈垣定居北京，长期任辅仁大学校长、北京师范大学校长，其主要学术成就在历史学领域。今年是陈垣诞辰 130 周年，特撰此文以作纪念。

人民出版社 1980 年出版陈智超整理、校订的《陈垣史源学杂文》，收文 30 篇，44000 字。生活·读书·新知三联书店 2007 年出版陈智超编注的《陈垣史源学杂文》（增订本），字数增加到 10 万，相比原书，除增加八篇没有收入原书的有关史源学的短文之外，还增加了许多相关的内容，如每篇范文之后，摘录选作教材的各文的相关段落，以便读者对照阅读；附录陈垣有关史源学及"史源学实习"课的若干论述；陈垣讲授"史源学实习"课的教学资料，包括课程说明、教材介绍、教学日记、试题、学生作业情况记录、作业批改等；附载本书出版以来有关评介文章的目录；等等。① 这样，使我们对陈垣"史源学实习"课有一个比较全面的了解和认识，对我们学习和理解陈垣所写的"史源学"范文提供了帮助。下面谈谈我的学习体会。

一、 陈垣与 "新史学"

《陈垣史源学杂文》，据陈智超在"前言"中说："这部集子是陈垣先生亲手编定的，名为《陈垣杂文》。因为单称杂文，容易与一般理解的杂文相混，而它的内容是关于史源学的，所以我们改名为《陈垣史源学杂文》。"② 既然是陈垣"亲手编定的"，说明陈垣生前是相当重视这本集子的。

---

① 陈智超编注：《陈垣史源学杂文》（增订本），生活·读书·新知三联书店 2007 年版，"增订本编者前言"第 2 页。

② 陈智超编注：《陈垣史源学杂文》（增订本），生活·读书·新知三联书店 2007 年版，"前言"第 1 页。

为什么陈垣重视"史源学"？这不能不追溯到陈垣在近代"新史学"① 建构过程中的地位和作用。20 世纪初，梁启超发出"史界革命"的呐喊，提出"新史学"的概念，随后写成《中国历史研究法》《中国历史研究法补编》《清代学术概论》《中国近三百年学术史》等史学专著，建构了中国近代史学理论体系。《中国历史研究法》及《补编》主要论述史的目的、范围和旧史的改造，历史的因果和动力，史料的搜集与鉴别，史家的修养，专史的做法等五项内容。所以，梁启超是"新史学"的开创者和奠基者。胡适在《中国哲学史大纲》导言中提出整理史料之方法有三端：校勘、训诂、贯通。他认为历史研究的方法，"第一步须搜集史料。第二步须审定史料的真假。第三步须把一切不可信的史料全行除去不用。第四步须把可靠的史料仔细整理一番：先把本子校勘完好，次把字句解释明白，最后又把各家的书贯串领会，使一家一家的学说，都成有条理有统系的哲学。做到这个地位，方才做到'述学'两个字"②。胡适既是新文化运动的领导者之一，也是"新史学"建构的重要人物。

1919 年 11 月，胡适在《新青年》上发表《新思潮的意义》一文，首次提出"整理国故"问题。同月《北京大学月刊》开始连载胡适的《清代汉学家的科学方法》（后收入《胡适文存》时，改为《清代学者的治学方法》）长文，胡适提出清代学者的治学方法含有"科学精神"，并以清人在音韵、训诂、校勘学上的研究为例来说明这一论点。为响应胡适"整理国故"的号召，1922 年 1 月，北京大学成立"国学门"。1923 年《国学季刊》创立，在创刊号上发表由胡适执笔的《发刊宣言》，这是一篇被视为现代学术史上极重要的文字。本文的内容规定了"整理国故"的方向。

《发刊宣言》对清人治学的成就加以肯定，称清代为"古学昌明"时期，并将其成绩归纳为三个方面：一是整理古书，包括对古书的校勘、训诂及考订其真伪；二是发现古书，并加以刊刻；三是发现古物。同时，指出清代古学研究，也存在三层缺点：一是研究的范围太狭窄，主要是对几部儒家的经书下功夫，且又立有门户界限；二是太注重功力而忽略了理解，故只有经师而无思想家，以致在社会上几乎全不发生影响；三是缺乏参考比较的材料，故始终脱不了一个"陋"字。

针对清代学者治学的欠缺，《发刊宣言》指出，第一，"整理国故"要"扩大研究的范围"，必须用历史的眼光，来整理中国一切的文化历史，打破各种门户之见，还古人以本来面目。"过去种种，上自学术之大，下至一个字，一只山

---

① 本文所用"新史学"概念，是指不同于传统史学的史学，略同于许冠三《新史学九十年》（香港中文大学出版社 1986 年版）中的"新史学"。

② 陈平原选编：《胡适论治学》，安徽教育出版社 2006 年版，第 100 页。

歌之细，都是历史，都属于国学研究的范围"。第二，应该对国故从事"系统的整理"。系统的整理分三种：（1）"索引式的整理"；（2）"结账式的整理"；（3）"专史式的整理"。第三，研究国学应当要"博采参考比较的材料"，西洋学者在制度史、语言文字学方面的研究，对中国学者有参考价值，因此，要打破关闭的态度，用比较研究的方法来从事国学研究。最后，《发刊宣言》用三句话来归结国学研究方向："用历史的眼光来扩大国学研究的范围""用系统的整现来部勒国学研究的材料""用比较的研究来帮助国学的材料的整理与解释"。① 这份宣言虽然由胡适执笔，但它是一份代表了北大国学门全体同人共同意见的学术宣言。

陈垣是北大国学门委员会的委员和导师，担任明清史料整理会主席和考古学常务干事，是国学门的骨干力量。陈垣是研究史学的，在史学领域积极响应《发刊宣言》所规定的研究宗旨、研究方法和发展方向，并在自己的研究实践中取得重大成果。有学者认为，北大《国学季刊》创刊是"中国新史学的基础"②。我们考察一下陈垣的史学研究成果，就可以看出陈垣在构建"新史学"过程中的地位和作用。

"新史学"新在哪里？就新在《国学季刊·发刊宣言》所说的，"用历史的眼光来扩大国学研究的范围"。陈寅恪在为陈垣著《敦煌劫余录》所作的序中有一段话可以作为区分新旧学术的界标："一时代之学术，必有其新材料与新问题。取用此材料，以研求问题，则为此时代学术之新潮流。治学之士，得预于此潮流者，谓之预流（借用佛教初果之名）。其未得预者，谓之未入流。此古今学术之通义。"③ 陈垣的研究成果大多致力于网罗新材料，研究新问题。19 世纪末 20 世纪初，中国发现了震惊世界的四大新材料——殷商甲骨文、汉晋简牍、敦煌文书、明清内阁大库档案。由于陈垣的研究领域主要是在隋唐以后，所以对甲骨文和汉晋简牍的材料，未见其发表过研究成果。但是对敦煌文书、明清内阁大库档案的整理与研究倾注了大量的时间和精力，取得了重要的成绩，前者的标志性成果是《敦煌劫余录》名著，后者的标志性成果，由陈垣与陈寅恪、傅斯年等总其事，编选了《明清史料》多集。陈垣还利用这些档案材料，撰写了一批考证分析论文，"堪称在史学研究中最早卓有成效地利用明清档案的第一人"④。

陈垣对宗教史的研究，也是"用历史的眼光来扩大国学研究的范围"。陈寅恪在《陈垣明季滇黔佛教考序》中说："中国乙部之中，几无完美之宗教史，然

---

① 参考陈以爱著《中国现代学术研究机构的兴起——以北大研究所国学门为中心的探讨》，江西教育出版社 2002 年版，第 166 – 168 页。

② 贺昌群：《贺昌群史学论著选·哀张荫麟先生》，中国社会科学出版社 1985 年版，第 539 页。

③ 陈寅恪：《金明馆丛稿二编》，上海古籍出版社 1980 年版，第 236 页。

④ 虞云国：《学史帚稿》，黄山书社 2009 年版，第 139 页。

其有之，实自近岁新会陈援庵先生之著述始"①。陈垣是近代中国宗教史研究的开拓者之一。其学术成就中，宗教史的研究成果比重最大，撰写专著 7 部、论文39 篇、序跋 50 多篇。其特色之一，是对材料的新解释和新材料的发现。《明季滇黔佛教考》是一范例。他在致长子乐素的信中说："顾亭林言著书如铸钱，此书尚是采铜于山，非用旧钱充铸者也。"② 此书充分利用新发现的《嘉庆藏》的僧人语录。他在 1957 年"重印后记"中说："本书特出者系资料方面多采自僧家语录，以语录入史，尚是作者初次尝试，为前此所未有。"这都是史学之"新"之所在。

"新史学"不是凭空产生的，它必须在继承传统学问的基础上，总结创新，也就是《国学季刊·发刊宣言》所说的"用系统的整理来部勒国学研究的材料"。陈垣学习、继承、总结清代乾嘉考证学的方法而有所创新。陈垣在一封家信中说："余今不业医，然极得医学之益，非只身体少病而已。近二十年学问，皆用医学方法也。有人谓我懂科学方法，其实我何尝懂科学方法，不过用这些医学方法参用乾嘉清儒考证方法而已。"③ 陈垣对清代朴学家赵翼、钱大昕等十分推崇，23 岁在广州时，就熟读赵翼的《廿二史札记》，并把该书的材料分为"史法"和"史事"两大类，"将原本史法之属隶于前，史事之属隶于后，各自分卷，以便检阅焉"④。他还自撰有"百年史学推瓯北"的联语，瓯北即赵翼。对于钱大昕，陈垣更是推崇备至，说自己"从前专重考证，服膺嘉定钱氏"⑤，并在《史讳举例·序》写作日期后署上"钱竹汀先生诞生二百周年纪念日"，以志仰慕之情。赵翼、钱大昕等都是乾嘉考据史学的杰出代表，治学讲究目录、版本、校勘、辑佚、避讳、辨伪等考据之学，是清代朴学的最大特点。陈垣的治学，不仅严守清儒的这些方法，而且作了系统的总结，并推向新的高度，邵循正悼念陈垣的挽联说"不为乾嘉作殿军"，是深中肯綮的。陈垣在目录学、年代学、校勘学、避讳学等方面的巨大成就及其影响，学者对此多有论述，在此不赘，我只是强调这些成就是在总结清学的基础上做到的。

对于目录学，陈垣说："懂得目录学，则对中国历史书籍，大体上能心中有数。""目录就好像一个账本，打开账本，前人留给我们的历史著作概况，可以了然，古人都有什么研究成果，要先摸摸底。""经常翻翻目录书，一来在历史书籍的领域中，可以扩大视野，二来因为书目熟，用起来得心应手，非常方便。"

---

① 陈寅恪：《金明馆丛稿二编》，上海古籍出版社 1980 年版，第 240 页。

② 《陈垣来往书信集》，第 659 页。

③ 陈智超：《陈智超自选集》，安徽大学出版社 2003 年版，第 193 页。

④ 陈智超编注：《陈垣史源学杂文》（增订本），生活·读书·新知三联书店 2007 年版，"前言"第 4 页。

⑤ 陈智超编注：《陈垣来往书信集》，上海古籍出版社 1990 年版，第 302 页。

"从目录学入手"，是研究学问的门径。① 1929 年陈垣发表《中国史料的整理》一文，在"中国史料整理的方法"一节，分"史籍的整理"和"档案的整理"两大类。其中一个中心内容，就是要给各种史料和档案编目录和索引，"把我们的史料整理起来，多做机械的工夫，笨的工夫，那就可以一人劳而万人逸，一时劳而多时逸了"②。陈垣对目录学的重视，完全从对中国古代历史文献整理的角度出发，具有高度的历史责任感。

关于校勘学，虽然校勘的实践出现较早，亦受历代学者所重视，特别是清代，校勘之风甚盛，但没有形成校勘学专门的学问。陈垣十分重视校勘，认为"校勘为读史先务，日读误书而不知，未为善学也"③。陈垣的《校勘学释例》（原名为《元典章校补释例》）第一次用科学的精神、缜密的方法和严谨的论证，把 2000 多年来中国传统的校勘实践总结为近代科学的校勘学，确定了校勘学的准确含义、对象和范畴，明确了校勘学与目录、版本诸学科的区别与联系。胡适给予很高的评价，说"这部书是中国校勘学的一部最重要的方法论"，"陈援庵先生校《元典章》的工作，可以说是中国校勘学第一次走上科学的路"。④

对于年代学，陈垣长期的研究实践使他深感"苟欲实事求是，非有精密之中西长历为工具不可"⑤。于是殚精竭虑，历时四年，五易其稿，编成《二十史朔闰表》和《中西回史日历》这两部历表。这两部书是中国近代历表编制的创举，不仅为两千年来中、西、回三种历法提供了可靠的换算工具，更重要的是使中国近代史学研究由传统走向科学。1925 年《二十史朔闰表》出版时，在学术界引起极大轰动。胡适评论说："此书在史学上的用处，凡做过精密的考证的人皆能明瞭，无须我们一一指出。""我们应该感谢陈先生这一番苦工夫，作出这样精密的工具供治史者之用。""这种勤苦的工作，不但给刘羲叟、钱侗、汪曰桢诸人的'长术'研究作了一个总结，并且给世界治史学的人作一种极有用的工具。"⑥

对于避讳学，陈垣有《史讳举例》一书问世。他在该书序中说："民国以前，凡文字上不得直书当代君主或所尊之名，必须用其他方法以避之，是之谓避讳。避讳为中国特有之风俗。""研究避讳而能应用之于校勘学及考古学者，谓之避讳学。避讳学亦史学中一辅助科学也。"陈垣有感于历代学者关于避讳的著

① 陈智超编：《励耘书屋问学记》（增订本），生活·读书·新知三联书店 2006 年版，第 4 页。

② 陈垣：《陈垣学术论文集》第 2 集，中华书局 1982 年版，第 339 页。

③ 陈垣：《通鉴胡注表微·校勘第三》，辽宁教育出版社 1997 年版，第 29 页。

④ 陈平原选编：《胡适论治学》，安徽教育出版社 2006 年版，第 194、201 页。

⑤ 陈垣：《中西回史日历·自序》，北京大学研究所国学门丛书，1926 年版。

⑥ 胡适：《介绍几部新出的史学书》，载《现代评论》1926 年第 4 卷第 91 期。

述，有各种各样的缺点，愤发于 1928 年撰写《史讳举例》，用以纪念钱大昕诞辰 200 周年，"意欲为避讳史作一总结束，而使考史者多一门路一钥匙也"①。学术界给此书以很高的评价。傅斯年在致陈垣的信中说："《史讳举例》一书，再读一过，愈佩其文简理富，谨严精绝，决非周书（此稿现存弟处）所可及也。"② 此处所说的"周书"是指周广业曾费 30 年之功汇编的《经史避名汇考》手稿，陈垣在《史讳举例·序》中，赞此手稿"集避讳史料之大成"，"周书"分门别类将避讳史料按年代加以排比，条目清晰，征引宏富，其材料量超出《史讳举例》数倍，却没有对避讳史进行总结性的研究，也没有运用避讳知识来解决历史研究中的问题，故傅斯年有如此之评价。胡适《读陈垣〈史讳举例〉论汉讳诸条后记》说："陈先生此书，一面是结避讳制度的总帐，一面又是把避讳学做成史学的新工具。它的重要贡献，是我十分了解的，十分佩服的。"③

我们从以上可见，陈垣在目录学、校勘学、年代学、避讳学的成就，都在各个研究领域有继往开来的性质，对以往的传统进行系统的科学的整理总结，并开创新的未来，正是"用系统的整理来部勒国学研究的材料"的典范。

陈垣在由传统史学向"新史学"转型的过程中起了重要作用，是"新史学"的倡导者、实践者。许冠三在《新史学九十年》一书中，把"新史学"分成考证学派、方法学派、史料学派、史观学派、史建学派等，并把王国维和陈垣列为考证学派。④ 姑不论这种分派是否科学，但认为王国维和陈垣是考证学派，则符合历史事实。而且认为陈垣是以"土法为本洋法为鉴"的考证派，是中的之语。

二、 为 "新史学" 培养人才， 首创 "史源学实习" 课

1919 年五四运动以后，白话文兴起和新式教育的普及，中国旧式的国学训练传统也基本上随之中断。"新史学"面临一个接班人的问题。陈垣从事高等教育数十年，在学术界享有崇高威望，为了使"新史学"后继有人，并推动其发展，他首创了"史源学实习"课，为"新史学"培养人才。

历史科学要发展，与研究历史的方法有密切关系。"新史学"要发展，必须培养掌握"新史学"研究方法的人才。史学方法是训练史学家的一门学问。杰出的史学家，可能是天纵的；道地的史学家，则是训练出来的。纯粹的天才，无法成为史学家，天才接受了既有的史学方法或自创一套卓越的史学方法后，才能

---

① 陈垣：《史讳举例·序》，科学出版社 1958 年版。

② 陈智超编注：《陈垣来往书信集》，上海古籍出版社 1990 年版，第 556 页。

③ 胡适：《胡适书评序跋集》，岳麓书社 1987 年版，第 375 页。

④ 许冠三：《新史学九十年》，香港中文大学出版社 1986 年版。

成为史学家或杰出的史学家。① 陈垣是考证学家，但是他的考证学与乾嘉考证学有明显的区别。1990 年，陈垣诞生 110 周年时，他在辅仁大学时的学生李瑚，为纪念老师写了《中国历史考证与陈垣先生对它的贡献》一文，指出陈垣对中国历史考证学的杰出贡献有四点："第一，明确了考证在历史研究中的地位。第二，提出了考证的方法及考证中应该注意的问题。第三，重视考证著作中的思想性。第四，开《史源学实习》课，以培养考证人才"②。李瑚的这一概括是很有见地的。同是在辅仁大学接受过"史源学实习"课训练的来新夏说："陈垣老师之创立史源学是对乾嘉以来治史经验的概括和发展。""直到陈垣老师把史源学、目录学、年代学、校勘学和避讳学等五种专学构筑成'陈学'治史方法的基础，并以教授学生，使学生能得到研究历史的金针。"③ 陈垣在"史源学实习"课的课程说明中说，"择近代史学名著一二种，一一追寻其史源，考正其讹误，以练习读史之能力，警惕著论之轻心"，"由此可得前人考证之方法，并可随时纠正其论据之偶误，增加本人读书之经验"。④ 由此可见，"史源学实习"课主要是对学生进行"新史学"的历史考证方法的训练。

陈垣通过长期的考证实践，指出考证在历史研究中具有非常重要的地位。他在《通鉴胡注表微·考证篇第六》小序中说："考证为史学方法之一，欲实事求是，非考证不可。彼毕生从事考证，以为尽史学之能事者固非；薄视考证以为不足道者，亦未必是也。"⑤ 他在《全谢山联姻春氏》一文中说："随笔杂记之属，有裨于史学。然史学重考证，如只凭记忆，或仅据所闻，漫然载笔，其事每不可据。"⑥ 可见考证是历史研究方法之一种，必须由此入史学研究之门。但是，陈垣的考证，区别于乾嘉的考证。乾嘉的考证，为考证而考证，"徒为精密之考证而已"⑦，视考证为史学的本身和目的；陈垣视"考证为史学方法之一"，认为考证"务立大义""不专为破碎之考据也"⑧。陈垣次婿张遵俭 1947 年在一封信中说，陈垣《吴梅村集通玄老人龙腹竹解题》一文，"此诚考证学问示范之作。初

---

① 杜维运：《史学方法论》，北京大学出版社 2006 年版，第 1 页。

② 暨南大学编：《陈垣教授诞生百一十周年纪念文集》，暨南大学出版社 1994 年版，第 28 页。

③ 龚书铎主编：《励耘学术承习录——纪念陈垣先生诞辰 120 周年》，北京师范大学出版社 2000 年版，第 182、180 页。

④ 陈智超编注：《陈垣史源学杂文》（增订本），生活·读书·新知三联书店 2007 年版，第 2 页，第 120 页。

⑤ 陈垣：《通鉴胡注表微》，辽宁教育出版社 1997 年版，第 76 页。

⑥ 陈智超编注：《陈垣史源学杂文》（增订本），生活·读书·新知三联书店 2007 年版，第 74 页。

⑦ 陈智超编注：《陈垣来往书信集》，上海古籍出版社 1990 年版，第 302 页。

⑧ 陈垣：《通鉴胡注表微》，辽宁教育出版社 1997 年版，第 48 页。

学者得读此文，于入门方法上可获不少启示。剥茧抽丝，语语引人入胜，考据到此，乃有绳墨可循，可谓精绝"，"其重要在于确定考证在文史学研究上之地位，其为术也绝精绝细，以极科学之方法，统驭博富之学问，其貌为旧，其质实新。西谚云以旧瓶盛新酒，意差近之"。① 他认为陈垣的考证是"旧瓶盛新酒""其貌为旧，其质实新"，最中肯綮。1957 年，陈垣为《历史研究》杂志审查《论科学的考据与旧考据的不同》一文写的审查意见中，肯定"片面地孤立地看问题不是科学考据方法"，"从现象看问题不是科学考据方法"，② 说明陈垣在新中国成立后对考证学的观点更上一层楼。

　　陈垣"重视考证著作中的思想性"。《明季滇黔佛教考》《清初僧诤记》《南宋初河北新道教考》《通鉴胡注表微》《中国佛教史籍概论》等著作，都渗透着爱国主义和民族精神。他在抗日战争时期开"史源学实习"课，也体现出强烈的思想性。他选择《日知录》《鲒埼亭集》做教材，就是要"提倡有意义之史学"，"故前两年讲《日知录》，今年讲《鲒埼亭集》，亦欲以正人心，端士习"。③ 在致长子乐素的信中说：全祖望的文章"惟其文美及有精神，所以不沾沾于考证"。学者"于找错处之外能得其精神"④。这种"精神"，就是宣扬民族气节、痛斥卖国的爱国思想。在《书全谢山〈与杭堇甫论金史第四帖子〉后》一文中说："然细观《齐乘》所载，其意并不在墓，而在斥遗山之党豫，故诋为文士害理。此与谢山《跋遗山集》，讥遗山为文章之士正同。"⑤ 此文以考刘豫与济南的关系，引申来泛斥卖国求荣者，刘豫乃"贪一时之富贵而为子孙百世所羞称"的金人傀儡。陈垣在文后附注："北平沦陷时校课，特以补白。"于此可见，陈垣借此文笔伐抗战时期的卖国投降者。在《书全谢山〈先侍郎府君生辰记〉后》一文中说："谢山之文，撰于乾隆八年癸亥，去崇祯之亡国正百年，而未尝一闰十一月。谢山以此为置闰之失，历学之疏，安得精于甲子者考而正之云云。是岂独乾隆以前，终有清之世，亦未尝闰十一月，此时宪历之法也。然明清所用历法不同，谢山岂不知，而复有云者，慨故国之久亡，特借闰以寄其意耳。"⑥ 此文阐发全祖望字里行间隐藏着的爱国思想，借以表达作者在沦陷的北平时期的爱国情怀。

---

　　① 陈智超编注：《陈垣来往书信集》，上海古籍出版社 1990 年版，第 773 页。

　　② 陈垣：《陈垣学术论文集》第 2 集，中华书局 1982 年版，第 471 页。

　　③ 陈智超编注：《陈垣来往书信集》，上海古籍出版社 1990 年版，第 302 页。

　　④ 陈智超编注：《陈垣来往书信集》，上海古籍出版社 1990 年版，第 695 页。

　　⑤ 陈智超编注：《陈垣史源学杂文》（增订本），生活·读书·新知三联书店 2007 年版，第 72 页。

　　⑥ 陈智超编注：《陈垣史源学杂文》（增订本），生活·读书·新知三联书店 2007 年版，第 52 页。

李瑚在上述文章中指出陈垣"提出了考证的方法及考证应注意的问题",分八点加以说明:(1)考证首先要善于发现问题;(2)考证要细心读史,精心求证;(3)考证首先要考其史料的来源;(4)考史要通读全书,不可任意翻检,浅尝辄止;(5)考证的方法,有书证、理证和物证,有时还可用实践或实际考察的结果为证;(6)考证须采用数字与表格来说明问题;(7)考证须有广泛而扎实的知识基础;(8)考证要注意文字及其他。李瑚总结的八点,除了引用《陈垣史源学杂文》中的"范文"材料之外,还搜集了陈垣各种著作中关于考证方法的论述。因此,这一总结是非常全面而概括的。

陈垣史学素以考证精密、文体简赅见重于史林。就治史方法而论,以《陈垣史源学杂文》的范文为例,可以作进一步说明。

第一,搜集资料,力求完备,用"竭泽而渔"的方法,不漏掉一条材料。陈垣一生坚持材料不齐不动手写作,主要材料不齐更不动手。发现新材料,已写好的必改作,已印行的必增订。所以,他的作品资料有数量多、种类多、版本多的美誉。①《陈垣史源学杂文》中的《汉王父母妻子条书后》一文,就是"竭泽而渔"搜集材料之一例。楚汉战争中,刘邦家属曾被项羽拘为人质。家属中包括何人?顾炎武《日知录》据《汉书·高帝纪》所称"太公、吕后",认为只有刘邦之父太公及妻吕后,并无刘邦之母;赵翼《廿二史札记》据《史记·高祖纪》之"父母妻子",则认为除太公及吕后外,尚有刘邦之庶母及庶子肥。陈垣遍查《史记》及《汉书》有关此事之全部记载,发现《史记》提及此事七次,三次称"父母妻子",另有四次则亦称"太公吕后"或"太上皇吕后;《汉书》提及此事五次,四次称"太公吕后",亦有一次称"父母妻子"。他还把所有材料列为表格,读者一目了然。可见此两语可以随意使用,不能以此作为刘邦有无母子在楚军做人质之证据。因此,陈垣指出《日知录》和《廿二史札记》"皆仅据两书片面之词,未统观两书全面"。通过此例,说明"竭泽而渔"搜集材料之重要。②

第二,运用材料,务求第一手。陈垣研究元史,特别重视《元典章》,因为"《元典章》本当代官书,自世祖至英宗,分吏、户、礼、兵、刑、工各门,以类编次,足补《元史》所未备"。再则,此书常"备录原文",于原始材料"得全者大"③。陈垣的"古教四考"和"宗教三书",多引用碑志和语录;考明清之际的天主教史,尽量参考清廷档案,都因为是第一手资料。他严守这条规矩,也要求学生严守,他常对学生说:"有第一手材料,决不用第二手材料。"如无

① 许冠三:《新史学九十年》,香港中文大学出版社1986年版,第121页。

② 陈智超编注:《陈垣史源学杂文》(增订本),生活·读书·新知三联书店2007年版,第9、133页。

③ 陈垣:《元也里可温教考》第十五章"总论",见《明季滇黔佛教考》(外宗教史论著八种),河北教育出版社2000年版,第57页。

一手材料，也应用最早出现的材料。他的学生牟润孙回忆说："如果研究唐以前的历史，学生引了《资治通鉴》，他一定要问为什么不引正史，是否只见于《资治通鉴》而正史中没有？或者研究南北朝时期的历史，引用《南史》《北史》而不检对八书，他一定不通过。即使研究唐史，引《通鉴》而不检寻两《唐书》及别的书，又不说明那段材料确不见于两《唐书》《唐会要》《唐大诏令集》《册府元龟》等书，也不能通过。"① 《陈垣史源学杂文》中有《〈廿二史札记〉七〈晋书〉条末引唐艺文志订误》一文，经陈垣考证，赵翼"《晋书》条末引《新唐志》晋史凡十种，几无一种无问题"。他统计十种晋史之中，人名误者五处，书名误者四处，撰注误者两处，次第误者两处，大抵都是沿袭了《旧志》的错误。"《隋经籍志》所据，皆唐初现存之书。《旧唐志》据开元时毋煚《古今书录》，《新唐志》据《旧志》而续增天宝以后书。论唐初所存晋史，自应引《隋志》，不应引《唐志》，更不应引《新唐志》也。"② 这篇文章说明引第一手材料之重要。

第三，追寻史源。陈垣在《通鉴胡注表微·考证篇第六》中说："读史必须观其语之所自出。"又说："非逐一根寻其出处，不易知其用功之密，亦无由知其致误之原也。"③ 在许多著作中，他都强调寻找史源的重要性，在《雍乾间奉天主教之宗室》一文中说："史源不清，浊流靡已。"④ 在《中国佛教史籍概论》中，他说："《提要》何以不引宋传而引明传，可知其随手翻检，未尝一究史源，实为疏陋。"⑤

在"史源学实习"课（有时用"清代史学考证法"名称）的课程说明中，陈垣说"注重实习，因其所考证者而考证之，观其如何发生问题，如何搜集证据，如何判断结果，由此可得前人考证之方法，并随时纠正其论据之偶误，增加本人读书之经验"。在教材介绍中，他说通过找史源，"知其引书之法、考证之法、论断之法。知其不过如此，则可以增进自己上进之心；知其艰难如此，则可以鞭策自己浅尝之弊"。⑥ 在给长子乐素的信中说："前辈工具书不完备，史源实习之事不可少也。"这门课的讲授及实习方法是这样：选定教材后，"预先告学

① 陈智超编：《励耘书屋问学记》（增订本），生活·读书·新知三联书店 2006 年版，第 73 页。

② 陈智超编注：《陈垣史源学杂文》（增订本），生活·读书·新知三联书店 2007 年版，第 25 页。

③ 陈垣：《通鉴胡注表微》，辽宁教育出版社 1997 年版，第 80、84 页。

④ 陈垣：《陈垣学术论文集》第 1 集，中华书局 1980 年版，第 181 页。

⑤ 陈垣：《中国佛教史籍概论》，中华书局 1962 年版，第 59 页。

⑥ 陈智超编注：《陈垣史源学杂文》（增订本），生活·读书·新知三联书店 2007 年版，第 121、122 页。

者端楷抄之。虽自有书亦须抄，亦一种练习"，"抄好后即自点句，将文中人名、故事出处考出：晦者释之，误者正之。隔一星期将所考出者缀拾为文，如《某某文考释》或《书某某文后》等"。通过这样的实习，考察教材，"一、看其根据是否正确：版本异同，记载先后，征引繁简。二、看其引证是否充分。三、看其叙述有无错误：人名、地名、年代、数目、官名。四、看其判断是否明确：计算，比例，推理"①。在以《廿二史札记》为教材时，考试题目为：

> 赵瓯北先生读史之本领。

另一次考试题目为：

> 读《廿二史札记》所得教训，试就左（下）列各点举例说明之：
> 一、读书不统观首尾，不可妄下批评。
> 二、读史不知人论世，不能妄相比较。
> 三、读书不点句分段，则上下文易混。
> 四、读书不细心寻绎，则甲乙事易淆。
> 五、引书不论朝代，则因果每倒置。
> 六、引书不注卷数，则证据嫌浮泛。②

我们再看另一些"史源学实习"课的试题。试题之一：

> 今请将此次毕业论文题目及作法写出：1. 体例略仿何书。2. 引用书名。3. 经何人指导讨论。4. 稿曾几易，经若干时。5. 心得之处。6. 缺憾之处。7. 拟如何修改补订。详细叙述。

试题之二：

> 以史源学论南、北史，《新唐书》之价值。
> 以史源学论《西魏书》有无著作之必要。
> 以史源学读《廿二史札记》所得之教训。

试题之三：

> 《通鉴》汉武帝太初三年，胶东太守延广为御史大夫。胡注：延广，史逸其姓。《日知录》曰，延即姓也，以后汉延岑、延笃为证。此可证延为姓，不能证延广必姓延也。《通鉴》此语何所本？胡注何所见？顾说果足据乎？抑尚有其他佳证乎？

---

① 陈智超编注：《陈垣史源学杂文》（增订本），生活·读书·新知三联书店 2007 年版，前言第 2 页。

② 陈智超编注：《陈垣史源学杂文》（增订本），生活·读书·新知三联书店 2007 年版，前言第 5 页。

陈垣"史源学实习"课与"新史学"人才培养——读《陈垣史源学杂文》（增订本）后

试题之四：

> 《日知录》廿九"徙戎"条，薛谦光疏，出于何书？谦光疏所引郭钦策，及取巢、取驾、克棘、入卅来之事，出于何典？试详答之。①

我们从上述"史源学实习"课的目的、讲授及实习方法、考试的试题来看，此课完全是为了训练学生治史的方法，而且要学生谨记："考寻史源，有二句金言，毋信人之言。人实诳汝。"陈垣每次布置学生作练习，写考释，自己事先也写一篇，事后或印发、或张贴，以为示范。《陈垣史源学杂文》所收就是陈垣所写的史源学范文。

陈垣是大教育家，在设计这门课时，知道这是一门枯燥无味的课，怎样才能引起学生的学习兴趣？关键在选择教材。他在致长子乐素的信中说，《鲒埼亭集》"在清人集中总算第一流，考据稍疏，此其所以能为'史源学实习'课本也。若全篇无甚错处，则不能作课本用矣"。因为"学者以找得其错处为有意思"，"最宜使学生查对，查出时必大高兴"。② 如此就可以大大促进学生学习的积极性和主动性。陈垣出《述月来检书之兴趣》题，要学生作文。李瑚的文章记述了"史源学实习"课的心得，有数段很引人寻味，引录如下：

> 《日知录》，后学不易窥其涯涘。史源一得，简易者知其率尔而成，繁难者遂知其组织。溯流而探其源，入门而窥其室，于治学致用，两有得矣。
>
> 读书须细心揣度，否则走马观花，毫无所获。求《日知录》史源，亦是使学者如庖丁之解牛，化整为零，则其肉其骨煞然分明。何者为顾氏之文，何者为古人之文，何以引此文为证，古义何以适用于今日，所谓"打破砂锅问到底"者也。顾氏距今三百年，其所见之书，今日尚多能见之……《日知录》之引书，多有未书明出处，寻求史源，自稍繁难。每遇一条，先闭目遐想（先生批云：先用思想，对。）此条究为何人之语，在何书中。及到翻阅其书，臆断有中，其喜亦恒情也。
>
> 时或苦思焦索，夜以继日，如豆灯光，对古书而三叹。忽然得之，如获琬琰，竟不知手之舞之，足之蹈之矣（先生批云：读书之乐乐何如！）。
>
> 邢邵云："误书思之，更是一适"（《北齐书》三六，本传）。《日知录》

---

① 陈智超编注：《陈垣史源学杂文》（增订本），生活·读书·新知三联书店 2007 年版，第 126、127 页。

② 《陈垣史源学杂文》（增订本），第 117－119 页。

中，亦自不能无误。苟能思其误在何处，求史源而证之，举他书以正之，若只知其误而不知其所以误，则须以理证之矣。思误书而得之，其趣远过增识益知矣。又当翻阅载籍时，累岁高束之书，亦莫不浏览，探骊得珠，自是常事；而披沙见金，尤为可宝，更能助我《笔记》数则也。"率尔读书，匆匆过目，浮云逝波，亦复何益？亦复何趣？弗细瞩澄流，无以见荇藻；不亲饮勺水，无以知寒温。检《日知录》亦然。其趣其苦，自知之，亦自求之而已"。

我们从当年李瑚《述月来检书之兴趣》一文中，可见选修"史源学实习"课的青年学子读书的苦与乐，从陈垣对文中的批语中可见老师与学生共同沉浸在成功的欢乐之中。李瑚说："考史源对于一般青年学子来说，是十分枯燥无味的。但变枯燥无味为兴趣盎然，不是一件简单的事。这完全是先生循循善诱、教导有方的结果。"①

三、 开花结果

陈垣创始的"史源学实习"课开始于1938年，1948年以后，就不再开此课了。他先后在北平师范大学、辅仁大学、北京大学讲授过这门课程。陈垣开设的这门课是很成功的，史树青回忆说，"逢开课，都有很多学生听讲"，"对学生研究历史以及撰写论文的方法都有很大帮助"。由此可见，陈垣据此培养了许多史学新秀，且已经开花结果。

我说的"开花结果"，以下分三个层次来分析。

第一个层次，是当年曾直接选读过陈垣这门课的学生，许多都成为著名的史学家。单士元、牟润孙、柴德赓、赵光贤、启功、史念海、周祖谟、刘乃和、史树青、来新夏、李瑚等，在纪念陈垣老师的文章中，都涉及这门课程对自己终身治学的影响。

李瑚说："当年老师讲课的具体内容现在绝大部分已经忘记了，但由此所得的训练，都是终身受用不尽的。"关于陈垣弟子写的这方面的文章，收入《励耘书屋问学记》（增订本）中，在此不赘。

第二个层次，是陈垣指导其长子乐素在浙江大学开设"史源学实习"课。我们在《陈垣来往书信集》中看到，从1946年6月1日至同年12月17日的半年时间里，有六封信谈到开"史源学实习"课的事。内容包括这门课的名称、教材、讲授方法、效果等。关于课程名称，他在信中说："关于汝所担任功课，

---

① 暨南大学编：《陈垣教授诞生百一十周年纪念文集》，暨南大学出版社1994年版，第45页。

我想《鲒埼亭集》可以开，不管用什么名目，但以此书为一底本，加以研诵及讲授，于教者学者均有裨益。我已试验两年，课名是'史源学实习'，即以此书为实习"。"史源学一名，系理论，恐怕无多讲法，如果名'史源学实习'，则教者可以讲，学者可以实习"。关于具体讲授和实习方法，他在信中谈得很详细（在上文论述陈垣的讲授和实习方法时已谈过）。关于教材，信中说："未讲此书前，余曾讲《日知录》两年。又前，曾讲《廿二史札记》好些年，皆隔年一次。错误以《札记》最多，《鲒埼》次之，《日知》较少。学者以找得其错处为有意思，然于找错处外能得其精神，则莫若《鲒埼》也，故甚欲介绍于汝。"

陈乐素接受父亲的建议，1946 年下半年在浙江大学史地研究所开"史源学"课，以《鲒埼亭集》为教材。陈垣十分高兴，来信说，"闻愿下年开《鲒埼亭》，至慰"，并在信中告之《鲒埼集》的各种资料，"萧穆《敬孚类稿》有跋严修能批《鲒埼亭集》，《国粹学报》似亦曾登过。严批本有传抄本，李庄研究所即有一部，此间亦有数人过录，可助考释。《香雪崦丛书》有《鲒埼亭斠识》一册，商务出版有《谢山年谱》，亦有用。未识诸书南中易得否？总之，朱竹垞、全谢山、钱竹汀三家集，不可不一看，此近代学术之泉源也。能以为课本者，全氏最适宜。黔中所得残本，亦可用。先找出五七百字一篇者读之，稍暇我当命人录能讲目寄汝"。"《鲒埼亭集》已讲过之目录寄。此七十余首中，只有一出典未找出，即外编二十八《跋岳珂传》之张端义（即撰《贵耳集》之人）奏议也，余均考出。《敬孚类稿》跋又见《国粹学报》，阅不阅不要紧。""《鲒集》所选，略分六类。参考书最要者，《续甬上耆旧集》《宋元学案》、乾隆鄞县及宁波府志，与本集相互证明而已。有疑问随时札记寄来，可以代为解答。"

关于怎样讲，陈垣也有具体的建议，"《鲒埼》顺卷次讲，甚好。照前目专讲宋代，岂不更省事？如以前集言，照前所开目，与宋代有关的，便是卷廿三之陈忠、大愚、宋忠三篇，廿四之宋兰亭、宁波二篇，卅之宋枢、蕺山二篇，卅六之真志三篇，共十篇。此十篇皆有小错漏，可为校释之用。今将陈忠一篇录寄，以上各篇，如有疑问，即行来信可也"。"《鲒埼》外集十四巾子、东浦，十六同谷、石坡、杜洲，十九宋王，二十六宋诗，二十八胡文、张邦、胡舜、岳珂、陈谦，三十一题真、跋汪，凡十四篇，皆讲宋代的。兹钞寄二十八二胡及张三首，如谓'《宋史》不为高登立传'，殊可笑，最宜使学生查对，查出时必大高兴。"①

乐素当年的学生程光裕、徐规、宋晞、倪士毅等人，皆聆听过乐素"史源学"课，得益匪浅。程光裕于 1960 年曾以其时作业数篇刊于台北《大陆杂志》第 21 卷第 5 期。他近年汇辑平生论著为《常溪集》，还收入修订后的当年作业七

---

① 以上书信，见《陈垣来往书信集》，第 694、696、698、701 页。

篇，名其为《鲒埼亭集中宋史宋料考释》。

　　1980 年，乐素的及门弟子张其凡及其同门师兄多人，修习乐素"史源学实习"课。乐素布置的第一篇作业，就是读《陈垣史源学杂文》中的《北宋校勘南北八史诸臣考》一文。经过一周的努力，学生居然发现陈垣文中有几个小疏忽之处，并得到乐素的首肯。陈垣以考证精密著称，学生还能找出他的疏忽之处，大受鼓舞。随后，乐素选《鲒埼亭集》中的《宋忠臣袁公祠堂碑铭》《读〈宋史·岳珂传〉》等文，让学生做考寻史源之实习，使学生对考据学有较深刻的体会。后来张其凡撰《"均贫富"口号毋庸置疑》《〈武经总要〉编纂时间考》两文，即是从考证史源入手来论证这两个问题。两文发表后，在学术界颇有影响。

　　第三个层次，张其凡于 1996 年在暨南大学为中国古代史硕士生开设"史源学实习"课。张其凡教授已是著名宋史专家，博士生导师。他依陈垣当年指示，循乐素授课之路径，以《陈垣史源学杂文》为范本，以《鲒埼亭集》为底本，指导硕士研究生进行史源考证的练习。其次序仍然是：一抄原文，二加标点，三考释其文，四考寻其误，五撰写成文。几届硕士生上过此课之后，都认为收益很大，他们的作业中，有数篇经整理后已正式发表。

　　张其凡经过实践，认为"史源学实习"课至少有五项功效：（1）加强了学生古代汉语的修养水平。（2）加强了学生的目录学修养。（3）使学生初步掌握了考证的步骤、方法和技巧。（4）提高了学生的科研能力，增强了学生的科研兴趣。（5）可使老师全面综合地了解学生的真实水平，可以有的放矢地进行指导，弥补其不足。因此，他呼吁有更多的学者来开设此课。[①]

　　以上论述陈垣与"新史学"，为"新史学"培养人才首创"史源学实习"课，"史源学实习"课开花结果三个问题，说明陈垣是"新史学"的倡导者、实践者，在近代史学转型中发挥过重要作用。"史源学实习"课是陈垣对乾嘉以来治史经验的概括和发展，他把考证的具体做法，通过此课教给学生，这是陈垣"不吝金针度与人"的高贵品格。我非常赞成学术界许多学者的呼吁，开设"史源学实习"课，让更多后学受到陈垣学术之沾溉。

　　原载北京师范大学垣研究室编《陈垣先生的史学研究与教育事业——纪念陈垣先生诞辰 130 周年学术论文集》，北京师范大学出版社 2010 年版（此文又摘要以《陈垣的"史源学"与"新史学"》为题发表于《中山大学学报》2011 年第 1 期）。

---

　　① 张其凡：《浅谈陈垣先生的"史源学实习课"》，见龚书铎主编《励耘学术承习录——纪念陈垣先生诞辰 120 周年》，第 287、290 页。

附　录

中山大学历史系教授张荣芳谈：
新会出了梁启超 "一门三院士"，
蓬江出了个 "陈门三史杰"

古往今来，既有"三苏"（苏洵、苏轼、苏辙）、"三袁"（袁宗道、袁宏道、袁中道）这样的文人词客之家，也有"一门三院士"岭南梁氏俊杰群出之家。家学文化，在文化的继承和发展方面起到了重要的作用。

"我搞历史一辈子，在我的印象里，三代都成为著名史学家的情况是从来没有的。现在，蓬江出了个'陈门三史杰'，类似梁启超'一门三院士'"。近日，中山大学历史系教授张荣芳在接受记者专访时感慨道。

"陈门三史杰"， 陈家当之无愧

从"国宝"陈垣到宋史研究大家陈乐素，再到主持两大国家"十三五"古籍整理重点课题研究的陈智超，张荣芳认为，陈垣祖孙三代都是杰出的史学家，他们对中国史学的发展作出了重要的贡献，"陈门三史杰"这个称号，陈家当之无愧。

陈垣：中国"新史学"的倡导者和实践者

"上世纪 20 年代，陈垣与王国维齐名，到了 30、40 年代与陈寅恪并称'史学南北二陈'，这个是了不得的。"张荣芳告诉记者，陈垣作为 20 世纪中国史学界非常著名的一个史学家，他对史学的贡献非常大，主要体现在其对宗教史、元史、历史文献学等方面的研究，而宗教史的研究成果在陈垣的学术成就中所占比重最大。

张荣芳表示，陈垣在宗教史方面的研究，对世界五大宗教——佛教、道教、基督教、伊斯兰教等都有精深研究。其中，"古教四考"是陈垣关于中国古代四种外来宗教的四篇考证性专论文章，分别是《元也里可温教考》（1917 年）、《开封一赐乐业教考》（1919 年）、《火祆教入中国考》（1922 年）、《摩尼教入中国考》（1922 年）。

"陈垣所考的四种古教，都是外来宗教，均一度兴盛，后来又逐渐衰微以至绝迹。材料少而零散，陈垣利用碑拓图绘、匾额楹联、敦煌出土经卷等材料，以科学的方法，复原了四种古教在中国兴衰的历史，开创了 20 世纪中国'古教研究'的绝学。"张荣芳介绍说。

除此之外，陈垣在元代民族史、文化史、文献整理等方面均有突出的研究成果，《元西域人华化考》《元典章校补释例》等为其这方面的代表作。2009 年，陈垣嫡孙陈智超将陈垣的著作整理出来，编成 23 册的《陈垣全集》并出版。对此，张荣芳评价道："《陈垣全集》，是中国历史学 20 世纪的一座丰碑。"

张荣芳介绍说，20 世纪后期，著名历史学家、教育家章开沅主编的"中国著名大学校长书系"中，有一本叫作《身等国宝　志存辅仁：辅仁大学校长陈垣》，对陈垣从教 70 年的经历进行了总结和概括。

"一个教育，一个科研，陈垣在这两方面作出的杰出贡献，奠定了他在中国学术界和教育界的崇高地位。"张荣芳说。

陈垣长子——陈乐素：中国宋史研究的开创者之一

在张荣芳眼里，陈垣长子陈乐素作为陈家第二代史学名家，他用现代的观点、方法研究宋史，是 20 世纪 30 年代中国宋史研究的开创者之一。

"在五六十年代，陈乐素到人民教育出版社任编审，兼历史编辑室主任，从事中小学教科书的编审工作。1954 至 1956 年由陈乐素等编辑出版的中小学教科书，是新中国成立以来的第一套系列教科书。"此外，陈乐素还与其他专家集体编写了高中中国历史课本，这套课本于 20 世纪 50 年代出版发行后，得到史学界、教育界和中学历史教师的好评。

除了编教科书方面的贡献，张荣芳表示，陈乐素对宋史最主要的成就集中表现在两本书中：《陈乐素史学文存》与《宋史艺文志考证》，这两本书均由陈智超整理出版。

"《陈乐素史学文存》是陈乐素在宋史研究领域最主要的成果的汇编。"张荣芳说，这本书收录了陈乐素有关史学的论文 32 篇，附录 1 篇，约 60 万字。写作时间从陈乐素 1930 年（28 岁）到 1990 年（88 岁），时间跨度达 61 年。

据了解，中国历代纪传体史书中，有一部分称为"志"，就是将历代或当代有关图书典籍汇编成目录，谓之"艺文志"或"经籍志"。艺文志或经籍志的编纂，对研究历代图书文献、考订学术源流颇具参考价值。

"《宋史艺文志考证》这本书，就是把宋代所有的著作编在一起，一本一本考证，陈乐素做了几十年没有完成。"张荣芳解释道，"因为陈乐素是共产党员，解放后不仅行政工作多了，还身兼人民教育出版社的总编，工作很忙，没有很多时间去做这个，剩下了一堆材料，最后是由陈智超整理完成了《宋史艺文志考证》。"

"这本书对研究宋史，很方便，把对《宋史·艺文志》的研究提高到一个新水平。很到位！"张荣芳评价说。

陈垣长孙——陈智超：青出于蓝胜于蓝

"这本书出版之后，广东学界普遍认为，陈智超比他父亲陈乐素还厉害。"张荣芳说。

那么，"这本书"又是哪本书呢？

"就是《解开〈宋会要〉之谜》。"张荣芳说。

据了解，《宋会要》是宋王朝编修的一部大型的政书，是现存的一部最原始、最全面、最丰富、最翔实的百科全书式的宋代史料，研究宋史乃至中国历史都离不开它。然而，由于历史的变迁，《宋会要》的原本早已不复存在，现在流传的《宋会要辑稿》是一个辑本，而且是一个经过两次转录、三次不得其法的整理并被搅乱了的辑本。在《解开〈宋会要〉之谜》一书中，陈智超写道："我所做的工作，就是尽可能地恢复《宋会要》的原貌，使大家能充分而正确地利用它。"

据张荣芳透露，自身也研究宋史的陈智超，目前正主持两大国家"十三五"古籍整理重点课题，一是"辑补旧五代史"，一是"新辑宋会要"，并且即将结题。

"《旧五代史》遗失了，陈智超的爷爷陈垣在 20 世纪二三十年代曾经做过这项工作，但做得比较简单，陈智超将《旧五代史》从很多书里面搜集出来，复原了五代史，这个工作量很大，很重要。陈智超的这项工作就等于完成了爷爷遗志。"张荣芳说。

此外，张荣芳对陈智超在历史文献学方面的贡献充分肯定，尤其是《陈智超历史文献学文集》。据了解，该书是陈智超三十多年来有关历史文献学论文的结集，主要包括对宋代一系列基本史籍的研究，关于流传海外的中文文献的发掘与研究，对明代前期至 20 世纪 60 年代 3500 多封信札的发掘、考订与整理等。

除了自身的各项研究工作，陈智超对其祖父、父亲的著作整理也做了大量的工作。

"我可以这么讲，没有陈智超对祖父、父亲著作的收集、整理，那就很麻烦了，很多著作都不能出版。这方面的工作，非常值得肯定。"张荣芳表示，经陈智超对其祖父、父亲著作的整理而出版的书籍、文集就有二十多种，其中最重要的就是《陈垣全集》，还有《陈垣来往书信集》《陈垣遗墨》《陈垣四库学论著》《陈乐素史学文存》《宋史艺文志考证》等。

讲起陈垣，讲起陈家三代史学家，76 岁高龄的张荣芳总是滔滔不绝。

张荣芳告诉记者，他曾写过三本关于陈垣的书籍。在《近代之世界学者——

陈垣》（收入"广东历史文化名人丛书"）一书的第七章"陈氏三代史资鉴启后人"中，系统地讲述了陈垣的学术地位与影响、陈垣与陈乐素父子的学术传承、第三代陈智超的学术成就以及陈垣、陈乐素学术遗著的整理与研究。

"这是我写的第一本关于陈垣的书，这本书第一次系统地讲述了陈家三代学者，之前没有人这么讲过。"据张荣芳介绍，这本书书名来源于20世纪执掌国际汉学界的一代宗师——法国伯希和的一句话——"中国近代之世界学者，惟王国维及陈（垣）先生两人。"

据了解，在另外两本书中，一本是张荣芳与陈智超妻子——曾庆瑛教授合写的《二十世纪中国著名科学家书系》之一《陈垣》分册，书中以时间为顺序，讲述了陈垣的求学之路、自学成才、保护故宫文化遗产等人生经历。还有一本是"岭南文化知识书系"之一种《陈垣》。此外，2010年，张荣芳在中山大学主持"纪念陈垣诞辰130周年学术研讨会"，主编《陈垣与岭南——纪念陈垣先生诞生130周年学术研讨会论文集》。

有了以上这些工作的铺垫，以及近十年的不断研究积累，张荣芳酝酿已久的"陈垣大传"① 将于明年出版。

"这本书一个专题一个专题来做，已经做了十几个专题了，预计明年可以出版，大概五十万字左右。"张荣芳介绍，十几个专题中有研究岭南文化与陈垣的关系，有研究"新史学"与陈垣"史源学"，也有研究陈垣的佛教史研究，等等。

"岭南文化怎样创造了陈垣？不可能无缘无故出个陈垣，一定是有历史条件、社会氛围的，我这个专题写出来肯定会有一定影响，因为过去没有人从广东的历史来研究。陈垣用现代观点进行佛教史研究。这是中国佛教史研究的现代转型，过去是佛家自己做'家谱'，由庙里的和尚一代一代传下来，像'族谱'一样，陈垣把研究佛教史纳入现代史学范围，是现代意义上的佛教史的研究。"张荣芳说。

他表示"陈垣大传"与以往陈垣有关的书籍相比，更具有学术性。

"以前的三本书都是通俗的、普及型的，陈垣大传要写成学术著作，有注解，每句话都有根有据。"张荣芳说。

---

① 作者注：原来准备写一本《陈垣大传》，但后来考虑，我已经出版过三本陈垣的传记，再写大传，必有一些重复或雷同之处，所以改变计划，对陈垣进行专题性研究，没有再写《陈垣大传》。本卷《陈垣研究丛稿》，就是对陈垣进行专题研究的论文汇集。特向读者说明。

张荣芳细数陈垣 "家珍"

记者：后世子孙应该学习陈垣的哪些优秀品质？

张荣芳： 第一，学习陈垣研究史学的方法。陈门三史杰，都是用实事求是的"实学"（朴学），用严谨的、科学的方法来从事研究。同时也吸收西方先进的科学方法，为我所用。

第二，学习陈垣"经世致用"的思想。陈垣认为研究学问要和社会需求结合起来。陈家三代人都是用"经世致用"的思想来指导他的研究。考证出来，是为了真实，为了国计民生。陈家三代人都是共产党员，真正做到跟上时代潮流，为社会服务。不是纯粹考证、脱离现实的。

第三，学习陈垣与时俱进的精神。在新中国刚成立的时候，陈垣积极进行思想改造。陈垣与胡适是好朋友，1949 年南迁的时候，胡适要陈垣跟国民党走，傅斯年三次打电话到陈垣家里，飞机在那里等着，要陈垣过去，但陈垣没去。1949 年 4 月 29 日，陈垣在《人民日报》发表《致胡适的公开信》，在信中对胡适说："在三十年前你是青年的导师，你在这是非分明，胜败昭然的时候，竟脱离了青年而加入反人民的集团，你为什么不再回到新青年的行列中来呢？"后来，陈垣亲自从辅仁大学步行到西直门迎接解放军进城，再后来参加土改，思想与时俱进，跟上时代步伐。

第四，学习陈垣严谨的家风。一代一代传下来，为什么陈家三代都能成为史学家？这与家教有关。由陈智超整理的长达 23 万字的《陈垣家书》，青年人看这本书，非常好。

原载《江门日报》2017 年 2 月 14 日，文化 A11 版（记者：胡晴晴）。